Dieter E. Kilian

Elite im HALBSCHATTEN
Generale und Admirale der Bundeswehr

Dieter E. Kilian

Elite im HALBSCHATTEN

Generale und Admirale der Bundeswehr

OSNING VERLAG

Dieter E. Kilian
Elite im Halbschatten
Die Generale und Admirale der Bundeswehr
Bielefeld – Bonn: Osning Verlag, 2005
ISBN 3-9806268-3-0

Gestaltung, Satz:
Grafikatelier Manfred Sehring, Dreieich

Druck und Verarbeitung:
Clausen & Bosse GmbH, Leck

Printed in Germany 2005

© Osning Verlag Bielefeld – Bonn

Die Deutsche Bibliothek verzeichnet diese Publikation in der Deutschen Nationalbiographie; detaillierte bibliografische Daten sind im Internet über *http://dnb.ddb.de* abrufbar.

Besonderer Dank gilt meinem Sohn Axel für die Anregung zu diesem Buch, seinem vielfältigen, sachkundigen Rat und der kritischen Begleitung.

Inhalt

1. Die Bundeswehr

1.1 Die Bundeswehr - Terra Incognita

Als die Bundeswehr 1955 aufgestellt wurde, gab es zwar ein reichhaltiges Angebot an alten Kasernen, doch diese waren, wenn überhaupt, nur begrenzt nutzbar. Fußmarsch und Reiterei waren passé, die Motorisierung hatte Einzug gehalten. Im Gegensatz zu früher verfügte nun vor allem das neue Heer über eine Vielzahl schwerer, gepanzerter Fahrzeuge. Doch die oft in den Innenstädten liegenden ehemaligen Kasernen der Kaiserlichen Armee, Reichswehr und Wehrmacht waren weit von Verladebahnhöfen und Standortübungsplätzen entfernt. Ihre Nutzung durch motorisierte Truppen hätte Belastungen für Bevölkerung und Truppe gebracht. Lärm, Verkehrsstaus, Straßenschäden sowie nicht hinnehmbarer Zeitverlust bei Verlegung und Ausbildung wären schwerwiegende Nachteile gewesen. Hinzukam, dass die Verteidigungsplanung entlang des Eisernen Vorhanges den Bau neuer Kasernen fern von den Ballungszentren der großen Städte notwendig machte – ein willkommener Wirtschaftsschub für die Bauindustrie in den strukturschwachen Zonenrandgebieten. So wurde das Militär „ausgelagert" und an die Peripherie der Städte verbannt. Damit aber verschwanden Soldaten und Uniformen aus dem Blickfeld der Öffentlichkeit, denn parallel dazu wurden – nicht allzu weit von diesen Kasernen entfernt – auch die Wohnsiedlungen der Soldatenfamilien gebaut, mit eigenen Einkaufsmöglichkeiten und bisweilen sogar mit einer eigenen Standortkirche. Die marschierenden Kolonnen, die staubig und müde nach einer langen Nachtausbildung des Morgens mit Gesang und klingendem Spiel durch das Städtchen in ihre Kaserne zurückkehrten, sah man immer seltener. „Vorbei ist die Musike," möchte man summen:

„... Noch aus der Ferne tönt es schwach,
Ganz leise bumbumbumbum tsching;
Zog da ein bunter Schmetterling," [1]

Die zumeist praktischen Überlegungen dieser Standortwahl wirkten sich auch auf das Sozialgefüge aus. Die geographische Randlage dieser „Einödstandorte" zog eine gesellschaftliche nach sich. Das Militär und seine Angehörigen wurden ghettoisiert. Die wehrpflichtigen Soldaten waren in der Woche dienstlich weitgehend eingespannt, und für das Feierabendbier reichte zumeist auch die Kantine – sie war billiger und zu Fuß erreichbar. Die am Standort wohnenden Zeit- und Berufssoldaten fuhren zum Einkauf und zum Vergnügen in Zivil in ihre Garnisonsstadt, nicht etwa in Uniform. Es war die einzige Möglichkeit, den Beruf einmal hinter sich zu lassen und in die Anonymität abzutauchen. Kein Ärger, wenn Soldaten in Uniform wegen der nur noch rudimentären Grußpflicht wortlos an Vorgesetzten vorbeischlenderten, kein Einschreiten gegen Soldaten in schlampigen Uniformen. In den Soldatenghettos war Wegschauen nicht möglich. Da wohnten oft Kompaniechef, Zugführer und Rechnungsführer in einem Wohnblock. Auch Ehefrau und Kinder waren nicht selten in das hierarchische Gefüge der Armee eingebunden, kannten den Rang des Ehemannes und Vaters und nutzten ihn bisweilen auch aus. Mit anderen Worten, das Leben in einer Bundeswehrsiedlung war für die gesamte Familie – sehr frei nach Clausewitz – die alltägliche Fortsetzung des militärischen Dienstes mit den Mitteln der Wohnungsfürsorge der Bundeswehr, einer militärischen Lesart des sozialen Wohnungsbaues. Die Kontakte mit der Zivilbevölkerung hielten sich in Grenzen. Man blieb unter sich. Auch ließ die Versetzungshäufigkeit unter den Soldaten manche Bürger von gesellschaftlichen Bindungen Abstand nehmen. Weshalb eine Freundschaft schließen, wenn diese schon in einem oder in zwei Jahren zu Ende ist? Einmal im Jahr jedoch lud die Bundeswehr zum Bataillonsball und zum Kalten Buffet – Erinnerungen an vergangene Zeiten, mit Handkuss und großer Robe. Zwar fand so mancher Fähnrich oder Leutnant auf diesem Wege seine spätere Frau, und umgekehrt die eine oder andere junge Dame ihren Lebenspartner beim Militär, doch insgesamt waren zivile und militärische Gästestrukturen bei diesen gesellschaftlichen Anlässen wenig deckungsgleich. Diese Kontakte fanden überdies zu selten statt, um integrationsfördernd zu wirken. Meist galt für die zivilen Gäste nur der Bataillonskommandeur als adäquater Ansprechpartner. Zudem konnten in vielen Fällen vor allem verheiratete jüngere Offiziere gesellschaftliche Kontakte mit einer vergleichbaren zivilen Klientel aus finanziellen Gründen nicht lange durchhalten.

Fünfzig Jahre später ist die Bundeswehr weitgehend aus dem Bild der Öffentlichkeit verschwunden, fast unsichtbar geworden. Die olivgrünen LKW der Bundeswehr sind selten auf Deutschlands Straßen. Die geleasten, zivilen PKW tragen zwar noch den kleinen Aufkleber „Bundeswehr" und ein „Y-Kennzeichen," aber sie sind erst auf den zweiten oder dritten Blick als Militärfahrzeuge zu erkennen. Vorbei ist der Ärger vieler Autofahrer von früher über Kolonnen auf den Autobahnen, Flurschäden und verschmutzte Straßen während der großen Herbstmanöver. Dies alles ist Vergangenheit. Die Zahl der Soldaten ist um die Hälfte geschrumpft. Viele Standorte wurden geschlossen und Truppenteile aufgelöst. Mit der schrittweisen „Ausdünnung" stellt sich die Bundeswehr heute eher über ihre diversen Auslandseinsätze denn ihre Präsenz in der Heimat dar, ist reduziert auf Bilder aus Kabul, aus Sarajewo oder dem Horn von Afrika. Nur das Wachbataillon scheint noch die Stellung an der Heimatfront zu halten. Ähnlich ist es mit den Soldaten. Früher erlebte man sie flächendeckend, nicht sonderlich modisch in ausgewaschenen „moleskingrünen" Arbeitsanzügen und am Wochenende lärmend in überfüllten Zügen, aber sie waren wenigstens da, zeigten Präsenz. Heute sieht man sie vor allem an Bahnhöfen, mit kurzen Haaren und in kämpferisch aussehenden Fleckentarnuniformen. Offiziere, geschweige denn Generale oder Admirale, tauchen in Uniform in der Öffentlichkeit nahezu gar nicht auf. Auch in den Medien zeigen sie sich nicht. Dieses unberührte Niemandsland Bundeswehr erstreckt sich auf alle Bereiche. Doch es gibt noch Generale und Admirale in der Bundeswehr. Sie existieren als nicht unbedeutende Teilgruppe der politischen Prominenz, aber sie stehen nicht im Licht der Öffentlichkeit – selbst fünftklassige „Superstars" genießen größere Aufmerksamkeit. Militärs haben seit fünfzig Jahren in der Bundesrepublik Deutschland keine Konjunktur, ihre Gesichter sind unbekannt. Geschichtlich gewachsene Dienstgradbezeichnungen der Generale und Admirale – wie z. B. Generalmajor, Konteradmiral oder Generalleutnant – sind durch die salopp-funktionale Bezeichnung „Ein-, Zwei- oder Drei- Sterne" weitgehend abgelöst worden. Selbst die hohen Marineoffiziere, die auf ihre weltweit gebräuchlichen „Kolbenringe" stolz sind, sehen sich ungewollt in diese Kategorie der Sterne eingeordnet. Wobei die Frage „Wieviel Sterne?" von nicht wenigen Menschen heutzutage in erster Linie auf Gourmetköche, Restaurants, Hotels oder Cognacs bezogen wird. An dieser Verwirrung ist das Militär nicht ganz unschuldig, bezeichnet es doch die höchste Dienstgradgruppe der Offiziere, die der Generale, zugleich nach

---

1   „Die Musik kommt" – Gedicht von Detlev von Liliencron (1844-1909); vertont von Oscar Straus (1870-1954)

dem höchsten Dienstgrad in dieser Gruppe, d. h. benutzt ihn als Sammel-
begriff und Dienstgrad [2] zugleich. Das folgende Gespräch zweier Herren in
Zivil auf einer Veranstaltung soll dies verdeutlichen: „Sie sagten, Sie seien
bei der Bundeswehr, mein Herr. Darf ich fragen, welchen Dienstgrad Sie
bekleiden?" „Ich bin General!" „Oh, dann stehen Sie ja sehr weit oben in
der Hierarchie. Und was für ein General sind Sie, wenn ich fragen darf?"
„Ich bin General!" „Ja, das sagten Sie, aber ich meinte, wenn ich dies so
salopp fragen darf – wieviele Sterne haben Sie?" „Ich habe vier Sterne,
deshalb ist mein jetziger Dienstgrad General. Als ich noch drei Sterne
hatte, war ich Generalleutnant." Erstaunen und ein immer noch ratloses
„Ah ja, vielen Dank!" kommt von der anderen Seite.

Zur eindeutigen Unterscheidung wird daher auch hier im weiteren bis-
weilen die legere, zugleich aber genauere Bezeichnung mit der Zahl der
Sterne benutzt. Briten und Amerikaner weichen manchmal auch auf die
Benennung „full general" (oder „full admiral") für einen Vier-Sterne-
General oder -Admiral aus, was nicht heißt, dass die anderen „empty"
sprich: leer seien, aber sie haben noch nicht die volle Zahl der vier mög-
lichen Sterne in Friedenszeiten erreicht. Der eine oder andere deutsche
Brigadegeneral war in den Anfangsjahren der Bundeswehr über diese
Bezeichnung nicht glücklich. Sie klang zu sehr nach dem britischen
„Brigadier," der im englischen Heer [3] – im Gegensatz zur Bundeswehr –
noch nicht zur Dienstgradgruppe der Generale zählt und hätte – wie in der
Wehrmacht und auch später in der NVA – den Generalmajor als ersten
Generalsrang bevorzugt.

Auch der Begriff „Generalstabsausbildung" hat sich gewandelt. Über
lange Zeit war sie ein Markenzeichen für exakte Planung und Durchführung komplexer Führungsaufgaben. Zwar genießt sie immer noch ein
hohes Ansehen, doch umgangssprachlich und in den Medien wird der
Begriff mehr und mehr im Zusammenhang mit besonders raffiniert aus-
geführten Gangsterstücken benutzt. So werden Überfälle wie z. B. der
Postraub vom 8. August 1963 in England in den Medien mit dem Güte-
siegel „generalstabsmäßig geplant" geadelt. Galt vormals die Führung
militärischer Großverbände im Krieg als besondere Herausforderung an
planerisches Denken, so ist dies in unserer Zeit durch weit schwierigere
Probleme abgelöst, z. B. denen in der Luft- und Raumfahrt, der Medizin
oder in der Fertigungstechnik.

Bis heute ist die Führungsspitze der Bundeswehr, sind ihre etwa 200
Generale und Admirale (von 1955 bis Mitte 2005 waren es insgesamt ca.
1500) in der Bevölkerung weitgehend unbekannt und fremd geblieben,
namenlos und gesichtslos – eine Elite im Halbschatten. In der „Deutsch-
land-Chronik 1945 bis 2000" [4] werden nur zwei Generale namentlich

genannt: Kießling und Steinhoff – beide nur im Zusammenhang mit negativen Schlagzeilen. Die Namen der terroristischen „Roten-Armee-Fraktion" (RAF)-Spitze hingegen sind vollständig erwähnt. Ein kleiner Trost mag sein, dass z. B. auch führende katholische Würdenträger nach dem Kriege, wie die Kardinäle Frings und Graf Galen und selbst Fußballlegende Fritz Walter fehlen.

Die BILD-Zeitung [5] führte im Jahre 2004 unter der Überschrift „100 Gründe, warum wir Deutschland so lieben" als Grund 27 an: „Weil es bei uns keine Militärparaden mehr gibt." Dieses Argument als schwerwiegenden Grund der Zuneigung für das eigene Land an prominenter Stelle, fast noch im ersten Viertel zu erwähnen, erstaunt. Paraden gibt es in der Tat schon lange nicht mehr, hie und da bestenfalls ein Feierliches Gelöbnis mit einem Großen Zapfenstreich in der Öffentlichkeit. Existiert die Bundeswehr im Untergrund? Ist sie vielleicht schon unbemerkt zu einem Staat im Staate geworden, mit einem Eigenleben, das sich der Öffentlichkeit entzogen hat, und das diesen auch nicht sehen und wahrnehmen will? Vor allem jene Soldaten, die von Auslandseinsätzen nach Hause zurückkehren, haben diesen Eindruck einer parallelen Scheinwelt. Sie kehren als „military aliens" in ihren Alltag zurück und erleben Sprachlosigkeit und Desinteresse auf beiden Seiten. Gleichzeitig sitzen Millionen Deutsche vor dem Fernseher und bestaunen und verfolgen die uniformübersäten Hochzeiten europäischer Königshäuser, die Militärparade zum Geburtstag der britischen Königin oder die farbenprächtigen und schwungvollen internationalen Militär-Konzerte. Von Uniformen geht offenbar unverändert eine Anziehungskraft aus, aber eben nicht in Deutschland, weder in der alten Bundesrepublik, noch im vereinten Deutschland. Und auch in der DDR war es eher eine gekünstelte, aufgesetzte Einheit von Bürger und Soldat. Die Gründe für diese Anonymität, dieses Leben der Bundeswehr und ihrer Führungsschicht im Schatten sind vielschichtig. Der erste und wichtigste Grund liegt darin, dass die vollständige Niederlage des nationalsozialistischen Deutschlands, der verlorene Zweite Weltkrieg und die damit verbundenen Verstrickungen der Wehrmacht einen tiefen Bruch in der deutschen Militärgeschichte darstellten. Dies hatte eine radikale Abwertung

---

2   In der Dienstgradgruppe der Unteroffiziere ist es genau umgekehrt; dort wird die gesamte Gruppe – vom Unteroffizier bis zum Oberstabsfeldwebel – nach dem niedrigsten Dienstgrad bezeichnet.

3   Dies trifft auch für die „Ein-Sterne-Ebene" in der britischen Royal Air Force („Air Commodore") und der Royal Navy („Commodore") zu.

4   Lehmann, Hans-Georg – Bundeszentrale für politische Bildung Schriftenreihe Band 366 Bonn 2002

5   vom 25. Mai 2004, letzte Seite

alles Militärischen im Nachkriegsdeutschland zur Folge. Die zweite Zäsur bestand darin, dass – anders als in der Weimarer Republik – die Bundesrepublik Deutschland im Rahmen von Wiederbewaffnung und NATO-Beitritt ihre Streitkräfte nicht von dem Vorgängerstaat übernehmen konnte und wollte. Die Bundeswehr, als neue deutsche Armee, wurde erst nach zehn Jahren eines militärischen Vakuums formal als auch institutionell durch eine umfassende Reformgesetzgebung in die neue demokratische Staats- und Verfassungsstruktur eingebunden. Und die dritte Ursache, warum die Spitzenmilitärs der Bundeswehr damals und heute kaum jemandem präsent sind, ist jüngeren Datums. In unserer Mediengesellschaft wird das Erinnern weitgehend über optische Eindrücke bestimmt und gesteuert. Da Generale und Admirale jedoch nur selten im Fernsehen auftreten, hat kaum jemand ihr Bild vor Augen. Im visuellen Gedächtnis der Nation sind sie nicht verankert. Ob diese Medienabstinenz selbst auferlegt oder durch die Politik vorgegeben ist, wird zu prüfen sein. In den Anfangsjahren gab es eine weitverbreitete Scheu unter den Soldaten, sich den Medien mitzuteilen. Es war eine unterschwellige Angst vor den Journalisten, deren Handeln nur darauf ausgelegt sei, die Armee zu diskreditieren. Ungeschult im Umgang mit den Medien tappte so mancher gutwillige und redselige Offizier in eine Falle. Ein letzter Grund dürfte die Verwendungsdauer, d. h. die Zeit im Amt, in Verbindung mit der Versetzungshäufigkeit sein. Im Durchschnitt liegt die Dauer einer Verwendung mit etwa drei Jahren noch unter der Zeit einer Legislaturperiode. Dies ist zu kurz um bundesweit eine optische Präsenz aufzubauen. Schließlich gibt es einige Spitzenverwendungen im Ausland, die sich allein durch die räumliche Distanz ihres Wirkens einer kontinuierlichen Medienberichterstattung entziehen.

1.2 Der Elitebegriff – zwischen Verdammung und Verherrlichung

Der Begriff „Auslese" (Elite) war nach 1945 in Deutschland in der öffentlichen Diskussion lange verpönt, nur noch für Rebenprodukte gebräuchlich und wurde daher auch in der Bundeswehr eher gemieden, zumindest in Bezug auf eine bestimmte Personengruppe. Für Truppenteile hingegen – z. B. für Fallschirmjäger oder Kampfschwimmer – kam das Wort „Elitetruppe" leichter über die Lippen, denn damit begründete man nur deren Sonderstellung innerhalb der eigenen Organisation, aber nicht eine Abgrenzung zur Gesellschaft. Nicht wenige sahen einen unauflösbaren Widerspruch zwischen Demokratie und Elite und verstiegen sich sogar – wie der Soziologe Karl Mannheim (1893-1947) – zu der an intellektueller Blindheit kaum noch zu überbietenden Aussage, die Masse selbst müsse Elite sein. In kindlicher Naivität übersahen und negierten dabei die Wortführer der utopischen Egalität, dass sich in jeder Gesellschaft unabhängig vom politischen System oder der Werteordnung Eliten bilden – ob man es will oder nicht. Dies gilt auch für angeblich gleichmachende Systeme, für das Dritte Reich ebenso wie für die Sowjetunion oder die DDR. Daher lautet die Frage nicht, ob, sondern nur welche Eliten wir wollen und welche Bedingungen diese erfüllen müssen.

Nachdem man in der Bundesrepublik Deutschland vor mehr als dreißig Jahren besonders auf dem Bildungssektor unter der Devise Chancengleichheit die Leistungsmaßstäbe nach unten orientiert und damit weitgehend Schiffbruch erlitten hatte, kam das Wort Elite vor einigen Jahren wieder in Mode. Besonders Politiker, die vormals aus einem vermeintlichen Gleichheitsdenken den Elitebegriff „wie der Teufel das Weihwasser" gescheut und vehement für dessen Abschaffung gekämpft hatten, treten heute für die Bildung deutscher Eliteuniversitäten ein. Und dies just zu einer Zeit, wo es beileibe nicht – wie die PISA-Studie enthüllt hat – um den Sturm auf den Bildungsgipfel geht, sondern nur darum, den Anschluss an den Marsch zum bildungsmäßigen Basislager nicht zu verlieren. Dennoch ist die Vorstellung offenbar nicht auszurotten, durch verbale Abstinenz ließe sich Elitebildung verhindern. Noch im Januar 2004 schrieb die „Frankfurter Rundschau" unter dem Titel „Ein missbrauchter und entehrter Begriff:"

„Mit der sozialwissenschaftlichen Elitetheorie, ... , ist wahrlich kein Staat zu machen, weder als Begriffsinstrumentarium zur Entschlüsselung der Wirklichkeit noch als politischer Wegweiser. Warum nun gerade die sozialdemokratische Führungsmannschaft, ..., diesem gefährlichen Ladenhüter Elite neues Leben einhaucht, mag ihr ...Geheimnis bleiben." [6]

Der vermeintliche „Ladenhüter Elite" trägt nach dieser Lesart die Schuld an der Zweiteilung der Gesellschaft – einfacher geht es kaum noch. Das Spannungsverhältnis zwischen Auswahl und Masse hat zwar zumindest in der öffentlichen Diskussion offenbar abgenommen, doch das Misstrauen schwelt – wie diese Aussage beweist – unterschwellig fort und wird grundsätzlich bestehen bleiben.

Die erste Frage bei der Erörterung des Elitebegriffes zielt auf dessen Definition. Der Ursprung des Wortes liegt im Altgriechischen („legein" = zählen, berechnen) und im Lateinischen („eligere" = auswählen); auf letzteres geht das französische „élire" (wählen) und „élite," das Ausgewählte,

---

6   Negt, Oskar in: Frankfurter Rundschau vom 26. Januar 2004

die Auslese zurück. Aber trotz dieses Anscheins einer langen Vergangenheit ist der Terminus „Elite" in seiner Anwendung weit jüngeren Datums
und erst seit der Französischen Revolution gebräuchlich. Er wurde
zunächst nur im militärischen Bereich benutzt. Erst vor etwa einhundert
Jahren übertrugen der sizilianische Jurist und Politikwissenschaftler
Gaetano Mosca (1858-1941) und sein Landsmann Vilfredo Pareto (1848-
1923) den Begriff der „herrschenden Minderheit" einer ausgewählten
Klasse („classe eletta") auf politische Strukturen. Seither war er hinsichtlich seines Verständnisses wiederholtem Wandel, um nicht zu sagen
Wechselbädern ausgesetzt. Der Brockhaus von 1968 räumt dem Begriff
„Elite" nur eine knappe Spalte ein und beschreibt ihn wie folgt:

*„Die heutige Soziologie gebraucht den E.-Begriff wertfrei und versteht
darunter die Inhaber der Spitzenpositionen einer Gruppe, Organisation,
Institution. Aufgrund von Maßstäben, die von E. zu E. und Gruppe zu
Gruppe verschieden sein können, werden sie ausgelesen und gelangen in
Positionen, in denen sie entweder über ihre Basisgruppe hinaus Macht und
Einfluß ausüben und/oder eine Vorbildfunktion für andere soziale Gruppen
haben."* [7]

Professor Ralf Dahrendorf skizziert sie ähnlich:

*„Die Spitze der Gesellschaft besteht aus den Eliten. Diese – fast im
Wortsinn – oberen Zehntausend müssen nicht die auserwählten Besten sein;
sie sind Eliten im Sinne ihrer gesellschaftlichen Aufgaben der Führung in
den verschiedenen institutionellen Bereichen."* [8]

Die Brockhaus-Ausgabe von 1996 [9] hingegen geht auf einer Länge von
zwei Spalten auf den Elitebegriff ein und zeigt allein durch diese Umfangserweiterung im Vergleich zur etwa dreißig Jahre älteren Ausgabe,
dass dieses Wort offenbar eine konjunkturelle Belebung erfahren hat:

*„ ... Bezeichnung für eine soziale Gruppe, die sich durch besondere
Leistungsfähigkeit und Leistungsbereitschaft auszeichnet, in dieser Weise die
gesellschaftliche Wirklichkeit in zentralen Bereichen (z. B. Wissenschaft,
Politik, Verwaltung, Wirtschaft, Kultur) prägt und deren Entwicklung maßgeblich beeinflusst."*

Nach Begriffen wie Verantwortung und Tugend, d. h. nach einer ethischen Bindung, sucht man in dieser Beschreibung des Brockhaus jedoch
vergeblich. Danach geht es der Elite zunächst um ihre eigenen Gruppen-
belange. Erst wenn diese gesättigt sind, erfolgt eine weitergehende norma-
tive Orientierung. Das Militär als eigenständige gesellschaftliche Gruppe
wird nicht genannt. Auch bei Dahrendorf finden sich weder Macht und
Einfluss, noch Vorbild als Kriterien wieder; sie werden neutral als „gesellschaftliche Aufgaben" deklariert. Auffällig ist in allen drei Definitionsent-
würfen, dass zum einen der Hinweis, dass es sich bei Eliten immer um

Minderheiten handelt, trotz der Wortwahl „Spitzengruppe" verbal diskret umschrieben wird. Auch worin „Vorbildfunktion" und „gesellschaftliche Aufgaben" bestehen, bleibt im Dunkeln. Zum anderen sprechen sie nur von „Gruppe, Gesellschaft oder Institution" als – vermutetem – übergeordnetem Ganzen; ein Hinweis auf die Bezugsgröße, z. B. das Land, das Volk oder die Nation wird vermieden. Grund dafür liegt nicht in mangelndem Können, sondern im ideologisch verbrämten Umgang mit diesem Begriff. Doch beide Aspekte gehören zusammen. Denn wenn Elite als Minderheit definiert wird, stellt sich automatisch die Frage nach der Mehrheit und dem sich aus beiden ergebenden Ganzen. Zwar gibt es übergreifende Kategorien, bei denen ebenfalls der Elitebegriff anwendbar ist (z. B. kann man sagen, dass das Kardinalskollegium eine Elite in der Katholischen Kirche darstellt, oder dass ein Sänger zur internationalen Elite der Opernsänger gehört), aber der Bezug zum Land, zum Volk oder zur Nation stellt den Regelfall der Vergleichsebene dar. Dies schließt jedoch nicht aus, dass die Bezugsgröße auch auf ein internationales politisches Niveau – z. B. auf die EU – angehoben werden kann. In diesem Zusammenhang ist zugleich darauf hinzuweisen, dass Eliten nicht nur an der Spitze einer Organisation zu finden sind; so gibt es u. a. auch im Unteroffizierkorps eine Elite. Auch das Wort „Nation" war in Deutschland nach dem Zweiten Weltkrieg verpönt. Es war belastet und klang zu pathetisch; „Gesellschaft" war da unverfänglicher und neutral. Mittlerweile ist hier ein Wandel eingetreten. Elite ist kein „Unwort" mehr, und auch von „Patriotismus" darf wieder gesprochen werden, wobei „Verfassungspatriotismus" – weil politisch korrekter – der Vorzug gegeben wird. Doch dieses vordergründige semantische Differenzieren wirkt gekünstelt. Verfassung und Grundgesetz sind nur die schriftlichen Hüllen des politischen Gedankengutes, die der politischen Überzeugung den Rahmen geben, sie sind jedoch nicht der Gegenstand der Verehrung selbst.

Elite wurde lange Zeit nur rational verstanden, als „sozialwissenschaftlicher Begriff, mit dem die „Inhaber von Führungspositionen in Gruppen und Organisationen bezeichnet" [10] wurden, keinesfalls aber „im Sinne einer geheimnisvoll, feierlich und unfassbar hochgewachsenen Wert-Elite," einer Art Ordensgemeinschaft oder Tafelrunde und auch ohne die bindenden Elemente Vorbildwirkung und Verantwortung. Der Soziologe Vilfredo Pareto bezeichnet wertfrei die oberste, machttragende Schicht jeder Gesellschaft als Elite. Der Aspekt der geistig-moralischen Führung

---

7   Brockhaus Enzyklopädie – 17. völlig neubearbeitete Auflage
8   Dahrendorf, Ralf Gesellschaft und Demokratie in Deutschland S. 105
9   Brockhaus Enzyklopädie – 20. überarbeitete Auflage
10   Glotz, P., Süssmuth, R., Seitz, K. Die planlosen Eliten S. 21

werde dabei bewusst vernachlässigt, denn Elite bedeute in erster Linie Machtausübung. Jedes Volk werde von einer „ausgewählten Klasse" (Elite) regiert, die zu allen Zeiten und in allen Verhältnissen politische Macht ausübt. Dies sei das Wesentliche in einer Gesellschaft – eine von Pessimismus und Realität zugleich geprägte Wertung. Pareto weist zu Recht auf den Elitewandel hin:

> *„Eliten sind nicht von Dauer. Sie verschwinden unbestreitbar nach einer gewissen Zeit."*

Die Geschichte sei „ein Friedhof der Eliten." Dabei werde die herrschende Klasse immer wieder von Emporkömmlingen aus den Familien unterer Klassen abgelöst. Pareto nennt es „Zirkulation der Eliten." Dieses Phänomen ist in Deutschland sowohl in der Politik als auch beim Militär nicht erst seit heute nachweisbar: Hitler stieg aus der Unterschicht bis an die Spitze des Staates. In den letzten einhundert Jahren sind die politischen Eliten in Deutschland – bedingt durch die beiden Weltkriege und die damit verbundenen staatlichen und gesellschaftlichen Verwerfungen – mehrfach ausgetauscht worden. Als besonders politisch stabil haben sich allerdings solche Staaten erwiesen, in denen – wie z. B. in Großbritannien – neben neuen politischen Eliten, die durch jene Zirkulation an die Spitze traten, auch die Herkunftselite einen Teil ihrer alte Rolle und Aufgabe behalten konnte.

Durch die Massenheere beider Weltkriege hat die Herkunftselite des Adels, aus der sich über Jahrhunderte die Offizierkorps der europäischen Armeen rekrutierten, ihre vormalige Bedeutung weitgehend eingebüßt – jedoch nicht, weil sie versagt hätte, sondern weil sie den immensen personellen Bedarf nicht mehr decken konnte. In der Wehrmacht stellte die Herkunftselite ihre auf das Ganze gerichtete Ausprägung, die in einer jahrhundertelangen Erziehung und Geisteshaltung gewachsen war, ein letztes Mal eindrucksvoll unter Beweis, denn sie war der primäre Träger des aktiven Widerstandes gegen Hitler und zahlte dafür auch einen hohen Blutzoll. In der Bundeswehr hingegen sank ihre Bedeutung beträchtlich, wenngleich in der Gruppe der Vier-Sterne-Generale und -Admirale der Bundeswehr der Anteil des Adels mit 15 % mehr als doppelt so hoch ist wie in den anderen drei Generalsgruppen. Eine Akzentverschiebung ist auch im Verhältnis der obersten militärischen Führungsschicht zu anderen zivilen Eliten festzustellen. So sind beispielsweise Bedeutung, Einfluss und Ansehen der Generalität und Admiralität besonders in jenen Ländern zurückgegangen, die im Zweiten Weltkrieg auf der Verliererseite standen: Deutschland und Japan. Generale und Admirale stehen dort im Halbschatten, weil sich trotz des hohen Einsatzes die Investition in die Streitkräfte durch Politik und Gesellschaft nicht ausgezahlt hat – der Wert der „Aktie Militär" fiel ins Bodenlose und hat sich bis heute nicht erholt. Ein Gegenbeispiel ist Israel: dessen Armee hat durch vier Siege über die arabischen Nachbarn entscheidend zur staatlichen Identität und zum Staatserhalt beigetragen. Ergebnis war, dass die Retter des Landes vielfach ministrabel wurden.

Eine verbindliche Definition für den Elitebegriff, die auch die Anforderungen der Definitionslehre erfüllt, gibt es nicht. Die Wissenschaft mag an einer terminologischen Präzision zweifelsohne interessiert sein, die Politik hingegen ist es nicht, denn dann kann sie ihn – ohne sich festlegen zu müssen –, chamäleonartig je nach Gusto und Bedarf benutzen. Bundeskanzler Gerhard Schröder beschrieb den Begriff in einem Interview im Jahre 2004 – in Anlehnung an den Soziologen Arnold Gehlen (1904-1976) – sehr allgemein und damit auch schwammig und wenig brauchbar:

„Zur Elite gehört jemand, der etwas aus sich macht – und machen kann. Jemand, der zudem weiß, dass Verantwortung für den Zustand des Gemeinwesens hinzukommen muss." [11]

Allein das Wissen um die Verantwortung für das Gemeinwesen ohne aktive Einflussmöglichkeit reicht nicht aus, um den Elitestatus zu begründen. Elite ohne Verantwortung und Skrupel bedeutet negative Auslese, die es ohne Zweifel auch gibt. Aber woher weiß dieser „jemand," dass Verantwortung für das Gemeinwesen notwendig ist? Dies wird nur durch Erziehung vermittelt. Doch wer leistet diese Aufgabe -Elternhaus, Schule oder Politik? In einer Zeit, in der Facheliten selbstsüchtig ihre Eigeninteressen vertreten, in der sich jeder selbst der Nächste zu sein scheint und in der Selbstverwirklichung und Individualität einen hohen Stellenwert besitzen, ist die Übernahme von Verantwortung für andere eher ein Stiefkind. Helmut Schmidt zeichnete Ende der sechziger Jahre – ohne den Begriff zu verwenden – das Bild einer politisch-technokratischen Führungsschicht, die zwar sittlichen Maximen und Idealen verpflichtet sein muss, sie aber selbst nicht bestimmt – eine diffuse Aussage.

„Der Staat, seine Institutionen und seine politischen Repräsentanten und Führer können und sollen nicht die geistige Führung unseres Volkes beanspruchen. Man darf sie auch nicht von ihnen verlangen." [12]

General Speidel beschreibt den Begriff der Elite nur, ohne ihn formal zu definieren:

„Worum es uns geht, ist das Problem der Elite, jener Führungsgruppe, die den Bestand der Kultur und den Fortschritt garantieren kann. Eine richtige

---

11   Interview in DIE ZEIT, Nr.7 vom 5.2.2004, Seite 27
12   Schmidt, Helmut Strategie des Gleichgewichts S. 317

Elite ist keine privilegierte Schicht, die rechtliche Vorteile genießt. Elite und Demokratie sind kein Widerspruch." [13]

Wichtig ist dabei Speidels Hinweis auf die Vereinbarkeit von Gleichheit und Auslese, sowie das Verbot von Privilegien, waren doch gerade dies Gründe, weshalb bei uns dieser Begriff über lange Jahre tabuisiert wurde. Demokratie und Elitebildung stehen nur dann in einem Spannungsverhältnis, wenn die ethische Bindung fehlt. Gerade in diesem Sinne liefert General Kießling eine erweiterte Definition:

„Zur Elite gehören diejenigen, die kraft ihres Amtes oder ihrer Autorität Einfluß auf die geistige Grundhaltung der Gesellschaft nehmen oder diese gar bestimmen; und zwar im Sinne der uns von Plato überlieferten Kardinaltugenden Wahrheit – Tapferkeit – Besonnenheit – Gerechtigkeit. Um der res publica willen." [14]

Sie ist zweifelsohne nicht sonderlich populär – geistige Grundhaltung klingt nach Bevormundung und Tugend, ist altbacken. Der Verzicht auf Privilegien wird zwar nicht erwähnt, ergibt sich aber aus den Elementen Wahrheit und Gerechtigkeit. In einer späteren Version wird Kießling noch deutlicher:

„(Nationale) Eliten sind eine herausgehobene Minderheit – stets bezogen auf ein übergeordnetes Ganzes, zielbewusst ausgewählt und ausgebildet, um sodann durch persönliche Inpflichtnahme kraft Amtes und/oder persönlicher Autorität auf die geistige Grundhaltung des Ganzen Einfluß zu nehmen. Das sollen sie bewirken durch Vorbild in Können und Haltung, in Pflichterfüllung und Lebensführung." [15]

Dies klingt allerdings sehr idealistisch und liegt auf der asketischen Linie Arnold Gehlens. Die Meßlatte ist dabei so hoch angelegt, dass bezweifelt wird, ob es eine solche Elite jemals gab oder geben wird. Sie nimmt einerseits Einfluss, sprich: übt Macht aus, wenngleich dies auch nicht unbedingt physisch gemeint sein muss. Doch welches Instrument steht ihr dabei zur Verfügung? Nur die Medien sind in der Lage verzugslos und direkt zu agieren und zu reagieren. Ob sich diese jedoch in den Dienst von Minderheiten einspannen lassen, die in der Regel keine hohen Quoten bringen, darf bezweifelt werden. Nicht zuletzt auch deshalb, weil die Medien mittlerweile eine politische Eigendynamik entwickelt und sich dem Primat der Politik weitgehend entzogen haben. Bundespräsident Rau wies auf diese Problematik in seiner letzten „Berliner Rede" im Mai 2004 hin:

„Die Medien spielen in der demokratischen Gesellschaft eine besonders wichtige Rolle als Kontrollinstanz. Sie tragen besondere Verantwortung. .... Auch hier haben viele Menschen inzwischen viel Vertrauen verloren. ... Die Medien haben Macht. Oft ist der Grat schmal zwischen scharfer Kritik, ... ,

*und der publizistischen Jagd auf einen Menschen, für die es keine
Rechtfertigung geben kann.*" [16]
Eine introvertierte Elite hingegen, die – mit hohen Idealen befrachtet –
in ichbezogener Isolation dem Treiben der Welt absagt, ist zwar ehrenwert,
besitzt aber nur eine sehr begrenzte Außenwirkung. Elite hat ferner nach
obiger Definition im übergreifenden Sinne, d. h. interdisziplinär und nicht
fachbezogen zu wirken und unterliegt einem strengen Kodex der Selbstbeschränkung. Überdies stehen sie im permanenten Wettstreit mit den
Facheliten. Legt man diesen Maßstab nun an das militärische Führerkorps, so ist begründeter Zweifel vorhanden, ob dieses derartig hohen
Ansprüchen überhaupt gerecht werden kann. Zwar ist die Verpflichtung
des Militärs dem Staat und durchaus auch einer künftigen supranationalen Form z. B. als Europäischer Union gegenüber, d. h. dem übergeordneten Ganzen, vorhanden, aber die Außenwirkung ist äußerst gering und
wird überdies durch die Politik begrenzt; die „Schnez-Studie" (siehe Nr.
2.6) ist ein Beleg für diesen schmalen Spielraum.

Die in Deutschland in jüngster Zeit wieder aufgeflammte Elitediskussion ist primär auf das Wort „Spitzenleistung" fixiert, und damit rückt
allein das Können ins Zentrum der Betrachtung. Die notwendige Bindung
an Werte und Tugenden hingegen wird – noch -vermieden. Diese
Verknüpfung ist deshalb wichtig, weil Können wertfrei ist. Blendet man
aber die ethische Komponente bei der Bildung und Auswahl von Eliten
aus, so wird gerade das, was zu Recht vermieden werden soll, die Schaffung einer riskanten geistigen Bezugslosigkeit und die mögliche
Skrupellosigkeit von Eliten, auf diese Weise gefördert. Bundespräsident
Rau wies auf die Risiken hin, die für die Stabilität eines Staatswesens entstehen, wenn Elitefunktion und Tugendbegriffe auseinanderdriften:

*„Wir müssen zum Beispiel erleben, dass einige, die in wirtschaftlicher
oder öffentlicher Verantwortung stehen, ungeniert in die eigene Tasche wirt-
schaften. Das Gefühl für das, was richtig und angemessen ist, scheint oft ver-
lorengegangen zu sein.*" [17]
Bereits Bundespräsident Carstens hatte in der Frage der Auslese von
militärischem Führungspersonal bei seinem Besuch der Führungsakademie am 19. März 1982 darauf hingewiesen, dass fachliches Können allein

---

13   Speidel, Hans Zeitbetrachtungen S. 14
14   Kießling, Günter Elitebildung in der Demokratie in: Staatsbürger und General S. 110f.
15   Kießling, Günter „Rotary und das Problem der Elitebildung" Festvortrag anlässlich der
      Feier zum 50jährigen Jubiläum des RC Rendsburg am 28. Juni 2004 (erweiterte Fassung
      vom 8. August 2004)
16   Rau, Johannes Berliner Rede am 12. Mai 2004
17   Ebenda

nicht ausreiche. Es gehöre dazu auch „ein ausgeprägtes Bewusstsein für Verantwortung, Verantwortung für die anvertrauten Soldaten, aber auch gegenüber der staatlichen Gemeinschaft, eine Verantwortung, die militärische Erfordernisse und freiheitliche Lebensordnung in sinnvollem Gleichgewicht zu halten versteht. [18]

Die zweite Frage, welche gesellschaftliche Gruppen zur Elite gehören, wird unterschiedlich beantwortet. Ralf Dahrendorf unterscheidet sieben funktionale Eliten:

- Wirtschaftsführer,
- politische Führungskräfte,
- Professoren und Lehrer,
- Geistliche,
- sogenannte Prominente der Massenkommunikation,
- Militärs, sowie
- Richter und Staatsanwälte" [19]

und ordnet ihr einen prozentualen Anteil von unter 1 % zu. Glotz, Süssmuth und Seitz nennen nur vier Funktionseliten:

- die politische,
- die wirtschaftliche,
- die wissenschaftliche und
- die kulturelle. [20]

Der Begriff ist dabei offenbar von dem Soziologen Otto A. Stammer (1900-1978) übernommen, der Eliten 1955 im „Wörterbuch der Soziologie" als „Funktionseliten" definierte. Zur politischen Kategorie zählen Glotz, Süssmuth und Seitz neben Berufspolitikern, Bürokraten, politischen Journalisten und Diplomaten auch die Spitzenmilitärs.

„Gleichzeitig hat das Militär – ... – die Sonderrolle eingebüßt, die es lange in Preußen, im Bismarck-Reich und in der Weimarer Republik gespielt hat. Natürlich gibt es auch heute ... gelegentlich einen politisierenden (fast immer liberal-konservativen) Admiral oder General. Aber die Bundeswehr ist kein Staat im Staate, das Offizierkorps jedenfalls derzeit keine separierbare, sozusagen unabhängige Einflußgruppe." [21]

Hinsichtlich Macht und Kompetenz stellen sie jedoch einschränkend fest:

„Revolutionen werden meistens von Obersten gemacht, nicht von Generälen und Feldmarschällen, und die höchste Kompetenz liegt meistens nicht bei den Top leaders, sondern bei einem Strategic middle level." [22]

Helmut Schmidt benutzt ebenfalls den Begriff „Funktionselite" und nennt die „politische Klasse" als eine davon. Zu ihr zählt er „Verfassungsrichter, Spitzenleute der Bundesbank, sowie politisch engagierte Publizisten und Medienleute." Soldaten werden in seiner Aufzählung nicht genannt. [23] Der amerikanische Soziologe C. Wright Mills (1916-1962) unterscheidet in seiner Analyse der amerikanischen „power elite" nur drei Haupt-Eliten:

- die Vorstandsvorsitzenden der großen Unternehmen,
- die politischen Führer und
- die hohen Militärs." [24]

In dieser Sicht sind die intellektuellen Eliten erstaunlicherweise ausgeblendet, obwohl sie – wie z. B. bei der Nuklearentwicklung – einen entscheidenden politischen Einfluss ausüben und auch ein wirtschaftlicher Machtfaktor sind. Auch ethische Aspekte fallen nicht ins Gewicht; so definiert z. B. der kanadische Educational Publisher Thomson & Nelson den Elitebegriff in seinem „Glossary of political terms" wie folgt:

„A small group of people with a disproportionate amount of public decision-making power."

Die Angehörigen einer Elite versuchen nach Mills – zumindest nach außen und in öffentlichen Erklärungen – den Eindruck zu vermeiden, sie gehörten zu einer privilegierten Schicht.

„Es gibt kein Bewußtsein der Zugehörigkeit zu einer Oberschicht, gar einer Elite, bei denen, die durch ihre Stellung ihr doch zugehören." [25]

Diese Aussage erscheint fraglich. Nicht jede Elite hat – wie es das harte Ringen der Facheliten um Einfluss belegt – Bescheidenheit auf ihre Fahnen geschrieben. Ihre Mitglieder sind sich ihres Einflusses durchaus bewusst und unterstreichen dies auch durch Auftreten und optische Signale (z. B. durch die PS-Zahl der Dienst-Kfz oder durch body guards). Darüber hinaus stehen die einzelnen Eliten in einem nahezu andauernden Wettbewerb, der letztlich Macht und Einfluss nur zeitlich begrenzt wirken lässt und auch der Bildung einer „übergreifenden politische Elite" entgegengerichtet ist.

Hierbei stellt sich die Frage, ob es überhaupt eine Elite gibt, die in uneigennütziger Hingabe an „das Ganze" und weitgehend ohne jegliches Eigeninteresse agiert. Nicht zuletzt auch wegen des beschrieben Konkurrenzkampfes der Facheliten erscheint dies eher zweifelhaft. Eliten sind in der Regel keine isolierten „Einzelkämpfer." Zwischen ihnen bestehen

---

18   Carstens, Karl   Reden und Interviews Bd. 3 S. 250 ff.
19   siehe: Glotz, P., Süssmuth, R., Seitz, K. Die planlosen Eliten S. 26
20   siehe: Glotz, P., Süssmuth, R., Seitz, K. Die planlosen Eliten S. 26
21   Glotz, P., Süssmuth, R., Seitz, K. Die planlosen Eliten S. 27
22   Glotz, P., Süssmuth, R., Seitz, K. a.a.O. S. 22
23   Schmidt, Helmut Auf der Suche nach einer öffentlichen Moral S. 43 ff. und S. 52
24   Sein Buch „Power Elite" erschien 1956; siehe: Glotz, P., Süssmuth, R., Seitz, K. a.a.O. S. 26
25   Dahrendorf, Ralf Gesellschaft und Demokratie in Deutschland S. 105

Bindungen, die primär durch Leistung begründet werden, aber der Ergänzung durch Pflichterfüllung („treues Dienen"), Verantwortungsbewusstsein und Tradition bedürfen. Zu den äußerst seltenen Ausnahmeerscheinungen, wo eine einzelne Person zu einer Elite wird, weil sie auf ideale Weise die Potentiale persönlicher Autorität, Können und Haltung in sich vereinigt und damit prägend auf die geistige Grundhaltung eines Volkes Einfluss nimmt, zählen z. B. Mohammed, Luther oder auch Einstein. Ihr Wirken ist nicht nur zeit-, sondern auch nationenübergreifend.

Nach Kießling besitzen Generalität und Admiralität das Prädikat einer politischen Elite nur eingeschränkt, da ihr Einfluss auf die geistige Grundhaltung der Gesellschaft eher gering einzustufen ist. In der „Potsdamer Elitestudie 1995" ist das Militär als eigener Funktionsbereich genannt, wird nicht dem Politikfeld zugerechnet und seine Zahl mit 135 Personen angegeben. [26] Obwohl in beiden die Elemente Macht und Vorbildfunktion enthalten sind, wäre für ihn die Führungsspitze der Bundeswehr lediglich auf der Ebene einer Funktions- und Fachelite anzusiedeln – und stünde somit „im Halbschatten." Er unterscheidet zwischen einer auf das Ganze orientierten Elite („politische" oder „nationale Elite") und einer Funktions- oder Fachelite (u. a. Sport und Kunst bis hin zur Wissenschaft). Hierbei ist festzustellen, dass in der Diskussion in den letzten Jahren in Deutschland zunehmend zwischen „Machtelite" und „Wertelite" unterschieden wird.

Erstere bezieht sich u. a. auf Sektoren wie Politik, Medien, Verwaltung, Militär und Wirtschaft und letztere neben anderen Gruppen auf Kirchen, Kultur und Wissenschaft.

Bundespräsident Herzog benutzte in seiner Rede an der Führungsakademie am 11. Dezember 1996 den eher verengenden Begriff „Leistungselite," für die Offiziere, die dort ausgebildet werden. Vergessen sind die Ansätze der Vergangenheit, sowohl von innerhalb als auch von außerhalb der Bundeswehr, die Generalstabsausbildung als eine Form der Elitebildung abzuschaffen.

Die militärische Führungsspitze hat sich durch umfassende Ausbildung und Auswahl, d. h. im Sinne einer Bestenauslese qualifiziert. Überdies sind es nicht nur – auf ihren engen Fachbereich bezogene militärische Spezialisten, sondern – wie es der Name sagt – auch Generalisten, die neben einer breit gefächerten militärischen Ausbildung durch den häufigen Wechsel zwischen Praxis (in der Truppe) und Theorie (in Stäben und im Ministerium) vielfältig geprägt sind. Dabei genießt die Menschenführung eine besondere Bedeutung. Dies bedeutet zwar nicht per se, dass jeder General und Admiral es darin zu Meisterleistungen gebracht hätte oder brächte, aber dieser Aspekt zieht sich – anders als im zivilen Bereich – kontinuierlich durch den Werdegang militärischer Führungskräfte. Die Menschenführung – von der Kompanie mit etwa einem Hundert Soldaten bis hin zu Großverbänden mit zehntausend Soldaten und mehr ist in den Streitkräften – trotz mancher Mängel auf allen Ebenen – konkurrenzlos, z. B. im Vergleich zu den Beamten des höheren Auswärtigen Dienstes oder auch zu den meisten Politikern. Ein Botschafter einer mittleren Auslandsvertretung in der Besoldungsstufe B 6 – vergleichbar dem Brigadegeneral/ Flottillenadmiral – hat nur etwa 20 Beamte unter sich. Mit zivilen Behörden, aber auch mit der Wirtschaft können sich Generale und Admirale daher durchaus messen. Wie mancher Soldat einerseits Kommandeure erlebt hat, die den Standards seiner Vorstellungen von einer zeitgemäßen Menschenführung nicht entsprochen haben, gibt es andererseits auch jene, bei denen er sich mit Bedauern gefragt haben mag, weshalb diesen höhere Führungsverwendungen versagt geblieben sind, obwohl sie diese sicherlich mit Bravour gemeistert hätten. Leider ist es bisweilen so, dass jemand, der ansonsten mit hervorragenden Leistungen aufwartet, vom beurteilenden Vorgesetzten dann auch bei der Rubrik Menschenführung entsprechend gut beurteilt wird, obwohl hier Mängel vorhanden sind. Der häufige Wechsel der Verwendungen bringt es mit sich, dass bei der Auswahl auch internationale Erfahrungen mit entsprechenden Sprachkenntnissen einfließen. In Zukunft werden diese Kenntnisse wegen der Auslandseinsätze der Bundeswehr an Bedeutung gewinnen.

Elite ist aber nicht zwangsläufig von der Höhe des Dienstgrades abhängig. Die zeitliche Rückschau bestätigt dies. Bisweilen steigen Rangniedere in diese Klasse auf, während Ranghöhere an Bedeutung verlieren. Im Jahre 1806 gab es 142 Generale in der preußischen Armee;[27] nur wenige Namen haben den Glanz, den sie zu Lebzeiten hatten, erhalten können und sind der Nachwelt in Erinnerung geblieben. Zu ihnen zählen z. B. General Gerhard von Scharnhorst (1755-1813) und Generalmajor von Clausewitz (1780-1831),[28] die ohne Zweifel heute zur militärischen Elite des frühen 19. Jahrhunderts gezählt werden, während die Verdienste dienstgradhöherer Generale und sogar Marschälle wie Neithard Graf von Gneisenau (1760-1831), Graf von Kalckreuth (1737-1818), Bogislav Graf von

---

26 Aus Politik und Zeitgeschicht – Beilage zur Wochenzeitung „Das Parlament" – vom 1. März 2004 S. 12. Die Studie entstand an der Universität Potsdam unter Leitung von Prof. Dr. Wilhelm Bürklin.

27 Hermann, Carl Hans Deutsche Militärgeschichte S. 154

28 Von Clausewitz wurde erst 1818 Generalmajor und blieb in diesem Dienstgrad dreizehn Jahre bis zu seinem Tod im Jahre 1831; von Schramm nannte seine militärische Laufbahn eine „Dutzend-Karriere." vgl.: Schramm von, Wilhelm Clausewitz S. 23

Tauentzien (1760-1824) und Yorck von Wartenburg (1759-1830) – trotz manch wichtiger militärischer und militärpolitischer Erfolge – einen geringeren Bekanntheitsgrad erreicht und auch nur eine zeitlich begrenzte Bedeutung hatten. Ähnliches trifft auch für jene kleine Gruppe höherer Offiziere der Wehrmacht, wie z. B. Oberst i.G. Graf Stauffenberg und Generalmajor Henning von Tresckow zu, die den Widerstand gegen Hitler forcierte: ihr Erbe, Geist und Verhalten waren beispielgebend, und sie haben – anders als viele ihrer dienstgradhöheren Kameraden – für die Nachwelt Maßstäbe gesetzt.

Die politische Elite im Kaiserreich war weitgehend homogen und monopolistisch, bestand sie doch primär aus Beamten, Militärs, Justiz, Lehrern und Professoren. [29]

Diese vormalige geistige Homogenität zwischen ziviler und militärischer Führungselite ist aus unterschiedlichen Gründen verloren gegangen. Zum einen ist der Grundkonsens über den Wertekodex aufgelöst worden. Dies ist jedoch eine Entwicklung, die nahezu weltweit zu beobachten ist. Die Globalisierung hat auch die Wertediskussion erfasst und trägt in einem nicht unbeträchtlichen Maße zu Verwirrung und Konfrontation bei. Andere Gründe liegen im unterschiedlichen Werdegang, der Vielfalt in Bezug auf Interessen und Ausbildung. Sprachlosigkeit zwischen Politikern und Militärs war und ist daher eher Regel denn Ausnahme. Sie sind sich fremd und begegnen sich mit Misstrauen. Dahrendorf führt zur Religionszugehörigkeit aus:

„Werner Baur ... hat festgestellt, dass auch in anderen Ländern die führenden Militärs überwiegend protestantisch sind und dass selbst die Generale, die aus überwiegend katholischen Gegenden Deutschlands stammen, zumeist Protestanten sind: >Die Erklärung müsste im Bereich der ethisch-religiösen Wertvorstellungen liegen. Offenbar besteht eine Affinität zwischen bestimmten protestantischen Werten und dem Ethos des Dienstes im Staate.<“ [30]

Der erwähnte Grund für diese Präferenz von Protestanten ist möglich, wenngleich nicht sehr überzeugend. Wahrscheinlicher hingegen dürfte die Annahme sein, dass die staatlichen Autoritäten im Deutschen Reich vor allem während der Zeit des Kulturkampfes unter Bismarck an der Loyalität von Katholiken in Führungspositionen grundsätzlichen Zweifel hegten und mit dem Schlagwort des „Ultra-Montanismus" [31] – diese verdächtigten, sie stellten die religiöse Treue zum Papst über ihre nationalen Pflichten als Staatsbürger.

Von insgesamt 57 Generalen und Admiralen der Anfangsjahre der Bundeswehr ordneten sich 91 % der oberen Mittelschicht und 9 % der unteren Mittelschicht zu. Von 28 Generalen und Admiralen der DDR waren nur 15 % obere Mittelschicht und 7 % untere Mittelschicht, hingegen zählten sich 78 % zur Unterschicht. [32] Doch nicht nur Herkunft und Bildung, sondern auch der Werdegang sind unterschiedlich: als z. B. Adenauer 1917 bis 1933 das Amt des Oberbürgermeisters von Köln wahrnahm, war der spätere General Heusinger als Soldat im Ersten Weltkrieg, wurde 1916 als Leutnant schwer verwundet, 1921 in die Reichswehr übernommen, nahm von 1927 bis 1930 an der sog. „Führergehilfenausbildung" in Stuttgart und Berlin teil und 1932 zum Hauptmann befördert. Als der spätere General Klaus Naumann 1958 in die Bundeswehr eintrat, begann der heutige Bundeskanzler Gerhard Schröder in Lemgo seine Lehre als Einzelhandelskaufmann. Als Schröder später von 1978 bis 1980 Vorsitzender der Jungsozialisten war, übernahm Naumann das Panzerartilleriebataillon 55 im nordhessischen Homberg als Kommandeur (1979). Als zu Anfang der siebziger Jahre der heutige Außenminister Joseph Fischer in der sog. „Frankfurter Putzkolonne" noch mit Steinen, Wurfgeschossen und handfesten Schlägereien mit der Polizei gewaltsam gegen Staat und eine demokratisch legitimierte Regierung kämpfte, diente der heutige Generalinspekteur Schneiderhan zunächst als Jugendoffizier der 10. Panzerdivision in Sigmaringen und danach als Kompaniechef im Panzerbataillon 293 in Stetten am kalten Markt. Die drei Beispiele zeigen, dass es nicht nur kleinere oder größere Unterschiede sind, die Soldaten und Politiker trennen, sondern dass ihre beruflichen und sozialen Standorte bisweilen antipodische Kennzeichen aufweisen. Die Berührungspunkte sind verschwindend gering. Wenn dann zu unterschiedliche Erfahrungen aufeinander-

---

29 Dahrendorf, Ralf Gesellschaft und Demokratie in Deutschland S. 247. Er zitiert hier Knight, Maxwell „The German Executive 1890 – 1933" Stanford 1955 : „Maxwell Knight hat 54 Kanzler und Staatssekretäre des Kaiserreiches untersucht; eine reichlich kleine Gruppe, um Prozentangaben zu machen ..... Besonders viele Mitglieder der deutschen Exekutive des Kaiserreiches (53 %) kamen aus Alt-Preußen und Berlin; vergleichsweise viele (57 %) waren in Dörfern und Kleinstädten geboren; ihre Religionszugehörigkeit war überwiegend protestantisch; fast zwei Drittel (64,4 %) waren geadelt, zwei Fünftel schon adliger Abstammung; fast drei Viertel der kaiserlichen Staatssekretäre stammten aus Familien von Beamten, Gutsbesitzern, Offizieren oder Juristen, dagegen nur ein kleiner Teil aus solchen von Unternehmern und Kaufleuten (10,4 %) und kein einziger aus einer Arbeiterfamilie; nahezu alle hatten eine Gymnasialausbildung, fast zwei Drittel auch einen akademischen Grad, und weitere 16 % hatten eine Militärakademie besucht."
30 Dahrendorf, Ralf Gesellschaft und Demokratie in Deutschland S. 283. aus: Zapf, W. (Hrsg.) Beiträge zur Analyse der deutschen Oberschicht 2. Aufl. München 1965
31 lateinisch: ultra montes = jenseits der Berge, d. h. aus Rom. Bezeichnung für eine ausgeprägte Treue gegenüber dem Papst und eine streng zum Vatikan hin orientierte Haltung.
32 Dahrendorf, Ralf Gesellschaft und Demokratie in Deutschland S. 279 nach: Janowitz, M. „Soziale Schichtung und Mobilität in Westdeutschland" in: Kölner Zeitschrift für Soziologie und Soziaplsychologie 10. Jahrgang 1958.

treffen, sind gemeinsame Sprache und geistiger Kontakt sehr schwierig herzustellen.

Bei Heusinger und Strauß, sowie de Maizière und Schmidt hingegen gibt es die übergreifende Gemeinsamkeit als Soldaten im Zweiten Weltkrieg. Diese gemeinsame geistige Grunderfahrung, die auch im Erleben des Soldatseins bestehen kann, erleichtert zwar nicht unbedingt die persönliche Zusammenarbeit, da diese auch von anderen Faktoren geprägt wird, aber Verstehen und Sprache liegen dichter beieinander. So sind Besuche von Politikern bei der Truppe im Inland und bei Auslandseinsätzen ein wichtiges Signal für das Selbstwertgefühl der Soldaten und zeigen ihnen, dass sie respektiert und anerkannt sind. Aber ein Politiker, der niemals vorher mit dem Militär in Berührung kam, wird dies stets nur als Pflicht und nicht als Kür verstehen. Die soldatische Welt und auch die Besonderheiten ihrer Fachsprache ist ihm fremd. Die engagierten Einweisungen („briefings") und Erklärungen der Soldaten bleiben letztlich für den Besucher „böhmische Dörfer," der Soldat „ein unbekanntes Wesen." Es ist Show, Demonstration und Medienspektakel, aber ohne emotionale Berührungspunkte, geschweige denn Tiefgang.

Doch auch die Generale und Admirale waren und sind keineswegs eine homogene Gruppe innerhalb der Streitkräfte. Der hier bisweilen benutzte Begriff „Generalität" und „Admiralität" darf daher keinesfalls im Sinne einer in sich geschlossenen Gruppe verstanden werden. Ihr Zugang steht jedem Soldaten offen, sofern sich dieser durch Leistung, fachliches Können und charakterliche Eignung qualifiziert. Der interne Zusammenhalt wird zwar – wenngleich in unterschiedlicher Ausprägung – durch die gemeinsame Institution, den Fahneneid, die Aufgabe und die Ausbildung, sowie die Uniform manifestiert, doch darf die Kohäsionskraft dieser Faktoren nicht überbewertet werden, so sehr sie vielleicht auf den ersten Blick nach außen hin monolithisch wirken mag. Alle diese Offiziere waren vormals von ihrem Elternhaus geprägte Schüler und danach von militärischen Idealen und Vorgesetzten erzogene und ausgebildete Offizieranwärter und junge Leutnante, die zugleich den mannigfaltigen Einflüssen der Gesellschaft ausgesetzt waren.

Die Offiziere der Aufbaujahre von 1955 bis 1965 umfasste Führer mit dem Erleben zweier Kriege und dreier Staatsstrukturen: Frontoffiziere des Ersten und Zweiten Weltkriegs, die in Kaiserreich, Weimarer Republik und Drittem Reich gedient hatten und solche, die erst unter Hitler Soldat geworden waren. In den Jahren von 1965 bis 1985 rückten dann Offiziere an die Schaltstellen der Bundeswehr nach, die im Zweiten Weltkrieg noch als Leutnante, Unteroffiziere und „Flakhelfer" gekämpft hatten. Für deren Auswahl waren noch die Anforderungen des Krieges als Prinzipien gültig,

die in der Heeresdienstvorschrift „Truppenführung (HDv 300/1 – 1. Teil
von 1936) wie folgt umrissen sind:
*„Der Krieg stellt den einzelnen auf die härteste Probe seiner seelischen
und körperlichen Widerstandskraft. Daher wiegen im Kriege die Eigenschaften des Charakters schwerer als die des Verstandes, mancher tritt auf
dem Schlachtfelde hervor, der im Frieden übersehen wurde."* (Nr. 5)
    *„Das Beispiel und die persönliche Haltung des Offiziers ... sind von
bestimmendem Einfluß auf die Truppe. ... Er muß aber auch den Weg zum
Herzen seiner Untergebenen finden und ihr Vertrauen durch Verständnis für
das Fühlen und Denken, sowie durch nie rastende Fürsorge erwerben. Das
gegenseitige Vertrauen ist die sicherste Grundlage der Mannszucht in Not
und Gefahr."* *(Nr. 8)* [33]

Diese Grundsätze sind zeitlos, aber sie sind primär auf den Krieg ausgerichtet und müssen für die Auswahl des militärischen Führungsperso-
nals in Friedenszeiten angepasst werden. Ein nicht unbeträchtlicher Teil
der internen Auseinandersetzung in den Anfangsjahren der Bundeswehr
zwischen den „Reformern" und den „Traditionalisten" beruhte auch auf
diesem unterschiedlichen Blickwinkel. Der geistige Spagat lag zudem
darin, dass die Personalauswahl für die unteren und mittleren Ebenen vor
allem im Heer als der größten Teilstreitkraft, sich an den Anforderungen
eines möglichen Krieges – euphemistisch mit „Ernstfall" verschleiert –
ausrichtete, also auf den Führer im Kampf. So hatten z. B. die ersten
Führungsvorschriften des Heeres die Formulierungen der Wehrmacht
zum Teil wörtlich übernommen. Für die Spitzenverwendungen hingegen
brauchte man diesen Offizierstypus weniger. In der Tat ist die Bundeswehr
in erster Linie von Offizieren konzipiert und aufgebaut worden, die nur
über geringe Führungs- und Truppenerfahrung in Krieg und Frieden verfügten. Damit war ein Spannungsverhältnis zwischen Truppe und oberster
Führung vorprogrammiert. Die jüngeren Offiziere, auf die Bewährung im
Kampf ausgerichtet, belächelten bisweilen „die" Generale an der Spitze,
und sprachen ihnen Führungsqualitäten ihrer Interpretation schlichtweg
ab. „Durchgeistigte Naturen" wie de Maizière, Graf Baudissin und auch
Querdenker Schmückle waren den „Kämpfernaturen" in der Truppe suspekt. „Die Besten sind vor dem Feind geblieben," wurde süffisant in den
Casinos verbreitet, was heißen sollte: wer überlebt hat – zumeist in irgend-
welchen Stäben – war zweite Wahl. Selbst junge Offiziere, die noch nie
einen scharfen Schuss im Krieg erlebt hatten, mokierten sich z. B. über de
Maizière, unwissend, dass dieser lange an der Ostfront im Einsatz war. Der
in weiten Teilen der Bundeswehr vorherrschende Eindruck, General-

---

33   zitiert in: Hermann, Carl Hans   Deutsche Militärgeschichte S. 471

inspekteur de Maizière habe kaum Kriegserfahrung ist, ist offenbar bewusst kolportiert worden, wobei „Kriegserfahrung" auf die taktische
Ebene und auf den Kampf Mann gegen Mann verengt wurde. Sein profes-
sorales Auftreten mag diese Vorurteile unterstützt haben. Unsachlich und
vor allem unkameradschaftlich waren auch jene süffisanten Casinogesprä-
che, die seine künstlerischen und musischen Fähigkeiten (Klavierspiel) in
einen bewussten Kontrast zu den soldatischen zu stellen versuchten, nach
dem falschen Motto: Künstlerische Begabung und Soldatsein schließen
sich aus.

Zwischen 1985 und 2005 kamen die Soldaten der Jahrgänge, die bei
Kriegsende Kinder und Jugendliche waren und dann seit Anfang der
neunziger Jahre die Nachkriegsgeneration in Führungspositionen. Es ist
im Kern eine heterogene Gemeinschaft, deren Zusammenhalt optisch nur
durch die Uniform deutlich wird. Sie unterscheiden sich in vielfältiger
Hinsicht; so in Bezug auf Herkunft, Ausbildung, Werdegang und berufliche
Qualifikation. Wie extrem die Standpunkte dabei auseinanderliegen, zeigt
die Tatsache, dass ein Brigadegeneral a.D. der Bundeswehr sogar Mitglied
in einem der Fördervereine der „Wehrmachtsausstellung" war.

Im Wissen um diese geistige Bandbreite forderte die Heeresdienstvorschrift „Führung im Gefecht" von 1973:

*„Gegenseitiges Verständnis aller Führer im gemeinsamen militärischen
Denken und Handeln ist Voraussetzung für den Erfolg. Es beruht auf gleichen Führungsgrundsätzen, gleichem Rechtsdenken, dem gemeinsamen Ziel
militärischer Erziehung und Ausbildung sowie auf >einheitlicher Sprache<
mit eindeutigen Begriffen."* [34]

Doch diese Zielsetzung, z. B. in der Generalstabsausbildung einen gemeinsamen Grundstein hinsichtlich Ausbildungsnormen und Denken zu
legen, dürfte in erster Linie nur beim militärischen Fachwissen erreicht
sein. Das Offizierkorps ist keine abgeschottete Kaste, sondern integraler
Bestandteil einer offenen Gesellschaft, und so wirken – neben individuellen Bedürfnissen – auch hier vielfältige, oft konträre Außeneinflüsse und
Interessen, die einer homogenen Ausrichtung entgegenstehen.

Arnold Gehlen hat den Satz geprägt: „Die Elite von morgen wird die
Elite der Askese sein," [35] und genau diese Forderung stellte – im Sinne
jenes Postulats „Mehr sein als scheinen, viel leisten, wenig hervortreten" –
auch Generaloberst von Seeckt in seiner Weisung zur Erziehung des Heeres im Jahre 1921 auf:

*„Nicht in äußeren Ehren, sondern in der inneren Befriedigung, die erfüll-
te Pflicht gibt, sucht der Soldat den Lohn seiner Taten. Weit von sich weist er
das persönliche Streben nach Gewinn und Wohlleben. In einfacher und wür-
diger Lebensführung, ... , in selbstloser Arbeit zum Wohle des Ganzen sei der*

Soldat, in welcher Stellung er sich auch befindet, allen Kreisen des Volkes ein Vorbild." [36]

Das Gegenteil dieser „Elite der Askese" ist eine parasitäre Elite, die nur auf Privilegien, Macht und eigenen Vorteil bedacht ist; als Beispiel kann die politische Elite im Dritten Reich dienen, die nicht nur das eigene Land in den Ruin getrieben hat.

Doch Gehlens Aussage ist keineswegs neu, denn auch in der Vergangenheit hatte die Elite eine dienende und asketische Form und war besonders in Preußen unter Friedrich dem Großen, dem „ersten Diener" seines Landes, ausgeprägt. Zwar war das Motto „Ich dien" weit älter, [37] doch die „preußischen Tugenden" – wie z. B. Aufrichtigkeit, Bescheidenheit, Sparsamkeit, Pflichtbewusstsein und Treue – setzten es in praktische Haltungs- und Handlungsanweisung um. In diesem Zusammenhang darf auch der Hinweis nicht fehlen, dass die Bezeichnung „Offizier" auf den lateinischen Ursprung „officium" zurückgeht und mit Begriffen wie Dienst, Pflicht und Verantwortung dessen Kernbereich beschreibt. Gehlen und Seeckt haben diesen Aufgabennukleus nur mit anderen Worten beschrieben. Im Vergleich dazu kommt dieses Vorbild sein in anderen Sprachen weniger zum Ausdruck. So heißt der Offizier z. B. im Arabischen „Dhabit." Das Wort ist vom Wurzelstamm „dhabata" abgeleitet, der auf „kontrollieren," und „regulieren" ausgerichtet ist, d. h. eine andere Rollenzuweisung des Offiziers beinhaltet. Trotz vieler Brüche in der Tradition hat sich diese in erster Linie auf Pflicht und nicht auf Privilegien ausgerichtete Haltung im Offizierkorps bis heute kaum verändert und wurde auch in der Bundeswehr ein Erfolg der Weitergabe übergreifender Erziehungsideale und damit Tradition im besten Sinne. Minister Rühe wies auf diese doppelte Bindung militärischer Vorgesetzter hin:

„Offiziere und Unteroffiziere werden in besonderer Weise in die Pflicht genommen – gegenüber den Menschen, denen sie Vorgesetzte sind, und für das Allgemeinwohl, dem sie dienen." [38] *Tugenden, wie Verantwortungsbewusstsein und Pflichterfüllung wurden bisweilen spöttisch-abfällig als*

---

34   HDv 100/100 (TF/G – „Führung im Gefecht") Nr. 607
35   zitiert in: Gerstenmaier, Eugen   Reden und Aufsätze Bd. 2 S. 125
36   Generaloberst von Seeckt   Grundlagen der Erziehung des Heeres vom 1.1.1921 (Heeresverordnungsblatt Nr. 79 vom 30.12.1920) in: Hermann Carl Hans   Deutsche Militärgeschichte S. 367
37   Es war der Wappenspruch von Johann dem Blinden (1296-1346), wurde dann von Prinz Edward von Wales (1330-1453), dem „Schwarzen Prinzen," übernommen und ist bis heute das Motto des englischen „Order of Bath."
38   Rühe, Volker   Rede auf der 36. Kommandeurtagung der Bundeswehr am 5. November 1997 in Berlin

„Sekundärtugenden" bezeichnet, mit denen man wie Oskar Lafontaine es einmal ausdrückte, „auch ein Konzentrationslager betreiben könne." [39]
Doch auch Politiker des christlichen Lagers – wie Dr. Norbert Blüm (* 1935/ CDU) – beteiligten sich an dieser Werte-Demontage:
„Ich habe die Gesänge von der treuen Pflichterfüllung nie verstanden. Ob einer im KZ gedient hat oder an der Front, macht in meinen Augen nur einen graduellen Unterschied aus. Das KZ stand schließlich nur so lange, wie die Front hielt." [40]
Vernichtende und diffamierende Worte aus dem Munde von zwei Politikern, die an verantwortlicher Stelle gewirkt haben – doch heuchlerisch und arrogant zugleich, hatten beide doch selbst nie die Ausnahmesituation eines Krieges erlebt. Gleichwohl wurden diese Tugenden indirekt in die Eidesformel des „treuen Dienens" übernommen und als Erziehungsmaxime in der Bundeswehr erfolgreich weitergegeben. Die dritte Frage bezieht sich auf die Erwartungen, die an Eliten gestellt werden. Als Kurzfassung kann man sagen: Führung, Vorbild, Können und die Einhaltung der gesetzlichen und allgemeinen Normen. Doch dahinter verbirgt sich die Suche nach Grundformen, durch die man das sittliche Tun und Sollen des Menschen erfassen und bewerten kann. Ihr Ursprung als Lehre von den Kardinaltugenden ist dabei europäisch-abendländisch geprägt und reicht bis in die griechische Antike zurück, wobei die Zahl 4 seit Aischylos (525-456 v. Chr.) überliefert ist:

- Gerechtigkeit (altgriech.: dikaiosone – latein.: justitia),
- Weisheit (altgriech.: sophia – latein.: prudentia),
- Tapferkeit (altgriech.: andreia – latein.: fortitudo), sowie
- Maß und Zucht (altgriech.: sophrosune – latein.: temperantia)

Für Sokrates (470-399 v.Chr.) waren die Tugenden (arete) den drei Ständen – Lehrstand, Wehrstand und Nährstand – zugeordnet und wurden von der alles umfassenden Tugend der Gerechtigkeit umrahmt. Für ihn ist Tugend Wissen und damit lehrbar. Der Wissende, der Beste (altgriech.: aristoi) ist weise und deshalb sittlich gut.
Platon (428-348 v. Chr.) ordnet den von ihm angenommenen drei Schichten der menschlichen Seele drei Grundfunktionen steuernder menschlicher Aktivität zu: der Vernunft die Weisheit, dem Handeln die Tapferkeit und dem Trieb das Maßhalten.
Für die Römer waren, was sich auch in der Sprache niederschlägt (latein.: vir = Mann), Tugend (latein.: virtus), Ehre und Mannhaftigkeit identisch. Im hebräischen Alten Testament fehlt zwar ein Gesamtbegriff für Tugend, doch es folgt der oben erwähnten antiken Vierergliederung, wobei die letzten drei Tugenden als „Früchte der Gerechtigkeit" dargestellt

werden. Im neuen Testament sind Gruppen von Tugenden genannt, so z. B. Freude, Friede, Geduld und Güte. Später wurden daraus die drei göttlichen Tugenden gebildet:

- Glaube (latein.: fides),
- Hoffnung (latein.: spes) und
- Liebe (latein.: amor)

Letztere besaß hierbei den höchsten Rang.[41] Alle Tugenden sind keine Charaktereigenschaften, sondern Leistungen, das heißt, sie müssen täglich aufs neue erworben und erkämpft werden. Als Gegenpol steht der Tugend das Laster (latein.: vitium) gegenüber, das auf die Enthemmung der drei Grundrichtungen menschlichen Strebens zielt – Genuss, Macht und Besitz. Bei der Elitediskussion in Deutschland werden zunehmend die Begriffe Vertrauen und Verantwortung betont. In seiner fünften und letzten „Berliner Rede" stellte Bundespräsident Johannes Rau am 12. Mai 2004 dazu fest:

„Wo Vertrauen fehlt, regiert Unsicherheit, ja Angst. Angst vor der Zukunft ist der sicherste Weg, sie nicht zu gewinnen. Angst lähmt die Handlungsfähigkeit und trübt den Blick für das, was in Staat und Gesellschaft tatsächlich grundlegend verändert werden muss, was neuen Bedingungen angepasst werden soll und was auf jeden Fall bleiben muss."

Vertrauen und Verantwortung spielen besonders bei der militärischen Führung im Einsatz eine entscheidende Rolle: der Soldat gehorcht seinen Vorgesetzten im Idealfall nicht allein aus der gesetzlichen Bindung heraus, sondern auch, weil er sowohl Vertrauen in deren fachliches Können als auch in deren Veranwortungsbewußtsein hat, das ihm nur erfüllbare Aufträge zuweist. Bei den Soldaten wird diese wechselseitige Beziehung zwischen Vertrauen und Verantwortung manchmal mit dem Spruch „Das ist ein Vorgesetzter, mit dem ich bedenkenlos in den Krieg ziehen würde" bekräftigt.

Auch Helmut Schmidt wies in einer Rede vor Studenten auf die enge Bindung zwischen Elite und Verantwortung hin:

„Sie sind auch auf dem richtigen Weg, wenn Sie anstreben, Elite zu werden. Nicht eine Elite derjenigen, deren Eltern Studiengebühren bezahlen können, sondern eine Elite der Leistung. .... Niemand hat bloß Rechte, jeder

---

39   „Helmut Schmidt spricht weiter von Pflichtgefühl, Berechenbarkeit, Machbarkeit, Standhaftigkeit. Das sind Sekundärtugenden. Ganz präzis gesagt: Damit kann man auch ein KZ betreiben." Für diese Äußerung hat sich Lafontaine später bei Schmidt entschuldigt.

40   zitiert in: „Spiegel" – Nr. 28/1979

41   siehe: Lexikon für Theologie und Kirche Band 10 S. 395 ff.

hat auch Pflichten. Und jede Elite muss auch eine Elite der Verantwortung sein."[42]

Und Prof. Gesine Schwan betonte bei der Diskussion um Eliten die Bedeutung von Verantwortung und Vertrauen:

„Bislang hat jede Gesellschaft Eliten ausgebildet. Es gibt aber einen Unterschied zwischen einer kommunistischen, einer nationalsozialistischen und einer demokratischen Elite, und insofern muss man normativ definieren, was man unter Elite versteht. Man muss im Bezugsrahmen der Demokratie auch sehen, inwiefern sie sich mit Freiheit und Gleichheit verträgt: Erstens muss es Durchlässigkeit geben, zweitens müssen die Leistungen der Elite wiederum normativ bestimmt sein. ... Am besten gefällt mir eine Definition der Elite als Gruppe von Vertrauensträgern."[43]

Gesine Schwan nennt nur eine der vier Kardinaltugenden – Gerechtigkeit – mit Namen, doch indirekt klingen zumindest Weisheit, sowie Maß und Zucht an; die Tapferkeit hingegen bleibt unerwähnt. Ihre Elite-Definition „Vertrauensträger" ist zwar zu schmal, doch sie weist auf den unmittelbaren Zusammenhang zwischen Vertrauen und Verantwortung hin. Mit der Übernahme von Verantwortung entsteht – wie beim Abschluss eines Vertrages – eine ethische Bindung zwischen dem, der Verantwortung übernimmt und denjenigen, die in diese eingebunden sind. Erstere werden dann „vom Vertrauen getragen" – sind somit Vertrauensträger, und für letztere entsteht ein Anspruch auf Fürsorge und Rechtfertigung. Das Wort Verantwortung impliziert dabei einen permanenten Dialog zwischen beiden in Form des Rechenschaft-Ablegens, was in der Präposition „sich verantworten vor" deutlich wird. In der Präambel des Grundgesetzes wird die Verantwortung sogar doppelt begründet: „Im Bewusstsein seiner Verantwortung vor Gott und den Menschen." Wegen dieses beiderseitiger Anspruchs reicht es daher nicht, wenn im Falle einer – vermuteten oder tatsächlichen – Pflichtverletzung der Verantwortliche nur lapidar erklärt: „Ich übernehme die Verantwortung," ohne dass er tatsächlich im Sinne einer rechtlichen Haftung für die Folgen der Handlung oder der Unterlassung eintritt. Die Kardinaltugenden – auf den militärischen Bereich übertragen – gelten gleichermaßen in den Binnenbeziehungen eines Truppenteils, z. B. im Verhältnis zwischen Vorgesetzten und Untergebenen wie auch im Verhältnis zwischen Militär und Politik und letztlich auch im militärischen Einsatz. Nach der gewonnenen Schlacht von Königgrätz im Jahre 1866 hielt Bismarck – den Primat der Politik durchsetzend – die preußischen Generale davon ab, im Siegesrausch auf Wien zu marschieren und vermied damit eine unnötige Demütigung der Habsburger. Das Musterbeispiel, welch weitreichende Konsequenzen das Nichtvorhandensein der Kardinaltugenden haben kann, ist die Politik

Hitlers, die in einer Zeitspanne von gerade zwölf Jahren, d. h. einer Amtszeit von nur drei Legislaturperioden nach heutigem Maßstab, neben millionenfachem Tod das Ansehen und das kulturelle Erbe Deutschland in der Geschichte und vor der Welt aufs schwerste beschädigte und noch auf Jahrhunderte belasten wird. Eliten stehen permanent im Spannungsfeld zwischen Privileg und Entsagung; ersteres bedeutet Machtausübung und Vorteilsnahme, das andere Verzicht. In diesem Sinne ist auch die alte Forderung an den Generalstabsoffizier, aber letztlich an jeden militärischen Führer, nach „Mehr sein als scheinen" zu verstehen, die in gewisser Weise auch Abkehr von oberflächlicher, öffentlicher Präsentation und damit Demut und Verzicht auf Eitelkeit bedeutet. Gerstenmaier verfolgte genau diese Linie mit seiner Feststellung:

„Denn wo die wahre Elite herrscht, dient sie." [44]

In unserer heutigen Mediengesellschaft verhallen solche Appelle, und daher hat das Vorbild der Bundeswehr in Bezug auf das Dienen keine Breitenwirkung. Öffentlicher Beifall ist kein verlässlicher Gradmesser für Pflichterfüllung. Vorbilder sind „out." Worte wie Leitbild oder Leitkultur klingen besser, geben sie doch nur eine behutsame allgemeine Richtung vor. Trotzdem werden sie im militärischen Bereich unverändert gefordert, so z. B. von Minister Rühe:

Ich will ... deutlich sagen, was ich von den militärischen Führern ... erwarte. ..... Unsere militärischen Führer müssen menschlich und fachlich Vorbild sein und überzeugen. Sie müssen das militärische Handwerk beherrschen. ... Sie müssen zu den politischen, historischen und moralischen Grundfragen ihres Berufes ein fundiertes Urteil entwickeln und vertreten – in und außer Dienst. .... Persönliche Belange müssen zurückstehen, wenn es der Dienst erfordert." [45]

Eindeutig stellte Rühe dabei auch fest, dass Tapferkeit keine überholte Tugend sei.

Die höchste Form des Dienens stellt dabei das persönliche Opfer dar – in einer Zeit der Selbstverwirklichung nicht sonderlich attraktiv, wobei Menschen, die dies praktizieren wie z. B. Mutter Teresa unterschwellig Respekt gezollt wird. In diesen Kontext gehört auch das Sterben für die

---

42 Schmidt, Helmut in: Festrede zur Eröffnung der International University Bremen (IUB) am 20. September 2001.

43 Schwan, Gesine, Prof. – Präsidentin der Europa-Universität Viadrina – Interview mit Ulrich Gutmair „Elite heißt Sinn für Verantwortung in: „Netzzeitung.de" (Voice of Germany) vom 22. Jan 2004

44 Gerstenmaier, Eugen Reden und Aufsätze Bd. 2 S. 136

45 Rühe, Volker Rede auf der 36. Kommandeurtagung der Bundeswehr am 5. November 1997 in Berlin

Gemeinschaft. Das Sterben für das Vaterland („mori pro patria") war –
bedingt durch zwei verheerende Weltkriege – lange verpönt und tabui-
siert. Doch ohne diese sublimierte Sinngebung des Todes sind Opfer am
Hindukusch oder auf dem Balkan weder von den Soldaten zu fordern,
noch den Hinterbliebenen gegenüber hinreichend zu erklären. Sie nur als
Unfälle oder als Preis des Auslandszuschlags zu deklarieren, würde das
Opfer sinnlos machen und die Betroffenen zu Söldnern degradieren.
Damit kommt der Dichter Walther Flex (1887-1917) wieder in Mode:
*„Leutnantsdienst tun heißt, seinen Leuten vorleben. Das Vorsterben ist
nur ein Teil davon!"* 46

Dies waren keine nostalgischen literarischen Erinnerungen, es war
Wirklichkeit. Während des Kalten Krieges war solches Denken ausgeblendet. Doch mit dem erweiterten Aufgabespektrum gewinnt es wieder an
Bedeutung – wenngleich nicht mehr im Sinne der Sturmangriffe des
Ersten Weltkrieges, wohl aber mit dem gleichen Ernst. Treues Dienen
heißt, Verantwortung für das Ganze zu übernehmen. Dieses „Ganze" stellt
sich für die jeweilige Ebene anders dar. So war und ist das Mitdenken für
die nächsthöhere Ebene – z. B. für den Kompaniechef auf Bataillonsebene,
den Brigadekommandeur auf Divisionsebene – integraler Bestandteil
militärischer Ausbildung. Es sollte daher in gleicher Weise auch für diejenigen
Offiziere gelten, die im Grenzbereich von Militär und Politik
Verantwortung tragen. Der frühere Bundestagspräsident Eugen
Gerstenmaier hatte bereits 1958 in einer Rede in Trier auf einer Tagung
des Kulturkreises im Bundesverband der Deutschen Industrie über das
Thema „Sinn und Schicksal der Elite in der Gemeinschaft" darauf hingewiesen. Gerstenmaier zitierte zunächst Generaloberst Beck:

*„Es ist ein Mangel an Größe und Erkenntnis der Aufgabe, wenn ein
Soldat in höchster Stellung in solchen Zeiten seine Pflicht nur in dem
begrenzten Rahmen seiner militärischen Aufgaben sieht, ohne sich der höchsten Verantwortung vor dem gesamten Volk bewusst zu werden."* 47

Am Beispiel Becks fordert Gerstenmaier, dass auch die „Fachelite"
Blick auf und Verantwortung für das Ganze bei ihrem Planen und Handeln
beachten muss:

*„Was damals Generaloberst Beck dem Oberbefehlshaber des Heeres
schrieb, geht nicht nur Generale in Diktaturen an. Seine Gesinnung und
Haltung sind und bleiben vielmehr von exemplarischer Gültigkeit. Hier ist
nämlich schlicht daran erinnert, daß auch die sogenannte Fachelite mit
ihrem fachlichen Wissen und Können keineswegs nur zu maximaler und
optimaler Fachleistung verpflichtet ist, sondern daß sie dabei und darüber
hinaus eine unmittelbare Verantwortung für das Ganze hat, in dem sie steht
und wirkt."* 48

Gerstenmaier unterscheidet hier nicht zwischen Alltag und der Ausnahmesituation eines 20. Juli. Auf die Problematik, dass sein Postulat gleichzeitig ein Überschreiten der Grenze zum Primat der Politik bedeutet, geht er nicht ein. Die Generalität und Admiralität der Bundeswehr kann in mehrfacher Hinsicht mit den Angehörigen des diplomatischen Corps, d. h. den Spitzenbeamten (ab Besoldungsgruppe B6 (Generalkonsul, Gesandter, Botschafter) [49] des Höheren Auswärtigen Dienstes, nach Schwelien „noch immer so etwas wie der Adelsstand der politischen Klasse," [50] verglichen werden:

„Vielgeschmäht, vielgepriesen – und beides oft aus den falschen Gründen – hat sie (= die militärische Elite) die Wandlungen der Jahrzehnte seit dem Ende des Ersten Weltkrieges im Grunde bemerkenswert unangefochten bestanden. In der Bundesrepublik noch ist die Generalität die Elite mit dem höchsten Anteil der in Mittel- und Ostdeutschland Geborenen (41 %) sowie dem höchsten Anteil der Protestanten. Es gibt noch zwei andere Rekorde, um die die Generalität mit den Diplomaten konkurriert: der Anteil der Adligen ist mit über 15 % nach wie vor außerordentlich hoch; der Anteil der Kinder aus Oberschichtfamilien ist ebenfalls überdurchschnittlich hoch." [51]

In der Bundeswehr ist der Anteil des Adels in der Generalität und Admiralität gesunken.

Von den insgesamt 1.521 Generalen und Admiralen (1955 bis Mai 2005) kommen nur 100 Offiziere aus dem Adel. Dies entspricht 6,6 %. Der höchste Prozentsatz findet sich unter den Generalen und – Admiralen; alle gehören dem Heer an.

- 40 Generale/Admirale – davon 6 aus dem Adel = 15%
- 200 Generalleutnante/Vizeadmirale – davon 17 aus dem Adel = 8,5 %
- 413 Generalmajore/Konteradmirale – davon 27 aus dem Adel = 6,5 % und
- 868 Brigadegenerale/ Flottillenadmirale – davon 50 aus dem Adel = 5,8 %.

---

46   Flex, Walther   Wanderer zwischen den Welten. Flex, der Kriegsfreiwillige, fiel mit gerade dreißig Jahren am 16. Oktober 1917 als Offizier im 3. (Niederschlesischen) Infanterieregiment 50 bei einem Angriff bei Peudehof auf der Insel Ösel.
47   zitiert in: Gerstenmaier, Eugen   Reden und Aufsätze Bd. 2 S. 121
48   Gerstenmaier, Eugen   Reden und Aufsätze Bd. 2 S. 121
49   soweit diese nicht den Besoldungsgruppen A15, A 16 und B3 angehören.
50   Schwelien, Michael   Joschka Fischer – eine Karriere S. 50
51   Dahrendorf, Ralf   S. 281 f.; Dahrendorf zitiert hier: Zapf, W.   Wandlungen der deutschen Elite 1919 – 1961 München 1965. Zur Herkunftstruktur der Generale und Admirale der Wehrmacht (ohne Waffen-SS) siehe: Stumpf, Reinhard   Die Wehrmacht-Elite

Damit liegt der Anteil des Adels in der militärischen Führungsspitze (100 : 1.521; dies entspricht 1 : 0,066) mehr als doppelt so hoch wie in der Bundespolitik, wo die Quote bei etwa 1 : 0,027 liegt – 2.831 MdB : 77; siehe dazu Nr. 1.3).

Die militärische Spitzengruppe der Bundeswehr besteht aus etwa 200 Generalen und Admiralen. Somit kam bis zur Wiedervereinigung – gemessen an vormals ca. 489.000 Soldaten – ein General/Admiral auf 2.450 Mann (= 1: 2.450). Bezogen auf die drei Teilstreitkräfte hingegen war es jedoch unterschiedlich. Vergleicht man nach dem Weißbuch von 1985 die Zahl der Generale und Admirale [52] mit der Ist-Stärke der drei Teilstreitkräfte im Frieden, so ergibt sich folgendes Bild:

- Heer   : 119 Generale : 340.000 Mann = 1 : 2.857
- Luftwaffe : 57 Generale : 110.700 Mann = 1 : 1.942
- Marine   : 27 Admirale : 38.300 Mann = 1 : 1.418

Die Marine hatte somit einen günstigeren Anteil an Admiralen. [53] Mit der Verringerung der Personalstärke nach der Wiedervereinigung blieb die Zahl der Generale und Admirale in etwa gleich. Vergleicht man sie mit im Frühjahr 2005 mit der Personalstärke der Streitkräfte von ca. 257.000 Soldaten, so ergibt sich mit 1 : 1.236 ein günstigeres Verhältnis. Die Dienstgradstruktur der Generale und Admirale (einschl. der Sanitätsoffiziere) stellt sich wie folgt dar:

Sterne	1955 – Mai 2005			im Februar 2005		
✶ ✶ ✶ ✶	40	=	2,6 %	4	=	1,9 %
✶ ✶ ✶	200	=	13,2 %	23	=	11,1 %
✶ ✶	413	=	27,1 %	48	=	23,1 %
✶	868	=	57,1 %	133	=	63,9 %
	1.521	=	100 %	208	=	100 %

Im Vergleich zur Stärke des Offizierkorps der Bundeswehr mit durchschnittlich etwa 27.000 Mann (nur Truppen- und Sanitätsdienst) stellen die Generale und Admirale nur maximal etwa 0,8 Prozent, d. h. von 120 Offizieren steigt höchstens einer in die Spitzengruppe auf. Damit liegt dieser Satz im Rahmen des von Dahrendorf für eine Elite genannten einen Prozents. Und innerhalb der Generalität und Admiralität erreichen nur etwa 2 % aller Generale und Admirale den Rang eines Vier-Sterne-Generals bzw. – Admirals.

Welcher Elite-Definition man letztlich auch zuneigt – es ist unstrittig, dass die Führungsspitze jeder Organisation – und damit auch die der Bundeswehr – als bestimmende und prägende Kraft sowohl nach innen und damit als Elite wirkt und auch nach außen zumindest als Funktionselite angesehen werden muss. In der Reichswehr war dies offenbar anders. Der General der Infanterie Dietrich von Choltitz (1894-1966) stellte fest, dass das Offizierkorps der Reichswehr, obwohl es mit nur 4.000 Mann relativ klein war, „einen erstaunlich großen, gesellschaftlichen Einfluss ausübte." [54] Diese Aussage wird man jedoch für das Offizierkorps der Bundeswehr – obwohl es zahlenmäßig etwa fünfmal größer war und ist – nicht treffen können. Eine solche Rollenzuweisung würde innerhalb und außerhalb der Streitkräfte auf vehemente Ablehnung stoßen. Die Funktion einer übergreifende Elite wird und kann die militärische Führung nicht wahrnehmen, auch wenn sie hinsichtlich Leistung, Können, einer erfolgreich auf Verantwortung und Pflichterfüllung ausgerichteten Erziehung und wegen ihres auf den Staat ausgerichteten Denkens und Handelns, sowie ihrer ausgeprägten Loyalität gegenüber dem Staat Kriterien aufweist, bei denen sie im Vergleich zu anderen Eliten im Vorteil ist. Auch die Frage, ob und inwieweit wenigstens einzelne Offiziere, z. B. die wenigen aktiven Vier-Sterne-Generale und -Admirale, zur politischen Elite gehören, ist eher zu verneinen, denn sie agieren in der Regel nur im Auftrag ihres Ministers und somit innerhalb eines von ihm vorgegebenen Rahmens. Dieser Verzicht auf einen übergreifenden Elitestatus der militärischen Führungsspitze – jenes Verweilen im Halbschatten – beruht in erster Linie auf Selbstbeschränkung und dem Rollenverständnis hinsichtlich der verfassungsmäßig vorgegebenen Aufgabenverteilung. Ein übergreifender Eliteanspruch würde die Anerkennung des Primats der Politik berühren. Schließlich ist der Verzicht auf eine Eliterolle des Militärs auch politisch gewollt – die Schatten des Militarismus in der Kaiserzeit und die Furcht vor ungewollter militärischer Einmischung wie in der Weimarer Republik werfen lange Schatten. Die vierte Frage ist die nach der Schaffung und Auswahl von Eliten. Reichlich unbedarft muten dabei Vorstellungen an, man brauche nur etwas Geld in die Ausbildung zu investieren, und sofort ließen sich damit gleichsam auf Knopfdruck „Eliten ex machina" züchten; auch darin wird die Eindimensionalität dieser Elitevorstellung deutlich, was zudem nicht nur reichlich naiv, sondern höchst

---

52 Weißbuch 1985 S. 253
53 In der Reichswehr lag das Verhältnis bei 1 : 2.211 (gesamt), beim Heer bei 1 : 2.272 und in der Marine etwa bei 1 : 1.500. Die Zahl der Generale schwankte im 100.000 Mann-Heer zwischen 42 und 44 und die der Admirale bei den 15.000 Marinesoldaten zwischen 9 und 12. Dies bedeutet, dass auch damals die Marine ein günstigeres Verhältnis „Soldat : Admiral/General" aufweisen konnte als die Landstreitkräfte. Siehe dazu auch: Stumpf, Reinhard Die Wehrmacht-Elite S. 15 ff.
54 Aus den Memoiren des Generals von Choltitz „Soldat unter Soldaten" – zitiert in: Demeter, Karl Das Deutsche Offizierkorps in Gesellschaft und Staat 1650 – 1945 S. 226

gefährlich ist. Sicherlich ist die Schaffung äußerer Rahmenbedingungen wichtig, doch Eliten brauchen Zeit zum Wachsen, da sie ansonsten nur auf der Stufe von Prominenz kurzlebig und letztlich wirkungslos aufblühen. Eliten entstehen zunächst innerhalb ihres eigenen organisatorischen Teilbereiches, wobei sich die Mitglieder entweder durch herausragende Leistungen selbst qualifizieren oder dieses Können im Rahmen eines Prüfungszyklus unter Beweis stellen. Ein Beispiel ist der Sport: die sportliche Elite rekrutiert sich vor allem bei Wettkämpfen, wobei die Auswahl dadurch erleichtert wird, dass die Kriterien mess- und nachprüfbar sind. Gerade hier wird sichtbar, dass der Trend zu Globalisierung auch bei den Eliten vorhanden ist, was zugleich bedeutet, dass auch das übergeordnete Ganze einer Veränderung unterliegt. Überdies ist der Sport das Paradebeispiel für die Zirkulation von Elite – allein gesteuert durch Natur und Altern.

1.3 Der Aufstieg zum Gipfel – Die Personalauswahl

Wie wird man General oder Admiral? [55] Diese Frage ist auf den ersten Blick leicht zu beantworten: durch weit überdurchschnittliches Können und Arbeitseinsatz, sowie charakterliche Eignung. Der Dreiklang von Intellekt, Leistung und Charakter – Kriterien einer Elite eben. Auch Glück mag als Zünglein an der Waage bisweilen dabei sein, aber hier gilt die Volksweisheit, dass es auf die Dauer nur der Tüchtige hat. Doch nach welchen Kriterien erfolgt deren Ausbildung, Erziehung und Auswahl, sind sie quantifizierbar und damit nachzuvollziehen? Oder unterliegt die Wahl einem dunklen, archaischen Ritual? Ist es eine geschlossene, abgeschottete Gruppe oder gibt es Durchlässigkeit? Wer sind die Auswählenden?

Die allgemeine Richtschnur, den richtigen Mann – und seit einigen Jahren, wenngleich noch sehr eingeschränkt, auch die richtige Frau – auf den richtigen Platz zu bringen, gibt das Soldatengesetz vor: Paragraph 37 bestimmt, dass zum Zeit- und Berufssoldaten nur berufen werden darf, wer – abgesehen von der deutschen Staatsbürgerschaft – die Gewähr dafür bietet, dass er jederzeit für die freiheitliche demokratische Grundordnung im Sinne des Grundgesetzes eintritt und die charakterliche, geistige und körperliche Eignung besitzt, die zur Erfüllung seiner Aufgaben als Soldat erforderlich ist." Der Soldat ist dann gemäß Paragraph 3 (Ernennungs- und Verwendungsgrundsätze) „nach Eignung, Befähigung und Leistung ohne Rücksicht auf Abstammung, Rasse, Glauben, religiöse oder politische Anschauungen, Heimat oder Herkunft zu ernennen und zu verwenden."

Die charakterlichen und fachlichen Beurteilungskriterien sind breit gefächert; dazu gehören u. a. körperliche Leistungsfähigkeit, Einsatzbereitschaft, Belastbarkeit, Fürsorge, geistige Beweglichkeit, organisatorisches und fachliches Können, technisches Verständnis, Verantwortungsbewusstsein, Menschenführung, Durchsetzungsvermögen und Kameradschaft. Fremdsprachen besitzen steigende Bedeutung. Mit den Beurteilungsschemata anderer Bundesministerien oder auch dem der NATO kann sich das Auswahlsystem des Verteidigungsministeriums durchaus messen. Die Kriterien, die den Einstieg in die militärische Elite öffnen, sind also bekannt, unterliegen Recht und Gesetz und sind von außen – z. B. durch parteipolitischen Einfluss – nur begrenzt übersteuerbar. Die meisten von ihnen sind quantifizierbar und sie sind so ausgelegt, dass die Durchlässigkeit und damit die Chancen in bestimmten Grenzen gewahrt bleiben.

Während der gesamten Dienstzeit – vom Eintritt in die Armee bis wenige Jahre vor dem Ausscheiden aus dem aktiven Dienst – wird der Soldat auf allen Führungsebenen nicht nur fachlich ausgebildet, sondern auch erzogen und auf diesen beiden Säulen für den Aufstieg in der militärischen Hierarchie ausgewählt. Der jeweils nächste und nächsthöhere Vorgesetzte – mit ihrer dreistufigen Aufgabe Führung, Erziehung und Ausbildung – sind dabei diejenigen, denen die Verantwortung für die Auswahl obliegt. Durch den Wechsel dieser Vorgesetzten und auch die Versetzung des zu Beurteilenden werden mögliche persönliche Vor- und Nachteile ausgeglichen. Überdies entsteht dadurch ein Charakter- und Leistungsbild, das auf einer breiten Basis ruht und auch Entwicklungsschritte über die Zeit nachvollziehen lässt.

Die Auswahl der politischen Elite hingegen ist weitgehend ungeregelt. Zu einem Teil erfolgt sie nach parteiinternen Kriterien, die durchaus noch nach qualitativen Grundsätzen aufgestellt werden. Der Schwerpunkt und damit der Kern der Auslese findet jedoch durch die Wahlen statt. Bei letzteren spielen die Medien eine wichtige Rolle. Politische Elitenbildung erfolgt somit im weitesten Sinne durch Akklamation, d. h. durch Zuruf mittels Stimmzettel. Es ist eine Kombination aus Marktschreierei – wer am lautesten ruft, verkauft sich am besten – und dem Prinzip des „panem et circenses" – wer den wählenden Massen am meisten bietet, sie am besten unterhält und ihnen zugleich am wenigsten abfordert – wird auf den Schild gehoben. Der Faktor Quantität ersetzt Qualität. Überdies ist es sehr oft ein Prozess, der innerhalb einer kurzen Zeit abläuft; auch dadurch

---

55   1978 erschien in der ZEIT eine Artikelserie von Nina Grunenberg unter dem Titel „Wie wird einer zum General?"

rückt die Frage tatsächlicher Qualifikation immer weiter in den Hintergrund. Die Mehrheit wählt sich eine Minderheit, von der sie annimmt, sie werde den Anforderungen einer Führungselite gerecht. Dabei kann man davon ausgehen, dass die wenigsten Wähler überhaupt wissen, welche Fähigkeiten dazu notwendig sind. Man beschränkt sich auf die vom Gesetz vorgegebenen Ordnungs- und Wertevorstellungen wie z. B. Achtung der Grundrechte und der Gesetze allgemein. Weitergehende charakterliche und fachliche Anforderungen werden kaum berücksichtigt und als Forderungskatalog gestellt. Der Wähler vertraut auf das alte Sprichwort „Wem Gott ein Amt gibt, dem gibt er auch Verstand." Der deutsche Aphoristiker Gerhard Uhlenbruck (* 1929) ergänzte es mit resignierendem Unterton: *Nur werden die Ämter leider nicht von Gott vergeben!"*

Wie überall, werden Mängel bei der Qualifikation oft erst dann erkannt und gewinnen auch erst dann an Bedeutung, wenn es zu Verstößen gekommen ist. Nun auf einmal heißt es, der Betreffende habe z. B. nicht das nötige Verantwortungsbewusstsein besessen, habe ein schlechtes Beispiel gegeben oder es an Augenmaß fehlen lassen. Er sei überschätzt worden oder habe sich selbst überschätzt. Es sei unverständlich, wie er auf diesen Posten habe berufen werden können. Vor der Wahl spielte die Frage nach dem Vorhandensein derartiger Kriterien beim jeweiligen Kandidaten keine Rolle – im Gegenteil. Kritische Fragen in diese Richtung werden zumeist als unsachlich abgetan. Kontrolle und Abwählbarkeit der gewählten politischen Elite stoßen selbst in einer Demokratie an gewisse Grenzen: so bleibt z. B. selbst in Fragen von grundsätzlicher Bedeutung – wie die Einführung des Euro in Deutschland gezeigt hat – der Wille des Volkes unberücksichtigt.

Die Herkunftselite des Adels hat sich in den letzten Jahrzehnten auch in der politischen Arena rar gemacht. Zunächst hatten sich noch viele von ihnen beim Aufbau des neuen Staates nach dem Zusammenbruch engagiert und setzten damit das Erbe jener fort, die im Krieg und durch die Verfolgung umgekommen waren. Sie wirkten breitgefächert im Auswärtigen Dienst, in der Wirtschaft und auch in der Bundeswehr. Doch seit Jahren ist sein vormaliges staatstragendes, dienendes Engagement rückläufig. Auch der Adel musste – wie ein Blick in die Medien zeigt – nicht nur in Deutschland seinen Tribut an den Zeitgeist entrichten – Adel verpflichtet zwar immer noch, aber mit sinkender Tendenz und nicht mehr alle seine Angehörigen. Der Rückgang von Abgeordneten des Deutschen Bundestages mit einem Adelsprädikat im Namen bzw. aus einer adeligen Familie stammend [56] stellt sich wie folgt dar:

    7. Wahlperiode : 19 Abgeordnete
  10. Wahlperiode : 16 Abgeordnete

11. Wahlperiode : 10 Abgeordnete
14. Wahlperiode : 10 Abgeordnete
15. Wahlperiode : 8 Abgeordnete
Von insgesamt 2.831 Abgeordneten, die das Handbuch des Deutschen
Bundestages im Zeitraum zwischen 1949 und dem 28. Februar 1998 (1. –
13. Wahlperiode) nennt, führen 77 ein Adelsprädikat im Namen. Dies entspricht einem Anteil von 2,8 % und liegt damit beträchtlich unter den
genannten Prozentanteilen des Adels unter den Generalen und Admiralen
der Bundeswehr.

Die Auswahl für die Spitzenstellen war bei Aufstellung der Bundeswehr
keine leichte Aufgabe. Am Ende des Krieges 1945 gab es etwa 1.400 deutsche Generale und Admirale. Aus unterschiedlichen Gründen – u. a. auch
wegen des Alters – war nur ein kleiner Teil von ihnen bereit, sich neuen
Streitkräften zur Verfügung zu stellen. Groß waren auch die Vorbehalte
derjenigen, die sich zwischenzeitlich zivilberuflich orientiert hatten und
einer Wiederaufrüstung distanziert gegenüberstanden. Im Wissen um die
Zurückhaltung vieler ehemaliger Soldaten, sich wegen der anhaltenden
Diskriminierung nicht einem Dienst in den neuen deutschen Streitkräften
zur Verfügung zu stellen, versuchten Heusinger und Speidel, die Vertreter
der Hohen Kommission zu überzeugen, eine Revision der These von der
Kollektivschuld der Wehrmacht zu unterstützen. Ende Januar 1951 kam
der US-General Dwight D. Eisenhower, der kurz vorher zum ersten
Oberbefehlshaber der NATO in Europa (SACEUR) ernannt worden war,
nach Deutschland. Speidels Bemühungen beim Stellvertretenden
Hochkommissar, Generalmajor Georg P. Hays waren erfolgreich, denn am
22. Juni 1951 unterzeichnete Eisenhower in Bad Homburg nach einem privaten Treffen mit Heusinger und Speidel im Rahmen einer kleinen
Zeremonie den Text, den die beiden deutschen General erstellt hatten. Die
Tatsache, das „Einzelpersonen" im Krieg „unehrenhafte und verächtliche
Taten" begangen hätten, falle auf diese selbst zurück und „nicht auf die
große Mehrheit deutscher Soldaten und Offiziere." [57] Hier sei allerdings
an Generaloberst von Seeckt erinnert, der als Chef der Heeresleitung im
Heeresverordnungsblatt vom 1. Januar 1921 unmissverständlich darauf
hingewiesen hatte, dass „Verfehlungen einzelner ... dem ganzen Stand zur
Last" fallen. Dennoch war das Angebot größer als die Nachfrage, denn in
den neuen deutschen Streitkräften wurden nur etwa 40 benötigt – keine
leichte Aufgabe, wenngleich der „Drang" nur wenige Jahre nach einem ver-

---

56 Insgesamt ist ihre Zahl bis Mitte 2005 nur auf 82 gestiegen. Davon waren : Fürst/Prinz: 6
    (einschl. des FDP-MdB Dr. Hermann Otto Solms; eigentlich Prinz zu Solms-
    Hohensolms-Lich); Graf : 12; Freiherr/Baron:21; de/van/von/zu/zum: 43
57 Wettig Entmilitarisierung S. 400 f.

heerenden Krieg wieder zu den Fahnen zu eilen, sich in Grenzen hielt. [58] Der boomende Arbeitsmarkt bot oft auf dem zivilen Sektor attraktivere Posten. Die Auswahl wurde dem durch den Bundestag eingesetzten Personalgutachterausschuss (PGA) unter Leitung des Staatssekretärs a.D. Wilhelm Rombach übertragen, der für die Einstellung von ehemaligen Wehrmachtsoffizieren von Obersten (bzw. Kapitän zur See) aufwärts zuständig war. An keinen Zweig des öffentlichen Dienstes der Bundesrepublik Deutschland sind bei der Wiedereinstellung solch hohe Anforderungen gestellt worden wie an die im Entstehen befindliche Bundeswehr. Bei nicht wenigen alten Soldaten stieß diese Form der Überprüfung auf Widerstand und ließ sie von einer Bewerbung Abstand nehmen, weigerten sie sich doch, ihre „Gesinnung" auf diese Weise prüfen zu lassen. Allerdings hat das Verfahren in der Rückschau die Bundeswehr vor Problemen bewahrt, die andere Teile des öffentlichen Dienstes (z. B. die Justiz) in späteren Jahren einholten. Neben diesem Ausschuss waren auch ranghohe ehemalige Offiziere der Wehrmacht als periphere Berater eingebunden, so z. B. Generalfeldmarschall Erich von Manstein (1887-1973) und Generaloberst Franz Halder (1884-1972), von 1938 bis 1942 Generalstabschef des Heeres.

Die Personalauswahl für Spitzenverwendungen wird stets ein Kompromiss zwischen dem Truppenführer und dem Spezialisten bleiben. Sicherlich war die Personalauswahl nicht immer ideal: einem Offizier das Kommando über einen Luftlande-Großverband zu übertragen, der keine Fallschirm-Sprungausbildung vorweisen kann, ist nicht nur ungeschickt. Es schadet dem Geist der Truppe und dem Ansehen des Führers. Ein Infanterist wird auch nicht Kommodore eines Zerstörergeschwaders und ein Nicht-Pilot sollte nicht an die Spitze einer Fliegenden Gruppe berufen werden. Den Idealtyp, der alle Facetten beherrscht, gibt es nicht. Der mitreißende Truppenführer mit dem „sacré feu" ist nicht per se für heikle diplomatische Aufgaben geeignet, und der Intellektuelle hat möglicherweise Schwierigkeiten, selbst „eine Gruppe von zehn Mann ohne größere Ausfälle über die Straße führen". Vor fast 40 Jahren schrieb die FAZ:

„Vielen Generälen bleibt die Gabe des >direkten Zugangs zum Untergebenen< versagt. Derjenige General, der beides hat, das Charisma ... und die ... Gedankenwelt des Gelehrten, ... , ist ein säkularer Glücksfall für eine Armee. Gegenwärtig ist in der Bundeswehr kein General zu erkennen, der ihr beides zugleich geben könnte." [59]

Es dürfte noch heute gültig sein. Bundespräsident von Weizsäcker sagte 1987 dazu vor den Kommandeuren der Bundeswehr:

„Der Auswahl und Förderung des Führungsnachwuchses kommt daher ganz besondere Bedeutung zu. ... Sie will und sie soll keinen Elitekult betrei-

ben, aber sie darf und muß auf Führungsqualitäten besonderen Wert legen, auf Qualitäten, die sich nicht im Bereich des Intellekts oder der körperlichen Leistungsfähigkeit erschöpfen, sondern die menschlichen Fähigkeiten umfassen. Diese ... erfordern ... auch das persönlich überzeugende Beispiel. " [60]

Ohnehin wird oft übersehen, dass ein Offizier die meisten Dienstjahre in Dienststellungen außerhalb seiner Truppengattung und sogar seiner alten Teilstreitkraft verbringt. Mit Recht hatte bereits Minister Schmidt angeordnet, dass in der Bundeswehr niemand General oder Admiral wird, der nicht zuvor auch außerhalb seiner Teilstreitkraft verwandt wurde. Diejenigen Offiziere, die für höchste Verwendungen vorgesehen sind, durchlaufen eine Karriere, die durch Wechsel gekennzeichnet ist: Verwendungen in nationalen Führungs- und Stabsfunktionen sowie in Stäben der NATO lösen sich im Rhythmus von etwa drei bis vier Jahren ab. Truppendienst – Bataillonskommandeur – Ministerium – NATO-Stab – Brigadekommandeur – Ministerium – Divisionskommandeur – Kommandierender General eines Korps. Am Ende steht eine hohe Funktion in einem NATO-Stab, eine Verwendung als Oberbefehlshaber in der NATO oder an der Spitze einer Teilstreitkraft. Flexibilität, auch der Familie ist gefragt. Doch bei so manchem Parforceritt bleiben Familie und Ehe, bisweilen auch die Kinder, auf der Strecke – der Preis des Aufstiegs.

Vor dem Hintergrund der zahlreichen Auslandseinsätze gewinnt Auslandserfahrung eine zunehmende Bedeutung. Vormals galt als Devise „Je weiter man vom Zentrum der Macht entfernt Dienst tut, desto geringer ist die Karriereerwartung" – übrigens war dies auch im zivilen Bereich ein Hinderungsgrund, geeignete deutsche Beamte für Spitzenverwendungen in der Europäischen Union zu gewinnen. Wer über längere Zeit im Ausland stationiert war – vielleicht abgesehen von Washington und Brüssel – hatte es schwer, über die Oberstenebene aufzusteigen. Dies ändert sich langsam. Generalleutnant Friedrich Riechmann (* 1943), der vormalige Befehlshaber des Einsatzführungskommandos der Bundeswehr, war der erste Offizier in einer solch hohen Verwendung, der z. B. nach der Generalstabsausbildung in Hamburg als junger Major das Staff College der indischen Armee in Wellington besuchte. General de Maizière urteilt in der Rückschau auf die Zeit vor dem Zweiten Weltkrieg:

---

58 Beim Bundesgrenzschutz (BGS) lag der Bedarf nur bei 4 Brigadegeneralen und etwa 20 Obersten.·

59 Günther Gillsessen in der FAZ vom 16./17.Juni 1967 zitiert in: Studnitz Hans-Georg von Rettet die Bundeswehr! S. 139 f.

60 Weizsäcker, Richard Frhr. von „Dienen und Führen" -Vortrag auf der Kommandeurtagung der Bundeswehr am 3. Juni 1987 in Oldenburg in: Von Deutschland nach Europa S. 139

„Es ist sicherlich ein Mangel gewesen, daß nur wenige deutsche Offiziere das Reich von außen her haben betrachten können. Auch nur eine kleine Zahl von Offizieren beherrschte sicher fremde Sprachen." [61]

In den ersten Jahrzehnten der Bundeswehr waren es in erster Linie die Offiziere von Marine und Luftwaffe, die eine vielschichtige Auslandserfahrung erwarben – bei Schiffsbesuchen und Ausbildungsabschnitten im Ausland (z. B. El Paso/USA). Das Heer war – im Gegensatz zur weltläufigen Luftwaffe und Marine – binnenorientiert und bodenständig. Es bildete auf den Truppenübungsplätzen in Munster, Baumholder oder Grafenwöhr aus; Schießplatzaufenthalte der Panzertruppe in Castlemartin/England oder Shilo/Kanada waren bereits das „non-plus-ultra." Dies war ein gewisses Handicap, denn ein Vorgesetzter, der die vielfältigen Vorzüge einer Auslandsverwendung nicht selbst erlebt hatte, wird auch seine Untergebenen nicht dazu ermuntern, Auslandserfahrung zu sammeln. Jedoch hat sich in den letzten Jahren gerade auf diesem Gebiet ein grundlegender Wandel vollzogen. Die Schieflage zu Lasten des Heeres hat sich gründlich geändert, und die Soldaten in der grauen Uniform haben mittlerweile den vormaligen Rückstand an Auslandserfahrung abgebaut. Führungsakademie und Personalabteilung haben dabei einen großen Beitrag zum Abbau dieses Defizits geleistet. Deutsche Offiziere besuchen seit vielen Jahren vermehrt weltweit ausländische Akademien und umgekehrt kommen Soldaten aus aller Herren Länder nach Deutschland – Aktivitäten, die Integration und gegenseitiges Verstehen fördern und obendrein die sprachliche Qualifikation verbessern. Zudem hat seit Beginn der Auslandseinsätze eine wachsende Zahl hochrangiger Offiziere Führungs- und Stabserfahrung auf diesem Gebiet sammeln können. Dazu zählen sowohl bereits pensionierte als auch eine wachsende Zahl jüngerer, noch aktiver Offiziere. Das Ansehen, das diese Offiziere in den genannten Verwendungen international erworben haben, spricht – neben den gewonnenen militärischen Erfahrungen – für die Personalauswahl. Die frühere Diskussion um die Bewertung von Führungs- und Stabserfahrung scheint sich daher einzupendeln.

Die heutige Generalität und Admiralität der Bundeswehr ist jünger als in den Anfangsjahren: Die jüngsten Brigadegenerale und Flottillenadmirale sind zwischen sechsundvierzig und fünfzig Jahre alt. Dies ist zeitlich ausreichend, um aus ihren Reihen diejenigen auszuwählen, die – bei einer fiktiven Beförderung alle zwei bis drei Jahre – im Alter von 56 oder 57 Jahren auf der Vier-Sterne-Ebene angelangt sind und auf dieser noch mehrere Jahre bis zur Pensionierung im Alter von sechzig Jahren arbeiten können.

Die Kriterien „Eignung, Befähigung und Leistung" unterliegen einer permanenten Kontrolle durch die Dienstaufsicht der Vorgesetzten und werden überdies alle zwei Jahre durch eine formalisierte Beurteilung, die dem Betreffenden eröffnet werden muss, schriftlich festgehalten. Man mag über die Beurteilungssysteme geteilter Meinung sein, aber ohne sie geht es nicht. Ohne Zweifel geben sich die Vorgesetzten auf jeder Ebene große Mühe mit den Beurteilungen ihrer Untergebenen – im Wissen um deren Bedeutung auf der einen und in Erfüllung ihrer Pflicht zur Fürsorge auf der anderen Seite. Gleichwohl hat die Bundeswehr in ihren fünfzig Jahren mehrere Beurteilungssysteme „verschlissen." Sie haben sich nach einigen Jahren einfach totgelaufen, waren am Ende kaum noch Papier und Arbeit wert, die investiert wurden, weil jeder in die Liga der Besten aufgestiegen war – Inflation eben. Die Tendenz, Beurteilungen vor Gericht anfechten zu können, ließ viele Vorgesetzte vorsichtig werden. Dies führte sehr oft dazu – welchem Vorgesetzten will man es verdenken – dass die Beurteilungen immer besser und damit zugleich aber auch immer weniger aussagekräftig wurden. In der zweiten Hälfte der siebziger Jahre scheiterte der Versuch des Kommandierenden Generals des I. Korps, Generalleutnant Hans-Heinrich Klein (1918-1992), der einen strengeren Beurteilungsmaßstab in seinem Kommandobereich durchsetzen wollte, an den erfolgreichen Beschwerden mehrerer Stabsoffiziere, deren „Bewertung der Gesamteignung" er – ohne sie persönlich erlebt zu haben – nach unten korrigiert hatte.

Andere Faktoren – wie jener berühmte Faktor „B wie Beziehungen" – spielten und spielen auf der unteren und mittleren Ebene der Offiziere eine kaum wahrnehmbare Rolle. Dazu zählt auch der politische Einfluss. Zwar gab es den einen oder anderen, der glaubte, ein Parteibuch könne seine Aufstiegschancen verbessern – es war zumeist eine Fehlbeurteilung. [62] Nur in wenigen Fällen führte dies zum Erfolg. Die Parteibeziehung musste zusätzlich durch überdurchschnittliche Leistungen abgestützt sein – Karriere ohne Können allein mit Hilfe des Parteibuches als „Seilwinde für einen schnellen Aufstieg" funktionierte nur selten. Wobei es, und dies ist legitim, natürlich Dienstposten gibt, die, weil sie auf der Schwelle zum politischen Bereich liegen, von Soldaten besetzt werden können, die der Partei des Ministers zumindest nicht völlig ablehnend gegenüberstehen. Bisweilen wird auch ein angeblicher Wunsch der politischen Leitung, der kaum zu verifizieren ist, dazu benutzt, um Personalentscheidungen zu

---

61 De Maizière, Ulrich In der Pflicht S. 49 Diese Aussage kann auch auf die Politiker bezogen werden. Trotz des Zusammenwachsens der Nationen haben nur die wenigsten von ihnen Auslandserfahrung, denn wer aufsteigen will, muss im Lande bleiben. Auslandsreisen allein vermitteln nur ein sehr eingeschränktes, oft geschöntes Bild.
62 General Kießling führt einige Beispiele auf: siehe: Versäumter Widerspruch u. a. S. 342; S. 345; s. 348 f und S. 350 ff.

beeinflussen. Schmückle schildert dies an einem Beispiel seines eigenen Werdeganges:

„Ich bekam (= von General de Maizière) zu hören, mein Auslandskommando ende vorzeitig. Dafür gebe es keinen aktuellen Anlaß, wohl aber Gründe langfristiger Natur: Ich sei Minister Schröder ... und seinem Staatssekretär Carstens nicht sympathisch.“ [63]

Auch die Macht eines Ministers stößt bei der Personalauswahl an die bürokratischen Grenzen einer beharrungsstarken Behörde. Erneut ist Schmückle zu zitieren: er war Ende der sechziger Jahre – mittlerweile Generalmajor – sowohl als Planungschef im Verteidigungsministerium als Nachfolger von Theo Sommer und als Divisionskommandeur im Gespräch. Minister Schmidt unterstützte ihn, konnte für Schmückle aber weder die eine, noch die andere Verwendung gegenüber der Personalabteilung und der Führung des Heeres durchsetzen. [64] Militärische Familien-Dynastien in der Generalität der Bundeswehr sind selten. [65] Diese Karrieren sind jedoch keineswegs durch „Vitamin B“ und Protektion, sondern durch Leistung erreicht worden: Mit dem Namen des Vaters reüssieren zu wollen, stößt spätestens dort an die Grenze, wo Prüfungen anonym abgelegt werden. Mancher General und Admiral war enttäuscht, dass sein Sohn oder Enkel nicht auf seinen Dienstgradspuren folgte. Die Träger großer Namen der deutschen Militärgeschichte sind in der Bundeswehr nur noch vereinzelt vertreten; hier wird jene von Pareto genannte „Zirkulation der Eliten“ besonders deutlich.

Die Soldaten ab dem Dienstgrad Unteroffizier werden alle zwei Jahre von ihrem nächsten Vorgesetzten beurteilt, und der nächsthöhere Vorgesetzte kann dazu Stellung nehmen. Damit zum einen wird die Entwicklung einer Persönlichkeit in all ihren Facetten erkennbar. Zum anderen wird der Soldat – bedingt durch seine und des Vorgesetzten Versetzungshäufigkeit – durch eine größere Zahl von Vorgesetzten beurteilt. Durch diese Breitenstreuung wird so weit wie möglich ausgeschlossen, dass jemand Nachteile dadurch erleidet, dass er über einen längeren Zeitraum von einem Vorgesetzten beurteilt wird, mit dem er „nicht kann,“ bzw. unangemessene Vorteile durch einen zu wohlwollenden Vorgesetzten erhält. Der unmittelbare Vorgesetzte erlebt den zu Beurteilenden je höher der Dienstgrad, desto seltener, d.h. die Häufigkeit der Kontakte nimmt ab. Der Bataillonskommandeur trifft seine Kompaniechefs beinahe täglich, der Divisionskommandeur hingegen seine Brigadekommandeure seltener.

Ein Bereich allerdings ist in diesem System nicht erfasst: der der Untergebenen, denn der Soldat wird nur von oben beurteilt, nicht aber von unten. Diejenigen, mit denen er täglich zusammenarbeitet, haben keinen Einfluss, ihre Meinung über die Leistungen ihres Vorgesetzten, vor allem im Hinblick auf den Umgang mit ihnen, die Art, wie sie geführt werden, zu artikulieren. Vor allem unter dem Aspekt des Beurteilungskriteriums „Menschenführung" – einem Kernbereich des Militärischen – wäre eine Einbindung der Betroffenen wünschenswert. Sie wurde zwar wiederholt „angedacht," aber bisher leider ohne konkrete Ergebnisse. Die Hürden und auch die Probleme, die eine solche Lösung aufwirft, sind in der Tat groß und sollten keinesfalls unterschätzt werden. Auch Dahrendorf hat diese Möglichkeit erwogen, aber aus genau diesen praktischen Gründen verworfen; seine Bedenken sind allerdings überspitzt artikuliert.

„Man kann sich nicht vorstellen, wie eine Armee ihren Zwecken dienen soll, wenn die Offiziere einen regelmäßigen Wahlkampf unter den Soldaten um ihre Ämter veranstalten müßten." [66]

Ein Mittelweg wäre eine ergänzende Beurteilung durch dienstgradgleiche Kameraden im Rahmen eines überschaubaren militärischen Verbandes: so könnten sich z. B. die Leutnante und Oberleutnante oder auch die Hauptleute innerhalb eines Bataillons oder Regimentes gegenseitig beurteilen. Auch die Einbindung der Vertrauenspersonen in das Beurteilungsverfahren wäre denkbar. Der bürokratische Aufwand müsste jedoch begrenzt werden, z. B. in dem nur zu wenigen Kriterien – wie eben zum Aspekt der Menschenführung – Stellung genommen wird. Vor allem im Heer führt der direkte Weg zum General über die Generalstabsausbildung, rekrutiert sich doch bei der größten Teilstreitkraft der größte Teil der Generale aus dieser Gruppe. Bei Luftwaffe und Marine hingegen ist die Bedeutung der Generalstabs- bzw. Admiralstabsausbildung für die Karriereperspektive geringer. Allerdings kann es wegen der Begrenzung der Teilnehmer (sie schwankte zwischen 1955 und heute im Heer zwischen 80 und 40) vor allem bei den Heeresoffizieren vorkommen, dass besser qualifizierte Offiziere aus den personalstarken Truppengattungen (Infanterie, Artillerie) nicht zum Zuge kommen, weil auch personalschwächere Truppengattungen Offiziere mit Generalstabsausbildung benötigen. Ein Beispiel soll dies verdeutlichen: theoretisch wäre es möglich, dass in einem Kalenderjahr die zur Prüfung anstehenden Hauptleute der Artillerie so gut sind, dass sich fünfzig von ihnen für die Generalstabsaus-

---

63   Schmückle, Gerd Ohne Pauken und Trompeten S. 317
64   Schmückle, Gerd a.a.O. S. 325 f.
65   dazu zählen u. a. Vater Lothar und Sohn Hans-Lothar Domröse, Vater Werner und Sohn Rüdiger Drews, Vater Ottomar und Sohn Helge Hansen, Vater Johann Adolf und Sohn Johann Adolf (Hanno) Graf von Kielmansegg, Vater Hans-Joachim und Sohn Wolf-Dieter Löser, Vater Horst-Bodo und Sohn Rainer Schuwirth, Vater Hans und Sohn Hans Speidel, Vater Harald und Sohn Hasso Frhr. von Uslar-Gleichen, sowie die Brüder Franz und Reinhard Uhle-Wettler.
66   Dahrendorf, Ralf Gesellschaft und Demokratie in Deutschland S. 169

bildung qualifizieren. Der Generalstabslehrgang bestünde somit nur aus
Artillerieoffizieren; alle anderen Truppengattungen würden nicht berücksichtigt. Um dies zu vermeiden, wurde ein Mischsystem gewählt: ein Teil
qualifiziert sich direkt, und Offiziere anderer Truppengattungen (z. B. Pioniere) werden über die sog. „Landesliste" ausgewählt und zwar zu Lasten
besser qualifizierter Offiziere z. B. der Artillerie. Zusätzlich wurde versucht,
diesen Nachteil u. a. auch dadurch etwas abzubauen, in dem bereits General
Heusinger verfügt hatte, 20 Prozent der Generalstabsstellen durch Offiziere
ohne Generalstabsausbildung zu besetzen; einigen Offizieren wurde zum
Ausgleich auch ein Studium angeboten. Kießling schreibt dazu:

> „Ging es bei der Auswahl um die ersten zehn oder zwanzig Plätze ... , so
> herrschte fast immer Einigkeit; ... Aber um die Plätze 50 bis 60 wurde ... heiß
> gerungen. Die ... bis 65 plazierten Hauptleute hatte noch eine Chance nach-
> zurücken, für die anderen vier- bis fünfhundert war das Urteil über ihre
> künftige Karriere gesprochen. Schon der Weg zum Oberst stand nicht mehr
> allen offen, Generalsdienstgrade konnten sie nur noch in Ausnahmefällen
> erreichen." [67]

Diejenigen Offiziere, die für diese Spezialausbildung an der Führungsakademie in Hamburg ausgewählt sind, haben bereits die strenge Auswahl
des Grundlehrganges durchlaufen, mit dessen Abschneiden – neben den
Beurteilungen und den Empfehlungen der nächsten Vorgesetzten – die
Weichen für den weiteren militärischen Werdegang gestellt werden. Die
zweite Auslese erfolgt durch die Beurteilung am Ende der zweijährigen
Ausbildung an der Akademie. Dies bedeutet, dass im Alter von etwa 34 bis
36 Jahren die Richtung für den weiteren militärischen Werdegang bis zur
Pensionierung vorgezeichnet und festgelegt ist. Wird ein Offizier z. B. aufgrund seiner Leistungen in diesen zwei Akademiejahren für die Spitzengruppe des Militärs für geeignet erachtet, werden nachfolgende Vorgesetzte nur in seltenen Ausnahmefällen von dieser Einstufung abweichen,
es sei denn, es lägen schwerwiegende und vor allem nachprüfbare Gründe
vor. Das heißt, Korrekturen sind zwar nach unten, aber nach oben kaum
noch möglich. Auch die ersten Verwendungen unmittelbar nach der Ausbildung sind wichtig für die Weichenstellung. Ein Offizier, der danach direkt ins Ministerium versetzt wird und damit „ins Dunstfeld" des Generalinspekteurs oder gar des Ministers gerät und für diesen arbeitet, kann entscheidende Vorteile verbuchen. Denn dieser ranghohe Vorgesetzte ist auch
jener, der die nächste Beurteilung erstellt. Und so schließt sich der Kreis,
denn wer würde dessen Beurteilungsfähigkeit anzweifeln? Diejenigen also,
die unbeschadet diese Verwendungen überstehen, sind sehr gut und verdienen weiteren Aufstieg. Eine gewisse Einschränkung liegt nur darin,
dass der nicht ganz unwichtige Aspekt der Menschenführung in solchen

Verwendungen, weil es bei Schreibtischtätigkeiten eben „nichts zu führen gibt," unterbewertet bleibt. Aber da nun der betreffende Offizier in allen anderen Bereichen Hervorragendes geleistet hat, erhält er routinemäßig und quasi als Dreingabe auch ein „Ausgezeichnet" in der Menschenführung. Dies führt jedoch in Verbindung mit der Forderung nach „Verwendungsbreite" dazu, dass jenem Offizier, im Stabsdienst hervorragend, aber mit – unerkannten – Defiziten im Umgang mit Soldaten, dennoch ein Bataillon oder sogar eine Brigade anvertraut wird. Aber auch der Umkehrschluss ist gültig: wer in solch einer Verwendung scheitert und sich nicht bewährt, hat seinen Marschallstab für immer verloren, und genau dies ist das zweite Risiko der Personalauswahl. Je höher die Verwendung, desto „dünner wird bekanntlich die Luft" – die Stellen werden knapper und der Wettbewerb größer. Nur jeder zweite Brigadegeneral und Flottillenadmiral steigt in die höhere Sterneebene auf. Diese 50%-ige Wahrscheinlichkeit beflügelt den Wettbewerb. Da man davon ausgehen kann, dass auf dieser Ebene nach mehreren strengen Ausleseverfahren und einer Vielzahl von Beurteilungen die Spannbreite unter den Bewerber hinsichtlich Intellekt, Können und Erfahrung nur noch minimal ist, kommen andere Auswahlkriterien, wie der „Nasenfaktor," das Geschacher der Teilstreitkräfte, oder auch ganz einfach Intrigen ins Spiel. General Schmückle hat dies am Beispiel seiner eigenen geplanten und später gescheiterten Berufung in eine NATO-Verwendung und der damit verbundenen Beförderung zum Brigadegeneral treffend geschildert. [68] Nicht von ungefähr haben die „Personalfritzen" keinen sonderlich guten Ruf in der Truppe. Ihnen wird vorgeworfen, sie seien in erster Linie Selbstversorger, sprich um ihr eigenes Fortkommen bedacht. Und tatsächlich steigt ein nicht unbeträchtlicher Teil von ihnen über das Personalgeschäft und die Adjutantur auf. Die Betroffenen lehnen dies natürlich vehement ab: es würden eben nur die Besten auf diese Verwendungen kommen und von dort natürlich auch avancieren. Dies führte dazu, dass Offiziere aus anderen Bereichen – z. B. der Logistik oder dem Militärischen Nachrichtenwesen – geringere Aufstiegschancen hatten. Erst bei den Auslandseinsätzen wurde die Bedeutung der Logistik wiederentdeckt. Wie dem auch sei: der durchschnittliche Truppenoffizier, der als Oberstleutnant oder Fregattenkapitän in den Ruhestand geht, schüttelt ob solcher „Karrieresorgen" verständnislos den Kopf. Doch das Streben nach Mehr ist menschlich. Ein Offizier, einmal auf dieser Position, wird nichts unternehmen, was seinen weiteren Aufstieg gefährden könnte. Er wird sich system-

67   Kießling, Günter Versäumter Widerspruch S. 179 f.
68   Schmückle, Gerd Ohne Pauken und Trompeten S. 248 ff.

konform verhalten und sich Widerspruch, so begründet er sein mag, eher
verkneifen. Dies fördert Leisetreter und Karrieristen. Das „Schweigen der
>Lamettaträger<" ist somit wichtig für den weiteren Aufstieg. Ehrgeiz ist
nicht verwerflich. Wer werfe den ersten Stein, wenn beim entbehrungsrei-
chen Gipfelaufstieg der Drang zur Macht stärker ist als ethische Grundsätze, eigene Überzeugung oder Kameradschaft? Dies ist keine militärische Besonderheit. Karriere bedeutet nicht nur mehr Einfluss und Gehalt,
sondern auch höhere gesellschaftliche Stellung und vor allem Selbstverwirklichung. Kießling bewertet die Auswahl noch kritischer. Die Bundeswehr habe das Leistungsprinzip des Soldatengesetzes „niemals in den
Griff bekommen, bei den Generalen schon gar nicht."

*„Dabei will ich keineswegs bestreiten, dass die Politiker qualifizierte
Generale wollten; aber sie sollten möglichst auch willfährige Generale sein!
In der Tat ziehen sie >sich wie eine Schnecke in ihr Haus zurück, sobald
Politik ins Spiel kommt.<"* [69]

Die Politiker tun sich langfristig keinen Gefallen mit dieser Doppel-
forderung. Sie verhindern eine sachbezogene, dem Land und der Armee
gegenüber notwendige loyale Beratung. Vor allem aber schwächen sie die
geistige Widerstandsfähigkeit der militärischen Elite, falls es – nach einem
halben Jahrhundert staatlicher Schönwetterperiode – einmal zu politischen Turbulenzen kommen sollte.

Nur selten sind die Menschen mit der Position zufrieden, die sie in
ihrem Berufsleben erreicht haben und schauen mit Stolz – vielleicht auch
bisweilen gepaart mit Demut und Dankbarkeit auf das Erreichte zurück.
Ein häufiger Grund dabei ist die persönliche Selbstüberschätzung, die zu
Neid und Bitterkeit führen kann. Auch das sog. „Peter-Prinzip" sollte nicht
unberücksichtigt bleiben: es besagt, dass jeder Mensch auf irgendeiner
Position seines beruflichen Werdeganges die Stufe seiner Inkompetenz
erreicht hat. [70] Der Verfasser erinnert sich, wie er 1977 anlässlich der Beisetzung eines kurz nach der Pensionierung verstorbenen Obersten dessen
vormaligen Vorgesetzten, Generalmajor Heinz Guderian jun. und einen
anderen höheren Offizier zum Friedhof begleitete. Letzterer sagte zu Guderian, der Verstorbene sei deshalb an Magengeschwüren erkrankt, weil er
ihn nicht zum Brigadegeneral vorgeschlagen habe. Guderian wies diesen
Vorwurf betroffen zurück. Enttäuschung über nicht erfüllte berufliche
Träume als Auslöser von Krankheiten und Depressionen sind vermutlich
in allen Berufen häufiger als angenommen. General Kießling zitiert dazu
den früheren Personalchef, Generalleutnant Dr. Konrad Stangl:

*„Jeder Oberstleutnant hat seine Geschichte, warum er nicht Oberst ge-
worden ist – und ebenso jeder Oberst, warum er es nicht zum General gebracht hat."* [71]

Diese Aussage ist für alle Dienstgrade gültig und man kann sie daher entsprechend erweitern: Jeder Brigadegeneral hat seine Geschichte, weshalb er den zweiten goldenen Stern nicht bekam, und es gibt sogar Generalleutnante, die dem vierten Stern nachtrauern. Unfair wäre es jedoch, den Vier-Sterne-Generalen und Admiralen zu unterstellen, sie trauerten der Abschaffung des Feldmarschall-/bzw. Großadmiral-Ranges (= „Fünf-Sterne-Ebene") nach.

Die USA haben diesen höchsten militärischen Dienstgrad mit der Bezeichnung „General of the Army," „General of the Air Force" und „Fleet Admiral" erst im Zweiten Weltkrieg eingeführt und seither insgesamt nur neunmal verliehen. [72] Die Briten hingegen haben ihren „Chief of Defence Staff" auch im Frieden auf diese Ebene angehoben. Dies führt zu der aus hierarchischer Sicht zumindest optischen Schieflage, dass z. B. der Vorsitzende des NATO-Militärausschusses als oberster Soldat des Bündnisses protokollarisch höher stehen kann als der britische Feldmarschall.

Ab dem Dienstgrad Brigadegeneral und Flottilleadmirale kann ein Offizier nach Paragraph 50 des Soldatengesetzes auf Vorschlag des Dienstherrn, des Ministers, ohne Angabe von Gründen vom Bundespräsidenten in den einstweiligen Ruhestand versetzt werden. Das ist nicht ungefährlich für die Endphase der militärischen Karriere, und hat in der Vergangenheit schon manch unvorsichtigen General oder Admiral von heute auf morgen zu einem Zivilisten gemacht – schnell erlischt der Glanz des Goldes auf den Schultern. Manchmal kehrt sich das Vorgesetztenverhältnis um: aus dem früheren, zumeist lebensjüngeren Untergebenen wird ein Vorgesetzter. Hier bedarf es des Taktes und der oft beschworenen Kameradschaft auf beiden Seiten. Die Armeen einiger anderer Nationen bieten dem in der Beförderung „Übergangenen" (superceeded) die Möglichkeit eines vorzeitigen Ausscheidens an. Jede Personalauswahl hat Vor- und Nachteile, Stärken und Schwächen. Sicherlich gibt es – wie überall – bessere und schlechtere Generale und Admirale, und manchmal sind es auch die

---

69   Kießling, Günter Versäumter Widerspruch S. 288. Er zitiert hier Nina Grunenberg
      Keine Führer, sondern Geführte in: Die ZEIT vom 20.05.1977
70   siehe dazu: Peter, Laurence J. & Hull, Raymond Das Peter-Prinzip oder Die Hierarchie
      der Unfähigen
71   siehe: Kießling, Günter Versäumter Widerspruch S. 346
72   US-Army: O. N. Bradley (1893-1969), D.D. Eisenhower (1890-1969), D. MacArthur
      (1880-1964) und G. C. Marshall (1880-1959) – US-Navy: W. F. Halsey (1882-1959), E.J.
      King (1878-1956), W. D. Leahy (1875-1959) und C. Nimitz (1885-1966) – US-Air Force:
      H.H. Arnold (1886-1950). Allerdings hatten sie zweimal sogar den Rang eines „Sechs-
      Sterne-Generals" („General of the Armies of the United States") vergeben: während des
      Unabhängigkeitskrieges an George Washington (1732-1799) und während des Ersten
      Weltkrieges an John J. Pershing (1860-1948).

schlechteren, die reüssieren. Ohne Zweifel gab es Brigadegenerale, die fachlich und menschlich besser waren als ihre Vorgesetzen mit drei oder sogar vier goldenen Sternen, ebenso wie Majore und Korvettenkapitäne besser sein können als Obersten und Kapitäne zur See und dennoch irgendwo auf halber Höhe der Karriereleiter steckenbleiben und nicht höher klettern.

„Niemand kann leugnen, daß es bei der Auswahl von Generalen immer auch Fehlentscheidungen gegeben hat; sie wird es auch künftig geben."[73]

Vor dem Hintergrund der sinkenden Zahl an Generalen und Admiralen kommt der Auswahl eine noch größere Bedeutung zu. Dennoch sind und bleiben Auswahlkriterien trotz allem Bemühens menschliche Konstrukte und daher mit Fehlern behaftet. Dass das Auswahlsystem aber – trotz mancher Mängel – letztlich funktioniert und dem Auftrag gerecht wird, zeigt auch die Tatsache, dass einige Soldaten vom Maat und Unteroffizier bis in die Ebene der Generalität und der Flagoffiziere (Admirale) aufstiegen.

1. 4 Militär und Macht – geschichtliche Skizzen bis 1945

In der deutschen Militärgeschichte wirkten die höchsten Offiziere bis zum Ende des Kaiserreiches – zumindest in Friedenszeiten – stets im Hintergrund; sie waren ergebene, gehorsame Diener ihrer Monarchen. Der Souverän war in Personalunion auch oberster Feldherr und die Armee als sein Machtinstrument diesem untergeordnet. Die Legitimationsformel der Monarchen „Von Gottes Gnaden," später bisweilen belächelt und kritisiert, wirkte als stabilisierendes und auch domestizierendes Element gegenüber Machtgelüsten des Militärs, denn jeder Verstoß dagegen war eine Todsünde, ein Auflehnen gegen Gottes erklärten Willen. Dort, wo diese Formel fehlte, waren Herrscher und Militär gleichgestellt und handelten auf Augenhöhe miteinander, was Wettbewerb und Machtkampf zugleich förderte.

Nur wenige hatten, wie Wallenstein (1583-1634),[74] politische Ambitionen. Die Einführung ziviler Regierungselemente in die europäischen Monarchien des 19. Jahrhunderts brachte, vor allem wegen der Frage der Budgetierung der Streitkräfte, zwar Spannungen und Machtkämpfe zwischen Militär und Regierung, doch niemals wurde dabei die Schwelle eines Staatsstreiches berührt. Loyalität und Eidesbindung[75] waren unumstößliche Normen. Ein gewisses Misstrauen mag auf Seiten der Regierenden mit der Einführung der allgemeinen Wehrbewaffnung im frühen 19.

Jahrhundert zumindest unterschwellig aufgekommen sein, jedoch bezog sich dieses in erster Linie auf die soldatischen Massen und nicht auf das Führerkorps an dessen Loyalität es keinen Zweifel gab. Der preußische König Friedrich Wilhelm III. soll 1813, als Freiwillige Jäger an ihm vorbei-defilierten, geäußert haben: „Da unten marschiert die Revolution!" Die Erinnerungen an die Französische Revolution waren frisch und steckten den Herrschenden noch tief in den Gliedern. Diese geheime Furcht des Monarchen wurde in anderer Form im Kampf gegen die sozialistischen Strömungen innerhalb des Offizierkorps instrumentalisiert, indem damit ein innerstaatliches Freund-Feind-Verhältnis zwischen Armee und Arbeiterschaft aufgebaut wurde. Erst unserer Zeit war es vergönnt, diese künstliche, unnötige und schädliche Spannung aufzulösen.

Generalfeldmarschall Helmuth Graf von Moltke der Ältere (1800-1891) hatte vor allem aufgrund seiner Siege von 1866 bei Königsgrätz und 1870/71 im Deutsch-Französischen Krieg seinen direkten Einfluss beim Souverän verstärkt. Sein erfolgreiches militärisches Handeln hatte sich direkt in politische Dividende umgewandelt. Der Generalstabschef war nicht auf der Ebene eines ausführenden Organs des politischen Willens geblieben, sondern zur mitentscheidenden Instanz geworden: *„>Was ist die Meinung der Armee?< hatte König Wilhelm schon im Ministerrat am 28. Mai 1865 den zugezogenen Chef des Generalstabes v. Moltke gefragt. Dieser antwortete seinem Monarchen, ... : >Soviel ich weiß, geht die Meinung des Heeres auf Annexion. Ich halte eine siegreiche Durchführung des Krieges (= gegen Österreich) für möglich.<"* [76]
Damit bildete sich unterhalb des Monarchen eine doppelte Führungsspitze heraus, eine politische und eine militärische: Reichskanzler und Generalstabschef. Da jedoch beide dem Kaiser loyal ergeben waren, und sowohl der Politiker als auch der Feldmarschall beim Souverän und im Volke hohes Ansehen genossen, gab es zwischen beiden eine Patt-Situation. Für den Betrachter war es überdies eine optische Einheit, da nicht nur Monarch und erster Soldat, sondern auch der Kanzler oft in Uniform auftrat. Kaiser Wilhelm I. war die ausgleichende Autorität, in der beide Persönlichkeiten mündeten. Erst unter dem jungen Wilhelm II. kam

---

73   Kießling, Günter Versäumter Widerspruch S. 289
74   Mann, Golo – Wallenstein: „Wallensteins Haltung gegenüber dem Kaiser Ferdinand im Dezember und Januar (Anmerk.: = 1634) war die des Trotzes und Zornes. Man verdarb ihm seinen Traum. Man verdarb ihm seine Strategie und Politik, ..." S. 914
75   Zur Entwicklung des Eides in der Bundeswehr siehe Militärgeschichtliches Forschungsamt (MGFA) – Foerster, Greiner, Meyer, Rautenberg und Wiggershaus Anfänge westdeutscher Sicherheitspolitik 1945 Bd. 1 S. 824 ff.
76   zitiert in: Heyck, Eduard Bismarck S. 87

es zwischen Kanzler und Generalstabschef zu Divergenzen und zu einer Ausdehnung des militärischen Spielraumes, was letztlich – bei Ausbruch des Ersten Weltkrieges und in dessen späterem Verlauf – zu Lasten des politischen Handlungsspielraumes ging. Gleichzeitig löste sich die oberste militärische Führung damit auch aus ihrer bisherigen Rolle des „untertänigsten Dieners" gegenüber dem Kaiser auf. Dabei war das Treueverhältnis des Militärs zum obersten Dienstherrn, dem von Gott bestimmten Fürsten, über lange Zeit bedingungslos. Diese freiwillige Unterordnung, das „Unter-einem-anderen-Stehen" („sub altero"), das Hinaufsehen einer elitären Gruppe zu einem Höheren, wie Dahrendorf es nennt, [77] war weitverbreitet und keineswegs nur auf Deutschland beschränkt. Die deutsche Besonderheit liegt jedoch darin, dass diese Form mit dem Fall des Kaiserreiches 1918 abrupt endete und das Offizierkorps, seiner Führer- und Vaterfigur beraubt, danach Ersatzlösungen suchte. Die Schlussformel eines Briefes, den Hindenburg am 22. Juli 1920 an den im Exil befindlichen Kaiser schrieb, drückt dies deutlich aus:

„In tiefster Ehrfurcht und größter Dankbarkeit verharre ich allezeit als Euerer Kaiserlichen und Königlichen Majestät alleruntertänigster von Hindenburg Generalfeldmarschall." [78]

Diese Suche nach einem obersten idealen Dienstherrn für das Militär in Deutschland war nicht nur ein Irrweg, sie führte direkt ins Verderben und kostete einen immensen Blutzoll. Der Artikel 33 Abs. 2 der Weimarer Verfassung sah eine Einschränkung der politischen Rechte der Soldaten vor. Auf dieser Grundlage bestimmte § 36 des Wehrgesetzes vom 23. März 1921, dass das Wahlrecht der Soldaten für Reich, Länder und Gemeinden ruht, und den Soldaten jede politische Betätigung verboten ist, insbesondere die Zugehörigkeit zu politischen Vereinen und die Teilnahme an politischen Versammlungen. Seeckt stellte in seinem Erlass vom 18. April 1920 ergänzend klar:

„Mit allen Kräften soll die politische Betätigung jeder Art dem Heere ferngehalten werden. Politische Kämpfe innerhalb der Reichswehr vertragen sich weder mit dem Geist der Kameradschaft noch mit der Disziplin und können die militärische Ausbildung nur schädigen." [79]

Die militärische Führungsspitze der Reichswehr selbst hat sich – wie das Beispiel Schleichers zeigt – nicht strikt daran gehalten. Leider verstanden die meisten Offiziere der Reichswehr unter politischer Abstinenz auch die Distanz zur Republik und zur Staatsidee – mit schwerwiegenden Folgen. Hinzukam, dass der Reichswehr die geistige politische Blutauffrischung und das integrationsfördernde Element durch wehrpflichtige Soldaten fehlte, war doch die Wehrpflicht durch Artikel 173 des Versailler Vertrages ausdrücklich untersagt.

Einige hohe Soldaten profitierten – mit unterschiedlichem Ergebnis – im letzten Jahrhundert politisch von dem Ruhm, den sie als Feldherren im Krieg erworben hatten. Die herausragenden Beispiele sind Generalfeldmarschall von Hindenburg, sowie die Generale Ludendorff, Walther von Lüttwitz und Kurt von Schleicher. Doch das Bild ist diffus. Vielleicht auch aus diesem Grunde steuern Generalität und Admiralität der Bundeswehr einen betont abstinenten Kurs in der Frage der Medienpräsenz.

Reichspräsident Friedrich Ebert (1871-1925) und Gustav Noske (1868-1946), der erste Reichswehrminister der Weimarer Republik von 1919 bis 1920, waren sozialdemokratische Politiker, die der Reichswehr aufgeschlossen gegenüberstanden; so war der integre, kraftvolle Noske von der Mehrheit des Offizierkorps anerkannt. Es war ein gravierender Fehler der Reichswehrführung diese konstruktive Haltung der Sozialdemokratie gegenüber Staat und Streitkräften nicht erkannt zu haben oder nicht erkennen zu wollen. Das interne Feindbild wurde gepflegt, doch es hätte erkannt werden können. So war ihr Blutzoll im Ersten Weltkrieg sehr hoch: Ebert verlor z. B. beide Söhne. Das Vorurteil von den Sozialdemokraten als den „vaterlandslosen Gesellen" wurde selbst noch von Adenauer politisch instrumentalisiert und anfangs in die Bundeswehr hineingetragen; erst unter Georg Leber gelang die Aussöhnung.

Paul von Hindenburg (1847-1934) war bereits 78 Jahre alt, als er nach dem plötzlichen Tode Eberts – er war, gerade 54 Jahre alt, am 28. Februar 1925 an einer Darmoperation gestorben – zum Reichspräsidenten gewählt wurde, beträchtlich älter als Adenauer, der „erst" 73 Jahre zählte, als er 1949 Bundeskanzler wurde. Für den greisen Feldmarschall in Hannover war es nach 1914 die zweite Reaktivierung, diesmal jedoch mit zivilem Auftrag. Es war nicht sein eigener Wunsch. Hindenburg hatte keine politischen Ambitionen und zeigte zunächst wenig Lust in den politischen Ring zu steigen. Er wollte „seine Ruhe haben." Doch schließlich folgte er dem Drängen Dritter, vor allem dem des Großadmirals Alfred von Tirpitz (1849-1930), dem Vor-

---

77   Dahrendorf, Ralf Gesellschaft und Demokratie in Deutschland S. 283. Aus: Gablentz, von der O.H. Der Kampf um die rechte Ordnung Köln/Opladen 1964 : „Otto Heinrich von der Gablentz charakterisiert das besondere Treueverhältnis der führenden Militärs zu ihren ursprünglich königlichen Herren mit einem plausiblen Begriff: >Ich möchte geradezu sagen, es hat sich hier eine Subalternität der Elite gebildet, ein sub altero, ein Unter-einem anderen-Stehen und zu einem anderen als dem Vorgesetzten Hinaufsehen bei einer Gruppe, die sonst vor sich und den anderen immer den Eliteanspruch erhob. .... Auch bei Offizieren erlebte die Suche nach der Majestät des Staates eine scheinbare Befriedigung im nationalsozialistischen Deutschland. .... In der Bundesrepublik aber ist die Elite-Subalternität der Militärs endgültig ohne Majestät."

78   zitiert in: Wheeler-Bennett, John W. Der hölzerne Titan S. 252

79   zitiert in: Dederke Karlheinz Reich und Republik Deutschland 1917-1933 S. 120

sitzenden der „Deutschen Vaterlandspartei." Und sicherlich war dies alles
auch ein wenig gemischt mit einer Brise Eitelkeit und vor allem einem ausgeprägten Pflichtgefühl gegenüber Land und Volk. Hindenburg wurde zur
„Lichtgestalt," zum Hoffnungsträger in der heutigen Sprache in einer un-
ruhigen Zeit. Eigene ehrgeizige politische Ambitionen verbargen sich nicht
dahinter. Als Beispiel für ein Überschreiten der militärischen Kompetenzen
kann er nicht herangezogen werden. Selbst noch im Jahre 1925 soll Hindenburg den im Exil befindlichen Kaiser dessen Genehmigung erbeten haben, das Amt des Reichspräsidenten anzunehmen,[80] sicherlich kein Zeichen
für dessen politische und demokratische Mündigkeit, aber andererseits
auch Ausdruck tiefen Vertrauens in seinen ehemaligen Souverän, schließlich
hatte er sieben Jahrzehnte seines Lebens dem Kaiser gedient. Einen ernsthaften Vorwurf kann man aus dieser Haltung daher nicht ableiten.

Erich Ludendorff (1865-1937) war von 1916 bis 1918 de facto in der 3.
Obersten Heeresleitung (OHL) – zunächst in Pleß (Ost-Oberschlesien) und
ab 1917 im Kurhaus von Bad Kreuznach – der Leiter der Gesamtkrieg-
führung. Kaiser, Reichskanzler und Parlament hatten ihren Einfluss auf die
militärischen Operationen im Krieg weitgehend verloren und wurden zu
Vollstreckungshelfern degradiert. Dies zeigte sich z. B. bei der Entscheidung
über den uneingeschränkten U-Boot-Krieg und den Sturz des Reichskanzlers von Bethmann-Hollweg. Der Primat der Politik war damit nicht
mehr gegeben. Noch im Juli 1918 musste der Staatssekretär im Auswärtigen Amt, Richard von Kühlmann (1873-1948),[81] wegen seiner kompro-
missbereiten Politik auf Druck der Obersten Heeresleitung zurücktreten.
Im Parlament hatte er sich für den Versuch einer Verständigung mit den
West-Alliierten eingesetzt. Doch nur wenige Wochen danach, nach der
erfolgreichen alliierten Gegenoffensive im Juli/August 1918 und dem englischen Durchbruch an der Westfront, glaubte auch die OHL nicht mehr an
einen militärischen Sieg. Hindenburg und Ludendorff beurteilten nach der
Konferenz in Spa am 14. August 1918 die Fortführung des Krieges als aus-
sichtslos und forderten ein sofortiges Waffenstillstandsangebot. Sie überschritten damit ohne Zweifel die Grenze ihrer militärischen Zuständigkeit
und verletzten den Primat der Politik, zeigten aber zugleich ein hohes Maß
an Gesamtverantwortung für den Staat. Noch am 2. Oktober 1918 fuhr
Kaiser Wilhelm II. den frischgebackenen Kanzler Prinz Max von Baden
(1867-1929) bei der Sitzung des Kronrates schroff an, als dieser in der
Frage des Zeitpunktes der Waffenstillstandsangebotes anderer Auffassung
war als Hindenburg und Ludendorff:

„Die Oberste Heeresleitung hält es für notwendig; und Sie sind nicht hier-
her gerufen worden, um der Obersten Heeresleitung Schwierigkeiten zu
machen."[82]

Rein formal war dies keine Verletzung des Primats der Politik, denn es war der Monarch als oberster politischer Kriegsherr, der hier die Prioritäten setzte und den neuen Reichskanzler als ihm nachgeordneten Politiker zurechtwies. Überdies ist unklar, in welcher Rolle er Prinz Max eigentlich ansprach: als neuen Kanzler und preußischen Ministerpräsidenten oder als den pensionierten Generalmajor. Prinz Max, Sohn des preußischen Generals Wilhelm Max von Baden (1829-1897), war Berufsoffizier gewesen und hatte 1911 mit vierundvierzig Jahren aus gesundheitlichen Gründen seinen Abschied genommen. Am 26. Oktober 1918 jedoch wurde Ludendorff durch Kaiser Wilhelm II. entlassen und stellte damit nach zwei Jahren den Primat der Politik zu Gunsten des Reichskanzlers Max von Baden zumindest formell wieder her. Ergänzend dazu stellt der langjährige Amtschef des Militärgeschichtlichen Forschungsamtes, Brigadegeneral Dr. Günter Roth, fest, dass dieses Bild von der „Militärdiktatur" der 3. OHL, das die historische Forschung über eine lange Zeit gepflegt hatte, zunehmend revidiert werde, „weil die 3. OHL in eine Art politisches Vakuum hinein zu handeln gezwungen war. Die Reichskanzler hatten eben nicht das Format eines Reichskanzlers Otto v. Bismarck, den Primat der Politik gegen das Militär zu behaupten." [83] Ein Hinweis auch für künftige Generationen, der Befehls- und Kommandogewalt des Bundeskanzlers im Verteidigungsfalle eine größere Aufmerksamkeit zu schenken oder die Zweckmäßigkeit dieses Konzeptes zu überdenken. Im November 1923 nahm Ludendorff an Hitlers Putschversuch (Marsch auf die Feldherrnhalle) in München teil. Im Jahre 1925 unterlag er als Präsidentschaftskandidat gegen Hindenburg – ein trauriges politisches Ende für einen herausragenden Soldaten. Seine psychopathischen Zwangsvorstellungen und der Einfluss seiner zweiten Frau zerstörten dann die letzten Reste von Achtung gegenüber seinen militärischen Leistungen – Eigendemontage eines Denkmals in Raten.

Der aus dem schlesischen Adel stammende General der Infanterie Walther Freiherr von Lüttwitz (1859-1942), der Schwiegervater von Kurt Freiherr von Hammerstein-Equord (1878-1943), [84] dem späteren Generalobersten und Chef der Heeresleitung von 1930 bis 1933, war nach der

---

80   siehe: Gablentz O.H. von der Der Kampf um die rechte Ordnung Köln/Opladen 1964. Wheeler-Bennett hingegen bestreitet dies; siehe S. 272.
81   Er schloss als Vertreter des Deutschen Reiches die Friedensverträge von Brest-Litowsk (3. März 1918) mit der Sowjetunion und Rumänien (7. Mai 1918).
82   zitiert in: Wheeler-Bennett, John W. Der hölzerne Titan S. 177
83   Roth, Günter Gedanken zum 95. Geburtstag des dritten Generalinspekteurs der Bundeswehr, General a.D. Heinz Trettner
84   Dieser hatte Maria Freiin von Lüttwitz (1886-1970) geheiratet.

Novemberrevolution 1918 vom – ausschließlich mit Sozialdemokraten besetzten – Rat der Volksbeauftragten zum „Oberbefehlshaber in den Marken" (Berlin-Brandenburg) ernannt worden. Damit hatte er den Auftrag, mit Hilfe von Freikorps die Hauptstadt vor revolutionären Unruhen zu schützen. Im Januar 1919 leitete er die Niederschlagung des Spartakusaufstandes. Im Mai 1919 wurden ihm für den Konfliktfall alle militärischen Truppen im Reich unterstellt. Nach dem Inkrafttreten des Versailler Vertrags jedoch wehrte sich Lüttwitz gegen die vorgeschriebene Verminderung der Truppenstärke des Heeres und die Auflösung der Freikorps. 1920 widersetzte er sich der Anordnung des Reichswehrministers Noske, die Marinebrigaden Ehrhardt und Loewenfeld aufzulösen. Er kündigte – wie es der Titel seines 1934 erschienenen Buches zeigt – der „Novemberrepublik" den Kampf an. Lüttwitz fordert Neuwahlen und für sich selbst den Oberbefehl über die Reichswehr. Daraufhin wurde er am 10. März 1920 aus der Armee beurlaubt. Zwei Tage später, löste er – zusammen mit Generallandschaftsdirektor Wolfgang Kapp (1858-1922)[85] – den sog. „Kapp-Putsch" aus: Die Truppen marschierten vom Lager Döberitz gen Berlin. Die Reichsregierung sollte verhaftet und durch eine Militärregierung ersetzt werden. Zwar wurde Berlin durch die Marinebrigade Ehrhardt kampflos eingenommen, doch der Putsch scheiterte. Der selbsternannte Reichskanzler und preußische Ministerpräsident Kapp hatte Lüttwitz zum Reichswehrminister und Oberbefehlshaber der Reichswehr ernannt, aber Reichskanzler Gustav Bauer (1870-1944) – offenbar gewarnt – hatte mit einigen seiner Regierungsmitglieder die Stadt rechtzeitig vorher verlassen. Die Arbeiterschaft rief zum Generalstreik auf, und die Reichswehr versagte ihre Unterstützung. Kronprinz Wilhelm (1882-1951) von Preußen urteilt verhalten über den Coup:

„Ich muß zu dieser unglückseligen Episode noch etwas sagen. Ich würde mein Empfinden...., verleugnen, wenn ich nicht offen ausspräche, daß ich die Versuchungen ... verstehen kann, die so viele bewährte, ... und sicher von idealer Gesinnung geleitete Männer in dieses abwegige Unternehmen verstrickten. Daß nicht zugleich ein genügend klares Verständnis für die ...Lage ihnen die Kraft gab, diesen Versuchungen zu widerstehen, bedaure ich tief.[86]*

Allerdings darf nicht übersehen werden, dass der Anstoß für die Umsturzversuche weniger politische, sondern in erster Linie wirtschaftliche Gründe, d. h. massive Existenzängste, waren. Die Abrüstungsbestimmungen des Versailler Vertrages, der am 10. Januar 1920 in Kraft getreten war, verlangte die Verringerung der Personalstärke des Heeres auf 100.000 (davon nur 4.000 Offiziere) und die der Marine auf 15.000 Mann innerhalb von zwei Monaten, bis zum 31. März 1920. Auch wenn später die Siegermächte eine stufenweise Reduzierung und eine Fristverlängerung

bis zum Jahresende einräumten, standen rund 300.000 Soldaten „auf der
Straße" und fühlten sich „von denen da oben" verraten. Betrachtet man
z. B. die Demonstrationen im Herbst des Jahres 2004 gegen die Reformen
der Regierung Schröder, so wird deutlich, welche politische Brisanz diese
Zwangsentlassungen – unter wesentlich schwierigeren Bedingungen –
damals in sich bargen. Man stelle sich vor, welche innenpolitische Zerreißprobe es für unser Land bedeutete, käme es heute innerhalb von nur
acht Wochen zu Massenentlassungen einer ähnlichen Größenordnung
und ohne das vorhandene „soziale Netz." Die mehrgleisigen, obskuren
politischen Aktivitäten, die Lüttwitz – nach durch die Reichswehr sank-
tionierter Flucht und späterer Amnestie durch die Justiz in den dreißiger
Jahren – wieder aufnahm, verflachten schnell. Im Alter von 83 Jahren
starb von Lüttwitz. Er ist der Vater von Smilo Freiherr von Lüttwitz
(1895-1975), der nach dem Krieg als Generalleutnant der erste Kommandierende General des III. Korps in Koblenz wurde (siehe Nr. 2.6). Die
Führung des Putsches von 1920 war Grund einer jahrelangen Entfrem-
dung zwischen Vater und Sohn. Letzterer – wie sein Vater 1919 in die
Reichswehr übernommen – missbilligte die Handlungsweise seines
Vaters scharf.

Generalmajor Kurt von Schleicher (1882-1934) – er hatte als Achtzehnjähriger seine militärische Laufbahn im Jahre 1900 im 3. Garderegiment
zu Fuß, dem Stammregiment Hindenburgs, begonnen – war von 1929 bis
1932 Chef des Ministeramtes unter Reichswehrminister Groener und übte
als solcher ohne Frage einen starken Einfluss auf Reichspräsident von
Hindenburg aus. Im Frühjahr 1930 betrieb er den Sturz von Reichskanzler
Hermann Müller (1876-1931) und die Ernennung von Heinrich Brüning
(1885-1970) zu dessen Nachfolger. 1932 trug er zum Sturz eben dieses
Reichskanzlers bei, wurde im selben Jahr für kurze Zeit Reichswehrminister im Kabinett Franz von Papen (1879-1969) und von Dezember 1932
bis Januar 1933 dessen Nachfolger als Reichskanzler. Um Hitler zu verhindern, wollte Schleicher ein Bündnis zwischen Reichswehr und Gewerkschaft schließen. Dies zeigt, dass Generale durchaus auch politischen Weitblick besitzen können und nicht zwangsläufig und per se schlechte Politiker sein müssen. Doch es war zu spät. Beide Seiten standen sich feindselig gegenüber. Gewerkschaftsmitglieder, die sich zum Wehrdienst meldeten, wurden ausgeschlossen. [87] Wäre der Plan – er scheiterte auch am
Widerstand der SPD – gelungen, hätte viel Unheil verhindert werden

---

85   Kapp stellte sich 1922 und starb in Untersuchungshaft.
86   Kronprinz Wilhelm Erinnerungen S. 148 f.
87   Vetter, Heinz O. Gewerkschaften und Landesverteidigung in: Zuber, Hubertus Innere
     Führung in Staat, Armee und Gesellschaft S. 42

können. Ein Bündnis Armee und Gewerkschaft hätte vermutlich Hitlers
Ambitionen Paroli bieten können. Es wäre zu jener – im Sinne innerstaat-
lichen Friedens unabdingbaren – Aussöhnung zwischen Armee und
Gewerkschaften gekommen, die dann erst fast fünf Jahrzehnte später in
der Bundesrepublik unter Minister Leber erreicht wurde. Schleicher wur-
de – zusammen mit seiner Ehefrau Elisabeth – während des sog. „Röhm-
Putsches" am Mittag des 30. Juni 1934 von der SS erschossen. In der
Rückschau währte sein Einfluss nur vier Jahre.

Neben den vier geschilderten Beispielen steht der Name des eigenwilligen und mimosenhaften Chefs der Heeresleitung, Generaloberst Hans
von Seeckt (1866-1936) – am 22. April 1866 in Schleswig als Sohn des späteren Generals Richard August von Seeckt (1833-1909) [88] geboren – synonym für diese Sonderrolle des Militärs. Interessant ist dabei jedoch, dass
ausgerechnet Reichswehrminister Dr. Otto Geßler (1875-1955), der mit
Seeckt keinen „leichten" Chef der Heeresleitung hatte, den Vorwurf einer
Einmischung der gesamten Reichswehr in das politische Geschehen
zurückweist:

„Auch in die Entscheidungen der hohen Politik hat nie eine >Militär-
Partei< einzugreifen versucht, ... In den Fällen, wo diese das eigene
Schicksal der Wehrmacht betrafen, wurde selbstverständlich versucht, dieses
Interesse mit aller Kraft zu wahren. War aber die Entscheidung im entgegen-
gesetzten Sinne gefallen und anderen Erwägungen der Vorzug gegeben, ...,
setzten sich die obersten Stellen immer für den loyalen Vollzug voll ein. Kein
Kanzler oder Außenminister ... kann sich mit Recht über militärische
Sonderpolitik beklagen." [89]

Zweifelsohne aber hatte Seeckt ein gespanntes Verhältnis zu seinem zivilen Reichswehrminister Geßler, dem vormaligen Oberbürgermeister von
Nürnberg und Sohn eines Berufsunteroffiziers. Reibereien waren an der
Tagesordnung, so z. B. in der Frage des Vortragsrechtes nachgeordneter
Offiziere beim Minister ohne Wissen des Chefs der Heeresleitung. Nach
der Verordnung des Reichspräsidenten vom 11. August 1920 war der Chef
der Heeresleitung der verantwortliche militärische Ratgeber des Reichswehrministers und dessen Vertreter in Ausübung der Kommandogewalt,
doch wenige Monate später formulierte das Wehrgesetz vom 21.März 1921
etwas verschwommen, an der Spitze des Heeres solle ein General als Chef
der Heeresleitung stehen. Echte politische Ambitionen in Form einer
Kandidatur für das Amt des Reichspräsidenten als Nachfolger Eberts hatte
Seeckt schon früh abgelegt und nicht ernsthaft verfolgt – gegen Hindenburg, den populären Sieger von Tannenberg, rechnete sich Seeckt zu Recht
keine Chancen aus. Überdies scheiterten die Pläne wegen Eberts überra-
schendem Tod, und wohl auch, weil von Schleicher die Ambitionen Seeckts

nicht mit voller Kraft unterstützte. Auch zu Gustav Stresemann wahrte Seeckt Distanz; dessen Sohn schreibt:

„Seeckt gilt als der große Schweiger, aus dem man nicht klug wird und den man daher als besonders klug erachtet. Nach dem Kapp-Putsch wurde er zum Chef der Heeresleitung befördert. ... Zweifellos war er eine Persönlichkeit von Format, als Militär ein Experte ersten Ranges. .... Aber Seeckt wollte mehr sein als ein General. Ihn lockte die Politik, sie faszinierte ihn, ... In den Herbstmonaten von 1923 glaubten viele, nur eine Militärdiktatur könne Deutschland retten. Und wer wäre besser für die Führung qualifiziert gewesen als General von Seeckt? Das Vertrauen, das man ihm entgegenbrachte, mag ihn geschmeichelt haben. Auch Ebert mochte den General, der ... eine weitaus prominentere Stellung einnahm, als sie dem Chef der Heeresleitung zukam. Meinem Vater stand er ablehnend gegenüber. ... Vielleicht haben Standesunterschiede eine Rolle gespielt – man konnte bei Seeckt, und weit mehr noch bei seiner Frau, über eine erhebliche Arroganz nicht hinwegsehen – möglicherweise lagen dem General Wesen und Charakter meines Vaters nicht. ... Er (= Seeckt) hatte einen Eid geleistet und diesen Eid nicht gebrochen. Aber die Tatsache, daß während Stresemanns Kanzlerzeit die Frage >wo steht Seeckt< allgemeines und höchst beliebtes Gesprächsthema war, spricht Bände. .... . Doch der General war kein Vollblutpolitiker; er konnte bestenfalls als begabter Amateur angesehen werden. ... So war es ihm trotz seiner Machtfülle in keinem Zeitpunkt gegeben, seine jeweiligen politischen Auffassungen durchzusetzen, geschweige denn eine führende politische Position einzunehmen, obwohl es an Gelegenheiten nicht mangelte. Er blieb, ... , ein Mann im Hintergrund, ... , zur Übernahme echter politischer Verantwortung weder bereit noch fähig.“ [90]

Eitelkeit ist kein guter Ratgeber, auch nicht für Generale. Als in den Morgenstunden des 10. Novembers 1923 die Nachricht vom versuchten Putsch Hitlers am Vortage in Berlin bekannt wurde, – die Medien konnten damals noch nicht verzugslos reagieren – ließ Stresemann das Kabinett eilig einberufen. Auch Seeckt nahm daran teil. Als der Reichskanzler diesen fragte „Wird die Armee zu uns halten, General?," antwortete dieser sybillinisch und mit einem arroganten und zugleich unhöflichen Unterton gegenüber dem Regierungschef: „Die Reichswehr, Herr Reichskanzler, hält zu mir!" Es war ein Affront gegenüber dem zivilen Reichskanzler – zwei Jahre später, als Hindenburg an der Spitze des Reiches stand, hätte Seeckt

---

88   Richard August von Seeckt kommandierte in den siebziger Jahres des 19. Jahrhunderts die 55. Infanteriedivision in Detmold.

89   Geßler, Otto in: Der Aufbau der neuen Wehrmacht zitiert in: Wohlfeil/ Dollinger Die Deutsche Reichswehr S. 78

90   Stresemann, Wolfgang Mein Vater Gustav Stresemann S. 239 ff.

dies wahrscheinlich anders formuliert. Und es war vor allem eine misslungene Antwort auf eine klare Frage, die falsche Auslegungen herausforderte. Seeckt bildete mit diesem saloppen, vermutlich nicht sonderlich überlegten Spruch einen Pseudogegensatz zwischen Oberbefehl und Verfassung, der weder realiter noch de jure bestand. Er unterstellte nämlich fälschlicherweise, dass der Befehl Seeckts -und damit er selbst als Person und Amtsinhaber – über der Verfassung stünde. Im übrigen war die Truppe nach dem Sturz der Monarchie erstmals nicht auf das Staatsoberhaupt vereidigt worden.

Die Diskussionen und die Zweifel um die Loyalität der Reichswehr wären in der Folgezeit vermutlich anders verlaufen, hätte sich Seeckt damals gegenüber Stresemann ebenso klar ausgedrückt wie einige Monate zuvor bereits zu General von Watter und zum Verleger Claß. Der im Ersten Weltkrieg hochdekorierte (Pour le mérite mit Eichenlaub) General Oskar Freiherr von Watter (1861-1939), der Befehlshaber im Wehrkreis VI in Münster, hatte kurz nach der Besetzung des Ruhrgebietes durch französische Truppen im Januar 1923 den Plan, mit einigen Offizieren und 60.000 Arbeitern unter den französischen Soldaten ein Blutbad („Sizilianische Vesper") anzurichten. [91] Seeckt lehnte dieses Vorhaben kategorisch ab.

„Meine Herren, in Deutschland kann niemand einen Putsch machen als ich. Und ich erkläre Ihnen, ich mache keinen." [92]

Und auch, als Seeckt im September 1923 durch den Nationalisten Heinrich Claß (1868-1953) aufgefordert wurde, sich an die Spitze einer Militärdiktatur zu stellen, antwortete er scharf und unzweideutig:

„Was Sie mir vorschlagen, ist Verfassungsbruch, ist Meuterei. Lassen Sie sich gesagt sein, daß ich jeden Aufruhr bis zu meiner letzten Kartätsche niederschlagen werde, ob von rechts oder von links. Die Aufgabe der Reichswehr ist es, die Einheit des Reiches zu wahren, und diejenigen, die das in Frage stellen, sind meine Feinde, woher sie auch kommen mögen." [93]

Der politisch am rechten Flügel stehende Claß war als Inhaber der „Deutschen Zeitung" eine lenkende Kraft der völkischen Opposition gegen die Republik und die demokratischen Parteien. Bereits 1917 hatte er – zusammen mit Großadmiral Alfred von Tirpitz und Wolfgang Kapp – die „Vaterlandspartei" gegründet, die gegen einen Verständigungsfrieden kämpfte. Das „Woher sie auch kommen mögen" heißt nichts anderes als dass jedweder Putsch – von links oder rechts – auf den Widerstand der Reichswehr stoßen würde. Seeckt war und blieb loyal. Was aber sowohl ihm, als auch der Reichswehr und ihrem Führerkorps fehlte, waren der politische Glaube an und innere Zuneigung zum neuen Staatswesen. Die Vernunft sagte ja, aber das Herz blieb stumm. Generaloberst Wilhelm Heye (1869-1946), der Chef der Heeresleitung von 1920 bis 1923 sagte einmal, er habe seinen im Ersten

Weltkrieg gefallenen Sohn in einer schwarz-weiß-roten Fahne beigesetzt
und hänge an diesen Farben, auch wenn er das Schwarz-Rot-Gold der
Republik anerkenne. [94] Auch Graf Kielmansegg hat dies später in ähnlicher
Weise dargestellt, in dem er sagte, er mochte *die Weimarer Republik zwar
nicht ..., war ihr gegenüber aber immer loyal.*[95]
Doch wenn bis heute dieses Defizit an emotionaler Bindung gerade von
jenen beklagt wird, die für sich selbst die Liebe zum eigenen Land strikt
ablehnen, wirkt der Vorwurf unglaubwürdig. Überdies sollte nicht vergessen werden, dass es in der Bundesrepublik nach dem Zweiten Weltkrieg
eine ähnliche Phase der nüchtern-kritischen Distanz zum Staat gab und
zum Teil bis heute noch gibt. Natürlich lagen die Gründe dafür primär in
den Verbrechen Hitlers, aber die staatlich-geistige Zäsur war letztlich ähnlich jener von 1918. Die Schärfe des Vorwurfs an Seeckt ist aber noch aus
einem weiteren Grunde fragwürdig: tradierte Erziehungsgrundsätze werden nur von bindungslosen Charakteren von heute auf morgen über Bord
geworfen. Dies von in der Kaiserzeit erzogenen und von ihr geprägten Offizieren zu erwarten, würde ihr Ehrlosigkeit und eine Art des Söldnertums
unterstellen. General Hans Speidel, der diese Jahre als junger Offizier bewusst erlebt hatte, argumentiert ähnlich:
*„Frei und unabhängig vom Parteigetriebe dient die Reichswehr als
>rocher de bronze< dem Vaterland. Daß Offiziere und Unteroffiziere am An-
fang der monarchistischen Staatsform nachhingen, schmälert dieses Urteil
nicht; ja, es wäre gefährlich gewesen, wenn gerade die Soldaten eine jahrhundertealte monarchistische Tradition wie ein Hemd abgelegt hätten."* [96]
Eine gewisse Schwäche muss man jedoch darin sehen, dass die neue
Eidesformel – anders als der personale Schwur auf den Souverän in der
Kaiserzeit – auf ein anonymes Konstrukt, eine Sache, ein Gesetz, nämlich
die Verfassung, geleistet wurde, weil dadurch die vormals persönliche
Wechselbeziehung zwischen Eidnehmer und Eidgeber aufgelöst wurde.
Überdies wurde auf den Gottesbezug verzichtet.
Der Fahneneid der Reichswehr lautete:
*„Ich schwöre Treue der Reichsverfassung und gelobe, daß ich als tapferer
Soldat das Deutsche Reich und seine gesetzlichen Einrichtungen jederzeit*

91   siehe: Wheeler-Bennett, John Die Nemesis der Macht S. 129
92   Rabenau von, Friedrich Seeckt, aus seinem Leben 2. Band S. 326
93   Wheeler-Bennett, John Die Nemesis der Macht S. 129. Wheeler zitiert aus einem Brief
     Seeckt an Claß vom 24.09.1923; siehe auch: Rabenau 2. Bd. S. 388
94   Hesse, Kurt Der Geist von Potsdam S. 69
95   Graf von Kielmansegg in einem Interview mit Moritz Schwarz und Tobias Wimbauer
     von der „Neuen Freiheit" Verlag 27. April 2001
96   Speidel, Hans Aus unserer Zeit S. 41 f.

schützen, dem Reichspräsidenten und meinen Vorgesetzten Gehorsam leisten will. "[97]

Er enthielt die Elemente der Treue gegenüber der Verfassung, des Schutzes des Reiches und des Gehorsams gegenüber Staatsoberhaupt und Vorgesetzten. Der Treueschwur galt in erster Linie der Verfassung, und tatsächlich hat die Reichswehr ihre Loyalität und Treue auch wiederholt unter Beweis gestellt. Ein Großteil des Offizierkorps der Weimarer Republik – noch in der Monarchie aufgewachsen – trauerte dieser nach und fühlte sich insgeheim noch an den Eid auf den Souverän gebunden. Dieser Wechsel wurde in der Folgezeit geistig weder ver- noch aufgearbeitet. Von Seeckt mag geglaubt haben, die alte monarchische Treuepflicht ließe sich einfach auf den Inhaber der Befehlsgewalt übertragen, übersah dabei aber, dass auch dieser in seiner Handlung an Recht und Verfassung gebunden war. Bei Aufbau der Bundeswehr waren solche „Altlasten" nicht mehr vorhanden. Selbst wenn mancher Soldat die Befehls- und Kommandogewalt lieber beim Staatsoberhaupt denn beim – parteipolitischen Kräften ausgesetzten – Verteidigungsminister verankert gesehen hätte; die Wirkung der Eidesbindung auf die Verfassung wäre davon letztlich unbenommen.

Seeckt hatte das Amt des Chefs der Heeresleitung über sechs Jahre, von März 1920 bis Oktober 1926, inne. In dieser Zeit wurde die Republik von insgesamt sieben Reichskanzlern [98] regiert; das Verhältnis Seeckts zu ihnen war wiederholt gespannt, so z.B. durch die Teilnahme von Prinz Wilhelm von Preußen (1906-1940), dem ältesten Enkel des Ex-Kaisers, an Reichswehrübungen im Jahre 1926. Reichskanzler Wilhelm Marx (1863-1946) [99] setzte daraufhin den Rücktritt Seeckts durch. In dieser Lage riet Oberstleutnant Werner Freiherr von Fritsch (1880-1939), der spätere Generaloberst und Oberbefehlshaber des Heeres, seinem Vorgesetzten von Seeckt, die Reichswehr solle sich einer Ablösung mit militärischer Gewalt widersetzen. Doch im Kern hätte dieser Vorschlag eines Putsches der Reichswehr sich nicht nur gegen die Parteien gerichtet, sondern auch gegen Feldmarschall von Hindenburg, den Reichspräsidenten und zugleich ihren Oberbefehlshaber gem. Artikel 47 der Weimarer Verfassung. Allein diese Konstellation zeigt die Naivität dieses Vorschlages von Fritsch. In der Bundeswehr wären solche Überlegungen noch nicht einmal ansatzweise möglich und denkbar, eines der vielen Zeichen für die gelungene Eingliederung der Streitkräfte in die Demokratie. Doch Seeckt nahm seine Entlassung widerspruchslos hin. Nach seiner langen Amtszeit als Chef der Heeresleitung wurde er von 1930 bis 1932 Mitglied des Reichstages für die Deutsche Volkspartei (DVP) – ein selbst verschuldeter, trauriger Abstieg eines brillanten Soldaten vom militärischen Olymp. Er starb am 27. Dezember 1936 in Berlin und fand auf dem Invalidenfriedhof seine letzte Ruhe.

Unmittelbar nach dem Ableben des Reichspräsidenten von Hindenburg am 2. August 1934 wurde die Truppe auf Weisung des Reichswehrministers von Blomberg auf Adolf Hitler vereidigt. Hitler hat die Schwächen des Fahneneides der Weimarer Republik erkannt und die neue Formel entsprechend umformuliert:

*„Ich schwöre bei Gott diesen heiligen Eid, daß ich dem Führer des
Deutschen Reiches und Volkes Adolf Hitler, dem Oberbefehlshaber der
Wehrmacht, unbedingten Gehorsam leisten und als tapferer Soldat bereit
sein will, jederzeit für diesen Eid mein Leben einzusetzen."*

Dieser neue Eid wurde, wie zur Kaiserzeit, vor Gott geleistet – ein zyni-
scher Schachzug, denkt man an die atheistische Ideologie des Nationalsozialismus – und auf die Person Hitlers abgelegt. Bundespräsident Heuss
schreibt dazu:

*„Es war das Gespenstische, dass in diesem Treueid auf Hitler die religiö-
se Formel >bei Gott< aufgenommen war, die in dem früheren Eid auf die
Verfassung dem Schwörenden anheimgestellt blieb."* [100]

Zusätzlich wurde ein Novum eingefügt, die Forderung nach „unbe-
dingtem," d. h. „absolutem" Gehorsam. Der Bezug zu militärischen Zwi-
schenvorgesetzten, der im alten Eide noch enthalten war, entfiel. Sogar in
der Eidesformel der Waffen-SS, nicht gerade ein Refugium religiöser
Tradition, wurde Gott als Zeuge angerufen.

*„Ich schwöre Dir, Adolf Hitler, als Führer und Kanzler des Reiches Treue
und Tapferkeit. Ich gelobe Dir und den von Dir eingesetzten Vorgesetzten
Gehorsam bis in den Tod, so wahr mir Gott helfe."*

Durch die Anrede in der zweiten Person wurde die besondere Beziehung als persönlicher Waffenträger hervorgehoben. Der Begriff des „unbedingten Gehorsams" wurde durch den „Gehorsam bis in den Tod" ersetzt.
Von Blomberg lud mit seinem unüberlegten und schnellen Einverständnis
zur Vereidigung große Schuld auf sich, hat er doch die Tragweite dieses
persönlichen Treueides auf Hitlers nicht erkannt – was problemlos möglich gewesen wäre, oder nicht erkennen wollen. Die Tatsache, dass Hitler

---

97 Fahneneid der Reichswehr von 1919 bis 1933 in: Hermann Carl Hans Deutsche
    Militärgeschichte S. 379
98 Es waren die Reichskanzler Hermann Müller (März-Juni 1920), Konstantin Fehrenbach
    (Juni 1920-Mai 1921), Dr. Josef Wirth (Mai-Oktober 1921, Oktober 1921-November 1922
    und Mai-Dezember 1926), Dr. Wilhelm Cuno (November 1922-August 1923), Dr. Gustav
    Stresemann (August-Oktober 1923 und Oktober-November 1923), Dr. Wilhelm Marx
    (November 1924-Mai 1924 und Juni-Dezember 1924), Dr. Hans Luther (Januar-
    Dezember 1925 und Januar-Mai 1926)
99 Marx bekleidete u. a. zweimal das Amt des Reichskanzlers: von November 1923 bis
    Januar 1925 und danach von Mai 1926 bis Juni 1928.
100 Heuss, Theodor   Reden, Aufsätze und Briefe S. 414

durch einen geschickten juristischen Schachzug einen Tag zuvor, am 1. August 1934, die Ämter des Reichspräsidenten und des Reichskanzlers per Gesetz mit einander verschmolz, mindert den Schuldvorwurf an Blomberg nur geringfügig. Auch in seinem Schreiben vom 19. August 1934 an den Reichswehrminister gibt Hitler nur das allgemeine Versprechen, „es jederzeit als meine höchste Pflicht ansehen, für den Bestand und die Unantastbarkeit der Wehrmacht einzutreten." Von seinen ethischen Bindungen und Pflichten als Eidnehmer hingegen ist keine Rede. Mit der Einführung der allgemeinen Wehrpflicht im Jahre 1935 wurde dann de facto Zug um Zug der größte Teil der männlichen Bevölkerung des Deutschen Reiches durch einen Eid an die Person Hitlers gebunden. Aus der Trauer um den verlorenen „Vaterkaiser" wurde geistige Orientierungslosigkeit. Und folgerichtig sahen auch nicht wenige Offiziere in Hitler den wiederauferstandenen Kaiser, einen Führer von Gottes Gnaden, die unumstößliche Autorität an der Spitze des Staates, was letztlich auch darin mündete, ihm gegenüber nicht die Treue zu brechen. Der Händedruck Hindenburgs mit Hitler am 21. März 1933 in der Garnisonskirche von Potsdam kann als eine symbolische Geste der Stabweitergabe angesehen werden: Oberbefehl und Führerschaft wurden von Hindenburg, der sie treuhänderisch für den im Exil lebenden Kaiser wahrnahm, nunmehr Hitler anvertraut. Und so kam es im Dritten Reich zu einer Überhöhung und damit Pervertierung des Primates der Politik, die nachgerade mit der pseudo-religiösen Aura einer Unfehlbarkeit umkleidet war.

Nur wenige Jahre später erinnerten sich die obersten militärischen Führer der Wehrmacht nicht mehr an das Beispiel Hindenburgs am Ende der 3. Obersten Heeresleitung (OHL), sondern beriefen sich auf den Primat der Politik und den mittlerweile eingeführten personifizierten und vor allem „unbedingten" Gehorsam. Die Spitze der Generalität folgte bedingungslos und fatalistisch ihrem Führer in das Verderben des Krieges. Generaloberst Ludwig Beck war einer der wenigen, der die heraufziehende Gefahr vorhersah und Konsequenzen zog. Im Juli 1938 fügte er der letzten seiner drei Denkschriften „Gegen den Krieg" handschriftlich hinzu:

> „Um unsere Stellung den Historikern gegenüber in der Zukunft darzustellen und den Ruf des Oberkommandos sauberzuhalten, wünsche ich als Chef des Generalstabes zu Protokoll zu geben, daß ich mich geweigert habe, irgendwelche nationalsozialistischen Abenteuer zu billigen. Ein endgültiger deutscher Sieg ist eine Unmöglichkeit." [101]

Dabei ging er gedanklich sehr weit – berührte die Grenzen der Loyalität, des Eides, der Vaterlandsliebe und sogar des Hochverrates und betrachtete überdies die Generalität und Admiralität in einer verklären-

den, beinahe utopisch zu nennenden Sicht als eine homogene Gruppe bar
jeder menschlichen Schwächen, wie Ehrgeiz, Neid und Strebertum:
  „Wenn sie alle (= die Generalität und Admiralität) in einem geschlosse-
nen Willen handeln, ist die Durchführung einer kriegerischen Handlung
unmöglich. Sie haben damit ihr Vaterland vor dem Schlimmsten, vor dem
Untergang bewahrt.“ 102
  Dies ist nichts anderes als ein Aufruf zu einem Streik der Generale.
Leider blieben seine Warnungen ungehört, und im zweiten großen Krieg
des 20. Jahrhunderts haben Männer wie Rommel, Manstein, Model oder
Keitel nicht wie Hindenburg gehandelt, obgleich sich spätestens ab der
Jahreswende 1942/43 – d. h. erstaunlicherweise ebenfalls wie im Ersten
Weltkrieg nach zunächst drei bis vier erfolgreichen Jahren militärischer
Operationsführung – eine ähnlich hoffnungslose Entwicklung der militä-
rischen Lage für Deutschland abzeichnete. Vielleicht aber lehnten sie eine
Intervention gerade deshalb ab, um sich nicht – wie im Falle der 3. Obers-
ten Heeresleitung (OHL) – erneut einer Einmischung in politische Angelegenheiten bezichtigen zu lassen. Hinzukam, dass die starke Führungs-
persönlichkeit Hitlers dies nicht zuließ. Der Widerstand der mittleren
Ebene des 20. Juli 1944 besaß zu wenig Durchschlags- und Überzeugungskraft. Und so war der ideologisch verbrämte Glaube an die Utopie eines
Endsieges stärker als die nüchterne Erkenntnis, gescheitert zu sein.
Deutschland und der Welt wäre wahrscheinlich viel erspart geblieben,
hätte der Führungseinfluss Hitlers auf die militärischen Operationen verringert oder gar ganz ausgeschaltet werden können. Im übrigen mischte
sich Hitler auch während der Friedensjahre von 1933 bis 1937 nicht in
militärische Angelegenheiten ein und trat nur selten bei der Wehrmacht in
Erscheinung. 1934 gab es zwar noch deutlichen Widerspruch seitens der
Führungsspitze der Wehrmacht gegen die Wiederaufrüstungspläne Hitlers
durch die Generale von Blomberg, von Fritsch und Beck. Doch Blomberg
argumentierte als Reichswehrminister (ab Mai 1935 Reichskriegsminis-
ter) nur auf der politischen Schiene und warnte lediglich vor der Gefahr
eines Krieges mit den Westmächten. Überdies wurde sein Aufbegehren
durch die Billigung der Morde an seinen Generalskameraden Schleicher
und Bredow im Zuge des sog. „Röhm-Putsches“ und die widerspruchslo-
se Hinnahme der Vereidigung der Wehrmacht auf die Person Hitlers kon-
terkariert. Blomberg sah sich – durch seinen Aufstieg korrumpiert – Hitler
gegenüber in tiefer Schuld. Er war es auch, der eine ehrengerichtliche

101 zitiert in: Gerstenmaier, Eugen Reden und Aufsätze Bd. 2 S. 119
102 Beck Denkschrift vom 6.1.1937 zitiert in: Hermann, Carl Deutsche Militärgeschichte
    S. 468

Prüfung der Beschuldigungen gegen Schleicher und Bredow wegen Hoch-
und Landesverrat, die Hitler in seiner Reichstagsrede vom 13. Juli 1934
erhoben hatte, strikt unterband. Generaloberst Werner Freiherr von
Fritsch, der Chef der Heeresleitung (ab 1935 Oberbefehlshaber des Heeres
mit Kabinettsrang), wies nur auf den beträchtlichen Zeitbedarf für eine
Wiederaufrüstung hin und schilderte die Risiken einer übereilten
Aufrüstung, die zu Lasten einer sorgfältigen Ausbildung ginge, d. h. er war
lediglich gegen den Zeitpunkt, nicht aber gegen einen Waffengang an sich.
Und auch Becks Bedenken als Generalstabschef des Heeres waren nach
der Hitler-Rede vor der Generalität am 3. Januar 1935 in der Staatsoper in
Berlin – trotz latenter Wachsamkeit gegenüber dem Regime – schwächer
geworden. Als Hitler am 15. Oktober 1935 die Kriegsakademie anlässlich
ihrer 125-Jahr-Feier besuchte, sah sich die gesamte Generalität – darunter
auch seine Gegner und Skeptiker wie Beck, Ritter von Leeb und von Witzleben – mit dem Reichskanzler, sowie Göring und Goebbels im „Hitlergruß" vereint. Die düstere Stimmung des Schweigens und das Maß der
Gleichschaltung und des Sozialdrucks wird auf diesem Gruppenbild [103]
überdeutlich. Lediglich die Handhaltung von Feldmarschall August von
Mackensen (1849-1945) – eine Mischung aus militärischem Gruß und
„Deutschem Gruß" – fiel weniger schneidig aus, doch war dies wahrscheinlich kein Protest gegen das Regime, sondern eher eine altersbeding-
te Gewohnheit der damals bereits sechsundachtzigjährigen militärischen
Ikone, die vermutlich auch nicht mehr verstand, was um sie herum ge-
schah – Tragik des Alters. Schmückle berichtet, wie der greise Feldmarschall etwa zwei Jahre später die Offiziersanwärter auf der Kriegsschule
besuchte:

*„Wir hatten uns alle darauf gefreut, dem großen Soldaten begegnen zu
dürfen. Dann sei eine Mumie erschienen erfurchtgebietend und mitleiderre-
gend in ihrer Zerbrechlichkeit. ... Er habe unsere Stiefel zu sehen verlangt
und pedantisch nachgeprüft, ob die Nägel an den Schuhsohlen vollständig
seien. ... Der Gegensatz zwischen ruhmreicher Vergangenheit, Legende und
Wirklichkeit."* [104]

In den folgenden Jahren wurde der militärische Widerspruch noch geringer, war er doch durch Hitlers innen- und außenpolitische Erfolge und
die Eidesbindung auf doppelte Weise gelähmt. Jedoch trifft die Aussage,
die militärische Führungselite der Wehrmacht habe nur aus Jasagern und
„willfährigen Vollstreckern" bestanden, in dieser pauschalen Form dennoch nicht zu. Nahezu die Hälfte der 26 Generalfeldmarschälle und Groß-
admiräle der Wehrmacht war zumindest einmal in einen Konflikt mit
Hitler geraten, der zur Enthebung von ihrem Kommando führte. Zwar ist
dies bei den meisten von ihnen erst ab 1944 erfolgt, und auch von Kluge

und Model wählten den Freitod erst dann, als sie keinen anderen Ausweg mehr sahen. Doch wer werfe den ersten Stein? Die sich zum Richter aufspielende Nachkriegsgeneration kann sich keine Vorstellung von den Gewissenskonflikten machen, die der Zwiespalt zwischen Eidesbindung, Pflichterfüllung und dem Wissen um eine zunehmend hoffnungslose Lage in der zweiten Hälfte des Krieges auslöste. Nicht uninteressant ist in diesem Zusammenhang auch die Frage zu Hitlers Verhältnis gegenüber seinen Generalen und Admiralen. Propagandaminister Dr. Joseph Goebbels beschreibt dies am 3. März 1943 in seinem Tagebuch wie folgt:

„Das Urteil des Führers über die moralischen Qualitäten der Generalität, und zwar aller Waffenteile, ist vernichtend. A priori glaubt er einem General nicht. .... Der Führer lässt sich noch einmal ausgiebig über die Heeresgeneralität aus, die nur seine Verachtung findet. Auch ist er der Meinung: man braucht sich diese Herren nur in Zivil vorzustellen, und man verliert jeden Respekt vor ihnen. .... Die Erfahrungen, die der Führer mit der Heeresgeneralität gemacht hat, haben ihn maßlos verbittert gemacht. ... Diese Art von Generälen hassen allmählich den Führer weil sie ungebildet sind, weil sie in ihm einen Emporkömmling sehen und weil sie nicht die Intuition besitzen, sein Genie zu erkennen.“ [105]

Mit dem Begriff „Genie" klingt unterschwellig auch an, dass Goebbels den Entscheidungen seines politischen Führers zugleich den Charakter der Unfehlbarkeit zuweist – war es Dummheit, Kalkül oder Verblendung? Die Aussage Goebbels wird durch ein Gespräch zwischen Hitler und Generalleutnant Heusinger im September 1944, d. h. nach dem Attentat, gestützt, in dem ersterer u. a. ausführte:

„Ich habe schon oft bitter bereut, mein Offizierkorps nicht gesäubert zu haben, wie es Stalin tat. Aber ich muß und werde das jetzt nachholen, es ist die höchste Zeit und keine Minute mehr zu verlieren. Man soll endlich lernen, zu parieren, blindlings und ohne mit der Wimper zu zucken. Was ich von der Partei und dem ganzen Volke verlange, das muß auch die Armee erfüllen. Die Verantwortung tragen nicht die Generäle, sondern ich, ich ganz allein!“ [106]

An Hitlers Absicht einer physischen Liquidierung eines Teils des Offizierkorps mit dem Ziele geistiger Gleichschaltung der Überlebenden bestehen keine Zweifel. Der einzige Grund, weshalb er – anders als Stalin

---

103 Eine Photographie des Besuches ist wiedergegeben in: Reynolds, Nicholas Beck – Gehorsam und Widerstand; zwischen Seite 80 und 81 Diese Grußform mit dem schräg nach oben gestreckten rechten Arm („Hitlergruß" oder „Deutscher Gruß") wurde erst nach dem Attentat auf Hitler in die Wehrmacht eingeführt.
104 Schmückle, Gerd Ohne Pauken und Trompeten S. 16
105 zitiert in: Hermann, Carl Hans Deutsche Militärgeschichte S. 525

– diesen Plan nicht im großen Stil, sondern nur selektiv gegenüber dem kleinen Kreis von Mitwissern des Widerstandes und jenen, die der Mitwisserschaft verdächtigt wurden, umsetzen konnte, war, dass er sich im Krieg befand und auf eben jene militärische Führungsschicht angewiesen war.

Die zentrale Frage ist, wann für den einzelnen der Bruch des Eides durch Hitler erkennbar war. Dies ist zweifelsohne auch von der Kenntnis der Gesamtlage abhängig und setzt internes Wissen voraus, das nur eine Führungselite besitzt. Überdies muss diese auch religiös geprägt sein, was bei denjenigen Generalen, die – ohne den Glauben an Gott – allein der atheistischen, nationalsozialistischen Idee verbunden waren, nicht gegeben war. Heusinger aber, dem gegenüber Hitler diesen verbrecherischen Plan der Eliminierung eines Teils des Offizierkorps offenbart hatte, dürfte spätestens ab diesem Zeitpunkt der Eidbruch Hitlers klar gewesen sein.

Die Generalität handelte wie ein Spieler: wie dieser nach jedem verlorenen Einsatz hofft, durch ein neues Spiel das verlorene Terrain wieder gutzumachen. Viele hohe militärische Führer billigten zähneknirschend die zahlreichen massiven und offenkundigen Verstöße gegen Recht, Ethik und Berufsehre durch Hitler, stets in der Hoffnung, es möge das letzte Mal gewesen sein. In der Vorkriegszeit waren es u. a. „Röhm-Putsch,“ „Reichskristallnacht“ und die „Fritsch-Affäre.“ Zudem begünstigte anfangs der „außenpolitischer Wind“ die Politik Hitlers. Und während des Krieges war es die Pflicht, das Land, die Soldaten und auch diejenigen in der Heimat nicht im Stich lassen zu dürfen.

Ein Beispiel für aufrechtes Handeln und Widerstand aus dem christlichen Glauben heraus – auch auf der mittleren Führungsebene – gab Generalleutnant Theodor Groppe (1882-1973). Er war im Jahre 1900 in das Infanterieregiment 131 eingetreten, hatte am Ersten Weltkrieg teilgenommen und war mit dem Pour le mérite ausgezeichnet worden. Bereits einen Tag nach Hitlers „Machtergreifung“ am 1. Februar 1933 wurde Groppe, der „Schwarze General“, ein überzeugter Katholik, als Generalmajor entlassen. Im Zuge der Umfangserweiterung der Wehrmacht wurde er aber im Jahre 1936 reaktiviert und zum Landwehr-Kommandeur Hanau ernannt. In dieser Funktion stellte Groppe im August 1939 die 214. Infanteriedivision auf und übernahm sie danach als Kommandeur. Im November 1939 wurde er zum Generalleutnant befördert. Die Division unterstand während des Westfeldzuges der 1. Armee unter Generaloberst Erwin von Witzleben. Im April 1940 verlegte die Division bei der Operation „Weserübung Nord,“ der Besetzung Norwegens, im Rahmen des „Höheren Kommandos z.b.V. LXX “ (später LXX. Armeekorps) unter dem General der Infanterie Nikolaus von Falkenhorst (1885-1968) mit drei weiteren

Infanteriedivisionen nach Norwegen und war dort bis Januar 1944 im Einsatz. Doch bereits am 31. Dezember 1941 wurde Groppe aus der Wehrmacht verabschiedet. Er hatte als tiefgläubiger Katholik Anweisungen zur Rettung von Juden gegeben und u. a. auch gegen Himmlers Befehl vom 28. Oktober 1939 protestiert, in dem SS und Polizei gefordert wurden, auch außerhalb der Ehe „im Glauben an den Führer" Kinder zu zeugen. Himmler verlangte die Einleitung eines „Heimtückeverfahrens" gegen Groppe. Doch seine beiden Vorgesetzten, von Witzleben und Ritter von Leeb, stellten sich vor Groppe und erklärten, sie würden ihr Kommando niederlegen, wenn man ihm den Prozess machte. Von Leeb schrieb an Generaloberst von Brauchitsch, den Oberbefehlshaber des Heeres:

„Ich stelle mich mit meiner ganzen Person vor Generalleutnant Groppe, selbst dann, wenn er sich in berechtigter Empörung über den Befehl des Reichsführers SS bei seiner Ansprache im Wortlauf vergriffen haben sollte." [107]

Groppe wurde zwar zum Tode verurteilt, doch nicht hingerichtet. Er starb 1973 in Trier.

Im Zweiten Weltkrieg und in der Nachkriegszeit standen einige wenige hohe deutsche Offiziere sowohl in Deutschland, als auch weltweit in hohem Ansehen. Hierzu zählen vor allem die Generalfeldmarschälle Rommel (1891-1944) und von Manstein (1887-1973), sowie die militärische Spitzen des Widerstandes vom 20. Juli 1944, auch wenn sie nicht im Generals- oder Admiralsrang waren. Eine Ironie des Schicksals ist, dass ausgerechnet der einzige „echte," unter Einsatz von Gewalt geplante und durchgeführte Umsturz in Deutschland, jener vom 20. Juli 1944, scheiterte. So verständlich es ist, mutet es zugleich aber letztlich widersprüchlich an, dass gerade eine Demokratie einen Militärputsch auf das Podest der Tradition

---

106 Heusinger, Adolf Befehl im Widerstreit S. 367
      Um selbst Ansätze von Widerstand im Keime zu ersticken, überzog Stalin (1874-1953) die Rote Armee in den Jahren 1937 und 1938 mit einer beispiellosen Säuberungswelle, der fast die Hälfte ihres Offizierkorps zum Opfer fiel. 90 % aller Generale und 80 % aller Obersten verloren Leben oder Amt. Drei der fünf im Jahre 1935 von Stalin ernannten Marschälle wurden hingerichtet: Blücher (1889-1938), Jegorow (1883-1939) und Tuchatschewski (1893-1937). Nur die Marschälle Budjonny (1883-1973) und Woroschilow (1881-1969) überlebten. 13 der 15 Armeebefehlshaber, 57 der 85 Kommandierenden Generale, 110 der 195 Divisionskommandeure und 220 der 406 Brigadekommandeure starben unter den Exekutionskommandos bzw. wurden abgelöst. Siehe dazu: Liddell Hart B. H. Die Rote Armee S. 75 f.
107 zitiert nach: Pater Lothar Groppe, SJ, dem jüngsten Sohn des Generals. Dieser war durch Verfügung des Oberkommando des Heeres aus der Offizierslaufbahn ausgeschlossen worden. 1948 trat er in den Jesuiten-Orden ein und war von 1962 bis 1971 als Militärseelsorger an der Führungsakademie der Bundeswehr tätig.

ihrer Streitkräfte erhebt. General Graf Kielmansegg erklärte bei der Gedenkfeier am 20. Juli 1963 differenzierend:

*„Als Vorgang kann der 20. Juli sicher keine Norm setzen, ganz einfach
deswegen, weil niemals ein Verhalten in einer Ausnahmesituation eine
Norm setzen kann. Das außergewöhnliche Extrem kann nicht die Regel des
täglichen Handelns sein."* [108]

Mit den wenigen Beispielen der Verletzung des Primats der Politik aus
der Weimarer Republik und deren zeitlicher Verengung auf etwa sechs
Jahre deutscher Militärgeschichte wird die Bundeswehr exemplarisch seit
ihrem Bestehen konfrontiert. Wieder und wieder wird bis heute das
Gespenst vom „Staat im Staat" und damit die fiktive Gefahr einer Revolte
des Militärs in Deutschland heraufbeschworen und mit diesem Vorurteil
Misstrauen vor allem gegen die Führung der Streitkräfte geschürt. Bereits
vor Gründung der Bundeswehr war die Diskussion um die Rolle der deutschen Streitkräfte durch Wheeler-Bennetts Buch „The Nemesis of Power –
The German Army in Politics 1918-1945" [109] angefacht worden – 27 Jahre
aus einer langen Geschichte herausgeschnitten und ohne die vielfältigen
außen- und innenpolitischen Einflüsse zu berücksichtigen, wurden zur
Anklageschrift ohne Verfallsdatum. Die wenigen Offiziere, die die Grenze
von Militär und Politik überschritten und ihre exponierte Stellung ausge-
nutzten, haben lange Schatten geworfen. Innerhalb weniger Jahre wurde
die Wehrmacht unter Hitler nicht nur unter Kontrolle gehalten, sondern
machtpolitisch kastriert. Es blieb nicht allein bei der Fokussierung von
Eid und Oberbefehl auf die Person des Führers. Im Februar 1938 übernahm er den Oberbefehl über die Wehrmacht und mischte sich später im
Krieg – Reminiszenzen an die eigene Vergangenheit als Gefreiter im Ersten Weltkrieg – vor allem an der Ostfront selbst in die militärische Führung auf der unteren Ebene ein. Die latente Furcht vor einem Eigenleben
der bewaffneten Macht, exemplarisch an der Rolle der Reichswehr dargestellt, wirkt bis heute nach und dient – in Politik, Medien und Öffentlichkeit – als vielseitiges Argument zum containment der militärischen Führung. Die Warnung vor der verbotenen Frucht, dem Grasen auf den grünen
Weiden der Politik, wurde der Generalität und Admiralität vom stadium
nascendi der Bundeswehr an bis heute eingeimpft. Und diese politische
Schutzimpfung hat Wirkung gezeigt. Die Bundeswehr ist trotz mancher
Unkenrufe eine Armee, die fest im Staat eingeordnet ist und den Primat
der Politik ohne Wenn und Aber anerkennt. Militärische Macht war und ist
für die militärische Führungsspitze der Bundeswehr weder ausgleichende
Gerechtigkeit (nemesis) noch Versuchung (temptation). Heute ist der Begriff „Staat im Staat" – jüngst durch das neue Wort „Parallelgesellschaft"
ersetzt – nicht mehr nur auf den militärischen Sektor begrenzt. Er wird als

Synonym immer dann benutzt, wenn die Isolierung einer Gruppe oder einer Organisation beschrieben werden soll. [110] Dabei ist der Begriff älteren Datums und hatte ursprünglich auch nicht die brisante Bedeutung von heute. Mehr als hundert Jahre vor der Reichswehrzeit prägte ihn die preußische Reorganisationskommission:

„Hierin liegt der Grund, warum die Offiziere in ihrer Bildung gegen die anderen Stände so weit zurück waren. Aus eben diesem Grunde wurde die Armee als ein Staat im Staate verachtet, da sie doch die Vereinigung aller moralischen und physischen Kräfte aller Staatsbürger sein sollte..." [111]

Der Abgeordnete Helmut Schmidt wies in der Bundestagsdebatte vom 21. September 1966 darauf hin, dass das Parlament 1956 Gesetze gemacht habe, die vom „abgrundtiefen Misstrauen gegen das Militär" bestimmt gewesen seien. Die Verantwortung dafür gab er mit dieser Formulierung nicht einer Partei, sondern der gesamten Volksvertretung. Dass nach einem halben Jahrhundert des Bestehens der Bundeswehr immer noch latentes Misstrauen gegenüber der Verfassungstreue von Offizieren in der Politik vorhanden ist, spricht in erster Linie gegen die Politiker, nicht gegen die Militärs. Unterschwellig schwingt das unselige Wort vom „notwendigen Übel" noch mit. Heute bindet der auf die Bundesrepublik Deutschland, seine Verfassung und seine Rechtsordnung abgelegte Eid den Soldaten. Auch Helmut Schmidt warnt vor der Eigendynamik von Streitkräften – nicht ganz zu Unrecht wie ein Blick in die Geschichte und noch heute in viele Regionen der Welt zeigt. Doch dies ist nur eine theoretische Betrachtung, die mit den realen Gegebenheiten und der Bundeswehr – wie Schmidt selbst einräumt – nichts zu tun hat.

„Armeen und Streitkräfte sind in der ganzen Welt psychologisch schwer zu führende Personalkörper. Wenn ihre politische Führung von oben oder wenn ihre innere Führung unzureichend bleiben, geraten sie in Gefahr, aus dem Ruder zu laufen; ich erinnere an die Vielzahl von Militärputschen und Militärdiktaturen in fast allen Erdteilen. Die Bundeswehr ist gottlob völlig frei von solchen Versuchungen; aber unsere Soldaten sind nicht gefeit gegen Resignation." [112]

Dennoch werden solche Beispiele immer wieder bemüht, und damit wird indirekt Furcht geweckt, eine Art irrationaler politischer Eifersucht,

---

108 zitiert in: Ilsemann, Carl-Gero von Die Bundeswehr in der Demokratie S. 74
109 1954 in Düsseldorf auf Deutsch erschienen.
110 Oskar Lafontaine schreibt: „Die Bundesbank wurde zu einem Staat im Staat." In: Die Wut wächst S. 188
111 Denkschrift der >Reorganisationskommission vom 25.9.1807 zitiert in: Fiedler, Siegfried Grundriß der Militär – und Kriegsgeschichte Bd. 3 S.271
112 Schmidt, Helmut Menschen und Mächte S. 166

die die Zweifel an der militärischen Treue wachhält. Dabei stellte der damalige Brigadegeneral de Maizière als Kommandeur der Schule für Innere Führung schon 1961 fest:

„Die Verfassungstreue der Berufssoldaten und die Anerkennung des Primates der Politik stehen außer Zweifel.“ 113

Er selbst diente drei Bundesregierungen unterschiedlicher parteipolitischer Zusammensetzung. Die Bekundungen an Verfassungstreue und Loyalität der Bundeswehr sind sehr zahlreich; so steht im Weißbuch 1970 in Nr. 145:

„In den 15 Jahren ihres Bestehens hat die Bundeswehr einen festen Platz im öffentlichen Bewusstsein erlangt. Auch Form und Inhalt der an ihr geübten Kritik sind Zeichen der Normalisierung. ... Sie wird als Institution nicht kritischer angesehen als Parlamente, Kirchen oder Universitäten. Umgekehrt steht sie der Republik mit gleicher Loyalität gegenüber wie andere Gruppen und Verbände auch.“

Heute gibt es wohl keinen deutschen Politiker, den die Sorge an der Loyalität der Bundeswehr schlaflose Nächte bereitete. Hans Apel z. B. schreibt:

„Die Väter der Bundeswehr forderten, ... , einen neuen Typ von Soldaten, den Staatsbürger in Uniform: ein Mensch, der seine demokratischen Rechte und Pflichten ernst nimmt, seine Zivilcourage nicht am Kasernentor vergisst. Heute ist die Bundeswehr nicht mehr in der Gefahr, faschistischen Gedanken und Vorstellungen anzuhängen. Sie ist eher unpolitisch.“ 114

Doch Apel denkt bei diesen Sätzen offenbar primär an die wehrpflichtigen Soldaten, an die Zivilcourage, die vermeintlich aus der Gesellschaft ins Militär getragen wird. Hierbei ist zu berücksichtigen, dass Widerspruch und Zivilcourage tendenziell das Prinzip des Gehorsams tangieren können. Unberücksichtigt bleibt jener Mut zu begründetem Widerspruch, der aus der Kaserne in die Öffentlichkeit wirkt. Er ist – wie es Beispiele aus der Vergangenheit zeigen – eher unerwünscht. Bundespräsident von Weizsäcker betonte vor den Kommandeuren der Bundeswehr im Jahre 1987:

„Die Bundeswehr ist ein integraler Bestandteil unserer Gesellschaft. Dies haben wir so gewollt und erreicht. ... Der Waffenträger ist heute in stärkerem Maße als jeder deutsche Soldat zuvor in Staat und Gesellschaft integriert. Dies geht in keiner Weise auf Kosten der Aufgabe der Streitkräfte. Im Gegenteil: Die Bundeswehr beansprucht, verdient und verbreitet Vertrauen.“ 115

Dieses hohe Lob ehrt Integrierende und Integrierte. Doch es bleiben Zweifel, ob es berechtigt ist. Ein Beispiel aus den frühen Jahren der Bundeswehr sei erwähnt:

Oberstleutnant Magawly, der Kommandeur des in Fritzlar stationierten Panzergrenadierbataillons 53, wollte im Herbst 1959 die Prüflinge am

Ende eines Unteroffizierlehrganges mit echten Rekruten konfrontieren, an denen sie das Erlernte ausprobieren sollten. Da aber im Bataillon zu diesem Zeitpunkt keine Rekruten verfügbar waren, kam Magawly auf die Idee, sich an den Schulleiter des König-Heinrich-Gymnasiums zu wenden. „Könnten Sie die jungen Männer Ihrer Unterprima mir vielleicht für drei Tage als >militärische Statisten< ausleihen? Sie würden eingekleidet und erhielten 1,50 DM pro Tag als Aufwandsentschädigung." Das „rote" Nordhessen galt zwar nicht als militärfreundlich, doch gegen dieses Ansinnen hatte niemand etwas einzuwenden – weder die Schulleitung noch die Schüler, und auch für die Presse war es kein Thema. Zumindest wurde das Vorhaben nicht bekannt. Und so übte sich die Unterprima drei Tage in vorgezogener Grundausbildung, robbte durchs Gelände, wurde am FN-Gewehr und auch etwas formal ausgebildet. Ein Beispiel für Integration vor 46 Jahren. Heute würde ein Kommandeur ob eines solchen Ansinnens seines Postens enthoben und käme danach vermutlich in die Psychiatrie. Es mag kein repräsentatives Beispiel sein, aber es zeigt, dass sich die beschworene Integration in manchen Bereichen eher zurückgebildet denn fortentwickelt hat. Gesellschaft und Bundeswehr haben sich eben arrangiert. Auf der 33. Kommandeurtagung der Bundeswehr am 14. Mai 1992 in Leipzig sagte Minister Volker Rühe:

„Dabei habe ich an der Loyalität der Generale und Admirale zur politischen Führung keinen Zweifel; und die künstliche Diskussion hierüber ... ist ja auch sehr schnell ins Leere gelaufen." [116]

Auf der Grundlage von Grundgesetz, Innerer Führung und Soldatengesetz bildete sich jene Loyalität der Generalität und Admiralität und des gesamten Offizierkorps gegenüber Staat und Politik, die niemals seit Bestehen der Bundeswehr auch nur annäherungsweise in Frage gestellt wurde. Das Vertrauen der Politik hingegen zur Bundeswehr weist hier noch einen Nachholbedarf auf, trotz der routinemäßig verbreiteten und oft gekünstelt wirkenden verbalen Dankadressen, deren Bedeutung für das Selbstverständnis der Streitkräfte de Maizière etwas übertrieben charakterisiert und herausstellt:

„Das normalisierte, in seiner Grundtendenz positive Verhältnis des Bundestages zu den Streitkräften findet seinen deutlichsten Ausdruck in der Tatsache, daß der Deutsche Bundestag ... bei verschiedenen Gelegen-

---

113 Maizière, Ulrich de In der Pflicht S. 231
114 Apel, Hans Der Abstieg S. 97
115 Weizsäcker, Richard Frhr. von „Dienen und Führen" -Vortrag auf der Kommandeurtagung der Bundeswehr am 3. Juni 1987 in Oldenburg in: Von Deutschland nach Europa S. 128 f.
116 Rühe, Volker Betr.: Bundeswehr Sicherheitspolitik und Streitkräfte im Wandel S. 12

heiten, ..., der Bundeswehr einstimmig sein Vertrauen ausgesprochen hat.
Ich wüßte nicht, daß es dafür in früheren deutschen Parlamenten einen
Vorgang gibt. " 117

So viele Vertrauensbekundungen machen misstrauisch. Haben die
Politiker ein schlechtes Gewissen gegenüber den Streitkräften? Ist es das
berühmte Pfeifen im Wald? Oder sollte sogar die These zutreffen: In der
Vergangenheit misstraute man der Armee, weil man sie respektierte.
Vertraut man ihr heute, weil man sie nicht respektiert?

Die Grenzen von Loyalität und Gehorsam innerhalb der Bundeswehr
sind im Paragraphen 11 des Soldatengesetzes klar umrissen: Befehle, durch
die ein Verbrechen oder Vergehen begangen würde, dürfen nicht befolgt
werden. Ungehorsam liegt auch dann nicht vor, wenn ein Befehl die Menschenwürde verletzt oder dieser nicht zu dienstlichen Zwecken erteilt wird.
Doch gibt es ähnliche Auflagen und Beschränkungen auch im Verhältnis
zwischen Streitkräften und Politik? Solange es sich um ein demokratisches
Staatswesen handelt und dessen politische Repräsentanten ihre Entscheidungen auf der Grundlage von Recht und Gesetz treffen, sicher nicht. In
einer Rede am 15. Januar 1993 führte Minister Rühe vor dem Plenum des
Bundestages aus:

„Ich füge noch einen Satz hinzu: Diese Armee ist inzwischen eine so
gefestigte Armee, mitten in der Demokratie, daß sie sich allen Politikern
widersetzen würde, die so etwas – Interventionsarmee – vorhätten. Das
müssen Sie bitte wissen. Das muß im Interesse der Soldaten hier gesagt wer-
den. " 118

Diese Aussage ist nicht nur widersprüchlich und verwirrend, sie ist
schlichtweg falsch. Denn sie unterstellt den Soldaten, sie würden sich einer
solchen politischen Entscheidung widersetzen – man könnte sie sogar als
versteckten Aufruf zum Widerstand in diesem konkreten Falle verstehen.
Gerade weil die Bundeswehr in sich demokratisch gefestigt ist, gehorcht
sie dem Primat der Politik und würde auch solchen politischen Willen –
wie oben skizziert – letztlich billigen. Wollte Rühe damit vielleicht visionär
andeuten, dass sich auch in Deutschland einmal eine politische Entwicklung anbahnen könnte, bei der – wie ein Jahrzehnt später in den USA
unter Präsident George W. Bush – Politiker zu „militärischen Falken" und
Militärs zu „Tauben" werden könnten, ja, dass er für diesen Fall sogar fest
auf den Widerstand der Generale hofft, auf eine Allianz zwischen Militär,
Medien und Öffentlichkeit als moralisches Korrektiv, um dann steuernd
einzugreifen, wenn demokratische Politiker ihrer Pflicht einer friedlichen
internationalen Konfliktregelung – unterhalb der Barriere des Artikels 26
des Grundgesetztes (Verbot eines Angriffskrieges) – nicht mehr verant-
wortungsvoll nachkommen? Sollte Rühe tatsächlich glauben, die höchsten

Militärs der Bundeswehr würden sich einer politischen Entscheidung verweigern oder sogar widersetzen? Gerade er, dem nicht gerade eine einfühlsame Hand im Umgang mit seinen militärischen Beratern nachgesagt wird, hätte sich jede Einmischung verboten und sich zweifelsohne auch rigoros durchgesetzt. Hinzukommt, dass die häufigen Disziplinierungsmaßnahmen in Vergangenheit und Gegenwart im Offizierkorps Wirkung gezeigt haben – Zivilcourage steht nicht mehr hoch im Kurs, und „die Geister, die man rief," dürften nur mit Mühe in die Flasche zurückkehren. Wenn letzteres aber politischer Wille wäre, – d.h. Generale in Wahrung des Beckschen Erbes als Warner vor allzu bellezistischen politischen Abenteuern – müssten Spitzengliederung, Auswahl der führenden Militärs und auch der Umgang zwischen Politikern und hohen Offizieren überdacht werden. Wie steht es mit Berufsethos und Verantwortungsbewusstsein des Offizierkorps? Wie würde und sollte es sich z. B. verhalten, würde es durch eine demokratisch legitimierte Regierung aufgefordert, Handlungen zu begehen, die sich – zwar noch legal, aber als unethisch betrachtet – im Grenzbereich des internationalen Rechts bewegten? Wie ist Artikel 25 des Grundgesetzes zu interpretieren, nach dem die „allgemeinen Regeln des Völkerrechtes ... Bestandteile des Bundesrechtes" sind, den Gesetzen vorgehen und „Rechte und Pflichten unmittelbar für die Bewohner des Bundesgebietes" begründen? Dem müßte zwingend eine breite Diskussion in Politik, Gesellschaft und Armee über eine Neuorientierung des Primates der Politik unter diesen Prämissen, der demokratischen Verantwortung der Streitkräfte und die sich daraus ergebenden Folgen vorausgehen. Der Begriff „Interventionsarmee" kann aber auch im Sinne einer hypothetischen parteipolitischen Ausnutzung des Machtpotentials der Armee verstanden werden, nämlich der Versuchung einer Partei, die Streitkräfte bei innenpolitischen Auseinandersetzungen einzusetzen, die nicht durch das Grundgesetz gedeckt sind – und besonders bei einem solchen Szenario, weil am Rande demokratischen Agierens, bedarf es militärischer Standfestigkeit. Solange die demokratische Struktur Deutschlands so festgefügt ist wie heute, sind dies nur theoretische Überlegungen. Doch niemand weiß, wie sich die politische Zukunft gestaltet. Bei der damaligen Debatte fiel die Brisanz dieser Aussage offenbar nicht auf, denn es gab weder eine Zwischenfrage noch eine Diskussion. General de Maizière hatte bereits am 10. März 1969 in einem Vortrag vor der Staatspolitischen Gesellschaft in Hamburg ähnliche Gedanken anklingen lassen, als er sagte, dass „in jedem Fall das Eintreten für die demokratische Grundordnung

---

117 Maizière, Ulrich de Führen im Frieden S. 66
118 Rühe, Volker Betr.: Bundeswehr Sicherheitspolitik und Streitkräfte im Wandel S. 122

Vorrang vor der Pflicht zur politischen Neutralität habe."[119] Auch hinsichtlich dieser Aussage sind – so sehr ihr im Prinzip zuzustimmen ist –
Zweifel erlaubt. Ist dies eine allgemeine Forderung an den Soldaten als
Staatsbürger in Uniform, oder gilt dies auch als Handlungsgrundsatz für
die Führungsspitze? Hinsichtlich letzterer ist aufgrund der Erfahrungen
der letzten fünf Jahrzehnte Skepsis angebracht. Aufgabe der politischen
Neutralität zugunsten der demokratischen Grundordnung hieße aber
auch, die Aussage oder Haltung einer politischen Partei als falsch zu bezeichnen und gegen sie aufzutreten, wenn man der Meinung ist, diese
sei mit der demokratischen Struktur Deutschlands unvereinbar.

Hierbei stellt sich die Frage nach der Anfälligkeit der Streitkräfte gegenüber links- und rechtsradikalen Strömungen: insgesamt ist sie nicht
höher als im Durchschnitt der Bevölkerung. In der Grundtendenz neigte
vor allem das Offizier- und Unteroffizierkorps in den Anfangsjahren eher
zu den konservativen Volksparteien – die Idee von der Armee als
Beschützerin des Staates klang durch. Dass über lange Zeit dabei die
CDU/CSU in der Gunst der Soldaten vor der SPD stand, lag zum einen an
dem fatalen Vorurteil einer geistigen Staatenlosigkeit der SPD und zum
anderen an jener sichtbaren Distanz der SPD zu den Streitkräften, die
diese über Jahrzehnte gepflegt hat. Leider haben es die moderaten Kräfte
der Partei versäumt, diese Missverständnisse sofort auszuräumen. So war
z. B. die Ablehnung führender SPD-Politiker gegenüber dem Aufbau von
Streitkräften weniger ein Ausdruck des Misstrauens gegenüber den Soldaten an sich, sondern basierte auf der Sorge vor den außenpolitischen
Konsequenzen.

*„Ja, ich bin an sich gegen eine Wiederaufrüstung Deutschlands, weil die
Teilung Deutschlands damit wahrscheinlich auf absehbare Zeit bestehen
bleibt. Aber wenn die Mehrheit ... die Wiederaufrüstung will, dann wird die
Sozialdemokratie nicht in den Fehler verfallen, den sie nach dem ersten
Weltkrieg begangen hat, als sie sich absetzte und dadurch diese Reichswehr
mehr oder weniger in das Fahrwasser der Rechtsparteien brachte."*[120]

Leider hat sich Schumacher nicht durchgesetzt. Die Bundeswehr und
ihre Soldaten als sichtbarer Ausdruck der Macht des Staates standen über
lange Zeit im Zentrum der Angriffe aus dem linksextremen Lager. Zum
einen wurden Veranstaltungen der Bundeswehr in der Öffentlichkeit massiv gestört und verächtlich zu machen versucht, zum anderen wurde zur
Verweigerung des Wehrdienstes aufgerufen. So wurde im Mai 1968 die
Kommandeurtagung der Bundeswehr in der Stadthalle Kassel durch Demonstranten blockiert. Auch in den Auseinandersetzungen um die Nachrüstung Anfang der achtziger Jahre stellten Kasernen der Bundeswehr
beliebte Angriffsobjekte der außerparlamentarischen Opposition dar. Da-

bei kam es zu dem beinahe unwirklichen Bild, dass der ehemalige Generalmajor Bastian als Blockierer einer seiner ehemaligen Kasernen der 12. Panzerdivision von der Polizei weggetragen wurde – Szenen wie sie wohl nur in Deutschland möglich sind.

In vielen Ländern bestimmt bis heute der Grundsatz politischer Enthaltsamkeit für die Angehörigen der Streitkräfte deren Stellung im Staat. Auch den Soldaten in früheren deutschen Armeen bis 1945 war jegliche politische Betätigung untersagt, d. h. sie durften weder einer Partei angehören, noch sich in und außer Dienst politisch betätigen.

In seinen „Lebenserinnerungen" schildert der bayrische General der Kavallerie, Ludwig Freiherr von Gebsattel (+1930), die damalige Atmosphäre:

„Die Politik spielte auf der Kriegsakademie so wenig eine Rolle wie im Regiment, und meine norddeutschen Kameraden waren nicht politischer als ich." [121]

Die Zeiten haben sich gewandelt. In der Bundeswehr wird den Soldaten das aktive und passive Wahlrecht zugestanden. Einerseits ist eine distanzierte, teilnahmslose Haltung des Soldaten zur Politik unerwünscht, doch andererseits ist die Grenze zwischen Erlaubtem und Verbotenem fließend, mit entsprechender Grauzone und damit verbundenem Risiko.

„Wir wollen keine unpolitischen Studenten an unseren Bundeswehrhochschulen, keine unpolitischen Soldaten. Aber wir wollen auch keine politisierende Bundeswehr. Meine Rede (= vor der Bundeswehrhochschule in Hamburg) macht deutlich, daß es keine klar definierbaren Grenzen für die politischen Aktivitäten des Staatsbürgers in Uniform gibt." [122]

Beschränkungen hinsichtlich politischer Betätigung ergeben sich nur aus dem Soldatengesetz §§ 15 und 17 – Zurückhaltung ist oberstes Gebot. Dazu zählen das Uniformtrageverbot bei politischen Veranstaltungen, das Eintreten für die freiheitliche demokratische Grundordnung, die Kameradschaftspflicht, die Wahrung des Ansehens der Bundeswehr gegenüber der Öffentlichkeit und das beispielhafte Verhalten des Vorgesetzten. Daraus hat sich allerdings bei manchen Offizieren eine Art von Unterwürfigkeit gegenüber Politikern entwickelt, die eine selbstbewusste, loyale fachliche militärische Beratung fraglich erscheinen lässt. So wurden bei Sit-

119 Mitteilungen für den Soldaten vom 11.3.1969; zitiert in: Ilsemann, Carl-Gero von Die Bundeswehr in der Demokratie S. 180

120 So Kurt Schumacher gegenüber General Heusinger; Letzterer selbst zitierte dies an seinem 80. Geburtstag. Siehe: BMVg Schriftenreihe Innere Führung Beiheft 3/1987 zur Information für die Truppe Adolf Heusinger S. 390 f.

121 Demeter, Karl Das Deutsche Offizierkorps in Gesellschaft und Staat 1650 – 1945 S. 152

122 Apel, Hans Der Abstieg S. 176

ungen des Verteidigungsausschusses wiederholt hohe Offiziere von Abgeordneten scharf, unhöflich, polemisch und unsachlich angegriffen, ohne dass diese – vermutlich aus Respekt vor dem Amt – auf gleiche Weise geantwortet und sich diese Art der Behandlung verbeten hätten. In einer Sitzung des Haushaltsausschusses trug der Inspekteur des Heeres, Generalleutnant Glanz, den Mitgliedern des Ausschusses vor. Eine junge Abgeordnete las dabei demonstrativ gelangweilt Zeitung. Fast am Ende des Referates aber schaute sie auf und fragte: „Wann kommen Sie endlich zur Sache, Herr Glanz?" Minister Wörner verfügte seinerzeit in einem Erlass, dass der Parlamentarische Staatssekretär gleichsam als „Prellblock und Schutzwall für die Generale und Admirale" anwesend sein muss – ein fragwürdiger Schutz.

Trotz des beträchtlich gestiegenen Ansehens der Bundeswehr in der Gesellschaft, die vor allem auf den Leistungen bei den diversen Auslandseinsätzen seit 1995 [123] beruht und trotz Millionen von Wehrpflichtigen, die seit 1955 in der Bundeswehr ihren Grundwehrdienst ableisteten, hat sich das nur marginal auf die Stellung der Bundeswehr im Bewusstsein unserer Gesellschaft ausgewirkt. Vielleicht ist es auch eine besondere Art des Berufsverständnisses und einer Zurückhaltung, die man auch in der hohen Beamtenschaft und in der Wirtschaft findet, einem „sui-generis-Denken," vermischt mit Stil und Bildung, das sich oberflächlicher Prominenz und öffentlicher Aufmerksamkeit und Neugier bewusst entzieht und sich nicht zum Spielball medialer Sensationsberichte der Regenbogenpresse und der Fernsehjournale machen lässt.

1.5 Die Armee aus der Retorte – ab 1945

Dem Ende des Zweiten Weltkrieges folgte im besiegten und zugleich befreiten Deutschland eine zehnjährige militärische Abstinenz. Es entstand ein neuer Staat mit einer demokratischen Struktur. Im Grundgesetz war zwar auf die Wehrhoheit nicht ausdrücklich verzichtet worden, aber es gab auch keine Bestimmung, die darauf hinwies, dass die Bundesrepublik Deutschland diese einmal in Anspruch nehmen könnte. Es gab lediglich wehrrechtliche Bestimmungen – wie zum Beispiel das Recht auf Kriegsdienstverweigerung aus Gewissensgründen, – die aber vor allem eine zwangsweise Rekrutierung deutscher Bürger für alliierte Streitkräfte verhindern sollten.

In der Sowjetischen Besatzungszone war jedoch bereits vor der Gründung der DDR auf sowjetische Weisung mit dem Aufbau einer militärisch ausgebildet und bewaffneten, zentral geführten Polizeitruppe begonnen worden. Zwar verfolgte Adenauer eine auf die Westintegration ausgerichtete Außenpolitik und bot dabei deutsche Soldaten für die Teilnahme an einer europäischen Armee an, aber in seiner ersten außenpolitischen Debatte am 24. und 25. November 1949 lehnte der Bundestag eine nationale Wiederbewaffnung ab. Obwohl die Entschlossenheit der USA, flankiert vom damaligen britischen Oppositionsführer Winston Churchill, [124] die Bundesrepublik Deutschland nur wenige Jahre nach dem verheerenden Krieg so schnell wie möglich wieder zu bewaffnen, wuchs, stieß sie in Westeuropa keineswegs auf ungeteilte Zustimmung, und in der Bundesrepublik überwog parteiübergreifend die Ablehnung.

„Fordern Sie von uns Arbeit, Arbeitskräfte, Industrieprodukte, politische oder wirtschaftliche Zusammenarbeit, aber fordern Sie keine deutschen Soldaten!" [125]

Doch die Stimmen hoher westlicher Politiker und Militärs, die einen westdeutschen Verteidigungsbeitrag für ein gemeinsames europäisches Instrument empfahlen, mehrten sich, und der Ausbruch des Korea-Krieges im Juni 1950 ließ den Widerstand schmelzen. Und so berief Bundeskanzler Adenauer am 24. Mai 1950 den General der Panzertruppen a.D. Graf von Schwerin zu seinem Berater in militärischen und Sicherheitsfragen und beauftragte ihn mit den Vorarbeiten zum Aufbau einer „mobilen Bundesgendarmerie", die ein Gegengewicht zur Kasernierten Volkspolizei (KVP) der DDR bilden und 50.000 Mann stark sein sollte. Die Dienststelle des Grafen von Schwerin erhielt die Tarnbezeichnung „Zentrale für Heimatdienst".

Der französische Ministerpräsident René Pleven (1901-1993) bemühte sich um einen Kompromiss. Im Oktober 1950 schlug er vor, eine Europa-Armee unter einem europäischen Verteidigungsminister zu bilden („Pleven-Plan"). Diese „Europa-Armee" sollte jedoch keine Koalitionsarmee herkömmlicher Art sein, bei der einfach nationale Truppenteile zusammengefügt werden, sondern aus möglichst weitgehend integrierten personellen Kontingenten der Teilnehmerstaaten bestehen. Diese Idee stieß jedoch bei den Staaten auf Widerstand, die nicht auf eigene nationale Truppen verzichten wollten. Und so begann ein fast vierjähriges, zähes

---

123 Die Zahl der Hilfseinsätze liegt weit höher. Seit 1960 hat sich die Bundeswehr weltweit an über 130 humanitären Einsätzen beteiligt, und seit 1992 nahm sie an Blauhelm-Aufgaben und in immer größerem Umfang am gesamten Spektrum internationaler Einsätze zur Sicherung und Wiederherstellung des Friedens teil.
124 Dieser hatte am 11. August 1950 im Europarat die Forderung nach Aufstellung einer Europa-Armee unter Einbeziehung Deutschlands gefordert.
125 Schmid, Carlo im Europarat in Straßburg am 11. August 1950 zitiert in: Obermann, Emil Verteidigung der Freiheit S. 381

Ringen um die Europäische Verteidigungsgemeinschaft (EVG). Die Verhandlung auf deutscher Seite wurde von Theodor Blank, dem „Bevollmächtigten (später Beauftragten) des Bundeskanzlers für die mit der Vermehrung der alliierten Truppen zusammenhängenden Fragen," geführt. Adenauer wollte zustimmen, glaubte er doch, nur mit einer deutschen militärischen Beteiligung beim Bau des neuen Europas mitwirken zu können. Doch am Ende scheiterte Plevens Idee, als die französische Nationalversammlung den EVG-Vertrag am 30. August 1954 von der Tagesordnung nahm – ein herber Rückschlag der Vision vom Vereinten Europa. Auf Vorschlag des britischen Außenministers Sir Robert Anthony Eden (1897-1977) fanden im Herbst 1954 die Neunmächtekonferenz in London und danach die Folgekonferenz in Paris statt, an der neben den westeuropäischen Staaten auch die USA und Kanada teilnahmen. In Paris wurden insgesamt elf Abkommen („Pariser Verträge") unterzeichnet; u. a. wurde der „Brüsseler Vertrag" vom 17. März 1948 als „Westeuropäische Union" (WEU) auch auf die Bundesrepublik Deutschland ausgedehnt und diese als souveräner Staat mit eigenen Streitkräften in die NATO aufgenommen. Die „Pariser Verträge" traten am 06. Mai 1955 in Kraft. Sie regelten die Aufnahme der Bundesrepublik in WEU und NATO und beendeten u. a. auch das Besatzungsregime. Am 09. Mai 1955, zehn Jahre nach der deutschen Kapitulation, wurde die Bundesrepublik in die NATO aufgenommen. Die Bundesrepublik sollte 12 Divisionen aufstellen, wobei ihre Integration in die NATO-Kommandostruktur erst oberhalb der Korpsebene (d.h. ab Heeresgruppe/Army Group) beginnen sollte. Die Höchststärke lag bei 500.000 Mann. Im Juni 1955 wurde das bisherige „Amt Blank" in das „Bundesministerium für Verteidigung" umgewandelt und Blank zum ersten Verteidigungsminister ernannt.

Anfang 1956 rückten die ersten 1.000 Freiwilligen der Bundeswehr nach Andernach (Heer), Nörvenich (Luftwaffe) und Wilhelmshaven (Marine) ein. Im September 1956 wurde die Dauer des Grundwehrdienstes auf 12 Monate festgelegt. Die neuen deutschen Streitkräfte waren bei ihrer „Geburt" noch namenlos, denn erst vier Monate später entschied sich der Verteidigungsausschuss unter dem Vorsitz von Dr. Richard Jäger (CSU) für den Namen „Bundeswehr. In vielen Soldaten der Bundeswehr, die noch in der Wehrmacht gedient hatten und übernommen worden waren, schwelte die Sehnsucht nach einer personenbezogenen Treuebindung weiter – kaum aus bösem Willen und auch sicher nicht aus Misstrauen gegenüber dem neuen Staatswesen und seiner Führung, wohl aber aus dem tradierten Bewusstsein des Militärs zum Souverän aufzuschauen und von diesem wiederum geliebt zu werden. Der Bundeswehr fehlte eine Bezugsperson an der Staatsspitze als Integrationsfigur. Bundespräsident und Kanzler standen für diese Rolle nicht zur Verfügung. Der Verteidigungsminister als „Oberbefehlshaber im Frieden" bot sich zwar an, aber er war parteipolitisch orientiert und im übrigen wechselte die Figur an der Spitze zu schnell. Die kurzen Legislaturperioden sind nicht geeignet, tiefere Bindungen wachsen zu lassen. Auch manche Politiker – wie z. B. Heuss – haben dieses Defizit erkannt und wollten es – wie es die Diskussion um die Frage des Oberbefehls belegt – abbauen, doch sie konnten sich nicht durchsetzen. Und so wuchs die Bundeswehr in einer politischen „Zweckehe" auf, bei der Emotionen vom Partner, der Politik, auf Sparflamme gehalten wurden. Die Soldaten hingegen freuten sich über jedes gute Wort, jedes Lob aus politischem Munde, fühlten sich unverstanden und waren zutiefst enttäuscht und beleidigt über Schelte und Ablehnung. Sie banden sich durch ihren Eid, die Verpflichtung zum treuen Dienen an einen Dienstherrn, der diese „Zuneigung" nicht im erwarteten Umfang zurückgab und auch nicht zurückgeben wollte und konnte. Im Gegenteil: die Armee wurde auch von der Bevölkerung abgelehnt, verachtet und bekämpft, Sie stand unter einem strengen Kuratel von Politik und Beamtenbürokratie. Es war nicht allein die SPD, die der Bundeswehr in den Anfangsjahren distanziert bis ablehnend gegenüberstand. Auch in den konservativen Zirkeln gab es wenig Zuneigung. Selbst in Kreisen, die dem Militär gegenüber grundsätzlich Sympathie entgegenbrachten, gab es Ressentiments, Vorbehalte und Misstrauen. Dies spürten die Soldaten und reagierten mit einem trotzigen „Wir-werden-beweisen, wie- verfassungstreu-wir-sind!," gepaart mit Selbstmitleid, [126] wie es General de Maizière registrierte:

„Bei meinen Truppenbesuchen stellte ich immer wieder fest, dass sich Offiziere und Unteroffiziere gerne einem Gefühl des Selbstmitleids hingaben." [127]

Diese schlechte Stimmungslage in der Truppe wurde also offenbar durch die militärische Führung erkannt, aber es gab keine ernsthaften Versuche, sie durch Diskussion und Information abzubauen. Das Militär ist deshalb aber nicht rebellisch geworden und hat sich nicht aufgelehnt. Wir wollen es „denen an der Spitze von Armee und Politik" zeigen, dass wir gute Demokraten und gute Staatsbürger in Uniform sind, auch wenn sie uns nicht mögen, war die Devise. Heute ist die Bundeswehr im fortge-

---

126 Selbstmitleid ganz anderer Art gab es vereinzelt vor und während des 2. Golfkrieges 1990/91. Ein Offizier der Luftwaffe hatte vor laufender Kamera geäußert, er sei beim Golfkriegseinsatz in der Türkei um Jahre gealtert – ein Beispiel, wie sehr in den Jahren des Kalten Krieges die Realität eines Einsatzes aus dem Denken der Soldaten verdrängt worden war.

127 Maizière, Ulrich de In der Pflicht S. 261

schrittenen Mannesalter und hat sich sowohl als militärisches Instrument als auch als verlässliche staatliche Institution bewährt. Doch am gesunden Selbstbewusstsein mangelt es noch immer ein wenig – Relikte jenes Defizits an Anerkennung und Zuneigung in Kindheit und Jugend. Dies zeigt sich vor allem auch daran, dass selbst jenen Politikern, die die Bundeswehr früher vehement ablehnten und sogar bekämpften, heute, da diese in Amt und Würden sind, ein bisweilen fast untertänig zu nennender Respekt entgegengebracht wird.

Das Parlament besitzt die entscheidende Macht über den Geldhahn, den Haushalt. Der Oberbefehl liegt in zivilen Händen, Verteidigungsausschuss und Wehrbeauftragter sind etablierte externe Kontrollorgane des Parlaments. Die Eigentümlichkeiten des soldatischen Lebens und der Einsatz des Lebens für Souverän und Volk, früher Grundlagen und Rechtfertigung für einen privilegierten Sonderstatus des Soldaten, das „sui generis," gelten nichts mehr. Ralf Dahrendorf hat dies in den Satz gefasst:

„In der Bundesrepublik aber ist die Elite-Subalternität der Militärs endgültig ohne Majestät." [128]

Ein wenig schimmert die Sehnsucht nach Kaiserverehrung noch durch: in vielen Dienstzimmern blickt das politische Dreigestirn – Bundespräsident, Bundeskanzler und Verteidigungsminister – von der Wand: militärische Ikonodulie der neuen Zeit, nur schade, dass die Bilder so häufig gewechselt werden müssen!

Die Einführung der Allgemeinen Wehrpflicht war in der Bevölkerung sehr umstritten. Eine Münchner Tageszeitung erschien aus diesem Grunde sogar mit einem Trauerrand und der Schlagzeile „Deutschlands schwärzester Tag." Bedingungslose Kapitulation und Demilitarisierung nach dem Zweiten Weltkrieg hatte in der deutschen Bevölkerung nicht nur zu einem völligen Desinteresse an militärischen Dingen, sondern zu einer tiefen Ablehnung des Soldaten geführt. Dies widerspiegelte sich auch im Grundgesetz, das – abgesehen von Artikel 4 Absatz 3 („Niemand darf gegen sein Gewissen zum Kriegsdienst mit der Waffe gezwungen werden. Das Nähere regelt ein Bundesgesetz"), der aber irgendwie bezugs- und sinnlos im Raume zu stehen schien, – den Bereich „Verteidigung" gänzlich aussparte. Die Hohen Kommissare der Alliierten hatten durch ihre Verbindungsoffiziere dem Präsidenten des Parlamentarischen Rates Adenauer bedeutet, dass das zu erarbeitende Grundgesetz keine Bestimmung über eine Wehrmacht enthalten dürfe. Wie wenig ausgeprägt auch das Vertrauen in die Zuverlässigkeit der Soldaten war, spiegelt folgende Aussage Adenauers von einem Gespräch zwischen Kurt Schumacher und John McCloy (1895-1989), dem US-Hochkommissar und zugleich US-Militärgouverneur in Deutschland von 1949 bis 1952, wider, die er allerdings ohne Angabe der Quelle, erwähnt:

*„Dr. Schumacher war überzeugt, dass im Falle einer kriegerischen Aus-
einandersetzung bei der von den Alliierten geplanten Art der Verteidigung
Europas mit Sicherheit damit zu rechnen sei, dass westdeutsche Offiziere ihre
Soldaten im Falle eines russischen Angriffes auf die russische Seite führen
würden, da sie eine zwecklose Vernichtung ihrer Truppen zur Deckung des
alliierten Rückzuges nicht verantworten könnten.“* [129]
Dieses Urteil – es spricht zwar für das Verantwortungsbewusstsein der
militärischen Führer, nicht aber für deren Loyalität gegenüber dem eigenen Lande – ist allerdings nicht belegt. Da die Aussage offenbar aus der
Phase vor Gründung der Bundeswehr stammt, können damit jedoch nicht
Offiziere der Bundeswehr gemeint sein, denen hier latente Fahnenflucht
unterstellt wird.

Am 12. November 1955, dem 200. Geburtstag des preußischen Refor-
mers Scharnhorsts, erhielten 101 Soldaten der neuen Bundeswehr in einer
Halle der früheren Bonner Kaserne in der Ermekeilstraße unter dem
Eisernen Kreuz an der mit Stoff verkleideten Stirnwand des Gebäudes ihre
Ernennungsurkunden aus der Hand von Verteidigungsminister Blank.[130]
Einen Monat zuvor, am 10. Oktober, hatte Bundespräsident Heuss bereits
die ersten Soldaten ernannt. Bis zum Herbst 1957 traten insgesamt 44
Generale und Admirale der Wehrmacht ihren Dienst in der Bundeswehr
an.[131] Die Bundeswehr war eine neue Armee, doch jene angebliche „Gnade
des Nullpunktes“ hatte es – trotz fundamentaler Unterschiede zur Wehrmacht (u. a. Armee in einer Demokratie, keine personenbezogene Eides-
leistung, Bündnisarmee) – nicht gegeben, denn die Brücke, und damit die
vielfältige personelle Kontinuität zur Wehrmacht, wurde über das
Führungspersonal hergestellt. Es gelang – wenngleich mit Schwierigkeiten
– die demokratischen Normen wie Eigenverantwortung und Mitbestim-
mung mit den militärischen Strukturen von Befehl und Gehorsam in Einklang zu bringen.

Vor dem Hintergrund der bitteren Erfahrungen im Dritten Reich verstand sich die Führungsspitze der Bundeswehr in den ersten Jahren weitgehend nur als militärischer Berater jenseits des politischen oder gar parteipolitischen Kalküls.

---

128 Dahrendorf, Ralf Gesellschaft und Demokratie in Deutschland S. 283
129 Adenauer, Konrad Erinnerungen Bd. 1 S. 415
130· Es waren: 2 Generale (Heusinger und Speidel), 18 Oberstleutnante, 30 Majore, 40
     Hauptleute und Kapitänleutnante, 5 Oberleutnante, 1 Stabsfeldwebel und 5
     Oberfeldwebel. 12 Offiziere waren in Uniform erschienen.
131 MGFA Anfänge westdeutscher Sicherheitspolitik 1945 – 1956 Bd. 1 S. 581. Dies war
     allerdings nur ein sehr kleiner Prozentsatz von etwa 2000 in Westdeutschland lebenden
     ehemaligen Generalen und Admiralen, die den Krieg überlebt hatten (a.a.O. S. 807).

So hat z. B. Kurt Schumacher mit den Generalen Heusinger und Speidel „wohl ein Dutzend Mal, jeweils viele Stunden" über die Voraussetzungen für den Aufbau deutscher Streitkräfte konferiert, ohne dass darüber etwas verlautet wäre. [132]

Vor dem Hintergrund der heftigen Kontroversen um die Wiederbewaffnung war dies auch eine Frage politischer Zweckmäßigkeit. Dieses „treue Dienen," zentrale Handlungsdevise im Fahneneid und Feierlichen Gelöbnis, war verinnerlicht worden und ist bis heute der Maßstab im Verhältnis zwischen Soldat und Staat.

Die Bundeswehr forderte von Anfang an den politisch gebildeten Offizier, gab ihm das passive und aktive Wahlrecht und erlaubte auch parteipolitische Aktivität der Soldaten. Dies ist auf unteren und mittleren Führungsebenen weitgehend unproblematisch und hatte in der Vergangenheit nur selten zu Problemen hinsichtlich des kameradschaftlichen Zusammenlebens geführt. Auf hohen militärischen Führungspositionen in den – nicht eindeutig gegen einander abgegrenzten – Bereichen von Sicherheits- und Militärpolitik hingegen führt es zwangsläufig dazu, dass diese Offiziere auch politisch denken und handeln. Es ist letztlich sogar ihre Pflicht, die durch das „treue Dienen" des Eides abgedeckt ist. Sicher liegt darin auch ein Risiko, das aber durchaus kalkulierbar und durch die politischen Instanzen auch kontrollierbar ist. Ähnliche Entwicklungen sind auch in anderen Ländern, wenngleich in unterschiedlicher Ausprägung, zu beobachten.

„Henry Wilson, der den englischen Generalstab von 1914 aufbaute, ist energischer und aktiver zum mindesten als Graf Schlieffen oder der jüngere Moltke bemüht gewesen, den Gang der englischen Politik von militärischen Gesichtspunkten her zu bestimmen." [133]

Der militärischen Führung des Dritten Reiches wirft man heute weitgehend zu Recht vor, dass sie sich in ihre militärische Nische zurückzog und von Hitler widerspruchslos und naiv vereinnahmen ließ.

„Ich kann nicht verschweigen, dass ich nur mit Beklemmung an Tischgesprächen in vielen höheren Stäben während des letzten Krieges zurückdenke, an den politischen Dilettantismus, an die Ahnungslosigkeit über die wirklichen politischen Probleme..." [134]

Der 1944 wegen seiner Mitarbeit im Widerstand gegen Hitler in Plötzensee hingerichtete vormalige deutsche Botschafter in Rom (1932-1938), Ulrich von Hassell (1881-1944), als Leutnant der Reserve in der Marneschlacht schwer verwundet, schrieb 1943:

„Je länger der Krieg dauert, desto geringer wird meine Meinung von den Generalen. Sie haben wohl technisches Können und physischen Mut, aber wenig Zivilcourage, gar keinen Überblick und Weitblick und keinerlei inne-

re, auf wirklicher Kultur beruhende geistige Selbständigkeit und Wider-
standskraft. Dabei sind sie einem Manne wie Hitler völlig unterlegen und
ausgeliefert. Der Mehrzahl von ihnen sind außerdem Karriere in niedrigem
Sinne, Dotationen und der Feldmarschallstab wichtiger als die großen auf
dem Spiele stehenden Gesichtspunkte und sittlichen Werte. " [135]

Es ist ein bitteres und zugleich vernichtendes Urteil über einen Teil der
politischen Elite. Dabei ist der Vorwurf geistiger und auch materieller
Korruption scharf, nicht in allen Fällen gerecht und lässt vor allem unberücksichtigt, dass auch der geleistete Eid und seine Einhaltung einen
hohen sittlichen Wert darstellt. Ein ähnlich düsteres Bild, das vor allem die
Gegensätzlichkeit zwischen kämpfender Truppe und dem Lebensstil in
hohen Stäben im Krieg beleuchtet, zeichnet aber auch General Steinhoff in
seinen Erinnerungen.

„Frascati war und ist einer der luxuriösesten Villenvororte Roms. Vor
der weißen Villa des Marschalls empfing mich der Ordonnanzoffizier ... .
Zunächst stellte er mich einer leibhaftigen Vorzimmerdame vor, ... , einer
jungen Dame, die in einem durchsichtigen Fähnchen, ... die Nelken in der
Vase arrangierte. ... In einem ..., sonnendurchfluteten Raum war der Stab
versammelt; die Offiziere in Weiß umstanden den Lagetisch. ...." [136]

Steinhoff war im Sommer 1943, als er dies beschreibt, gerade von der
Ostfront gekommen. Er drückt sein Befremden, seine Abscheu indirekt
aus: seine Vorgesetzten – der General, der Generalluftzeugmeister und der
Feldmarschall – bleiben in seinen Erzählungen namenlos, irreale Wesen in
einer Scheinwelt, die der Troupier Steinhoff zu Recht an den Pranger stellt.
Es ist im übrigen genau jene virtuell anmutende Welt, die ein Soldat zu
erleben glaubt, der von einem Auslandseinsatz nach Deutschland zurück-
kehrt. Er ist der irrigen Annahme, das ganze Land verfolge ununterbrochen seinen schweren Einsatz z. B. im fernen Kabul, sorge sich um sein
Wohlbefinden und stellt auf einmal betroffen fest, dass es seine militärische Welt am Fuße des Hindukusch ist, die an der Peripherie des Denkens
und des Interesses der „Heimatfront" liegt. Haben wir in der Bundeswehr
bei der Erziehung unseres Führerkorps aus diesen Fehlern gelernt? Haben
wir heute – in Zivil oder in Uniform -Männer und Frauen an der Spitze des

---

132 siehe: Bahr, Egon Zu meiner Zeit S. 53
133 Herzfeld, Hans in: Staats-, Gesellschafts- und Heeresverfassung BMVg (Hrsg.)
     Schicksalsfragen der Gegenwart Handbuch politisch-historischer Bildung Bd. 3 S. 21 f.
134 Weniger, Erich Die Gefährdung der Freiheit durch ihre Verteidiger in: BMVg Bd. IV S.
     365
135 Hassell, Ulrich von Tagebuch 20. April 1943 zitiert in: Studnitz, Hans-Georg von Rettet
     die Bundeswehr! S. 23
136 Steinhoff, Johannes Die Straße von Messina S. 50

Staates, die Gefahren für unser demokratisches Staatswesen rechtzeitig erkennen und einem potentiellen Diktator und Demagogen widerstehen könnten?

Gerade aus diesen Fehlern sollte die Pflicht resultieren, ein selbstbewusstes militärisches Führerkorps zu erziehen, um Entwicklungen wie damals künftig auszuschließen. Im Zusammenhang mit den Lehren aus dem Widerstand des 20. Juli wird dies auch gefordert. Doch mit der Umsetzung hapert es. Tatsächlich aber wird die militärische Führung durch die Politiker aller Parteien seit fünfzig Jahren [137] strikt im Zaum gehalten, obgleich die Idee einer Dominanz des Militärischen in der deutschen Militärgeschichte – wie dargestellt – die Ausnahme darstellte. Hohe Soldaten, die ihren Auftrag – im Wissen um ihre Verantwortung – auch politisch verstanden und sich politisch – was oft bedeutete: kritisch – äußerten, wurden in der Regel diszipliniert. [138] Erinnert sei an die Zurechtweisung Heusingers durch Strauß, der diesem auf einen politischen Einwand hinsichtlich der Aufbaues der Bundeswehr geantwortet hatte, er möge sich nicht um politische Dinge kümmern. Auch andere Minister haben ähnlich gehandelt, und Generalinspekteure haben dies als Richtschnur an ihr Offizierkorps weitergegeben. Bundeskanzler Kohl skizzierte die militärische Führung kritisch:

„Jetzt hören Sie doch wirklich auf, diese Schimäre eines Komplotts von Generälen an die Wand zu malen! Ich kann Ihnen nur sagen: Meine Erfahrung mit Generälen der Bundeswehr besteht nicht darin, daß sie besonders eckig sind, sondern ich wünschte mir, daß manche mehr Ecken und Kanten hätten, um das einmal bildlich auszudrücken." [139]

Konsequenzen und Auswirkungen auf die Ausbildung und Auswahl der militärischen Führungsspitze haben solche Bekenntnisse jedoch nicht; es bleiben letztlich Lippenbekenntnisse. Dabei werden gleichzeitig die Soldaten nahezu permanent auf ihre politische Verantwortung hingewiesen. Minister Scharping stellte in einem Vortrag an der Führungsakademie der Bundeswehr am 17. Februar 1999 fest:

„Aber zukünftig muß jeder Offizier in viel höherem Maße als bisher politisch urteilen können".

So sich aber hohe Offiziere an diese Weisung erinnern, werden sie zumeist abgestraft. Doch wenn dieser Erziehungsprozess nicht kontinuierlich und konsequent umgesetzt wird, kann man der militärischen Führungsspitze nicht gleichzeitig politische Naivität vorwerfen.

Trotz der distanzierten Haltung Adenauers gegenüber dem Militär war wahrscheinlich der Einfluss der Generalität auf die Politik in der Phase der Vorbereitung und des Aufbaues der Bundeswehr stärker als in den Jahren danach, zumindest, wenn man die häufigen und direkten Kontakte zwischen Bundeskanzler Adenauer und den Generalen a.D. Graf Schwerin, Heusinger und Speidel als Maßstab nimmt. Helmut Schmidt urteilt recht kritisch – und wohl auch nicht ganz gerecht – über die politische Reife der militärischen Führungsspitze der Bundeswehr in den sechziger und siebziger Jahren:

„Bis auf den klugen de Maizière sind die Dreisternegenerale politisch sehr naiv. - aber sie sind andererseits gewiß zum Verfassungsgehorsam fest entschlossen." [140]

Ähnlich bewertet Range die Kriegsgeneration, die die Bundeswehr aufbaute:

Sie „verstanden es auch nicht, die Politiker zu einer Revision der viel zu hoch gesteckten Ziele zu bewegen, sondern bemühten sich statt dessen, diese Vorgaben unter allen Umständen zu erreichen und muteten der Truppe auf diese Weise eine permanente Überforderung zu. Die negativen Folgen der überhasteten Aufstellung wurden von der Mehrheit der Generalität widerspruchslos hingenommen." [141]

Range hat insofern Recht, als dass bereits in den Gründerjahren die Bundeswehr mit jenem Bazillus der Diskrepanz zwischen Auftrag und verfügbaren Mitteln infiziert wurde, eine Hypothek, an der sie nicht nur heute noch leidet und trägt, sondern deren Last noch stärker geworden ist. Jedoch darf nicht übersehen werden, dass das damalige Schlagwort „Aufbau geht vor Ausbildung" eine politische Vorgabe war, die nicht zur Disposition stand. Die beträchtlichen militärischen Nebenwirkungen waren gegen die politischen Konsequenzen abzuwägen. Auch nachfolgende Führungsgenerationen haben sich z. B. bei der Frage der Verkürzung des Grundwehrdienstes trotz ihrer Bedenken letztlich dem politischen Willen gefügt und fügen müssen. Der Vorwurf leichtfertigen Einwilligens in den politischen Willen greift zu kurz; es war die Umsetzung des Primats der Politik. Die Alternative wäre nur der Amtsverzicht gewesen.

Beide Aussagen verkennen überdies, dass diese zur Schau gestellte Zurückhaltung bei den meisten Offizieren das Ergebnis der Erfahrungen

---

137 Strauß Die Erinnerungen S. 276
138 So z. B. General Naumann und Generalmajor Eisele durch BM Rühe. BM Struck kritisierte in einem Interview mit dem „Tagesspiegel" am 4. 8.2002 Äußerungen von General Kujat, dem Vorsitzenden des Militärausschusses der NATO. In keinem der Fälle wurde dabei jedoch von den Offizieren der Primat der Politik in Frage gestellt.
139 Bundeskanzler Helmut Kohl in der Aussprache über den Bundeshaushalt 1995 am 17. Dezember 1994 in: Bulletin des Presse- und Informationsamtes der Bundesregierung Nr. 117/ S. 1061 Bonn 17.12.1994
140 Schmidt, Helmut Weggefährten S. 475
141 Range, Clemens Die Generale und Admirale der Bundeswehr S. 11

der Vergangenheit und weniger Unvermögen und auch keine Naivität war. Das Dilemma zwischen dem Soldaten als mündigem Staatsbürger mit Zivilcourage und dem Soldaten als gehorchendem und ausführendem Element und Instrument der Politik ist kaum zu lösen. Der Spielraum ist in der Tat nicht groß. Hinzu kommt der Eid mit seiner Verpflichtung des treuen Dienens gegenüber Land und Volk. Im Zweifel mag daher manch hoher Offizier in der Interessensabwägung persönliche Befindlichkeiten zurückgestellt haben. Überdies scheint die intellektuelle und rechtliche Auseinandersetzung mit dem Eid die Soldaten grundsätzlich mehr und in einer tieferen Qualität zu beschäftigen als andere Staatsdiener. Wenn z. B. Bundesminister Oskar Lafontaine, der in seinem Amtseid nach Artikel 56 des Grundgesetzes u. a. geschworen hatte, „seine Pflichten gewissenhaft (zu) erfüllen," sein Amt als Minister und Parteivorsitzender bei Nacht und Nebel und zunächst ohne Angabe triftiger Gründe verlassen kann, und dieses Verhalten ohne rechtliche Konsequenzen bleibt, ist dies nicht unbedingt ein vorbildliches Beispiel für eine treue Erfüllung seines Eides und seiner Pflichten. Was Schmidt als politische Naivität mancher Generale auslegt, war sehr oft Ausdruck politischer Zurückhaltung, um nicht dem Verdacht ausgesetzt zu werden, den Primat der Politik in Frage zu stellen. Denn es ist zweifelsohne ein schmaler Grat zwischen Naivität und Schweigen aus Loyalität. Die Aussage Schmidts bezog sich auf die Generale der sechziger Jahre, die alle ihre militärische Laufbahn noch in der Wehrmacht begonnen haben. Die Frage stellt sich, ob man heute, fünfzig Jahre danach, ein positiveres Urteil fällen kann. Der Verfassungsgehorsam ist sicherlich unverändert ausgeprägt. Doch hinsichtlich eines völligen Abbaus jener tatsächlichen oder vermeintlichen politischen Naivität bestehen Zweifel. Dieses wahrscheinlich unverändert vorhandene Defizit liegt jedoch nicht an der Ausbildung, am Intellekt oder am Können des einzelnen, sondern am Wollen und Sollen. Das Verständnis für politische Zusammenhänge und Zwänge ist vorhanden, was die Führung der Auslandseinsätze belegt. Es fehlt vor allem am Willen zu einer politischen Mitwirkung des Militärs. Und hierdurch wird – im Wissen um das Risiko und die karriere-zerstörerische Wirkung einer politischen Aktivität – eine große Hemmschwelle aufgebaut.

In den Aufbaujahren blieb die Führung der Bundeswehr weitgehend anonym, waren die ranghöchsten Offiziere, wie Speidel, Heusinger, Kammhuber oder Graf Baudissin, in der Öffentlichkeit und selbst in der Truppe weitgehend unbekannt. Dies lag vor allem daran, dass diese nicht zur ersten Garde der Generalität im Dritten Reich gezählt hatten. Aber auch Sicherheitserwägungen zu Zeiten des Kalten Krieges dürften eine Rolle gespielt haben. Man wollte dem potentiellen Gegner möglichst wenig Ansätze für Spionage geben, zumal Sowjetunion und DDR mehrfach versucht hatten, die Generalität der Bundeswehr (z. B. Speidel, Trettner, Heusinger und Foertsch) – ausnahmslos ehemalige Wehrmachtsoffiziere – zu verunglimpfen und sie wegen ihrer Vergangenheit an den öffentlichen Pranger zu stellen, um damit die Bundesrepublik insgesamt zu diskreditieren. Diese Versuche wurden jedoch sowohl von der Bevölkerung als auch den befreundeten Staaten durchschaut und scheiterten auf ganzer Breite. Adenauer soll zu Recht gesagt haben, er müsse auf Wehrmachtsoffiziere zurückgreifen, da ihm die Alliierten achtzehnjährige Generale nicht abnähmen.

In der Anfangszeit stand der Soldat in seiner neuen, aber weitgehend unbekannten und auch wenig kleidsamen Uniform der neuen Bundeswehr, selbst mit goldenen Sternen, in der Öffentlichkeit in keinem hohen Ansehen. Strauß beschreibt in seinen Erinnerungen die Zurückhaltung vieler Offiziere, sich in der Öffentlichkeit in Uniform zu zeigen. [142] Auch die 40 Offiziere, die in der Bundeswehr bis zum höchsten Dienstgrad eines Vier-Sterne-Generals und -Admirals aufstiegen, zählen bis heute nicht zur Polit-Prominenz der Bundesrepublik. Sie leben nach jener Devise „Viel leisten, wenig hervortreten, mehr sein als scheinen," mit der im Jahre 1903 Feldmarschall Alfred Graf von Schlieffen (1833-1913) seinen großen Vorgänger Helmuth von Moltke charakterisiert hatte, verstehen sich als Instrument der politischen Führung und wollen dies offenbar auch durch öffentliche Zurückhaltung untermauern. Die oft kolportierte Formel, die bürgerlichen Volksparteien CDU/CSU und FDP seien bundeswehrfreundlich, die SPD hingegen bundeswehrfeindlich, stimmt nicht. Die CDU hat ihre Distanz zum Militär nur besser verschleiert. Bundespräsident Scheel urteilt sehr treffend:

„Man beschäftigt sich eben nicht mit dem Militär. Dahinter steht auch ein nicht unerheblicher gesellschaftlicher Druck. Aus einer Beschäftigung mit dem Militär könnte ja auf eine gewisse Affinität zur Bundeswehr geschlossen werden. Es ist traurig, aber es muß einmal ausgesprochen werden: Eine positive Beziehung zur Bundeswehr schädigt bei uns in manchen Berufen – und das gilt auch für Politiker und Journalisten – das Sozialprestige. Ein Schriftsteller, der sich für die Bundeswehr einsetzt, wird von seinesgleichen in diesem Lande nicht mehr für voll genommen." [143]

Ein Beispiel ist jener aus 37 Fragen bestehende Fragebogen des Schriftstellers Marcel Proust (1871-1922). Zu dessen Zeit ein beliebtes Gesellschaftsspiel, wurde er durch die „Frankfurter Allgemeine Zeitung" (FAZ) über lange Zeit deutschen Prominenten, Künstlern und Politikern, zur

---

142 Strauß , Franz Josef Die Erinnerungen S. 295.
143 Scheel, Walter „Bundeswehr und Gesellschaft" in: Zuber, Hubertus (Hrsg.) Innere Führung in Staat, Armee und Gesellschaft S. 20

Beantwortung vorgelegt. Die Frage Nr. 32 war: „Welche militärischen Leistungen bewundern Sie am meisten?" Die meisten Antworten waren wenig schmeichelhaft für das Militär, wobei das Urteil „keine" bereits positiv gewertet werden muss. Denn sehr oft wurde die vorausgehende Frage 31 „Welche geschichtlichen Gestalten verachten Sie am meisten?" damit verknüpft. Nur wenige entzogen sich diplomatisch, indem sie – wie der damalige Oberbürgermeister von München Georg Kronawitter (* 1928) – antworteten: „Die ohne Blutvergießen zum Frieden führen."

1972 kam es zu einer kleinen Sensation: das erste „Handbuch der Bundeswehr" mit Kurzlebensläufen einiger Generale, Admirale und entsprechender ziviler Beamter des Verteidigungsministeriums kam auf dem freien Markt.[144] Die Führungsspitze der Bundeswehr trat aus der Anonymität heraus und stellte sich nicht nur mit dem militärischen Werdegang, sondern oft auch mit privaten Einzelheiten, wie Familienstand, Zahl der Kinder und Hobbys vor. Nur wenige Offiziere – primär solche in sicherheitsempfindlichen Verwendungen – weigerten sich, Details ihres Privatlebens öffentlich zu machen. In den Folgejahren wurden weitere Bände veröffentlicht. Generale und Admirale „outeten sich," mit ihren Hobbies und manchmal auch familiären Details. Im Jahre 1982 erschien das Buch „Generalstab im Wandel" (Model/ Prause), das bereits vorhandene und künftige Spitzenpersonalia preisgab, vor allem in ihrer wichtigen Zuordnung zu General- und Admiralstabslehrgängen. Bücher dieser Art waren vor allem für den militärischen und rüstungswirtschaftlichen Bereich von Interesse. Auch die Nachrichtendienste fremder Staaten dürften die Bucherscheinungen uneingeschränkt begrüßt haben, lieferten sie doch wichtige Informationen, z. B. über Möglichkeiten einer Anbahnung. Das letztere jedoch ohne Erfolg blieb, und es in der Bundeswehr keinen Fall von Geheimnisverrat durch hochrangige Offiziere gab, ist ein weiterer Beweis für die starke Kraft der Eidesbindung.

Mit dem erweiterten Auftrag der Bundeswehr in den neunziger Jahren übernahmen zum ersten Mal in der Geschichte der Bundeswehr hohe Offiziere wieder Aufgaben, die an der Schnittstelle von Politik und Militär lagen. Zwar ist es verständlich, dass die Politiker in diesem neuen und schwierigen Umfeld kein Risiko eingehen wollten, doch für allzu großes Vertrauen in die Urteilsfähigkeit ihrer militärischen Elite spricht es nicht. So riet Minister Scharping General Klaus Reinhardt, dem designierten Oberbefehlshaber des 2. KFOR-Kontigents, sich auf die Führung seiner Truppen zu konzentrieren und aus dem politischen Bereich weitestgehend herauszuhalten.[145] In dem Rat Scharpings klingt kein Zweifel an den politischen Fähigkeiten, sondern Misstrauen an der Loyalität des Generals durch. Doch weshalb? Einen triftigen Grund dafür gab es nicht. Vielleicht fürchtete er nur, Reinhardt könne sich primär als „NATO-Militärpolitiker" fühlen und deutsche Interessen dabei vernachlässigen. Erstaunlich ist, dass US-General Wesley Clark (*1944), der direkte Vorgesetzte von Reinhardt, ähnlich argumentiert, [146] wenngleich vermutlich aus anderen Gründen – erstaunlich deshalb, weil Clarks Position als damaliger NATO-Oberbefehlshaber Europa (SACEUR) jener von Reinhardt in gewisser Weise entsprach – im Grenzbereich zur Politik militärisch denken und handeln. Deshalb verwundert dieser Rat, steht er dem Auftrag doch beinahe konträr gegenüber. [147] General a. D. Klaus Naumann hingegen, der u. a. als Generalinspekteur und Vorsitzender des Militärausschusses der NATO über vielfältige und langjährige Erfahrung als Militärpolitiker verfügt, vertritt eine andere Auffassung:

„Umso betrüblicher ist es, ...zu lesen, daß Politiker noch immer glauben, Soldaten, die von eben diesen Politikern an der Schnittstelle zwischen politischer und militärischer Führung eingesetzt werden, auffordern zu müssen, sie sollten sich ausschließlich auf ihre militärische Aufgabe beschränken und sich aus der Politik heraushalten, obwohl sie eben diesen Soldaten Aufgaben übertragen, die zum Teil über das rein Militärische eindeutig hinausgehen." [148]

Naumann liegt hiermit nicht nur genau auf der Argumentationslinie von Generaloberst Beck, sondern er lenkt dabei – im Sinne einer politischen Elite – den Blick auf das Ganze. Dieses Ganze ist bei Naumann, der lange Jahre sowohl seinem Lande als auch der NATO an verantwortlicher Stelle diente, nicht nur die Nation und deren Interessen im engen Sinne vormaliger Nationalstaatlichkeit, sondern auch die einer übergeordneten supranationalen politischen Struktur wie NATO oder Europäische Union. Auch der international erfahrene Speidel bewertet dies auf der gleichen Linie:

Es ist ein Mangel an Größe und Erkenntnis der Aufgabe, wenn ein Soldat in höchster Stellung seine Pflichten und Aufgaben nur in dem begrenzten Rahmen seiner militärischen Aufträge sieht, ohne sich der höchsten Verantwortung vor dem gesamten Volke bewusst zu werden." [149]

---

144 Verlag Bernard & Graefe
145 Reinhardt, Klaus Tagebuchaufzeichnungen als deutscher Kommandeur im Kosovo S. 35
146 Reinhardt , Klaus a.a.O. S. 37
147 Am 6. Mai 2001 musste Reinhardt als erster General aus dem Einsatz heraus vor dem Sicherheitsrat der Vereinten Nationen vortragen, eine Aufgabe, die zweifelsohne weit über den militärischen Bereich hinausgeht.
148 Naumann, Klaus in seinem Vorwort zu: Reinhardt, Klaus Tagebuchaufzeichnungen als deutscher Kommandeur im Kosovo S. 10
149 Speidel, Hans Aus unserer Zeit S. 351

Zwar hatten nicht wenige Offiziere im Dritten Reich dies durchaus erkannt, aber nur wenige hatten versucht, es auch umzusetzen. Hierbei müssen jedoch Erkenntnis und Fähigkeit zusammenkommen. Daran aber scheiterte letztlich der Widerstand gegen Hitler. Diejenigen, die die Irrwege und Verbrechen erkannten, zögerten oder verweigerten sich einem Umsturz. Und denjenigen, die agierten, fehlte letztlich die Macht, ihr Handeln wirkungsvoll und erfolgreich umzusetzen. In der Bundeswehr wollte man diesen Fehler vermeiden. Minister Apel schreibt:

„Mit der Tradition des angeblich >unpolitischen Soldaten< hat die Bundeswehr gebrochen. Kriegsverhinderung und Friedenssicherung sind politische Aufträge.“ 150

Doch die Umsetzung war nur halbherzig, denn die Forderung nach einem politischen Soldaten war in erster Linie auf die Wehrpflichtigen bezogen. Dass deren Aufgabenbereich in den Streitkräften aber nahezu ausschließlich militär-handwerklicher und nicht politischer Natur war, blieb dabei ebenso unbeachtet wie die Tatsache, dass diese wegen mangelnder Vorbildung und oft auch Desinteresse als Zielgruppe für politische Sensibilisierung ungeeignet waren. Die Zeit- und Berufssoldaten hingegen und vor allem die militärischen Führungsspitze war damit eher nicht gemeint. Ähnlich verhält es sich auch mit der „zeitgerechten Menschenführung,“ die bisweilen nur auf junge Soldaten angewandt zu werden scheint, im Umgang z. B. von Politikern mit hohen Offizieren oder auch im Offizierkorps selbst jedoch weniger Beachtung findet.

Die militärische Führung der Bundeswehr hingegen hat – auch unterhalb der Ebene der Generale und Admirale – in den nahezu zehn Jahren des Auslandseinsatzes bewiesen, dass sie durchaus in der Lage ist, auch in politisch schwierigem Umfeld zu handeln; die Schmidtsche Schelte von der Naivität scheint auf fruchtbaren Boden gefallen zu sein. In der Ausbildung wird dies berücksichtigt. Kategorisiert man z. B. die Vielzahl der Besucher, die General Reinhardt als Kommandeur von KFOR empfing, so stellt man fest, dass darunter sehr viele Politiker waren, die sich nicht nur über militärische Details informieren wollten, sondern auch den politischen Rat des verantwortlichen Offiziers erwarteten. Dies gilt in gleicher Weise auch für alle anderen hohen deutschen Offiziere in nationalen und NATO- bzw. EU-Verwendungen auf dem Balkan und später in Afghanistan. Sie alle haben eindrucksvoll bewiesen, dass sie – neben den vielfältigen militärischen Führungsaufgaben – durchaus in der Lage sind, politisch zu handeln. Ein anderes Beispiel für einen politischen Einsatz von Generalen ist der Besuch der vereinten „militärischen NATO-Doppelspitze“ – General Naumann als Vorsitzender des Militärausschusses des Bündnisses mit dem US-General Clark als Oberbefehlshaber Europa (SACEUR) –

beim serbischen Präsidenten Milosevic am Vorabend des Kosovo-Krieges –
ein gewollter politischer Akt, um vielleicht noch im letzten Moment die
Kriegsgefahr abzuwenden. Allerdings muss man einschränkend hinzufü-
gen, dass sich dieses politische Agieren des Militärs bisher niemals in einer
Ausnahmesituation wie der im Dritten Reich bewähren musste.

1.6 Die Medienabstinenz der Bundeswehr – Was nicht öffentlich ist, existiert nicht

Durch die Verringerung der Stärke der Streitkräfte sind die Soldaten
aus dem Blickfeld der Öffentlichkeit verschwunden. Die Zahl der Garnisonen ist geschrumpft, Manöver gibt es nicht mehr. Uniformen im Stadtbild sind noch seltener geworden. Die Ausgehuniform und in noch größerem Maße die „Galauniform," der Uniformsmoking, sind in der Öffentlichkeit kaum noch bekannt. Nur noch die wenigen Gäste, die zu Bällen
und anderen gesellschaftlichen Ereignissen in den immer weniger werdenden Garnisonsstädten eingeladen sind, sehen diese Uniform für festli-
che Anlässe. Die Bundeswehr und ihre Soldaten werden heute in der
Bevölkerung weitgehend nur noch in den Medien wahrgenommen. Doch
auch dort besitzen sie Seltenheitswert.

Nur hin und wieder geraten Offiziere mit ins Bild, wenn hochrangige
Politiker Interviews geben oder am Volkstrauertag Kränze niederlegen.
Dabei wirken sie zumeist wie Statisten auf einer Bühne, unbeteiligt, fremd
und anonym. Solange sie im aktiven Dienst erscheinen sie nur selten in
Talkshows und Expertenrunden. Zum anderen hält sich das Interesse der
Medien an ihnen – von wenigen Ausnahmen abgesehen – generell in
Grenzen. Zwar war anfangs nach den ersten Auslandseinsätzen der Bundeswehr in Somalia, auf dem Balkan und in Afghanistan der Andrang
nach Militärexperten noch groß, aber mittlerweile ist ein Gewöhnungs-
effekt eingetreten. Deutsche Soldaten in fernen Ländern sind Alltag geworden. Nur einige wenige Namen hochrangiger Offiziere sind mit positiven Ereignissen verknüpft. Bei Skandalen jedoch – größeren und hausgemachten – müssen sie aus ihrer Anonymität hervortreten und werden
gegen ihren Willen zu öffentlichen Personen. Regional betrachtet sieht es
etwas positiver aus. Über die Kommandeure und die Soldaten ihrer „Hausbrigade" berichten vor allem die örtlichen Printmedien, doch die Soldatendichte ist in Deutschland sehr zurückgegangen. Die Zurückhaltung

---

150 Apel, Hans Gedanken zur Inneren Führung in: Zuber, Hubertus Innere Führung in:
Staat, Armee und Gesellschaft S. 1

gegenüber Medien und der Öffentlichkeit findet man allerdings auch in anderen Bereichen des öffentlichen Dienstes, bei Diplomaten, Wirtschaftsführern, sowie hohen Richtern und Beamten. [151] Auch die Führungsspitze der Bundeswehr ist weitgehend dem Blickwinkel der Öffentlichkeit entzogen – Superstars im Halbschatten.

Personelle Wechsel an der Spitze der Bundeswehr oder den Teilstreitkräften finden meist nur in den Tageszeitungen Erwähnung. Die Ernennung eines Generalinspekteurs oder auch das Ableben höchster Offiziere sind kaum eine Meldung in Presse, Rundfunk und Fernsehen wert. Denkt man an das enge Zusammenspiel zwischen ziviler Leitung und militärischer Führung der Streitkräfte in den USA, könnte Neid aufkommen.

Auf dem SPIEGEL-Titelblatt vom 10. Oktober 1962 sah man General Foertsch mit Ritterkreuz; das einzige Mal, dass ein General die erste Seite des Magazins aus Hamburg schmückte. Eine „home story" z. B. vom Generalinspekteur, mit Frau, Kindern und Hund, die Soldaten und Öffentlichkeit den Menschen, der sich unter der Uniform verbirgt, näher bringt – Fehlanzeige. Dies ist nicht allein die natürliche Abneigung gegen diese Art seichter Berichterstattung. Zu einem Teil geschieht es auch aus Sicherheitsüberlegungen. Ein anderer Grund mag sein, dass die Flucht vor einer „Überwachung rund um die Uhr," die bei hochrangigen Politikern üblich ist, einen größeren dienstlichen und persönlichen Freiraum schafft. Es ist aber auch Bescheidenheit; der Ausspruch von Moltkes wird beachtet:

„Nicht der Glanz des Erfolges, sondern die Lauterkeit des Strebens und das treue Beharren in der Pflicht, auch da, wo das Ergebnis kaum in die äußere Erscheinung tritt, wird den Wert eines Menschenlebens entscheiden." [152]

An das Wort von Seeckt „Generalstabsoffiziere haben keinen Namen" wird man ebenfalls unwillkürlich erinnert. Doch was ist selbstgewählte Flucht in die Anonymität und was gezielte Nicht-Wahrnehmung durch Bevölkerung und Medien? Anfangs lag der Grund dieser gewissen Scheu im Umgang mit der Presse auch in der Sorge, die Grenzen der Geheimhaltung zu verletzen und aus einem Misstrauen den Journalisten gegenüber. Gleichwohl suchten manche Kommandeure ihre Nähe – auch unter Soldaten gibt es Eitelkeit. Und so war für einige bisweilen die wöchentliche Berichterstattung – möglichst mit Bild – in der Lokalzeitung über irgendwelche Aktivitäten wichtiger als die Ausbildung, doch es war insgesamt sicherlich nur eine kleine Minderheit, die sich auf diesem Wege zu profilieren suchte – überdies meist ohne Erfolg.

Einigen ging es auch um eine sachgerechte, objektive Darstellung der Bundeswehr. Nicht ohne Grund wurde der „Tag der offenen Tür" eingerichtet. Heute obliegt die Pressearbeit – vor allem auf höheren Kommandoebenen – zumeist den hauptamtlichen Presseoffizieren. In einer Zeit drastisch abnehmender „Standort- und Soldatendichte" ist die Bedeutung der Medienarbeit für die Streitkräfte gestiegen. Die preußischen Könige als Oberste Kriegsherrn hatten eine besondere Bindung zu ihrem Offizierkorps. So trug z. B. Friedrich Wilhelm I. Uniform und zwar – aus Respekt vor den Epauletten eines Generals – nur die Rangabzeichen eines Obersten, hatte ihn doch sein Vater nur bis zum Oberst befördert. Dieses Beispiel setzte sich bei den Nachfolgern fort. Nach der Pervertierung der Uniformierung des gesamten Volkes im Dritten Reich – mit Kindern, Frauen und Männern – setzte eine Zäsur in die andere Richtung ein. Die Uniform galt lange Zeit nur als Arbeitskleid – vom „Zauber der Montur" entblößt. Lange sind die Zeiten vorüber, in denen der k & k – Leutnant bei den Mädels vom Ballett der Hahn im Korbe war – adieu, mein kleiner Gardeoffizier!

Fernsehfilme mit guten oder auch hinterhältigen Bundeswehroffizieren als Helden oder Anti-Helden gibt es nicht. Adliger Leutnant aus dem Westen verliebt sich an der Offizierschule des Heeres in Dresden in eine arme, sächsische Schönheit, heiratet sie trotz des Widerstandes seiner Familie und wird sogar glücklich mit ihr – „Rosamunde Pilcher " oder „Offizier und Gentleman" auf deutsch? Fehlanzeige. Die Bundeswehr ist weitgehend eine medienpolitische Grauzone, terra incognita. Militär, wenn durch die Medien besetzt, heißt stets: US-Army, US-Air Force, US-Navy und US-Marines.

Mitte der neunziger Jahre gab es eine Reihe von Berichten über die Aufnahme von Frauen in die Streitkräften, ihre Ausbildung und das Alltagsleben in der Bundeswehr. Auch das Leben der Offizieranwärter auf dem Segelschulschiff „Gorch Fock" war wiederholt eine Sendung wert oder bildete den Rahmen für eine Liebesgeschichte im Vorabendprogramm. Im Jahre 1996 drehte Regisseur Jörg Grünle eine fiktive Geschichte mit dem Titel „Die Friedensmission" (Pro7) über den Balkaneinsatz der Bundeswehr, und am 19. Januar 2005 thematisierte sein Kollege Thomas Bohn in dem Fernsehfilm „Das Kommando – ein Politdrama" (ARD) einen KSK-Einsatz, in dem die Soldaten mit Billigung ihres Kommandeurs zu illegalen Auftragskillern werden. Wenigstens in einer Vorabend-Serie des Zwei-

---

151 So schrieb die Süddeutsche Zeitung am 24. Juni 2004, S. 3 über den Staatssekretär im Bundesfinanzministerium Manfred Overhaus, der elf deutschen Finanzministern gedient hat: „Doch es ist seltsam: Über diesen Mann, der so mächtig war, findet sich fast nichts in den Archiven."

152 General Heusinger erwähnte diesen Spruch in seiner Ansprache anlässlich der Einweihung der „Heeresakademie" in Hamburg am 15. Mai 1957 siehe: Model, Hansgeorg und Prause, Jens Generalstab im Wandel S. 15

ten Deutschen Fernsehens helfen die „Rettungsflieger" in Bundeswehruniformen.

Die Beförderung von Generalärztin Dr. Verena von Weymarn, der ersten Frau in der Bundeswehr im Range eines Brigadegenerals der Luftwaffe, war ein Medienereignis – nicht nur für Frauenzeitschriften. Im ihrem Geburtsjahr 1943 fiel ihr Vater an der Ostfront. Einige Monate später musste ihre deutsch-baltische Familie aus Riga fliehen. 1976 trat sie in den Sanitätsdienst der Luftwaffe und damit in eine Männerdomäne ein. 1989 übernahm Verena von Weymarn als erste Frau die Leitung des Bundeswehrkrankenhauses in Gießen, und fünf Jahre später, am 1. April 1994, wurde sie als erste Generalärztin („Frau Generalarzt") oberste Sanitäterin der Luftwaffe und damit Vorgesetzte von 550 Ärzten und Apothekern. Am 1. August 2004 schied sie als Chefärztin des Bundeswehrzentralkrankenhauses in Koblenz aus dem aktiven Dienst – sie blieb bisher die einzige Frau in diesem Dienstgrad. Dies zeigt, dass die militärische Elite geschlechterspezifisch nahezu vollständig in Männerhänden liegt und wohl auch bleiben wird.

Öffentliche Gelöbnisse – so sehr sie von den Soldaten, ihren Angehörigen und auch von der Öffentlichkeit als Demonstration der Verbundenheit zwischen Bundeswehr und Gesellschaft anerkannt sind – erfordern einen hohen Sicherheitsaufwand, um einen ungestörten Ablauf zu gewährleisten. Nur selten dringt militärischer Alltag in des deutschen Bürgers Privatleben: hin und wieder überträgt das Fernsehen z. B. bei „runden" Geburtstagen der Bundeswehr, wie am 12. November 1985 oder zu Ehren eines ausscheidenden Bundespräsidenten, wie am 29. Juni 2004, als die Amtszeit von Johannes Rau zu Ende ging, das feierliche Zeremoniell eines „Großen Zapfenstreichs."

Im Mai 1965 war General de Maizière einmal bei Gunter Gaus (+2004) in dessen Sendung „Zur Person" eingeladen. Anlässlich des 30-jährigen Bestehens der Bundeswehr sah man im November 1985 den Kommandeur der Führungsakademie, Konteradmiral Dieter Wellershoff, in einer Diskussionsrunde im Fernsehen. Heute sind Generale und Admirale in den zahlreichen Talkshows des deutschen Fernsehens wie Sandra Maischberger, Johannes B. Kerner, Reinhold Beckmann oder Sabine Christiansen eine seltene Spezies. Die „Meinung der Bundeswehr," – stockkonservativ und preußisch – wird durch den zackigen, mit schnarrender Stimme sprechenden „Oberstleutnant der Infanterie" in der Sendung „Scheibenwischer" des Kabarettisten, vormaligen Zeitsoldaten und Reserveoffiziers Georg Schramm (*1949) treffend porträtiert. Nach dem Sieg über das Oderwasser von 1997 wurde Generalleutnant von Kirchbach, der damalige Kommandierende General des IV. Korps und spätere Generalinspekteur, in den Medien gefeiert, so u. a. am 27. Oktober 1997 im WDR 2 (MonTalk), wobei man erkennen konnte, dass öffentliches Interesse und Lob diesem aufrechten und bescheidenen Soldaten eher peinlich waren. General Kießling war wiederholt zu Gesprächsrunden im Fernsehen, so z. B. nach seiner Pensionierung 1986 bei Dagobert Lindlau und im Jahre 2003 – zwanzig Jahre nach dem Skandal bei Johannes B. Kerner. Auch der hochbetagte General a.D. Schmückle ist bisweilen als Gast im Fernsehen, so z. B. am 2. Dezember 2002 im Bayrischen Fernsehen „Im Gespräch mit ..." bei Dr. Johannes Grotzky.

Man sieht Offiziere bei TV-Übertragungen neben oder hinter den Politikern, aber sie bleiben anonym. Bei großen wehrpolitischen Debatten hat es sich eingebürgert, dass die militärische Führungsspitze in Uniform auf den hinteren Reihen der Regierungsbank Platz nimmt. Dann geraten die höchsten Offiziere von Heer, Luftwaffe und Marine in das Blickfeld der Fernsehkameras, doch kaum jemand kennt ihre Namen. Nur selten erscheinen sie selbst vor der Kamera. Sie sind scheu und vorsichtig im Umgang mit Fernsehen, Rundfunk und Presse. General de Maizière ist skeptisch ob dieser Regelung der militärischen Präsenz im Parlament. Zwar würde mit der Anwesenheit der Militärs gegenüber der Öffentlichkeit die „Übereinstimmung von politischer und militärischer Führung in grundsätzlichen Verteidigungsfragen" sichtbar, es sei zum anderen auch eine Achtungserweisung gegenüber dem Parlament, und drittens gäbe es den praktischen Grund der schnellen Auskunftsfähigkeit, aber er habe „den Platz auf der Regierungsbank immer mit einem unguten Gefühl eingenommen, zumindest ... in Uniform." [153] Weder bei einer Regierungserklärung, noch bei einem Bericht zur Lage der Nation gehörten Soldaten in Uniform auf die Regierungsbank, meint er.

Mit den Auslandseinsätzen der Bundeswehr stieg ihr Informationswert in den Medien.

Die Übernahme des Oberkommandos über die alliierten Truppen von KFOR im Kosovo 1999 durch General Dr. Reinhardt und die deutsche Beteiligung an der internationalen ISAF-Truppe in Kabul sind seit geraumer Zeit Berichterstattungen und Sondersendungen wert. Vor und während des 3. Golfkrieges, des sog. Irakkrieges, im Frühjahr 2003 sah man hin und wieder einen pensionierten General als „Militärexperten" im Fernsehen. [154] An der sterilen sonntäglichen Diskussionsrunde „Sabine Christiansen" im Ersten Programm nahmen von 1998 bis April 2004 etwa 1100 Personen – einschließlich der häufigen Mehrfachteilnahme einzelner Gäste – teil. Als einziger aktiver General war nur General Kujat, der Vor-

---

153 Maizière, Ulrich de Führen im Frieden S. 59
154 So die Generale a.D. Naumann, Bagger und Dr. Reinhardt, sowie Brigadegeneral a.D. Harff

sitzende des Militärausschusses der NATO, am 21. März 2004 eingeladen. Darüber hinaus nahmen lediglich drei weitere, pensionierte deutsche Generale (Schmückle – 28. März 1999), Naumann (u. a. 8. Oktober 2000, 11. November 2002 und 9. Februar 2003) und – wiederholt – Reinhardt (u. a. 23. Februar 2003) teil. Dies entspricht einem Anteil von etwa 0,5 %. Daneben waren der pensionierte britische Generalmajor Patrick Cordingley, im 2. Golfkrieg Kommandeur der „Wüstenratten" (30. März 2003), und der russische General a.D. Alexander Ruzkoi (30. September 2001) in einer Sendung als Gäste. Eine Ausnahme stellen die Dritten Programme und der Fernsehsender Phoenix dar, die routinemäßig und ausführlich in ihren Programmen über militärische Themenbereiche berichten, so z. B. von der jährlichen „Konferenz für Sicherheitspolitik" [155] (vormals Wehrkunde-Tagung) in München. Im Dritten Programm des Länderfernsehens werden bisweilen pensionierte hohe Offiziere eingeladen, so z. B. Generalmajor a.D. Franz Werner (*1937), der vormalige Kommandeur der 1. Gebirgsdivision und Befehlshaber im Wehrbereich VI, im Bayrischen Fernsehen, oder Brigadegeneral Armin Staigis (* 1950) in der Reihe „Dresdner Gespräche" vom 28. Juni 2004 unter dem Thema „Deutsche Soldaten ins Ausland?" des Mitteldeutschen Rundfunks (MDR). Ein amtierender Generalinspekteur hingegen hat noch nie an einer solchen Sendung teilgenommen, sieht man von gemeinsamen Pressekonferenzen mit dem Verteidigungsminister ab. Bei Fernsehdiskussionen, die militärische Themen behandeln, treten zumeist zivile in- und ausländische „Militärexperten" und Politiker, sowie bisweilen pensionierte Offiziere, ganz selten aber aktive Offiziere auf. In der zweiteiligen Sendung des ZDF „Der perfekte Krieg" im März 2004 z. B. kamen zwar US-Militärs und Zivilisten wie Dr. Christoph Bertram, der Direktor des Forschungsinstitutes der Stiftung Wissenschaft und Politik und Außenminister Joseph Fischer zu Wort, aber kein einziger deutscher General. Ein ähnliches Beispiel war der Fernsehbericht „High-Tech für die Bundeswehr – Vom Bürger in Uniform zur schnellen Eingreiftruppe" [156] auch dort sah man keinen Soldaten als „Wehrexperten." Diese Abstinenz fällt auf. Ein hoher aktiver General meinte auf die diesbezügliche Frage, er sei zwar schon häufig zu diversen Talkshows eingeladen worden, mag aber sowohl die Form der Sendung als auch die Art der Selbstdarstellung grundsätzlich nicht und habe daher Einladungen stets abgelehnt. Diese Zurückhaltung der führenden Militärs dürfte – neben der verständlichen Abneigung gegen solche Sendungen – auch in einer unterschwelligen Sorge begründet sein, „auf dem falschen Bein Hurra zu schreien."

1.7 Ein neues Bindungsgeflecht –
Networking statt Kameradschaft?

Die soldatische Gemeinschaft erzeugt Bindungen, die zwar bisweilen grob, aber dauerhaft und haltbar sind, je stärker das gemeinsame Erleben gefordert hat. Dies trifft für die in der Grundausbildung erlebten gemeinsamen „Strapazen" ebenso zu wie in weit stärkerem Maße für den durchstandenen und überlebten Krieg. Nicht-Soldaten wundern sich daher bisweilen, zeigen Unverständnis, wie sich alte Soldaten noch sechzig Jahre nach dem Krieg treffen können und stellen sie auf die Stufe der bespöttelten „Stammtischrunden." Doch die Bindungen eines Soldaten – unabhängig von Dienstgrad und dem jeweiligen geschichtlichen Zeitrahmen – sind vielschichtig. Da ist zum einen die Bindung an seine „Kleingruppe," die Kompanie/ Batterie, das Bataillon oder Regiment. Die zweite Ebene ist die Beziehung zum Militär und Militärischen im allgemeinen, die dritte Ebene ist der Stolz auf die eigene Leistung, die vierte ist das Verhältnis zum Souverän und die fünfte schließlich die zum militärischen Einsatz und zum Krieg. Jede Ebene ist unterschiedlich ausgeprägt und die einzelnen Bindungsbeziehungen können auch konträr zu einander sein. So ist bei den meisten Kriegsteilnehmern, trotz zumeist positiver Haltung zum eigenen Verband, dem Bataillon oder dem Regiment, die grundsätzliche Ablehnung des Krieges überdeutlich ausgeprägt, zumal sie es in letzter Konsequenz waren, die die „Zeche" mit ihrem Leben, ihrer Gesundheit und dem Verlust eines beträchtlichen Teils ihrer Lebenszeit bezahlen mussten. Zur Verherrlichung des Krieges kommt es meist nur bei denen, die noch nie dessen Leid erfahren haben. Jemand, der nie Soldat war, kann diese emotionale Bindungsstruktur nicht nachempfinden. Jede Armee braucht sie, und auch zivile Firmen wissen um den Wert der „corporate identity" und nutzen sie erfolgreich zur Verbesserung des Betriebsklimas, bisweilen auch zur Erhöhung der Leistung.

Die Gründungsväter der Bundeswehr glaubten zunächst – wegen der bitteren Erfahrungen des Missbrauchs im Dritten Reich – auf diese Bindungen verzichten zu können. Die Armee wurde auf ihre funktionalen Aufgaben reduziert und dabei ihres geistigen Überbaues entkleidet. Dies schlug sich auch in Äußerlichkeiten nieder, denkt man z. B. an die Uniformkarikatur der ersten Jahre. Die Uniform wurde zum Arbeitskleid. „Traditionsbewusstsein kann nicht verordnet werden" stellte der Erlass

---

155 Die Tagung wurde 1962 von Ewald von Kleist ins Leben gerufen und entwickelte sich
    seitdem zu einem renommierten internationalen Forum. Seit 1998 wird es von Horst
    Teltschik, dem vormaligen außenpolitischen Berater von Kanzler Kohl, geleitet.
156 Sender 3 sat am 29. November 2004

von 1982 [157] zu Recht fest. Aber der vorgegebene Rahmen ist brüchig. Nicht zuletzt deswegen flammen periodisch Diskussionen um die Tradition auf (siehe Kapitel 2.6).

Doch es gibt auch eine „kleine Tradition," die nicht in einem Erlass zufassen ist – jene, die im Denken und nicht im Öffentlichen weiterlebt, eine konstruktive Paralleltradition. Man kann darunter die vielfältige direkte Weitergabe von Verhaltensmustern und die auch Übernahme von Denkweisen, Urteilen verstehen, die Soldaten von geschätzten Vorgesetzten übernehmen, die sie als Vorbild achten. Der Vorgesetzte, gleich, ob Offizier oder Unteroffizier, wirkt durch sein Tun und Handeln, sein Unterlassen, seine Sprache und Haltung und gibt auf diese Weise – unbemerkt und unaufhörlich und ohne, dass dies eines Hinweises bedürfte – seine Erfahrung nicht nur weiter, sondern lebt sie vor. Die erste Generation der Bundeswehr, die aus dem Krieg zurückgekehrt war, zählte dazu. Sie reichte ihr geistiges Erbe an die jungen Soldaten weiter. Dass dies natürlich nur ein subjektives Bild war und auch sein konnte, wurde akzeptiert. Kriegsteilnehmer wie von Weizsäcker, Schmidt oder Strauß berichten, wie sehr sie die „tiefen menschlichen Erfahrungen im Krieg für immer beeinflusst haben," [158] prüfende und prägende Jahre, aber auch voller Widersprüche. Die Männer der Kriegsgeneration wurden von den jungen Soldaten bisweilen kritisch betrachtet, manchmal auch wegen ihrer – allerdings eher seltenen – Erzählungen aus dem Krieg belächelt, aber im Kern verehrt und ob ihrer militärischen Verdienste insgeheim beneidet. Zu dieser Kategorie beispielhafter Vorgesetzter zählte z. B. der kleine, drahtige Oberstleutnant Theodor von Lücken, der 1944 als Hauptmann und Kommandeur der I. Abteilung des Grenadierregiments 686 an der Ostfront mit dem Eichenlaub ausgezeichnet worden und achtzehn Jahre später, 1962, seinem Hörsaal an der Heeresoffizierschule in Hannover ein herausragender, väterlicher Vorgesetzter war. Sicher, die These des Auftrags der Kriegsverhinderung („Der Friede ist der Ernstfall") wurde – trotz mancher Zweifel – angenommen und vor dem Hintergrund der Vernichtungskraft der Atomwaffen auch akzeptiert. Dennoch blieb die Frage nach dem individuellen Bestehen in einem Krieg, die sich die jungen Soldaten stellten, unbeantwortet. Insgeheim stellte sich jeder junge Offizieranwärter die Frage, wie und ob er sich selbst – als Mensch und vor allem als militärischer Vorgesetzter – in einer solchen extremen Herausforderung bewähren würde. Würde er tapfer oder feige sein? Wäre er ebenso der Versuchung des Dritten Reiches erlegen oder hätte er sich gegen sie gestellt? Jeder Fußballspieler, der auf der Reservebank sitzt, wartet auf seinen Einsatz auf dem Spielfeld und hofft zugleich, dass er dort seinen Mann steht. In diesem Beziehungsgeflecht sind es nahezu ausschließlich die nächsten Vorgesetzten, die erzieherisch auf die Soldaten einwirken – Zugführer, Kompanie-chef und Bataillonskommandeur, da nur diese in der Lage sind, einen ständigen persönlichen Kontakt aufzubauen. Je weiter ein Vorgesetzter von der Truppe entfernt ist, desto schwächer wird seine direkte Wirkung. Zu-sätzlich war noch bis in die Reichswehr und die Anfänge der Wehrmacht hinein diese Bindung an die Armee häufig durch ein familiäres Verhältnis überlagert. Der Großvater hatte bereits im Regiment gedient, und so stand es außer Frage, dass nach dem Vater auch der Enkel bei diesem Trup-penteil seinen Dienst ableistete. Der ältere Bruder Heinrich Viktor – wie bei den Weizsäckers – diente im Infanterieregiment 9, und so war es selbstverständlich, dass auch der jüngere Bruder Richard in diesem Ver-band Soldat wurde. Die Bundeswehr hat auf diese Chance der Traditions-bildung, die auf einer langen positiven Erfahrung basierte, leider bewusst verzichtet. Die neuen Aufgabenfelder stellen an das Bindungsgeflecht und an die militärischen Führer neue Aufgaben. Die Innere Führung und das Konzept der Menschenführung in den Streitkräften hat sich zwar grund-sätzlich bei diesen Einsätzen bewährt, aber es bedarf der Anpassung an die gestiegenen und neuen Anforderungen.

Die persönlichen Wurzeln der Offizier- und Soldatengeneration, die die Bundeswehr aufgebaut hat, reichen hinsichtlich ihres familiären und dienstlichen Umfeldes zum Teil bis zur Kaiserlichen Armee und dem Ersten Weltkrieg, mit Masse jedoch bis zur Reichswehr, Wehrmacht und dem Zweiten Weltkrieg zurück und sind eng und kaum lösbar mit diesem persönlichen und familiären Erfahrens- und Erlebenshorizont verbunden. Betrachtet man die Geburtsjahrgänge aller Generals- und Admiralsdienst-grade der Bundeswehr, so wurden 37 Offiziere noch im letzten Jahrzehnt des 19. Jahrhunderts geboren.[159] Heute sind die jüngsten Brigadegenerale und Flottillenadmirale der Bundeswehr im dem Jahr geboren, in dem die Bundeswehr aufgestellt wurde.

Die Auslandseinsätze haben die Bundeswehr vom Warten auf der „mili-tärischen Reservebank" befreit. Zwar sind ihre bisherigen Einsätze nicht mit jenen Extrembelastungen zu vergleichen, denen Soldaten auf allen Sei-ten und an allen Fronten im Krieg ausgesetzt sind: ständige Lebensgefahr, Hunger, Durst, Kälte, Risiko der Gefangennahme und Unsicherheit über die Lage der Familie in der Heimat. Sie stellen – bei allem Einsatz und auch allen Entbehrungen und Einschränkungen – keine Ausnahmesituation,

157 BMVg – Fü S I 3 – Az 35-08-07 vom 20. Sept. 1983 – Nr. 4
158 siehe z. B. Weizsäcker, Richard von Vier Zeiten S. 78 f.
159 1894: 2 Offiziere (Matzky und Ruge), 1895: 1 Offizier (Frhr. von Lüttwitz), 1896: 5 Offiziere (darunter Kammhuber und Röttiger), 1897: 8 Offiziere (darunter Heusinger und Speidel), 1898: 9 Offiziere und 1899: 12 Offiziere.

keinen Krieg dar. Die Zeit des Auslandseinsatzes ist exakt begrenzt, die
Verbindung mit der „Heimatfront" wird per Telefon gehalten und die Post
funktioniert. Die Männer und Frauen leiden weder Hunger, noch Durst
oder Kälte, und vor allem ist der aktive und passive Tod kein ständiger
Begleiter. Der Begriff Kameradschaft – zunehmend im Schattenbereich
sprachlicher Ächtung und daher in vielen Bereichen durch das so wichtig
klingende Wort „social networking" ersetzt – hat durch die Auslandseinsätze eine belebende Frischzellenkur erhalten. Im Wachkoma des Friedensbetriebes der Streitkräfte mit leeren Stuben wegen heimatnaher Ein-
berufung und Zapfenstreich bis zum Wecken war diese Pflicht des § 12 des
Soldatengesetzes weitgehend inhaltslos geworden. Heute – bei monatelan-
gem Zusammenleben auf engstem Raum und ohne nennenswerte Freizeit
– ist sie wieder zum integralen Bestandteil des militärischen Zusammenlebens geworden, vor allem in solchen Truppenteilen, die ad hoc zusam-
mengestellt werden und einer hohen Fluktuation unterliegen. Die Soldaten
der Bundeswehr haben gezeigt, dass sie die ihnen gestellten Aufgaben auf
dem „Spielfeld internationaler Militäreinsätze" mit Bravour ebenso lösen
können wie es ihre Großväter und Väter unter anderen politischen Vorzeichen und unter widrigeren Umständen getan haben. Sie haben damit ihre
Leistungsfähigkeit ihren politischen und militärischen Vorgesetzten, aber
auch sich selbst gegenüber bewiesen. Gleichzeitig verschafften sie den Politikern einen größeren außenpolitischen Handlungsspielraum.

2. Die militärische Spitze der Bundeswehr

Die militärische Spitze der Bundeswehr umfasst maximal 15 Offiziere; dazu gehören:

- der Generalinspekteur und sein (1.) Stellvertreter,
- die fünf Inspekteure von Heer, Luftwaffe, Marine, Streitkräftebasis (zugleich 2. Stellvertreter des Generalinspekteurs) und Sanitätsdienst,
- sowie die sechs höchsten Offiziere in NATO- bzw. EU-Verwendungen (der Vorsitzende des NATO-und des EU-Militärausschusses, der Stellvertretende NATO-Oberbefehlshaber Europa (DSACEUR), der Oberbefehlshaber des Joint Force Command in Brunssum (vormals AFCENT/AFNORTH), der Chef des Stabes des Obersten NATO-Hauptquartiers in Europa SHAPE und der Generaldirektor des Militärstabes der Europäischen Union).

Der Chef des Planungsstabes und der Leiter der Abteilung Personal sind – sofern Soldaten – wegen ihres Einflusses ebenfalls zu dieser Gruppe zu zählen.

Da von den sechs NATO-Dienstposten nur maximal drei bis vier von deutschen Offizieren besetzt sind, besteht die militärische Führungsspitze der Bundeswehr im allgemeinen aus etwa 12 bis 13 Offizieren. Die Zahl der Vier-Sterne-Generale und -Admirale unter ihnen schwankt zwischen drei (Normalfall) und vier (Ausnahme).

Es ist somit eine kleine, überschaubare Gruppe, die die militärischen Zügel Deutschlands in den Händen hält. Dies führt zu der Frage, ob es möglich wäre, dass diese im Zuge einer denkbaren Entwicklung zu seiner eigenständigen politischen Macht werden, die gewählte Regierung unter Druck setzen und ihren Einfluss über Gebühr geltend machen könnte.

Dies könnte sich entweder in Form der Verweigerung der Umsetzung politischer Aufträge, oder als Durchsetzung eigener Machtansprüche gegenüber den gewählten Vertretern des Volkes äußern. Ein „Streik der Generale und Admirale" wäre z. B. in einem ersten Szenario vorstellbar, wenn der Armee seitens der Politiker Aufträge zugewiesen würden, die diese nicht erfüllen könnte oder die gegen Recht und Gesetz gerichtet wären. Die Durchsetzung eigener politischer Vorstellungen ließe sich in einem zweiten Fall konstruieren, wo diese militärische Spitzengruppe z. B. aus Unzufriedenheit mit Entscheidungen der Regierung (wie z. B. das chilenische Militär unter Allende) selbst versucht wäre, die Handlungshoheit zu erlangen.

Beide Optionen sind rein hypothetisch und können nach Lage der Dinge mit absoluter Sicherheit ausgeschlossen werden. Zum einen ist die Eidesbindung an das Grundgesetz mit der Pflicht zum treuen Dienen eine nahezu unüberwindbare Hürde. Zum anderen ist die skizzierte Gruppe jener erwähnten Spitzenmilitärs keineswegs so homogen, wie dies nach außen den Anschein hat. Ein „Putsch des deutschen Militärs" ist daher nicht nur undenkbar, sondern auch unmöglich. Letzteres deshalb, weil aus der Perspektive der praktischen Umsetzung keinesfalls verkannt werden darf, dass die pluralistischen gesellschaftlichen Kräfte so stark und ausgewogen sind, dass sie jeden Versuch eines Umsturzes bereits im stadium nascendi zum Erliegen brächten. Überdies sind heute die internationalen Verflechtungen und Bindungen so stark, dass nationale Alleingänge realiter unmöglich sind. Auch die Möglichkeit der Verweigerung z. B. in Form eines gemeinsamen Rücktritts als Protest ist nur als Gedankenspiel vorstellbar, nicht aber in der tatsächlichen Verwirklichung. Abgesehen davon, dass es dies in der deutschen Militärgeschichte noch nie gegeben hat, stünden in einem solchen Fall innerhalb kurzer Zeit die „Nachfolger aus der zweiten Reihe" bereit, um die zurückgetretene alte Spitzengruppe zu ersetzen. De Maizière unterscheidet zwischen militärischer Führung, die er „konkret und personal" nennt und der ministeriellen Verwaltung, die „abstrakt und anonym" sei.[160] Diese Trennung ist nicht unproblematisch. Zum einen wird natürlich auch militärische Führung, je weiter man nach oben blickt, sowohl für den Soldaten als auch für die meisten Offiziere unpersönlicher. Die Gelegenheit, dass ein Kompaniechef mit seinem Kommandierenden General oder der Kommandant eines Schnellbootes mit dem Befehlshaber der Flotte sprechen und ihn persönlich erleben kann, ist selten. Zum anderen drückt sich in der Definition de Maizières unterschwellig eine Art der Wertigkeit aus, bei der die Verwaltung seitens des Ministeriums einen nachgeordneten Charakter zugewiesen bekommt.

2. Die militärische Spitze der Bundeswehr

2.1 Primat der Politik

Die Zentrale Dienstvorschrift (ZDv) 10/1 „Innere Führung," herausgegeben von Minister Rühe im Februar 1993, schreibt in Nr. 205:

„Die Streitkräfte unterliegen dem Primat der Politik. Primat der Politik bedeutet, dass die Streitkräfte von parlamentarisch verantwortlichen Politikern geführt werden, einer ... parlamentarischen Kontrolle unterliegen, einer ... hierarchischen Ordnung und dem Prinzip von Befehl und Gehorsam unterworfen sind."

Bei der Betrachtung der politischen Kontrolle des Militärs in einem demokratischen Staatswesen wird von dem Grundsatz ausgegangen, dass die Streitkräfte ein Instrument der Politik und ihr damit untergeordnet sind. Wie strikt dieses Prinzip auch anderswo beachtet und eingehalten wird, schildert Minister Strauß:

„Als mich General Norstad (= NATO-Oberbefehlshaber Europa) ... einmal scharf annehmen wollte, ist ihm NATO-Generalsekretär Paul Henri Spaak scharf in die Parade gefahren: >Herr General, Ihnen steht keine Kritik an einem zivilen Verteidigungsminister zu. Vergessen Sie das nicht.<" [161]

Das Parlament weist den Streitkräften ihren gesetzlichen Handlungsrahmen zu und alimentiert sie. Diese wiederum – als Machtmittel zum Schutze des Gemeinwesens nach außen und zur Wahrung und Durchsetzung staatlicher Interessen – setzen die politischen Vorgaben dann in konkrete Planung und exakte Durchführung um. Dabei ist es für beide Seiten jedoch von Bedeutung, dass seitens der Politik nur solche Aufträge erteilt werden, die mit den verfügbaren Mitteln und Kräften bei gleichzeitiger Rechtssicherheit erfüllt werden können, was aber militärischen Sachverstand voraussetzt; dieser wird der politischen Führung in Form sachkundiger Beratung durch die oberste militärische Führung vermittelt.

„Aufgabe und Recht der Kriegskunst (= des obersten Militärs) ist es, der Politik gegenüber hauptsächlich zu verhüten, daß die Politik Dinge fordere, die gegen die Natur des Krieges (= auch gegen das Wesen der Armee) sind, daß sie aus Unkenntnis über die Wirkungen des Instruments Fehler begehe im Gebrauch desselben." [162]

Daher sollte militärische Expertise – sowohl zur Krisenprävention als auch bei Einsätzen der Streitkräfte – integraler Bestandteil auf Regierungsebene sein. Ob die Politiker jedoch diese militärischen Vorschläge –

---

160 zitiert bei: Hornung, Klaus   Staat und Armee S. 321
161 Strauß, Franz Josef   Die Erinnerungen S. 308
162 siehe: Roth, Günter   Gedanken zum 95. Geburtstag des dritten Generalinspekteurs der
    Bundeswehr, General a.D. Heinz Trettner   – Brief Carl von Clausewitz an Karl-Friedrich
    v. Müffling 1827, zit. in: Hugo v. Freytag-Loringhoven, Berlin 1908, S.16

im Wissen um Folgen und Konsequenzen – dann annehmen oder nicht, ist allein ihre Entscheidung, d. h. ist ein integraler Bestandteil des Primats der Politik. Die Armee ihrerseits verfügt aufgrund der verfügbaren physischen Machtmittel über eine latente Interventionsfähigkeit in die zivile Politik, deren Bandbreite von Druckausübung über Erpressung bis hin zum gewaltsamen Umsturz reicht. Daher kommt der Frage der Kontrollmechanismen und ihrer Sicherung eine zentrale Bedeutung zu, um dieses Risiko zu minimieren.

Die Innere Führung bindet die Streitkräfte bei ihrer Auftragserfüllung an die Werte des Grundgesetzes. Ein wichtiges und ergänzendes Instrument ist dabei auch die ethische Klammer des Soldaten an Staat und Verfassung durch den Eid. Dies setzt allerdings voraus, dass die religiöse Bindungskraft bei den Soldaten noch vorhanden ist. Baudissin war hier bereits vor fünfzig Jahren pessimistisch und wollte deshalb den Fahneneid durch eine allgemeine Verpflichtungsformel ersetzen, war er doch der – sicherlich nicht ganz unzutreffenden – Meinung, dieser habe in einer immer säkularer werdenden Welt seinen religiösen Sinn verloren.[163] Später griff Helmut Schmidt diesen Gedanken einer Abschaffung des Eides erneut auf, setzte ihn aber nicht um.[164] Ob eine Verpflichtungsformel jedoch den erhofften Zweck erfüllt hätte, bleibt fraglich. In diesem Zusammenhang ist auch zu berücksichtigen, dass in der Bundeswehr bereits durch die Staffelung von Eid und Feierlichem Gelöbnis unterschwellig eine Art von Abstufung hinsichtlich des Grades der Pflichterfüllung geschaffen wurde.

Das Grundgesetz betont unmissverständlich den Primat der Politik: die Kontroll- und Steuerungsmechanismen sind dabei mehrfach überlagert. Dem Parlament obliegt die Gesetzgebung (Wehrverfassung, Soldatengesetz etc.). Es bestimmt ferner Auftrag und Einsatz der Armee und weist den Streitkräften die Haushaltsmittel zu. Damit unterliegen die Kernbereiche der Armee, wie Dauer des Wehrdienstes, Umfang, Organisation und Ausrüstung, aber auch Strategie und Versorgung dem direkten Einfluss der Politik. Auf andere Bereiche hingegen wirkt sich der Primat der Politik – überwiegend aus Überlegungen der Zweckmäßigkeit – mit geringerer Intensität, d. h. indirekt oder auch nur marginal aus. In einer Diktatur hingegen – wie z. B. im Dritten Reich – bestimmt die Politik alle Sphären, von der Übersteuerung bei taktischen Entscheidungen bis hin zur Form des Grußes.

Die Befehls- und Kommandogewalt über die Streitkräfte liegt gem. GG. Art. 65 a im Frieden beim Verteidigungsminister. Er leitet das „Dienstleistungsunternehmen Äußere Sicherheit" mit dem größten, breitgefächerten und bundesweit stationierten Machtapparat und vereint damit eine beträchtliche Machtfülle in seiner Person.

Erst mit der Verkündung des Verteidigungsfalles [165] gem. Artikel 115 a (1) geht die Befehls- und Kommandogewalt über die Streitkräfte nach Art. 115 b vom Verteidigungsminister auf den Kanzler über. In der Vergangenheit war der Oberbefehl dem Souverän, dem Staatsoberhaupt zugeordnet. In der Preußischen Verfassungsurkunde vom 31. Januar 1850 heißt es in Artikel 46:

„Der König führt den Oberbefehl über das Heer."

Die Reichsverfassung von 1871 (Kapitel XI. Reichskriegswesen) bestimmt in Artikel 63:

„Die gesamte Landmacht des Reichs wird ein einheitliches Heer bilden, welches in Krieg und Frieden unter dem Befehle des Kaisers steht."

Dies setzt aber voraus, dass der Kaiser diese ihm obliegende Befehlsgewalt auch aktiv ausübt – vor allem im Krieg eine „conditio sine qua non." Am Beispiel der 3. Obersten Heeresleitung (OHL) im Ersten Weltkrieg wird dies deutlich. Wenn Soldaten in höchsten Funktionen – d. h. in Verantwortung für ihr Land, ihre Menschen und auch für ihre Soldaten – lebenswichtige politische Entscheidungen treffen, weil Souverän und Politiker dies nicht tun, nicht vermögen oder ihre Entscheidungen sich – wie später bei Hitler – gegen die Existenz und die vitalen Interessen des eigenen Staates und Volkes richten, bedeutet dies nicht in letzter Konsequenz , dass sie in diesem Augenblick aus ihrer militärischen Rolle herausgelöst sind und als Politiker agieren? Eine der Lehren des 20. Juli 1944 ist auch, dass letztlich die Eidesbindung über dem Primat der Politik steht.

In der Weimarer Republik war dem Reichspräsidenten nach Artikel 47 der Weimarer Verfassung der „Oberbefehl über die gesamte Wehrmacht des Reichs" übertragen, und unter ihm übte der Reichswehrminister – als politische Exekutive – die Befehlsgewalt aus, die aber in erster Linie nur als Verwaltungsbefugnis verstanden wurde. Dem nachgeordneten Chef der

---

163 siehe: Militärgeschichtliches Forschungsamt (MGFA) – Anfänge westdeutscher Sicherheitspolitik 1945 – 1956 Bd. 1 S. 827
164 siehe: Apel, Hans Der Abstieg S. 145. Über den Spätherbst 1980 schreibt er: „Da meldet sich der Kanzler (= Schmidt) zu Wort, um mitzuteilen, daß er bereits 1970 in seinem ersten Weißbuch das öffentliche Gelöbnis abschaffen wollte. Zitat. >Die Bundesregierung beabsichtigt, dem Deutschen Bundestag vorzuschlagen, das feierliche Gelöbnis der Wehrpflichtigen durch eine förmliche Belehrung über Rechte und Pflichten zu ersetzen.< Geschehen ist zwar nichts. Das öffentliche Gelöbnis blieb." Ziffer 166)
165 d. h. der Feststellung, dass „das Bundesgebiet mit Waffengewalt angegriffen wird oder ein solcher Angriff unmittelbar droht." Die Feststellung, die die Bundesregierung beantragt, trifft der Bundestag mit Zustimmung des Bundesrates. Sie bedarf einer Mehrheit von zwei Dritteln der abgegebenen Stimmen, jedoch mindestens mit der Mehrheit der Mitglieder des Bundestages. Hierbei wird auf GG Art. 115 a (2) hingewiesen, in dem die Kompetenz des Gemeinsamen Ausschusses bei der Feststellung des Verteidigungsfalles geregelt ist.

Heeresleitung hingegen war die Kommandogewalt, d. h. der Oberbefehl über alle Truppen und Einrichtungen, sowie die Personalbearbeitung der Offiziere übertragen, d. h. er hatte mehr Macht und Einfluss als der Reichswehrminister – ein grundlegender Verstoß gegen den Primat der Politik zugunsten des Militärs.

Im Dritten Reich wurde die Wehrmacht zunächst auf die Person Hitlers vereidigt, ebenfalls eine fundamentale Verletzung des Primats der Politik. Damit waren politische Entscheidungen für den Soldaten nicht nur bindend, sondern erhielten den Charakter der Absolutheit. Nach der Ablösung von Generalfeldmarschall von Brauchitsch als Oberbefehlshaber des Heeres am 19. Dezember 1941 übernahm Hitler auch den Oberbefehl über das Heer. In Pervertierung des erfolgreichen deutschen Prinzips der Auftragstaktik „führte" er dabei – mit fatalen Folgen – oft hinunter bis auf Bataillonsebene. Auch dieses Beispiel, die Haltung Hitlers zum Militär, zeigt, dass der Primat der Politik keine absolute Größe sein kann, nicht zu einer erstarrten Geisteshaltung werden und nicht auf die Ebene eines Dogmas gehoben werden darf, denn dann wären die Spitzenmilitärs der Wehrmacht weitgehend exkulpiert. Der Primat der Politik gilt nur für und im Rahmen eines demokratisch legitimierten Staatswesens, solange deren Politiker im Rahmen von Recht und Gesetz handeln. Wie aber ist die Rechtslage, würden Parlament und Regierung – getragen durch die Mehrheit der Bevölkerung – militärische Einsätze in einer völkerrechtlichen Grauzone beschließen?

In der Planungsphase der Bundeswehr war die politische Einordnung der Streitkräfte und die Regelung des Oberbefehls von herausragender Bedeutung.

Doch die Meinungen gingen weit auseinander. Von einigen wurde die Konstruktion des Oberbefehls analog zur Weimarer Verfassung favorisiert. Auch Bundespräsident Heuss präferierte diesen Ansatz. Dieser hatte bereits in einem Memorandum vom 18. Dezember 1952 – drei Jahre bevor die Bundeswehr gegründet wurde – den Oberbefehl über die Streitkräfte für sein Amt gefordert [166] und als Begründung angeführt, dass der Soldat im Bundespräsidenten seinen obersten Vorgesetzten sehen solle, läge doch auch die Befugnis, sie zu ernennen, nach dem Grundgesetz bei ihm. Die spätere Lösung, die Befehls- und Kommandogewalt im Frieden und Krieg aufzuteilen, hielt er für „zu ausgeklügelt." [167] Doch letztlich wurde dieser Ansatz im Jahre 1956 durch den 2. Bundestag verworfen.

In der „Himmeroder Denkschrift" vom Oktober 1950, von fünfzehn hochrangigen Offizieren der ehemaligen deutschen Wehrmacht erarbeitet, [168] wurde vorgeschlagen, alle drei Teilstreitkräfte – Heer, Luftwaffe und Marine – unter einem einzigen Offizier („Inspekteur des deutschen Kontingents" oder „Chef des Verteidigungsamtes") zusammenzufassen, der wiederum dem Bundespräsidenten als Oberbefehlshaber unterstand. Heinrich Krone (1895-1989), der damalige Geschäftsführer der CDU/CSU –Bundestagsfraktion hingegen sagte am 6. Juni 1952, er wollte nicht, dass „die Soldaten sich ihr eigenes Reich aufbauten." Noch Ende 1960 glaubte er, es sei Wachsamkeit am Platze, wer nach dem Verteidigungsminister „Herr im Hause" sein soll. [169] Auch Fritz Erler und Erich Mende – politisch in getrennten Lagern – waren sich einig, das die Bundeswehr „nicht ein Staat im Staate sein dürfe." [170] Die Politikwissenschaftler Arnold Bergsträßer (1896-1964) und Theodor Eschenburg (1904-1999) hingegen waren für einen Generalinspekteur, bei dem sowohl die militärische Befehlsführung als auch die Leitung der Streitkräfte lag. Heusinger und Speidel – als vormalige Mitarbeiter an der „Himmeroder Denkschrift" – traten aus ihrer eigenen Erfahrungen in der Wehrmacht für eine Wehrmachtslösung ein. Der Oberbefehl solle beim Bundespräsidenten liegen, bei weitgehender Delegierung an einen Minister, der am besten eine politische und keine militärische Persönlichkeit sei. Ihm solle ein Staatssekretär mit militärischer Erfahrung zur Seite stehen. Der militärische Oberbefehlshaber dürfe nicht mit politischen Fragen belastet werden, sich aber auch nicht in politische Dinge einmischen. [171] Auch Bundespräsident Carstens bekannte sich später eindeutig dazu, dass

„das Grundgesetz ... den Oberbefehl ... einem parlamentarisch verantwortlichen Mitglied der Bundesregierung übertragen hat." [172]

Das Problem der Aufteilung der Befehls- und Kommandogewalt schlummert einen Dornröschenschlaf. Kein Bundeskanzler hat diese überaus wichtige Rolle je geübt. [173] Bei den NATO-Stabsrahmenübungen, z. B. FALLEX und WINTEX, die auf höchster politischer und militärischer Ebene spielten, nahmen zumeist die „Vertreter des Vertreters" die entsprechenden Funk-

---

166 Scholz, Günther Die Bundespräsidenten S. 145
167 gem. GG Art. 65 a (bis 1968) , bzw. Art 65 a und 115 b (seit 1968)
168 Im Oktober 1950 erarbeiteten zehn ehemalige Generale und Admirale und fünf ehemalige General- und Admiralstabsoffiziere der Wehrmacht im Auftrag von Bundeskanzler Adenauer im Kloster Himmerod in der Eifel eine Denkschrift über die Aufstellung eines Deutschen Kontingentes im Rahmen einer übernationalen Streitmacht zur Verteidigung Westeuropas. Es waren: Graf Baudissin, Hermann Foertsch, Gladisch, Heusinger, Graf von Kielmansegg, Knauss, Krüger, Meister, Nostitz, Röttiger, Ruge, Schulze-Hinrichs, Fridolin von Senger-Etterlin, Speidel und von Vietinghoff. Sieben von ihnen stiegen später in Generals- und Admiralsränge der Bundeswehr auf. Siehe: Rautenberg/ Wiggershaus Himmeroder Denkschrift.
169 Meyer, Georg Vom Kriegsgefangenen zum Generalinspekteur S. 348
170 zitiert in: Meyer, Georg Vom Kriegsgefangenen zum Generalinspekteur S. 278
171 vgl.: Meyer, Georg a.a.O. S. 134
172 Carstens, Karl Reden und Interviews Bd. 5 S. 380

tionen wahr. Die damit verbundenen Aufgaben und ihre strukturellen
Auswirkungen sind kaum durchdacht.

*„Nicht ohne Spannungen vollzog sich der Übergang der Befehls- und
Kommandogewalt vom Verteidigungsminister auf den Bundeskanzler nach
Verkündung des Verteidigungsfalles. Die dem Minister verbleibenden
Zuständigkeiten, die Rolle des militärischen Beraters gegenüber dem
Bundeskanzler .... und die unmittelbare Einflußnahme des Regierungschefs
auf das militärische Geschehen waren bisher ungeregelt und konnten auch
während der Übung nur provisorisch gelöst werden, weil die wichtigste
Person, der Kanzler selbst (= Erhard), nicht anwesend war.“* [174]

In der Zeit des Kalten Krieges hatte die theoretische Übertragung der
Befehls- und Kommandogewalt auf den Bundeskanzler wegen der bünd-
nispolitischen Rahmenbedingungen keine grundlegende Bedeutung, es
war ein Titel ohne Kompetenz. Vielleicht haben sich die Amtsinhaber – im
Wissen um Defizite – diesem Aspekt auch aus diesem Grunde nicht mit
der wünschenswerten Intensität gewidmet. Helmut Schmidt hatte diese
Schieflage bereits früh bemängelt:

*„Wer am 13. August 1961, dem Tage des Mauerbaus in Berlin, erster
Höhepunkt einer weltpolitischen Krise, dem Kabinett Adenauer angehört
hat, wird sich nur mit dem größten Unbehagen an diesen Tag ... erinnern.
Die Bundesregierung war ohne zureichende Information über die militärische Lage .... .*

*Wer sieben Jahre später im Bundeskanzleramt des Tag des Einmarsches
von fünf Warschauer-Pakt-Staaten in ein Nachbarland der Bundesrepublik
miterlebt hat, kann über den Ablauf dieses und des folgenden Tages innerhalb der Bundesregierung kaum viel fröhlicher sein.“* [175]

Ein wenig positives Urteil über die Reaktions- und Entscheidungs-
fähigkeit an höchster deutscher Stelle. Außenminister Brandt hielt einen
militärischen Einmarsch der Truppen des Warschauer Paktes in die CSSR
noch Anfang August 1968 für unwahrscheinlich. Am 21. August um 08.00
Uhr unterrichtete Generalinspekteur de Maizière Bundeskanzler Kiesinger
über die Lage. Eine Woche später trug der Generalinspekteur dazu im
Bundessicherheitsrat vor. Kiesinger nahm de Maizière zur Seite und sagte
„mit deutlicher Selbstkritik:“

*„In diesen Tagen hätte der Fall eintreten können, daß ich den Oberbefehl
über die Streitkräfte hätte übernehmen müssen. Darauf bin ich nicht vorbereitet. Wir müssen uns häufiger sehen“* [176]

Bundeskanzler Kiesinger erkannte das Defizit. Doch nicht nur er war auf
diesem Teilaspekt seiner Rolle als Kanzler nicht vorbereitet. Georg Leber
fragte, als er das Verteidigungsministerium übernahm, Kanzler Schmidt
nach einer Leitlinie für seine Amtsführung, und dieser antwortete: *„Am*

besten ist es, wenn wir alles tun, daß es nie dazu kommt, daß der Oberbefehl über die Streitkräfte einmal an den Bundeskanzler übergehen muß." [177]
In diesen Worten klingt in erster Linie die Aufforderung nach einer Politik, die auf Frieden ausgerichtet ist, durch. Doch sie kann auch als Furcht des „Torhüters vor dem politischen Elfmeter," dem Wechsel der Befehls- und Kommandogewalt ausgelegt werden. Wie aber sieht deren Ausgestaltung in einem Krieg aus? Welchen Einfluss hat der Kanzler auf Planungen des Bündnisses und welchen Spielraum? Besitzt er ein Veto-Recht und wie kann er es geltend machen? Wie und wann muss er Entscheidungen treffen? Durch wen und in welcher Form erhält er die dafür notwendigen Informationen? Welche Kompetenz besitzt der Verteidigungsminister, nachdem er die Befehls- und Kommandogewalt abgegeben hat. Erhält der Generalinspekteur – wie es de Maizière für unabdingbar hält [178] – in einem Krieg das Immediatrecht? Es war ein Glücksfall, dass der Bundesrepublik Deutschland diese Probe erspart geblieben ist. Je geringer aber die Wahrscheinlichkeit dieses Falles durch die politische Gesamtkonstellation wird, desto weniger besteht ein Anreiz, diese Probleme gedanklich zu durchdringen oder gar organisatorisch festzuschreiben. Der Begriff der Befehls- und Kommandogewalt des Bundeskanzlers dürfte daher langfristig zu einer inhaltsleeren Aufgabe für den Kanzler werden, und es sollte geprüft werden, ob diese Machtteilung – früher unter anderen Voraussetzungen geschaffen – überhaupt noch zweckmäßig ist. Unter den heutigen politischen Rahmenbedingungen gerät dieses Konstrukt noch weiter in Vergessenheit. Wahrscheinlich hatte Bundespräsident Heuss mit seinem Einwand, dieser Wechsel wäre „zu ausgeklügelt", Recht. Heute ist der Frieden als politischer Aggregatzustand wichtiger als der Krieg – weshalb obliegt dann nicht auch dessen Gestaltung in den Händen des Kanzlers? Hinzu kommt, dass er – sollte der Fall eines Wechsels wirklich einmal eintreten – nicht zu „normalen," geordneten Zeiten vollzogen

---

173 De Maizière lobt verhalten die Beteiligung der Politiker an der NATO-Übung FALLEX im Oktober 1966. Das Kabinett Erhard und das Parlament hätten sich entschieden, an der Übung in hoher Besetzung selbst teilzunehmen, um die Funktion des „Gemeinsamen Ausschusses" des damals heftig umstrittenen Entwurfs der Notstandsverfassung in der Praxis zu erproben. Allerdings wurde z. B. die Rolle des Kanzlers nicht vom tatsächlichen Amtsinhaber, sondern von Innenminister Paul Lücke übernommen. Es sei „nicht einfach gewesen, alle Abgeordneten von der Zweckmäßigkeit eines Bunkeraufenthaltes zu überzeugen."

174 Maizière, Ulrich de In der Pflicht S. 284

175 Schmidt, Helmut Strategie des Gleichgewichts S. 257

176 Maizière, Ulrich de a.a.O. S. 298 ff.

177 Leber, Georg Vom Frieden S. 193

178 Maizière, Ulrich de a.a.O. S. 284

wird, sondern dann, wenn psychische und physische Belastung ohnehin sehr hoch, die Lage unübersichtlich ist und schnelle Entscheidungen notwendig werden. Damit aber wird genau jener Grundsatz verletzt, „nie die Pferde im Fluss zu wechseln." Der politische Kaiser in Berlin hat einen Mantel, der im Schrank irgendwann von den Motten der Zeit zerfressen wird – eine Prüfung, ob diese Regelung der Machtteilung noch zeitgemäß ist, erscheint daher angebracht. Der Begriff der „Befehls- und Kommandogewalt" des Artikels 65 a des Grundgesetzes ist verfassungsrechtlich neu. Helmut Schmidt schreibt dazu:

„Der Zweck des damals neu geschaffenen Artikels war es, ein politisches Eigenleben des Militärs zu verhindern, wie wir es im Kaiserreich – ... – und in der Weimarer Republik – ... – erlebt hatten." [179]

An anderer Stelle erläutert er weitergehend:

„Diese Bestimmung war 1955 auf meine Initiative in das Grundgesetz aufgenommen worden. Ich verdanke meine Einsicht dem ... Buch von Karl-Dietrich Bracher über die Auflösung der Weimarer Republik. Zum einen sollte der Oberbefehlshaber eindeutig der parlamentarischen Kontrolle unterworfen werden, wie sie für den ganzen Bereich der Bundesregierung gilt. Die Bundeswehr dem keiner Parlamentskontrolle unterliegenden Staatsoberhaupt zu unterstellen, schied ... aus. Zum anderen sollte verhindert werden, daß der Bundeskanzler Oberbefehlshaber wurde, was seine verfassungsrechtlich ohnehin sehr starke Position geradezu übermächtig gemacht hätte. Zum dritten sollte der scheinbare Pleonasmus >Befehls- und Kommandogewalt< die Wiederholung eines anderen Weimarer Fehlers ausschließen, nämlich die durch den Chef der Heeresleitung ... herbeigeführte Verordnung vom 11. August 1920 über die Regelung der Befehlsbefugnisse im Reichsheer. Deren Ergebnis war die Herauslösung einer künstlich konstruierten >Kommandogewalt< ... . Diese Konstruktion hatte in der Weimarer Republik zur Aushöhlung sowohl der Kontrolle der Reichswehr durch den Reichstag als auch der Position des Reichswehrministers geführt." [180]

Interessant ist bei diesen Erläuterungen Schmidts der Hinweis, dass damit auch die Macht des Bundeskanzlers kontrolliert werden sollte. Mit dem bisweilen als Tautologie (= doppelte Wiedergabe eines Sachverhaltes) bezeichneten Begriff „Befehls- und Kommandogewalt" des Grundgesetzes sollte ausgeschlossen werden, dass es einen Unterschied und damit eine Trennung zwischen der politischen und militärischen Führung der Bundeswehr gibt. Im offiziellen Sprachgebrauch der Bundeswehr wird zwar bisweilen von der „politischen Leitung" und der „militärischen Führung" gesprochen, aber dies hat weder de facto noch de jure Auswirkungen.

Das Urteil des Bundesverfassungsgerichts vom 12. Juli 1994 weist dem Bundestag das Recht zu, vor jedem Einsatz der Bundeswehr – unabhängig vom Verteidigungsfall – darüber zu entscheiden – eine Neuheit im Verfassungsrecht. Das oberste Gericht leitete dabei – in Übereinstimmung mit der deutschen Verfassungstradition, nach der sowohl Kriegserklärung als auch Friedensvertrag von der Entscheidung der gesetzgebenden Institutionen abhängig sind – als Grundprinzip der deutschen Wehrverfassung ab, dass jeder militärische Einsatz der parlamentarischen Zustimmung bedarf. Dieser Parlamentsvorbehalt bezieht sich dabei sowohl auf den klassischen Verteidigungsfall im Rahmen des Bündnisses als auch auf die internationalen Einsätze der Bundeswehr in Friedenszeiten. Dies schränkt die Befugnis des Verteidigungsministers graduell ein. Durch die Übertragung einer Art der Teilhaberschaft des Parlaments an dessen Amtsgewalt nach Artikel 65 a des Grundgesetzes kann der Minister somit durch den Bundestag übersteuert und kontrolliert werden.

Mit Blick auf andere demokratische Staaten des Westens, in denen ehemalige Generale sogar an der Spitze des Staates standen – wie in den USA oder in Frankreich – wurde in der Anfangszeit der Bundeswehr von manchem alten Militär ein Soldat als Verteidigungsminister gewünscht. Doch diese Träume und Erinnerungen an vergangene Zeiten waren überholt; sie haben zu keiner Zeit die Loyalität der Berufssoldaten in die zivile politische Führung geschmälert. Es war wie mit einer Jugendliebe, die noch in der Erinnerung weiterlebt, aber durch die Realität des Alltags überwuchert ist. General de Maizière stellt dazu klar fest:

„Einem aktiven Soldaten konnte die Stellung eines Oberbefehlshabers der Gesamtstreitkräfte mit allen ... Befugnissen nicht zuerkannt werden – auch nicht unterhalb der Ebene des Ministers. Das schließt der Art. 65 a des Grundgesetzes aus. Die Truppe tut sich oft schwer, dies zu verstehen und einzusehen. Sie sähe gern einen herausgehobenen General an der Spitze der Armee, ..." [181]

Auch General Trettner, der dritte Generalinspekteur der Bundeswehr, hat mehrfach betont, dass nach seiner Vorstellung die politischen Funktionen (z. B. das Auftreten vor dem Parlament) nicht vom Generalinspekteur, sondern nur vom Ressortchef bzw. seinem politischen Vertreter wahrgenommen werden sollten. [182] Ähnlich bewertete es sein Nachfolger, General de Maizière:

„Vor Jahren hat einmal ein Parlamentarier ... an mich die Frage gestellt, ob man nicht anstreben sollte, den Generalinspekteur gelegentlich die Sache

179 Schmidt, Helmut Handeln für Deutschland S. 165
180 Schmidt, Helmut Die Deutschen und ihre Nachbarn S. 126
181 Maizière, Ulrich de Führen im Frieden S. 85 f.
182 Sten.Prot. der Sitzung des U-Ausschusses nach der „Generalskrise" 1966/67 u. a. 20. Sitzung S. 53 und S. 94 ff.

der Streitkräfte vor dem Plenum des Bundestages selbst vertreten zu lassen.
Ich habe einen solchen Vorschlag mit Nachdruck abgelehnt." [183]
    Zu Recht vertreten beide Generale die Auffassung, dass ein Soldat dort
falsch am Platze wäre. Wie sollte er bei polemischen, verletzenden und
beleidigenden Zurufen, die in der politischen Auseinandersetzung im
Parlament nicht selten sind, reagieren? Ein denkbarer Zwischenruf eines
Parlamentariers „Mit Verlaub, Herr General, Sie sind ein A. ...!" würde sein
Renommee weder in der Truppe noch in der Öffentlichkeit stärken. Er
könnte dies ohne Gesichts- und Prestigeverlust kaum auf gleiche Weise
parieren. Die Pflicht zur Zurückhaltung bindet ihn persönlich, sein Amt
und auch die Würde des Parlamentes. Dennoch befand sich der Generalinspekteur lange Jahre zwischen den Mühlsteinen von Politik und Truppe:
die Politiker wachten misstrauisch darüber, dass er sich nicht in ihr
Geschäft, in politische Dinge einmischte, und die Truppe warf ihm vor,
ihre Belange nicht energisch genug im politischen Raum zu vertreten und
durchzusetzen – wie immer er also agierte, es war falsch. Heusinger musste diese Kritik ebenso erfahren wie später de Maizière. Als letzterer nach
dem Rücktritt von Trettner das Amt des Generalinspekteurs am 25.
August 1966 annahm, wurde ihm durch die Truppe vorgeworfen, er habe
die Chance nicht genutzt, um in dieser Phase der Schwäche des Ministers
eine Verbesserung des Amtes des Generalinspekteurs durchzusetzen. Viele
Soldaten haben de Maizière verübelt, dass er keinen grundlegenden Kurswechsel versuchte. Er selbst lehnte diese Form des Unter-Druck-Setzens
strikt ab; sie entspräche nicht seiner Vorstellung von Loyalität. Im übrigen
habe er durchaus die Voraussetzungen seiner Amtsübernahme – mit
Augenmaß für das politisch Mögliche – mit Minister von Hassel geklärt.
In der Rückschau ist festzustellen, dass diese Entscheidung richtig war.
Auch General Kießling sieht den Rücktritt des Generalinspekteurs nur als
„ultima ratio." Sie darf „nicht etwa als eine Waffe im alltäglichen Ent-
scheidungsprozess missbraucht werden," da dies der soldatischen Treuepflicht widerspräche. [184] Wie Trettner, so vertrat auch de Maizière die Auffassung, dass nicht nur die Inspekteure truppendienstliche Vorgesetzte ihrer Teilstreitkraft sein sollten, sondern auch der Generalinspekteur gegenüber den Inspekteuren. Doch wurde dieses Problem weder von Minister
von Hassel noch von de Maizière angefasst, obwohl von Hassel in seiner
Regierungserklärung vom 21.September 1966 den „durchgehenden
Befehlsstrang" bereits in Aussicht gestellt hatte. Aber er wurde nicht realisiert. Es gab verfassungsrechtliche Bedenken, unter dem Minister eine Art
„Unterbefehlshaber" einzurichten. Auch Schmidt räumte ein, die Politiker
hätten nicht daran gedacht, dem Generalinspekteur eine solch starke Stellung einzuräumen und lehnte eine Kompetenzerweiterung aus verfas-

sungspolitischer Sicht ab. Die wichtigsten Elemente eines Oberbefehlshabers, die Verfügung über Personal, Geld und Material (Rüstung) müssten in politischer Hand bleiben.

Erst im September 1968 unterzeichnete von Hassels Nachfolger, Minister Gerhard Schröder, einen Planungserlass, der die Gesamtverantwortung für die Bundeswehrplanung gegenüber der Leitung des Hauses dem
Generalinspekteur als „Pilotaufgabe" übertrug. Dies wurde durch Helmut
Schmidt im „Blankeneser Erlass" bestätigt und – wie de Maizière es beurteilt – „von den nachfolgenden Verteidigungsministern, vielleicht mit Ausnahme von Hans Apel, akzeptiert und unter Manfred Wörner noch verstärkt." [185] Doch trotz hin und wieder auftretender Probleme und Kom-
petenzstreitigkeiten zeigten sich die Regelungen für die damaligen Aufgaben der Bundeswehr in Friedenszeiten als praktikabel, aber eben nur
unter solch normalen Bedingungen. Im Falle einer ernsthaften Krise
jedoch hätten sich schnell die Defizite offenbart. Später deckten die ersten
kleineren Auslandseinsätze der Bundeswehr in den frühen neunziger
Jahren diese Schwächen sehr schnell auf. Helmut Schmidt hatte dies –
basierend auf seiner eigenen militärischen Erfahrung und wahrscheinlich
auch als Ergebnis der Hamburger Hochwasserkatastrophe von 1962 –
bereits Ende der sechziger Jahre erkannt und die Organisationsstruktur
des Verteidigungsministeriums und die unklare Stellung des Generalinspekteurs kritisiert. In der zweiten Hälfte der sechziger Jahre machte sich
die SPD unter dem Motto „Nicht die Truppe, die Führung braucht Reformen" zum Vorreiter für militärische Reformwünsche. Hatte bislang die
CDU von dem Vorwurf zehren können, die SPD habe die Aufstellung der
Bundeswehr abgelehnt, so war dieser Bonus mit der Amtsübernahme
Schmidts verbraucht. Kurz nach seinem Amtsantritt als Verteidigungsminister entschied Helmut Schmidt über eine Neugliederung der Ressort-
leitung mit einem Parlamentarischen und zwei beamteten Staatssekretären und berief danach am 16. Dezember 1969 eine Kommission unter
Leitung des Leiters des Organisationsstabes, Dr. Mann, ein, mit dem
Auftrag, Organisationsmodelle für die Spitzengliederung zu erarbeiten.
Die Kommission schlug zwei Versionen vor: „Modell A" sah eine Gesamt-
streitkräftelösung vor, bei der der Generalinspekteur eine herausgehobene
Stellung „primus inter omnes" haben sollte. Beim „Modell B" hingegen
war der Generalinspekteur als „primus inter pares" mit den Inspekteuren
gleichberechtigt. Die Kommission, viele Abgeordnete und der Generalinspekteur bevorzugten das „Modell A," die Inspekteure der Luftwaffe

183 Maizière, Ulrich de Führen im Frieden S. 58
184 Kießling, Günter Staatsbürger und General S. 197
185 Maizière, Ulrich de In der Pflicht S. 295

(Steinhoff) und der Marine (Jeschonnek) waren für das „Modell B."
Schmidt setzte die umfassende Neugliederung des Verteidigungsministeriums und der Streitkräfte, die er für erforderlich hielt und bereits lange
vor seinem Amtsantritt kritisiert hatte, [186] nicht durch. Er wollte, dass
diese grundlegende Entscheidung zu Recht dem Gesetzgeber vorbehalten
bliebe. Wahrscheinlich aber erkannte Schmidt auch, dass die Zeit für eine
grundlegende Neuordnung und die damit erforderlichen politischen
Mehrheiten noch nicht reif war. Er entschied sich für eine kleine Lösung,
eine Variante des „Modells A." Zwar wurden die Kompetenzen des
Generalinspekteurs erweitert, aber gleichzeitig wurden auch die Inspekteure gestärkt, denn diese wurden jetzt auch truppendienstliche Vorgesetzte ihrer Teilstreitkraft. Dem Generalinspekteur hingegen blieb die Vorgesetzteneigenschaft gegenüber den Inspekteuren versagt. Am 21. März
1970 unterschrieb Helmut Schmidt den sog. „Blankeneser Erlass." Dieser
regelte – abgesehen von einer zwischenzeitlichen Fortschreibung am 8.
Januar 1990 – 35 Jahre lang die Beziehungen zwischen politischer und
militärischer Führung der Bundeswehr. Danach war der Generalinspekteur dem Minister verantwortlich für:

• die Entwicklung und Realisierung einer Gesamtkonzeption der
  militärischen Verteidigung,
• für die Erledigung aller Einzelvorgänge, die ihm und seinem Stab
  (dem Führungsstab der Streitkräfte – Fü S) von der Leitung zugewiesen werden, sowie
• für die als „Pilotaufgabe" wahrzunehmende Bundeswehrplanung.

Die Verantwortung des Generalinspekteurs für die Gesamtaufgaben
der Streitkräfte wurde herausgestellt. Zu seinen wichtigsten Aufgaben –
neben der Beratung des Ministers und der Bundesregierung – gehörten
die Beurteilung der Gesamtlage, die Entwicklung einer Gesamtkonzeption
der militärischen Landesverteidigung sowie deren Realisierung „nach den
Entscheidungen des Ministers" und die Bundeswehrplanung. Im Rahmen
der Umsetzung dieser Aufgaben durfte der Generalinspekteur den Inspekteuren der Teilstreitkräfte Weisungen erteilen. Doch gleichzeitig wurde
auch die Stellung der Inspekteure gestärkt. Sie wurden dem Minister truppendienstlich direkt unterstellt und blieben ihm unmittelbar für die Einsatzbereitschaft ihrer Teilstreitkraft verantwortlich. Auch ihr Einfluss auf
die Personalführung wurde gestärkt. Nur die Stellenbesetzung der
Generale behielt sich der Minister vor. General de Maizière sei darüber
„nicht ganz glücklich" gewesen, schreibt Schmidt. De Maizière erkannte,
dass der gewachsenen Verantwortung des Generalinspekteurs keine wirklichen Befugnisse gegenüberstanden. Er war auf die Loyalität der Inspek-

teure und die Unterstützung seines Ministers auf Gedeih und Verderb angewiesen, was vor allem ihn zu großer Kompromissbereitschaft zwang. Dass diese Gratwanderung im Großen und Ganzen trotz unterschiedlicher personeller Zusammensetzung funktionierte, lag auch an den besonderen Bedingungen einer Friedensarmee. Überdies hätten – wie de Maizière schreibt – die Minister Schröder und Schmidt in der Praxis

„mit dem Generalinspekteur so gearbeitet, als sei er truppendienstlicher Vorgesetzter. Sie haben von ihm entsprechende Entscheidungen und auch Wirkung in die Streitkräfte hinein erwartet. Wie der Generalinspekteur damit fertigwerden sollte und wie er sich mit den Inspekteuren auseinandersetzte, haben sie ihm weitgehend selbst überlassen." [187]

Mit dem Ende des Kalten Krieges und vor allem mit den zaghaft beginnenden ersten Auslandseinsätzen der Bundeswehr wandelten sich die Rahmenbedingungen, die dem „Blankeneser Erlass" zugrunde lagen. Die Bundeswehr betrat Neuland. Doch auch diesmal scheute sich die Politik – trotz anderer parteipolitischer Konstellation als 1970 – vor einer großen Lösung. Minister Rühe veränderte die Führungsstruktur nur scheibchenweise. Es blieb Flickwerk, weil Politiker und Militärs die „große Lösung" scheuten oder sie als nicht durchsetzbar beurteilten. Die ersten Maßnahmen muten heute seltsam an. Auf der vorsichtigen Suche nach einem Königsweg wurde im Ministerium ein kleines Führungszentrum als verlängerter Arm des „Inhabers der Befehls- und Kommandogewalt" („IBuK") eingerichtet – die Abkürzung erinnert entfernt an eine Antilopenart. Nach Jahrzehnten „operativer Enthaltsamkeit" – davor waren die Einsatzplanungen weitgehend innerhalb der NATO konzipiert worden – hatte der „IBuK" eine echte Führungsaufgabe, und er übernahm sie mit Verve. Da beim Entscheidungsprozeß eine Vielzahl von Referaten mitzeichnungsbefugt waren, gestaltete sich dieser entsprechend mühsam. Das auf Konsens angelegte Dialogprinzip auf der Grundlage der Gemeinsamen Geschäftsordnung (GGO) funktionierte entsprechend zähflüssig und war für die schnelle Umsetzung von Maßnahmen und Entscheidungen denkbar ungeeignet – die Führungsfähigkeit stand auf dem Prüfstand. Neben der zeitintensiven Abstimmung traten häufig Informationsverluste auf, Friktionen waren an der Tagesordnung und ihr Abbau machte einen hohen Koordinierungsaufwand zwischen den Führungsstäben notwendig. Um dieses Defizit abzubauen wurde ein „Koordinierungsstab für Einsatzaufgaben" (KSEA) geschaffen, der in Personalunion vom Chef des Führungszentrum geleitet wurde und in dem alle militärischen Führungs-

---

186 so z. B. in seinem Buch „Strategie des Gleichgewichts" S. 256 ff.
187 Maizière, Ulrich de Führen im Frieden S. 93

stäbe und die zivilen Abteilungen des Ministeriums vertreten waren. Die Befehle für den Einsatz gingen von dort an das Heeresführungskommando, das Luftwaffenführungskommando und das Flottenkommando. Deren Befehlshaber waren – neben ihrer truppendienstlichen Unterstellung unter ihren jeweiligen Inspekteur – für die Auslandseinsätze direkt dem Verteidigungsminister unterstellt. Der Generalinspekteur hatte in diesem Geflecht keinen Platz und auch keine Stimme.

Im Einsatzland installierte der Minister einen militärischen Statthalter, den „German Military Representative," – ein Konglomerat aus Botschafter, Militärattaché und Kriegsberichterstatter – der darüber wachen musste, dass die Aufträge, die das Bundeswehrkontingent im Einsatzland ausführte, mit Mandat und politischen Vorgaben übereinstimmten. Später wurde daraus der „Nationale Befehlshaber im Einsatzland," meist in Personalunion vom Kommandeur des deutschen Kontingents („Kontingentführer") im Ausland wahrgenommen. Aus Angst vor militärischen Fehlentscheidungen wurde die Bundeswehr am kurzen Zügel geführt:

„Der Offizier muß bei internationalen Einsätzen auch fähig und bereit sein, Aufträge unter strikter politischer Kontrolle konsequent und loyal auszuführen. Dabei können Verhalten und Vorgehen für Soldaten aller Ebenen bis in die Einzelheiten durch politische Vorgaben festgelegt sein und den Handlungsspielraum erheblich einengen."[188]

Die Prinzipien der Auftragstaktik – noch eine Nummer zuvor in derselben Weisung des Inspekteurs beschworen – und das Führen von vorn, Errungenschaften, auf die das deutsche Heer zu Recht stolz sein kann, wurden damit aufgegeben. Die Politik konnte nun – wie weiland als Hitler Bataillone an der Ostfront persönlich „führte" – bis auf die taktische Ebene direkt durchgreifen. Ist das oft gepriesene Vertrauen in Loyalität und die politische Urteilsfähigkeit der militärischen Führer der Bundeswehr offenbar nur eine Worthülse? Unter dem Zwang der zahlenmäßig ansteigenden Einsätze im Ausland und die dadurch immer komplexer werdenden militärischen Aufgaben stellten sich – nach Helmut Schmidt vor dreißig Jahren – wieder zwei SPD-Minister, Rudolf Scharping und sein Nachfolger Peter Struck der Herausforderung einer Änderung der obersten Kommandostruktur der Bundeswehr. Letzterer führte bei seiner Regierungserklärung zur Lage der Bundeswehr und ihrer Aufgaben im Rahmen der Sicherheitspolitik der Bundesrepublik Deutschland am 25. Juli 2002 in Berlin aus:

„Die Bundesregierung bekennt sich zur Bundeswehr als unverzichtbarem Element einer umfassend verstandenen Außen- und Sicherheitspolitik. Hierfür war die Bundeswehr mit ihren übernommenen Strukturen des Kalten Krieges nicht ausgerichtet. Deshalb hat die Bundesregierung am 14.

Juni 2000 die ... Eckpfeiler der Neuausrichtung gebilligt. Sie fußen auf den Beratungsergebnissen ... der ... Kommission „Gemeinsame Sicherheit und Zukunft der Bundeswehr" ... ... Damit führen wir die Bundeswehr zu einer neuen Stufe ihrer Leistungsfähigkeit: Die Bundeswehr der Zukunft wird über ein Kontinuum von Fähigkeiten verfügen, das das gesamte Einsatzspektrum abdeckt."

Die Straffung der Führungsorganisation der Streitkräfte, die im Zuge der Auslandseinsätze unter Minister Scharping im April 2002 verfügt wurde, führte auch zu einer Anhebung der Stellung des Generalinspekteurs. Er wurde mit zusätzlichen Kompetenzen und Instrumenten für Planung und Einsatzführung ausgestattet.

Der vormalige „Militärische Führungsrat" (MFR) wurde 2002 in „Einsatzrat" umbenannt, und der Generalinspekteur als dessen Leiter unterstützt seither den Minister als den Inhaber der Befehls- und Kommandogewalt bei der Planung, Vorbereitung und Führung von Einsätzen der Bundeswehr. Damit ist er direkt für die Planung und Durchführung der Auslandseinsätze verantwortlich. Zur Erfüllung dieser Aufgaben besitzt er im Auftrag des Ministers sowohl Inspektions- als auch Weisungsrecht gegenüber den Inspekteuren hinsichtlich der Entwicklung und Realisierung einer Gesamtkonzeption der militärischen Verteidigung. Dabei hat er die Befugnis, als Generalinspekteur im eigenen Namen aufzutreten. Insoweit ist er auch Vorgesetzter der Inspekteure nach § 3 der Vorgesetztenverordnung (VVO). Damit hat er das Recht, als ministerielle Instanz – in alle Teilstreitkräfte betreffenden grundsätzlichen Angelegenheiten – unmittelbar Weisungen, Richtlinien und Befehle als Grundlage der vom Minister gebilligten Gesamtkonzeption der militärischen Verteidigung an die Streitkräfte zu geben. Das IV. Korps in Potsdam wurde zum Einsatzführungskommando der Bundeswehr umgegliedert und unterstand nunmehr dem Generalinspekteur.

Im neuen „Rüstungsrat" werden – ebenfalls unter dem Vorsitz des Generalinspekteurs – Ausrüstungsplanung der Bundeswehr gesteuert, Rüstungsentscheidungen der Leitung vorbereitet und die konzeptionellen Vorstellungen und Forderungen der Teilstreitkräfte mit dem Ziel einer gemeinsamen Willensbildung harmonisiert. Der Rüstungsrat richtet die Material – und Ausrüstungsplanung der Bundeswehr sowie die Inanspruchnahme von Dienstleistungen der Privatwirtschaft an den notwendigen Fähigkeiten aus. Damit wurde der Generalinspekteur gleichzeitig gegenüber dem für Rüstung zuständigen Staatssekretär aufgewertet – ein

---

188 Weisung des Inspekteurs des Heeres, Bagger, „Anforderungen an den Offizier des Heeres" vom 29.7.1994 – Nr. 20

erster Schritt, um jene seit fünfzig Jahren schwelende Rivalität zwischen Generalinspekteur und den beamteten Staatssekretären abzubauen. Der Primat der Politik wurde durch diese Änderungen der Organisation in keiner Weise angetastet, denn der Generalinspekteur handelt grundsätzlich im Auftrag des Ministers.

Auch die mehrfach überlagerte Kontrolle der Armee durch das Parlament ist ein ergänzendes und überaus wirkungsvolles Mittel, um den Primat der Politik sicherzustellen. Die Vorstellung mancher Soldaten, der Wehrbeauftragte sei in erster Linie eine soldatische Klagemauer, ist unzutreffend. § 1 des Gesetzes über die Einrichtung dieses Amtes stellt eindeutig klar, dass dies ein „Hilfsorgan des Bundestages bei der Ausübung der parlamentarischen Kontrolle" ist; erst § 7 bestimmt das Eingaberecht des Soldaten. Und so gingen auch bei der Frage, ob man einen ehemaligen Soldaten zum Wehrbeauftragten berufen solle, die Meinungen auseinander. Im Jahre 1954 reiste der Bundestagsabgeordnete und wehrpolitische Sprecher der SPD-Fraktion Ernst Paul (1897-1978) [189] in Absprache mit dem damaligen Obersten Graf Kielmansegg, mit einer dreiköpfigen Gruppe von Parlamentariern, [190] die vom späteren Generalinspekteur de Maizière als Vertreter des „Amtes Blank" begleitet wurde, nach Schweden, um sich dort über die Einrichtung des „Ombudsmans" zu informieren. Auf die erste Ausschreibung hatten sich 110 Bewerber gemeldet. [191] Das Amt des Wehrbeauftragten wurde dann – auf der Grundlage des Artikels 45 b des Grundgesetzes – am 26. Juni 1957 geschaffen. Nicht wenige Soldaten der Bundeswehr hofften, dass sie durch einen Wehrbeauftragten aus ihren Reihen bei ihren Anliegen und Interessen besser vertreten würden. Tatsächlich waren auch sieben der bisher zehn Wehrbeauftragten des Deutschen Bundestages ehemalige Soldaten. Die ersten hatten sogar hohe Offiziersränge in der Wehrmacht innegehabt: Helmuth von Grolman (1898-1977) war Generalleutnant und Hellmuth Guido Heye (1895-1970) Vizeadmiral. Die folgenden fünf Wehrbeauftragten, Matthias Hoogen (1904-1985), Fritz Rudolf Schultz (1917-2002), Karl Wilhelm Berkhan (1915-1994), Willi Weiskirch (1923-1996) und Alfred Biehle (* 1926) waren als Soldaten im 2. Weltkrieg. Lediglich Frau Claire Marienfeld-Czesla (* 1940), Dr. Wilfried Penner (* 1936) und der jetzige Amtsinhaber Reinhold Robbe (* 1954) waren nicht Soldat.

Von Grolmann, Vater von fünf Kindern, wurde eines homosexuellen Doppellebens verdächtigt – zu damaligen Zeiten ein ehrenrühriger Vorwurf. Er bat daraufhin im Juli 1961, kaum mehr als zwei Jahre nach seiner Ernennung, um seine Entlassung aus dem Amt des Wehrbeauftragten und unternahm einen Selbstmordversuch, den er jedoch überlebte. Er erhielt drei Monate Haft auf Bewährung – das Ende seiner Karriere.

Vizeadmiral a. D. Helmuth Heye wurde 1953 als CDU-Kandidat in den 2. Bundestag gewählt. Als Kommandant des Schweren Kreuzers „Admiral Hipper" war er 1941 mit dem Ritterkreuz ausgezeichnet worden. Im November 1961 wählte ihn der Bundestag zum zweiten Wehrbeauftragten. Wegen eines Artikels in der Illustrierten „Quick," in dem Heye 1964 vor einem Wiederaufleben des „08/15-Kommisses" warnte, setzte er sich massiver Kritik der Öffentlichkeit aus. In einer Artikelserie wies er darauf hin, dass die Bundeswehr auf dem Wege sei, sich zu einem Staat im Staate zu entwickeln. „Wir verspielen heute in der Bundeswehr durch unzeitgemäße, oft durch miserable Menschenführung das Vertrauen der Soldaten." Heye wurde vor allem angelastet, dass er sich der Presse bediente, um seine Beschwerden öffentlich zu machen. Damit habe er der Bundesrepublik und der Bundeswehr schweren Schaden zugefügt. Daraufhin bat er im November 1964 um seine Entlassung.

Sicherlich wäre auch ein pensionierter hoher Offizier der Bundeswehr – wie seinerzeit von Grolmann oder Heye – theoretisch als Wehrbeauftragter denkbar. Der SPD-Abgeordnete Ernst Paul stellt dazu – bezogen auf den ersten Amtsinhaber – fest:

„.... und aus der Rückschau möchte ich sagen, daß es wohl zweckdienlich war, dieses Amt am Anfang seiner Geschichte mit einem General zu besetzen, denn mit von Grolman haben wir die besten Erfahrungen gemacht. Mein fachliches Urteil über ihn wurde durch den späteren Vorwurf der Homosexualität, der ihn das Amt kostete, in keiner Weise getrübt. " [192]

De Maizière hingegen lehnt diese Lösung entschieden ab; er wünscht sich einen Amtsinhaber, der – wie beim Ombudsman in Schweden – die Qualifikation zum Richteramt besitzt.

*„Ich glaube, daß sich hochrangige Berufssoldaten in der Regel nicht zum Wehrbeauftragten eignen." * [193]

Ob diese Konstellation wirklich der Aufgabe und auch der Bundeswehr dienlich wäre, bleibt in der Tat zweifelhaft. Dass die Arbeit jener Amtsinhaber, die vormals Soldaten waren, für Bundeswehr und Parlament wirkungsvoller war als die ihrer ungedienten Nachfolger, erscheint frag-

---

189 Paul war im Oktober 1915 zur k. & k.-Artillerie eingezogen worden und hatte als Vormeister bei einem Regiment der reitenden Artillerie in Galizien gedient. Während der Emigration in Schweden im Zweiten Weltkrieg lernte er die Einrichtung des „Militie-Ombudsmans" kennen und brachte diese Institution bereits in der ersten Legislaturperiode des Bundestages ins Gespräch.
190 Neben Paul und de Maizière gehörten der Gruppe noch der CDU-Abgeordnete Karlfranz Schmidt-Wittmack und Dr. Karlheinz Mauss an.
191 Paul, Ernst MdB Parlamentarische und politische Erfahrungen S. 171
192 Ebenda
193 Maizière, Ulrich de Führen im Frieden S. 72

lich. Eine effektive Arbeit im nicht einfachen Spannungsfeld zwischen Parlament, Verteidigungsministerium und Truppe setzt entsprechende Qualifikation voraus: es müssen vor allem in der politischen Arbeit erfahrene Abgeordnete sein, und sie sollten vorzugsweise Jurisprudenz studiert haben. Unter den Volksvertretern gibt es ohnehin nur wenige ehemalige Offiziere, und diese erfüllen diese Anforderungen kaum. Daher sollte die Truppe von der Vorstellung, ein ehemaliger Soldat wäre automatisch ein guter Wehrbeauftragter, Abschied nehmen.

Von Zeitzeugen wird berichtet, Hitler und Generaloberst Guderian – er war nach dem 20. Juli 1944 Nachfolger von Zeitzler als Generalstabschef geworden – hätten sich oft angebrüllt. Wäre diese Form der Auseinandersetzung heute denkbar? Oder würden Politiker dies als direkten Angriff auf den Primat der Politik verstehen? Sicherlich hängt dies von den jeweils handelnden Charakteren und deren Temperament ab. Überdies ging es damals im Krieg um Entscheidungen, von denen Leben und Tod Tausender von Soldaten abhingen. Doch die Vorstellung, dass z. B. der Bundeskanzler und sein militärpolitischer Berater in einer Krisensituation mit großer Lautstärke kontrovers debattierten und ihre Argumente austauschten, erscheint eher unwahrscheinlich. Heute neigen die Streitkräfte tendenziell zu einer Dogmatisierung der Politik. Bereits im Vorfeld von Entscheidungen, d. h. noch während der allgemeinen Debatte, wird eine Sprachregelung durch die Politik und die oberste militärische Führung vorgegeben und gilt – unausgesprochen – als verbindlich und damit als „ex cathedra" verkündet. Eigenständige Meinungen der militärischen Führung sind daher selten geworden. Dies ist jedoch nicht unbedingt nur ein einseitiger Fehler der Politik, denn dieser Effekt ist oft nicht beabsichtigt oder bewusst gesteuert. Er entsteht zunächst in dem Bestreben und der Denkstruktur des Militärs, sich möglichst weit an die Politik anzupassen, nur keinen Fehler zu machen und als Häretiker eingestuft zu werden. In der Folge gefällt diese vordergründige Einstimmigkeit und Übereinstimmung natürlich dem Politiker, zumal dadurch Entscheidungen leichter und schneller zustande kommen. Überdies können sie auch der Öffentlichkeit und den Medien gegenüber besser verkauft werden, wenn der Politiker darauf verweisen kann, sie würden durch die fachliche Expertise der Generalität und Admiralität unisono mitgetragen. Harmonie ist nicht nur in der Musik erwünscht. Daher werden Militärs, deren Gedanken und Vorstellungen nicht in das ministeriell verordnete Schema passen, häufig und auch wirksam diszipliniert. Dies geschieht zumeist auf subtile Weise, durch Versetzung und Versagen weiteren Aufstiegs, jedoch nur selten durch eine vorzeitige Zurruhesetzung ohne Angabe von Gründen. Der Bundespräsident, der die Entlassung verfügen musst, hätte hier durchaus ein

Instrument, um steuernd und behutsam einzugreifen. Nicht wenige Offiziere disziplinieren sich leider auch selbst, in dem sie wider besseres Wissen in den Chor der Mehrheit einstimmen. Manchmal sind es sogar jene, die der Generalität im Dritten Reich ihr Schweigen vorwerfen. Was in der Diskussion um die Beachtung des Primats der Politik zumeist unbeachtet bleibt, ist, dass dies nicht nur ein Postulat an das Militär ist. Es gilt auch für andere gesellschaftliche Gruppen, die Macht ausüben und ausüben wollen, ohne dafür demokratisch legitimiert zu sein. Bei der Gründung der Bundeswehr hatte Misstrauen gegenüber den Militärs ihre Organisationsstruktur beeinflusst.

„Passen Sie auf, dass die Generale nicht über den Zaun fressen!"
soll Adenauer als Devise gegenüber dem „Amt Blank" ausgegeben haben. Doch damit rückte die konkrete Ausgestaltung des Primats der Politik, dessen Berechtigung auch bei den Soldaten unstrittig war, in das Zentrum der Diskussion und wurde in den Anfangsjahren der Bundeswehr heftig und kontrovers diskutiert: die Politiker forderten „das Führen am engen Zügel," die Soldaten fühlten sich diskriminiert. Ein bewusster oder unbewusster Fehler, der über lange Jahre viel Unfrieden in die Truppe hineintrug, lag darin, dass der aus den USA importierte Begriff der „civil control" fälschlicherweise mit „ziviler Kontrolle" und nicht mit „politischer Kontrolle," als entscheidendes Kriterium im Verhältnis zwischen Militär und Politik in jeder Demokratie, übersetzt wurde. Dabei richtete sich die Kritik der Soldaten keineswegs dagegen, dass ein ziviler Minister höchster Vorgesetzter der Streitkräfte wurde, sondern gegen die Rolle nicht weniger hoher und höchster ziviler Beamter der Bundeswehr, die sich als eine Art Hilfsorgan der Politik bei der Kontrolle des rechten Pfades der Armee verstanden. Nicht die beim Minister verankerte „Befehls- und Kommandogewalt" führte in den ersten Jahren der Bundeswehr zu Spannungen und Problemen, sondern die Frage der Vertretung.

Die zivile Verwaltung der Bundeswehr schwang sich mit Gründung der Streitkräfte zu deren Hüterin und Wächterin auf und eignete sich damit Kompetenzen an, die verfassungsrechtlich bedenklich waren. Im Oktober 1955 wurde Dr. Josef Rust, ein enger Vertrauter von Bundeskanzler Adenauer, zum ersten Staatssekretär ernannt und fungierte als Vertreter des Ministers. Nur der Leiter der Abteilung Haushalt und Finanzen, Volkmar Hopf – er war zuvor im Innenministerium –, galt als soldatenfreundlich. Er folgte Rust im September 1959 als Staatssekretär nach. Die beamteten Staatssekretäre im Verteidigungsministerium – Rust, Hopf und Gumbel, – obwohl als Beamte in einem ähnlichen Status wie der Generalinspekteur und ohne politisches Mandat – nahmen die Vertretung des Ministers sowohl gegenüber dem Parlament, als auch innerhalb der Bundeswehr und in den laufenden Ressortangelegenheiten wahr und fungierten damit als politische Aufsichtsperson über die militärische Führung. Die Dominanz der zivilen Abteilungen im neuen Verteidigungsministerium war unübersehbar. Ein Ergebnis dieser zivilen – nicht gleichbedeutend mit politischen – Dominanz der Streitkräfte war, dass in dieser Zeit z. B. eine Vielzahl von Referaten das Recht hatte, Weisungen und Befehle unter Umgehung der militärischen Hierarchie direkt an die Kompanien und Batterien zu verteilen. Helmut Schmidt erkannte und kritisierte dies schon frühzeitig:

> *„Die Spitzengliederung des Verteidigungsministeriums und die Kompetenzabgrenzungen … sind immer noch unzweckmäßig; …. ….. Diese Schwerfälligkeit hat in der gesamten Bundeswehr zu Versäumnissen und Fehlleistungen geführt. Sie bedrücken die Truppe und führen … zu einer sich immer weiter ausbreitenden Enttäuschung und Verbitterung. … Insgesamt müssen den militärischen Führungsstäben alle die Befugnisse gegeben werden, die nötig sind, um die Verantwortung für die Einsatzbereitschaft der Truppe wirklich tragen zu können."* [194]

Erkannt wurden diese Defizite zwar, doch nicht abgestellt. Die Politiker wussten um die Spannungen zwischen Soldaten und Beamten und die Schwachstellen der Organisationsstruktur, doch sie nutzten diese – auf der Basis ihres latenten Misstrauens gegenüber den Soldaten – auch als ein Element des Ausgleiches gegenüber möglichen Ansprüchen des Militärs. Was die Minister Strauß und von Hassel dabei leider unberücksichtigt ließen, ist die Tatsache, dass der Primat der Politik in diesen Jahren oft durch die zivile Bürokratie verletzt wurde. Der bürokratische Wildwuchs nahm zu.

Die Hauptabteilungen Rüstung und Haushalt müssen ebenso wenig in ziviler Hand liegen wie die Personalabteilung oder das militärische Rechtswesen. Auch die organisatorische Trennung der zivilen Wehrverwaltung von den Streitkräften hat viele unnötige Reibungsverluste geschaffen. Im Wissen um einen vergeblichen Kampf haben die Generalinspekteure Heusinger und Foertsch diese Regelungen weitgehend widerspruchslos und resignierend akzeptiert. Und auch die Truppe hat sich mit diesem Konstrukt, das allerdings nie der Erprobung im Ernstfall ausgesetzt war, letztlich arrangiert. Erst unter Staatssekretär Karl Gumbel (1909-1984) und Generalinspekteur General Trettner kam es darüber zum Bruch. Gumbel hatte Ende September 1955 als Ministerialdirigent seinen Dienst als Leiter der Personalabteilung angetreten. Schon sein Verhältnis zu Heusinger war nicht spannungsfrei. Später, von 1964 bis 1966, führte Gumbel – nun aber als Staatssekretär – diesen wenig vertrauensvollen und auf Rivalität ausgelegten Kurs mit Generalinspekteur Trettner fort. Gumbel schob sich als Kontrollinstanz zwischen Minister und Generalinspekteur. Die Situation eskalierte und endete mit Trettners Rücktritt. Es spricht vieles dafür, dass die Ursachen dieser Unstimmigkeiten primär in der Person Gumbels und seiner Amtsauffassung und nicht bei den Militärs zu suchen sind. Die Problematik der Vertretungsfrage war offenbar nur wegen der personellen Konstellation – zunächst Gumbel und Heusinger und später Gumbel und Trettner – in eine Schieflage geraten. Bei späteren Staatssekretären wie Carstens oder von Hase, letzterer selbst ehemaliger Generalstabsoffizier, tauchten diese Probleme nicht mehr oder zumindest nicht in der früheren Schärfe auf. Ein weiterer Nachteil für den Generalinspekteur als Soldaten bestand auch darin, dass dessen ministerielle Erfahrung durch den häufigen Wechsel der Verwendungen im Vergleich zu den langen „Stehzeiten" der zivilen Beamten nur sehr kurz war. Die Verteidigungsminister Strauß und von Hassel sind hier ihrer Dienstaufsicht nicht nachgekommen. Die Politiker sorgten sich einerseits – zu Unrecht – vor einer Verletzung des Primats der Politik durch das Militär und übersahen dabei das ungesetzliche Agieren der Verwaltung des Verteidigungsministeriums. Die Frage nach der Loyalität Gumbels und einer möglichen Verletzung seiner Dienstpflichten wurde nicht gestellt. Zehn Jahre lang schleppte sich die Bundeswehr mit dieser schwerfälligen Lösung hin. Grund für eine Ablösung Gumbels war es nicht; er blieb bis zu seiner Pensionierung im Dezember 1966 im Dienst. Als de Maizière im August 1966 an die militärische Spitze der Bundeswehr trat, war Staatssekretär Gumbel noch vier Monate im Amt. Zunächst bat General de Maizière Minister von Hassel in einem Brief, sicherzustellen, „dass bei allen heranstehenden wichtigen Entscheidungen, die Soldaten betreffen und berühren, der Generalinspekteur beteiligt wird" – ein Armutszeugnis für beide Seiten. Ferner bat er darum, „dass Vorlagen des Generalinspekteurs an die Leitung des Hauses den Minister in einer angemessenen Frist erreichen, auch wenn der Vertreter dem Inhalt der Vorlage nicht zustimmen sollte" [195] – Zensur innerhalb des Verteidigungsressorts. Deutlicher kann man die destruktive Arbeitsweise Gumbels nicht beschreiben. Überdies erhielt der Generalinspekteur das Recht des jederzeitigen und unmittelbaren Zutritts zum Minister.

Erst nach dem Ausscheiden von Hassels drangen sein Nachfolger Schröder und General de Maizière auf eine Entscheidung hinsichtlich der verfassungsrechtlichen Auslegung der ministeriellen Vertretung. Alle Bundesminister leiten gemäß § 6 der Gemeinsamen Geschäftsordnung

194 Schmidt, Helmut Strategie des Gleichgewichts S. 261 f.
195 siehe Hornung, Klaus Staat und Armee S. 321

(GGO) ihr jeweiliges Ministerium. Doch dem Verteidigungsminister ist zusätzlich die „Befehls- und Kommandogewalt" übertragen, die ihm eine gewisse Sonderstellung einräumt. Helmut Schmidt nannte diese Befugnis des Verteidigungsministers in der Bundestagsdebatte vom 21. September 1966 ein „Institut der Verfassung," das „weit hinaus.... über die normale Weisungsbefugnis ging, die ein Minister an der Spitze seines Ressorts hat," und das daher auch nicht vertretungsweise auf einen beamteten Staatssekretär übertragen werden könne. Dies führte im Frühjahr 1967 zur Einrichtung des Dienstpostens eines Parlamentarischen Staatsekretärs. Diesem obliegt seither – als gewähltem Abgeordneten des Bundestages – die Vertretung des Ministers „für Erklärungen vor dem Bundestag, vor dem Bundesrat und in den Sitzungen der Bundesregierung." [196]

Diese Regelung eines „Stellvertretenden Verteidigungsministers" in Gestalt des Parlamentarischen Staatssekretärs betont den Primat der Politik nun auch gegenüber dem beamteten Staatssekretär im Verteidigungsministerium. Damit setzte sich letztlich die Auffassung durch, dass die im Grundgesetz verankerte „Befehls- und Kommandogewalt" eine originäre politische Funktion ist, die weder durch einen beamteten Staatssekretär, noch durch einen Soldaten wahrgenommen werden kann und darf. Damit wurde gleichzeitig vermieden, dass der Generalinspekteur in eine Lage gebracht würde, aus parteipolitischer Perspektive zu agieren und zu entscheiden, was seiner Stellung als oberster Soldat nicht zuträglich wäre. Somit hat dieses Ausklammern des Generalinspekteurs gegenüber diesem auch eine Schutzfunktion.

Ein anderer Konfliktbereich war das Personalwesen. Bereits im Jahre 1952 wurden in der „Dienststelle Blank" das nicht-militärische und das militärische Personal getrennt geführt und bearbeitet; ersteres in der Abteilung I (Zentralabteilung unter Ministerialdirigent Wirmer) und letzteres in der Abteilung II (Militärisches Abteilung unter Oberst Brandstaedter). Ministerialdirigent Ernst Wirmer (1910-1981) – er war gegen Ende des Krieges u. a. zusammen mit General Speidel in Küstrin in Festungshaft gewesen – traute den Soldaten nicht über den Weg. So kam es z. B. im Sommer 1954 zu einem Streit zwischen ihm und Oberst von Baudissin über den Wert und das Verhältnis von Ausbildung und Erziehung. Wirmer bestritt dabei vehement den militärischen Erziehungsauftrag. [197] Die Personalabteilung des Ministeriums war in den 50 Jahren von 1955 bis 2004 insgesamt 27 Jahre in der Hand ziviler und nur 23 Jahre in der Hand militärischer Abteilungsleiter – kein ausgewogenes Verhältnis. Beleuchtet man allerdings nur die 40 Jahre ab 1965, als zum ersten Mal ein Soldat an die Spitze der Personalabteilung („P") berufen wurde, so verschiebt sich das Verhältnis zugunsten des Militärs: 22 Jahre in militäri-

scher und 18 Jahre in ziviler Hand, ein Zeichen für den Abbau des Misstrauens der Gründerjahre der Streitkräfte. Gleichwohl bleibt die Frage,
weshalb überhaupt ein ziviler Leiter an die Spitze der Personalabteilung
einer Organisation berufen wird, die mit Masse aus Soldaten besteht. Auch
bei einem militärischen Abteilungsleiter bleibt die letzte Entscheidungs-
befugnis beim Minister und damit in politischer Hand. Die zivile Leitung
der Personalabteilung war ein nicht unumstrittener Ausdruck des Primats
der Politik. Als Gumbel 1964 zum Staatssekretär berufen wurde, votierte
Minister von Hassel für einen Soldaten als Nachfolger an der Spitze von
„P." Auch die Militärexperten der SPD, Helmut Schmidt und Willi Berkhan, waren für einen Soldaten und setzten ihre Auffassung auf dem
Parteitag ihrer Partei in Karlsruhe durch. Im Mai 1965 stimmte der Haus-
haltsausschuss der „Wechselstelle" zu. Doch die Vorbehalte waren in der
CDU noch so stark, dass Bundeskanzler Erhard von seiner Richtlinien-
kompetenz Gebrauch machte und die für den 1. August geplante Übernahme von „P" durch Generalleutnant Werner Haag (1909-1985) um einen
Monat verschob. Tatsächlich aber trat er sein Amt erst am 1. Januar 1966
an, nachdem sich von Hassel gegen den parteiinternen Widerstand durchsetzen konnte.

2.2　Erster Soldat und „sechster Mann"

In den Anfangsjahren der Bundeswehr, als es in der Leitungebene nur
den Minister und einen beamteten Staatssekretär gab, stand der Generalinspekteur in der Hierarchie an dritter Stelle. Nach Einführung eines zweiten beamteten Staatssekretärs im Jahre 1970 und auch eines zweiten Parlamentarischen Staatssekretärs[198] 1987 rutschte der Generalinspekteur
innerhalb der Hierarchie des Verteidigungsministeriums schrittweise
nach hinten und rangiert heute an sechster Stelle. Doch dies bedeutet keinesfalls eine Abwertung seiner Funktion – im Gegenteil. Sein Einfluss und
seine Macht sind trotz dieser „optischen Rückstufung" vor allem in den
letzten Jahren beträchtlich gestiegen. Dieser Anstieg ist allerdings nur in

---

196　GOBReg § 14(2) und § 23. Ergänzend wird in § 14 (1) festgelegt, dass ein
　　　Bundesminister, sofern er verhindert ist, in der Regierung durch einen anderen
　　　Bundesminister vertreten wird. Für den Verteidigungsminister ist dies der
　　　Bundesminister des Auswärtigen.
197　Meyer, Georg Vom Kriegsgefangenen zum Generalinspekteur S. 265 f.
198　Unter Minister Schmidt wurde mit Dr. Mommsen der Posten eines zweiten beamteten
　　　Staatssekretärs und 1987 unter Minister Wörner mit Frau Hürland-Büning auch der
　　　Posten eines zweiten Parlamentarischen Staatssekretärs besetzt.

dem Sinne zu verstehen, dass das vormals vorhandene Defizit und die
Kluft zwischen Aufgaben und Mitsprache abgebaut wurden.

Der Generalinspekteur der Bundeswehr (GenInspBw) steht in der
„militärischen Pole-Position." Er trägt mehrere „Hüte" und nimmt eine
Vielzahl von Aufgaben wahr, eine Rolle, die es in dieser Form in keinem
anderen Ministerium gibt. Er ist:

- der militärische Berater des Ministers und der Bundesregierung,
- als ranghöchster Soldat der Bundeswehr ihr höchster militärischer
  Repräsentant,
- der Vertreter der Bundeswehr in den internationalen militärischen
  Gremien der NATO und der EU, in denen die Chefs der Stäbe der
  Gesamtstreitkräfte verbündeter Staaten auftreten und wird dort als
  deutscher Generalstabschef wahrgenommen,
- der Vorsitzende des Einsatzrates (vormals: Militärischer Führungsrat / MFR),
- der Vorsitzende des Rüstungsrates,
- nicht stimmberechtigtes Mitglied im Bundessicherheitsrat, sowie
- der Leiter der militärischen Hauptabteilung im Verteidigungsressort.

Der Generalinspekteur bildet die direkte Schnittstelle zwischen den
Streitkräften und der politischen Ebene. Hieraus leitet sich der Titel „militärischer Berater des Ministers und der Bundesregierung" ab. Der Titel
klingt bedeutend, doch es bedurfte mehrfacher zwischenzeitlicher Nach-
besserungen, um die Position des Generalinspekteurs zumindest innerhalb des Verteidigungsministeriums von der Rubrik „Potemkinsches
Dorf" zu befreien. Die Bezeichnung „Generalinspekteur" hat sich in Armee
und Öffentlichkeit mittlerweile eingebürgert. Anfangs mokierte sich
Studnitz über den Namen, erinnere er doch eher an einen Versicherungs-
beamten als an den Chef der Streitkräfte.[199] Mittlerweile ist dies kein
Thema mehr. In der englischen Version spricht man ohnehin vom „Chief
of the Armed Forces Staff," was internationaler Gepflogenheit entspricht
und verstanden wird.

Als oberster Soldat vertritt der Generalinspekteur zugleich auch die
militärischen Belange der Streitkräfte gegenüber dem politischen Raum.
Seit Bestehen der Bundeswehr wurden ihm – im Wissen um die organisatorischen Unzulänglichkeiten, aber gleichzeitig auch ohne die politische
Kraft, den Willen und das Interesse an einer durchgreifenden Änderung
und Verbesserung – Zug um Zug immer mehr Aufgaben übertragen, ohne
diese durch die entsprechenden Befugnisse abzustützen. Neben den angeführten Gesamtaufgaben des Generalinspekteurs zählten dazu auch die

Beurteilung der Gesamtlage, die Entwicklung einer Gesamtkonzeption der militärischen Landesverteidigung und die Bundeswehrplanung. Minister Apel beschrieb dieses Dilemma 1978 wie folgt: „Der Generalinspekteur soll führen, ohne aus eigenem Recht befehlen zu können." Er ist bei dieser Gratwanderung auf Gedeih und Verderb sowohl auf die Zusammenarbeit und Loyalität der Inspekteure als auch auf das Vertrauen und die Unterstützung des Ministers angewiesen. Da aber diese Regelungen in all den Jahren unter den statischen, weil nicht in der Praxis zu erprobenden Bedingungen des Ost-West-Konflikts letztlich funktionierten, gab es keine zwingenden Gründe zu einer umfassenden Reform. Wie in jeder Großorganisation besitzt das retardierende Element ein nicht zu unterschätzendes Beharrungsvermögen.

Auf der Ebene des Bundes steht er nach der inoffiziellen Rangliste des Auswärtigen Amtes entsprechend seiner Besoldungsstufe an Platz 54 – hinter den zahlreichen Staatssekretären auf Bundesebene (Besoldungsgruppe B 11). Seine gewichtige „Nebenfunktion" als militärpolitischer Berater der Bundesregierung wird protokollarisch jedoch insofern herausgehoben, indem er bei offiziellen Anlässen auch dann geladen wird, wenn z. B. aus Gründen einer begrenzten Gästezahl die zahlreichen Staatssekretäre in der Regel nicht geladen sind. Dies gilt z. B. für das Begrüßungs- und Abschiedsprotokoll und das Staatsbankett bei Staatsbesuchen in Deutschland, aber auch bei Staatsakten wie dem am 20. Januar 2005 für die Opfer des Seebebens in Asien oder als militärischer Repräsentant bei offiziellen Trauerfeiern. [200] Die Überzeichnung protokollarischer Wahrnehmung wird in der Türkei praktiziert: der türkische Generalstabschef rangiert sogar noch vor seinem Minister – ein Beispiel für das andere Extrem.

Die Besoldung des Generalinspekteurs richtet sich – wie die aller Vier-Sterne-Generale und – Admirale – nach der Besoldungsgruppe B 10, jedoch erhält er eine Amtszulage. Damit liegt er besoldungsmäßig auf der gleichen Ebene wie der Direktor beim Deutschen Bundestag, der Direktor des Bundesrates, sowie der Stellvertretende Chef des Presse- und Informationsamtes des Bundesregierung und der Stellvertretende Pressesprecher. Im protokollarischen Gefüge der jungen Bundesrepublik hatten die höchsten Soldaten der Bundeswehr in den Anfangsjahren keinen Platz. So waren z. B. beim Empfang des Bundespräsidenten anlässlich des Staatsbesuches des pakistanischen Staatspräsidenten Ayub Khan im Januar

---

199 Studnitz, Hans-Georg von Rettet die Bundeswehr S. 39
200 Vgl. Maizière, Ulrich de In der Pflicht S. 325 De Maizière begleitete Bundespräsident Heinemann im November 1970 zur Trauerfeier für General de Gaulle. Speidel vertrat Minister Blank bei der Beisetzung für Kronprinz Rupprecht von Bayern im August 1955 – vgl. Speidel Aus unserer Zeit S. 344.

1961 in der Bonner Beethovenhalle unter den 650 Gästen nur drei Offiziere: der Generalinspekteur und zwei Oberstleutnante, und dies, obwohl Ayub Khan den Rang eines Feldmarschalls begleitete. Die Pakistani hatten mehr Gespür. Am nächsten Abend luden sie zwölf Generale zum Gegenempfang in die Redoute ein.[201] Ähnlich protokollarisch herausgehoben agierte die pakistanische Regierung viele Jahre später, als der Inspekteur des Heeres, Generalleutnant Meinhard Glanz, Pakistan vom 15. bis zum 21. Dezember 1983 einen offiziellen Besuch abstattete. Staatspräsident General Zia ul-Haq (1924-1988) ließ am 19. Dezember nahezu sein gesamtes Kabinett antreten, um der Überreichung eines der höchsten Orden des Landes an den deutschen General beizuwohnen. Überdies behandelten sie den Chef der größten Teilstreitkraft der Bundeswehr als Vier-Sterne-General. Selbst Staaten mit einer eher distanzierten Haltung zum Militär wie Schweden sehen die Einordnung des obersten Soldaten anders. De Maizière schildert das Zusammentreffen einer kleinen Parlamentariergruppe unter Leitung des SPD-Abgeordneten Paul 1954 mit dem damaligen schwedischen Verteidigungs – und späteren Außenminister, Torsten Nilsson (1905-1997). In der Frage von Rang und Rolle des höchsten Soldaten eines Staates befragt, äußerte sich dieser wie folgt:

„Ich verstehe Euch Deutsche nicht. Einen parlamentarischen Staatssekretär kann ich schnell finden. Aber der Mann, dem wir die militärische Verantwortung für die Reichsverteidigung anvertrauen, muß ein Fachmann sein, der sich auf eine lebenslange Erfahrung stützen kann. Deshalb bezahlen wir ihn wie einen Minister. Das hat mit seiner politischen Einordnung hinter dem Minister und dem parlamentarischen Staatssekretär nichts zu tun." [202]

Die schwedische Begründung ist eindeutig. Auch in Deutschland dauert es etwa drei Jahrzehnte, bis ein Mann nach einem vielfältigen Auswahlsystem in seinem Werdegang, nach praktischer und theoretischer Erfahrung in der Lage ist, die Funktion des militärpolitischen Beraters der Regierung optimal wahrzunehmen. Sicherlich ist dies in anderen Bereichen, in Forschung, Verwaltung und der Wirtschaft, vom Zeitansatz her nahezu gleich, doch können diese Institutionen zumeist aus einem breiter angelegten Personalreservoir schöpfen. Der Ansatz, einen Amtsinhaber auszuwählen, der über keinerlei Fachkenntnis verfügt, mag z. B. bei der Besetzung von Ministerien noch möglich sein, können sich diese doch auf ein eingespieltes Team von Fachleuten abstützen, was jedoch gleichzeitig eine hohe Abhängigkeit von dessen Expertise bedeutet. Im militärischen Bereich hingegen verbietet sich ein solcher Ansatz ebenso wie z. B. in der Justiz – ein Rechtsberater ohne juristische Kenntnisse dürfte schnell Schiffbruch erleiden.

In der Vorphase der Bundeswehr, d. h. in den Jahren zwischen 1950 und 1955, kam es häufiger vor, dass Bundeskanzler Adenauer militärischen Sachverstand direkt bei hochrangigen Soldaten einholte. In dieser Zeit lag das brachliegende Feld der deutschen Sicherheits – und Militärpolitik in der Hand des Militärs. So erarbeiteten die ehemaligen Generale Speidel und Heusinger zahlreiche Studien u. a. über die Verteidigung Europas oder die Bedeutung des Alpengebietes. Nur kurz hingegen war das Intermezzo des Generals der Panzertruppen a. D. Gerhard Graf von Schwerin (1899-1980), dem mit Eichenlaub und Schwertern hochdekorierten ehemaligen Kommandeur der 116. Panzerdivision, der die im Mai 1950 eingerichtete „Zentrale für Heimatdienst" leitete, aber bereits am 28. Oktober – nach nur fünf Monaten – auf Wunsch Adenauers wieder ausschied. Speidel urteilt über Schwerins Weggang wie folgt:

„Angesichts der innenpolitischen Schwierigkeiten bei der Aufstellung deutscher Streitkräfte schien es Adenauer wohl nicht opportun, einen ehemaligen General damit beauftragt zu haben." [203]

Diese Einschätzung trifft nicht zu. Der eigentliche Grund war, dass Schwerin gegenüber Journalisten von der denkbaren Notwendigkeit einer allgemeinen Wehrpflicht gesprochen hatte – fünf Jahre nach dem Ende des verheerenden Krieges – eine brisante und vor allem unpopuläre These, wenngleich sich später erwies, dass er Recht hatte.

Doch mit der Einrichtung des Amtes des Verteidigungsministers als dem „Inhaber der Befehls – und Kommandogewalt" war diese militärische Dominanz vorbei. Die Bundeskanzler danach konnten und haben sich, wenn sie militärischen Rat suchten, eher selten direkt an den jeweiligen Generalinspekteur gewandt. Denn dieser gehörte weder zur Leitungsebene des Verteidigungsministeriums noch besaß er ein Immediatrecht beim Regierungschef. De Maizière stellt zum direkten Vortragsrecht beim Bundeskanzler fest:

„In einem Krieg sollte der Regierungschef die militärische Beurteilung der Lage und die daraus abzuleitenden militärischen Vorschläge vom rang-höchsten militärischen Fachmann unmittelbar hören, ungefiltert durch einen anderen Politiker, was selbstverständlich die Anwesenheit des Verteidigungsministers ... nicht ausschließt. Leider haben sich Bundesregierung und Bundestag an keiner der ... NATO-Stabsübungen (FALLEX, später WINTEX) wieder ähnlich intensiv beteiligt." [204]

201 siehe: Morsey, Rudolf Heinrich Lübke Eine politische Biografie S. 366
202 Maizière, Ulrich de a.a.O S. 179
203 Speidel, Hans Aus unserer Zeit S. 279
204 Maizière, Ulrich de In der Pflicht S. 284 f. Die WINTEX-CIMEX-Übungen der NATO
     wurden 1990 ausgesetzt.

Im Juli 1967 kam es zu einem Streit über das direkte Vortragsrecht nachgeordneter Offiziere beim Kanzler. Anlass war, dass Kanzler Kiesinger den Inspekteur des Heeres Moll kurzfristig zu einem Vortrag über den Aufstellungsumfang der Bundeswehr zu sich bestellte. Zwar meldete Moll, der die Vorstellung seines Ministers in dieser Frage nicht teilte, dies pflichtgemäß seinem Generalinspekteur, aber die Angelegenheit führte zu einer grundsätzlichen Diskussion darüber, ob sich der Kanzler ohne Wissen des Ministers unmittelbar durch Generale der Bundeswehr beraten lassen darf. Nachdem Minister Schröder mit seinem Rücktritt gedroht hatte, kam es zu einer Einigung. Danach darf der Kanzler „im Einvernehmen mit dem Bundesminister der Verteidigung" den Generalinspekteur und die Inspekteure der Teilstreitkräfte zu Einzelgesprächen empfangen und sich von diesen informieren lassen. Durch die Schaffung eines integralen militärischen hochrangigen Verbindungsorgans im Bundeskanzleramt (seit 1970 ein Brigadegeneral/Flottillenadmiral) gibt es zumindest formaliter ein Bindeglied zwischen Kanzler und Verteidigungsminister. Der Informationspflicht und – notwendigkeit des Kanzlers über militärische Angelegenheiten wird ergänzend dadurch Rechnung getragen, in dem dieser den Generalinspekteur routinemäßig empfängt und sich – wenngleich mit unterschiedlicher Intensität der jeweiligen Amtsinhaber – bei Truppenbesuchen und bisweilen bei Kommandeurtagungen der Bundeswehr ein persönliches Bild von den Streitkräften bildet. Kein Bundeskanzler war und ist bis heute fachlich auf seine Funktion als „Inhaber der Befehls- und Kommandogewalt im Verteidigungsfalle" nach Artikel 65 a (2) des Grundgesetzes und die Folgen dieses Wechsels vom Verteidigungsminister auf den Kanzler vorbereitet.

Die Aufgabe des ranghöchsten Soldaten der Bundeswehr wurde dadurch gemindert, dass der Generalinspekteur kein truppendienstlicher Vorgesetzter war. Trat er z. B. bei militärischen Anlässen gemeinsam mit einem NATO-Befehlshaber auf, durfte die Truppe genaugenommen nur diesem, nicht aber dem Generalinspekteur gemeldet werden. Sicherlich mag dies – für den, dem das Innenleben der Armee fremd ist – nur als kleiner, formalistischer Schönheitsfehler betrachtet werden – „militärische peanuts". Doch für die hierarchisch gegliederten Streitkräfte war es ein unverständlicher Affront und ein Beispiel für eine Regelung, in der sich die Missachtung militärischer Tradition widerspiegelt. In den internationalen militärischen Gremien der NATO und der Europäischen Union, z. B. dem Militärausschuss wird der Generalinspekteur als „Generalstabschef der Bundeswehr" wahrgenommen, auch, wenn er diese Funktion nach innen nur bedingt erfüllt. So war z. B. General de Maizière kurz nach seinem Amtsantritt als Generalinspekteur 1966 routinemäßig die jährlich wechselnde Ehrenpräsidentschaft des NATO-Militärausschusses auf einer Besuchsreise des Ausschusses durch Nordamerika zugefallen, und er musste als damals jüngstes Mitglied in diesem Gremium die der höchsten militärischen Institution der NATO geltenden Ehrenbezeigungen entgegennehmen. Schon Strauß hatte über die Schaffung eines „Chefs des Generalstabes der Bundeswehr" nachgedacht, [205] doch die Umsetzung blieb bei ihm ebenso auf der Strecke wie bei seinen Nachfolgern. Studnitz hatte in den sechziger Jahren kritisiert, dass der ranghöchste Soldat der Bundeswehr mehr oder weniger auf die Rolle eines Hauptabteilungsleiters im Ministerium reduziert worden sei. Sein Bild von der Stellung des Generalinspekteurs war – selbst ein halbes Jahrhundert nach dessen Abdankung – noch von der Kaiserzeit geprägt und überzeichnet:

„Der erste Soldat der Streitkräfte hat Anspruch auf den gleichen protokollarischen Rang wie ein Bundesminister oder ein Kardinal. In der Monarchie hatte jeder Kommandierende General das Recht auf Immediatvortrag beim Souverän. Kam er nach Berlin, so wurde er automatisch an die Hoftafel des Kaisers befohlen." [206]

Die Erinnerung vergoldet bekanntlich und trägt selten zur Lösung von Problemen bei – die Hoftafel gibt es weder beim Bundespräsidenten noch beim Bundeskanzler.

Bereits am 21. September 1966 hatte Minister von Hassel in einer Regierungserklärung bekannt gegeben, dass er die Absicht habe, dem Generalinspekteur truppendienstliche Befugnisse über die ganze Bundeswehr zu übertragen. Doch dieser Plan wurde nicht mehr umgesetzt, und die nachfolgenden Regierungen glaubten dann, dem Generalinspekteur so weitreichende Befugnisse nicht zubilligen zu können.

Dann aber wurde die Leitungsebene seit 1967 verbreitert. Gab es am Anfang der Bundeswehr nur einen Staatssekretär, so hat sich die Zahl mittlerweile auf vier erhöht: zwei parlamentarische und zwei beamtete. Dadurch verschob sich die Stellung des Generalinspekteurs nach hinten. General a.D. Kießling schreibt, „diese Zurückstufung wäre allenfalls im Hinblick auf den parlamentarischen Staatssekretär zu rechtfertigen, nicht aber gegenüber den beamteten Staatssekretären, die doch nichts anderes als Verwaltungschefs sind." [207] Eine Lösung wäre z. B. Anhebung der Besoldungseinstufung des Generalinspekteurs (derzeitig B 10 + Amtszulage) auf die Besoldungsebene der Staatssekretäre (B 11); dies wäre problemlos ohne größere Mehrkosten möglich. Damit wäre er in seiner

---

205 Meyer, Georg Vom Kriegsgefangenen zum Generalinspekteur S. 296
206 Studnitz, von Rettet die Bundeswehr! S. 163
207 Kießling, Günter Versäumter Widerspruch S. 362

Sonderrolle auch gegenüber den anderen Vier-Sterne-Generalen/-Admiralen herausgehoben.

Das Amt eines „Parlamentarischen Staatsekretärs" war 1967 eingeführt worden; der CDU-Abgeordnete Eduard Adorno war der erste von ihnen. Der Amtsinhaber muss Abgeordneter des Deutschen Bundestages sein, denn er übernimmt politische Aufgaben des Ministers gegenüber Parlament und Ausschüssen und fungiert seither als eine Art „Stellvertretender Verteidigungsminister." Bisher waren auch vier Damen auf diesem Posten: Agnes Hürland-Büning (CDU; von 1987 bis 1991; Ingrid Roitzsch(CDU; von 1992 bis 1993), Michaela Geiger (CSU; von 1993 bis 1997) und Brigitte Schulte (vormals Traupe; SPD; von 1998 bis 2002). Hätte es diese Regelung, die den Primat der Politik personell unterstreicht, schon zu Beginn der Bundeswehr gegeben, wäre dieser wahrscheinlich manche unnötige Krise um die Vertretungsfrage und der Wettstreit zwischen dem beamteten Staatssekretär und dem Generalinspekteur erspart geblieben. Helmut Schmidt führte 1969 das sogenannte „Kleeblatt" ein, ein Führungsgremium, das aus ihm, dem Parlamentarischen Staatssekretär und den beiden beamteten Staatssekretären bestand. Wurde der Generalinspekteur hinzugezogen, sprach man vom „Kollegium." [208] Diese Regelung erhöhte die Bedeutung des Amtes des höchsten Soldaten der Bundeswehr nur marginal, denn nach wie vor gehörte er nicht zum inneren politischen Führungszirkel des Verteidigungsministeriums. Seinen Rat durfte er nur geben, wenn er gefragt wurde. Er blieb im Halbschatten. Interessant ist in diesem Zusammenhang, dass dieses „Immediatrecht" früher im „Amt Blank" – trotz des damals schon bestehenden Misstrauens seitens der Beamten – selbst für nachgeordnete Ebenen offenbar wesentlich pragmatischer geregelt war. De Maizière schreibt:

(Minister) „Blank hatte sich diese Unterabteilung (= Grundsatzfragen des Verteidigungsbeitrages) unmittelbar unterstellt; dadurch erhielten Kielmansegg und ich jederzeit Zutritt zur politischen Leitung des Hauses. Die hohen Beamten sahen dies mit Bedenken." [209]

Minister Wörner übertrug dem Generalinspekteur 1983 die Verantwortung für die Gesamtplanung der Bundeswehr, doch diese Erweiterung der Kompetenzen war letztlich nur eine halbherzige Lösung. Mit zunehmenden Aktivitäten der Bundeswehr im Ausland aber wurde diese Ausklammerung des militärischen Sachverstandes problematischer. Doch erst Minister Struck stärkte die Stellung des Generalinspekteurs nachhaltig, wenngleich primär nur im Verhältnis zu den Inspekteuren der Teilstreitkräfte. Nahezu ohne größeres Aufsehen hatte er im September 2002 die Spitzenstruktur der Bundeswehr auf den Auslandseinsatz optimiert und dabei dem Generalinspekteur – über dessen bisherige Aufgabe eines militärischen Chefberaters hinaus – auch die Befehlsgewalt über die deutschen Truppen im Auslandseinsatz übertragen.

Als Vorsitzender des „Militärischen Führungsrates" (MFR) präsidierte der Generalinspekteur als „primus inter pares" fünfundvierzig Jahre in der Konferenz der Inspekteure der Teilstreitkräfte. Dieses Gremium wurde im Mai 1955 durch Minister Blank geschaffen. Es war ein wichtig klingender Name, doch realiter beeinflusste er wenig und mit Führung im ursprünglichen militärischen Sinn hatte er nichts zu tun. Strauß nannte ihn „ein Kränzchen der militärischen Abteilungsleiter."[210] Erst 2002 wurde er in „Einsatzrat" umbenannt und zeigt bereits in der Namensgebung den neuen Aufgabenbereich. Der Generalinspekteur als dessen Leiter ist nun auch in Planung und Durchführung der Auslandseinsätze eingebunden, und das „Einsatzführungskommando der Bundeswehr," das vormalige IV. Korps in Potsdam, untersteht ihm. Aus dem „Inspekteur" ist ein militärischer Führer geworden – ein Schritt, der ein halbes Jahrhundert dauerte, um ihn zu realisieren. Damit wurde die Stellung des Generalinspekteurs beträchtlich gestärkt. Dieser besitzt nun das Recht, den Inspekteuren für ihre Material- und Ausrüstungsplanung „konkrete Vorgaben" zu machen. Auch die Verlegung des Arbeitsstabes des Generalinspekteurs, des „Führungsstabes der Streitkräfte", nach Berlin ist als „optischer" Aspekt nicht unwichtig hinsichtlich der Heraushebung des Generalinspekteurs als „primus inter omnes." Dass dabei der Begriff „Generalstab" vermieden wird, ist nachrangig. Der Generalinspekteur hat seinen Dienstsitz „am Hofe," dies war immer ein nicht zu unterschätzender Vorteil.

Nur nach oben, in die zivile Domäne, die der zwei beamteten Staatssekretäre hinein, erfolgte bisher nur eine zaghafte Ausweitung seiner Befugnisse. Die beamteten Staatssekretäre wurden lediglich gebeten, in ihren jeweiligen Zuständigkeitsbereichen „die Unterstützung des Generalinspekteurs sicherzustellen." Allerdings wurde der Generalinspekteur zum Vorsitzenden des „Rüstungsrates" ernannt. Daraufhin verzichtete der für Rüstung zuständige Staatssekretär Dr. Walther Stützle (* 1941) im Oktober 2002 auf das Amt. Als Oberleutnant zur See der Reserve und Journalist seit Jahrzehnten auf vielfältigen Ebenen bestens mit sicherheits- und militärpolitischen Fragen vertraut, dürfte er dieser Entscheidung aus sachlicher Sicht vermutlich zugestimmt haben, wenngleich er sie als Betroffener ablehnen musste und persönliche Konsequenzen zog. Durch die Anhebung der Stellung des Generalinspekteurs ist die „verwaltende Aufgabe" als militärischer Hauptabteilungsleiter in den Hintergrund getreten.

208 Schmidt, Helmut Weggefährten S. 465 f.
209 Maizière, Ulrich de In der Pflicht S. 155
210 Strauß, Franz-Josef Die Erinnerungen S. 275

Ein zusätzliches Instrument sicherheits – und militärpolitischer Meinungsbildung ist der bereits im Oktober 1955 gebildete „Bundesvertei-
digungsrat" (BVR), später in „Bundessicherheitsrat" (BSR) umbenannt, in
dem der Bundeskanzler den Vorsitz führt. Die meisten Kanzler – abgesehen von Erhard – haben diese Aufgabe auch persönlich wahrgenommen.
Zwar spielen auf diese höchsten Ebene interministerieller Sicherheitspolitik – die Sitzungen sind geheim – rein militärische Aspekte eine eher
nachgeordnete Rolle. Doch dadurch, dass der Generalinspekteur der Bundeswehr in diesem Gremium als militärischer Berater der Bundesregierung bereits seit Januar 1959 ständiges, wenngleich nicht stimmberechtigtes Mitglied ist, wird die Wahrnehmung militärischer Interessen und die
militärische Expertise zumindest formal gewährleistet.

Der Generalinspekteur hat sicherlich Einfluss, aber keine Macht, denn
er kann seine Meinung kraft eigenen Entschlusses nur sehr begrenzt in
Politik und Öffentlichkeit hinein vertreten. Im politischen Zirkel des Verteidigungsministers, geschweige denn im Bundeskabinett hat der Generalinspekteur keinen Platz – er hat zu warten, ob und bis er gerufen wird –
Halbschatten auch hier. Ob dies vor dem Hintergrund der wachsenden
Rolle der Streitkräfte und des politischen Wunsches nach steigendem weltpolitischen Einfluss wünschenswert und zweckmäßig ist, erscheint fraglich. Hier geht es vor allem um den direkten und unmittelbaren Schulterschluss zwischen Politik und Militär im Sinne eines verzugslosen Infor-
mationsaustausches, um die Abstimmung politischer Optionen mit den
militärischen Möglichkeiten und um die Vermeidung bürokratischer Reibungsverluste. Eine Möglichkeit wäre, dem Generalinspekteur im Bundessicherheitsrat, in dem er bereits heute ohne Sitz und Stimme vertreten ist,
weitergehende Befugnisse einzuräumen. Der Generalinspekteur sollte – im
Falle einer von seinem zivilen Oberbefehlshaber abweichenden Meinung –
das Recht haben, diese kraft eigenen Amtes als militärischer Berater der
Bundesregierung und ohne den politischen Filter seines Minister vortragen zu können. Die Teilnahme des Generalinspekteurs an Kabinettssitzungen – ähnlich dem Staatssekretär des Bundespräsidialamtes [211] in
Form einer „stillen Teilhabe" – in Krise und Krieg ergibt sich daraus nahezu zwangsläufig.

Die Generalinspekteure – Führer oder Politiker?

Über welche Fähigkeiten muss ein Generalinspekteur verfügen, wie
sollte er für dieses hohe Amt vorbereitet und ausgebildet sein? Als Grundsatz müsste gelten, dass sich Auswahl und Qualifikationsanforderungen

an seinen Hauptaufgaben orientieren sollten, und diese liegen beim Generalinspekteur nach Lage der Dinge primär auf dem Felde der Militärpolitik und frühestens in zweiter Linie bei der Truppenführung. Das Idealbild eines Generalinspekteurs zeichnet General Schmückle – wenig konkret, aber mit viel Lyrik – wie folgt:

„Ich stellte mir vor, an der Spitze der Bundeswehr stünde ein kultivierter, brillanter, vorurteilsfreier Offizier, der der Naivität mancher hoher Militärs mit überlegenem Geist begegnen und ihnen ein weiträumiges Panorama von Idee, Absichten und notwendigen Handlungen vorsetzen könnte, in ruhiger Überzeugungskraft, mit großer Eloquenz und menschlicher Integrität. ... . Denn nicht nur die Bundeswehr, auch der Staat und die Gesellschaft würden von einem solchen Generalinspekteur profitieren." [212]

Kurz, eine Kombination aus Einstein, Kennedy und Rommel. Doch solche Vorstellungen sind – wie die im Sinne einer Elite angestrebte geistige Ausstrahlung auf das Ganze, Staat und Gesellschaft, zeigt – überhöht und auch bei Schmückle, der gerade dies ablehnt, durch Erinnerungen an die Vergangenheit geprägt. Die Bundeswehr ist heute nicht mehr die prägende Kraft in unserer pluralistischen Gesellschaft, um eine derartige Außenwirkung zu erzielen. Ein wenig skizziert Schmückle dabei sich selbst oder zumindest wie er sich selbst beurteilt, und will damit möglicherweise andeuten, er selbst wäre der ideale Mann auf diesem Posten gewesen. Die Wirklichkeit aber, so Schmückle, sähe anders aus:

„In Wahrheit wählten sich die Politiker für diesen Posten leicht beeindruckbare, unkritische, vor allem bequeme Persönlichkeiten aus. Sie sollen weniger Oberbefehlshaber als Kabinettchef sein. Daß sich die Minister dadurch mehr gefährdeten als entlasteten, zeigte die Geschichte der Bundeswehr. Von allen Generalinspekteuren kam Adolf Heusinger meinem Wunschbild am nächsten. Ihm folgten – Maizière blieb die Ausnahme – nur noch durchschnittliche Generale an die Spitze der Bundeswehr. Anscheinend gediehen deutsche Talente im Ausland besser. Im selben Zeitraum beeindruckten dort die Generale Speidel, Kielmansegg, Steinhoff, Schnell und Schulze. Sie alle glänzten in höchsten NATO-Positionen." [213]

Schmückles Urteil reicht nur bis zum Jahre 1982. Gleichwohl liegt er mit seiner Feststellung, unbequeme Generale und Admirale würden – so sie nicht auf dem Altar des Paragraphen 50 des Soldatengesetzes (= vor-

---

211 Gem. Geschäftsordnung der Bundesregierung (GOBReg) § 23 nehmen an den Sitzungen des Kabinetts neben den Bundesministern u. a. auch teil: Chef des Bundespräsidialamtes, Bundespressechef und persönlicher Referent des Bundeskanzlers. In Einzelfällen kann auch ein beamteter Staatssekretär teilnehmen.
212 Schmückle, Gerd Ohne Pauken und Trompeten S. 345
213 Ebenda

zeitiger Ruhestand) geopfert , weil sie sich allzu weit vorgewagt hatten – ins Ausland abgeschoben, so falsch sicher nicht.

In der Abwägung, welche Teilaufgabe des Generalinspekteurs wichtiger sei, die des Militärpolitikers oder die des Ersten Soldaten, votiert General Kießling eindeutig zu letzterem und leitet daraus ab, dazu bedürfe es „der Autorität des erfahrenen Truppenführers und einer anerkannt guten Hand für die Menschenführung." [214] Aus dieser Einschätzung wird deutlich, dass ihm noch das Bild des früheren Oberbefehlshabers vorschwebt, der aber mit den Aufgaben des Generalinspekteurs der Bundeswehr – ohne bislang ihm unterstellte Truppen und hauptsächlich in den ministeriellen Dienstbetrieb eingebunden – nur wenig Gemeinsamkeiten aufweist. Vielleicht mag sich dies künftig einmal ändern. Der „Spiegel" schrieb vor vierzig Jahren, als General Trettner im Jahre 1964 Generalinspekteur wurde:

„Der Bundeswehr fehlt bis heute ein oberster Bürger in Uniform, der den Maßstab setzt, an dem sich die uniformierten Mitbürger orientieren kön- nen." [215]

Doch diese Anforderung – so wichtig sie scheinen mag – kann kaum erfüllt werden. Unklar ist vor allem, welcher Maßstab eigentlich gemeint ist. Überdies möchte der „Spiegel" – anders als Schmückle – den Orientie- rungsrahmen des Generalinspekteurs nur auf den fachlichen, den militä- rischen Bereich begrenzt wissen – eine Forderung, die realistischer klingt. Die rechtsstaatlichen Prinzipien und die Einordnung der Streitkräfte in Staat und Gesellschaft sind im Grundgesetz und ergänzenden Gesetzen eindeutig vorgegeben. In einer pluralistischen Gemeinschaft ist das Setzen weitergehender Maßstäbe durch eine Gruppe – wie die „Schnez-Studie" zeigte – nicht unproblematisch und wirft mehr Fragen und Probleme auf als sie Lösungen anbietet. In die Truppe hinein kann der Generalinspek- teur – ähnlich dem Bundespräsidenten – nur durch sein Beispiel einer integren und treuen Pflichterfüllung wirken. Bereits das Instrument der Rede unterliegt der Loyalität und politischen Auflagen. Die Begegnung mit den Soldaten findet nicht sehr häufig statt, denn allein die ministerielle Aufgabe bindet soviel Zeit und Kraft des Amtsinhabers, dass für die Truppe nur wenig übrig bleibt. Nennenswerte Erfahrung als Truppenfüh- rer als eines der vielen Auswahlkriterien für dieses Amt zählte bei den bis- herigen vierzehn Generalinspekteuren kaum. Diese Praxis wurde vor al- lem in der Truppe oft kritisiert – zu Unrecht. Diese Kritik war ein Über- bleibsel jener alten Soldatenträume am Kamin ihrer Erinnerungen von einem hehren, integren Helden, den der Ruhm an die Spitze der Armee getragen hat und zu dem man aufschauen konnte – ein Kaiserersatz eben. Sie hatte aber vor allem keinen Bezug zur Kernaufgabe des Generalinspek-

teurs, der des militärpolitischen Beraters der Regierung. General de Maizière hat dies wie folgt skizziert:

*„Gewiß, jede Armee braucht charismatische Truppenführer mit Aus-
strahlung und ... Führungskraft. Ich meine Männer wie Blücher oder
Mackensen, Rommel, Guderian, Montgomery, Patton. Auch moderne ...
Armeen brauchen solche Persönlichkeiten, ... Aber diese Männer haben
immer auf der höchsten Ebene der eigentlichen Truppenführung gestanden
... . Die militärischen Berater der Regierungen dagegen, ... , sind weniger
bekannt. Sie erwachsen aus der militärischen Führungshierarchie. Aber sie
bedürfen noch anderer Qualitäten. ... Sie können und müssen den Politikern sagen, was eine Armee kann und was sie nicht kann, und welche Mittel
sie für die von der Politik beabsichtigten Aufträge braucht. Das ist ... weniger
glanzvoll als die Rolle eines Befehlshabers im Einsatz."* [216]

Auch diese Aufgabe der Beratung erfordert Standfestigkeit, Mut und
Loyalität.

Schwierig wird sie erst, wenn seitens der Politik Aufträge gefordert
werden, die mit den vorhandenen Kräften und Mitteln nicht mehr erfüllt
werden können. Allerdings ist hierzu festzustellen, dass sich die militärische Führung seit Bestehen der Bundeswehr politischen Vorgaben –
wenngleich oft mit Sorge und Zweifel, vielleicht manchmal auch wider
besseres Wissen – letztlich immer gebeugt hat, unter der Prämisse des
Primats der Politik auch beugen musste und diese politischen Vorgaben,
auch dann, wenn sie militärischem Rat nicht entsprachen, so gut es ging
erfüllt hat. Das herausragende Beispiel dafür ist die Dauer des Grundwehrdienstes. Doch hier muss man klar zwischen der Umsetzung politischer
Entscheidungen durch das Militär und dem sog. „vorauseilenden Gehorsam" unterscheiden. Die Gefahr lauert nicht in der Billigung unbequemer
politischer Weisungen, sondern vielmehr darin, dass die Soldaten bereits
im Vorfeld darauf schielen, was „politisch ankommt und umsetzbar ist."
Dies führt zu einer Verwässerung des militärischen Sachverstandes. Dem
Politiker wird – mit einem falschen Verständnis von Loyalität – somit nur
eine begrenzte Palette an Optionen angeboten, was schnell zu einer Fehl-
einschätzung der Folgen politischer Entscheidungen führen kann. Doch
die Schuld dafür ist nicht dem Politiker anzulasten, sondern dem Soldaten. Diese Geisteshaltung beginnt nicht erst in den oberen militärischen
Etagen; sie ist bereits im Mittelfeld angesiedelt. Dies aber ist eine Frage
charakterlicher Standfestigkeit und nicht fachlicher Qualifikation. Sie

---

214 Kießling, Günter Versäumter Widerspruch S. 365
215 zitiert in: Kießling, Günter a.a.O. S. 365
216 Maizière, Ulrich de – Ansprache an der Führungsakademie der Bundeswehr am 26.
      September 1997

muss schon in der Ausbildung und bei der Auswahl der Offiziere berücksichtigt werden. General Reinhardt hatte bei der Kommandeurtagung der Bundeswehr am 30. November 1999 in Hamburg auf die unzureichenden deutschen Aufklärungskapazitäten hingewiesen, doch seine Warnung sei vom zuständigen Stabsabteilungsleiter Fü S II (Militärisches Nachrichtenwesen) als unzutreffend zurückgewiesen worden. Reinhardt entgegnete seinem Generalskameraden:

„Wir sollten endlich damit aufhören, uns selbst etwas vorzumachen, und die vorhandenen Defizite nicht beschönigen, sondern stattdessen daran arbeiten, sie möglichst rasch abzubauen. Meine Kritik richtet sich ja nicht gegen die Männer im Einsatz, ..., sondern gegen den Kompetenzwirrwarr und die mangelhaften Strukturen sowie die fehlende moderne Ausrüstung." [217]

Von daher ist der Vorwurf, die Politiker wünschten sich eher einen pflegeleichten General oder Admiral als einen eigenwilligen und arroganten Haudegen á la MacArthur nicht aus der Luft gegriffen. Doch man mag es drehen und wenden wie man will: die Tatsache, dass das Amt des Generalinspekteurs als ein primär militärpolitisch dominierter und geprägter Posten ausgelegt ist, kann nicht übersehen und ihr muss Rechnung getragen werden. Der Generalinspekteur bewegt sich im Bereich von Politik und Strategie und darauf sollte seine Fachkompetenz optimiert sein. Helmut Schmidts Hinweis, nicht nur Militärs hätten in der Vergangenheit mangelnde strategische Weitsicht gezeigt, kann dabei nicht als Entschuldigung dienen.

„Es ist keine Schande, daß manche Generale diesen Wandel (= der weltpolitischen Lage) und seine Konsequenzen für die Bundesrepublik bezüglich mancher Phasen erst lange nach deren Ende erkannt oder verstanden haben – schließlich haben viele Politiker sie auch nicht früher verstanden." [218]

Die Regierung muss sich auf die Expertise des Generalinspekteurs als ihren primären Berater in allen militärischen Fragen verlassen können. In den Jahrzehnten bis zur Wiedervereinigung – als das Können der Bundeswehr in einem Einsatz nicht auf die Probe gestellt worden war – gab es in allen Parteien eine größere Zahl von Politikern, die über militärischen Sachverstand verfügten. Heute hingegen, wo die Streitkräfte im Einsatz stehen, ist deren Zahl rapide gesunken. Damit aber steigt gleichzeitig die Verantwortung der führenden Militärs, ihren Sachverstand angemessen in den politischen Entscheidungsprozeß einzubringen. Geschieht dies nicht, oder wird sie auf dem Altar des Opportunismus geopfert, geht nicht nur politische Handlungsfreiheit verloren, sondern das Leben der Soldaten und die Sicherheit des Landes werden gefährdet. Gleichzeitig wird Vertrauen verspielt.

Aus dieser Sicht ergibt sich für die Fragestellung der zweckmäßigen Ausbildung und der notwendigen Vorverwendungen für einen designierten Generalinspekteur die Konsequenz, dass zwar eine Basiserfahrung als militärischer Führer, d. h. das Durchlaufen der Ebene Bataillons- und ggf. auch Brigadekommandeur zweifelsohne wünschenswert ist. Ob und inwieweit aber Verwendungen als Kommandeur einer Division oder als Kommandierender General eines Korps die spätere Leistung als Generalinspekteur positiv beeinflussen, erscheint eher fraglich. General Naumanns Truppenpraxis z. B. war kurz. Er war 2 Jahre Bataillonskommandeur, hatte von 1984 bis 1986 die Panzergrenadierbrigade 30 befehligt und war 1991 nur sechs Monate Kommandierender General des I. Korps in Münster gewesen – sicherlich keine beeindruckende Dienstzeit in der Truppe. Gleichwohl stellte er erfolgreich und ohne größere Friktionen die Weichen für den Einsatz der Bundeswehr im Ausland. Längere Erfahrung im Truppenalltag z. B. als Divisionskommandeur wäre ihm bei dieser schwierigen Umstellung, die immenses politisches Fingerspitzengefühl verlangte, wohl kaum von Nutzen gewesen. General von Kirchbach hingegen verfügte über eine wesentlich längere Truppenerfahrung – er war Bataillons-, Brigade und Divisionskommandeur, sowie Kommandierender General des IV. Korps – und er war eine in den neuen wie den alten Bundesländern anerkannte militärische Integrationsfigur. Dennoch scheiterte er, denn seine geradlinige Auffassung vertrug sich nicht mit ministeriellen Kabalen. Auch der jetzige Generalinspekteur Schneiderhan kann nur auf eine kurze Zeit in Führungsverwendungen in der Truppe als Bataillons- und Brigadekommandeur zurückblicken. Mit der Stärkung seiner Position sind ihm durch Verteidigungsminister Struck erstmals in der Geschichte der Bundeswehr Truppen unterstellt: das im Juli 2001 in Potsdam aufgestellte Einsatzführungskommando. Wäre mehr Führungserfahrung auf dieser Ebene tatsächlich nützlich? Sicherlich nicht die eines Divisionskommandeurs im Friedensbetrieb in der Heimat.

Doch wann immer in der Vergangenheit Offiziere ohne breitere Truppenerfahrung an die Spitze der Bundeswehr berufen wurden, stieß dies regelmäßig auf massive Kritik aus der Truppe. Generalleutnant a.D. Dr. Franz Uhle-Wettler (* 1927) hatte dies einmal mit dem Satz beschrieben, der „Dienst in der Truppe gilt wenig, man muß bei Hofe geachtet sein" und daraus die Forderung abgeleitet, der Truppenführung müsse bei der Auswahl größerer Spielraum eingeräumt werden. Im Frieden jedoch gilt dieser Maßstab nicht. Man sollte daher die Führungstätigkeit auf Divi-

---

217 Reinhardt, Klaus Tagebuchausfzeichnungen als deutscher Kommandeur im Kosovo S. 227
218 Schmidt, Helmut Strategie des Gleichgewichts S. 274

sions- und Korpsebene für weiterführende, höhere Verwendungen nicht
länger überbewerten, denn sie besteht zu einem nicht unbeträchtlichen
Teil aus repräsentativen und Verwaltungsaufgaben. Eine Führung dieser
Großverbände – im Sinne von Operationsführung – fand auf dieser Ebene
selbst zu Zeiten, als noch Großübungen durchgeführt wurden, sehr selten
statt. Divisionskommandeure und Kommandierende Generale traten bei
Manövern kaum als Führer, sondern zumeist als Leitende der Übung auf,
und da war ihr taktisches oder gar operatives Können kaum gefragt, stand
doch der Übungsverlauf zumeist fest. Die tatsächlichen Möglichkeiten der
Einflussnahme eines Kommandierenden Generals oder eines Divisionskommandeurs hinsichtlich eines direkten Einwirkens auf die Truppe sind
in Friedenszeiten generell sehr begrenzt. Die Herausgabe eines Tages-
befehls, die Übungsbesprechung am Ende einer Planübung, die Teilnahme
am Gefechtsschießen auf dem Truppenübungsplatz oder der überraschen-
de und unangemeldete Besuch bei der Ausbildung sind nur Moment-
aufnahmen, in denen ein höherer Vorgesetzter in Erscheinung tritt. Sie
sind Ersatzhandlungen für „das Führen von vorn" – unverzichtbare Prämisse erfolgreicher Feldherrnkunst im Kriege. Doch im Frieden besitzen
solche Zeichen militärischer Omnipräsenz in Form der Dienstaufsicht hoher Vorgesetzter keinen hohen Stellenwert im Sinne von Führungsleis-
tung. Wenn in den Stäben oft etwas salopp behauptet wird, ihre Arbeit
könnte wesentlich effektiver sein, wenn man nicht auf die störende Truppe
Rücksicht nehmen müsste, so gilt natürlich auch der Umkehrschluss: die
Truppe kann ohne die Besuche hoher Vorgesetzter, die nur zusätzlichen
Aufwand bedeuten, und ohne die Einmischung der Stäbe wesentlich ruhiger leben. Der Bataillonskommandeur – und in schon sehr begrenztem
Umfang der nächsthöhere Brigadekommandeur – sind, auch bedingt
durch Versetzungshäufigkeit, die Vielzahl der Truppenteile, ihre oft weit-
räumige Dislozierung und die Fülle anderer Aufgaben, die einzigen Füh-
rungspositionen mit kontinuierlichem und nachhaltigen Kontakt zur
Truppe. Höhere Kommandeure hinterlassen – außer ihrem Konterfei in
der Ahnengalerie – kaum tiefgreifenden Spuren, auch wenn mancher in
Selbstüberschätzung glaubt, seine Richtlinien und Befehle seien für die
Ewigkeit geschaffen und wären es wert, in Stein gemeißelt zu werden, um
die Zeiten zu überdauern. [219] Auch militärischer Ruhm vergeht schnell.
Namen und Taten versinken in das Dunkel der Vergessenheit, nur wenige
gehen in die Geschichte ein und entfliehen damit der Sterblichkeit des
Namens.

Auch Lebens- und Dienstalter als Auswahlkriterien sind nicht sakro-
sankt. Hin und wieder wurden dienstgrad – und lebensjüngere Offiziere –
d. h. auch mit geringerer dienstlicher Erfahrung – erfolgreich an ihren älte-

ren Kameraden vorbei in Führungspositionen befördert. Als z. B. Generalmajor de Maizière im Jahre 1966 mit 52 Jahren unter gleichzeitiger
Beförderung zum Generalleutnant zum Inspekteur des Heeres ernannt
wurde, wurde er damit Vorgesetzter von vier lebens- und dienstälteren
Kommandierenden Generalen [220] des Heeres. Als der ebenfalls 52 Jahre
alte Generalleutnant Klaus Naumann am 1. Oktober 1991 zum Generalinspekteur der Bundeswehr ernannt wurde, „überholte" er sogar 19 lebensältere Generale und Generalleutnante. Hin und wieder führt dies zu nicht
einfachen personellen Konstellationen und auch Spannungen und
Enttäuschung bleiben manchmal nicht aus, wenn z. B. ein jüngerer Offizier
seinen ehemaligen Vorgesetzten, der auch durch entsprechend gute Beurteilungen dessen Aufstieg gefördert hat, im Dienstgrad nicht nur einholt,
sondern später sogar dessen Vorgesetzter wird. Manche ausländische Armeen erlauben daher im Falle eines solchen „dienstgradmäßigen Vorbei-
ziehens jüngerer Soldaten an dienstälteren Kameraden" (im Englischen:
„superceeding"), dass der Übergangene aufgrund eigener Entscheidung
vorzeitig in den Ruhestand treten kann.

Allerdings bedarf die generelle Aussage von der begrenzten Bedeutung
höherer Führungsverwendungen im Frieden für die Personalauswahl in
der Spitzenebene einer Korrektur: Bei den deutschen Vier-Sterne-
Generalen, die als NATO-Oberbefehlshaber (z. B. Europa Mitte/CINCENT;
später CINCNORTH/Europa Nord; heute COMJFC/Commander Joint Force
Command) – im Gegensatz zum Generalinspekteur – tatsächlich Truppe
befehligen, war und ist, nicht zuletzt auch wegen des internationalen Ver-
gleichs, die Führungserfahrung im Frieden auf den Zwischenebenen Division und Korps nahezu unverzichtbar. Daher wurde sie bei der Auswahl
der Amtsinhaber dieser Dienstposten auch in den meisten Fällen konsequent berücksichtigt; die Generale Bennecke, Ferber, Schulze, von Senger-
Etterlin, Hansen, Stöckmann und Spiering waren alle vorher zumindest
Divisionskommandeur und hatten Korps geführt.

Ein Element der Führungsqualifikation fehlt der militärischen Füh-
rungsgeneration der Bundeswehr am Beginn des 21. Jahrhunderts sowohl
in der Binnenwirkung gegenüber den ihnen unterstellten Soldaten, als
auch in der Außenwirkung gegenüber Politikern und z. B. amerikanischen
und britischen Offizieren komplett: die Kriegserfahrung, d.h. das Um-

---

219 Bei der Zeremonie des militärischen Kommandowechsels sollte man die alte Sitte der
römischen Kirche übernehmen, die früher bei der Krönung des neuen Papstes üblich
war: ein Bündel Werg (Flachs), auf einer Stange befestigt, wurde vor dem zu Krönenden
mit den Worten „Sic transit gloria mundi" angezündet.
220 Es waren die Generalleutnante Meyer-Detring (I. Korps), Hepp (II. Korps) und Gaedcke
(III. Korps), sowie der Amtschef des Heeresamtes, Generalleutnant Mäder.

setzen und Erleben ihres vielfältigen Wissens in der kalten Wirklichkeit kriegerischer Konflikte. Wer sich im Krieg nicht bewährt hatte, kann auch den Frieden nicht gestalten, war die Auffassung nicht weniger Offiziere. Der weltkriegs – und ostfronterfahrene Kießling weist – wie übrigens auch die Politiker Schmidt und Strauß – der Kriegserfahrung bei der Führerauswahl einen hohen Stellenwert zu :

„Diese Ostfront ... hat das deutsche Heer mehr geprägt als alles andere. Wer da nicht dabei war, der konnte in diesem Heer schwerlich Autorität in Fragen der Menschenführung gewinnen, mochte er intellektuell auch noch so überzeugend sein." [221]

Doch diese Überbewertung von Führungsverwendungen – zumal im Heer – ist ein Relikt aus dem Denken in Kriegskategorien. Der Schillersche Spruch „Im Felde, da ist der Mann noch was wert, ... da tritt kein andrer für ihn ein, auf sich selber steht er da ganz allein!" [222] mag für den Krieg sicherlich gültig sein. Dort bildet die Führung von Truppen und die fachliche und charakterliche Bewährung in dieser Aufgabe den Kern militärischen Handelns. Es ist verständlich, dass beim Aufbau der Bundeswehr durch die zeitliche Nähe zum Krieg und die Erfahrungen der Aufbaugeneration im Krieg, dieser in das Zentrum aller Überlegungen gestellt wurde. Auch die Angriffe auf den Kurs der Inneren Führung und dessen maßgeblichen Schöpfer, Graf Baudissin, in den Anfangsjahren der Bundeswehr spiegelt diese Denkungsart wider. Sicher ist Strauß, Schmidt und Kießling im Kern zuzustimmen. Doch diese Fokussierung auf den zugegebenermaßen härtesten Kriegsschauplatz der Wehrmacht war aus Sicht der Gesamtstreitkräfte gleichwohl nur ein Teilaspekt des Zweiten Weltkrieges, wenn auch der zeitlich längste, personal- und materialintensivste, sowie opfer- und entbehrungsreichste. Die Folgerung, nur ein Soldat mit Ostfronterfahrung könne als militärischer Führer akzeptiert werden, war bereits in den Gründerjahren der Bundeswehr überholt. Denn zum einen hätten dann – da die Ostfront primär ein Kriegsschauplatz der Landstreitkräfte war – keine Offiziere der Luftwaffe und Marine mit ihren anders gelagerten Kriegserfahrungen an die Spitze der Bundeswehr berufen werden dürfen. Von den bisher 14 Generalinspekteuren waren 10 Offiziere des Heeres und je zwei kamen aus Luftwaffe und Marine. Hier überdies eine Wertung hinsichtlich der „Schwere und Herausforderung des Einsatzes" zu treffen, erscheint problematisch. Heute, sechzig Jahre nach Kriegsende, hat diese Sicht ohnehin ihre Gültigkeit verloren; sie ist durch den Lauf der Zeit überholt. An ihrer Stelle wird und muss allerdings die Erfahrung bei Auslandseinsätzen als Maßstab der Personalauswahl für Spitzenämter an Bedeutung gewinnen.

Wie in jedem Beruf können auch beim Militär fundierte theoretische Kenntnisse erst dann überzeugend weitergegeben werden, wenn sie in der

Praxis erprobt wurden. Hier gilt das Wort von Maria Ebner-Eschenbach: „Für das Können gibt es nur einen Beweis: Das Tun!" Für den Soldaten heißt dies, ihre Führungsgrundsätze und auch ihre persönlichen Fähigkeiten im Angesicht von Tod, Verwundung und Verstümmelung, Leid, Elend, Schmerzen und Not, Friktionen und Improvisation zu messen und zu überprüfen. Doch erstmals in der deutschen Militärgeschichte hat die Bundeswehr eine Führergeneration, die keinen Praxisbezug dieser extremen Art vorweisen kann. Sie konnte bisher nicht die Nagelprobe ihres eigenen Verhaltens in „Stahlgewittern" prüfen – für Land und Menschen sicherlich Vorteil, Fortschritt und Gnade zugleich. Hätten die militärischen Führer diese Prüfung vor sich selbst und gegenüber den ihnen anvertrauten Soldaten bestanden – als Individuen, als militärische Führer? Diese Frage muss unbeantwortet bleiben. Doch wirkt sich Kriegserfahrung tatsächlich auf die Erfüllung des Auftrages im Frieden aus? Hätte z. B. – hypothetisch gefragt – General Heusinger mit langer Führungserfahrung als Kommandeur einer Division an der Ostfront die Bundeswehr friktionsloser aufgebaut? Wäre General Kießling ohne seine Kriegserfahrung wirklich ein schlechterer Kommandierender General des deutsch-dänischen Korps LANDJUT gewesen? Oder wäre z. B. die Beratung des Generals Altenburg in den Fragen der Nuklearstrategie während der Vorbereitungsphase des NATO-Nachrüstungsbeschlusses tiefgründiger und sachgerechter ausgefallen, hätte er den Winterkampf im Osten miterlebt? Die These vom absoluten Wert der Kriegserfahrung ist allein auf der rein militärfachlichen Perspektive und nur unter den Bedingungen einer gewaltsamen Auseinandersetzung in Form der Kriege des letzten Jahrhunderts begründet. Durch die Wandlung des Kriegsbildes, der Bedrohung und der „politischen Großwetterlage" in Europa haben sich die Anforderungen und damit auch die Aufträge der Streitkräfte verschoben. Heute ist – bei aller Anerkennung der Lebensleistung der Kriegsgeneration – eine Fixierung auf den „Mythos Kriegserfahrung" als personelles Auswahlkriterium nicht mehr bedarfsgerecht. Kriegserfahrung ist durch den Lauf der Zeit zu einem Relikt aus vergangener Zeit geworden und auch keine conditio sine qua non mehr für die heutige und künftige Auftragserfüllung im Rahmen des wachsenden weltweiten Engagements der Bundeswehr. Deren Einsatzspektrum z. B. auf dem Balkan oder in Afghanistan unterscheidet sich nicht nur von den politischen Prinzipien, sondern auch den militärischen Anforderungen grundlegend von Kriegshandlungen im Zweiten Weltkrieg. Allerdings machen es das erweiterte

---

221 Kießling, Günter Versäumter Widerspruch S. 154
222 Schiller, Friedrich Wallensteins Lager – 11. Auftritt

Aufgabenspektrum der Bundeswehr und die zahlreichen internationalen Auslandseinsätze erforderlich, dass Offiziere in Spitzenpositionen diese Tätigkeit aus eigener Anschauung kennen, wenn sie solche Einsätze planen, darüber mitentscheiden und gegenüber der politischen Leitung auch mitverantworten. Daher werden bei der Besetzung von Spitzenposten in Zukunft Auslandserfahrung, sowie Bewährung und Erfahrung als militärischer Führer eines Einsatzverbandes im Ausland an Bedeutung zunehmen und immer mehr zum unverzichtbaren Bestandteil der militärischen Auslese gehören müssen.

Generalinspekteur und eine große Anzahl von Generalen und Admiralen werden über eine möglichst breite und angemessene Führungserfahrung in internationalen Einsätzen verfügen müssen. Gemeinsames Kennzeichen dieser Verwendungen ist, dass sie sich im Grenzbereich zwischen militärischer Führung in latent kriegerischem Umfeld und Diplomatie bewegen. Diese war jedoch in dem knappen Jahrzehnt von Auslandseinsätzen der Bundeswehr bisher nur begrenzt aufzubauen. Allerdings hat es sich geändert, und die Weichen sind bereits gestellt. In den letzten zehn Jahren haben folgerichtig zahlreiche hohe Offiziere – diese künftig für hohe Führungspositionen unverzichtbare – Erfahrung als militärische Führer bei Auslandseinsätzen sammeln können.

Die bisweilen geäußerte Kritik am „Machtzuwachs des Generalinspekteurs" ist sehr oft von Polemik durchtränkt. Doch bei der Stärkung seiner Stellung geht es nicht um innenpolitische Macht, sondern um Optimierung der Führungsstrukturen und damit letztlich um die Verbesserung der Streitkräfte als militärischem Instrument der Politik. Während der Zeit des Kalten Krieges war dies nicht vorrangig. Die militärstrategischen Weichen wurden in Washington und Brüssel gestellt, nicht aber in Bonn. Und die operativen Planungen waren Sache der NATO-Kommandobehörden. Die deutsche operative Führung endete auf der Korpsebene. Kanzler, Verteidigungsminister und Generalinspekteur hätten die Entwicklung der militärischen Lage nach Ausbruch eines Krieges an Monitoren im Regierungsbunker zwar mitverfolgen, aber kaum noch beeinflussen können. Bisweilen hatte es den Eindruck, als verschanzten sich die deutschen Politiker hinter dieser passiven Regelung. Es war bequem, dass von ihnen keine Entscheidungen verlangt wurden. Besonders kam dies zum Ausdruck während des 2. Golfkrieges. Unter Hinweis auf ein vermeintliches Verfassungsverbot brauchte über eine deutsche Beteiligung weder nachgedacht, noch diskutiert zu werden.

Doch mit der Erweiterung des Aufgabenspektrums der Bundeswehr war diese Passivität nicht mehr zu halten, und das Urteil des Bundesverfassungsgerichtes von 1994 ließ die „Seifenblase," das Grundgesetz verböte einen solchen Einsatz, platzen. Schnell wurde akzeptiert, dass jede Verbesserung des militärischen Einsatzes direkt der politischen Handlungsfähigkeit dient; mit anderen Worten: je besser die Streitkräfte, desto größer der politische Spielraum.

Der Generalinspekteur ist im seinem Amt kein „Einzelkämpfer," doch wer sind seine Berater? Der oberste Soldat der Bundeswehr verfügt über ein breites Spektrum an militärpolitischem und militärischem Fachwissen. Zunächst kann er sich auf einen eigenen Stab, den „Führungsstab der Streitkräfte" (Fü S), mit einer großen Zahl an erfahrenen Spezialisten aller Teilstreitkräfte abstützen. Die tägliche Arbeit gestaltet sich im Dreier- bzw. Viergespann zwischen dem Generalinspekteur, seinen beiden Stellvertretern – Drei-Sterne-Generale oder Admirale -, dem „Chef des Führungsstabes," – einem Zwei-Sterne-General oder -Admiral -, der die Arbeit des Stabes koordiniert und zum Teil auch mit dem Adjutanten des Generalinspekteurs, einem Obersten oder Kapitän zur See. Der letztere Dienstposten zählt – wie z. B. der des Referatsleiters Fü S III (Militärpolitik) – auch zu besonderen „Sprungbrettern auf der Karriereleiter;" eine Reihe hoher und höchster Offiziere ist von hier aus zu ihrem beruflichen Höhenflug gestartet. Die Zusammenarbeit dieses Teams ist von großer Bedeutung für Arbeit und Wirken des Generalinspekteurs. De Maizière schreibt über seinen damaligen Stellvertreter:

„Die Zusammenarbeit mit Büchs (= Generalleutnant) war nicht immer einfach. Ein ausgeprägtes Selbstwertgefühl verband sich mit hoher Sensibilität, die ihn gelegentlich überempfindlich reagieren ließ. Infolgedessen neigte er auch dazu, auftretende Schwierigkeiten zunächst überzubewerten. ... Dennoch bildeten Büchs und ich ein >gutes Gespann,< gerade weil unsere Stärken und Schwächen auf verschiedenen Gebieten lagen und wir einander dadurch ergänzten." [223]

Für die Beratung in militärpolitischen Fragen ist der Stabsabteilungsleiter Fü S III, ein Zwei-Sterne-General oder – Admiral, sein engster Berater. Dieser Posten war bereits in der Vergangenheit für nicht wenige Spitzenmilitärs die Startrampe für „höhere und höchste Weihen;" die Generalinspekteure Brandt, Altenburg und Naumann gehören dazu. Die Informationen über die innerhalb seines Stabes anliegenden Probleme erhält er durch die tägliche Konferenz (= „Fü S – Lage") seiner Stabsabteilungsleiter – Brigadegenerale oder Flottillenadmirale, – die der Chef des Stabes leitet. Für Rechtsfragen steht ihm ein eigener Rechtsberater zur Verfügung. Ein wichtiger Aspekt dabei ist, dass Generalinspekteur und die ihm nachgeordneten Vorgesetzten seines Stabes weitgehend auf die Loya-

---

223 Maizière, Ulrich de In der Pflicht S. 296

lität der Mitarbeiter des Stabes vertrauen können; Indiskretionen aus politischen oder persönlichen Gründen sind selten. Nicht auszuschließen aber ist, dass der eine oder andere Offizier – als „Souffleur oder „graue Eminenz" im Hintergrund – der Versuchung nicht widerstehen kann, sein Detailwissen auszuspielen und in Einfluss umzusetzen. Eine andere Gefahr liegt in dem latenten Hang zu „vorauseilendem Gehorsam," den es allerdings nicht nur beim Militär gibt. Dabei werden nur solche Optionen erarbeitet und vorgelegt, von denen der Bearbeiter annimmt, diese lägen auf der von seinen militärischen oder politischen Vorgesetzten bevorzugte Linie.

Im externen Bereich ist an erster Stelle der „Einsatzrat" (vormals: „Militärischer Führungsrat") zu nennen, in dem er sich die Expertise der Inspekteure der Teilstreitkräfte einholen kann. Allerdings stoßen sich hier bereits die oft konträren Interessen der Teilstreitkräfte, vor allem, wenn es um die Verteilung der Pfründe, sprich Haushaltsmittel, geht. Auf den internationalen Bereich von NATO und EU kann sich der Generalinspekteur ebenso abstützen wie auf das nachgeordnete Zentrum für Nachrichtengewinnung und ein weltweites Netz von Militärattaché-Stäben. Überdies hält der Generalinspekteur engen Kontakt zu seinen Amtskollegen in den anderen Mitgliedsstaaten der NATO. Letztlich besitzt er das Inspektionsrecht und kann sich aus eigener Anschauung ein Bild vom Zustand der Truppe und ihren Einsätzen und Aufgaben im In- und Ausland machen. Insgesamt ist es eine breite Basis, auf der er seine Entscheidungsfindung aufbauen und diese dann als Vorschläge in seiner Rolle als Berater des Ministers und der Bundesregierung verwenden kann.

Welchen Freiraum hat ein Generalinspekteur bei der Umsetzung seiner Vorstellungen? Zum einen ist dies davon abhängig, wie er sich selbst, seine Aufgabe und seine Möglichkeiten beurteilt und einschätzt. Jeder Generalinspekteur hat dies bisher auf unterschiedliche Weise interpretiert und umgesetzt – introvertiert und extrovertiert, akzentuiert oder mehr in der Stille wirkend. Der Spielraum ist auch von der persönlichen Konstellation zwischen ihm und dem Minister abhängig, und davon, ob und wie viel der Politiker dem Militär einzuräumen bereit ist. Schwache Minister neigen tendenziell wohl eher dazu, den obersten Soldaten unter Kuratel, im Halbschatten zu halten. Bei selbstsicheren Ministern hingegen wird die „Leine" des Generalinspekteurs länger gelassen. Überdies darf nicht übersehen werden, dass sich die Beziehung zwischen Politikern und Militärs auch im Kräfteparallelogramm von Öffentlichkeit, den jeweiligen Regierungsparteien und den Medien abspielt.

Die Amtsinhaber

Die ersten beiden Jahre nach ihrer Gründung wuchs die Bundeswehr ohne einen Soldaten an ihrer Spitze, gleichsam „vaterlos," auf. Zwar wurden anfangs mehrere Namen ehemaliger hochrangiger Soldaten gehandelt, u. a. auch Generalfeldmarschall von Manstein (1887-1973), doch standen populäre Offiziere der ehemaligen Wehrmacht aus unterschiedlichen Gründen für einen Dienst an der Spitze der Bundeswehr nicht zur Verfügung: Feldmarschall von Manstein, sowie die Generale der Panzertruppen Leo Reichsfreiherr Geyr von Schweppenburg (1886-1974) und Ludwig Crüwell (1892-1958) waren altersmäßig weit jenseits der Pensionsgrenze. Generaloberst Heinrich von Vietinghoff-Scheel starb bereits 1952. Der hochdekorierte [224] Generalleutnant der Luftwaffe Adolf Galland (1912-1996), einer der Favoriten für die neue Bundesluftwaffe, soll den Dienst in der Bundeswehr abgelehnt haben. Ihre Namen zeigen, dass man nach einer Leitfigur, einer militärischen Führerpersönlichkeit suchte, wusste man doch um deren Integrationswert nach innen und in die Bevölkerung hinein.

Strauß hatte zuerst den General der Panzertruppen a.D. Walther Wenck [225] als Kandidaten für das Amt des höchsten Soldaten im Auge. Als Wenck gefragt wurde, ob er sich dem Dienst in der Bundeswehr zur Verfügung stellen würde, – er passte zu diesem Zeitpunkt mit 55 Jahren exakt in das Alterschema – stellte er mehrere Bedingungen: Er beanspruchte die Bezeichnung Oberbefehlshaber, nicht Inspekteur, wollte den gleichen Rang wie der zivile Staatssekretär und bestand auf Unterstellung der Personalabteilung für die Soldaten. Darüber hinaus lehnte er -zumindest für seine Person – die Prüfung durch den „Personalgutachterausschuss" ab – nicht, weil er etwas zu verbergen hatte, sondern weil er dies als ehrenrührige Zumutung empfand. Überdies forderte er die Einführung des allgemeinen Vorgesetztenverhältnisses und die allgemeine Grußpflicht. Der Forderungskatalog zeigt jedoch, dass Wenck – bei aller persönlicher und militärischer Qualifikation – die Zäsur des Krieges und die sich daraus ergebenden Veränderungen nicht erkannt hat. Kein Politiker konnte ihm da-

---

224 Galland wurde im Januar 1942 – nach Werner Mölders – als 2. Soldat der Wehrmacht mit dem Ritterkreuz des Eisernen Kreuzes mit dem Eichenlaub mit Schwertern und Brillanten ausgezeichnet.

225 Wenck, am 18. September 1900 in Wittenberg als 3. Sohn des späteren Oberstleutnants Maximilian Wenck geboren, war mit nur 44 Jahren der jüngste Armeeführer im 2. Weltkrieg. Als Oberbefehlshaber der 12. Armee gelang es ihm, einen schmalen Korridor zwischen der Elbe nördlich Magdeburg und Potsdam offenzuhalten. Tausende von Zivilisten und verwundeten Soldaten, sowie seine Kampftruppen gelangten durch diesen Schlauch nach Westen und entgingen damit russischer Kriegsgefangenschaft.

mals diese Maximalforderungen, von denen die Bundeswehr selbst fünfzig Jahre später noch weit entfernt ist, erfüllen. So verzichtete er auf eine Übernahme in die Bundeswehr und blieb in der freien Wirtschaft. Am 1. Mai 1982 starb Wenck bei einem Verkehrsunfall. Nach dem Ausscheiden Wencks standen nur noch zwei Kandidaten zur Auswahl: Speidel und Heusinger. Schmückle schreibt, Strauß habe zunächst Heusinger für den Auslandsposten (= Oberbefehlshaber der Landstreitkräfte Europa Mitte) vorgesehen, da

„er befürchtete, Speidels Kriegstätigkeit in Frankreich könnte Spuren hinterlassen haben, die besser verwischt blieben. Nicht, daß er glaubte, Speidel habe gefehlt. Wohl aber konnten geschickte Drahtzieher ihm Handlungen unterschieben, die nicht er, sondern andere veranlaßt hatten." [226]

Einige Jahre später sollte sich die Ahnung von Strauß übrigens bestätigen, als de Gaulle im Herbst 1963 die Ablösung Speidels bei Adenauer durchsetzte.

Doch als dann Speidel den NATO-Posten – nach „sanftem Druck auf Strauß durch einen amerikanischen und einen französischen NATO-General" [227] – antrat, blieb nur Heusinger als einziger Kandidat für den höchsten Dienstposten der Bundeswehr. Er wurde als ranghöchster Soldat der jungen Bundeswehr auf den Schild gehoben, obgleich er jenem offenbar anfangs favorisierten Idealbild nicht entsprach.

General Adolf **Heusinger** wurde am 1. Juni 1957 – gegen den erklärten Willen des Personalgutachterausschusses, der ihn am 14./15. Oktober 1955 wie folgt beurteilt hatte: „Persönlich geeignet zur Einstellung, außer für die obersten militärischen Stellen." [228] – auf Vorschlag von Minister Strauß zum ersten Generalinspekteur der Bundeswehr ernannt. Unklar ist, aufgrund welcher Kriterien diese Einschränkung zustande kam, denn es ist ein hartes Urteil, das überdies in der Rückschau keinen Bestand hat. Vermutlich aber orientierte sich ihre Vorstellung von Rolle, Aufgabe und Persönlichkeit des obersten Soldaten noch am traditionellen Bild der Vergangenheit.

Auch Kießling ist skeptisch gegenüber Heusinger. Er erwähnt die Einschränkung des Personalgutachterausschusses und schreibt dann:

„Die damaligen Politiker hatten ganz offensichtlich noch realistischere Vorstellungen von der Rolle eines Generalinspekteurs. Da dem Verteidigungsminister Franz Josef Strauß eine andere personelle Konstellation nicht glückte, wurde Heusinger schließlich doch Generalinspekteur." [229]

Dies ist zutreffend, aber genau diese Aufgaben, die dem Ausschuss offenbar vorschwebten, wurden dem Generalinspekteur später seitens der Politik gerade nicht zugewiesen. Entsprechend alter militärischer Gepflogenheit meldete sich Heusinger mit neuem Dienstgrad bei Generalfeldmarschall von Manstein und den Generalobersten a.D. Halder und Reinhardt – manche warfen ihm damals diese militärische Geste der Höflichkeit als unangemessen für die neue Zeit vor. Heusinger wäre sicherlich wegen seiner menschlich warmen Art auch ein ausgezeichneter Truppenführer geworden. Dass er diese Chance nicht erhielt, ist in erster Linie ein Ergebnis der Personalplanung und stellt die Frage nach den Kriterien der Führerauswahl. Heusinger strahlte ruhige Sachlichkeit aus. Er bevorzugte „Pastelltöne" in seinem Auftreten, war er doch der Meinung, in den Nachkriegsjahren käme es mehr darauf an, Vertrauen zu erwerben, denn laut und selbstbewusst aufzutreten. Heusinger hatte recht. De Maizière urteilt wie folgt:

„Sein bescheidenes und zurückhaltendes Auftreten war frei von Pathos. Er konnte aufmerksam zuhören und Vorschläge unvoreingenommen prüfen. Immer war er beherrscht. Ich habe ihn nie laut oder erregt erlebt, selbst wenn er Grund dazu gehabt hätte. Er verabscheute es, >mit der Faust auf den Tisch zu schlagen<, was ... dynamische Truppenführer ... kritisiert haben. Heusinger litt unter dieser Kritik, ..." [230]

Überdies lag er mit diesen Eigenschaften auf einer Wellenlänge mit Bundespräsident Heuss. Ein Ergebnis dieser bescheidenen Zurückhaltung ist auch, dass er die Erfahrungen seines langen und wechselhaften Lebens auch später in den fast zwei Jahrzehnten zwischen Pensionierung und Tod im Jahre 1982 nicht selbst in einem Buch niedergeschrieben hat. Nüchtern stellte er fest:

„Ich bin nicht so kühn, die Geschichte korrigieren zu wollen. Denn die Wahrheit kann der einzelne doch nicht finden, ..." [231]

Auch seine tiefe Verankerung im christlichen Glauben darf als Quelle der Kraft nicht unerwähnt bleiben:

„Wer sein Gewissen nicht zum Schweigen kommen lässt, wer fest in seinem Glauben an Gott steht, ..., der empfängt auch Hilfe – Hilfe, die im täglichen Leben und bis in die schwersten Stunden hinein zu spüren ist. Das alles gilt nicht nur für den General ..... Ein jeder hat sein Tun und Lassen vor seinem Gewissen und vor Gott zu klären." [232]

226 Schmückle, Gerd Ohne Pauken und Trompeten S. 140
227 siehe: Schmückle, Gerd a.a.O. S. 141
228 zitiert in: Meyer, Georg Vom Kriegsgefangenen zum Generalinspekteur S. 281
229 Kießling, Günter Versäumter Widerspruch S. 365.
230 Maizière, Ulrich de In der Pflicht S. 196
231 zitiert in: Weinstein, Adalbert Ein halbes Jahrhundert Soldat in: Adolf Heusinger-Schriftenreihe Innere Führung Beiheft 3/87 S. 386
232 Heusinger auf dem Evangelischen Kirchentag in München am 14. August 1959 in: Adolf Heusinger – Schriftenreihe Innere Führung Beiheft 3/87 S. 252 f-

In einer Rede vor Fähnrichen und Offizieranwärtern der Heeresoffiziersschule II in München am 4. Februar 1959 führte Heusinger aus:

„Seien Sie sich klar darüber, daß die Fürsorge für die Untergebenen die vornehmste Pflicht des Vorgesetzten immer war und bleiben muß. Darüber hinaus seien Sie bescheiden als Mensch, bescheiden als Vorgesetzter. ... Jede Armee ist so gut oder so schlecht, wie ihr Offizierskorps." [233]

Heusinger wurde am 4. August 1897 im niedersächsischen Holzminden geboren. Lediglich unter den Vorfahren seiner bereits 1913 verstorbenen Mutter Charlotte gab es Offiziere. Ein Urgroßvater hatte – in englischen Diensten – gegen Napoleon gekämpft. 1915 trat Adolf Heusinger als Freiwilliger in das Infanterieregiment 96 in Gera ein und sammelte im Ersten Weltkrieg an der Westfront, u. a. an der Oise und Aisne, vor Verdun, in Flandern und an der Somme, zunächst als Fähnrich und ab 1916 als Leutnant Fronterfahrung; dabei wurde er zweimal verwundet und mit beiden Stufen des Eisernen Kreuzes ausgezeichnet. Ende 1919 aus britischer Gefangenschaft entlassen, trat er als Leutnant am Neujahrstag 1920 in das III. Bataillon des Infanterieregiments 15 der Reichswehr in Kassel unter Regimentskommandeur Oberstleutnant von Wulffen ein. Dieses Regiment war im Raum Kassel – Gießen – Eisenach und Marburg an der Lahn stationiert und unterstand der 5. Division in Stuttgart. Von 1927 bis 1930 absolvierte er die dreijährige Generalstabsausbildung. Seine Zeit in der Truppe war kurz: nur ein Jahr, von 1934/35 führte er die 13. Kompanie im Infanterieregiment 18 in Paderborn – seine letzte Verwendung in der Truppe. Von Oktober 1935 bis April 1937 war er – inzwischen Major – Erster Generalstabsoffizier („I a") der 11. Infanteriedivision in Allenstein. 1937 kam er in die Operationsabteilung des Generalstabs des Heeres und trat 1940 als Oberst an deren Spitze. Hier begegneten ihm sowohl Josef Kammhuber, der spätere erste Inspekteur der Luftwaffe als auch der spätere Generalinspekteur de Maizière. 1941 wurde Heusinger Generalmajor und 1943 Generalleutnant. Beim Attentat auf Hitler am 20. Juli 1944 wurde er schwer verletzt und danach als „Mitwisser" verhaftet. Sein Nachfolger wurde Oberst i.G. Bogislaw von Bonin.

Im Zweiten Weltkrieg hatte Heusinger kein Frontkommando inne. Jedoch daraus mangelnde Eignung zum Truppenführer abzuleiten, ist falsch – im Gegenteil.

Wegen seiner überragenden operativen Fähigkeiten konnte und wollte man offenbar auf ihn im Hauptquartier des Generalstabs der Heeres – „trotz mehrfacher Versuche, eine andere Verwendung zu erhalten" [234] – nicht verzichten. Heusinger war in der Tradition eines Becks, von Mansteins und Halders aufgewachsen und hatte sie fortgesetzt. Doch er war der letzte in dieser Reihe, denn das operative Wissen und Können konnte

danach nicht mehr weitergetragen werden. Nur bei Planübungen an der
Karte wurde sie bisweilen reaktiviert. Doch spätestens mit dem Zerfall des
Ostblocks war die Epoche möglicher raumgreifender Operationen in
Europa vorüber.

Nach der Gefangenschaft, aus der Heusinger erst 1948 zurückkehrte,
arbeitete er zwei Jahre in der „Organisation Gehlen," dem späteren Bun-
desnachrichtendienst, in Pullach. Dies war zugleich das Sprungbrett für
die Fortsetzung seines militärischen Berufsweges. Im Oktober 1950 gehörte Heusinger zur Expertengruppe ehemaliger Offiziere, die im Eifelkloster Himmerod die ersten Skizzen der neuen deutschen Streitkräfte
entwarf. Er leitete die Arbeitsgruppe „Organisation," der auch der spätere
erste Inspekteur des Heeres Röttiger und der spätere Vier-Sterne-General
Graf Kielmansegg angehörten. Danach trat er in das „Amt Blank" ein.
Zusammen mit einer kleinen Gruppe von Mitarbeitern schuf Heusinger
dort in den fünf Jahren bis 1955 nicht nur die Basis für die später aufzustellenden deutschen Streitkräfte, sondern bildete auch den dazu gehörenden sicherheitspolitischen Rahmen.

So legte er am 31. März 1952 dem Leiter der Dienststelle, Theodor
Blank, eine „Beurteilung der militärischen Lage eines nach dem sowjeti-
schen Vorschlag neutralisierten Gesamtdeutschlands" vor und begab sich
damit in das politische Minenfeld um die erste der „Stalin-Noten" vom
Frühjahr 1952. Er verwarf die Neutralität und behielt langfristig recht.
Kanzler Adenauer, „der von Militärs im allgemeinen keine hohe Meinung
hatte, glaubte ihm (= Heusinger) und schenkte ihm viel Vertrauen." [235]
Adenauer hat ihm für seine Arbeit mehrmals auch schriftlich gedankt. [236]

Die zwei Jahre bis zur Einrichtung des Amtes eines Generalinspekteurs
waren aus organisatorischer Sicht nicht unproblematisch, wurden aber
gemeistert. De Maizière schreibt dazu:

*„Das Nebeneinander von Speidel und Heusinger mit sich überschnei-
denden Kompetenzen stellte nicht nur die Generale vor eine sachliche und
menschliche Bewährungsprobe, sie bereitete auch ihren alten Mitarbeitern
Kopfschmerzen. ... Speidel (war) mein unmittelbarer Vorgesetzter geworden. Andererseits konnte Heusinger sein Amt als Vorsitzender des Militärischen Führungsrates ohne laufende Information über die gerade in
meiner Unterabteilung zu bearbeitenden Vorgänge nicht sachgerecht wahrnehmen. Ich entschloß mich daher, Heusinger regelmäßig ... vorzutragen,*

---

233 in: Adolf Heusinger – Schriftenreihe Innere Führung – Beiheft 3/87 S. 241
234 Bericht Heusingers vom 27.01.1947 in: BMVg Schriftenreihe Innere Führung Beiheft
     3/1987 S. 18 f.
235 Maizière, Ulrich de In der Pflicht S. 196
236 siehe: Adolf Heusinger – Schriftenreihe Innere Führung Beiheft 3/87 S. 55 f.

was dieser dankbar entgegennahm. Speidel, ..., ließ mich merken, daß er den direkten Kontakt zu Heusinger nicht gerade gerne sah, er verbot ihn aber auch nicht." [237]

Heusingers formeller Start an der Spitze der Bundeswehr war schwierig. Der Kalte Krieg verschärfte sich, und Kriegswolken verdunkelten den Himmel. Die junge Bundesrepublik wäre in diesen Jahren im Falle einer Konfrontation einem Angreifer wehrlos ausgeliefert gewesen. Um dieses Risiko zu verringern, musste die Herkulesarbeit der Wiederaufrüstung möglichst schnell, was hieß schneller als verkraftbar geleistet werden – mit all ihren Tücken und Fallstricken. Im Juni 1957 kamen beim ersten, großen Unglück in der Geschichte der Bundeswehr 15 wehrpflichtige Soldaten ums Leben. Die mangelnde und noch nicht eingespielte Auszahlung des Wehrsoldes führte zu zwei Meutereien.

Aus der Bevölkerung kam massiver Widerstand – nicht nur gegen die neuen Streitkräfte, sondern auch gegen die Pläne eines Nukleareinsatzes. Es waren Waffen, deren gewaltige, zerstörerische Wirkung die Deutschen nur aus Erzählungen und Filmen kannten. Führende Atomwissenschaftler, u. a. Otto Hahn, Werner Heisenberg und Carl Friedrich von Weizsäcker votieren am 12. April 1967 gegen die atomare Bewaffnung der Bundeswehr. Hinzukam die Befürchtung, Adenauers Weg der Westbindung würde die deutsche Teilung für immer zementieren. Themen, die polarisierten und das Land an eine geistige Zerreißprobe führten.

Ende 1958 kam es zu einer Kleinen Anfrage der SPD-Fraktion, weil Heusinger sich kritisch gegen die Aktion „Kampf dem Atomtod" gewandt hatte, die nicht dem Frieden, sondern der sowjetischen Politik diente. Gleichwohl gab es unter den führenden Militärs – bei Heusinger und vor allem beim Heeresinspekteur Röttiger – große Skepsis gegen die Atomwaffen, vor allem gegen die Interpretation Adenauers, bei den taktischen Atomwaffen handelte es sich nur um eine Art überdimensionaler Artillerie.

Parallel dazu wurde Heusinger – sicherlich nicht völlig zu Unrecht – wegen der hochgesteckten Planungsziele beim Aufbau der Bundeswehr angegriffen – auch von Kameraden. Sein ehemaliger Vorgesetzter von Manstein bezeichnete gegenüber Minister Strauß die Bundeswehrplanung Heusingers und Blanks als „illusionär." Innerhalb des Offizierkorps beklagte man sich über die Unzulänglichkeiten beim Aufbau und der Ausbildung – Improvisation statt Planung. Die Schuld wurde schnell nach oben geschoben, auf jene, die „nie Truppe geführt hatten" – Heusinger eingeschlossen. Als dieser seine Geburtsstadt Kassel besuchte, untersagte SPD-Oberbürgermeister Lauritz Lauritzen (1910-1980), der spätere langjährige Abgeordnete des Deutschen Bundestages und u. a. Bundesminister für Verkehr, sogar den Besuch im Bild festzuhalten – es war politisch nicht opportun, sich mit Soldaten ablichten zu lassen. Auch die Zusammenarbeit mit dem achtzehn Jahre jüngeren Minister Strauß war nicht unproblematisch. Noch vor seinem Amtsantritt hatte Strauß ihn in einer Frage der Bundeswehrplanung scharf zurechtgewiesen und sich verbeten, dass Heusinger innen- und außenpolitische Überlegungen in seine Entscheidungsfindung einfließen ließ. Auch in der Folgezeit kam es wegen der Aufbauplanung wiederholt zu Konflikten zwischen Heusinger und Strauß. Bei einer Besprechung der Abteilungsleiter im Jahre 1958 hatte Heusinger vorgetragen, dass die Aufstellung von 360.000 Soldaten innerhalb von fünf Jahren – trotz ursprünglicher Planung – nicht zu halten sei. Daraufhin, schreibt Strauß, „bekam er von mir einen Anpfiff." Heusinger fühlte sich durch Ton und Inhalt verletzt und wollte seinen Abschied nehmen. Doch er legte sein Rücktrittsgesuch Strauß nicht persönlich vor, sondern bat den Inspekteur der Marine, Vizeadmiral Ruge, dies für ihn zu tun. Diese Art des indirekten Agierens ist ein deutliches Indiz für die nicht störungsfreie Zusammenarbeit zwischen Heusinger und Strauß. Vielleicht wählte Heusinger auch diesen Weg, um sich keinem Angriff des impulsiven Ministers auszusetzen. Doch Strauß nahm den Rücktritt nicht an und wies den Überbringer ab:

„Herr Admiral, ..., nehmen Sie den Brief wieder mit, ich öffne ihn gar nicht. Gehen Sie zum Herrn Generalinspekteur und sagen Sie ihm, er habe nach wie vor mein Vertrauen. Ich erwarte von einem General, daß er seine Pflicht erfüllt und keine Rücktrittsgesuche schreibt. Auch ein hoher Soldat muß einen Anpfiff vertragen." [238]

In seinen Erinnerungen nennt Strauß die Generale Heusinger und Speidel seine wichtigsten Berater. Doch scheint er sich im kleinen Kreis bisweilen negativ über beide geäußert zu haben. Als dies einmal Adenauer zu Gehör kam, fürchtete er, die beiden Generale könnten ihre Demission einreichen, würden sie davon erfahren. [239] Überdies entsprach das „unbeherrschte und unnötig grobe" Wesen von Strauß im Umgang mit seinen höchsten Mitarbeitern nicht der neuen Menschenführung in den Streitkräften. Andererseits hatte Strauß seinem obersten Soldaten Prokura hinsichtlich der Überwachung des Aufbaues der Bundeswehr erteilt und Weisung gegeben, dass alle Abteilungen dem Generalinspekteur zuarbeiten sollten.

„Strauß ließ Heusinger zu sich kommen. Er befahl ihm, eine neue realistische Planung zu entwerfen. Rein militärisch. Politische Rücksichten brauche er nicht zu nehmen. Die alte Konzeption könne er vergessen. Seinen

---

237 Maizière, Ulrich de In der Pflicht S. 195
238 Strauß, Franz Josef Die Erinnerungen S. 279
239 Adenauer – Heuss Unter vier Augen S. 222

neuen Vorschlag jedoch möge er sich dreimal überlegen. Eine nochmalige, spätere Änderung gebe es nicht. General Heusinger reagierte geschmeidig. Er veränderte seine bisherige Planung bis zur Unkenntlichkeit. .... Strauß staunte nicht schlecht, als Heusinger ihm sein neues Programm vortrug. So flexibel hatte er sich deutsche Generale nicht vorgestellt." [240]
Im Mai 1957 besuchten Lehrgangsteilnehmer der Heeres-Akademie in Bad Ems den Deutschen Bundestag. Daraufhin erließ der ebenfalls anwesende Staatssekretär Rust die Weisung, die Teilnahme zahlreicher in Uniform erschienener Offiziere an einer Plenarsitzung sei unerwünscht – eine unglaubliche Fehlentscheidung vor dem Hintergrund des Konzepts des Staatsbürgers in Uniform, die gleichzeitig ein Schlaglicht auf das Verhältnis zwischen Bundeswehr und Öffentlichkeit wirft. Es war eine unzulässige Übersteuerung des Militärischen durch einen zivilen Beamten, die eine Verletzung des Primats der Politik durch einen Beamten darstellte.

Nach dem Iller-Unglück im Juni 1957 ließ Heusinger das „Soldatenhilfswerk"[241] einrichten, das unverschuldet in Not geratenen Soldaten und deren Familien unbürokratisch hilft.

1957 wandte sich Adenauer mit einer Frage zur sowjetischen Nuklear- und Raketenbewaffnung an General Heusinger. Doch das Verteidigungsministerium war offenbar uninformiert. Und so gab Heusinger dem Kanzler eine falsche Auskunft. Adenauer – erbost darüber – nahm nur deshalb von einer Ablösung Heusingers Abstand, weil er politisches Aufsehen vermeiden wollte. [242] Da Generalmajor a. D. Reinhard Gehlen (1902-1979), [243] der Präsident des „Bundesabwehrdienstes," jedoch konkrete Informationen liefern konnte, ist nicht auszuschließen, dass dies auch ein geschickter Schachzug aus Pullach war, um den „Dienst" aufzuwerten.

Als die Bundeswehr Gestalt annahm, waren es die beiden im Dienstgrad Niedrigeren der ehemaligen Offiziere, Heusinger und Speidel, die an die Spitze der neuen Streitkräfte traten. Beide bekleideten bei Kriegsende zwar „nur" den Rang eines Generalleutnants (d. h. den eines Zwei-Sterne-Generals nach den Dienstgradstufen der Wehrmacht), waren aber mit Geburtsjahrgang 1897 geringfügig lebensjünger als die Drei-Sterne-Generale und -Admiral (General der Panzertruppen bzw. General der Flieger, bzw. Vizeadmiral) Röttiger, Kammhuber (beide 1896) und Ruge (1894). Dem zurückhaltenden Heusinger stand der lebhafte Speidel gegenüber. Ihre Kompetenzen waren anfangs nicht klar gegeneinander abgegrenzt. [244] Dennoch urteilt de Maizière, es sei eine

„glückliche Entscheidung Adenauers gewesen, Heusinger und Speidel schon früh zur Mitarbeit zu berufen und ihnen die militärische Verantwortung für die Vorbereitung und Durchführung des Aufbaus der Bundeswehr anzuvertrauen. ... wurden sie von uns Jüngeren mit respektvollem Unterton

*gerne die >Zwillinge< genannt, auch wenn es sich offensichtlich um zweiei-
ige Zwillinge handelte."* [245]

Speidels Werdegang führte ins Ausland und nicht auf den Sessel des
Generalinspekteurs – eine Entscheidung, die vor allem dem Wunsche
Speidels entsprach. Auch General Baudissin blieb der Aufstieg an die Spit-
ze der Armee, die er wesentlich mit geprägt und gestaltet hat, verwehrt. Es
ist müßig zu fragen, ob und wie sich die Bundeswehr unter deren Führung
ge- und verändert hätte. Vor allzu großen Hoffnungen sollte jedoch gewarnt werden, ist doch der Einfluss auch der Generalinspekteure auf die
Truppe letztlich eng begrenzt. Trotz bisweilen differierender politischer
Ansichten war das Ansehen der Führungsspitze der Anfangsjahre der
Bundeswehr als militärische Fachleute hoch. So sagte Gerstenmaier vor
dem Plenum am 10. Mai 1957:

*„Ich gründe meine Weisheit auf das, was zu diesem Punkt (Anm.: zur
atomaren Bewaffnung der Bundeswehr) sehr viel Sachverständigere als ich
gesagt haben, nämlich die Generale Heusinger und Speidel."* [246]

Heusinger ist es gegen alle Widerstände gelungen, einen Teil des Misstrauens gegen die Soldaten abzubauen. Er war in den Jahren des Aufbaues
der richtige Mann an der richtigen Stelle. Heusinger politisierte nicht.
Vielleicht war auch sein Mut zu politischem Widerspruch verbraucht. Er
vertrat zwar loyal den Kurs Adenauers, zu loyal vielleicht. Gleichwohl war
er aber auch bei der SPD als Fachmann geschätzt. In einem Gespräch mit
dem SPD-Abgeordneten Ernst Paul hatte Heusinger geäußert, die Stärke
der Bundeswehr dürfte 360.000 Mann nicht überschreiten. [247] Dennoch
forcierte er jene vorgegebene halbe Million Soldaten. Er baute auf seinen
sicherlich veralteten Erfahrungen an der Front im Ersten Weltkrieg auf,
glaubte aber auch, das Rad nicht mehr zurückdrehen zu können. Bei der
Frontenbildung zwischen „Reformern" und „Traditionalisten" stand Heusinger auf der Seite von Graf Baudissin.

Im Jahre 1959 wurde er – wie auch andere Generale der Bundeswehr
– das Ziel diffamierender Angriffe aus der Sowjetunion. Er habe für Hitler

---

240 Schmückle, Gerd Ohne Pauken und Trompeten S. 136
241 Das „Bundeswehrsozialwerk" (heutiger Name) hat bis Ende 2004 ca. 23 Millionen zu
    diesem Zweck gesammelt.
242 siehe: Adenauer – Heuss Unter vier Augen S. 257
243 Gehlen, seit 1920 in der Reichswehr, wurde 1942 Chef der Abteilung Fremde Heere Ost.
    Im Juli 1946 baute er die „Organisation Gehlen" auf, aus der im Jahre 1956 der
    Bundesnachrichtendienst (BND) entstand, dessen Leitung Gehlen bis 1968 innehatte.
244 Maizière, Ulrich de In der Pflicht S. 195
245 Maizière, Ulrich de a. a. O. S. 197 f.
246 Gerstenmaier, Eugen Reden und Aufsätze Bd. 2 S. 321
247 Paul, Ernst MdB Parlamentarische und politische Erfahrungen S. 173

den Überfall auf die Sowjetunion („Fall Barbarossa"), sowie einen Plan zum Überfall auf die Schweiz ausgearbeitet. Moskau verlangte später sogar offiziell auf diplomatischem Wege von den USA die Auslieferung des zwischenzeitlich zum Vorsitzenden des NATO-Militärausschusses avancierten und in Washington residierenden Heusingers.

Im März 1960 leistete die Bundeswehr zum ersten Male in ihrer Geschichte Katastrophenhilfe außerhalb des eigenen Landes. Sanitätseinheiten und Luftwaffen-Transportverbände wurden zur Hilfeleistung nach Marokko in das Erdbebengebiet bei Agadir entsandt. Im Jahre 1961 wechselte Heusinger – nur sechzehn Jahre nach dem Ende des Krieges – an die militärische Spitze des NATO-Bündnisses, ein hoffnungsvolles Zeichen für den Beginn der Versöhnung, zumindest mit den ehemaligen Gegnern im Westen.

Anlässlich seines 70. Geburtstages hatte General Heusinger im Jahre 1967 einen Preis für einen Absolventen des jeweiligen Generalstabslehrganges gestiftet, der „in Haltung und Leistung im Lehrgang so hervorgetreten ist, dass die Auszeichnung auch in den Augen seiner Lehrgangskameraden gerechtfertigt ist." Seither haben nicht wenige Offiziere – mit diesem schwergewichtigen Preis „im Tornister" – die militärischen Gipfel der Bundeswehr erklommen. Am 22. September 2004 übergab Bundeskanzler Schröder diesen Preis bei der Verabschiedungsfeier des 45. Generalstabs-/ und Admiralstabslehrgangs an der Führungsakademie in Hamburg, eine bisher einmalige Geste eines deutschen Regierungschefs. Zu seinem 85. Geburtstag hatte Bundestagspräsident Richard Stücklen darauf hingewiesen, dass sich in Heusingers Leben die „Unruhe und Veränderung der Zeit widerspiegelten" – er habe

„ ... in den fünfzig Dienstjahren als Soldat an zwei Kriegen teilgenommen, vier Uniformen getragen und vier Eide geleistet, seinen Dienst aber immer als Dienst am Vaterland begriffen. Der Neuaufbau der Streitkräfte der Bundeswehr sei aufs das engste mit seinem Namen verbunden." [248]

Heusinger erlebte die Wiedervereinigung nicht mehr; er starb am 1. Dezember 1982 und wurde in Oppenheim am Rhein beigesetzt. Kießling kritisiert zu Recht, dass Generalinspekteur Brandt bei der Beisetzung fehlte; die Gründe für die Nichtteilnahme sind unbekannt. Allerdings wurde dies mehr als ausgeglichen durch die Anwesenheit von Bundespräsident Carstens. Die Bundeswehr ehrte ihren ersten Generalinspekteur am 31. Oktober 1986 mit der Benennung einer Kaserne in Hammelburg nach seinem Namen.

Nur sechs Jahre bevor General **Foertsch** am 1. April 1961 als zweiter Generalinspekteur an die Spitze der Bundeswehr berufen wurde, war er erst aus zehnjähriger Kriegsgefangenschaft in der Sowjetunion heimgekehrt – einer der fast zehntausend deutschen Soldaten, die von den Vermittlungsbemühungen Adenauers in Moskau im September 1955 profitierten. Friedrich Foertsch wurde am 19. Mai 1900 im westpreußischen Drahnow geboren. Sein Vater war Landwirt, und die Familie hatte keine tiefverwurzelten militärischen Traditionen. Noch in den letzten Kriegsmonaten hatte sich der achtzehnjährige Friedrich Foertsch als Freiwilliger gemeldet und war als Fahnenjunker in das Westpreußische Infanterieregiment 175, in dem sein fünfzehn Jahre älterer Bruder Hermann als Leutnant bereits seit 1912 diente, eingetreten. Nach dem Ende des Ersten Weltkrieges war er zunächst im Freikorps „Feldmarschall Hindenburg," wurde dann aber im April 1922 als Leutnant in die Reichswehr übernommen und zum (Preußisch/ Braunschweigerischen) Infanterieregiment 17 nach Goslar versetzt. Das Regiment, im Januar 1921 aufgestellt, war im Raum Braunschweig – Göttingen – Goslar und Celle stationiert, unterstand zuerst der 31. Infanteriedivision und ab 1935 der 6. Division in Münster. Das Regiment führte die Tradition des alten Hannoverschen Jäger-Bataillons 10 weiter. In diesem Verband hatte von 1909 bis 1914 – Jahre bevor Foertsch in dieses Regiment kam – Heinz Guderian als Leutnant und später von 1920 bis 1922 als Hauptmann und Chef der 3. Kompanie gedient.

Von Oktober 1933 bis 1938 war Erwin Rommel als Major Kommandeur des III. (aktiven) Bataillons dieses Regiments. Da Foertsch Kompaniechef gewesen sein dürfte, war Rommel für etwa zwei Jahre – vermutlich zwischen 1930 und 1935 – der nächste Vorgesetzte von Hauptmann Foertsch.

Nach der Generalstabsausbildung kam Foertsch – kurz zuvor war er Major geworden – im Oktober 1938 als Zweiter Generalstabsoffizier „I b" (Logistik) zum III. Armeekorps nach Berlin. Im Oktober 1939 wurde er als „I a" zur 60. Infanteriedivision unter Generalleutnant Friedrich-Georg Eberhardt (1892-1964) versetzt und nahm mit ihr am Westfeldzug in Lothringen teil. Am 1. November 1940 wurde Foertsch zum Oberstleutnant befördert und zugleich Gruppenleiter I im Generalstab des Heeres. Am 1. Juni 1942 wurde er – unter gleichzeitiger Beförderung zum Oberst – versetzt und übernahm die Aufgabe des Ersten Generalstabsoffiziers („I a") der 18. Armee, die an der Ostfront im Rahmen der Heeresgruppe Nord unter der Führung von Generaloberst Georg Lindemann (1884-1963) kämpfte. Dort erhielt er das Deutsche Kreuz in Gold. Am 1. Dezember 1943 wurde er Chef des Generalstabes dieser Armee, zunächst noch unter Lindemann und ab März 1944 unter dem General der Artillerie Herbert Loch (1886-1975). Im Juni 1944 war er zum Generalmajor befördert und kurze

---

248 siehe: Adolf Heusinger – Schriftenreihe Innere Führung Beiheft 3/87 S. 393

Zeit später mit dem Ritterkreuz ausgezeichnet worden. Im Januar 1945 wurde Foertsch zum Chef des Stabes der Heeresgruppe Kurland unter Generaloberst Carl Hilpert (1888-1946) berufen und erhielt zwei Monate später die Rangabzeichen eines Generalleutnants.

Im Kurland-Kessel war Foertsch im Mai 1945 kurz auch dem Oberstleutnant i.G. de Maizière, seinem späteren Nach-Nachfolger als Generalinspekteur, begegnet, der ihm im Auftrag des Oberkommandos der Wehrmacht den Befehl zur Überführung möglichst vieler Soldaten und Zivilisten auf dem Seewege nach Schleswig-Holstein übermittelt hatte. Nach der Kapitulation geriet Foertsch, der es abgelehnt hatte, zusammen mit seinem Stab über die Ostsee per Schiff evakuiert zu werden, in sowjetische Gefangenschaft. 1950 wurde er wegen angeblicher Kriegsverbrechen zu 25 Jahren Gefängnis verurteilt. Zu dieser Zeit liefen in der Bundesrepublik Deutschland bereits die ersten Vorbereitungen für die Wiederaufrüstung.

Erst im Oktober 1955 kehrte Friedrich Foertsch durch die Bemühungen Adenauers in die Heimat zurück. Wie sein Vorgänger Heusinger, so hatte auch Foertsch während des Krieges kein Truppenkommando innegehabt, sich aber als Generalstabsoffizier im Westfeldzug und später in Russland hervorragend bewährt.

Sein Bruder Hermann (1885-1961) war 1932 Pressechef im Reichswehrministerium und danach 1936 Kommandeur des I. Bataillons im Infanterieregiment 4 in Kolberg gewesen. 1937 ging er als Lehrer an die Kriegakademie. Zu Beginn des Zweiten Weltkrieges nahm er als Oberst und Chef des Generalstabs des XXVI. Armeekorps unter dem General der Artillerie Albert Wodrig (1883-1972) am Polenfeldzug und danach am Westfeldzug teil. Am Ende des Krieges war Hermann Foertsch – wie sein jüngerer Bruder ebenfalls mit dem Ritterkreuz ausgezeichnet – General der Infanterie und hatte u. a. die 21. Infanteriedivision und das X. Armeekorps geführt. Generaloberst a.D. Franz Halder, der an mehreren Beratungen über die künftige Besetzung der Spitzenstellen der Bundeswehr (u. a. auch am 24. Februar 1955 in München) als Vorsitzender teilgenommen hatte, zog ihn wahrscheinlich deshalb als möglichen „Oberbefehlshaber der Bundeswehr" den Generalen Heusinger und Speidel vor. [249] Hermann Foertsch hatte als truppenerfahrener General der Infanterie a. D. auch an der Himmeroder Denkschrift 1950 mitgearbeitet. Adenauer zog ebenfalls Hermann Foertsch persönlich in militärischen Fragen zu Rate, so z. B. Mitte Oktober 1950. [250] Zu diesem Zeitpunkt hatte sein jüngerer Bruder Friedrich noch fünf weitere, lange Jahre in sowjetischer Gefangenschaft vor sich.

Nur ein Jahr nach seiner Rückkehr aus Russland trat Friedrich Foertsch als Generalmajor in die Bundeswehr ein.

„ ... *er hatte die Gefangenschaft so unerschütterlich durchgestanden, daß man den Eindruck bekam, als habe er einen Panzer angelegt, an dem alles Schlimme abglitt.*" [251]
Foertsch führte zunächst kommissarisch das II. Korps in Ulm und übernahm danach 1957 die 2. Grenadierdivision in Marburg. Diese Division und die benachbarte 5. Panzerdivision waren die beiden Großverbände, die zum III. Korps in Koblenz unter Generalleutnant Smilo Freiherr von Lüttwitz gehörten. Die 5. Division in Diez an der Lahn wurde von Generalmajor Heinrich von Behr (1902-1983) geführt, einem ehemaligen Teilnehmer im Modernen Fünfkampf an den Olympischen Spielen 1936 und Eichenlaubträger. Im Jahre 1959 ging Foertsch für zwei Jahre in das NATO-Hauptquartier SHAPE („Supreme Allied Powers Europe"), das damals seinen Sitz noch in Frankreich hatte. Am 1. April 1961 wurde er zum Nachfolger von Heusinger als Generalinspekteur berufen. Minister Strauß hatte zunächst den Inspekteur der Luftwaffe, Josef Kammhuber, für dieses Amt favorisiert, doch Kammhuber war mit fast 65 Jahren zu alt, um weitere drei Jahre im Dienst zu bleiben. Überdies trug das Heer die Hauptlast des schwierigen Aufbaus der Bundeswehr.

In die Amtszeit von Foertsch als zweitem Generalinspekteur der Bundeswehr fielen der Bau der Berliner Mauer am 13. August 1961 und die Kuba-Krise im Oktober 1962 – brisante Ereignisse. Der Grundwehrdienst wurde daraufhin zweimal um je drei Monate verlängert – zum Leidwesen der Wehrpflichtigen, die kurz vor ihrem Ausscheiden standen. Der Bundestag beschloss daraufhin die Anhebung des Grundwehrdienstes auf achtzehn Monate. Im Februar 1962 ereignete sich die Hamburger Flutkatastrophe, die bei nicht wenigen Bundesbürgern zu einem ersten Umdenken ihrer bisherigen reservierten Haltung gegenüber der Bundeswehr führte. Kurz zuvor hatte Foertsch an der Führungsakademie in Hamburg – „zum ersten Mal seit Bestehen der Bundeswehr, vielleicht sogar in der deutschen Militärgeschichte" als ranghöchster Offizier ein operatives „Planspiel" im Gesamtstreitkräftrahmen geleitet. De Maizière als Teilnehmer schreibt darüber:

„Foertsch, ..., verfügte wie kein anderer deutscher General jener Zeit gleichermaßen über nationale und integrierte Erfahrung auf höchster Ebene. Die souveräne Leitung der Übung festigte seine Autorität gegenüber den Generalen und Admiralen der Bundeswehr, ..." [252]
Foertsch diente unter den Ministern Strauß und von Hassel. Sein Bild schmückte – im Zusammenhang mit der „Spiegel-Affäre" um Minister

249 Dahrendorf, Ralf Gesellschaft und Demokratie in Deutschland S. 170
250 Adenauer, Konrad Erinnerungen 1945-1953 S. 414
251 Kobe, Gerd Pflicht und Gewissen S. 230
252 Maizière, Ulrich de In der Pflicht S. 238

Strauß – das Titelblatt des Hamburger Magazins vom 10. Oktober 1962. Loyal hatte er wenige Monate zuvor auch zu seinem Minister gehalten, als Strauß wegen angeblicher Vorteilsnahme bei der Vergabe eines Bauauftrages (sog. „FIBAG-Affäre" – Finanzbau-AG) vor einem parlamentarischen Untersuchungsausschuss stand – ungerechtfertigt wie sich später herausstellte. Am 31. Dezember 1963 schied Foertsch aus dem aktiven Dienst. Er starb am 14. Dezember 1976 und wurde in Goslar, seiner alten Garnisonsstadt, beigesetzt.

Sein Sohn Hartmut Foertsch (* 1936) leistete einen wichtigen Beitrag zur Versöhnung mit Russland, dem früheren Kriegsgegner. Als Generalmajor und Leiter des Verbindungskommandos zur Westgruppe der sowjetischen Truppen in Deutschland (WGT) trug er maßgeblich dazu bei, dass der Abzug der sowjetischen Kräfte aus dem wiedervereinten Deutschland unter würdigen Bedingungen erfolgen konnte. Dabei hatte Foertsch anfangs die Familiengeschichte eingeholt: der Oberbefehlshaber, Armeegeneral Boris W. Snetkow (* 1923), hatte persönliche Vorbehalte gegen ihn, mied den Kontakt und behauptete, Foertschs Vater habe den Befehl zur Beschießung Leningrads gegeben, bei der sein eigener Vater ums Leben gekommen war. Diese Ressentiments wurden erst beiseite geräumt, als Generaloberst Matwej P. Burlakow (* 1934) als Nachfolger seinen Dienst antrat.

Heinz **Trettner**, am 19. September 1907 in Minden geboren, kam aus einer Soldatenfamilie. Sein Vater war Offizier gewesen, hatte im Ersten Weltkrieg gekämpft und schied als Oberst aus dem aktiven Dienst in der Reichswehr. Sohn Heinz war im Jahre 1925 zunächst in das Reiterregiment 18 der Reichswehr in Bad Cannstatt unter Oberst von Kardorff eingetreten. In diesem Regiment diente auch Oberleutnant Fridolin von Senger-Etterlin, der Vater des späteren Vier-Sterne-Generals der Bundeswehr, Ferdinand von Senger-Etterlin. Dann aber schied Trettner als Leutnant aus und erwarb die zivile Pilotenlizenz. 1935 trat er in die neugegründete Luftwaffe ein. Trettner wurde ein Mann für Sondereinsätze – zuerst im Spanischen Bürgerkrieg in der „Legion Condor" und dann beim Aufbau der Fallschirmtruppe. Als enger Mitarbeiter des Generals der Flieger (später Generaloberst) Kurt Student (1890-1978) plante er die Einsätze für den überraschenden Zugriff auf das belgische Fort Eben Emael bei Maastricht am 10. Mai 1940 und danach im Mai 1941 für die Luftlandeoperation auf Kreta. Der Boxer Max Schmeling (1905-2005) – im Jahre 1940 zu den Fallschirmjägern eingezogen – wurde auf Kreta schwer verwundet und danach aus der Wehrmacht entlassen. Mit nur 36 Jahren übernahm Trettner 1943 als Generalmajor die 4. Fallschirmjägerdivision. Bei Kriegsende bekleidete er den Rang eines Generalleutnants. Ausgezeichnet mit dem Eichenlaub zum Ritterkreuz war er der höchstdekorierte Generalinspekteur. Nach dem Krieg arbeitete er in verschiedenen Verwendungen in der Wirtschaft und studierte Jura und Volkswirtschaft. 1956 wurde er als Generalmajor des Heeres in die Bundeswehr übernommen. Nach drei Jahren als Leiter der Abteilung Logistik im NATO-Hauptquartier trat er 1960 als Kommandierender General an die Spitze des I. Korps in Münster. Am 1. Januar 1964 wurde Trettner von Minister von Hassel zum Generalinspekteur berufen. Von denen, die ihn als Generalstabsoffizier, als Kommandeur der 4. Fallschirmjägerdivision im Zweiten Weltkrieg, sowie als Kommandierenden General des I. Korps und als Generalinspekteur der Bundeswehr persönlich erlebt haben, wird er als eine eher distanziert und zurückhaltend wirkende Persönlichkeit mit der hervorstechenden Fähigkeit zu klarer Analyse der militärpolitisch-strategischen Lage beschrieben. De Maizière, von 1964 bis 1966 Inspekteur des Heeres unter Trettner, äußert sich zu seinem „Vorgesetzten:"

„Wir erkannten die führende Rolle des Generalinspekteurs ... an. ... Nicht seiner Person, sondern der Sache wegen forderte er die Anhebung der Position und eine Erweiterung der Befugnisse ... und wehrte sich gegen den Anspruch des beamteten Staatssekretärs auf die Vertretung des Ministers auch in der Befehls- und Kommandogewalt, die ... bei konsequenter Auslegung des Grundgesetzes nur einem Politiker zustand. ... Trettner hatte schon früh mit mir über seine Sorgen gesprochen und dabei auch einen Rücktritt nicht ausgeschlossen. Ich riet ihm ab, für den Generalinspekteur eine Position zu fordern, die ihn zwingen würde, gegebenenfalls unter parteipolitischen Gesichtspunkten auftreten ... zu müssen – ... -, unterstützte ihn aber in dem Bestreben, den persönlichen Rang des Generalinspekteurs – ... – seiner Aufgabe und Verantwortung anzupassen, ... Ein Rücktritt sei ... nur dann zu vertreten, wenn auch die Öffentlichkeit die Gründe ... verstehe und respektiere." [253]

Trettners kurze, nur zweijährige Amtszeit unter Verteidigungsminister von Hassel war durch drei Ereignisse bestimmt:
- bündnispolitisch durch eine Änderung der NATO-Strategie und
- innenpolitisch durch die Diskussion um die gewerkschaftliche Betätigung von Soldaten, sowie
- die „Starfighter-Krise."

Überschattet wurde sie überdies durch Trettners nicht spannungsfreies Verhältnis zur politischen Leitung, vor allem zu Gumbel. Es habe „Schwan-

---

253 Maizière, Ulrich de In der Pflicht S. 269 f.

kungen" unterlegen, schreibt de Maizière, stellt aber eindeutig klar, dass es um die Sache und nicht etwa um oberflächliche und vordergründige persönliche Profilierung ging: [254]

„Die Spannungen zwischen Trettner und Gumbel und dessen pedantisch genaue, aber oft auch undurchsichtige Arbeitsweise hatten die Stellung des Staatsekretärs ins Zwielicht gerückt, zumindest den Eindruck erweckt, daß er wichtige Vorgänge und Vorlagen dem Minister vorenthielt, ohne daß die verantwortlichen Inspekteure und Abteilungsleiter davon erfuhren." [255]

Der von den USA als Führungsmacht forcierte strategische Paradigmenwechsel der NATO von der „Strategie der massiven Vergeltung" („massive retaliation") zur „Flexiblen Antwort" („flexible response") vollzog sich vor dem Hintergrund latenter massiver Spannungen zwischen Ost und West. In solch einer Lage des Überganges besitzt die enge Zusammenarbeit zwischen Bundeskanzler und Generalinspekteur eine besondere Bedeutung. Doch Kanzler Ludwig Erhard – obwohl im Ersten Weltkrieg als Artillerist keineswegs ohne eigene militärische Erfahrung – hatte, wie Strauß es ausdrückt, „überhaupt kein Verhältnis zum Militärischen und seinen Notwendigkeiten;" seine Domäne war die Wirtschaftspolitik. Und Verteidigungsminister von Hassel galt ebenfalls nicht als Experte auf dem Felde der Nuklearstrategie. In dieser Lage musste es von Nachteil sein, dass der Generalinspekteur nicht permanent von Kanzler und Verteidigungsminister konsultiert wurde. Dabei wäre die Bundesrepublik wegen ihrer exponierten geostrategischen Lage im Falle eines Krieges zum Kampffeld selektiv und eskalierend eingesetzter nuklearer Waffen geworden – weitreichende Konsequenzen, doch wurden diese von den Politikern erkannt? Konnte Generalinspekteur Trettner seiner Rolle als militärpolitischer Berater der Bundesregierung gerecht werden? Erkannte das Parlament die mögliche Gefahr eines Lösens der USA aus der Schicksalsgemeinschaft der westeuropäischen Staaten, dass sie aus verständlichem eigenen Sicherheitsinteresse die atomare Schwelle höher legen wollten? Bereits im Jahre 1960 hatte US-General a.D. Maxwell D. Taylor in seinem Buch „The Uncertain Trumpet" die These vertreten, kein Land, das Atomwaffen besitze, werde diese zur Verteidigung von Verbündeten einsetzen, wenn damit die eigene Zerstörung riskiert werde.

Beim Nachbarn Frankreich hingegen fiel in diesen Jahren die Entscheidung, die militärische Organisation des Bündnisses zu verlassen und einen eigenen „nuklearen Schirm aufzuspannen." General Trettner forderte – wie vorher bereits Heusinger – eine massive Verstärkung des konventionellen Pfeilers der NATO, um die Abschreckung durch die Doppelwirkung von Androhung massiver atomarer Vergeltung und starken konventionellen Streitkräfte glaubhaft zu machen. Er wurde dabei auch von kritischen Wissenschaftlern wie Carl Friedrich von Weizsäcker [256] unterstützt. Doch sein Konzept wurde – bewusst oder unbewusst – verfälscht und verzerrt dargestellt. Das Nachrichtenmagazin „Der Spiegel" suggerierte im Januar 1965 mit dem Artikel „An der Zonengrenze?" Generalinspekteur Trettner plane einen Atom-Minen-Gürtel an der innerdeutschen Grenze, gleichsam eine dauerhafte nukleare Teilung Deutschlands. General Schmückle stellt Trettner ebenfalls als den Erfinders des Minengürtels entlang der Zonengrenze dar, und auch Carl Friedrich von Weizsäcker nennt ihn „Trettner-Plan." [257]

„Trettner, der Generalinspekteur, war von einer geschäftigen Unruhe, die ihn in immer neue Meinungen hineintrieb. Einmal war er für Atomwaffen, dann gegen sie. Einmal lobte er den Minister, dann verwünschte er ihn. Unablässig drohte er mit Rücktritt. Nur nicht beim Minister selbst. ... Er wollte fraglos das beste, erreichte es aber nur selten." [258]

In seinen Erinnerungen schildert Schmückle ein Gespräch mit Trettner; leider habe er ihm den gefährlichen Plan nicht ausreden können.

„Zur Verkündung dieser Wahnwitz-Idee wählte Heinz Trettner eine internationale Generalstagung im Alliierten Hauptquartier; ... Ich beschwor ihn zu schweigen. Kein General sei berechtigt, deutschen Boden für solch einen atomaren Irrsinn zu opfern. Ob er den Bundeskanzler informiert habe? Nein, das habe er nicht. Woher er das Recht nähme, den Stacheldraht-, Mauer- und Minengürtel der DDR noch atomar zu verseuchen? ... Trettner antwortete mit Leerformeln. Laut, überdreht, verärgert." [259]

De Maizière hingegen schreibt im Widerspruch zu Schmückle, Trettner sei – in Übereinstimmung mit der Bundesregierung – gegen den Einsatz von Atomminen gewesen:

„Konkrete Einblicke erhielten wir während einer ... Studie, die die deutsche Haltung gegenüber dem von amerikanischen Soldaten favorisierten ADM-Einsatz (atomic demolition means) klären sollte. Obwohl es sich hierbei um ... Sperrmittel von unbestreitbar defensivem Charakter handelte, folgte die Bundesregierung der deutschen militärischen Beurteilung und lehnte einen >vorgeplanten< Einsatz solcher Mittel ... schon in Friedenszeiten ebenso ab wie einen etwaigen Einsatz in den rückwärts gelegenen, ... Teilen unseres Territoriums. In den dünn besiedelten Gebieten an der Grenze der Bundesrepublik zum Warschauer Pakt hätte die Verwendung von ADM

254 Maizière, Ulrich de a.a.O. S. 269
255 Maizière, Ulrich de a.a.O. S. 287
256 siehe dessen Buch „Wege in der Gefahr"
257 Weizsäcker, Carl Friedrich von, Wege in der Gefahr S. 231
258 Schmückle, Gerd Ohne Pauken und Trompeten S. 294
259 Schmückle, Gerd a. a. O. S. 297

vielleicht noch militärisch sinnvoll sein können. Das aber hätte ... eine Freigabe dieser atomaren Mittel schon in der Anfangsphase einer Aggression zur Folge gehabt, während wir auf eine Anhebung der nuklearen Schwelle drängten. Wir sahen daher kaum verantwortbare Möglichkeiten für einen ADM-Einsatz, eine Auffassung, die auch der Generalinspekteur, General Trettner, teilte, dem man ... fälschlich vorwarf, Anhänger eines >Atomminengürtels< quer durch Deutschland zu sein. "[260]

Ende der achtziger Jahre wurde der wissenschaftliche Nachweis geführt, dass Trettner tatsächlich erklärter Gegner eines Atom-Minen-Gürtels und Schmückles Aussagen somit unzutreffend waren.[261]

Trettner legte in seiner Amtszeit u. a. auch die Grundlagen für den Aufbau der Heimatschutztruppe und die Laufbahn der Offiziere des Militärfachlichen Dienstes. Im Jahre 1965 waren – nach zehn Jahren – die Aufstellungsziele der Bundeswehr im wesentlichen erreicht. Beim Heer unterstanden nunmehr vier Divisionen[262] der NATO, bei der Luftwaffe waren es u. a. 14 Fliegende Geschwader und bei der Marine 14 schwimmende und 2 fliegende Geschwader.

Die Diskussion innerhalb der Bundeswehr drehte sich um die Frage gewerkschaftlicher Betätigung in den Kasernen. Artikel 9 des Grundgesetzes und § 6 des Soldatengesetzes billigten auch den Soldaten die „Koalitionsfreiheit" zu. Überdies konnten sie als Einzelpersonen sowohl einer Gewerkschaft als auch einer politischen Partei beitreten. Bereits 1956, nach dem „Iller-Unglück," war der „Deutsche Bundeswehrverband" von Soldaten als ihre alleinige Standesorganisation gegründet worden. Am 22. Januar 1960 wurde der „Verband der Reservisten der Bundeswehr" ins Leben gerufen. 1965 forderte auch die Gewerkschaft ÖTV („Öffentliche Dienste, Transport und Verkehr") nach eigener Werbung und Tätigkeit innerhalb der Kasernen und leitete am 5. August 1965 eine Beschwerde an das Bundesverfassungsgericht. Dies führte zu einem öffentlichen Streit und zu Widerstand innerhalb der Bundeswehr. Überdies hatte Bundeskanzler Erhard auf dem 10. Jahrestag der Gründung des Bundeswehrverbandes im Juli 1966 erklärt, Soldaten seien nun einmal „keine Arbeitnehmer, für deren Vertretung je nach dienstlicher Funktion diese oder jene Gewerkschaft zuständig wäre."[263] Damit hatte er eine Art „militärischer Hallstein-Doktrin" sanktioniert, die das Alleinvertretungsrecht der Soldaten durch den Bundeswehrverband festzuschreiben schien. Dieser „gewerkschaftliche Platzhirsch" versuchte natürlich den Nebenbuhler ÖTV zu verdrängen. Die wenigen Soldaten, wie General Schmückle, die der ÖTV beigetreten waren, standen in der Truppe in keinem hohen Ansehen. In diesen Jahren war das Verhältnis zwischen Gewerkschaften und den Streitkräften noch sehr belastet.

Nicht wenige Berufssoldaten fürchteten einen zu großen parteipolitischen Einfluss in der Armee und eine Störung des dienstlichen Miteinanders. Sie sahen in der freien Betätigung der Gewerkschaft in den Kasernen einen fundamentalen Eingriff in das Prinzip jeder Armee, Befehl und Gehorsam, und sorgten sich um das Vertrauensverhältnis von Vorgesetzten und Untergebenen. Parteipolitischer Streit in den Kasernen, so glaubten sie, würde das innere Gefüge und Zusammenleben nachhaltig stören. In der Rückschau kann allerdings festgestellt werden, dass sich diese Befürchtungen hinsichtlich einer Beeinträchtigung der militärischen Ordnung nicht bewahrheitet haben. Auch die Kassandrarufe von Studnitz, die Schleusen für eine Politisierung der Bundeswehr seien damit weit geöffnet, und es könne nun möglicherweise in absehbarer Zeit „ÖTV-Generale und IG-Metall-Obersten geben, Pioniere, die von >Bau,Steine,Erden< gelenkt werden," haben sich nicht bewahrheitet.

Am 2. August 1966 gab Minister von Hassel auch für die ÖTV den Weg in die Kaserne frei und machte damit die Beschwerde der ÖTV vor dem Verfassungsgericht, die mit großer Wahrscheinlichkeit zugunsten der Gewerkschaft ausgegangen wäre, gegenstandslos. Doch das Verfahren der Herausgabe des Erlasses war dubios. Denn im Vorfeld war ein Entwurf sowohl vom Generalinspekteur und den Inspekteuren, als auch von Minister von Hassel selbst abgelehnt worden. Später erklärte Ministerialdirektor Ernst Wirmer, der sich an Weisungen des Generalinspekteurs nicht gebunden fühlte und dabei die Rückendeckung von Staatssekretär Gumbel besaß, gegenüber dem Verteidigungsausschuss, er und seine Mitarbeiter in der Abteilung Verwaltung und Recht hätten – im Wissen darum, dass die Generale ohnehin gegen den Erlass wären – diesen ohne sie herausgebracht. Das Umgehen der militärischen Spitze in einer wichtigen Frage war somit kein Versehen, sondern Vorsatz. Auch über Inhalt und Ergebnis eines Gespräches zwischen dem Minister und dem ÖTV-Vorsitzenden Heinz Kluncker (1925-2005) am 1. Juni 1966 und die Folgeverhandlungen mit der ÖTV war der Generalinspekteur nicht unterrichtet worden. Offenbar unterschrieb der Minister den endgültigen Erlass – nach nur mündlichem Vortrag durch Staatssekretär Gumbel, – ohne ihn gelesen zu haben. Dieser Erlass vom 1. August 1966 bestätigte das Recht der Soldaten, zur Wahrung und Förderung ihrer Arbeits- und Wirtschaftbedingungen Berufs- und Fachverbände zu bilden, solchen beizutreten und in ihnen

---

260 Maizière, Ulrich de In der Pflicht S. 276 f.
261 siehe: Roth, Günter Gedanken zum 95. Geburtstag des dritten Generalinspekteurs der Bundeswehr, General a.D. Heinz Trettner
262 7. Panzerdivision, 2. Panzergrenadierdivision, 1. Gebirgs- und 1. Luftlandedivision
263 zitiert bei: Hornung, Klaus Staat und Armee S. 301

aktiv mitzuarbeiten. Trettner war just zu diesem Zeitpunkt in Urlaub – ein Musterbeispiel für ungenügende Zusammenarbeit und das offenbar vorsätzliche Fernhalten militärischen Sachverstandes – eine Verletzung des Primats der Politik durch die Beamtenhierarchie. In diesem Zusammenhang ist ein weiterer Konflikt zwischen Staatssekretär und Generalinspekteur zu erwähnen. Dabei ging es – ebenfalls 1966 – um das Presse- und Informationswesen der Bundeswehr. Auch hier war Trettner – wiederum wahrscheinlich absichtlich – von Gumbel nur unzureichend beteiligt worden. [264]

General Trettner reichte am 15. August 1966 seinen Rücktritt ein. Als Grund nannte er die Zulassung der Gewerkschaft ÖTV zur Werbe- und Informationstätigkeit in den Kasernen. Nicht der Inhalt des Erlasses sei der Grund seines Rücktrittes, sondern die Tatsache, dass ohne sein Mitwissen eine die innere Struktur der Streitkräfte betreffende Entscheidung getroffen worden sei. Generalmajor Günther Pape (1907-1986), der Befehlshaber im Wehrbereich III, schloss sich Trettner an und trat ebenfalls zurück. Es war eine honorige, kameradschaftliche Geste, die aber wirkungslos blieb.

Wenige Tage zuvor, am 12. August, hatte bereits Generalleutnant Werner Panitzki (1911-2000), der Inspekteur der Luftwaffe, wegen der aus seiner Sicht mangelnden Unterstützung bei der Überwindung der Starfighterkrise um die vorzeitige Versetzung in den Ruhestand gebeten. Einige Tage später wiederholte er seine Kritik an der Leitung des Verteidigungsministeriums in einem Zeitungsinterview. [265] General de Maizière stützt die Version der mangelnden Unterstützung Panitzkis, lässt aber offen durch wen.

Tatsächlich war der nahezu zeitgleiche Rücktritt dreier hoher Offiziere bisher einmalig in der jungen Geschichte der Bundeswehr, und in den Medien schlugen die Wellen entsprechend hoch. Auch de Maizière schreibt warnend, dass die Vorgänge um die drei Generale Trettner, Panitzki und Pape „in Parlament und Öffentlichkeit aufmerksam beobachtet und als Prüfstein für die Anerkennung des Primats der Politik durch die hohen Offiziere der Bundeswehr angesehen" wurden:

„Es dürfe nicht der Eindruck entstehen, ein General könne seinem Minister in einer schwierigen Situation seinen politischen Willen aufzwingen, gar einen Minister stürzen, sagte mir unter vier Augen ein befreundeter besorgter Bundestagsabgeordneter." [266]

Manche witterten sogar Meuterei, einen Aufstand der Generale. Doch Panitzkis Rücktritt erfolgte – anders als der von Pape – nicht aus Solidarität gegenüber dem Generalinspekteur.

„An dem Inspekteur der Luftwaffe hatte er (=Trettner) wenig Hilfe. Diesem Luftwaffenoffizier war die Aufgabe, das großformatige Erbe Kammhubers weiterzuführen, längst über den Kopf gewachsen." [267]

Schmückle, der für eine Öffnung zugunsten der Gewerkschaften eingetreten war, stellt den Rücktritt Trettners primär als eine von de Maizière
aufgezwungene Entscheidung dar und mindert damit auch die ethische
Bedeutung dieses Schrittes:

> *„Trettner war berechtigterweise gekränkt. In überempfindlicher Selbst-*
> *beobachtung wußte er nicht, ob er zurücktreten solle oder nicht. Bis ihn der*
> *Inspekteur des Heeres, ... de Maizière, am Portepee faßte: Der Würde des*
> *hohen Amtes zuliebe müsse er zurücktreten. Trettner befolgte den Rat und*
> *wich.*"[268]

Doch es war keine Frage der Ehre, auch keine beleidigte Reaktion eines
brüskierten Generals, sondern die logische Konsequenz eines Mannes,
dessen militärischer Rat und Expertise nicht mehr gefragt waren. Unter
den Soldaten wurde der Schritt begrüßt.

Dieser Konflikt, in dessen Zentrum der Name Trettners steht, war daher
im Kern kein Tauziehen zwischen Soldaten und Politikern, kein
Frontalangriff des Militärs auf die Bastion des Primats der Politik, wie es
später unter dem Begriff „Generalskrise" dargestellt wurde. Es war auch
nicht die politische Entscheidung, die den Rücktritt des Generalinspekteurs auslöste, sondern die Tatsache, dass diese Entscheidung ohne seine
Einbindung getroffen worden war. Der andauernde Streit um die Zuständigkeit zwischen dem höchsten Soldaten der Bundeswehr und dem beamteten Staatssekretär in der Person Gumbels eskalierte über die Diskussion
um die gewerkschaftliche Betätigung von Soldaten offenbar vorsätzlich –
sollte Trettner in eine Falle gelockt, sollte ein Exempel statuiert werden?
Gumbel war der Auffassung, der Generalinspekteur wäre ihm direkt unterstellt und unterstrich dies z. B. auch dadurch, dass er den Zugang des Generalinspekteurs beim Minister erschwerte und dessen Vorlagen an den Minister nicht weiterleitete – unerträglich für den höchsten Soldaten der Bundeswehr und aus der Perspektive der Treuepflicht des Beamten bedenklich.
In der deutschen Militärgeschichte haben nur wenige hohe Soldaten ihr
Amt zurückzugeben, weil sie – durch äußere Umstände bedingt – ihrer
Verantwortung und der Pflicht zum treuen Dienen nicht mehr nachzukommen glaubten. Bundeskanzler Erhard soll sich beklagt haben, dass die
Generale Trettner und Panitzki ihm ihre Sorgen nicht bei dienstlichen Vor-
trägen oder gesellschaftlichen Anlässen anvertraut hätten.[269] Wenn dies

---

264 Einzelheiten siehe : Hornung, Klaus Staat und Armee S. 290 ff.
265 Maizière, Ulrich de In der Pflicht S. 278 und 282
266 Ebenda S. 282
267 Schmückle, Gerd Ohne Pauken und Trompeten S. 294
268 Schmückle, Gerd a.a.O. S. 309
269 Hornung, Klaus Staat und Armee S. 287

zutrifft, verkannte der Kanzler den Stellenwert der Loyalität des Offizierkorps. Überdies war und ist es undenkbar, dass ein General – ohne Wissen seines Minister – bei einem Abendempfang dem ebenfalls anwesenden Kanzler militärische Probleme vorträgt.

In der Rückschau ist festzuhalten, dass Trettners demonstrativer Schritt politisch wenig bewirkt hat. Seine Befürchtungen hinsichtlich der Umsetzung des Gewerkschaftserlasses haben sich nicht bewahrheitet. Die drei Rücktritte führten de facto zu einer gewissen Stärkung der Stellung von de Maizière als neuem Generalinspekteur, da Minister von Hassel nicht schlechterdings auch noch den nächsten Generalinspekteur fallen lassen konnte. Zwei Wochen nach seinem Rücktritt wurde Trettner am 31. August 1966 – im Beisein von Minister von Hassel und seinem Nachfolger de Maizière – zwar mit dem Großen Zapfenstreich geehrt, doch die offiziellen Beziehungen zwischen der Bundeswehr und ihrem dritten Generalinspekteur blieben gestört. Als Trettner 1997 seinen 90. Geburtstag feierte, verzichteten Minister Rühe und Generalinspekteur Bagger auf eine offizielle Ehrung.

Trettners Nachfolger, General Ulrich **de Maizière**, stand vom 25. August 1966 bis zum 30. März 1972, d. h. nahezu sechs Jahre lang an der Spitze der Bundeswehr, die bisher längste Amtszeit eines Generalinspekteurs. Er diente in diesen Jahren „unter drei Bundesregierungen unterschiedlicher parteipolitischer Zusammensetzung" und damit auch drei Verteidigungsministern von zwei verschiedenen Parteien: von Hassel und Schröder von der CDU, sowie dem Sozialdemokraten Helmut Schmidt. De Maizière verdankt seinen raschen Aufstieg nach nur zwei Jahren als Inspekteur des Heeres dem schnellen Abstieg Trettners, der nach ebenfalls nur zwei Jahren das Handtuch warf. Daraus kann aber nicht abgeleitet werden, de Maizière wäre ansonsten nicht Generalinspekteur geworden. Selbst wenn Trettner routinemäßig nach drei Jahren Amtszeit 1967 in den Ruhestand gegangen wäre, hätte de Maizière mit dann fünfundfünfzig Jahren gute Chancen für eine Nachfolge gehabt. Insofern ist der Vorwurf Schmückles wohl zu hart, de Maizière habe Trettner aus persönlichen Gründen, der eigenen Karriere wegen, zum Rücktritt geraten:

„Maizière übernahm in raschem Zugriff den hohen Posten. .... Maizières Art, einen Generalinspekteur aus dem Sattel zu heben, galt als Verstoß gegen die Kameradschaft. Auch ich (= Schmückle) fand den Wechsel, wie er erreicht wurde, unfair, in der Sache aber gerechtfertigt: Der Klügere verdrängte den weniger Begabten, der Härtere den Schwankenden. Nach Heusinger bekam die Bundeswehr erstmals wieder einen Generalinspekteur, dessen Fähigkeiten den Anforderungen des Amtes gewachsen waren." [270]

Kießling beurteilt dies aus Sicht der Truppe anders:

„Unter den bisherigen Generalinspekteuren der Bundeswehr gab es wohl nur zwei, die den Vorstellungen der Soldaten entsprachen: Foertsch und Trettner." [271]

In der norddeutschen Hugenottenfamilie de Maizières hatte zwar der Staatsdienst, nicht aber der Soldatenberuf eine lange Tradition. Vater Dr. Walther de Maizière (1876-1915) hatte seinen Militärdienst im 4. Bataillon des Infanterieregiments 24 in Neuruppin abgeleistet und war Reserveoffizier geworden. Unmittelbar nach Ausbruch des Ersten Weltkrieges war er mit diesem Regiment ins Feld gezogen und bereits im Oktober 1915 als Hauptmann der Reserve und Kompaniechef bei Palanca in Serbien gefallen. Sohn Ulrich, am 24. Februar 1912 in Stade bei Hamburg geboren, war damals drei Jahre alt und hatte den Vater bewusst nie kennengelernt. Sein Entschluss, sich 1929 als siebzehnjähriger Oberprimaner für eine Karriere in der Reichswehr zu bewerben, stieß allenthalben auf Verwunderung.

„Mein so viel Überraschung auslösender Berufswunsch schien kaum meinem bisherigen Lebensweg und meinen Interessen zu entsprechen. Und in der Tat, Offizier zu werden, war für mich nicht so zwingend gewesen wie für viele meiner späteren Kameraden. Jedenfalls war es nicht der lang ersehnte >Traumberuf,< sondern erschien als eine Möglichkeit unter mehreren. Trotzdem habe ich meinen Entschluß nie bereut,... ." [272]

Ähnlich nüchtern – und damit glaubhaft – beschreibt Graf Kielmansegg seine Entscheidung, den Soldatenberuf zu ergreifen. Sicherlich spielte der Wunsch, so schnell wie möglich etwas für die Versorgung seiner Familie tun zu müssen eine wichtige Rolle bei seiner Berufswahl, denn die Erziehung und Versorgung ihrer vier Kinder, zwei Söhne und zwei Töchter, oblag allein der mit bereits vierunddreißig Jahren verwitweten Mutter Elsbeth de Maizière (1881-1966). Allerdings habe ihm seine Mutter bei der Berufswahl „freie Hand" gelassen.

Nach persönlicher Vorstellung beim Kommandeur des 5. Preußischen Infanterieregiments (IR) in Stettin, Oberst (später General der Infanterie) Curt Liebmann (1881-†) wurde Ulrich de Maizière trotz seines Augenfehlers als Offizieranwärter eingestellt und trat am 31. März 1930 beim Ausbildungsbataillon in Greifswald seinen Dienst an. Das Regiment gehörte zur 2. Division des Wehrkreiskommandos II, dessen Stab ebenfalls in Stettin lag. De Maizières Kompaniechef, Oberleutnant (später Generalmajor) Max Ulich (1896-†) hatte 1915 in der Kompanie seines Vaters als Offizier gedient. Nach der Rekrutenausbildung wurde de Maizière in die 1.

---

270 Schmückle, Gerd   Ohne Pauken und Trompeten S. 309
271 Kießling, Günter   Versäumter Widerspruch S. 365
272 Maizière, Ulrich de   In der Pflicht S. 11

Kompanie des I. Bataillons IR 5 nach Stettin versetzt; dort war Hauptmann (später Generalleutnant) Hans de Salengre-Drabbe (1894-1944) sein Kompaniechef. Im Juli 1931 wurde de Maizière Fahnenjunker und am 1. Oktober 1931 zur Infanterieschule nach Dresden zum zehnmonatigen Fahnenjunkerlehrgang kommandiert. Schulkommandeur war Generalmajor Wilhelm List (1880-1971), der spätere Generalfeldmarschall. Sein Taktiklehrer wurde der Pour le mérite-Träger Hauptmann Ferdinand Schörner (1892-1973). Schörner, wegen seiner bis zur Brutalität gehenden Härte sehr umstritten, stieg im Zweiten Weltkrieg ebenfalls bis zum Feldmarschall auf. De Maizière zählte, trotz seiner Defizite als Sportler, zu den Besten des Lehrganges und erhielt am 6. August 1932 aus der Hand des Reichswehrministers, General Kurt von Schleicher, die Beförderungsurkunde zum Fähnrich. Seine musischen Neigungen und seine Liebe für das Klavierspiel hielt er lange vor seinen Kameraden verborgen, wurde es doch als im Widerspruch zum Soldatentum empfunden – Ausdruck einer seltsamen geistigen Verengung und Verarmung im Offizierkorps. Ab Oktober 1932 besuchte de Maizière den Fähnrichslehrgang an der Infanterieschule in Dresden. Hier begegnete er – nach Schörner – einem weiteren Pour le mérite-Träger, seinem Infanterielehrer, Major Erwin Rommel. Drei Jahrzehnte später schauten die jungen Fähnriche der Bundeswehr ebenso mit heimlicher Bewunderung auf die Ordenspangen ihrer Ausbilder, die von persönlichem Mut, von Tapferkeit und treuem Dienen im Grenzbereich des Toderlebens, aber auch des Todbringens zeugten. Einer von de Maizières Lehrgangskameraden war der gleichaltrige Jürgen Bennecke, der – zum Freund geworden – mit ihm später in der Bundeswehr wiederholt zusammenarbeiten sollte. Auch Bennecke erreichte später als Vier-Sterne-General den Gipfel der militärischen Karriere. Am 10. Juni 1933 wurde de Maizière zum Oberfähnrich befördert und kehrte zum II. Bataillon seines alten Garde-Füsilier-Regiments 5 nach Neuruppin zurück. Sein Bataillonskommandeur war Oberstleutnant (später General der Infanterie) Kuno-Hans von Both (1884-1955). De Maizière wurde in die 7. Kompanie zu seinem alten Chef, Hauptmann Max Ulich versetzt, wo er u. a. die Rekrutenausbildung zu leiten hatte. Am 1. August 1933 erhielt de Maizière sein Leutnantspatent. Mittlerweile war Hitler Reichskanzler geworden. Ein Jahr später starb Reichspräsident von Hindenburg, und de Maizière wurde – wie alle Soldaten der Wehrmacht – im Rahmen eines Bataillonsappells auf die Person Hitlers vereidigt, ohne den Wortlaut des Eides vorher gekannt zu haben. Zum Jahreswechsel 1934/35 wurde de Maizière Nachrichtenoffizier des Bataillons und bekam nun auch ein eigenes „Dienstpferd" – Statussymbol und Ausdruck erhöhter Mobilität zugleich. Ende September 1935 verlegte das Bataillon nach Landsberg an der

Warthe – 40 km vor der deutsch-polnischen Grenze – und Küstrin und wurde als Infanterieregiment 50 neu aufgestellt. Oberst Paul von Hase (1885-1944) übernahm als erster Kommandeur dessen Führung und behielt das Regiment bis zu seiner Beförderung zum Generalmajor im Jahre 1938. Im November 1940 wurde von Hase, der seit 1938 dem Kreis des militärischen Widerstands angehörte, als Generalleutnant Kommandant von Berlin. Am 20. Juli 1944 gab er dem Kommandeur des ihm unterstehenden Wachbataillons „Großdeutschland", Major Otto-Ernst Remer (1912-1997), den Befehl, das Regierungsviertel abzusperren und Minister Goebbels zu verhaften. Nach dem Scheitern des Umsturzes wurde von Hase am 8. August 1944 hingerichtet.

Am 1. Oktober 1935 wurde de Maizière zum Oberleutnant befördert und übernahm die Aufgabe des Adjutanten des I. Bataillons des IR 50. Sein Kommandeur wurde Major Gustav Enke. Im Februar 1937 wurde de Maizière Regimentsadjutant. Damit war er als „rechte Hand" des Regimentskommandeurs u. a. für die Personalbearbeitung der Offiziere, sowie für Grundsatzfragen von Führung, Mobilmachung und Einsatz verantwortlich. Überdies war er der „inoffizielle Führer" aller Leutnante des Regiments. In dieser Zeit war de Maizière erstmalig „bei Besprechungen und Übungen gelegentlich" [273] dem fünf Jahre älteren Hauptmann Graf Baudissin begegnet, der zu dieser Zeit ebenfalls Regimentsadjutant im IR 9 in Potsdam war. Zwar gehörte de Maizières IR 50 zur 3. Infanteriedivision und Baudissins IR 9 zur 23. Infanteriedivision, jedoch unterstanden beide Divisionen dem II. Armeekorps in Berlin. Nach dem Krieg waren de Maizière und Baudissin im Frühjahr 1947 kurze Zeit gemeinsam in einem britischen Kriegsgefangenenlager in Munster bei Celle inhaftiert.

Im Oktober 1938 nahm das Infanterieregiment 50 am Einmarsch in die Tschechoslowakei teil, verlegte aber kurze Zeit später zurück in die Friedensstandorte. Neuer Kommandeur des Regiments wurde Oberst (später Generalmajor) Theodor Kretzschmer (1888-1941). De Maizière wurde am 1. April 1939 zum Hauptmann befördert. Er qualifizierte sich im selben Jahr für die Generalstabsausbildung an der Kriegsakademie. Doch der Beginn des Krieges verschob die Ausbildung. Und so nahm er als Regimentsadjutant seines IR 50 am Polenfeldzug teil und wurde mit dem EK II ausgezeichnet. Per Bahntransport verlegte das Regiment nach dem Ende der Operationen in Polen im Oktober 1939 nach Westen in den Raum Bad Kreuznach.

De Maizière kam kurzzeitig in den Stab des III. Armeekorps unter dem General der Artillerie Curt Haase (1881-1943). Im April 1940 wurde er zu

---

273 Maizière, Ulrich de In der Pflicht S. 174

einer kurzen, zehnwöchigen Generalstabsausbildung an die Kriegsschule nach Dresden kommandiert. Während dieser Wochen fand der Westfeldzug statt. De Maizière gibt die Gemütsverfassung derjenigen Offiziere wieder, die Sorge hatten, wegen des Lehrganges nicht mehr am Krieg teilnehmen zu können. Auch Helmut Schmidt erwähnt dieses Gefühl in seinen Erinnerungen, bezieht es aber in erster Linie auf die fehlenden Tapferkeitsauszeichnungen an der Uniform, wohingegen für de Maizière der Aspekt der Bewährung im Vordergrund steht:

„Der Lehrgangsteilnehmer bemächtigte sich eine spürbare Unruhe, die um so mehr wuchs, je rascher im Westen große Erfolge errungen wurden. Vor allem die Kameraden, die schon am Polenfeldzug nicht hatten teilnehmen können, fürchteten, es würde ihnen nun zum zweiten Male (= nach dem Polenfeldzug) die Möglichkeit verwehrt, sich im Gefecht zu bewähren … . Und wie würde man nach Kriegsende dastehen, wenn man zugeben müsste, nichts erlebt zu haben.“ [274]

Im Juni 1940 kam er zur Führerreserve des OKH, wurde an der Westfront bei verschiedenen Truppenteilen „herumgereicht" und „trieb sich fast beschäftigungslos" [275] beim Stab der oberschlesischen 5. Panzerdivision in Brest in der Bretagne herum. Anfang August 1940 wurde er Ordonnanzoffizier bei Generalfeldmarschall Wilhelm Ritter von Leeb (1876-1956) im Stab der Heeresgruppe C. 1941 kam er als für die Logistik zuständiger „Ib" (heute: G 4-Stabsoffizier) zur 18. Infanteriedivision, die im Rahmen der Heeresgruppe Nord auf Leningrad vorstieß.

1942 wurde de Maizière in die Organisationsabteilung des Oberkommandos des Heeres (OKH) versetzt. Sein Vorgesetzter war Oberstleutnant i.G. Müller-Hillebrand, der später in der Bundeswehr als Divisionskommandeur erneut sein Chef wurde, als de Maizière eine Kampfgruppe in Hannover befehligte. Oberst i.G. Graf Stauffenberg arbeitete im Nebenzimmer, und Chef der benachbarten Operationsabteilung, in der u. a. Major Graf Kielmansegg arbeitete, war Generalmajor Heusinger. De Maizière übergab Ende April 1943 seinen Dienstposten an Major Ernst Ferber, den späteren Vier-Sterne-General der Bundeswehr und kehrte an die Ostfront zurück. Er wurde Erster Generalstabsoffizier („I a") der 10. Panzergrenadierdivision unter Generalleutnant August Schmidt (1892-†), die im Rahmen der Heeresgruppe Mitte im Raum Orel verteidigte. Im Sommer 1943 wurde de Maizière zum Oberstleutnant befördert. Bereits wenige Monate nach dem atmosphärisch nicht ganz leichten Dienstantritt des norddeutschen de Maizière in der bayerischen Division erlebte er während der „Operation Zitadelle" eine der größten Panzerschlachten des Zweiten Weltkrieges. Danach wurde die Division in die Ukraine westlich von Charkow verlegt und dem XXIV. Panzerkorps des Generals der Panzertruppen

2. Die militärische Spitze der Bundeswehr

Walter Nehring (1892-1983) unterstellt. Bis März 1944 folgten schwere
Monate nahezu ununterbrochener Rückzugskämpfe über fast 1.000 Kilometer. Als sich de Maizière – zwischenzeitlich durch den Chef des
Generalstabs des Heeres Zeitzler persönlich mit dem Eisernen Kreuz
(EK I) ausgezeichnet – nach kurzem Heimaturlaub Ende 1943/44 wieder
bei seiner 10. Division meldete, wurde er für kurze Zeit „I a" eines neu
gebildeten Armeekorps, der „Gruppe Schmidt." In dieser Funktion hatte
de Maizière täglichen Telefonkontakt zum Chef des Stabes der übergeordneten 8. Armee, Generalmajor Hans Speidel. Im Sommer 1944 kämpfte die
Division in Rumänien und wurde danach zur Auffrischung in den Raum
Kischinew verlegt. Hier traf de Maizière wiederholt mit seinem ehemaligen Taktiklehrer an der Offiziersschule Dresden, mittlerweile Oberbefehlshaber der Heeresgruppe Süd, Feldmarschall Ferdinand Schörner, zusammen, der ihn „mit ausgesuchter Liebenswürdigkeit" behandelte, eine ungewöhnliche Verhaltensweise des meist schroffen Schörner. Im Spätsommer waren die ruhigen Monate für die Division vorüber: am 20. August
1944 begann der sowjetische Großangriff und kurze Zeit später kapitu-
lierten die rumänischen Truppen. Es war eine chaotische Zeit, in der es für
die Führung der deutschen Truppen nur darum ging, schnell auf ungari-
sches oder bulgarisches Territorium auszuweichen. Beide Optionen waren
vom Gelände her schwierig: entweder die Karpatenpässe oder die breite
Donau waren zu überwinden. De Maizière wurde verwundet und kam in
ein Lazarett. Sein Divisionskommandeur Schmidt geriet in sowjetische
Gefangenschaft, aus der er erst im Oktober 1955, einen Monat bevor die
ersten Soldaten der Bundeswehr vereidigt wurden, zurückkehrte. Die 10.
Division hatte sich aufgelöst. Mit ihr gingen insgesamt 5 Korpsstäbe und
weitere 19 Divisionen in Gefangenschaft oder wurden vernichtet. Nach seiner Genesung im November 1944 wurde de Maizière zur Führerreserve
des Oberbefehlshabers West versetzt und kam in den Stab der Heeresgruppe B unter Feldmarschall Walter Model (1891-1945), die ihre letzten
planerischen Vorbereitungen für die „Ardennen-Offensive" abschloss. Im
Februar 1945 wurde er „Ia" in der Operationsabteilung des Generalstabs
des Heeres, eine Stellung, die Heusinger zu Beginn des Krieges innegehabt
hatte. Damit fungierte er gleichzeitig als Verbindungsoffizier des OKH
zum „Führerbunker," wo er an den Lagevorträgen bei Hitler teilnahm. Am
Ende des Krieges geriet Oberstleutnant de Maizière – zusammen mit den
Resten des nach Flensburg ausgewichenen Oberkommandos der Wehrmacht – in britische Gefangenschaft, aus der er 1947 zurückkehrte. Anders

---

274 Maizière, Ulrich de In der Pflicht S. 58
275 Maizière, Ulrich de a.a.O. S. 59

als später oft kolportiert, kann de Maizière auf reiche Kriegserfahrung zurückblicken, auch wenn es keine Führungsverwendungen „direkt am Feind" waren, die er bekleidete. Kießling beurteilt dies aus Sicht eines Frontsoldaten hingegen völlig anders:

> *„Wenn ich dagegen die Memoiren mancher Generale der Bundeswehr lese, die von ihrem vordersten Fronteinsatz in einem Divisionsstab berichten, dann wird mir der ganze Abstand zwischen uns bewußt. Für uns lag ein Divisionsstab so weit hinten, daß es fast der Heimat gleichkam."* [276]

Mit dieser negativen Einschätzung liegt Kießling auf einer Linie mit General Steinhoff. [277] Vergleicht man die Karriere de Maizières mit der seines späteren Vorgängers im Amte des Generalinspekteurs, Trettner, so ist festzustellen, dass letzterer am Ende des Krieges mit 35 Jahren bereits Generalleutnant, de Maizière hingegen mit 33 Jahren noch drei Dienstgrade unter ihm war.

Nach der Heimkehr aus der Gefangenschaft machte de Maizière sein Hobby zum Beruf und wurde Musikalienhändler. Doch nur knappe vier Jahre nach Rückkehr aus der Gefangenschaft kehrte de Maizière in das soldatische Metier zurück: auf Empfehlung seines Kameraden Graf Kielmansegg trat er im Februar 1951 als Mitarbeiter in das „Amt Blank" ein und war zwischenzeitlich als Berater bei der deutschen EVG-Delegation. Zur Erarbeitung der sog. „Himmeroder Denkschrift" war de Maizière nicht hinzugezogen worden. Am 21. Dezember 1955 wurde er – mit 43 Jahren – als Oberst in die Bundeswehr übernommen und arbeitete zuerst im Führungsstab der Streitkräfte unter General Heusinger.

Am 1. Januar 1958 erhielt de Maizière – seit 1956 Brigadegeneral – sein erstes und einziges Truppenkommando in der Bundeswehr: er wurde Kommandeur der Kampfgruppe A1 (entspricht einer Brigade) in Hannover unter Generalmajor Müller-Hillebrand. Nach zweieinhalb Jahren wurde de Maizière Kommandeur der Schule für Innere Führung in Koblenz. Am 1. April 1962 übernahm er als vierter Kommandeur die Führungsakademie der Bundeswehr in Hamburg und erhielt dort den zweiten goldenen Stern. Von dort erfolgte am 1. Oktober 1964 der Sprung an die Spitze des Heeres – mit zweiundfünfzig Jahren und vorbei an vier lebens- und dienstälteren Generalen des Heeres, ohne eine Division oder ein Korps befehligt zu haben. Am 24. April 1964 übergab de Maizière – in Anwesenheit von Minister von Hassel und Generalinspekteur Trettner – in einer eindrucksvollen Zeremonie, geplant von Oberst i.G. Langèl, in einem Fußballstadion im westfälischen Münster die von Bundespräsident Lübke gestifteten Truppenfahnen an 319 Bataillonskommandeure des Heeres. Durch den Rücktritt von Generalinspekteur Trettner, den er – zumindest in Schmückles Erinnerung – durch seinen Rat indirekt beschleunigt hatte, wurde er 1966, in den letzten Wochen der Koalition zwischen CDU und FDP unter Kanzler Erhard, oberster Soldat der Streitkräfte. De Maizière selbst geht auf Einzelheiten des Rücktritts seines Vorgängers in seinem Lebensrückblick nicht ein. Wahrscheinlich im Wissen um die Vorwürfe, er hätte bei seinem Amtsantritt „mehr für das Amt bei den Politikern herausholen können," schreibt de Maizière, er konnte „einiges durchsetzen, was bisher kaum erreichbar schien." Doch hielt er sich bei seinen Forderungen bewusst sowohl im Rahmen des Grundgesetzes als auch des politisch Machbaren:

„Eine Verfassungsänderung zugunsten der Militärischen Führung stand außerhalb meiner Überlegungen; ... . Der Generalinspekteur erhielt jederzeitigen unmittelbaren Zutritt zum Minister und rangierte von nun ab unabhängig vom Dienstalter vor den beiden zivilen Hauptabteilungsleitern." [278]

Minister Strauß hatte mit de Maizière nur gelegentlich dienstlich zu tun, doch die „Chemie zwischen beiden" stimmte nicht. Strauß brachte de Maizière, obwohl er ihn für überdurchschnittlich begabt hielt, „nicht mehr als eine gebremste Sympathie" entgegen. Er war Strauß – schreibt Schmückle – „zu schulmeisterlich" [279] – ein Urteil, das auch in der Truppe ähnlich gesehen wurde. Der kühle Norddeutsche, der sich – wie es auch der Titel seiner Erinnerungen „In der Pflicht" ausdrückt, als Preuße verstand, war von seiner ganzen Veranlagung her nicht ein die Herzen seiner Soldaten gewinnender Truppenführer. Mit den Bayern hatte de Maizière schon während des Krieges in der 10. Panzergrenadierdivision seine Schwierigkeiten, und diese wohl umgekehrt mit dem Norddeutschen. Allerdings bezogen sich die dienstlichen Beziehungen zwischen Strauß und de Maizière nur auf die Zeit bis zum Ausscheiden von Strauß aus dem Kabinett im Herbst 1962. Zu dieser Zeit hatte Strauß ihn nur als Oberst im Führungsstab der Streitkräfte, als Kommandeur der Kampfgruppe in Hannover, danach als Kommandeur der Schule für Innere Führung in Koblenz und ab April 1962 als Generalmajor und Kommandeur der Führungsakademie der Bundeswehr in Hamburg erlebt. De Maizières Familie war durch die Teilung Deutschlands zerrissen, was für den westdeutschen General Probleme mit sich brachte. Schmückle stellt dazu fest:

„Vor allem Maizière brauchte Hilfe. Sein Bruder saß im Ostberliner Regierungsapparat. Durch unerlaubte Begegnungen mit ihm verfing sich Maizière immer wieder in den Schlingen der Nachrichtendienste. ... Als sich

276 Kießling, Günter Versäumter Widerspruch S. 60
277 siehe: Steinhoff, Johannes Die Straße von Messina
278 Maizière, Ulrich de In der Pflicht S. 282
279 Schmückle, Gerd Ohne Pauken und Trompeten S. 195

die Anzeigen mehrten, hielt ich es für richtig, Maizière persönlich zu warnen. Er wurde vorsichtig und machte Karriere." [280]

Es waren weder innen- noch außenpolitisch leichte Jahre. Der Inspekteur der Luftwaffe, Generalleutnant Johannes Steinhoff, versuchte die Starfighter-Krise in den Griff zu bekommen. Im Dezember 1966 kam es zur Großen Koalition unter Kanzler Kiesinger, der Außenpolitiker Gerhard Schröder übernahm das Ressort auf der Hardthöhe.

In einer aufgeheizten Stimmung, in der die sog. „Außerparlamentarische Opposition" (APO) gegen den Vietnamkrieg der USA protestierte, wurde im Mai 1968 die Notstandsverfassung verabschiedet. De Maizière bewertet diese skeptisch :

„Die später in den Artikeln 115 a bis 115 l GG gefundenen Lösungen sind das Ergebnis mühsam ausgehandelter Kompromisse. Ich habe allerdings Zweifel, ob sie den im voraus kaum einzuschätzenden schweren Belastungen eines Verteidigungsfalles wirklich gerecht zu werden vermögen." [281]

Wenige Monate später marschierten Truppen des Warschauer Paktes in das Nachbarland Tschechoslowakei ein. Als Schmidt 1969 als erster Verteidigungsminister der SPD auf die Hardthöhe kam, beließ er den parteilosen de Maizière im Amt. Sie kannten sich schon seit Jahren, u. a. aus gemeinsamer Zeit in Hamburg, als Schmidt dort Innensenator und de Maizière Kommandeur der Führungsakademie (1962-64) gewesen war.

„Ich kannte de Maizière aus meiner Arbeit in den fünfziger Jahren im Verteidigungsausschuß (damals noch Sicherheitsausschuß genannt) des Parlaments; ... Anders als die meisten Generale war er tief in die Probleme des Spannungsverhältnisses zwischen soldatischem Denken, ... , und dem verfassungs- und rechtsstaatlichen Denken des aufgeklärten Staatsbürgers eingedrungen." [282]

Schmidt schätzte den sechs Jahre älteren de Maizière sehr,

„gehörte (er) doch zu den wenigen hervorragenden Soldaten, die militärischen Sachverstand mit klugem Gespür für das politisch Notwendige und für das Mögliche verbanden. ... Die Zusammenarbeit mit ihm gehörte für mich und für die anderen Mitglieder des Kleeblatts ... zu unseren besonders erfreulichen Erfahrungen. Er war ein herausragender Generalinspekteur, seine Leistung wurde auch in der NATO überall anerkannt. Er hat nie seine Person, sondern stets die Sache in den Vordergrund gestellt." [283]

Wahrscheinlich verbanden auch die auf beiden Seiten ausgeprägt vorhandenen musischen Interessen – die Liebe zum Klavierspiel. Gerade dieses Beispiel zeigt, dass zu einer effektiven Verbindung zwischen zwei auf unterschiedlichen Ebenen agierenden Führungspersönlichkeiten mehr gehört als nur die Zufälligkeit ihrer Zusammenarbeit, die gemeinsame Aufgabe und eine grobe Übereinstimmung in den Zielvorstellungen. Je weiter deren Werdegang, Denkstrukturen, Interessen und Wertesystem übereinstimmt, desto besser ist das Ergebnis ihrer Arbeit, desto mehr nähert sie sich einer idealen und optimierten Kombination. Überdies schätzte Schmidt Frau Eva de Maizière, eine anerkannte Bildhauerin. Damit war neben dem dienstlichen Gleichklang auch eine Harmonie im privaten Bereich vorhanden.

„Ich muß aber auch seine (= de Maizières) Ehefrau dankbar erwähnen. Die Frauen hoher Offiziere haben auf die Atmosphäre und den Ton der jeweiligen Offizierkorps einen großen Einfluß, weil sie oft ... an der Seite ihrer Ehemänner auftreten müssen. Eva de Maizière hat diese Rolle hervorragend gespielt, sie hat sich gut mit Loki verstanden, die beiden haben sich gut ergänzt." [284]

Dieses Urteil trifft auf die meisten Ehefrauen höherer Offiziere zu. Ihnen werden Verantwortung und Lasten – oft verbunden mit hohem Zeit- und auch Geldaufwand – auferlegt, ohne dass sie in irgendeiner Weise auf diesen Dienst vorbereitet sind oder dafür entschädigt werden, sieht man vom obligatorischen Blumenstrauß und einigen Worten des Dankes bei der Verabschiedung einmal ab. Bundespräsident Johannes Rau hat anlässlich eines Besuches der Führungsakademie in Hamburg am 25. September 2003 den Einsatz der Ehefrauen wie folgt gewürdigt:

„Soldaten und Bundespräsidenten, ... haben eines gemeinsam: Ihre Ehepartner sind nach aller Erfahrung von ihrer Berufstätigkeit in besonderem Maße mit betroffen! ...

Sie werden ... Geduld und Kraft brauchen, weil Ihre Männer mehr mit dem Dienst als mit Ihnen verheiratet zu sein scheinen oder weil wieder einmal Mobilität verlangt wird."

Die Einbindung der Ehefrau und die damit verknüpfte Erwartungshaltung beginnt spätestens bei der Frau eines Bataillonskommandeurs, und zumeist werden diese Pflichten, die in der Regel parallel zu denen in der Familie und auch im Beruf geleistet werden müssen, willig und engagiert erfüllt. In Truppenteilen, die sich im Auslandseinsatz befinden, obliegt den Ehefrauen der Vorgesetzten eine zusätzliche Aufgabe, die unter der Rubrik Ehrenamt verbucht wird. „Wenn man einen Offizier heiratet, weiß man das eben!" lautet oft die lapidare, aber auch manchmal resignierend klin-

280 Schmückle, Gerd Ohne Pauken und Trompeten S. 195. Neffe Lothar de Maizière (* 1940), der Sohn von General de Maizières Bruder, war vom 12. April bis zum 2. Oktober 1990 der letzte Ministerpräsident der DDR.
281 Maizière, Ulrich de In der Pflicht S. 245
282 Schmidt, Helmut Weggefährten S. 475.
283 Schmidt, Helmut a. a. O. S. 477
284 Ebenda

gende Erklärung der betroffenen Frauen. Eine Vorbereitung des Dienstherrn auf solche Aufgaben gibt es nicht – nur im Lehrgang für Militärattachés ist eine einwöchige Einweisung der Ehefrauen („Damenwoche") eingeschlossen.

Darüber hinaus habe Schmidt bei de Maizière – wie bei dessen Nachfolger Admiral Zimmermann – die „fachliche Urteilskraft, ihre Courage
zum Widerspruch und ihre Verschwiegenheit" geschätzt. [285] Auch Apels
Urteil ist positiv, war er doch „einer meiner in jeder Hinsicht untadeligen
Berater." [286]

Den politischen Einfluss von Generalinspekteur de Maizière hingegen
beurteilte Schmidt differenzierter. Er habe „als Teilnehmer des Kollegiums
[287] vermutlich weder unter Kai-Uwe von Hassel noch unter Gerhard
Schröder einen derart großen Einfluss auf die Entschlüsse seines zivilen
Oberbefehlshabers ausgeübt." [288] Dies bedeutet, dass de Maizière nur drei
Jahre einer sechsjährigen Amtszeit an der Spitze der Bundeswehr seinen
Rat als militärpolitischer Berater des Ministers wirkungsvoll einbringen
konnte. Wenn das Wort des Generalinspekteurs – so muss man fragen –
sich aber noch nicht einmal auf den Verteidigungsminister auswirkt, um
wie viel weniger dann auf die nächsthöhere Ebene, die Bundesregierung,
deren Berater in militärpolitischen Fragen er ist. Dieses Defizit kann man
jedoch kaum dem jeweiligen Amtsinhaber anlasten, hat er doch nur den
Spielraum, der ihm durch die Politiker eingeräumt wird. De Maizière hingegen beurteilt seinen Einfluss – wenngleich im klaren Wissen um seine
Grenzen – positiver. Zum einen führte die Rücktrittsserie der Generale
Trettner, Panitzki und Pape im Jahre 1966 de facto zu einer Stärkung seiner Ausgangsbasis. Von Hassel konnte nach Trettner nun nicht auch noch
den Nachfolger fallen lassen und musste dessen Forderungen akzeptieren.
Gleichwohl war de Maizière behutsam und überspannte den Bogen seiner
Forderungen keineswegs.

De Maizière wurde zunächst der „dritte Mann" hinter dem Minister
und dem beamteten Staatssekretär. Als im April 1967 der Posten des Parlamentarischen Staatssekretärs eingerichtet wurde, rutschte er in der Hierarchie des Ministeriums auf Platz vier und 1970 mit Einführung eines
zweiten beamteten Staatssekretärs auf Platz fünf. De Maizière schreibt, es
habe nur wenige wichtige Entscheidungen gegeben, die gegen seine aus-
drückliche Empfehlung entschieden wurden und nennt folgende:

- Der Generalinspekteur wurde nicht Disziplinarvorgesetzter gegenüber allen Soldaten,
- in der Frage der Anrede zwischen Soldaten,
- dem Haarerlass,
- der Verkürzung des Grundwehrdienstes von 18 auf 15 Monate und

- in der Frage der Arbeit des Bundeswehrverbandes und der Gewerkschaft ÖTV innerhalb der Kaserne, d. h. der Ausgestaltung der Koalitionsfreiheit des Soldaten.

In der Truppe kam es in jenen Jahren zu beträchtlicher Unruhe. Zum einen blieben die Proteste der außerparlamentarischen Opposition gegen „Vietnamkrieg und Establishment" und die sog. „68er-Bewegung" auch bei den Soldaten nicht ohne Spuren. Durch die Wehrpflichtigen wurde eine gewisse Politisierung in die Einheiten und Verbände getragen. Aber auch die Zeit- und Berufssoldaten waren den gesellschaftlichen Einflüssen ausgesetzt. Mehrere Thesenpapiere konträren Inhalts zeigten die geistige Zerrissenheit und Unsicherheit der Truppe. An der Heeresoffizierschule in Hamburg hatte zur Jahreswende 1969/70 eine Gruppe von Leutnanten in einem Seminar eines Offizierlehrgangs ein Papier mit dem Titel „Der Leutnant 1970" erarbeitet, in dem die traditionellen Wertvorstellungen des Offizierberufes auf den Kopf gestellt wurden. Sie gelangten an die Öffentlichkeit und wurden als Entgegnung auf die im Dezember 1969 ebenfalls durch eine Indiskretion in die Öffentlichkeit gelangte „Schnez-Studie" verstanden, in der der Soldatenberuf als eine Aufgabe „sui generis" bezeichnet und daraus eine Sonderrolle für die Armee abgeleitet worden war. Das Papier verschwand jedoch gleichsam von selbst, als eben jene Offiziere mit dem Alltag in der Truppe konfrontiert wurden. Da wurde der Wahlspruch „Ich lebe, um zu genießen" schnell von der harten Wirklichkeit eingeholt. Und auch das Prinzip von Befehl und Gehorsam, das in Frage gestellt worden war, erschien in einem anderen Licht. Im Jahre 1970 brachte eine Gruppe von Wehrpflichtigen ein Papier mit dem Titel „Soldat 70" in Umlauf. Es stand unter kommunistischem Einfluss, war agitatorisch, provokant und polemisch.

Auch die Kompanie- und Batteriechefs meldeten sich zu Wort, sorgten doch die Diskussion um die Anrede und der Haarerlass für zusätzlichen Zündstoff und erschwerten vor allem die Ausbildung, das innere Gefüge und den Truppenalltag. Die Vorstellungen über Pflichten und Rechte der soldatischen Gemeinschaft klafften bei Berufs- und Zeitsoldaten und Wehrpflichtigen beinahe diametral auseinander. Zum Jahreswechsel 1970/71 hatten knapp dreißig Hauptleute und Oberleutnante, die meisten

---

285 Schmidt, Helmut a.a.O. S. 433

286 Apel, Hans Der Abstieg S. 146 Diese Funktion nahm de Maizière aber erst nach Ausscheiden aus dem aktiven Dienst wahr; er trat 1972 in den Ruhestand und Apel wurde 1978 Verteidigungsminister

287 Minister Schmidt schuf ein kollegiales Gremium im BMVg, das sog. „Kleeblatt," das aus dem Minister, dem Parlamentarischen und den zwei beamteten Staatssekretären bestand. Wenn der Generalinspekteur hinzugebeten wurde, nannte man es „Kollegium." Vgl.: Schmidt a.a.O. S. 465

288 Schmidt a.a.O. S. 474

Kompanie- oder Batteriechefs, in einer Denkschrift die innere Lage des Heeres beklagt. Die Studie wurde im Frühjahr 1971 als „Denkschrift der Hauptleute aus Unna" in der Öffentlichkeit bekannt. Auch General de Maizière schaltete sich ein. Als er sich am 12. Januar 1971 bei einem Truppenbesuch der Panzerbrigade 21 in Augustdorf den bohrenden Fragen einer Abordnung von Kompanie- und Batteriechefs zur Lage im Heer stellte, fragte ihn einer der Offiziere – unhöflich und provokant – in Anspielung auf den unseligen Haarerlass: „Was muss eigentlich noch geschehen, damit Sie Ihren Hut nehmen!?" Es war ein in der deutschen Militärgeschichte wohl einmaliger Vorfall. De Maizière beschreibt diese Besprechung selbst als „die wohl schwierigste in meiner Amtszeit als Generalinspekteur." [289] Der General behielt Haltung, was ihm sicherlich nicht leicht fiel und antwortete sinngemäß, er müsse das Ganze im Auge behalten, und da bedürfe es einer strengen Auswahl, ob und wann das scharfe Schwert der Rücktrittsdrohung gezogen würde – im Falle des Haarerlasses sei diese Grenze nach seiner Beurteilung nicht erreicht worden. [290] Es gelang ihm nicht, die anwesenden Offiziere zu überzeugen. Sicherlich waren diese Truppenoffiziere, die die politischen Entscheidungen täglich mit unwilligen Soldaten, die ihre Abneigung gegen den Wehrdienst auch optisch in ihrem Aussehen zur Schau stellten, ausbaden mussten, nicht kompromissbereit. Aber auf der anderen Seite zeigte sich hier auch die fehlende Erfahrung de Maizières in der Menschenführung auf der unteren Ebene. Er konnte nur die ratio, nicht aber das Herz ansprechen – Männer wie Wellershoff, Naumann, von Kirchbach oder auch Schneiderhan wären hier überzeugender aufgetreten.

Im Heer kam der oft „hölzern und belehrend" wirkende de Maizière als militärischer Führer nicht an. Er fand keinen emotionalen Zugang zu den Soldaten. Bisweilen konnte man sogar den Eindruck haben, der sicherlich unzutreffend ist, die kämpferische Seite des Soldatenberufes sei ihm fremd. Im März 1965 besuchte er z. B. noch als Inspekteur des Heeres die Kampftruppenschule I in Hammelburg und machte dabei einen kurzen Abstecher zum „Sodenberg," wo damals die Einzelkämpferausbildung stattfand. Im Eilschritt absolvierte er diesen Teil seiner Inspektion – kein Wort zu den verschwitzten Soldaten, die viel Mühe in die Vorbereitung des Besuches ihres Inspekteurs investiert hatten – zurück blieb Enttäuschung und Achselzucken. Schmückle hat dies ähnlich beobachtet:

„Nur wenn er glaubte, sich seinem hohen Amte entsprechend darstellen zu müssen, kam eine seltsame Erstarrung über ihn." [291]

Nachfolger, wie Schnez oder Willmann, traten bei solchen Anlässen truppennäher und dadurch überzeugender auf. General Kießlings Urteil über seinen älteren Kameraden de Maizière ist verhalten :

„Nicht nur verfügte Maizière über wohl einmalige Kenntnisse ... in bezug auf das Werden der Bundeswehr. Er war auch ein Meister in der Verhandlungsführung wie in der Fähigkeit, sich auf das Wesentliche zu konzentrieren und das Ergebnis in eine griffige Formel zu bringen. Vor allem aber – ... – wußte er das den Politikern Zumutbare auszumachen .... Aber die Truppe blieb ihm fremd." 292

An anderer Stelle schreibt Kießling:

„Er (= de Maizière) scheute Auseinandersetzungen, steckte zurück, suchte Kompromisse auch dann, wenn Beharren und Widerstand geboten waren. ... Er war der ideale Generalinspekteur für die westdeutsche Republik." 293

Doch der Vorwurf greift zu kurz, hat doch Kießling selbst – wie es der Titel seiner Erinnerungen „Versäumter Widerspruch" zeigt – in manchen Fällen auf das Beharren verzichtet. Und so besaß de Maizière sicherlich weniger Führungsstärke als Kompromissfähigkeit. Doch da der Generalinspekteur keine Truppen führt, ist diese Eigenschaft auch nicht von solch herausragender Bedeutung für dieses Amt.

In einem Gespräch, das der in Aussicht genommene, aber noch nicht ernannte Helmut Schmidt am 3. Oktober 1969 mit Generalinspekteur de Maizière über das Verhältnis zwischen Minister und dem obersten Soldaten führte, meinte Schmidt,

---

289 Maizière, Ulrich de In der Pflicht S. 327. Der Verfasser war bei dieser Besprechung anwesend.

290 Die Entscheidung die Haar- und Barttracht der Soldaten in das freie Ermessen des Soldaten zu stellen, stieß auf Unverständnis bei den Soldaten. Der saloppe Satz, der Helmut Schmidt zugeschrieben wurde, „für ihn sei wichtig, was im Kopf der Soldaten und nicht, was darauf sei," machte die Runde. Weshalb sollen wir uns dann noch bemühen?! lautete die Devise der Vorgesetzten „an der Front." Zwar war die Frisur des Soldaten nie vom allgemeinen Modetrend in der Gesellschaft unabhängig, doch es waren vor allem Abiturienten, die die Haartracht als Ausdrucksmittel ihrer tiefen Abneigung gegen Staat und Militär sahen. Für sie gab es eine direkte Beziehung zwischen Menschenwürde und Haarlänge; es galt: je länger der Zopf, desto mehr „Würde" und desto „fortschrittlicher" auch das Denken. Das ungepflegte Aussehen strapazierte – unabhängig von hygienischen Problemen – das Ansehen der Streitkräfte im In- und Ausland bis an die Grenze der Lächerlichkeit. Nicht wenige Truppenteile glichen marodierenden Landsknechtshaufen. Die Soldaten des Wachbataillons jedoch unterlagen unverändert strengen Auflagen bei ihrem Aussehen. Im Jahre 1972 wurde der Erlass geändert. In der Rückschau muss man allerdings einräumen, dass diese modischen Irrwege die Armee nicht an den Rand des Zusammenbruchs gebracht hatten. Allerdings ist der Pferdeschwanz auf Umwegen zurückgekehrt, verstößt doch die Unterscheidung zwischen männlicher und weiblicher Haartracht nach jüngster Rechtsprechung gegen den Gleichheitsgrundsatz.

291 Schmückle, Gerd Ohne Pauken und Trompeten S. 310

292 Kießling, Günter Versäumter Widerspruch S. 355

293 Kießling, Günter a.a.O. S. 356

„das stärkste Mittel, das der Generalinspekteur gegenüber der politischen Leitung besitze, sei sein Rücktritt, ein Mittel, das er allerdings nur einmal anwenden könne." [294]

De Maizière habe zugestimmt, allerdings mit der Einschränkung, dieser müsse sich für die von ihm vertretene Sache auch lohnen, und dass dieses Mittel daher nur in schwerwiegenden Fällen angewendet werden dürfe. [295] De Maizière lässt offen, Beispiele dafür zu nennen, und er lässt auch die Definition nach dem „Es müsse sich lohnen" unbeantwortet. Vermutlich meint er damit, dass mit einem Rücktritt – wenn schon nicht die Durchsetzung der eigenen Ansicht als Maximalziel – so doch zumindest ein Kompromiss oder eine Verbesserung der kritisierten Angelegenheit erreichbar sein müssten. Überdies müsse ein Rücktritt von der Bevölkerung und den Medien verstanden, anerkannt und unterstützt werden. Mangelnder Mut und zu hohe Kompromissbereitschaft – wie Kießling meint – waren es daher vermutlich nicht, die de Maizière von diesem Schritt abhielten. Immerhin waren von den fünf genannten Beispielen, die gegen den Rat des Generalinspekteurs durch den Minister anders entschieden wurden, zumindest zwei – die Dauer der Wehrpflicht und der Haarerlass – aus militärischer Sicht schwerwiegender Natur. Doch für de Maizières Hinnehmen dürfte das erfolglose Beispiel des letztlich wirkungslosen Rücktritts seines Vorgängers Trettner ausschlaggebend gewesen sein. Es war sicherlich eine bittere Erkenntnis, dass selbst das „stärkste Mittel" des Generalinspekteurs zur Durchsetzung seiner Vorstellungen – wie Schmidt es bezeichnete – letztlich eine stumpfe Waffe ist, die wenig bewirkt. Doch in der Rückschau von mehr als drei Jahrzehnten ist – sine ira cum studio – festzustellen, dass diese Anlässe, die damals die Truppe emotional außerordentlich aufwühlten und von denen so mancher Kommandeur glaubte, sie brächten die Armee an den Rand des Kollapses, letztlich eben nicht von grundsätzlicher Bedeutung waren. Die Zeit ging über sie hinweg, und die Wogen hatten sich bald geglättet.

Am 31. März 1972 endete die Amtszeit von General de Maizière. Die Option, als Vorsitzender des Militärausschusses zur NATO zu gehen, scheiterte – neben persönlichen Gründen – auch daran, dass Minister Schmidt ihn zum Zeitpunkt des Wechsels im Frühjahr 1971 für unabkömmlich hielt. Ein späterer Wechsel hingegen kam deshalb nicht in Frage, weil der Dienstposten dann nicht frei wurde. Bundeskanzler Brandt nahm persönlich am Großen Zapfenstreich zu Ehren des aus dem Amte scheidenden Generalinspekteurs am 23. März 1972 teil, eine Geste der Anerkennung und des Respekts durch den Regierungschef, die bisher nur selten gewährt wurde.

Auch nach seiner Pensionierung war de Maizière in den politischen Zirkeln Bonns ein gern gesehener Gast. Anlässlich des Volkstrauertages im

November 1976 erhielt er die große Ehre, die Festansprache bei der zentralen Veranstaltung des Volksbundes Deutscher Kriegsgräberfürsorge im Bundestag zu halten. De Maizière setzte überdies den Rat Helmut Schmidts um und schrieb seine Lebenserinnerungen. Darüber hinaus arbeitete er an einer Reihe von Studienprojekten mit, so z. B. 1972 an einer Geschichte der Bundeswehr und danach im Auftrag der Versammlung der Westeuropäischen Union (WEU) an einer Studie zum Thema „Rational deployment of forces in the central front," in der die Friedensstationierung der zwischen Elbe und Alpen stationierten alliierten Truppen und deren Einsatzräume im Rahmen der Vorneverteidigung untersucht wurde. Im September 1978 schließlich übernahm de Maizière den Vorsitz der nach ihm benannten Kommission, die im Auftrag von Minister Apel bürokratische Fehlentwicklungen in der Bundeswehr aufzeigen und Hilfe für deren Abbau geben sollte – von Erfolg gekrönt war dieser lobenswerte Versuch hingegen nicht. Im Januar 1976 übernahm er den Vorsitz in der 1961 gegründeten „Clausewitz-Gesellschaft" und behielt dieses Amt bis Ende 1982. In der sog. „Kießling-Affäre," die erst mehr als ein Jahrzehnt nach seiner Pensionierung Armee und Öffentlichkeit aufwühlte, war seine Rolle unklar, obwohl er mit seiner immer noch ungebrochenen Autorität hier durchaus hätte Zeichen setzen können.

„Ich hatte zu Maizière ein mehr distanziertes denn herzliches Verhältnis. Um so mehr erblickte ich in ihm einen geeigneten Vermittler, der auch seitens des Ministers (=Wörner) akzeptiert würde." [296]

De Maizière gab diese von Kießling erbetene und erhoffte Vermittlerrolle jedoch zurück. Und er war – nach Bekunden Kießlings – am 19. Januar 1984 dabei, als Minister Wörner zwei fragwürdige Zeugen aus der Kölner Homosexuellen-Szene persönlich befragte. [297] Vermutlich stufte er seine Loyalität gegenüber dem Staat höher ein als die Pflicht zur Kameradschaft. In seinem 1989 erschienenen Lebensbericht „In der Pflicht" erwähnt er zwar Kießling einmal, geht aber erstaunlicherweise mit keinem Wort auf diesen gravierenden Sachverhalt ein, obwohl er die Jahre nach seinem Ausscheiden, die er als „in tätigem Ruhestand" beschreibt, ausführlich darstellt. Doch er lässt sie 1982 – an seinem 70. Geburtstag, zu dem Minister Apel einen Empfang zu seinen Ehren gab, enden.

Als erster Soldat wurde de Maizière im Jahre 1986 in Hannover mit dem 1974 gestifteten „Hermann-Ehlers-Preis," zu dem Laureaten wie Bischof Dr. Hermann Kunst, Professor Benda und Kanzler Kohl gehören,

---

294 Maizière, Ulrich de Führen im Frieden S. 123
295 Ebenda
296 Kießling, Günter Versäumter Widerspruch S. 421
297 Kießling, Günter a.a.O. S. 440

ausgezeichnet. Die Zeit nach seinem Abschied aus dem aktiven Dienst war von vielen Reisen geprägt, die ihn auch nach Russland und in die Volksrepublik China führten, Länder, die ihm vormals aus Sicherheitsgründen verschlossen geblieben waren. Vielfältige Vortragsaktivitäten führten ihn dabei rund um die Welt, und er baute das aus, was er als junger Offizier bereits als Mangel gesehen hatte – die fehlende Auslandserfahrung vieler Offiziere. Als de Maizière Ende März 1972 in den Ruhestand verabschiedet wurde, übernahm erstmals kein Heeresoffizier dieses Amt. Ein Offizier der kleinsten Teilstreitkraft der Bundeswehr, der Marine, brach in die bisherige „Domäne des Heeres" ein.

Admiral Armin **Zimmermann** wurde am 23. Dezember 1917 noch während des Ersten Weltkrieges geboren, jedoch fern vom Kriegsgeschehen in Europa, da seine Familie bereits seit mehreren Generationen in Brasilien lebte. 1931 kehrte er nach Deutschland zurück und trat 1937 mit zwanzig Jahren in die Kriegsmarine ein. Er erlebte den Zweiten Weltkrieg in Führungs- und Stabsverwendungen der Kriegsmarine, u. a. unter dem späteren ersten Inspekteur der Bundesmarine, Vizeadmiral Friedrich Ruge, wurde mit dem Deutschen Kreuz in Gold ausgezeichnet, war schwer verwundet worden und am Ende des Krieges für zwei Jahre in Gefangenschaft geraten. Danach arbeitete er beim Deutschen Minenräumdienst.

1956 trat er als Korvettenkapitän in die Bundeswehr ein. Gleich die erste Verwendung führte ihn ins Ausland, zum Militärattachéstab London und Dublin. Danach arbeitete Zimmermann in Truppen-, Stabs- und integrierten Verwendungen; so führte er Anfang der sechziger Jahre das 5. Minensuchgeschwader. Als Unterabteilungsleiter Fü S III (Militärpolitik) im Range eines Flottillenadmirals begleitete er im Dezember 1968 Generalinspekteur de Maizière auf einer zweiwöchigen Reise nach Japan, Indonesien und Thailand. Vom Flottillenadmiral direkt zum Vizeadmiral befördert, wurde Zimmermann im Oktober 1970 Befehlshaber der Flotte. Nur eineinhalb Jahre später, am 1. April 1972, berief ihn Minister Schmidt zum vierten Generalinspekteur. Der humorvolle und warmherzige Zimmermann wurde der erste Marineoffizier an der Spitze der Bundeswehr und auch der erste, der den Rang eines Vier-Sterne-Admirals erreichte. Alle bisherigen Generalinspekteure waren Heeresoffiziere gewesen, stellte die größte Teilstreitkraft doch etwa zwei Drittel aller Soldaten der Bundeswehr. In der Rückschau schreibt de Maizière über seinen Vorgänger im Amt:

„Der Minister (= Helmut Schmidt) aber sah in dem Amt des Generalinspekteurs keinen >Erbhof< des Heeres. Ihm kam es auf die Qualifikation,

nicht auf die Uniform an. ... In dem Befehlshaber der Flotte, Vizeadmiral Armin Zimmermann, stand ein geeigneter Nachfolger aus einer anderen Teilstreitkraft zur Verfügung. ... Ich kannte Zimmermann ... und konnte daher Schmidts Wahl mit gutem Gewissen zustimmen." [298]

Zimmermann diente als Generalinspekteur nur drei Monate unter Helmut Schmidt, was dieser bedauerte, [299] habe er doch bei ihm, wie beim Vorgänger de Maizière, die „fachliche Urteilskraft, ihre Courage zum Widerspruch und ihre Verschwiegenheit" geschätzt.[300] Schmückle bewertet die Berufung Zimmermanns, der nach Schmidts Wechsel in das Finanzressort mit Minister Leber ebenso vertrauensvoll zusammenarbeitete, wie folgt:

„Georg Leber hatte – erstmals in der Geschichte der Bundeswehr – einen Seeoffizier zum Generalinspekteur ernannt. Admiral Fritz Zimmermann war die richtige Wahl: Politische und militärische Bundeswehrspitze verstanden sich." [301]

Zimmermann arbeitete in seiner Amtszeit als Generalinspekteur – abgesehen von den wenigen Monaten mit Helmut Schmidt zu Beginn – bis zu seinem Tod nur mit Minister Leber zusammen. Auch in der Frage der Neuordnung des Verhältnisses zwischen Bundeswehr und Gewerkschaften zogen beide an einem Strang. Leber schildert eine Begegnung zwischen hochrangigen Gewerkschaftlern und Offizieren, bei der es in einer Pause um die Rolle der Gewerkschaften im Falle einer Gefahr für die staatliche Ordnung ging. In diesem Falle, meinte einer, würden die Gewerkschaften für den demokratischen Staat auf die Barrikaden gehen. Zimmermann hatte dies gehört und sagte daraufhin zu Eugen Loderer (1920-1995), dem Vorsitzenden der IG-Metall:

„Herr Loderer, wenn jemals etwas eintreten sollte, was Sie veranlassen müßte, für unseren demokratischen Staat auf eine Barrikade zu gehen, dann würden Sie, Herr Loderer, dort nicht allein stehen, sondern ich, Armin Zimmermann, würde dann neben Ihnen stehen." [302]

Innenpolitisch fielen in Zimmermanns Amtszeit 1972 die vorgezogenen Wahlen zum 7. Bundestag, die die kurze Kanzlerschaft von Willy Brandt einläuteten. Doch bereits 1974 kam es u. a. im Zuge des Rücktritts von Kanzler Brandt zu einem Revirement an der Staatsspitze: Walter Scheel zog als Bundespräsident in die Villa Hammerschmidt, Helmut Schmidt wechselte in das Palais Schaumburg und Genscher übernahm

298 Maizière, Ulrich de In der Pflicht S. 330
299 Schmidt, Helmut Weggefährten S. 465
300 Schmidt, Helmut a.a.O. S. 433
301 Schmückle, Gerd Ohne Pauken und Trompeten S. 331
302 Leber, Georg Vom Frieden S. 222

das Außenamt – die gesamte politische und militärische Spitze hatte Kriegserfahrung.

Auch außenpolitisch waren es unruhige Jahre. Im Nahen Osten eskalierte der Konflikt 1973 in den Yom-Kippur-Krieg, und die darauffolgende Ölkrise zeigte erstmals die Verwundbarkeit, Abhängigkeit und Anfälligkeit der westlichen Industrienationen. 1973 wurde die Bundesrepublik Mitglied der UNO. Die Dauer des Grundwehrdienstes wurde von 18 auf 15 Monate verringert, und im Herbst des selben Jahres nahmen die beiden Bundeswehruniversitäten in Hamburg und München ihren Studienbetrieb auf. Am 1. August 1975 wurde in Helsinki die Schlussakte der KSZE-Konferenz unterzeichnet.

Überraschend starb Zimmermann am 30. November 1976 – einen knappen Monat vor seinem 59. Geburtstag – im Dienst an den Folgen eines schweren Sturzes, der sich im Juni ereignet hatte; regulär wäre er Ende März 1978 in den Ruhestand versetzt worden. Seine sterblichen Überreste fanden in dem Element ihre letzte Ruhe, das seinen Lebensweg geprägt hatte. 1983 ehrte ihn die Bundeswehr, in dem sie einer Kaserne in Wilhelmshaven seinen Namen gab.

Das unerwartete Ableben des amtierenden Generalinspekteurs brachte die obersten Personalplaner der Streitkräfte in Verlegenheit. In der Bundeswehr war und ist auf nahezu allen Ebenen die Übernahme der Amtsgeschäfte durch den Stellvertreter eher die Ausnahme. Stellvertreter zu sein ist keine dankbare Aufgabe – weder beim US-Präsidenten, noch beim Vize-Kanzler und schon gar nicht beim Militär. Auch General Kießling machte diese Erfahrung in der Personalabteilung auf der Hardthöhe und überschrieb diese Zeit mit „Die Ohnmacht des Stellvertreters." Dieser darf zwar bisweilen in die Rolle seines Chefs schlüpfen, aber immer nur zeitlich begrenzt, meist während dessen Jahresurlaubs. Doch nicht über drei Wochen, könnte doch der Stellvertreter bei längerer Führung der Amtsgeschäfte glauben, er sei tatsächlich auch für eine Chefrolle geeignet und daraus sogar Ansprüche für seine weitere Karriere ableiten. Die Personalabteilung trägt dieser abgestuften Befähigung auch zumeist Rechnung: nur keinen „starken Stellvertreter" berufen, dies könnte schnell den inneren Frieden in einem Truppenteil zerstören und „Putschgelüste" aufkommen lassen. Stellvertreter sollten ein- und unterordnungsbereite Persönlichkeiten sein, möglichst ohne Profil und fachliche Außenseiter. Nur für den Fall, dass – wie 1963 in Dallas – der Amtsinhaber erschossen wird, muss der Stellvertreter bereitstehen, aber dies kommt nur selten vor. So besaßen z. B. die Inspekteure der Teilstreitkräfte als ranghöchste Offiziere von Heer, Luftwaffe, Marine und Sanitätsdienst ein größeres Prestige und Gewicht als der Stellvertreter des obersten Soldaten der Bundeswehr, zumal dieses Amt erst im Jahre 1964 eingerichtet worden war. Im Jahre 2004 wurde der Dienstposten eines zweiten Stellvertreters des Generalinspekteurs eingerichtet und mit dem Dienstposten des Inspekteurs der Streitkräftebasis gekoppelt.

Die meisten Offiziere, die in der Geschichte der Bundeswehr zum Generalinspekteur berufen wurden, entstammten dem nachgeordneten Bereich oder kamen von „noch weiter unten:" Sie waren vorher Inspekteure oder bei der NATO gewesen – wie de Maizière, Wellershoff, Bagger oder Brandt, – oder kletterten aus der Korps- oder Flottenebene nach oben – wie Zimmermann, Altenburg, Naumann oder von Kirchbach. Eine Ausnahme bildet der Planungsstab, die heimliche Schalt- und Kontrollzentrale des Ministers: die letzten beiden Generalinspekteure Kujat und Schneiderhan kamen von dort und hatten ihn unmittelbar vor ihrer Berufung geleitet.

General Harald **Wust** bildete die Ausnahme. Mit ihm rückte der bisher einzige Stellvertreter auf den Stuhl des Generalinspekteurs nach, was sich in der Rückschau als nicht unproblematisch erwies. Dabei waren es weder intellektuelle noch militärfachliche Defizite, im Gegenteil. Diese Anforderungen erfüllte Wust spielend.

Es war hingegen seine sensible, aufrechte Veranlagung, gepaart mit mangelndem Fingerspitzengefühl sowohl im Umgang mit seinen Untergebenen als auch gegenüber der politischen Führung, die Reibungsverluste verursachte, Nerven bei allen Beteiligten kostete und ihn letztlich scheitern ließen. Der Spruch „Lieber ein Wust von Papier, als ein Papier von Wust!," der im Führungsstab der Streitkräfte zu seiner Amtszeit kursierte, wirft ein Licht auf die Akribie des Stabsarbeiters Wust.

Wusts Vater war im Ersten Weltkrieg Flieger gewesen, und so war es verständlich, dass Sohn Harald, der am 14. Januar 1921 in Kiel geboren wurde, in dessen Fußstapfen treten wollte. Doch gesundheitliche Einschränkungen machten diesen Wunsch zunichte. Zwar wurde Wust 1939 zur Luftwaffe einberufen, aber eben nicht zu einem fliegenden Verband, sondern zur Luftnachrichtentruppe. Im November 1941 zum Leutnant befördert, erlebte er dort als junger Offizier den Zweiten Weltkrieg. Später kämpfte er u. a. als Oberleutnant und Kompaniechef an der Ostfront und geriet 1945 kurze Zeit in russische Gefangenschaft.

Nach der Heimkehr studierte Wust Sozialpädagogik, arbeitete in der Kreisbehörde im schleswig-holsteinischen Eutin und betätigte sich erfolgreich als Kinderbuchautor. 1956 trat er als Hauptmann in die Luftwaffe ein und war u. a. Chef einer Radar-Leitkompanie. Wust, der den 1. Generalstabslehrganges der Luftwaffe von April 1958 bis März 1959 als Lehrgangsbester absolviert hatte, kletterte danach schnell die Karriereleiter

empor: Die Verwendungen als A 3 – Offizier (Operationsführung) in der
4. Luftwaffendivision in Aurich und danach als Referent in der Stabsabteilung III (Führung und Operation) im Führungsstab der Luftwaffe
blieben nur Zwischenstationen auf seinem Weg an die Spitze. Allerdings
war Wust überwiegend nur in Lehr- und Stabsverwendungen tätig. So war
er z. B. von 1964 bis 1965 Hörsaalleiter des 8. Generalstabslehrganges der
Luftwaffe an der Führungsakademie; einer seiner jungen Offiziere dort
war Eberhard Eimler, der später ebenfalls in die Vier-Sterne-Ebene aufsteigen sollte. Anschließend folgte die erste Verwendung im Ministerium:
Wust wurde Referatsleiter im Führungsstab der Streitkräfte. Von 1967 bis
1969 war er Kommandeur der Technischen Schule der Luftwaffe in Kauf-
beuren; es war seine letzte Verwendung „in der Truppe." Danach war er bis
zum Ende seiner Dienstzeit im Jahre 1978 ausschließlich im Ministerium
tätig. Wust hatte keinerlei Auslands- oder NATO-Erfahrung. Am 1. Oktober
1969 übernahm er die Leitung der Stabsabteilung Fü S VI im Führungsstab der Streitkräfte und wurde damit der Planungschef von Generalinspekteur de Maizière, der Wusts Arbeit wie folgt bewertete:

*„Ohne Büchs (= war damals der Stellvertreter des Generalinspekteurs)
und seine Mitarbeiter, vor allem des einfallsreichen, arbeitsfreudigen und
planerisch gleich begabten Leiters der Unterabteilung Planung, den damaligen Brigadegeneral Harald Wust, hätte sich das >militärische Pilotsystem<
für die Bundeswehrplanung nicht durchgesetzt."* [303]

Mit fünfzig Jahren zum Generalmajor befördert, rückte er im Mai 1971
als Chef des Führungstabes der Streitkräfte zu einem der engsten Mitarbeiter von de Maizière auf. Dann wechselte er im April 1974 als Generalleutnant in seine Teilstreitkraft und übernahm den Posten des Stellvertreters des Inspekteurs der Luftwaffe unter Generalleutnant Gerhard Limberg (*1920). Bereits im Oktober 1975 kehrte Wust nach nur eineinhalb
Jahren in den Führungsstab der Streitkräfte zurück; er löste dort den Heeresgeneral Dr. Schnell ab und wurde Stellvertreter von Generalinspekteur
Zimmermann. Damit unterstanden ihm als „Inspekteur" die Zentralen
Militärischen Dienststellen der Bundeswehr. Die Spitze der Streitkräfte
wurde nun von einem Admiral und Luftwaffengeneral gebildet; das Heer
war erstmalig darin nicht mehr vertreten. Zum zweiten Mal hintereinan-
der kam das Heer bei der Besetzung des höchsten Amtes der Streitkräfte
nicht zum Zuge, und mit Wust wurde erstmals ein Luftwaffenoffizier
Generalinspekteur. Er war – nach Kammhuber und Steinhoff – der dritte
Luftwaffenoffizier, der Vier-Sterne-General wurde und der erste Nicht-
Pilot. Im Auftrag von Minister Leber arbeitete Wust an der Neuorga-
nisation der Streitkräfte („Modell 3"), die u. a. eine stärkere Zentralisie-
rung streitkräftegemeinsamer Aufgaben in einem sog. „Zentralen Unter-

stützungsbereich" (ZUB) vorsahen; Minister Apel ließ diese Pläne später stoppen.

Als Wust sein neues Amt antrat, war der aufrechte Georg Leber bereits fünf Jahre Verteidigungsminister. Beide kannten sich seit Jahren – keine schlechten Voraussetzungen für eine vertrauensvolle Zusammenarbeit, aber dann begann es sich einzutrüben. Den ersten Wermutstropfen zwischen beiden lieferte Wusts eigene Teilstreitkraft: es waren ausgerechnet die Flieger, mit denen Wust als Nicht-Pilot ohnehin nicht viel anzufangen wusste. Die Piloten, in erster Linie jene der Düsenmaschinen und nicht die „Spediteure" der Transall-Geschwader, hatten von jeher in der Luftwaffe das Sagen. Und so ganz betrachteten sie Wust trotz dessen blauer Uniform nicht als einen der ihren, denn auf seiner rechten Uniformtasche trug er nur das Tätigkeitsabzeichen mit den beiden gekappten Schwingen. Die Dominanz der Piloten begann bereits beim „Roten Baron", Manfred von Richthofen (1892-1918), im Ersten Weltkrieg, und unter Görings fettleibiger Führung behaupteten sie ihre Sonderrolle souverän. Sie waren nicht nur die ersten, die ihr Ritterkreuz mit Eichenlaub und Schwertern brillantengeschmückt am Halse tragen konnten, auch die höchste deutsche Kriegsauszeichnung, das goldene Eichenlaub, trug ein Flieger – Rudel. Und ausgerechnet dieser Oberst außer Diensten war es, der den obersten Soldaten Wust ungewollt in Bedrängnis brachte. Wenige Monate vor Wusts Amtsantritt, im Herbst 1976, war der frühere Stuka-Oberst Hans-Ulrich Rudel 304 (1916-1982), im Krieg Kommandeur des Schlachtgeschwaders „Immelmann," zu einem Traditionstreffen des Aufklärungsgeschwaders 51 „Immelmann" nach Bremgarten eingeladen worden. Der Besuch führte zu einem Eklat in Medien und Politik. Die kriegsgedienten Offiziere der Luftwaffe lehnten das von oben verordnete Traditionsverständnis und die damit verbundene Zurückhaltung gegenüber der Wehrmacht ab – so auch der Chef der Luftflotte in Köln-Wahn, Generalleutnant Walter Krupinski (1920-2000), und sein Stellvertreter Karl Heinz Franke (1923-1994). Nicht etwa, weil sie dem Rechtsaußen Rudel politisch nahe gewesen wären, sondern aus einem Gefühl kameradschaftlicher Verbundenheit über die Grenzen politischer Ansichten hinweg. Krupinski gehörte als Eichenlaubträger selbst zu den Fliegerassen. Beide hatten zwar von der Einladung an Rudel vorher nichts gewusst und hätten sie vermutlich auch nicht genehmigt. Doch als die Aufregung darob in der Öffentlichkeit stieg, stellten sie sich vor den Kommodore der „Immelmänner" und billigten dessen Verhalten. Schließ-

303 Maizière, Ulrich de In der Pflicht S. 296
304 Rudel war als einziger Soldat der Wehrmacht mit der höchsten Tapferkeitsauszeichnung im Zweiten Weltkrieg mit dem Goldenen Eichenlaub mit Schwertern und Brillanten zum Ritterkreuz des Eisernen Kreuzes ausgezeichnet worden.

lich, so meinten sie, müsse man „dem als rechtsradikal geltenden Rudel
ebenso das Recht auf Läuterung zubilligen wie >Linksextremisten und
Kommunisten<, die früher in Moskau waren wie Herbert Wehner."[305] Die
Lästerung der politischen Götter gilt in Deutschland unverändert als geistiger Hochverrat: im Kaiserreich und in der Weimarer Republik hieß es
„Majestätsbeleidigung" und war gem. § 95 des StGB [306] unter Strafe gestellt, unter Hitler wurde sie lebensgefährlich, und heute wird sie als Frontalangriff auf den Primat der Politik verstanden. Während das amerikanische Soldatenmagazin „Stars and Stripes" die sexuellen Vorlieben ihres Präsidenten und Oberbefehlshabers Clinton – ohne Konsequenzen – genüss-
lich in einer Karrikatur abbilden kann, [307] fordern die Paragraphen 10
(Pflichten des Vorgesetzten) und 17 (Verhalten in und außer Dienst) des
Soldatengesetzes Zurückhaltung vom Soldaten. Krupinski und Franke sta-
chen mit ihren Äußerungen in ein politisches Wespennest und brachten
Minister Leber in Zugzwang. Dass sie sich gleichzeitig vor den angegriffe-
nen Kommodore stellten, wie es das Soldatengesetz vom Vorgesetzten verlangt, war dabei zweitrangig. Hätte Krupinski den Kommodore damals
„kurz und schmerzlos gefeuert," politisch korrekt, aber weniger kamerad-
schaftlich, wäre er auf der sicheren Seite gewesen. Doch die beiden Luftwaf-
fengenerale entschieden sich gegen die „Leitungslösung." Leber, unter politischem Zugzwang, reagierte – wie Rühe später bei den rechtsradikalen
Vorfällen in Thüringen und Sachsen 1997, sowie Struck bei Brigadegeneral
Günzel im Jahre 2003 – hart: Krupinski und Franke mussten sofort ihren
Hut nehmen. Die Prinzipien zeitgerechter Menschenführung, der Fürsorge
und der Rechtsgrundsatz des „audiatur et altera pars" (Auch der Andere
möge gehört werden) gelten eben nicht für Generale. Auf Antrag des Minis-
ters wurden sie gem. § 50 (1) des Soldatengesetzes durch Bundespräsident
Scheel in den einstweiligen Ruhestand versetzt. Scheel mag dies als ehema-
liger Luftwaffenoffizier persönlich vermutlich nicht gebilligt haben, aber als
Staatsoberhaupt blieb ihm – wie auch Leber – keine andere Wahl. Auch
Wust half den beiden Kameraden nicht: Die Forderung nach Hilfe und
Rückendeckung durch die Vorgesetzten wird in solchen Fällen schnell ge-
stellt. Bleibt sie aus, wird der Vorwurf mangelnder Kameradschaft laut.
Doch zumeist ist dies ungerecht. Wust hätte nichts für Krupinksi und Fran-
ke tun können, ebenso wenig wie z. B. Spiering siebzehn Jahre später für von
Scotti (siehe S. 415 ff). Ein demonstrativer Schritt á la Trettner, Panitzki und
Pape wäre zwar denkbar gewesen, doch letztlich wirkungslos verraucht.

Der Spionagefall Lutze/Wiegel führte zu Turbulenzen auf der Hardthöhe, in deren Strudel Georg Leber, obwohl persönlich frei von Schuld, sein
Amt aufgab. Minister Apel betrat die militärische Bühne, und damit begannen die Schwierigkeiten für Wust.

Hierbei ist zweifelsohne entlastend für Wust, dass ihn diese neue personelle Konstellation mit einem sehr schwierigen Minister zusammenführte, der anfangs keinerlei militärische Kenntnisse mitbrachte, vom Wesen des Soldatseins bis zum Ende seiner Amtszeit nichts verstand und auch nichts verstehen wollte, und der im übrigen mit Menschenführung nicht viel im Sinn hatte oder sie zumindest nicht bei Generalen anwandte. Schon kurze Zeit nach Amtsübernahme kam es zu einem ersten Zerwürfnis mit dem elf Jahre jüngeren Minister Apel. Grund war zunächst die neue Wehrstruktur, an der unter Leitung von Wust bereits lange konzipiert worden war, deren Umsetzung hingegen Apel aber als nicht realisierbar beurteilte. Die „Zeit" schrieb am 31. März 1978 süffisant:

„Da bleibt dann doch die Frage, wie es möglich war, daß die militärischen Planer ..., allen voran ... Wust, rund sieben Jahre Vorbereitungen auf ein Modell verwandten, dessen Realitätsferne zu erkennen der neue Minister nur zwei Tage brauchte."

Gewisse Ähnlichkeiten mit Strauß und dessen Ablehnung des übereilten Aufbaus der Bundeswehr in der Anfangsphase unter Heusinger sind unübersehbar.

Die Spannungen verschärften sich. Wust fehlte die innere Robustheit und das „dicke Fell," um sich gegenüber dem Polterer Apel zu behaupten. Für diesen war der Generalinspekteur offenbar nur einer in der Reihe von Beratern. Er überging Wust und untergrub damit dessen Ansehen als oberster Soldat der Bundeswehr. Zwar werden solche Ränkespiele nicht in der Truppe bekannt, aber im Ministerium spricht sich dies schnell herum. Apel entschuldigte sich allerdings auf der Kommandeurtagung der Bundeswehr in Saarbrücken im April 1978 und sprach dem Generalinspekteur sein Vertrauen aus:

„Ich könnte mir vorstellen, daß ich Sie durch meine Ungeschicklichkeit verletzt habe. Das war nicht meine Absicht. Ich habe mich bei Ihnen persönlich entschuldigt. Wie Sie meine Entscheidung hingenommen und vertreten haben, hat mich ungemein beeindruckt. Sie haben in mir einen Freund

---

305 Range, Clemens Die Generale und Admirale der Bundeswehr S. 135
306 „Wer den Kaiser, seinen Landesherrn oder während seines Aufenthalts in einem Bundesstaate dessen Landesherrn beleidigt, wird mit Gefängnis nicht unter zwei Monaten oder mit Festungshaft von zwei Monaten bis zu fünf Jahren bestraft. Neben der Gefängnisstrafe kann auf Verlust der bekleideten öffentlichen Ämter (sowie der aus öffentlichen Wahlen hervorgegangenen Rechte) erkannt werden." (Strafgesetzbuch für das Deutsche Reich. Berlin und Leipzig 1920.)
307 siehe: Stars and Stripes – Volume 55 Oktober 1996 (Frage eines Journalisten an Clinton: "Care to comment, Sir, on the army´s harassment hot line?" Clintons Gedanke – in Anspielung an Monika Lewinski: "Thank Goodness I wasn´t in th´military! ..") aus: Dallas Morning News 96 11/14

gewonnen. Sie können auf mich zählen. Im übrigen weiß ich, daß ich die Weisheit nicht gepachtet habe." 308

Dies war eine honorige Geste eines Ministers, die menschliche Größe offenbart, zumal sie nicht in der Abgeschiedenheit eines ministeriellen Dienstzimmers, sondern im Angesicht aller Kommandeure abgegeben wurde. Es ist bedauerlich, dass Apel nicht häufiger diese Seite seines Charakters preisgegeben hat.

Im November 1978 legte der Untersuchungsausschuss des Deutschen Bundestages seinen Abschlussbericht zum Spionagefall Lutze/Wiegel vor. Zwar wurde darin Verteidigungsminister Leber, der deswegen zurückgetreten war, von persönlicher Verantwortung freigesprochen, nicht aber die militärische Spitze des Ministeriums. In erster Linie rückte dabei Generalinspekteur Wust immer mehr ins Fadenkreuz der Angriffe aus dem linken Lager. Dadurch geriet auch Verteidigungsminister Apel in ein Dilemma. Gab er dem Drängen aus seiner Partei nach und entließ Wust, würde ihm von CDU und FDP vorgeworfen, die Personalpolitik seines Hauses würde durch die SPD bestimmt. Beließ er ihn aber auf seinem Posten, würden ihn seine linken Parteifreunde vorwerfen, die Militärs hätten ihn im Griff. Nach Aussagen Apels wollte er Wust im Amt halten, zumal er ihm vor den Kommandeuren nicht nur das Vertrauen ausgesprochen, sondern ihn sogar Freundschaft angeboten hatte.

„Stundenlang rede ich mit Wust. Ich sage ihm, daß ich das mit ihm gemeinsam durchstehen werde." 309

Minister Apel bat Wust zu bleiben. Doch dieser lehnte ab, „lief Amok," wie Apel es darstellt. Am 21. November

„erscheint Wust ... bei mir im Büro, um mir sein Gesuch um Versetzung in den einstweiligen Ruhestand auf den Tisch zu knallen. Er erklärt, es habe nichts mit dem Verratsfall Lutze/Wiegel zu tun. Deshalb wolle er auch nicht gehen. ... Er müsse gehen, weil ich das Vertrauensverhältnis zu ihm systematisch zerstört hätte. An sechs Beispielen will er das beweisen. Ich teile ihm mit, daß ich ihn gehen lassen werde und handle sofort." 310

„Ohne mein Wissen," schreibt Apel, hätte Wust die Kommandierenden Generale für den nächsten Tag zu einer Tagung eingeladen, um seine Version des Rücktritts darzulegen.

„Er geht von sich aus in beide Fernsehprogramme und gibt Zeitungsinterviews. Ich könnte ihm das verbieten. Das Soldatengesetz gibt mir dazu die Handhabe. Aber ich tue das nicht. Ihm darf nicht eine Märtyrerrolle zuwachsen. Es darf auch nicht der Eindruck entstehen, als wolle ich ihm einen Maulkorb umhängen." 311

Doch Apel verbot die Kommandeurtagung. *„Ich bin schrecklich enttäuscht. Mit Menschen dieser Art kann ich nicht zusammenarbeiten,*" resümiert Apel. *„Erst viel später lerne ich Ungedienter, daß die Soldatenehre etwas Besonderes ist, daß die Kraft des Verstandes nicht unbedingt über-zeugt, daß hohe Offiziere längst verlernt haben, Widerspruch so ohne wei-teres zu akzeptieren.“* [312]

Clemens Range stellt den Rücktritt von Wust anders dar. Mehr als vier Wochen habe dieser vergeblich versucht, Apel vortragen zu dürfen. Apel soll das Gesuch wie folgt kommentiert haben:

„Man spürt aus dem Rücktrittsbrief, daß sich in den letzten neun Mo-naten der Führungsstil geändert hat, und der Minister sagt, wo es lang geht. Und das wird auch so bleiben.“ [313]

Allerdings weist Range auch bei Generalinspekteur Wust auf Defizite hin:

„Der sensible General, der wahrscheinlich fühlte, daß er seinem schwie-rigen Amt nicht ganz gewachsen war, ohne es sich selber voll einzugestehen, wollte sich jedoch keine Blöße geben und trat deshalb betont energisch auf, wobei er sich immer mehr auch wohlwollendem Rat verschloß.“ [314]

Am 11. Dezember 1978 – fast auf den Tag genau zwei Jahre nach sei-nem Amtsantritt – warf Wust das Handtuch und schied aus dem aktiven Dienst. Er war nach Trettner der zweite Generalinspekteur, der den Weg des Rücktritts wählte. Erneut waren die Personalplaner beinahe über Nacht in die Klemme geraten, denn wieder stand kein Nachfolger in den Startlöchern. Wiederum musste improvisiert und eine Personalent-scheidung „aus der Hüfte“ entschieden werden.

„Er (= Minister Apel) zog einen Joker aus der Tasche, an den kaum jemand gedacht hatte: Jürgen Brandt. Diese Entscheidung war richtig, was die Aufgabe eines militärpolitischen Beraters betraf. Und nur daran dachte Apel. .... Er (= Brandt) hat sich zu keiner Zeit danach gedrängt, Generalinspekteur zu werden.“ [315]

Apel hingegen, der General Jürgen Brandt offenbar vorher nicht näher kannte, schreibt, dieser sei ihm vom Kanzler selbst empfohlen worden und fügt hinzu:

„Wir beide >beriechen< uns und wissen, dass wir miteinander aus-kommen werden.“ [316]

308 Apel, Hans Der Abstieg S. 37
309 Apel, Hans a.a.O. S. 58
310 Apel, Hans a.a.O. S. 59
311 Ebenda
312 Apel, Hans a.a.O. S. 36
313 zitiert in Range, Clemens Die Generale und Admirale der Bundeswehr S. 137
314 Range, Clemens a.a.O. S. 136
315 Kießling, Günter Versäumter Widerspruch S. 364
316 Apel, Hans Der Abstieg S. 60

Diese Wortwahl klingt weniger nach Harmonie und gleicher Wellenlänge – wie vormals zwischen Schmidt und de Maizière – denn nach
„kleinstem gemeinsamen Nenner."

Jürgen **Brandt** hatte in seiner Familie keine militärischen Wurzeln. Am
19. Oktober 1921 – wie sein Vorgänger in Kiel geboren –, wurde Brandt
1942 mit zwanzig Jahren zur Wehrmacht eingezogen. Er kämpfte zuerst als
Infanterist an der Ostfront. Im Jahre 1944 wurde er zur „Panzergrenadierdivision Brandenburg" [317] versetzt. Dieser Großverband – 1939 als
Baulehr-Bataillon z.b.V. 800 „Brandenburg" aufgestellt, wuchs bis Ende
1942 zur Division auf. Er wurde für Spezial- und Fernaufklärung, sowie
Kommandounternehmen im feindlichen Hinterland eingesetzt und unterstand dem OKW-Amt Ausland/Abwehr unter Admiral Wilhelm Canaris
(1887-1945). Bei Kriegsende geriet Brandt, mit dem Eisernen Kreuz
I. Klasse ausgezeichnet, in Griechenland in britische Gefangenschaft.

Nach seiner Entlassung im Jahre 1947 arbeitete Brandt als Redakteur.
1950 wurde er Mitarbeiter in der „Dienststelle Schwerin," die im Auftrag
Adenauers Fragen der Wiederbewaffnung bearbeitete. Von dort wechselte
er in das „Amt Blank," wo er mit Oberst a.D. Graf Kielmansegg zusammenarbeitete. 1957 trat Brandt als Hauptmann in die Bundeswehr ein und
war danach Kompaniechef und S 3-Offizier im Panzergrenadierlehrbatail-
lon 92 in Munster. Von 1961 bis 1963 absolvierte er den 4. Generalstabslehrgang an der Führungsakademie in Hamburg und wurde im Oktober
1963 G 3-Stabsoffizier (Ausbildung, Führung und Organisation) der
Panzergrenadierbrigade 32 in Schwanewede; sein Brigadekommandeur
war Brigadegeneral Heinrich Karst (1914-2002), der zu den „Traditionalisten" und Gegnern von Baudissin gerechnet wurde. Von 1966 bis 1968
arbeitete Brandt ein zweites Mal unter Graf Kielmansegg, der mittlerweile
zum Oberbefehlshaber der Alliierten Streitkräfte Mitteleuropa (CIN-
CENT) aufgestiegen war. Brandts Truppenerfahrung in der Bundeswehr
ist auf die kurze Zeit eines stellvertretenden Brigadekommandeurs der
Panzergrenadierbrigade 7 in Hamburg von 1969 bis 1970 und später als
Kommandeur der 10. Panzerdivision in Sigmaringen reduziert. Im Herbst
1970 wurde Brandt aus Hamburg nach Bonn gerufen: zunächst als
Adjutant von Minister Schmidt vorgesehen, wurde er dann aber als Oberst
Leiter des Referats Fü S III 1 (Militärpolitik) und damit einer der wichtig-
sten militärpolitischen Berater von Generalinspekteur de Maizière und
Minister Schmidt, sowie ab Dezember 1972, als Schmidt die Hardthöhe
verließ, um das Finanzministerium zu übernehmen, auch von dessen
Nachfolger Georg Leber. Diese Vertrauensstellung wurde im April 1973
noch ausgebaut, indem Brandt zum Stellvertretenden Leiter der Stabs-

abteilung Fü S III berufen und gleichzeitig zum Brigadegeneral befördert wurde. Nachfolger als Referatsleiter wurde Oberst i.G. Altenburg. Im Juni 1974 erhielt Brandt, der weder ein Bataillon noch eine Brigade geführt hatte, eine Division. Innerhalb eines Jahres nachdem er Brigadegeneral geworden war, bekam er bereits den zweiten goldenen Stern. Brandt übernahm das Kommando über die 10. Panzerdivision in Sigmaringen, behielt es aber nur bis November 1975, denn nach nur fünfzehn Monaten wurde er wiederum nach Bonn gerufen, diesmal um die Leitung der Stabsabteilung Fü S III zu übernehmen. Kießling wurde zu Beginn 1976 [318] sein Nachfolger in Sigmaringen. Im April 1978 wurde Brandt Deutscher Militärischer Vertreter (DMV) im Militärausschuss der NATO in Brüssel und damit der ständige Vertreter des Generalinspekteurs in diesem höchsten militärischen Gremium des Bündnisses. Damit war die Beförderung zum Generalleutnant verbunden. Doch die Zeit in der belgischen Hauptstadt sollte nur von kurzer Dauer sein. Als Generalinspekteur Wust am 11. Dezember seine Demissionierung einreichte, wurde Brandt mit 56 Jahren dessen Nachfolger – eine steile und doch zugleich eher unauffällige Karriere. Im April 1973 war er Brigadegeneral geworden und nach 66 Monaten nahm er den vierten goldenen Stern entgegen. In Brüssel war ihm erneut Altenburg als DMV nachgefolgt. Die Wahl des siebten Generalinspekteurs sollte sich – zumindest aus der Sicht der Politiker – insgesamt als gut erweisen, war doch Brandts Zusammenarbeit sowohl mit Kanzler Helmut Schmidt als auch mit Minister Apel weitgehend stabil und reibungslos; letzterer schreibt dazu:

„Generalinspekteur Brandt und sein Stellvertreter, General Heinz, sind nicht nur loyal und übersehen die Zusammenhänge zwischen Finanz- und Verteidigungspolitik, sie tragen auch tapfer meine Last mit. Sie machen ihren Kameraden klar, daß die Einsatzbereitschaft der Bundeswehr nicht schon dann gefährdet ist, wenn nicht alle Anforderungen der Teilstreitkräfte erfüllt werden, ..." [319]

In Schmidts Erinnerungen jedoch taucht der Name des Generalinspekteurs Brandt, anders als die de Maizières, nicht auf, obwohl es gerade auf der sicherheitspolitischen Ebene einen engen, sicherlich auch artverwandten geistigen Schulterschluss zwischen Jürgen Brandt als versiertem militärpolitischen Berater und Kanzler Schmidt als in strategischen Dimensionen denkenden und handelnden Politiker gegeben hatte. Vielleicht lag

---

317 Im Dezember 1944 wurden die Divisionen „Brandenburg" und „Großdeutschland" zusammengelegt und daraus das „Panzerkorps Großdeutschland" gebildet.
318 Die Division wurde drei Monate kommissarisch durch Brigadegeneral Johann Condné geführt.
319 Apel, Hans Der Abstieg S. 165 f.

es daran, dass Brandt die musische Ader de Maizières fehlte, die als zusätzliches Bindglied zu Schmidt wirkte.

Als Reaktion auf die Verstärkung des Potentials an nuklearen Mittelstreckenraketen und die Stationierung von SS-20-Raketen in ihrem westlichen Vorfeld durch die Sowjetunion hatte die NATO am 12. Dezember 1979 maßgeblich inspiriert und forciert durch Helmut Schmidt, den sogenannten „Doppelbeschluss" verabschiedet, der vor allem in Deutschland im linken Lager heftig umstritten war. Kurz vor dem Jahreswechsel 1979/ 80 marschierten zum zweiten Mal innerhalb weniger Jahre sowjetische Truppen in ein Nachbarland ein, um den politischen Einfluss im Sinne Moskaus zu bestimmen. Diesmal jedoch war es nicht – wie 1968 in der CSSR – ein Land an der Grenze zur NATO, sondern das ferne Afghanistan. Für die Bundeswehr hatte dies keine größeren Folgen; lediglich das Operationsgebiet der Marine wurde ausgeweitet. Fast viereinhalb Jahre, von Dezember 1978 bis März 1983, stand Brandt an der Spitze der Bundeswehr. Im inneren Gefüge schuf der sog. „Beförderungs- und Verwendungsstau" personelle Probleme, und die Zahl der Wehrdienstverweigerer schoss nach oben. Im Bremer Weserstadion kam es 1980 während eines öffentlichen Gelöbnisses zu schweren Krawallen. Brandt blieb auch nach der politischen Wende im Oktober 1982 bis zu seiner Pensionierung Ende März 1983 im Amt. Er war der letzte Generalinspekteur mit Kriegserfahrung gewesen; 1987 verließ dann auch er die Bundeswehr. Ein knappes Jahr später, als General Kießling des Vorwurfs homosexueller Neigungen ausgesetzt und in Bedrängnis geraten war, versuchte er sich der Unterstützung seines Jahrgangskameraden Brandt aus dem 4. Generalstabslehrgang 1961/62 zu versichern – ohne Erfolg:

„Um allem (= mögliche Anschuldigen hinsichtlich einer homosexuellen Veranlagung) vorzubeugen, rief ich (= Kießling) den Generalinspekteur Brandt an. Der sagte nur: >So ein Unsinn! Schließlich kenne ich Sie seit über zwanzig Jahren!< Als dann der Skandal hochkam, hoffte ich, Brandt würde zur Klarstellung beitragen. Aber er schwieg." [320]

Der Aufstieg an die Spitze der NATO als Vorsitzender des Militärausschusses blieb Brandt versagt; er scheiterte an der politischen Fristversäumnis für die Anmeldung seiner Kandidatur – ein handwerklicher Fehler der politischen Ebene. Mit Heusinger und Steinhoff waren in den drei Jahrzehnten ihrer Mitgliedschaft im Bündnis erst zwei Offiziere auf diesen Posten berufen worden, und so profitierte drei Jahre später Brandts Nachfolger Altenburg von diesem Versäumnis Bonns und übernahm als dritter Deutscher dieses Amt. Als Brandt in Pension ging, war dies seit 1972 der erste Routinewechsel an der Bundeswehrspitze. Diesmal waren Minister und Personalabteilung vorbereitet: ein Nachfolger

stand bereit. Jürgen Brandt starb am 26. Juli 2003 und wurde in Meckenheim beigesetzt.

Wolfgang **Altenburg**, der Brandt nachfolgte, war zielgerichtet für diese
Verwendung „aufgebaut" worden. Mit ihm wurde 1983 – 38 Jahre nach
Kriegsende – der erste Soldat an die Spitze der Bundeswehr berufen, der
nicht mehr im Zweiten Weltkrieg gedient hatte und über keine Kriegserfahrung verfügte. Kießling schreibt, man könne darüber streiten, ob diese Zäsur, dieses „Nachrücken der Nachkriegsgeneration in die Bundes-
wehr-Spitze eine Wende zum Besseren" gebracht habe. In welcher Hinsicht
dieses „Bessere" definiert ist, was sich dahinter verbirgt, bleibt unklar. Ein
Generationswechsel ist in allen Bereichen des menschlichen Lebens eine
natürliche Entwicklung, und in der Rückschau bezogen auf die Bundeswehr kann diese leichte Skepsis kaum aufrechterhalten werden.

Altenburg wurde am 24. Juni 1928 im westpreußischen Schneidemühl,
dem heutigen Pila (etwa 100 km nördlich von Posen), geboren. Die familiären Bindungen zum Militär waren nur indirekter Natur: sein Vater war
Uniformschneider, und sein Onkel, der Bruder seines Vaters, hatte als
Hauptmann der Reserve im Ersten Weltkrieg gekämpft.

Ende 1943 war Wolfgang Altenburgs Kindheit zu Ende und die Schulausbildung unterbrochen. Er wurde zu Weihnachten 1943 mit fünfzehn
Jahren – zusammen mit seiner gesamten Schulklasse aus Schneidemühl –
zur 242. Marine-Flugabwehrabteilung nach Helgoland einberufen. Etwa zu
gleichen Zeit als der spätere Staatssekretär im Verteidigungsministerium
Karl-Günther von Hase als Stabsoffizier zum Kommandanten der Festung
Schneidemühl versetzt wurde, gelang es Altenburgs Mutter mit ihren beiden jüngsten Söhnen noch aus der bereits umkämpften Stadt nach Westen
zu flüchten. Altenburg verlor auf Helgoland die ersten Schulkameraden im
Bombenhagel und erlebte das Kriegsende als sechszehnjähriger Marine-
helfer auf der Insel in der Nordsee. Über das Schicksal seiner Familie war
der Fünfzehnjährige zunächst im Ungewissen.

Altenburg schloss zunächst seine kriegsbedingt unterbrochene Schulausbildung mit dem Abitur ab. Nach einer Lehre als Hotelfachmann arbeitete er fachbezogen bei den US-Dienstgruppen und trat am 1. Oktober 1956

---

320 Kießling, Günter Versäumter Widerspruch S. 408. An anderer Stelle (S. 318 f.)
     bemerkt Kießling dazu: „Wir kannten uns seit der … Generalstabsausbildung und hat-
     ten, ohne etwa befreundet zu sein, stets ein gutes Verhältnis. Das dauerte bis zu seinem
     Ausscheiden aus dem Amt des Generalinspekteurs an. Um so mehr schmerzt es mich, in
     dem Skandal 1984 seine Unterstützung zu vermissen. Dazu können ihn nur
     Einflüsterungen bestimmt haben. Wie ich hörte, ist er der irrigen Auffassung erlegen, ich
     hätte ihm nach dem Regierungswechsel im Herbst 1982 sein Amt als Generalinspekteur
     streitig machen wollen. Daran ist nichts Wahres."

als Kanonier (Offizieranwärter/OA) in die OA-Batterie des Artillerie-Lehrbataillons in Idar-Oberstein ein. Am 1. April 1958 wurde er Leutnant und diente als Zugführer und später als S 1-Offizier im Artillerieregiment 3 in Barme. Später wurde er Batteriechef im Raketenartilleriebataillon 32 in Georgswerder. Von 1962 bis 1964 nahm Altenburg am 5. Generalstabslehrgang teil, aus dem noch zwei weitere Vier-Sterne-Generale hervorgehen sollten: Leopold Chalupa und Hans-Joachim Mack. Kommandeur der Akademie war in diesen Jahren Generalmajor de Maizière, den Altenburg überaus schätzte. In seiner ersten Verwendung nach der Akademie wurde Altenburg – mittlerweile Major – im Oktober 1964 unter Generalmajor Haag und später Generalmajor Niepold G1-Stabsoffizier im Stab der 6. Panzergrenadierdivision in Neumünster, zuständig für Personal und Innere Führung der größten deutschen Heeresdivision. Wer diesen Großverband, der 1998 aufgelöst wurde, nördlich der Elbe zwischen den Meeren führte, war zumeist „für Höheres" berufen. Die meisten ihrer Kommandeure stiegen von dort aus weiter nach oben: Werner Haag, (1909-1985; erster militärischer Chef der Personalabteilung), Gerd Niepold (KG des I. Korps), Dr. Karl Schnell (CINCENT und Staatssekretär), Franz-Joseph Schulze und Hans-Joachim Mack (CINCENT), Johannes Poeppel (Inspekteur des Heeres), Dieter Clauß (DSACEUR), sowie Klaus-Christoph Steinkopf (DCSO bei SHAPE) und Manfred Dietrich (Stellvertretender Inspekteur des Heeres).

Einer der engsten Mitarbeiter in Altenburgs Abteilung in der Hindenburg-Kaserne in Neumünster war Hauptmann Kurt-Peter Würzbach (*1937), der S1- Offizier für Innere Führung. Später schied er aus, studierte, wechselte danach in die Politik und machte schnell in der CDU Karriere. Zu Beginn der 8. Wahlperiode im Jahre 1976 wurde Würzbach zum ersten Mal Mitglied des Deutschen Bundestages und gehörte ihm danach 22 Jahre lang bis 1998 (13. Wahlperiode) über 6 Wahlperioden an. Ein halbes Jahr nachdem Manfred Wörner nach der Wende 1982 das Amt des Verteidigungsministers übernommen hatte, berief er Würzbach im April 1983 zum Parlamentarischen Staatssekretär. Mit dieser Ernennung wollte Bundeskanzler Kohl, wie er es gegenüber Altenburg einmal ausdrückte, „der Bundeswehr beweisen, wie sehr er zu ihr steht, in dem er einen der ihren zum Staatssekretär beruft." Hier nun trafen Würzbach als Mitglied der politischen Leitung des Ministeriums und Altenburg, inzwischen zum Generalinspekteur aufgestiegen, wieder dienstlich aufeinander – eine nicht spannungsfreie personelle Konstellation, die keiner der beiden seinerzeit geahnt hatte.

Nach zwei Jahren im Divisionsstab blieb Altenburg in Schleswig-Holstein: im Oktober 1966 wurde er – ebenfalls in Neumünster – G 3-Stabsoffizier (Ausbildung, Führung und Organisation) der dort stationierten

Panzerbrigade 18. Abermals zwei Jahre später, am 1. Oktober 1968, übernahm er als Kommandeur das Feldartilleriebataillon 61 in Albersdorf.
Divisionskommandeur war zwischenzeitlich Generalmajor Dr. Schnell, der
spätere Vier-Sterne-General und Staatssekretär, geworden. Im Anschluss an
die Zeit in der Truppe hatte Altenburg sich für wenige Monate auf einer
„zbV-Stelle" (= zur besonderen Verwendung) des Inspekteurs des Heeres,
Generalleutnant Albert Schnez, in einer heiklen Mission zu bewähren: Im
Zuge der öffentlichen Diskussion um die in die Kritik geratene Denkschrift
des Führungsstabes des Heeres (sog. „Schnez-Studie") war dem Inspekteur
des Heeres empfohlen worden, einen sprachlich versierten jüngeren Offizier
zu beauftragen, die Schieflage in der öffentlichen Meinung zu beheben. Die
Wahl fiel auf Altenburg, und es gelang ihm, mit einer aktiven, modernen
Pressearbeit das angekratzte Ansehen des Heereschefs wieder aufzupolie-
ren. Altenburgs Spitznamen reichten von „ISP" („Image-Schnez-Polierer")
bis „SOS-Altenburg" („Save-our Schnez"). Später, vor allem während der
Nachrüstungsdebatte, musste Altenburg seine intellektuelle Überlegenheit,
gepaart mit sachlicher Analytik noch oft in den Medien unter Beweis stel-
len. Danach schloss sich 1971 für ihn die erste Auslandsverwendung an, die
gleichzeitig den Grundstein für seine spätere Spezialisierung im Bereich der
Militärpolitik legte: als Oberst wurde Altenburg Stellvertretender Chef der
Abteilung für nukleare Grundsatzfragen im obersten NATO-Hauptquartier
SHAPE in Mons. NATO-Oberbefehlshaber zu dieser Zeit war der US-General
Andrew Goodpaster. Es war die Zeit des Strategiewechsels der Allianz – von
der „Massiven Vergeltung" (massive retaliation) zur „Abgestuften Antwort"
(flexible response). Hier stellte Altenburg zum ersten Mal seine Fähigkeit,
visionäre Ideen auf dem Felde der Nuklearpolitik zu entwickeln und in militärpolitisch tragfähige Konzepte zu formen, unter Beweis.

Nach zwei Jahren in Belgien übernahm Altenburg im April 1973 vom
damaligen Brigadegeneral Jürgen Brandt, der zum Stellvertretender Leiter
der Stabsabteilung avanciert war, das zentrale Referat Fü S III 1 (Militärpolitik) im Ministerium, Schnittstelle zwischen Streitkräften und Politik. In
der ersten Hälfte der siebziger Jahre kehrte er wieder zur Truppe zurück
und wurde – wie Jahre später General Bagger – Kommandeur der Panzergrenadierbrigade 7 in Hamburg, aber er führte sie nur eineinhalb Jahre.
Bereits im Herbst 1976 kehrte er als Brigadegeneral ins Ministerium zurück, wurde – wiederum für nur achtzehn Monate der Stellvertreter von
Generalmajor Brandt in der Stabsabteilung Fü S III. Dadurch rückte er
noch „dichter" sowohl an Generalinspekteur Zimmermann als auch an die
politische Leitung unter Minister Leber heran. Als Generalmajor Brandt im
April 1978 als Deutscher Militärischer Vertreter in das NATO- Hauptquartier wechselte, übernahm Altenburg seinen Stuhl als Stabsabteilungs-

leiter Fü S III und folgte damit Brandt zum zweiten Male. Gleichzeitig erhielt
er den zweiten goldenen Stern, nicht als Divisionskommandeur, sondern im
Ministerium und erlebte dort den Wechsel von Minister Leber zu Apel. Nur
wenige Monate danach erklärte Generalinspekteur Wust im Dezember 1978
seinen Rücktritt. Altenburg hatte den Konflikt zwischen Wust und dem
neuen Minister, als enger Berater von beiden Kontrahenten, hautnah erlebt;
ahnte er damals, das er Wust später einmal beerben würde? Altenburg profitierte ohne eigenes Zutun von dessen Demissionierung: zum dritten Mal
folgte er General Brandt, diesmal auf den freigewordenen Stuhl des Deutschen Militärischen Vertreters (DMV) in Brüssel. Brandt wurde Generalinspekteur und Altenburg dessen Statthalter bei der NATO. Er kletterte eine
weitere Stufe empor, wurde am 1. Januar 1979 Generalleutnant und erhielt
damit in weniger als einem Jahr zwei goldene Sterne auf die Schulterklap-
pen. Diese folgenden eineinhalb Jahre in Brüssel waren eine ideale Vorbereitung auf seine spätere Funktion als Vorsitzender des NATO-Militärausschusses, arbeitet er hier doch auf der höchsten Ebene der Militärpolitik des
Bündnisses. Nun erlebte er z. B. wie der NATO- Doppelbeschluss innerhalb
der Allianz, dessen deutsche Haltung er zuvor auf der ministeriellen Ebene
entscheidend mit vorbereitet hatte, beraten und schließlich politisch umgesetzt wurde – einer seiner herausragenden Verdienste und das zweite Beispiel seiner vorausschauenden Begabung. Altenburg blieb bis Ende September 1980 in Belgien und trat dann als Kommandierender General an die
Spitze des III. Korps in Koblenz. Er behielt dieses höchste nationale Truppenkommando zweieinhalb Jahre bis Ende März 1983. Zwischenzeitlich, im
Oktober 1982, hatten sich die politischen Vorzeichen geändert – Schmidt
hatte die politische Kommandobrücke in Bonn verlassen, Kohl war Regierungschef geworden, und Minister Wörner hatte die Nachfolge Apels auf der
Hardthöhe angetreten. Am 1. April 1983 folgte Altenburg – zum vierten Mal
– Jürgen Brandt nach, als dieser routinemäßig in den Ruhestand ging. Aus
der Hand Wörners erhielt er die Beförderungsurkunde zum Vier-Sterne-
General und übernahm als achter Generalinspekteur – und nach Foertsch
als zweiter Westpreuße – das Steuer der Bundeswehr. Über seinen Beruf
sagte Altenburg einmal recht kritisch und distanziert:

„Ich glaube, daß ich keinen schönen Beruf habe. Ich liebe ihn auch gar
nicht. Ich fühle mich auch gar nicht wohl dabei. Ich kenne die Auswirkungen,
die Nuklearwaffen haben könnten, so, wie vielleicht nur fünf Leute in der
Bundesrepublik. Wenn Sie glauben, daß ich ein Mensch sei, der gut schläft,
dann irren Sie sich." [321]

Es steht außer Frage, dass das Wissen um die Folgen eines mit Atomwaffen ausgetragenen Krieges belastet. Hier zeigt sich Altenburg als Zweifler. Doch in dieser Aussage schwingt zu sehr Koketterie und Anlehnung an

jene mit, die dem Soldatenberuf per se mit Distanz gegenüberstehen, um wirklich überzeugend zu wirken.

Daher sind diese Worte vermutlich weniger ein intimes Bekenntnis seiner Seelenverfassung als eine geschickte rhetorische Pirouette, um Diskussionspartner argumentativ an die Wand zu spielen. Ein Beruf, so auch der des Soldaten, hat eben viele Facetten – solche, die man mag, die angenehm sind und auch stolz und zufrieden machen und wiederum andere, die belasten, die schwierig sind. Beispielsweise zählte zur ersten Kategorie sicherlich der Umgang mit Menschen und zur zweiten Sparte jene Entscheidungen in Krise und Krieg, die Soldaten den Tod bringen können oder auch Verbrechen, die – von Soldaten begangen – den gesamten Berufsstand besudeln.

Noch im selben Jahr verfügte Minister Wörner eine Erweiterung der Kompetenzen des Generalinspekteurs und übertrug Altenburg die Verantwortung für die Gesamtplanung der Bundeswehr. Außenpolitisch war es jene Zeit der Implementierung des Nachrüstungsbeschlusses der NATO. Die Sowjetunion war seit Ende 1979 mit über 100.000 Soldaten militärisch in Afghanistan verstrickt. Nach dem schnellen dreimaligen Wechsel in der UdSSR zwischen Februar 1984 und März 1985 – von Juri W. Andropow (1914-1984) über Konstantin U. Tschernenko (1911-1985) zu Generalsekretär Michail Gorbatschow (* 1931) – begann mit dessen Amtszeit eine Phase des behutsamen Wandels in den Ost-West-Beziehungen, die vier Jahr später mit der politischen Implosion der östlichen Führungsmacht endete. Dabei galoppierte der Wunsch vieler Deutscher im Westen den tatsächlichen Friedensschritten Moskaus weit voraus.

Im März 1983 war die junge Partei der Grünen mit 5,6 % und 18 Abgeordneten erstmals in den Bundestag eingezogen – ihre Haltung zur Bundeswehr und ihrer Führung war damals pazifistisch und kompromisslos ablehnend. Unter ihnen war auch Gerd Bastian, ein ehemaliger Generalmajor und Kommandeur der 12. Panzerdivision in Veitshöchheim, ein Paulus, der zum Saulus wurde (siehe Nr. 2.c.). Er trat in die junge Partei der Grünen ein und war von 1983 bis 1987 Mitglied des Deutschen Bundestages.

Innenpolitisch war die Amtszeit Altenburgs durch die sog. „Kießling-Affäre" belastet. Kießling als Betroffener schreibt dazu:

„Flüchtig kannten wir uns seit 1962, ... Erst Anfang der 70er Jahre kamen wir in näheren dienstlichen Kontakt. Doch uns trennte mehr als ein Altersunterschied von drei Jahren. Vor allem hatten wir offenbar ein recht unterschiedliches Verständnis vom Soldatsein. ... Das zwischen uns beste-

321 General Altenburg im Herbst 1981 auf einer Tagung der Vereinigung Deutscher Wissenschaftler zitiert in: Kießling, Günter Versäumter Widerspruch S. 436

*hende Spannungsverhältnis brach vor allem bei seiner Nominierung zum
Generalinspekteur auf, … . Altenburg meinte, ich stünde zu ihm in Konkurrenz. Da irrte er; ich habe dieses Amt niemals angestrebt, schon gar nicht
habe ich mich darum beworben."* [322]

Während dieses Skandals wäre Altenburg – so glaubt Kießling – in seiner Eigenschaft als erster Soldat der Bundeswehr gefordert gewesen:
„Ob er dieser Rolle gerecht wurde, ist zumindest umstritten." [323]

Altenburg habe das Schweigen der Generalität damit zu rechtfertigen
versucht, „indem er erklärte, das Offizierkorps habe den Minister nicht zu
kritisieren;"[324] Damit aber werden die Person des Ministers, sein Handeln
und seine Aussagen gleichsam mit einer Aura politischer Unfehlbarkeit
umkleidet, Loyalität – auch im Widerspruch – erstickt und der Primat der
Politik verabsolutiert – kein Ausgangspunkt für eine vorurteilsfreie, nüchterne Beratung, eher die Aufforderung zu Schweigen und Resignation.

General Schmückle vermerkt kritisch, dass ausgerechnet die jüngere
Offiziergeneration versagt habe, „als sie im Falle des Generals Kießling gefordert wurde." [325] Bis heute haben sich die Nebelschwaden noch nicht
gelichtet. Die ungebrochene Loyalität gegenüber dem verstorbenen Minister Wörner lässt vermutlich das Schweigegelübde halten. Doch es waren
nicht allein die Jüngeren, die in diesem Spiegelkabinett von Wissen und
Gerüchten, Karriere und Schweigen, Häme und Unsicherheit, Kameradschaft und Loyalität irrig wurden. Auch viele der zu diesem Zeitpunkt
noch im Dienst befindlichen kriegsgedienten Kameraden Kießlings haben
sich bedeckt gehalten und sich „nicht aus der Deckung gewagt." Sicherlich
war es weniger Feigheit. Bei vielen dürfte zu großes Vertrauen in die bis
dahin makellose Amtsführung und in die Person Wörners, sowie in die
politische Führung ihre Haltung beeinflusst haben. Die sog. „Kießling-
Affäre" ist nicht nur ein Paradebeispiel für Versagen, sondern zugleich
auch für die Haltbarkeit personaler und institutioneller Loyalität des
Offizierkorps zum Staat und seinen politischen Führern. Doch gibt es
Grenzen, und wenn ja, wo liegen sie? Wie stellt sich die Abwägung zwischen Kameradschaftspflicht und Loyalität dar? Es wäre an der Zeit, auch
diese Aspekte der Inneren Führung zu diskutieren. Der Vergleich mit der
sog. „Fritsch-Affäre" im Jahre 1938 wurde oft bemüht. Jedoch darf trotz
mancher Ähnlichkeiten der entscheidende Unterschied zwischen 1938
und 1983 nicht übersehen werden: anders als in der Hitlerschen Diktatur
wurde die „Kießling-Affäre" nicht durch die politische Führung insze-
niert, um die Kontrolle über die Streitkräfte zu festigen.

Überdies ist das Damoklesschwert des Paragraphen 50 des Soldatengesetzes, die Versetzung in den einstweiligen Ruhestand, ein ideales
Druckmittel der Politik, um militärische Unbotmäßigkeit „in Gedanken,

Worten und Werken" in Grenzen zu halten. Das Risiko, von heute auf morgen Amt und Würden zu verlieren, zeitigt auch nicht zu unterschätzende
wirtschaftliche Folgen für den Betroffenen und seine Familie. Die Zeiten,
dass sich der finanziell unabhängige Offizier – im Zorn von seinem
Souverän geschieden oder aus dessen Gunstkreis verbannt – schmollend,
aber eben wirtschaftlich abgesichert, auf seine Ländereien zurückziehen
konnte, sind lange vorbei.

Das Urteil Ranges, Altenburg habe eine „undurchsichtige Rolle" gespielt und es zugelassen, „daß sein Generals-Kamerad in so unwürdiger
Form seinen Dienst quittieren mußte" [326] ist zu sehr schwarz-weiß geprägt. Der Vorwurf wegen mangelnder Kameradschaft ist schnell erhoben,
doch die Frage nach einer Lösung bleibt unbeantwortet. Altenburg hatte
intern die Art des Verfahrens scharf kritisiert.

Daher mag man ihm vorwerfen, er habe dies nicht in die Öffentlichkeit
getragen, aber der Grat seines Handlungsspielraums war äußerst schmal.
Er hatte hier sorgfältig abzuwägen zwischen seiner Verpflichtung gegenüber dem Land, der Bundeswehr, seinem Minister und dem Betroffenen.
Bei der ersten Krisensitzung mit hohen Militärs auf der Hardthöhe am 24.
Januar 1984, zu der später auch Wörner hinzukam, hatte Altenburg seine
Bedenken zum Verfahren und zur dürftigen Beweislage dargelegt. Was
aber wäre geschehen, hätte sich Altenburg öffentlich gegen seinen
Minister gestellt? Weder Politik noch die Medien hätten dies als Ausdruck
soldatischer Kameradschaft gewertet, sondern als eklatante Verletzung
des Primats der Politik. Altenburg hat die Grenzen seines Handlungsspielraumes dabei sowohl gegenüber Minister Wörner als auch gegenüber
der Generalität weitgehend ausgenutzt und zu Behutsamkeit ermahnt,
solange die Vorwürfe gegen Kießling nicht geklärt seien. Auch später auf
der Kommandeurtagung der Bundeswehr in Travemünde hat er diesen
Kurs beibehalten. Sicher, Altenburg besaß großes Ansehen bei Wörner,
und so bleibt nur die Frage, ob er es voll genutzt hat, um das Land, die
Bundeswehr, aber auch Wörner und Kießling vor Schaden zu bewahren.
Die spätere Aussöhnung zwischen Kießling und Altenburg mag als
Antwort gewertet werden.

Am 2. Oktober 1985 verabschiedete die Bundesregierung den Gesetz-
entwurf zur Verlängerung des Grundwehrdienstes; er sollte am 1. Juni

322 Kießling, Günter Versäumter Widerspruch S. 436
323 Kießling, Günter a.a.O S. 437
324 Kießling, Günter a.a.O. S. 433
325 siehe: Kießling, Günter a.a.O. S. 175
326 Range, Clemens Die Generale und Admirale der Bundeswehr S. 193

1989 von bisher 15 auf 18 Monate ausgedehnt werden. Im November beging die Bundeswehr ihr 30-jähriges Jubiläum mit der bisher größten Feldparade in Bergen-Hohne.

Ein halbes Jahr später, im April 1986, beschloss der Bundestag, die Präsenzstärke der Bundeswehr von 495.000 Soldaten auch in den neunziger Jahren beizubehalten; durch die Wiedervereinigung wurde dies hinfällig. Als Altenburg im Oktober 1986 ein zweites Mal von Bonn nach Brüssel wechselte und dort als dritter Deutscher den Vorsitz im NATO-Militärausschuss, dem höchsten militärischen Posten der Allianz übernahm (siehe Nr. 2.3), wurde zum zweiten Mal ein Marineoffizier Generalinspekteur: Admiral Dieter Wellershoff, der Inspekteur der Bundesmarine.

In seiner im Ruhrgebiet verankerten Familie gab es weder eine allgemeine militärische noch eine seemännische Tradition. Am 16. März 1933 in Dortmund geboren, hatte Dieter **Wellershoff** im Jahre 1953, gleich nach dem Abitur, zunächst ein Maschinenbaustudium an der Technischen Hochschule in Aachen begonnen. Doch dann trat Wellershoff, der eigentlich zu den „weißen Jahrgängen" gehört und daher keinen Wehrdienst leisten brauchte, im bereits „fortgeschrittenen Alter" von vierundzwanzig Jahren – im April 1957 dennoch in die Bundesmarine ein – ein Jahr nach dem Volksaufstand in Ungarn. Von 1967 bis 1969 absolvierte er den 9. Admiralstabslehrgang in Hamburg. Bei dessen Abschluss wurde er – zusammen mit seinem Heereskameraden Helge Hansen aus dem parallel laufenden 10. Generalstabslehrgang – mit dem „Heusinger-Preis" ausgezeichnet. Die Tatsache, dass beide später in die „Vier-Sterne-Ebene" aufstiegen zeigt, dass diese bisher einmalige „Doppelverleihung" gerechtfertigt war. Nach den zwei Jahren in Hamburg wurde Wellershoff im Oktober 1969 in den Führungsstab der Streitkräfte versetzt und arbeitete als „Hilfsreferent" [327] in der Stabsabteilung III (Militärpolitik). Zu dieser Zeit führte Generalmajor Franz-Joseph Schulze, der spätere NATO-Oberbefehlshaber Europa Mitte die Stabsabteilung, und de Maizière war Generalinspekteur. Dem schloss sich eine zweite Verwendung auf der Hardthöhe an, diesmal im Planungsstab von Minister Helmut Schmidt. Im Oktober 1971 folgte ein See- und Truppenkommando: als ursprünglicher Minensuchspezialist übernahm Wellershoff den Zerstörer „Hessen" als Kommandant – zu dieser Zeit war Vizeadmiral Zimmermann Befehlshaber der Flotte (BdF). Die nächste Station seiner Laufbahn führte ihn – unter gleichzeitiger Beförderung zum Kapitän zur See – in die operative Zentrale der Bundesmarine, ins Flottenkommando nach Glücksburg. Dann folgte wieder eine Verwendung auf See: Wellershoff trat als Kommandeur an die Spitze der Flottille der Minenstreitkräfte. 1977 wurde er – im Alter

von 44 Jahren – zum Flottillenadmiral befördert. Im Oktober 1977 kehrte
Wellershoff nach Bonn ins Ministerium zurück und übernahm die
Stabsabteilung VII im Führungsstab der Marine. Nach dreieinhalb Jahren,
am 1. April 1981, wurde er – als erster Marineoffizier – zum Kommandeur
der Führungsakademie in Hamburg berufen. Mit 48 Jahren wurde
Wellershoff Konteradmiral. Als er die höchste Ausbildungsstätte im weit-
läufigen Parkgelände des vornehmen Villenvororts Blankenese von seinem Vorgänger, Generalmajor Heinz von zur Gathen (1924-2001), übernahm, waren die hässlichen Grabenkämpfe um Auftrag und Konzept der
Akademie, die Mitte der siebziger Jahre unter den zivilen Dozenten ausge-
brochen, in die politische Arena getragen und mit den Kommandeuren Dr.
Wagemann und von zur Gathen ausgetragen worden waren, zwar abge-
ebbt, aber noch nicht gänzlich vorüber. Die ausgeprägten Führungseigenschaften Wellershoffs in Verbindung mit seiner persönlichen Ausstrahlung
und einem, von Kameradschaft und Warmherzigkeit geprägten Umgang,
haben sicherlich nicht unwesentlich dazu beigetragen, dass die dringend
notwendige Ruhe in den Lehr- und Studienbetrieb wieder Einzug hielt.
Doch zeitgleich sorgte die Umsetzung des NATO-Doppelbeschlusses für
neuen Zündstoff. Wellershoff machte in der öffentlichen Diskussion, die
zum Teil auch im Fernsehen ausgetragen wurde, eine überzeugende Figur.

Bisweilen hat man den Eindruck, die Personalführung der Marine ver-
stünde es im besonderen Maße, Männer in höchste Verwendungen der
Streitkräfte zu bringen, die sich durch exzellente Führungsqualitäten gepaart mit menschlicher Wärme und einer wohltuenden Gelassenheit auszeichnen – Zimmermann und Wellershoff, aber auch die Admirale Feldt
und Feist, sind Beispiele dafür. Worin liegt das Geheimnis dieser erfolgreichen Auswahl unter den Matrosen? Auch in der Luftwaffe ist der Führungsstil von jeher lockerer. Nur im Heer taucht das Bild des schroffen, sich zumindest hart gebenden und unnahbaren Vorgesetzten (im Soldatenjargon
„Nussknacker" genannt) hin und wieder aus der Versenkung auf.

Ende März 1984 gab Wellershoff den Stab der Führungsakademie an
seinen Nachfolger Dieter Clauß weiter, der zu Beginn der neunziger Jahre
– fast zeitgleich mit ihm als Generalinspekteur – auf NATO-Ebene als
Vier-Sterne-General arbeiten würde. Wellershoff ging zum dritten Mal an
den Rhein und wurde Chef des Führungsstabes der Marine, zugleich
Stellvertreter von Marineinspekteur Ansgar Bethge (* 1924), den er bereits
ein Jahr später, 1985, in diesem Amt „beerben" sollte. Es war nur eine
kurze Zeit an der Spitze der Bundesmarine, denn schon am 1. Oktober

---

327 Anfangs wurde der Referatsleiter als „Referent" und dessen Mitarbeiter als
„Hilfsreferenten" bezeichnet. Dies wurde später geändert: der Referent wurde zum
Referatsleiter und der Hilfsreferent zum Referenten.

1986 löste er Altenburg als Generalinspekteur ab, der an die militärische Spitze der NATO in Brüssel berufen worden war. Mit 53 Jahren wurde Wellershoff damals der bisher jüngste Generalinspekteur; nur sein Nachfolger Naumann übertraf ihn hierin – er war erst 52 Jahre. Als im März 1987 – neben Staatssekretär Würzbach – Frau Hürland-Büning das neugeschaffene Amt eines zweiten Parlamentarischen Staatssekretärs antrat, rutschte Admiral Wellershoff als Generalinspekteur in der Hierarchie des Ministeriums protokollarisch um eine weitere Stelle nach hinten – nunmehr auf Platz 6.

Wie de Maizière diente auch Wellershoff drei verschiedenen Ministern, allerdings kamen sie – anders als bei de Maizière – alle aus der CDU: Wörner, Scholz und Stoltenberg. Wörner war durch die sog. „Kießling-Affäre" politisch angeschlagen.

Prof. Scholz, Neuling in Sachen Streitkräfte, war ein eher farbloser Statthalter, was weniger dem brillanten Juristen selbst anzulasten ist als dem Kanzler, der ihn auf diese Posten berief. Und auch für den vormaligen „shooting star" Stoltenberg – bereits 1965 mit 37 Jahren Bundesminister, 1971 mit 43 Jahren Ministerpräsident von Schleswig-Holstein und 1982 erfolgreicher Finanzminister – war das Amt eher ein politischer Abstieg und Bürde – keine idealen Voraussetzungen. Kanzler Kohl, dessen militärpolitischer Berater Wellershoff von Amtswegen war, interessierte sich kaum für militärische Angelegenheiten. Die einmal jährlich auf dem Hardtberg tagende Kabinettssitzung hatte nur Alibicharakter. „Pillenknick" und Anstieg der Zahlen der Wehrdienstverweigerung gefährdeten in dieser Zeit die Aufrechterhaltung der personellen Einsatzbereitschaft. 1988 gab Minister Wörner die Entscheidungen zur Bundeswehrplanung bis zum Jahr 2000 bekannt. Danach blieb die Friedensstärke der Bundeswehr bei 495.000 Mann. Die 1985 beschlossene Verlängerung des Grundwehrdienstes von 15 auf 18 Monate, die im Juni 1989 in Kraft treten sollte, wurde rückgängig gemacht. Die immer deutlicher zu Tage tretenden politischen Veränderungen in Europa und schließlich die deutsche Wiedervereinigung zwangen auch im Bereich der Sicherheits- und Militärpolitik zu einschneidenden militärischen Maßnahmen. Der Verteidigungsumfang der Bundeswehr wurde 1990 zunächst von 1,34 Millionen auf etwa 950.000 Soldaten verringert. Im selben Jahre aber sagte Kanzler Kohl dem sowjetischen Präsidenten Michail Gorbatschow bei ihren Gesprächen in Moskau und Stawropol zu, dass die Streitkräfte eines vereinten Deutschlands bis 1994 auf 370.000 Soldaten reduziert würden. Eine Konsultation in dieser wichtigen Frage – die Zahl war offenbar „aus dem Bauch genannt" – erfolgte weder mit dem Verteidigungsminister, noch mit dem obersten militärischen Berater der Bundesregierung, dem

Generalinspekteur. Im September 1990 wurde die Dauer des Grundwehrdienstes von 15 auf 12 Monate herabgesetzt.

1986 flammte die Tiefflugdebatte und die damit verbundene Frage
nach der Fluglärmbelastung wieder auf. Eine Reihe von Maßnahmen, u. a.
die Einführung einer „Tiefflug-Mittagspause" halfen die Diskussion zu
versachlichen. Dann aber verschärften das Flugunglück von Ramstein am
28. August 1988 und der Absturz eines US-Kampf-Jets in ein Wohngebiet
in Remscheid – drei Monate später, am 8. Dezember 1988, bei dem 6
Menschen starben und über 50 verletzt wurden, die Lage.

Doch in die Amtszeit von Wellershoff fielen auch mehrere Ereignisse,
die durchaus die Bezeichnung „historisch" verdienen: im März 1987 nahmen erstmals zwei Offiziere der Bundeswehr als Beobachter an einem
Manöver des Warschauer Paktes in der DDR teil. Und zu der ersten gemeinsamen deutsch-französischen Großübung „Kecker Spatz" im September, die der Erprobung der Einsatzmöglichkeiten der Force d`Action
Rapide im Rahmen der Vorneverteidigung diente, waren zum ersten Mal
auch zwei Offiziere der Nationalen Volksarmee der DDR als Beobachter
eingeladen.

Anfang Mai 1989 reiste Wellershoff auf Einladung der sowjetischen
Regierung als erster Generalinspekteur nach Moskau. Er besuchte sowjetische Truppenteile und traf auch mit seinem sowjetischen Kollegen, Armeegeneral Michail A. Moissejew, zusammen.

Im Rahmen des Staatsbesuches von Gorbatschow im Juni des selben
Jahres, stattete Moissejew seinen Gegenbesuch auf der Hardthöhe ab. We-
nige Monate später, im Oktober 1989, lief – erstmals seit 77 Jahren – ein
Flottenverband der Bundesmarine in Friedenszeiten einen russischen
Hafen an. Der Zerstörer „Rommel", die Fregatte „Niedersachsen" und das
Troßschiff „Coburg" besuchten Leningrad, damals noch nicht wieder in St.
Petersburg zurückbenannt. Doch die herausragenden und einmaligen Ereignisse waren der Fall der Berliner Mauer, die deutsche Wiedervereini-
gung und der Kollaps des Sowjetimperiums, die in der Folgezeit auch die
Bundeswehr, die sich als Friedensarmee in eingefahrenen Pfaden bewegte,
vor gänzlich neue Herausforderungen stellte. Sie wurden mit Bravour
gemeistert – ein Zeichen für die Leistungsfähigkeit aller Soldaten, wenn
diese überzeugend gefordert und motiviert werden. Mit dem Fall des
Eisernen Vorhangs schienen die Blütenträume der pazifistischen Uto-
pisten auf einmal greifbar nahe zu sein, und der Bundeswehr wurde eine
Sinnkrise eingeredet. War bis dahin die Legitimierung der Streitkräfte
gegenüber der Bevölkerung – wenngleich nicht ohne Schwierigkeiten –
über ihre Schutzfunktion im Falle äußerer Bedrohung aufrechterhalten
worden, so bröckelte diese nun. Als das Bedrohungsempfinden wie die

Butter in der Sonne schmolz, tauchte schnell die Frage nach dem Sinn der teuren Rüstung auf – Karikaturisten und Kabarettisten rieben sich die Hände. Doch es war nur ein kurzes Intermezzo, das im Feuer der Scharfschützen von Sarajewo ein schnelles Ende fand.

Die Anregung von Bundeskanzler Kohl im Jahre 1987, eine gemeinsame deutsch-französische Brigade aufzustellen, wurde zügig umgesetzt. Bereits am 2. Oktober 1989 – einen Monat vor dem Fall der Berliner Mauer – wurde dieser erste bilaterale Großverband in Böblingen aufgestellt.

Am 17. Mai 1991 fiel die Entscheidung zur Stationierung der Kommandobehörden der Bundeswehr. Die vertraglich vereinbarte Reduzierung des Friedensumfangs der deutschen Streitkräfte auf 370.000 Soldaten bis Ende 1994 erforderte eine umfassende Reform. Ziel war eine deutliche Verringerung der Kommandobehörden und Stäbe, bei der Feld- und Territorialheer im Frieden zusammengefasst wurden. Ein weiteres Ziel war die angemessene Präsenz der Bundeswehr in den neuen Bundesländern und Berlin. Die „Kurdenhilfe" 1991 in der Türkei und im Iran war der erste größere Auslandseinsatz der Bundeswehr, der damals noch mit behelfsmäßigen Führungsstrukturen auf der Grundlage der „Gemeinsamen Geschäftsordnung" (GGO) geplant und durchgeführt wurde. Die Erfahrungen aber waren vor allem für die logistische Absicherung für die Folgeeinsätze unverzichtbar.

Als Wellershoff mit erst 58 Jahren das Hochhaus auf dem Hardtberg Ende September 1991 verließ, konnte er – nach de Maizière – mit fünf Jahren auf die zweitlängste Amtszeit zurückblicken. Er übernahm danach als erster Präsident die neugeschaffene Bundessicherheitsakademie (heute „Bundesakademie für Sicherheitspolitik" – BAKS), in der hohe Offiziere und Spitzenbeamte der obersten Bundesbehörden fortgebildet werden. General Naumann trat die Nachfolge von Admiral Wellershoff an. Wellershoff starb am 16. Juli 2005 in Euskirchen-Flamersheim.

Klaus **Naumann** wurde am 25. Mai 1939, wenige Monate vor Ausbruch des Zweiten Weltkrieges, in München geboren. Sein Vater war während des Krieges zur Marine eingezogen worden, aber darüber hinaus gab es keine Bindungen zum Militär.

Klaus Naumann trat direkt nach dem Abitur im Oktober 1958 in die Bundeswehr ein, durchlief die Offizierausbildung und wurde 1960 Leutnant. Danach diente er im Panzerartilleriebataillon 51 in Idar-Oberstein. Im Jahre 1965 wurde er Batteriechef im Panzerartilleriebataillon 135 in Wetzlar und drei Jahre später S 1-Offizier (Personal/Innere Führung) im Artillerieregiment 7 in Dülmen. Von 1970 bis 1972 absolvierte er den 13. Generalstabslehrgang an der Führungsakademie und wurde

2. Die militärische Spitze der Bundeswehr

bei dessen Abschluss – wie sein Vorgänger Wellershoff – mit dem General-Heusinger-Preis ausgezeichnet. Kommandeur der Führungsakademie war der Luftwaffengeneralmajor Rudolf Jenett (1914-1998). Seine Jahresarbeit schrieb Naumann über das Thema „Rüstung im Spannungsfeld von Staat und Wirtschaft." Er galt als „Frühberufener." Bereits während des Lehrgangs hielten seine Kameraden den cleveren Artilleristen für eine Art „militärischen Kronprinz," eine nicht leichte Bürde, denn mit diesem Vorzeichen musste er später den hohen Erwartungen auf jeder weiteren Ebene seiner Laufbahn gerecht werden. Sicherlich half ihm, der durchaus klare Worte liebte und langatmiges „Labern" schnell unterband, dabei, dass er niemals die „Bodenhaftung" verlor. Er war auf dem diplomatischen Parkett der Bonner Bühne ebenso sicher wie bei der Truppe. Dass ihm längere Truppenverwendungen nicht vergönnt waren, ist bedauerlich, aber eben das Schicksal solcher militärischer Führer, die über Charisma und Intellekt gleichermaßen verfügen. Überheblich wurde Naumann nur, wenn er sich mit arroganter Dummheit konfrontiert sah.

Auf die Zeit in Blankenese folgten drei Jahre im Ministerium: 1972 zunächst als Referent in der Planungsabteilung des Führungsstabes der Streitkräfte, die er 14 Jahre später übernehmen sollte und ab 1974 dann als Stabsoffizier beim Stellvertreter des Generalinspekteurs, Generalleutnant Dr. Karl Schnell. Als Schnell Ende September 1975 das Amt an seinen Nachfolger Wust abgab und als CINCENT nach Brunssum wechselte, verließ auch Naumann die Hardthöhe und kehrte in die Truppe zurück. Zwei Jahre war er G 3-Stabsoffizier (Ausbildung, Führung und Organisation) der Panzerbrigade 15 in Koblenz unter Brigadekommandeur Oberst (später Generalleutnant) Werner Lange (* 1929) und ab 1976 unter Brigadegeneral Günter Kriebel (* 1925). Im Jahre 1977 übernahm Naumann das Panzerartilleriebataillon 55 im nordhessischen Homberg als Kommandeur. Der Stab der vorgesetzten Panzergrenadierbrigade 5 lag ebenfalls dort; Brigadekommandeur war Oberst (später Brigadegeneral) Ernst-August Schorn (1924-1989). Nach wiederum nur zwei Jahren kehrte Naumann ins Ministerium zurück und war von 1979 bis 1980 Referent in der Personalabteilung. Im Januar 1981 wurde er Oberst und ging als Dezernatsleiter für Militärpolitik, Nuklearstrategie und Rüstungskontrolle in den Stab des Deutschen Militärischen Vertreters im Militärausschuss der NATO zu Generalleutnant Ernst-Dieter Bernhard (*1924). Es war die erste Verwendung im internationalen Rahmen. Danach schloss sich ein weiterer Auslandsaufenthalt an: 1983 besuchte Naumann den einjährigen Lehrgang des Royal College of Defence Studies in London. Am 1. April 1984 wurde Naumann Kommandeur der Panzergrenadierbrigade 30 in Ellwangen und führte diese zwei Jahre lang. Kommandeur der vorgesetz-

ten 10. Panzerdivision in Sigmaringen war zu dieser Zeit Generalmajor
Horst Albrecht (* 1933). 1986 kehrte Naumann zum dritten Mal ins
Ministerium zurück. Als Brigadegeneral übernahm er – unter Admiral
Wellershoff als Generalinspekteur – die Stabsabteilung VI (Planung) im
Führungsstab der Streitkräfte, in der er im Herbst 1972 seine erste minis-
terielle Verwendung begonnen hatte. Naumann blieb in Bonn.

Am 1. Oktober 1988 wurde er – im 49. Lebensjahr – unter Beförderung
zum Generalmajor als Leiter der Stabsabteilung III (Militärpolitik und
Führung) in den Führungsstab der Streitkräfte berufen. An der Spitze der
Bundeswehr stand unverändert Admiral Wellershoff, und Minister Prof.
Rupert Scholz hatte das Amt von Manfred Wörner erst wenige Monate
zuvor – am 18. Mai 1988 – übernommen. Scholz blieb allerdings nur kurze
Zeit auf der Hardthöhe: bereits nach elf Monaten gab er am 21. April 1989
die Kommandogewalt an Gerhard Stoltenberg weiter. In dieser Funktion
erlebte Naumann den Fall der Mauer und die deutsche Wiedervereinigung
– eine große Herausforderung für die Bundeswehr und in ihrer Dimension
bisher einmalig in der deutschen Militärgeschichte. Nach dem Überfall
der irakischen Armee auf das kleine, aber reiche Nachbarland Kuwait im
August 1990 kam es am Golf zum Aufmarsch einer großen Allianz alliierter Truppen unter Führung der USA. Eine wichtige und zugleich bittere
Erfahrung machte Naumann im Herbst 1990, als er – am „Vorabend" des
2. Golfkrieges in Begleitung von Minister Stoltenberg – deutsche
Luftwaffeneinheiten in der Türkei besuchte. Ein Offizier der Luftwaffe
hatte weinerlich und klagend vor laufender Kamera geäußert, bei diesem
„Einsatz" in der Türkei um Jahre gealtert zu sein.

Im Frühjahr 1991 begann der 2. Golfkrieg, und Kuwait wurde schnell
befreit. Deutschland hatte sich an diesem Krieg nicht beteiligt. Die deutsche Haltung in diesem Krieg war diffus. „Deutsche Sicherheitspolitik
schien ... auf reine Geldpolitik reduziert." [328] Genscher hatte sich in der
rechtlichen Scheinfestung verschanzt und jegliche militärische Beteiligung Deutschlands unter Hinweis auf das fiktive Verbot durch das Grundgesetz abgelehnt. Eine Beteiligung an den Operationen – selbst mit einem
kleinen Sanitätskontingent – hätte Milliarden gespart, doch Außenminister Genscher sperrte sich. Naumann stand der Politik von Außenminister
Genscher skeptisch gegenüber. Er erkannte zum einen die Brüchigkeit dieser Haltung und fürchtete wohl auch die Konsequenzen eines Isolations-
kurses für die deutsche Bündnisfähigkeit. Militärpolitik ging nahezu direkt in Sicherheitspolitik über. Doch damit war die Domäne des Außen-
amtes berührt. Kein Wunder, dass das Verhältnis Genscher – Naumann,
trotz der Kluft im Rang und der unterschiedlichen Ebenen ihres Agierens,
davon nicht unberührt blieb. Naumanns Kurs wurde am 12. Juli 1994 im

Grundsatz bestätigt, in dem das Bundesverfassungsgericht die Potem-
kinsche Festung Genschers einriss. Bundespräsident Herzog nannte es vor
der Gesellschaft für Auswärtige Politik in Bonn am 13. März 1995 das
„Ende des Trittbrettfahrens". Am 1. April 1991 wurde Naumann, der keine
Division befehligt hatte, für ein halbes Jahr Kommandierender General
des I. Korps in Münster – zu kurz, um es wirklich als Truppenerfahrung
auf dieser Ebene werten zu können. Die Zeit reichte doch gerade, um die
Antritts- und Abschiedsbesuche zu absolvieren. Es war eine Pirouette, auf
die man zumindest aus Sicht der „Verwendungsbreite" hätte gut verzichten können, doch damit war gleichzeitig die Beförderung zum Generalleutnant verbunden. Innerhalb weniger Monate folgte dann der vierte
Stern – Naumann wurde am 1. Oktober 1991 mit 52 Jahren zum jüngsten
Generalinspekteur der Bundeswehr ernannt.

Der neue Generalinspekteur setzte die Änderungen, die sich aus dem
politischen Umbruch ergaben, konsequent in militärpolitische und militärische Maßnahmen um. Bisweilen war Schnelldenker Naumann dabei seinem Minister voraus. Dies missfiel Rühe in zunehmendem Maße – nicht
wegen der Richtung, sondern vermutlich, weil er sich durch diesen intellektuell in die zweite Reihe verbannt wähnte – Visionen waren Rühes
Sache nicht. Die neuen „Verteidigungspolitischen Richtlinien" (VPR) –
von Naumann maßgeblich gestaltet – sprachen 1992 erstmals von „deutschen Interessen" und nannten die Bundeswehr ein klassisches Instrument politischen Handelns – Begriffe, die vormals verpönt waren und
einem Tabu unterlagen. Auf der 33. Kommandeurtagung 1992 in Leipzig
warnte Naumann als Generalinspekteur vor der Verdrängung der Realität
eines Einsatzes aus dem Denken und dem Ansetzen von „Speck" und
„Rost" – der Schimmelpilz jener Mentalität vom „Frieden als Ernstfall"
hatte sich im Militär ausgebreitet und Metastasen gebildet. Er beklagte die
„Weinerlichkeit und Verzagtheit" im Offizierskorps und erinnerte die
Kommandeure an die Lebensweisheit, dass „ein Fisch am Kopf zu stinken
beginne."

Nicht völlig konfliktfrei gestaltete sich in dieser Zeit auch das Verhält-
nis zwischen dem Generalinspekteur und dem Leiter des Planungsstabes,
Vizeadmiral Ulrich Weisser (* 1938). Als einer der engsten Vertrauten von
Minister Rühe und Autor mehrerer Bücher zu sicherheitspolitischen
Themen, machte Weisser ab 1992 einen fulminanten Karrieresprung in die
Drei-Sterne-Admiralsebene, obwohl seine letzte Berührung mit der See –
als Kommandant eines Minensuchers – mehr als zwei Jahrzehnte zurück-
lag. Von 1992 bis 1998 war er Planungschef der Hardthöhe. Von daher ent-

---

328 Inacker, Michael J. Unter Ausschluß der Öffentlichkeit ? S. 126

sprachen Gerüchte, die ihm Ambitionen für einen weiteren Aufstieg an die Spitze der Bundeswehr nachsagten, vermutlich nicht seinen Absichten. Der nüchtern und klar analysierende Ostfriese dürfte seine Chancen realistisch eingeordnet haben. Zwar liegt eine gewisse Grundspannung zwischen Planungsstab und Führungsstab bereits darin, dass ersterer als interne politische Kontrollinstanz des Ministers über die gesamten militärischen Aktivitäten fungiert. In einem Konfliktfall z. B. zwischen Führungsstab der Streitkräfte und Planungstab dürfte letzterer grundsätzlich die „besseren Karten" haben. Doch Weissers Stärke lag eher im effektiven Wirken im Hintergrund als an der öffentlichen und repräsentativen Front.

Der bis dahin lagebedingt auf die Landesverteidigung ausgerichtete und ansonsten nicht sonderlich klar umrissene Auftrag der Bundeswehr – wurde unter maßgeblicher Federführung von Naumann – wie folgt konkretisiert:

„Die Bundeswehr schützt Deutschland und seine Staatsbürger gegen politische Erpressung und äußere Gefahr; fördert die militärische Stabilität und die Integration Europas; verteidigt Deutschland und seine Verbündeten; dient dem Weltfrieden und der internationalen Sicherheit im Einklang mit der Charta der Vereinten Nationen und hilft bei Katastrophen, rettet aus Notlagen und unterstützt humanitäre Aktionen."

Bedingt durch die politische Weltlage änderten sich ein knappes Jahrzehnt später diese Prioritäten erneut. In seiner Rede auf der 34. Kommandeurtagung der Bundeswehr am 5. Oktober 1993 in Mainz skizzierte Naumann mögliche Risiken mit dem geographischen Begriff des „Krisenbogens von Marokko bis zum Indischen Ozean." Sein politisches Gespür und Weitsicht zeigten sich auch darin, dass er der erste Generalinspekteur war, der – ohne Berührungsängste – das informelle Gespräch mit den Grünen, so mit dem damaligen Abgeordneten Joseph Fischer, suchte, die damals noch mit tief sitzenden Aversionen – an der Grenze zu Feindseligkeit und gepaart mit ideologisch verbrämtem Pazifismus auf alle Uniformen und alles Militärische reagierten. Doch bei manchem Politiker war Naumann und dessen prononcierte Auffassung seiner Rolle als militärpolitischer Berater der Regierung nicht unumstritten.

„Oft rasselt Klaus Naumann jetzt mit der Zunge über die Schallgrenze des Primats der Politik hinaus." [329]

Ein General, der mit seiner Meinung, wenn ihm dies geboten schien, nicht hinter dem Berge hielt, war neu in der Geschichte der Bundeswehr und damit suspekt. Der alte Spruch des römischen Klerus, der mit „mulier taceat in ecclesia" die Frau in der Kirche zum Schweigen verurteilte, schien auch auf den Soldaten in der Version „miles taceat in publica" ideal zu passen und hatte seit Bestehen der Bundeswehr insgesamt gut funktioniert.

Dabei hatte Naumann zu keinem Zeitpunkt politische Ambitionen. Er verstand sein Amt nur schwerpunktmäßig militärpolitisch und nicht als verbeamteter, nur protokollarisch herausgehobener erster Soldat. Sein eindeutiges Bekenntnis zum Primat der Politik hat er u. a. 1995 bei der Verabschiedung des 36. Generalstabslehrganges in Hamburg unmissverständlich wie folgt präzisiert:

„Soldaten sind auf der obersten Führungsebene einerseits Berater der Politik, andererseits. ... zum Gehorsam verpflichtet. In beiden Rollen ist Loyalität gefordert. .... Sie bedeutet ... Gehorsam gegenüber den ... Befehlen ... der Führung und duldet keinen öffentlichen Widerspruch, auch wenn dies den Untergebenen als Feigheit erscheinen mag. ... es ist unendlich schwerer, Widerspruch im Vorfeld der Entscheidung zu üben, ohne sich damit öffentlich zu brüsten , ... , als durch öffentliche Auftritte nach getroffenen Entscheidungen Kritik zu üben und leichten Beifall zu erreichen. Ich habe mich in meiner Amtszeit an die Maxime gehalten, in den internen Beratungen eine sehr deutliche Sprache zu sprechen, aber nur als letzte Zuflucht an die Öffentlichkeit zu gehen. ... Mein Rat an Sie ist deshalb: Widerspruch kann es nur intern geben." [330]

Damit erteilte Naumann auch jenen eine Abfuhr, die ihn aus unterschiedlichen Gründen in die Rolle eines aufmüpfigen Soldaten stellen und damit instrumentalisieren wollten. Behutsam agierte und argumentierte Naumann auch in der Frage des Traditionsverständnisses der Bundeswehr. Hinsichtlich des Verhältnisses zur Wehrmacht lehnte er zwar kategorisch jede Gleichsetzung ab, stellte aber fest,

„... daß soldatische Haltung und militärische Leistung der Soldaten ..., die in allen Epochen der Geschichte ehrenhaft gekämpft haben, die Achtung und den Respekt der Soldaten der Bundeswehr verdienen. Die Bundeswehr wäscht damit die Wehrmacht nicht rein: sie setzt sich durchaus kritisch mit der Rolle der Wehrmacht auseinander. Ich trete aber für ein differenziertes Urteil ein. Ich bin für eindeutiges Verurteilen, wo Verbrechen begangen wurden, bin aber ebenso eindeutig gegen eine pauschale Verdammung der Wehrmacht." [331]

1992 wurde der Vertrag von Maastricht unterzeichnet – ein Meilenstein des Zusammenwachsens Europas, dessen sicherheitspolitische Impulse jedoch bis heute schwach geblieben sind. Im selben Jahr beteiligte sich die Bundeswehr erstmalig mit einer Sanitätseinheit in Kambodscha. 1993 folgte der Einsatz im Rahmen der Vereinten Nationen in Somalia, in der Rückschau sicherlich nicht ganz oben auf der Skala mili-

329 Duve, Freimut, MdB der SPD, in „DIE WELT" vom 9.Juni 1993
330 Naumann, Klaus – Rede am 25.September 1995 an der Führungsakademie der
      Bundeswehr in Hamburg.
331 Naumann, Klaus in: Zeit Erinnern, lernen – nicht kopieren vom 12. Mai 1995

tärischer und politischer Erfolge, aber eine wichtige Erfahrung in vielfältiger Hinsicht. Zielstrebig stellte Naumann Schritt für Schritt die Weichen auf die neue Ausrichtung der Bundeswehr und vergrößerte damit den Handlungsspielraum der Politik.

Als Genscher aus dem Kabinett ausschied, gab Minister Rühe am Abend des 20. Mai 1992 zu dessen Ehren einen Großen Zapfenstreich. Generalinspekteur Naumann, als ranghöchster Soldat der Bundeswehr Mitgastgeber dieses Zapfenstreiches, erwähnt Genscher in seiner Biographie mit keinem Wort. Als einziger wird General Hans-Peter Tandecki (* 1932) erwähnt, einer der Vorgänger Naumanns in der Stabsabteilung III, mit dem das Auswärtige Amt „vorzüglich zusammenarbeitete."

Im April 1994 wurde das Weißbuch zur Sicherheit der Bundesrepublik Deutschland und zur Lage und Zukunft der Bundeswehr vorgestellt. Wenige Monate später folgte die Konzeptionelle Leitlinie zur Weiterentwicklung der Bundeswehr. Sie konkretisierte u. a. die Eckwerte für den Friedens- und Verteidigungsumfang. Ersterer sollte bei 340.000 und der Verteidigungsumfang zwischen 650.000 und 700.000 Soldaten liegen.

Während Naumanns Zeit als Generalinspekteur zog – nach fast 50-jähriger Anwesenheit – im August 1994 die Westgruppe der russischen Truppen in Würde aus Deutschland ab, ein wichtiges Kapitel der Nachkriegsgeschichte. Im September folgte dann auch die Verabschiedung der Westalliierten aus Berlin. General Naumann und der Chef des Generalstabes der polnischen Armee, General Tadeusz Wilecki (* 1945) , legten zum Gedenken an den 55. Jahrestag des Beginns des Zweiten Weltkrieges am 1. September 1994 auf der Westernplatte Kränze zu Ehren der dort gefallenen polnischen Soldaten nieder.

Anfang Dezember 1994 zeigte die Bundeswehr auch in den Vereinten Nationen Flagge: Generalmajor Manfred Eisele (* 1938) übernahm im „temporary rank" eines Generalleutnants die Aufgaben eines „Beigeordneten Generalsekretärs für friedenserhaltende Missionen der UNO" in New York und wurde dort für Planung und Koordinierung aller künftigen Blauhelmeinsätze verantwortlich. Eiseles Dienstzeit wurde aber nach vier Jahren, obwohl die UN dies wegen dessen überzeugender Leistung und Auftreten begrüßt hätte, von Rühe 1998 nicht verlängert. Eisele, der deutsche General am Hudson River, hatte in der Frage des Balkaneinsatzes der NATO öffentlich eine andere Meinung als sein Minister geäußert. Doch seine Annahme, er wäre jenseits des Atlantik und überdies in seiner internationalen Funktion der Kommandogewalt vom Rhein entzogen, war falsch. Konteradmiral Lange war bereits als Nachfolger ausgewählt, trat aber dann das Amt nicht an. Und damit war die Chance vertan, den militärischen Einfluss Deutschlands in der UN zu festigen.

In Naumanns Amtszeit fiel der 40. Geburtstag der Bundeswehr, der unter dem Motto „40 Jahre Bundeswehr – 5 Jahre Armee der Einheit" stand. Den Mittelpunkt der Feiern bildete ein Empfang der Bundesregierung in der Beethovenhalle in Bonn am 26. Oktober mit einem anschließenden Großen Zapfenstreich im Bonner Hofgarten und ein Feierliches Gelöbnis in Bordenau, dem Geburtsort des preußischen Reformers General Scharnhorst am 12. November. Als Naumann im Februar 1996 die Hardthöhe verließ und den Vorsitz im Militärausschuss der NATO übernahm, war das militärische Feld zwar nicht fertig bestellt, dazu fehlten unabdingbare politische Vorgaben, aber die Weichen standen auf „freie Fahrt." Führung und Truppe waren geistig auf die neuen Herausforderungen eingestimmt und bereiteten sich fachlich darauf vor. 2001 wurde Naumann – ein Jahr nach Bundespräsident Herzog und als zweiter Soldat nach General de Maizière (1986) – mit dem „Hermann-Ehlers-Preis" ausgezeichnet. Auf Naumann folgte ein weiterer Heeresgeneral an die Spitze der Bundeswehr, der Inspekteur des Heeres, Bagger, – ein Jahr älter als Naumann.

Hartmut **Bagger** wurde am 17. Juli 1938 im ostpreußischen Braunsberg geboren. Baggers Großvater mütterlicherseits hatte als Unteroffizier bei den Husaren gedient und Vater Paul Bagger (1913-1993) nahm als Reserveoffizier am Zweiten Weltkrieg teil. In den letzten Kriegsmonaten kämpfte Paul Bagger als Oberleutnant im Grenadierregiment 862 in Norwegen. Dieses Regiment gehörte zur 274. Infanteriedivision, die dem LXX. Armeekorps unter General der Artillerie Hermann Tittel (1888-1959) unterstand. Bei Kriegsende geriet Paul Bagger in britische Gefangenschaft und wurde von dort in ein Lager nach Putlos in Schleswig-Holstein verlegt. Betreuungsoffizier in diesem Lager war Oberleutnant Eckart von Naso (1888-1976), der vormalige Dramaturg des Berliner Staatstheaters und Schriftsteller. [332] Auch der spätere Botschafter und Staatssekretär des Auswärtigen Amtes, Bernt von Staden (* 1919), Baltendeutscher wie die Generalärztin von Weymarn, war als Leutnant zur selben Zeit in diesem Lager. [333] Paul Bagger war es vergönnt, den Aufstieg seines Sohnes bis fast an die Spitze der militärischen Hierarchie der Bundeswehr mitzuerleben.

Hartmut Bagger war direkt nach dem Abitur 1958 als Panzergrenadier in die Bundeswehr eingetreten und 1960 Leutnant geworden. Er diente u. a. als Zugführer, Fernmeldeoffizier im Panzergrenadierbataillon 82 in

332 Er hat u. a. eine Biographie über Feldmarschall von Moltke und General von Seydlitz geschrieben.
333 Siehe: Staden, Bernt von Ende und Anfang – Erinnerungen 1939 – 1963 S. 98 ff.

Lüneburg und 1963/64 als Hörsaaloffizier an der Heeresoffizierschule I in Hannover-Langenhagen. Danach kehrte er in sein altes Bataillon zurück und wurde Kompaniechef in Lüneburg. In diese Zeit fiel die erste Verwendung im Ausland: Bagger besuchte den Kompaniechef-Lehrgang an der britischen Infanterieschule in Warminster. Von 1969 bis 1971 nahm er am 12. Generalstabslehrgang an der Führungsakademie teil; er war der einzige seines Jahrganges, der später den höchsten militärischen Gipfel erklomm. Sein Hörsaalleiter war der von ihm sehr geschätzte, spätere Brigadegeneral Eberhard von Block (* 1923). In seiner Jahresarbeit befasste sich Bagger mit der Meinungsforschung als Grundlage militärischer Entscheidungen. Nach zwei Truppenverwendungen in der Panzerbrigade 18 in Neumünster zunächst als G 4-Stabsoffizier (Logistik) und anschließend als G 3-Stabsoffizier (Ausbildung, Führung und Organisation) – von 1971 bis 1973 unter Brigadegeneral Heinz Fielitz (1919-1975) – wurde er Dozent für Militärpolitik an der Führungsakademie. Nach zwei Jahren ging Bagger 1975 für ein Jahr in die USA und besuchte einen Lehrgang am Armed Forces Staff College in Norfolk (Virginia); seine zweite Verwendung im Ausland. Als er 1976 nach Deutschland zurückkehrte, übernahm er am 1. April das Panzergrenadierbataillon 51 in Rotenburg (Fulda) als Kommandeur und führte es zwei Jahre, bis Ende März 1978. Seine Kommandeure der vorgesetzten Panzergrenadierbrigade 5 in Homberg/Efze waren die Obersten (später Generalmajor) Horst Frickinger (* 1921) und Ernst-August Schorn (1924-1989; später Brigadegeneral). Ein Jahr später wurde Klaus Naumann im benachbarten Homberg sein artilleristischer Kon-Kommandeur.

Danach – 1978 – brachte ihn seine militärische Laufbahn in konsequenter Fortführung seiner militärpolitischen Ambitionen an der Akademie als Referent in das „Gehirn" deutscher Militärpolitik, in das Referat Fü S III 1 im Führungsstab der Streitkräfte. Aus dieser Kaderschmiede waren bereits mehrere hochrangige Offiziere hervorgegangen.

Die Generalmajore Wolfgang Altenburg (*1928) und danach Hans-Peter Tandecki (* 1932) führten in dieser Zeit die Stabsabteilung Fü S III. 1980, nach zwei Jahren folgte wieder eine Verwendung in der Truppe. Bei der Benutzung dieses Begriffes „Truppe" sei allerdings eingeräumt, dass es – wie so oft im Leben – eine Frage der Perspektive ist. Aus der hohen Warte der Militärpolitik im Führungsstab der Streitkräfte, wurde bisweilen etwas süffisant behauptet, zähle bereits der Führungsstab des Heeres „zur Truppe." Und aus der anderen Richtung, z. B. vom Bataillon aus gesehen, betrachtete ein Kompaniechef seinen Divisionsstab schon als „Etappe." Bagger wurde 1980 als Oberst Chef des Stabes der 3. Panzerdivision in Buxtehude die rechte Hand von Generalmajor Franz-Joachim

Freiherr von Rodde (* 1921) und kehrte damit auf Divisionsebene in die Praxis des Truppenalltags zurück. Es war eine gelungene Personalkonstellation: Von Rodde, geprägt von einer langen militärischen Familientradition und einer der wenigen „Nicht-Generalstäbler" in der Heeresgeneralität, war ein von Bagger geschätzter erfahrener Führer, beispielgebend und mit einem Herz für die Truppe, und Bagger als loyaler, nicht nach vorn drängender „Chef" hielt ihm – in klassischer „Chef-Tradition" – entlastend den Rücken frei. Bagger blieb danach an der Elbe, denn 1982 kehrte er ein drittes Mal an die Führungsakademie zurück. Diesmal wurde ihm die Leitung der Fachgruppe Sicherheitspolitik und Streitkräfte übertragen. Konteradmiral Dieter Wellershoff stand zu dieser Zeit an der Spitze der Akademie. Danach folgte eine Verwendung als Brigadekommandeur, und wiederum war es der Norden und erneut war es die 3. Panzerdivision: Ende September 1984 übernahm Bagger die Panzergrenadierbrigade 7, Hamburgs „Hausbrigade" in Fischbek von seinem Vorgänger, Brigadegeneral Wolfgang Estorf (* 1936) und führte sie dreieinhalb Jahre bis Ende März 1988. Sein vorgesetzter Divisionskommandeur in Buxtehude war zuerst Generalmajor Dipl. Ing. Wolfgang Tebbe (* 1931) und danach Harald Schulz (* 1933) – beide stiegen später noch zu Generalleutnanten auf. Der damalige Hamburger Bundestagsabgeordnete Volker Rühe, zugleich Stellvertretender Fraktionsvorsitzender der CDU u. a. für Außen- und Sicherheitspolitik, lernte in dieser Zeit Bagger als militärischen Führer und kompetenten Gesprächspartner kennen und schätzen, was seine spätere Entscheidung als Verteidigungsminister, diesen zum Generalinspekteur zu berufen, vermutlich positiv beeinflusst haben dürfte. Nach insgesamt acht Jahren an der Elbe, wurde Bagger am 1. April 1988 als Chef des Stabes des III. Korps nach Koblenz versetzt und zum Brigadegeneral befördert. Sein Kommandierender General in den kommenden zwei Jahren war der nur zwei Jahre ältere Generalleutnant Helge Hansen (*1936), der spätere Vier-Sterne-General, dem Bagger sechs Jahre später als Inspekteur an der Spitze des Heeres nachfolgen sollte.

1991 erhielt Bagger mit 53 Jahren seinen zweiten goldenen Stern, denn er hatte bereits Ende November 1990 als Kommandeur die 12. Panzerdivision in Veitshöchheim von seinem Vorgänger, Generalmajor Hartmut Foertsch (* 1936) übernommen. Der Kommandierende General beim II. Korps in Ulm war Generalleutnant Gerd Verstl (* 1935). Am 1. April 1992 wurde Bagger nach Bonn berufen. Zeitgleich mit Helge Hansen, der Inspekteur des Heeres wurde, übernahm er die Funktion als dessen Stellvertreter und erhielt den dritten goldenen Stern. Als Hansen 1994 Oberbefehlshaber der Alliierten Streitkräfte Mitteleuropa (CINCENT) wurde, folgte ihm Generalleutnant Bagger als Inspekteur des Heeres. Beinahe

lautlos, aber dennoch zielstrebig führte ihn sein militärischer Werdegang
– räumlich auf Elbe, Main und Rhein beschränkt – an die Spitze des
Heeres. Bereits dies war für den bescheidenen Ostpreußen mehr, als er sich
jemals von seiner Laufbahn erträumt hatte. Baggers militärische Karriere
verlief auf den beiden Schienen Truppe und Militärpolitik; seine Auslandserfahrung beschränkt sich auf die beiden mehrmonatigen Lehrgänge in England und den USA. Doch dann gab es 1994 einen weiteren, un-
erwarteten Schub: Als Generalinspekteur Naumann 1996 Vorsitzender
des NATO-Militärausschusses wurde, folgte Bagger auf dessen Stuhl. Am
8. Februar 1996 vollzog Minister Rühe den Kommandowechsel an der
militärischen Spitze.

Während Baggers Amtszeit beteiligte sich die Bundeswehr an den ersten beiden großen Einsätzen auf dem Balkan: die „Implementation Force"
(IFOR) und die „Stabilization Force" (SFOR), sowie mit kleinen und kleinsten Kontingenten in Georgien und Ost-Timor. 1997 kam es bei einer
Evakuierung von deutschen und ausländischen Staatsbürgern in Albanien
zum ersten „Kampfeinsatz" der Bundeswehr.[334] Am 14. März flogen sechs
deutsche Hubschrauber vom Meer aus auf die Hauptstadt Tirana zu. Um
15.31 Uhr landete die erste Maschine auf dem alten Flughafen unter
Führung des Fallschirmjägerobersten Glawatz (* 1949; später Brigadegeneral). Eile war geboten. Zuvor waren US-Hubschrauber beschossen
worden und hatten die Evakuierung von Ausländern abbrechen müssen.
Als auch die Deutschen unter Beschuss gerieten, eröffneten die Soldaten
das Feuer. Eine halbe Stunde danach war der Auftrag erfüllt. Aus militärischer Sicht war es ein Scharmützel, politisch aber ein Qualitätssprung. Die
Bundeswehr hatte die – von manchem Beobachter belächelte – Rolle einer
Friedensarmee abgelegt und bewies, dass sie als politisches Instrument
uneingeschränkt einsetzbar war. Drei Jahre zuvor noch mussten in Ruanda eingeschlossene Mitarbeiter der Deutschen Welle von belgischen Fallschirmjägern befreit werden. „Was in Ruanda passiert ist, möchte ich nicht
wieder erleben", kommentierte Bagger das damalige Unvermögen der
Bundeswehr. Bagger war ein Mann der leisen Töne, bedächtig, jemand der
„wägte, bevor er wagte," eher in der Truppe verwurzelt denn in der veräs-
telten Militärpolitik, obwohl er dieses Metier sowohl aus ministerieller
Praxis als auch aus der kontemplativen Sicht der Lehre kannte und
beherrschte. Überdies nennt er in seiner Vita „Militärpolitik, Strategie und
Musik" als besondere Interessen. Sein militärischer Werdegang weist
einen beinahe konsequent eingehaltenen, idealen Wechsel zwischen
Truppe und Stab auf.

Eines der Hauptthemen auf der 36. Kommandeurtagung der Bundeswehr in Berlin im November 1997 unter Baggers Leitung war die bessere

Bekämpfung des Rechtsradikalismus in der Bundeswehr. Rechtsextreme Straftaten bei der Bundeswehr seien eine Schande für die Armee, sagte Bagger. In diesen Fällen gäbe es Null-Toleranz. Allerdings sei die geistig-moralische Verwahrlosung einiger weniger Jugendlicher kein Problem der Bundeswehr, sondern eines der Gesellschaft. Auch Bundeskanzler Kohl, der die Tagung besuchte, wandte sich gegen pauschale Diffamierung. Im Jahre 1998 hatte sich Bagger auch in der auflebenden Diskussion um das Traditionsverständnis der Bundeswehr und die Frage von Loyalität und Zivilcourage wiederholt zu Wort gemeldet. Seine distanzierte Haltung zur Wehrmacht stieß bei aktiven und im Ruhestand befindlichen Soldaten auf Kritik. Hier sprach Bagger als loyaler Generalinspekteur seines Ministers Rühe und vermutlich nicht als oberster Soldat der Streitkräfte. Auch seine Interpretation militärischer Zivilcourage ist in diesem Zusammenhang interessant:

> *„... wenn ich abweichend von der Meinung meines Vorgesetzten meine persönliche Meinung äußere oder ihm einen abweichenden Rat gebe, zeige ich Zivilcourage.*
>
> *.... es hat jedoch nichts mit Zivilcourage zu tun, wenn ein Soldat eine Entscheidung der politischen und militärischen Führung in der Öffentlichkeit kritisiert. Er verletzt damit seine Pflicht zur Loyalität. Loyalität und Zivilcourage sind untrennbar miteinander verbunden."* [335]

Mit der Warnung vor öffentlicher Kritik an bereits getroffenen Entscheidungen hat Bagger recht. Doch bereits den abweichenden Rat eines Untergebenen an seinen Vorgesetzten – der, wenn mit bestem Wissen und Gewissen erteilt, eindeutig der Rubrik „treues Dienen" und loyaler Beratung zuzuordnen und damit eine Selbstverständlichkeit sein sollte – bereits als „Zivilcourage" einzustufen, erscheint fragwürdig. Was nutzt es, wenn – wie Bagger feststellte – in der Ausbildung an der Führungsakademie „politische Urteilskraft zur Bestimmung der Interdependenzen zwischen Militär, Politik und Gesellschaft geschult" wurde, diese Urteilskraft aber dann in der praktischen Anwendung im Kern unerwünscht ist und unterbunden wird? Das zur Verfügung stehende Instrumentarium lässt einem Soldaten in verantwortungsvoller Position realiter wenig Spielraum, seine Stimme zu erheben, vor Fehlentwicklungen zu warnen oder um die politische Führung von seiner Meinung zu überzeugen. Denkschriften und Memoranden ändern wenig; sie sind nur hilflose Rechtfertigungsversuche vor dem Urteil der Geschichte und hilfreiche Dokumente für eine posthu-

---

334 Der Einsatzverband mit 89 Soldaten und sechs Transporthubschraubern CH-53 war in der Nacht zuvor vom deutschen SFOR-Heereskontingent in Bosnien aufgestellt worden.

335 Bagger, Hartmut – Festrede zur Entlassung der Absolventen des Jahrganges 1996 der General- und Admiralstabslehrgänge an der Führungsakademie am 28. September 1998

me Bewertung durch Historiker. So bleiben letztlich nur Rücktritt oder Resignation; doch beide Formen sind im Kern illoyal, entsprechen nicht der Pflicht zum treuen Dienen und ändern überdies – wie der Rücktritt Trettners letztlich belegt – außer einer kurzlebigen Medienaufmerksamkeit recht wenig.

Im Herbst 1998 übernahm die rot-grüne Regierungskoalition unter Kanzler Gerhard Schröder die politischen Zügel in Berlin. Kanzler Kohl schied nach sechzehn Jahren im Amt, und das Verteidigungsministerium wurde von Rühe an Rudolf Scharping (SPD) übergeben. Bagger, der nur noch ein knappes halbes Jahr Dienstzeit vor sich hatte, blieb im Amt. Bei einem Empfang für die Teilnehmer an der Generalstagung der Bundeswehr „Führex 99" in der Stadtpfarrkirche von Müncheberg am 27. Januar 1999 dankte der brandenburgische Ministerpräsident, Dr. Manfred Stolpe, Generalinspekteur Bagger in Abwesenheit für dessen stetes Interesse an den besonderen Belangen Ostdeutschlands und seinen maßgeblichen Beitrag am Aufbau der „Armee der Einheit. Als Bagger routinemäßig Ende März 1999 in den Ruhestand verabschiedet wurde, trat abermals ein Heeresoffizier an die Spitze der Bundeswehr – von Kirchbach, Artillerist von Hause aus wie Altenburg und Naumann.

General Hans-Peter **von Kirchbach** kommt aus einer Familie mit langer militärischer Tradition. In der Rangliste der Wehrmacht sind Generalleutnant Harry von Kirchbach (1896†) und Generalmajor Erich von Kirchbach (1896-1944/gefallen) aufgeführt; ersterer war ein Großonkel und letzterer Kirchbachs Großvater. Kirchbachs Vater Hermann (1911-2001) diente zunächst in der III. Abteilung des Artillerieregiments 28 in Hirschberg. Bei Kriegsende war er Major und Abteilungskommandeur und geriet an der Elbe kurzzeitig in amerikanische Kriegsgefangenschaft. Im Jahre 1957 trat er in die Bundeswehr ein und war Ende der fünfziger Jahre als Lehrstabsoffizier an der Artillerieschule in Idar-Oberstein u. a. einer der Lehrer des späteren Generals Jörg Schönbohm. Er schied als Oberstleutnant aus und starb Ende Mai 2001- den militärischen Werdegang seines Sohnes bis an die Spitze der Bundeswehr hatte er noch miterleben können.

Hans-Peter von Kirchbach, am 3. August 1941 in Weimar geboren, trat im Jahre 1960 als neunzehnjähriger Reserveoffizieranwärter (ROA) in das Panzerartilleriebataillon 145 in Lahnstein ein; glaubhaft nennt er die Niederschlagung des Ungarnaufstands und damit der Freiheit des ungarischen Volkes durch sowjetische Panzer im Jahre 1956 als ausschlaggebend, sich für den Soldatenberuf entschieden zu haben. Nach der Offizierausbildung kehrte er zunächst in sein altes Bataillon zurück, wurde dann aber in das Artillerieregiment 5 versetzt. Ende der sechziger Jahre wurde er zunächst Batteriechef im Panzerartilleriebataillon 155 und danach erneut im Gebirgsartilleriebataillon 81. Von 1972 bis 1974 nahm er – u. a. zusammen mit seinen späteren Vier-Sterne-Kameraden Spiering und Stöckmann – am 15. Generalstabslehrgang an der Führungsakademie teil. In seiner Jahresarbeit unter dem Titel „Funktionierender oder mitdenkender Gehorsam" beleuchtete er das Bild des Soldaten im Lichte der Bildungsreform der Bundeswehr. Nach der kontemplativen Zeit an der Akademie arbeitete Kirchbach zunächst Hilfsreferent im Referat Militäische Landesverteidigung (Fü S III 7) im Führungsstab der Streitkräfte. Nach zwei Jahren, 1976, wurde er als „G 3 op" in den Stab des III. Korps nach Koblenz unter Generalleutnant Franz Pöschl (* 1917) versetzt. Wiederum zwei Jahre später übernahm von Kirchbach das Raketenartilleriebataillon 42 in Hemau in der Oberpfalz als Kommandeur. Im Jahre 1980 kehrte er in den Führungsstab der Streitkräfte zurück und wurde im Referat Fü S VI 3 zuständig für die Erarbeitung der Konzeption der Bundeswehr. Die nächste Station brachte 1982 die Beförderung zum Oberst: Kirchbach ging als Chef des Stabes zur 2. Jägerdivision nach Kassel unter Generalmajor Manfred Fanslau (* 1929). 1984 folgte die dritte Verwendung im Ministerium, diesmal als Referatsleiter des Arbeitsbereiches II (Personal, Ausbildung, Innere Führung) im Planungsstab unter Brigadegeneral Jörg Schönbohm. Vom Herbst 1988 bis September 1989 widmete sich von Kirchbach auf einem einjährigen Lehrgang am renommierten US Army War College in Carlisle strategischen Studien im internationalen Rahmen, seine erste und einzige Auslandsverwendung. Im Oktober 1989 – wenige Wochen vor dem Fall der Mauer – übernahm von Kirchbach die Panzerbrigade 15 in Koblenz. Als Schönbohm Befehlshaber des Bundeswehrkommandos Ost wurde, nahm er von Kirchbach als einen der Kommandeure für diese schwierige Aufgabe der Auflösung der NVA und ihrer Eingliederung in die Bundeswehr mit – eine gute Wahl. Der „Troupier Kirchbach" verfügte – im Gegensatz zu manch anderem – über die notwendige Sensibilität, um diese bisher einmalige militärische Aufgabe im Rahmen der Wiedervereinigung mit möglichst wenigen Schwierigkeiten zu lösen. Am 4. Oktober 1990 übergab Brigadegeneral (später Generalmajor) Ruprecht Haasler (* 1936), der Befehlshaber im Wehrbereich VIII, die 9. (NVA)-Panzerdivision in Eggesin an Oberst von Kirchbach; ihr letzter NVA-Kommandeur war Oberst Karl-Heinz Marschner, der diesen Großverband von 1989 bis 1990 geführt hatte. Sechs Monate später, am 1. April 1991, wurde die Division in Heimatschutzbrigade 41 „Vorpommern" umgegliedert und umbenannt. Der Artillerist von Kirchbach, der als überzeugter Pfadfinder mit halbem Herzen immer auch Infanterist war, suchte stets die Nähe zu und das

Vertrauen der Soldaten und fand es auch – als Bataillonskommandeur, bei seinen Brigaden in Koblenz und Eggesin, seiner Division in Neubrandenburg und selbst als Generalinspekteur. So nahm er an den 4-Tage-Märschen in Nimwegen ebenso teil wie z. B. am 13. Mai 2000 an einer 30 km- Wanderung mit 40 Offizieren der Bundeswehruniversität Hamburg durch das Herzogtum Lauenburg mit anschließender „Wohnebenen-Party." Kirchbach kannte keine Berührungsängste, seine Autorität wurde dadurch nicht gemindert, im Gegenteil. Die Soldaten spürten, dass dies keine gekünstelte, oberflächliche Kameraderie war, kein Eintopfessen mit wehrpflichtigen Soldaten, um „Soldatennähe" zur Schau zu stellen. Mit seinem Beispiel verkörperte er die Forderung von „mehr sein als scheinen." Doch nur zwei Jahre später hieß es von der Truppe und der Mark Brandenburg Abschied zu nehmen, denn es ging zurück ins Ministerium. Am 26. März 1992 übergab von Kirchbach seine Brigade 41 – sie wurde 1995 in Panzergrenadierbrigade 41 umbenannt – an seinen Nachfolger Oberst (später Generalmajor) Werner Widder und verließ Eggesin, die Grenzstadt zu Polen. Von April 1992 bis 1994 war Kirchbach Leiter der Stabsabteilung I im Führungsstab des Heeres unter Generalleutnant Helge Hansen und wurde zum Brigadegeneral befördert. 1994 erfolgte die Rückkehr nach Brandenburg: Kirchbach wurde Kommandeur der 14. Panzergrenadierdivision in Neubrandenburg, löste Generalmajor Haasler ab und erhielt den zweiten goldenen Stern. Im Sommer 1997 trat die Oder über die Ufer – Katastrophenalarm wurde ausgelöst. Unter Kirchbachs Führung gelang es den Tausenden von Soldaten im Zusammenwirken mit unzähligen zivilen Helfern buchstäblich in letzter Minute, die Katastrophe einer Überflutung des Oderbruchs abzuwehren. Die Lage schien hoffnungslos. Doch Kirchbach gab nicht auf. Natürlich war es nicht seine Aufgabe, als General auf dem durchweichten, schwammigen Deich stehend die Hubschrauber persönlich einzuweisen, und er tat es auch nicht der Presse wegen. Es war wahrscheinlich einfach eine Situation, wo das so oft in der Theorie im Hörsaal zitierte „Führen von vorn" einfach notwendig war, sich aus der Lage ergab und Früchte trug. Sein Beispiel gab Hoffnung, spornte an und war erfolgreich. Kirchbach – von den Medien als „Oder-General" wie ein Kriegsheld umschwärmt und gefeiert – wurde zu einem der bekanntesten Generale der Bundeswehr. Doch diese Auftritte waren ihm, der nur seine Pflicht tun wollte, eher unangenehm. Vielleicht dachte er auch dabei, wie schnell „Hosianna" und „Kreuziget ihn!" in der politischen und öffentlichen Arena beieinander liegen können – drei Jahre später, im Juni 2000, sollte dieser Zeitpunkt kommen. Bei einem Empfang für die Teilnehmer an der Generalstagung der Bundeswehr „Führex 99" in der Stadtpfarrkirche von Müncheberg am 27. Januar 1999 dankte der brandenburgische Ministerpräsident, Dr. Manfred Stolpe, General von Kirchbach mit den Worten:

„In wenigen Monaten werden Sie, ..., Brandenburg ... verlassen und ich kann Ihnen schon jetzt versichern, daß die Brandenburger Bevölkerung Ihren Weggang als schmerzlichen Verlust empfinden wird. Ihr großartiger Einsatz ... ist und bleibt unvergessen. Dabei haben Sie ... Standards für effektive zivilmilitärische Zusammenarbeit gesetzt.“

Diese zivil-militärische Kooperation sah Kirchbach nicht nur verengt auf die rein fachliche Ebene. Er hielt auch deshalb engen Kontakt zur Bevölkerung in seinen Garnisonen, da er die Einbettung des Militärs in die Gesellschaft als wichtigen Teil seines Auftrages ansah. Die ethische Komponente der Hilfe drückte von Kirchbach im Mai 2001 in einer Rede auf dem Medienempfang der EKD aus:

„Unsere Kultur des Helfens zeichnet sich dadurch aus, dass wir die Verantwortung nach außen und nach innen nicht nur akzeptieren, sondern auch leben, die Verantwortung, die die andere Seite der Freiheit ist.“

Darüber hinaus galt in seiner Zeit als Divisionskommandeur und später als Kommandierender General ein nicht unbeträchtlicher Teil seiner Arbeit dem Aufbau der Zusammenarbeit mit den polnischen Streitkräften. Doch zunächst folgte Kirchbach seinem Jahrgangskameraden Spiering nach und trat im März 1998 als Kommandierender General an die Spitze des IV. Korps in Potsdam; damit erhielt er gleichzeitig den dritten goldenen Stern. Kirchbachs Berufung zum Generalinspekteur war noch unter der Regierung Kohl bekanntgegeben und damit präjudiziert worden. Doch die rot-grüne Bundesregierung bestätigte diese Planung, und Kirchbach trat sein Amt – nach nur einem Jahr an der Spitze des IV. Korps in Potsdam – am 1. April 1999 unter Minister Scharping und Kanzler Gerhard Schröder an. Eine 100-Tage-Frist zur Einarbeitung wurde ihm nicht gewährt, denn am Abend des 24. März 1999, eine Woche vor seiner Amtsübernahme, hatten die durch die NATO angedrohten Luftangriffe gegen militärische Ziele in Jugoslawien begonnen. Die Bundeswehr leistete zusätzlich humanitäre Hilfe und betrieb dazu u. a. in Mazedonien ein Lager für Flüchtlinge und Vertriebenen und führte Hilfsflüge durch. Auch die innere Struktur der Bundeswehr veränderte sich. Durch das Urteil des Europäischen Gerichtshofes vom Januar 2000 wurden in Kichbachs Amtszeit die beruflichen Möglichkeiten für Frauen in der Bundeswehr grundlegend erweitert und alle Laufbahngruppen, Laufbahnen und Tätigkeitsbereiche damit für den freiwilligen Dienst von Frauen geöffnet. Der Maßnahmenkatalog gegen rechtsradikale Tendenzen, den von Kirchbach vor seinem Amtsantritt als Generalinspekteur noch im Auftrag des damaligen Verteidigungsministers Volker Rühe (CDU) erarbeitet

hatte, wurde von seinem Nachfolger Rudolf Scharping (SPD) fortge-
schrieben.

Von Kirchbach verfügte zwar über beträchtliche ministerielle Erfahrung, aber nicht auf dem Gebiet der Militärpolitik – eine conditio sine qua
non für den Generalinspekteur. Bereits nach einem Jahr waren die ersten
Risse zwischen Minister und oberstem Soldaten feststellbar. Es war offenbar kein ehrliches Spiel, das in jenem ersten Halbjahr 2000 auf der Bühne
der höchsten Verteidigungszirkel in Bonn und Berlin auf dem Spielplan
stand – kein Sängerwettstreit, sondern ein Wettbewerb um das beste Konzept für die Streitkräfte der Zukunft. Zum einen arbeitete die sog. „Weizsäcker-Kommission" an der künftigen Wehrstruktur. Parallel dazu ließ
sich Minister Scharping im Ministerium zwei weitere Reformkonzepte erarbeiten: ein „Eckwertepapier" durch den Führungsstab der Streitkräfte
unter Leitung Kirchbachs und ein drittes durch den Planungsstab unter
dessen Leiter Harald Kujat. Die Gerüchteküche brodelte. In den Medien
wurde gemunkelt, es wäre mit „gezinkten Karten" gespielt worden, denn
die Zahlen und Angaben der von Kirchbach auszuarbeitenden Studie
„Eckwerte für die konzeptionelle und planerische Weiterentwicklung der
Streitkräfte" sollen vom Ministerium vorgegeben und angeblich mehrfach
korrigiert worden sein. Wurde von Kirchbach zum Opfer, für politische
Interessen missbraucht? Scharping habe sich, wurde kolportiert, um politische Handlungsfähigkeit beweisen zu können, von Kirchbach eine kon-
servativ orientierte Struktur entwerfen lassen, die einen Gegenpol zum
„Weizsäcker-Papier" bilden sollte. Aus diesen beiden habe Scharping dann
ein Kompromissprogramm schneidern lassen – eben jenes des Kujatschen
Planungsstabes. Doch waren es wirklich Politiker, die die „Strippen
zogen?" Die Rolle des Bösewichts passt eigentlich nicht so recht zu Scharping. Er war selbst Opfer hässlicher innerparteilicher Intrigen geworden,
wusste von daher, wie man sich als kaltgestelltes Opfer fühlt. Überdies
hatte er in der Truppe nicht zu Unrecht bis zu seinem weniger rühmlichen
Abgang den Ruf eines aufrechten Maklers.

Wahrheit oder Gerücht – am 23. Mai 2000 legte Ex-Bundespräsident
Richard von Weizsäcker den Abschlussbericht der von ihm geleiteten
Kommission, in dem u. a. auch die pensionierten Generale Carstens und
Hansen mitgearbeitet hatten, vor. Der Bericht „Gemeinsame Sicherheit
und Zukunft der Bundeswehr" empfahl, die Streitkräftestruktur an den
drei wahrscheinlichsten Aufgaben der Krisenvorsorge und -bewältigung,
zum Zwecke der Landes- und Bündnisverteidigung und in der Erfüllung
internationaler Verpflichtungen auszurichten. Dazu schlug sie einen Friedensumfang von 240.000 Mann, sowie eine Anzahl weiterer Veränderungen für eine effektivere und wirtschaftlichere Organisation der Streitkräfte

vor. Einen Tag später kündigte Minister Scharping überraschend an, von Kirchbach werde „auf dessen Antrag hin" Ende des II. Quartals 2000 in den einstweiligen Ruhestand versetzt; über die Hintergründe der Entlassung sei „beiderseitiges Stillschweigen vereinbart" worden. Am 14. Juni 2000 beschloss das Bundeskabinett dann auf Vorschlag Scharpings die Eckpfeiler für die Erneuerung der Bundeswehr. Die Zahl der Einsatzkräfte wurde auf 150.000 Soldaten festgelegt und der Grundwehrdienst auf 9 Monate verkürzt. Die Ausrüstung der Bundeswehr sollte umfassend modernisiert werden, wobei den bisher nicht vorhandenen Fähigkeiten wie strategischer Lufttransport und strategische Aufklärung sowie die Verbesserung der Interoperabilität der Führungssysteme und –mittel Priorität eingeräumt wurde. Gleichzeitig wurde beschlossen, durch eine strategische Partnerschaft mit der Wirtschaft die Leistungsfähigkeit und Innovationskraft der deutschen Wirtschaft für die Bundeswehr stärker nutzen.

Am 29. Juni 2000 wurde von Kirchbach in Berlin von Minister Scharping feierlich verabschiedet. Es gab keine bösen Worte, und dennoch lagen Melancholie und Einsamkeit über dem Appellplatz der Julius-Leber-Kaserne, als Kirchbach am Ende des Großen Zapfenstreiches zu seinen Ehren den Dienstwagen bestieg und von Feldjägern auf Krädern begleitet in die Dunkelheit fuhr. Es war die bisher kürzeste Amtszeit eines Generalinspekteurs. Im Jahre 2002 wurde von Kirchbach zum Präsidenten der Johanniter-Unfallhilfe gewählt.

Der Luftwaffengeneral Harald Kujat, als Leiter des Planungsstabes einer der engsten Vertrauten von Minister Rudolf Scharping, übernahm die Nachfolge Kirchbachs.

Harald **Kujat** wurde am 1. März 1942 im westpreußischen Mielke geboren und wuchs nach Kriegsende in Sarstedt bei Hannover auf. In seiner Familie gab es keine militärische Tradition, allerdings hatte sein Vater als Soldat im Zweiten Weltkrieg gedient. Harald Kujat war 1959 nach dem Abitur in die 12. Kompanie des Luftwaffenausbildungsregiments in Leipheim an der Donau eingetreten. Er schaffte den Sprung aus der Unteroffizier- in die Offizierlaufbahn. 1965 wurde er zum Leutnant befördert. Dieser Aufstieg ist gleichermaßen ein Zeichen für besonderes Können wie für Durchhaltevermögen. Bereits sieben Jahre später, 1972, kam er in den Vorhof der militärischen Macht: als Hauptmann wurde er Ordonnanzoffizier bei Minister Leber. Es war der Beginn einer Zusammenarbeit mit sozialdemokratischen Politikern, die ihn dreißig Jahre später an die Spitze der Bundeswehr führte. Von 1975 bis 1977 nahm er als Major am 20. Generalstabslehrgang der Luftwaffe teil – eine weitere Weiche für die künftige Karriere war damit gestellt. In seiner Jahresarbeit untersuchte er „Ursachen, Abläufe und Regelungen politischer Konflikte," am Beispiel des Zugangs von Extremisten zum Öffentlichen Dienst. Nach den zwei Jahren in Blankenese wurde Kujat wieder zu seiner alten Teilstreitkraft versetzt und ging – allerdings nur für wenige Monate – als Dezernatsleiter („A 3 a") in das Luftwaffenunterstützungskommando Nord nach Münster. Sein Chef des Stabes war Brigadegeneral (später Generalmajor) Dr. Wilhelm Ortmanns (* 1920). Ende 1977 wurde Kujat zum zweiten Mal ins Ministerbüro zu Georg Leber gerufen. Als dieser überraschend das Amt niederlegte, wurde Kujat zu Beginn 1978 Referent im Referat Fü S III 6 (Operative Grundlagen) unter den Obersten i.G. (später Generalleutnant) Dr. Franz Uhle-Wettler (* 1927) und Ruprecht Haasler (* 1936; später Generalmajor) als Referatsleitern und bearbeitete dort operative Grundlagen der Luftstreitkräfte. 1979 wurde er zum Oberstleutnant befördert. 1980 wechselte Kujat als Referent für Sicherheitspolitik und Strategie zur „Gruppe 23" (Sicherheitspolitik) in das Bundeskanzleramt unter Helmut Schmidt. Fünf Jahre später, 1985, kehrte er nach langen Jahren im Stabsdienst wieder in eine Truppenverwendung seiner Teilstreitkraft zurück und wurde Kommandeur des II. Bataillons des Luftwaffenausbildungsregiments 1 in Appen bei Hamburg. 1988 besuchte er einen Lehrgang des NATO-Defence College in Rom. Im Herbst wurde Kujat zum Oberst befördert und als Dezernatsleiter beim „Deutschen Militärischen Vertreter" (DMV) – unter Generalleutnant Hans-Peter Tandecki – nach Brüssel versetzt, wo er für NATO-Streitkräfteplanung und Luftwaffenfragen zuständig war. 1990 kehrte er nach Bonn als Referatsleiter für Rüstungskontrolle im Führungsstab der Streitkräfte zurück. Zwei Jahre später, 1992, wechselte er zum zweiten Mal in den Stab des DMV nach Brüssel, erhielt den ersten goldenen Stern und wurde Chef des Stabes und Stellvertreter des Deutschen Militärischen Vertreters, Generalleutnant Jörn Söder. Im April 1995 übernahm Kujat – unter Beförderung zum Generalmajor – unter Minister Rühe und Generalinspekteur Naumann die Leitung der Stabsabteilung III (Militärpolitik) im Führungsstab der Streitkräfte.

Bereits ein Jahr später, 1996, erhielt Kujat erneut eine internationale Verwendung und wurde zunächst Director des „IFOR Coordination Centre" (ICC) im NATO-Hauptquartier SHAPE in Mons, bevor er als „Deputy Director Plans and Policy" zum stellvertretenden Direktor des Internationalen Militärstabes (IMS) in Brüssel avancierte. Nach dem Regierungswechsel 1998 wurde Kujat zum Leiter des Planungsstabes im Verteidigungsministerium berufen und erhielt den dritten goldenen Stern. Seither galt er als rechte Hand von Minister Scharping und wurde als „his masters voice" oder in Anlehnung an die Farbe seiner Luftwaffenuniform auch als

„blaue Eminenz" bezeichnet – Kujat der kühl kalkulierende Technokrat mit eindeutigem Schwerpunkt auf Militärpolitik.

Am 1. Juli 2000 folgte er – als zweiter Luftwaffenoffizier nach Wust – General von Kirchbach als Generalinspekteur nach und wurde zum Vier-Sterne-General befördert, der fünfte in der Geschichte der Luftwaffe. Unmittelbar nach Amtsantritt kam es darauf an, den erneuten Umbau und das Abspecken der Bundeswehr in Angriff zu nehmen. Seit November 1998 hatte er bereits als Leiter des Planungsstabes die entscheidenden Vorarbeiten dazu geleistet. Am 13. November 2000 hielt Zigarrenraucher Kujat, zuweilen als westpreußisch dickköpfig – auch seine Vorgänger Foertsch und Altenburg waren Westpreußen – charakterisiert, seine Antrittsrede bei der 38. Kommandeur-Tagung der Bundeswehr in Leipzig. Zwar ließ er keinen Zweifel an seiner Loyalität gegenüber dem Minister aufkommen, stellte aber klar, dass die Bundeswehrreform nur greifen könne, wenn auch die dafür erforderlichen Mittel bereitgestellt würden, und dies sei nicht sichergestellt. Es waren melancholische Moll-Töne, die Kujat vorspielte: die Truppe trage schwer an der Last der diversen Einsätze im Ausland und im Inneren bestünde die Bundeswehr aus einem Sortiment halbfertiger Baustellen, deren Fertigstellung durch chronischen Geldmangel gefährdet sei. Doch wer – muss man fragen – hatte im Wissen um die klamme Haushaltslage die „Bauaufträge" gegeben? Gab es militärischen Widerspruch, als die Konturen im Planungsstab reiften? Oder wurde hier willfährig politischer Wille gegen besseres Wissen umgesetzt? Offenbar fühlte sich auch Scharping kritisiert, denn er ließ sich – trotz des Vertrauens, das er Kujat grundsätzlich entgegenbrachte – den Mitschnitt der Diskussion zwischen Generalinspekteur und seinen Kommandeuren vorspielen; Kontrolle ist eben besser. Die Harmonie zwischen politischer und militärischer Führung brachte erste Dissonanzen hervor. Die Perspektive des Generalinspekteurs ist – weil mit Verantwortung verbunden – eben anders als die des Leiters des Planungsstabes.

Am 2. Januar 2001 begannen 244 Frauen der Laufbahngruppe der Mannschaften und Unteroffiziere des Truppendienstes unter großer Anteilnahme der Medien ihre militärische Grundausbildung; die Weichen dazu waren noch unter Kujats Vorgänger Kirchbach gestellt worden. In Kujats Amtszeit ereigneten sich die Terroranschläge des 11. Septembers 2001. Am 16. November 2001 stimmte der Bundestag dem Antrag zu, bis zu 3.900 Soldaten der Bundeswehr für den Kampf gegen den internationalen Terrorismus bereitzustellen, die zu einem großen Teil im Rahmen der Operation „Enduring Freedom" abliefen.

Am 1. Januar 2002 trat das „Bundeswehrneuausrichtungsgesetz" in Kraft – eine Wortschöpfung, die wehtut. Sein Ziel war es, die Streitkräfte auf die neuen sicherheitspolitischen Anforderungen zu optimieren, um damit die politische Handlungsfähigkeit zu gewährleisten. Scharping begann die Kompetenzen des Generalinspekteurs erheblich zu erweitern. Der vormalige „Militärische Führungsrat," in dem der Generalinspekteur von jeher den Vorsitz führte, wurde in „Einsatzrat" umbenannt. Doch mit der Umbenennung wurde aus dem bislang – zumindest aus militärpolitischer Sicht – eher unbedeutenden Diskutierclub auf hoher Ebene ein einflussreiches Instrument, das den Verteidigungsminister „bei Planung und Führung von Einsätzen der Bundeswehr" unterstützt. Auch im – ebenfalls neu geschaffenen – „Rüstungsrat" wurde dem Generalinspekteur der Vorsitz übertragen.

Am 18. Juli 2002 war Scharping von Bundeskanzler Schröder entlassen worden, und Struck hatte das Steuer übernommen. Nach nur zwei Jahren verließ auch Kujat im Jahre 2002 überraschend schnell den Rhein und zog erneut nach Brüssel. Das von ihm maßgeblich gestaltete Konzept der künftigen Wehrstruktur lag damit nicht länger in seiner Verantwortung. Kujats Amtszeit als Generalinspekteur zählt zu den kurzen – wie die von Trettner, Wust und von Kirchbach. Der Wechsel Kujats an die militärische Spitze der NATO ist auch deshalb erstaunlich, weil dieser Posten nach nur drei Jahren – so schnell wie nie zuvor – wieder einem deutschen Offizier übertragen wurde. Nach Heusinger kam erst sieben Jahre später mit Steinhoff wieder ein Deutscher auf den militärischen NATO-Chefsessel. Und zwischen Steinhoff und Altenburg lagen sogar zwölf, sowie zwischen Altenburg und Naumann sieben Jahre. Kujat hingegen wechselte bereits drei Jahre nach Naumann. Als Kujat die letzte Verwendung seiner fulminanten Karriere an der militärischen Spitze der NATO antrat, folgte abermals der Leiter des ministeriellen Planungsstabes nach, Heeresgeneral Schneiderhan.

Wolfgang **Schneiderhan** wurde am 26. Juli 1946 im oberschwäbischen Riedlingen geboren. In der Familie waren Militär und Kunst gleichermaßen verankert. Vater Karl Schneiderhan hatte seine soldatische Laufbahn als Unteroffizier noch in der Reichswehr begonnen. Im Zweiten Weltkrieg wurde er aufgrund besonderer Leistung und Bewährung in die Offizierlaufbahn übernommen (sog. Tapferkeitsoffizier) und geriet bei Kriegsende als Hauptmann im thüringischen Rudolfstadt in Gefangenschaft. Die künstlerische Seite der Familie wird durch die österreichische Linie und Namensvetter Wolfgang Schneiderhan (1915-2002), den berühmten Geiger und vormaligen Konzertmeister der Wiener Philharmoniker, repräsentiert.

Schneiderhan war nach dem Abitur im Jahre 1966 – heimatnah – auf der Schwäbischen Alb in die Ausbildungskompanie 1/10 in Dornstadt eingetreten. 1968 zum Leutnant befördert, diente er als Zugführer in den Panzerbataillonen 303 und 284 in Dornstadt. Das Panzerbataillon 303 wurde von Oberstleutnant Hans-Joachim Mack geführt, der später zum Vier-Sterne-General aufstieg. Im Jahre 1971 bildete das Panzerbataillon 284 den Kader für das neu zu schaffende Panzerregiment 200 und wurde in Panzerbataillon 210 umbenannt. Kommandeur des Panzerregiments 200 war Oberst Franz-Joachim Freiherr von Rodde. Neun Jahre später sollte von Rodde, mittlerweile Generalmajor und Kommandeur der 3. Panzerdivision in Buxtehude, erneut ein künftiger Generalinspekteur direkt unterstehen: Hartmut Bagger, sein Chef des Stabes.

1972 wurde Schneiderhan als Jugendoffizier zum Stab der 10. Panzerdivision nach Sigmaringen versetzt. Nahezu zeitgleich war in Bruchsal bei der 1. Luftlandedivision Hauptmann Hans-Heinrich Dieter Jugendoffizier geworden, der zweiunddreißig Jahre später, im Januar 2004, sein Stellvertreter als Generalinspekteur werden sollte. Nach zwei Jahren, 1974, übernahm Hauptmann Schneiderhan als Chef die 4. Kompanie des Panzerbataillons 293 in Stetten am kalten Markt und führte diese bis zum Frühjahr 1977. Dann absolvierte er von 1977 bis 1979 den 20. Generalstabslehrgang in Hamburg; der spätere Inspekteur des Heeres, Gert Gudera, war einer seiner Lehrgangskameraden. Seine Jahresarbeit hatte ein politisches Thema: „Die Rolle von Bürgerinitiativen im parlamentarischen Parteienstaat." Als Generalinspekteur Brandt den Lehrgang am 28. Juni 1979 verabschiedete, saß Schneiderhan als einer seiner Nachfolger – damals aber noch Major – im Auditorium. Anschließend wurde er ins Ministerium versetzt und arbeitete als Referent in der Stabsabteilung Fü S II 4 (Militärisches Nachrichtenwesen-Wehrlage West), die zunächst von Flottillenadmiral (später Konteradmiral) Rudolf Arendt (* 1923) und danach von Brigadegeneral Joachim Graf von Schweinitz (* 1930) geleitet wurde. Der Drang zurück in die schwäbische Heimat war offenbar stark. Von 1981 bis 1983 diente Oberstleutnant i.G. Schneiderhan als G 3-Stabsoffizier (Ausbildung, Führung und Organisation) der Heimatschutzbrigade 55 in Böblingen, zuletzt unter Oberst (später Generalmajor) Berthold Graf von Stauffenberg (* 1934) als Kommandeur. Dann folgte – von 1983 bis 1986 – die erste Auslandsverwendung als G 3-Stabsoffizier im Hauptquartier der Alliierten Streitkräfte Mitteleuropa im niederländischen Brunssum. Am 1. Oktober 1986 ging es abermals zurück auf die Alb: Schneiderhan wurde Kommandeur des Panzerbataillons 553 in Stetten am kalten Markt und führte es bis Ende September 1988. Dieses Bataillon unterstand der Heimatschutzbrigade 55 in Böblingen unter Oberst (später Generalmajor) Hans-Konrad Bromeis (* 1937), die 1989 den Nukleus der neuen Deutsch-Französischen Brigade bildete. Schneiderhan blieb zunächst in süddeutschen Gefilden und wurde im Jahre 1988 Chef des Stabes der 4. Panzer-grenadierdivision in Regensburg und zum Oberst befördert; sein Divisionskommandeur war Generalmajor Kurt Barthel (* 1932). Im Jahre 1990 folgte die zweite Auslandsverwendung als Stabsoffizier für Rüstungskontrolle im NATO-Hauptquartier in Brüssel. 1992 übernahm er für zwei Jahre als Fachbereichsleiter Führungslehre Heer an der Akademie in Blankenese die Verantwortung für die Generalstabsausbildung der Heeresoffiziere. Kommandeur der Akademie war zu dieser Zeit zunächst Generalmajor Dr. Klaus Reinhardt und danach Generalmajor Dr. Hartmut Olboeter (* 1940). Auf die Theorie folgte 1994 wiederum die Praxis: Schneiderhan wurde Kommandeur der Panzergrenadierbrigade 39 „Thüringen." Die Brigade war zunächst der 13. Division in Leipzig unter den Generalmajoren Ekkehard Richter (* 1937) und Michael von Scotti (* 1941) und später der 5. Panzerdivision in Diez unter Generalmajor Klaus Frühhaber (* 1939) unterstellt. Während dieser drei Jahre in Erfurt erhielt Schneiderhan im Oktober 1996 den ersten goldenen Stern. Als er Thüringen im Jahre 1997 verließ, war es zugleich seine letzte Führungsverwendung in der Truppe. Schneiderhan ging zum zweiten Mal ins Ministerium, und danach sollte er die Schaltstelle der militärischen Macht nicht mehr verlassen.

Zunächst übernahm er am 1. September 1997 die Leitung der Stabsabteilung Fü S VI (Planung) im Führungsstab der Streitkräfte unter Generalinspekteur Bagger. Nach nur eineinhalb Jahren rückte er dann im April 1999 als Stabsabteilungsleiter Fü S III (Militärpolitik) unter Minister Scharping in das Zentrum der Macht und erhielt gleichzeitig den zweiten goldenen Stern. Auf diesem Posten – mittlerweile war General von Kirchbach Generalinspekteur geworden – blieb Schneiderhan noch kürzer: nur 15 Monate. Offenbar war Minister Scharping von den Leistungen Schneiderhans überzeugt, denn er berief ihn im Juli 2000 als Nachfolger von Generalleutnant Kujat, der Generalinspekteur wurde, zum Leiter des Planungsstabes. Damit war die Beförderung zum Drei-Sterne-General verbunden. Zwei Jahre später folgte Generalleutnant Schneiderhan dem Luftwaffengeneral Kujat ein zweites Mal: als dieser zum Vorsitzenden des NATO-Militärausschusses berufen wurde, rückte Schneiderhan auf dessen Stuhl nach und trat am 1. Juli 2002 unter Minister Struck als Vier-Sterne-General an die militärische Spitze der Bundeswehr. Innerhalb von drei Jahren war Schneiderhan damit vom Brigadegeneral zum Vier-Sterne-General aufgestiegen. Struck machte ihn zum bisher mächtigsten Generalinspekteur der Bundeswehr. Erstmals in der Geschichte der Bundeswehr wurde einem Generalinspekteur Truppe unterstellt. Als Leiter des „Einsatzrates" wurde ihm zugleich die Führung aller Einsätze der Streitkräfte übertragen, für die er gegenüber dem Minister verantwortlich zeichnet; bisher war es der Befehlshaber des Einsatzführungs-Kommandos in Potsdam, ein Drei-Sterne-General. Elf Monate später, am Morgen des 7. Juni 2003, ereignete sich in Kabul der bisher schwerste Angriff auf deutsche Soldaten während eines Auslandseinsatzes. Ein Selbstmordattentäter sprengte sich neben einem deutschen Militärbus der Schutztruppe ISAF in die Luft: 4 Soldaten waren auf der Stelle tot und weitere 29 wurden schwer verletzt.

In mehrerlei Hinsicht gibt es Ähnlichkeiten zwischen den drei schwäbischen Generalen Speidel, Schmückle und Schneiderhan. Gemeinsam ist allen dreien der scharfe Intellekt, eine feine Ironie, eine integre Haltung, umfassende Bildung verknüpft mit einer kunstsinnigen Ader und eine gewisse „unpreußische," süddeutsche, wohlwollende Gelassenheit im Auftreten. Auch Schneiderhan hat den militärischen Gipfel der Bundeswehr erreicht, ohne eine Division oder ein Korps geführt zu haben. Doch anders als z. B. Speidel und Schmückle bevorzugt der Jüngste das loyale Agieren aus dem Hintergrund und die Bescheidenheit im Auftreten, gepaart mit Herzenswärme.

Die neue, teilstreitkraftübergreifende Struktur der Bundeswehr – als Konsequenz aus dem veränderten Auftrag und den internationalen Kriseneinsätzen – führte zu einer Beschneidung der Teilstreitkräfte, vor allem bei Schneiderhans eigener Teilstreitkraft, dem Heer. Es war ausgerechnet sein Jahrgangskamerad Gert Gudera, der Inspekteur des Heeres, der daraufhin um Versetzung in den Ruhestand bat. Auch der Auftrag der Streitkräfte erhielt eine neue Gewichtung gegenüber der früheren Prioritätensetzung unter Rühe und Naumann. Der Schutz Deutschlands und seiner Bürger, der Anfang der neunziger Jahre an erster Stelle stand, rutschte auf Platz drei.

Betrachtet man den Werdegang aller 14 Generalinspekteure, so ist festzustellen, dass diese ihre Erfahrungen schwerpunktmäßig auf dem Gebiet der nationalen und internationalen Militärpolitik erworben haben. Heusinger, Foertsch und Trettner, haben die Bundeswehr aus dem Nichts, aber mit einem beträchtlichen finanziellen Polster aufgebaut. Dabei waren neben den organisatorischen Engpässen zum Teil große innenpolitische Hürden und psychologische Ressentiments zu überwinden. Die folgenden Amtsinhaber, von de Maizière über Zimmermann, Wust, Brandt bis Altenburg hatten die Konsolidierungsphase während des Kalten Krieges zu gestalten. Auch sie sahen sich teilweise erheblichem Widerstand im Inneren – den Protestwellen gegen den Vietnamkrieg, gegen die Notstandsgesetze und den NATO-Nachrüstungsbeschluss – konfrontiert. Doch dann verschwand der Eiserne Vorhang, der Europa vier Jahrzehnte lang geteilt hatte. Am 1. Juli 1991 löste sich das östliche Militärbündnis, der Warschauer Pakt, auf und wenige Monate später, am 21. Dezember, hörte auch die Sowjetunion auf zu existieren. Die Nachfolger, von Wellershoff über Naumann, Bagger, Kirchbach, Kujat bis Schneiderhan hatten in diesem völlig veränderten sicherheitspolitischen Umfeld eine zweifache Aufgabe zu bewältigen, die beide völliges militärisches Neuland waren. Es war erstens die Realisierung der „Armee der Einheit," verbunden mit einer beträchtlichen Verringerung der Stärke der Bundeswehr von 580.000 Mann im Jahre 1990 auf die heutigen ca. 257.000 Soldaten (Februar 2005). Zweitens wurden die Streitkräfte – bei anhaltender Kürzung der Haushaltsmittel – grundlegend reformiert und in immer größer werdendem Umfang und kürzeren Zeitabständen im Rahmen von internationalen Friedensoperationen weltweit eingesetzt, eine Herkulesarbeit, vergleichbar mit den Aufbaujahren, wenn nicht sogar, weil präzedenzlos, schwieriger.

2.3 NATO-Gipfel

Spiegelbildlich zur politischen Organisation der NATO mit dem Internationalen Sekretariat unter Leitung des NATO-Generalsekretärs als höchstem zivilen Repräsentanten und der dauerhaften Vertretung der Mitgliedsstaaten durch die bei der NATO akkreditierten Botschafter ist auch die militärische Seite der Allianz strukturiert. Der Vorsitzende des NATO-Militärausschusses (Chairman Military Committee/MC) – als Pendant zum NATO-Generalsekretär – ist der ranghöchste Soldat des Bündnisses. Seine Amtszeit beträgt zwei Jahre, kann aber um ein Jahr verlängert werden. Er sollte selbst einmal Generalstabschef seines Landes gewesen sein. Der Posten „rotiert" nach dem englischen Alphabet unter den NATO-Staaten. Allerdings sind die USA an dieser Personalrotation nicht beteiligt, um das ohnehin vorhandene amerikanische personelle Übergewicht in der Allianz nicht noch zu verstärken. Er ist der militärpolitische Berater des NATO-Generalsekretärs, Sprecher des Militärausschusses, leitet dessen Sitzungen und führt die laufenden Geschäfte mit Unterstützung durch den Internationalen Militärstab (IMS).

Der NATO-Militärausschuss trat am 6. Oktober 1949 zum ersten Mal zu einer Sitzung zusammen. Den Vorsitz führte damals der amerikanische Fünf-Sterne-General Omar Nelson Bradley (1893-1981). Zur Unterstützung des Militärausschusses bei der Wahrnehmung der Aufgaben wurde in Washington die „Ständige Gruppe" (Standing Group) geschaffen. Diese fungierte als eine ständig zur Verfügung stehende Arbeitseinheit des Militärausschusses, die dabei vom „International Planning Staff" (IPS;

später IMS) unterstützt wurde. Mit dem Rückzug Frankreichs aus dem militärischen Teil des Nordatlantikrates im Jahre 1966 wurde die „Ständige Gruppe" aufgelöst und ihre Aufgaben auf den Militärausschuss übertragen. Ein Jahr später, 1967, wurde das MC von Washington nach Brüssel verlegt, und im selben Jahr wurde ihm der „Internationale Militärstab" (IMS) mit einem Drei-Sterne-General als Direktor IMS als Arbeitsinstrument zur Seite gestellt. Der Militärausschuss besteht aus den Generalstabschefs der NATO-Mitgliedstaaten und einem Repräsentanten Islands im entsprechenden Rang. Die NATO-Oberbefehlshaber der beiden „Strategischen Kommandobereiche" (SC- strategic commands = SACEUR und SACLANT) nehmen an den Sitzungen ebenfalls teil. Mindestens zweimal im Jahr kommen die Generalstabschefs aller Mitgliedsstaaten des Bündnisses zu Sitzungen zusammen; auf deutscher Seite ist der Generalinspekteur der deutsche Vertreter in diesem Gremium. Auch diese „militärische Vollversammlungen" werden vom Vorsitzenden des MC geleitet. Helmut Schmidt beschreibt die enge Zusammengehörigkeit zwischen den Verteidigungsministern und den Generalstabschefs in der NATO:

„Die Verteidigungsminister bildeten einen angenehmen Männerclub, ... Die nationalen Generalstabschefs (bei uns der Generalinspekteur...) wie auch die nationalen Vertreter im Military Committee, dem höchsten militärischen Organ, gehörten ebenso zu diesem Club wie der Oberkommandierende der NATO-Streitkräfte in Europa, ... Dabei beobachtete ich, daß in den westlichen Demokratien, ... , die Unterordnung des obersten Soldaten unter die politische Direktionsgewalt des Ministers selbstverständlich war, auch wenn letzterer in den meisten Fällen keineswegs ... Oberbefehlshaber war." [336]

Der Ausschuss ist der wichtigste und höchste militärische Ratgeber des NAC (Nordatlantikrates) und hat die Aufgabe, die politischen Vorgaben des NATO-Rates in strategische Weisungen an die nachgeordneten militärischen NATO-Kommandobehörden umzusetzen. Die permanente Vertretung der Mitgliedsstaaten im Ausschuss in der Zeit zwischen den Sitzungen der Generalstabschefs wird durch die sog. „Ständigen Militärischen Vertreter im MC," zumeist Drei-Sterne-Generale oder -Admirale gewährleistet. Sie erhalten ihre Weisungen durch ihre Ministerien in enger Abstimmung mit der NATO-Botschaft ihres Landes in Brüssel.

General Schmückle beschreibt den Ausschuss eher sarkastisch:

„Der Militärausschuss bestand aus hochkarätigen Generalen und Admiralen, die in ihm ihre Nationen vertraten. Manche waren hochbegabt und menschlich angenehm, anderen fehlte der gewohnte Kampf ums Weiterkom-

---

336 Schmidt, Helmut Die Deutschen und ihre Nachbarn S. 131

men, den sie daheim eingeübt hatten. Daher war diese Gruppe frustriert. Da-
heim waren sie Lufthelden, Kolonialherren, Kommandanten von Flugzeug-
trägern gewesen. Jetzt züchtete der amerikanische militärische Repräsentant
– noch vor kurzem mächtiger Admiral im Pentagon – Brieftauben." [337]
Er verfügt über keine „militärische Macht," d. h. ihm sind weder im
Frieden, noch in Krise oder Krieg Truppen unterstellt, aber er besitzt
beträchtlichen Einfluss. General a.D. Naumann führte dazu beim „Senate
Armed Services Committee Hearing" über den „Kosovo After-Action
Review" am 3. November 1999 aus:
„The MC is the source of ultimate military advice for the NAC (= NATO
Council/ NATO-Rat) and it has to translate the Counsel's guidance into stra-
tegic directives for the two SCs." (= Strategic Commander i.e. SACEUR und
SACLANT)".
Seit Bestehen der NATO haben fünf deutsche Generale des Heeres und
der Luftwaffe diesen Dienstposten bekleidet: Heusinger, Steinhoff, Alten-
burg, Naumann und Kujat. Die Marine, als kleinste Teilstreitkraft, war bis-
lang nicht beteiligt. Abgesehen von Steinhoff – er war vorher „nur" In-
spekteur der Luftwaffe – saßen die anderen zuvor auf dem Stuhl des
Generalinspekteurs. Mit dem Wechsel nach Brüssel nahmen sie – mit
Ausnahme von Steinhoff – gleichzeitig die zweite Verwendung auf der
Vier-Sterne-Ebene wahr.

Im Jahre 1961 wurde der vormalige erste Generalinspekteur der Bundeswehr, General Adolf **Heusinger**, als erster Deutscher Vorsitzender dieses Gremiums und nahm dieses hohe Amt bis 1964 wahr. Nahezu zeitgleich mit Heusinger war der Niederländer Dirk U. Stikker (1887-1979)
der dritte Generalsekretär der NATO nach Lord H. L. Ismay (1887-1965)
und Paul-Henri Spaak (1899-1972). Als Heusinger – mit fast siebenundsechzig Jahren – im Dezember 1963 auf der NATO-Tagung im Beisein aller
Außen- und Verteidigungsminister, zum letzten Mal in dieser Funktion
den versammelten Generalstabschefs und den NATO-Botschaftern vortrug, erwiesen diese ihm, dem ehemaligen langjährigen Operationschef
der Wehrmacht im Zweiten Weltkrieg, anschließend „ihre Reverenz durch
stehende Ovationen," [338] sicherlich nicht nur eine Höflichkeitsgeste, sondern auch eine der Aussöhnung. Soldaten können offenbar schneller als
andere die in einem Krieg geschlagenen Wunden vergeben.

Der Luftwaffengeneral Johannes **Steinhoff** übernahm im Jahre 1971
das Amt als zweiter ehemaliger Wehrmachtsoffizier. Der Thüringer Steinhoff – am 15. September 1913 geboren und ohne militärische Familientradition – hatte im Jahre 1932 sein Abitur am traditionsreichen Internat

2. Die militärische Spitze der Bundeswehr

in Rossleben in Thüringen abgelegt, einer Schule, die vor ihm neben Peter Graf Yorck von Wartenburg auch der spätere Vier-Sterne-General der Bundeswehr Graf von Kielmansegg besucht hatten. Nach dem Abbruch seines Philologiestudiums an der Universität Jena trat Steinhoff im Jahre 1934 als Offiziersanwärter in die Kriegsmarine ein. Doch der Flugbegeisterte ließ sich zwei Jahre später zur Luftwaffe versetzen und zum Jagdflieger ausbilden. Bei Beginn des Polenfeldzuges wurde er Oberleutnant und Staffelkapitän im Jagdgeschwader 26 „Schlageter." Sein Kommodore war der Pour-le-mérite-Träger Oberst (später Generalleutnant) Eduard Ritter von Schleich (1888-1947). Im Februar 1940 übernahm Steinhoff die 4. Staffel des Jagdgeschwaders 52. Während des Frankreichfeldzuges war er bei der Luftschlacht um England im Einsatz. In seiner Staffel dienten u. a. Oberfähnrich (später Hauptmann) Hans-Joachim Marseille (1919-1942), der spätere Brillantenträger und Walter Krupinski, der in der Bundeswehr bis zum Generalleutnant aufstieg.

Mit Beginn des Russlandfeldzuges flog Steinhoff im Südabschnitt der Ostfront und über der Krim. Anfang 1942 wurde er Hauptmann und übernahm die II. Gruppe des Jagdgeschwaders 52. Im August 1942 erzielte er seinen 100. Luftsieg und wurde dafür mit dem Eichenlaub zum Ritterkreuz ausgezeichnet. Im Winter 1942/43 kämpfte sein Geschwader an der Stalingrad-Front. Im Mai 1943 wurde er zum Major befördert und übernahm das Jagdgeschwader 77 „Herz-As" als Kommodore. Das Geschwader flog in den folgenden Monaten in Nordafrika und im Mittelmeerraum. Bei der gewaltigen alliierten Übermacht war der Auftrag, die Bomberangriffe auf Süditalien zu verhindern, nicht zu erfüllen. Dennoch forderte Göring, dass „von jeder der beteiligten Jagdgruppen ... ein Flugzeugführer wegen Feigheit vor dem Feinde vor ein Kriegsgericht zu stellen" sei. [339] Mit geballten Fäusten und zusammengebissenen Zähnen flog Steinhoff mit seinen Männern weiter. Verbittert ob dieser ungerechtfertigten Kritik schreibt er:

„Was war ein Bataillon oder eine Jagdstaffel? Kein Mensch fragte nach dem wirklichen Kampfwert dieser Größen. ... Kein Mensch fragte nach dem Zustand des Infanteriebataillons, dessen Gefechtsstand auf der Karte mit einem dreieckigen Fähnchen markiert war. Wer wußte, ob es nicht ein verlorener Haufen von ... hundert Soldaten war, von denen die Hälfte mehr oder weniger verwundet, erschöpft, verzweifelt oder halb verrückt war? Wirklich niemand? Denn alle diese Generale und Generalstäbler – oder doch wenigstens der größere Teil von ihnen – waren einmal Frontsoldaten gewesen, sie

337 Schmückle, Gerd Ohne Pauken und Trompeten S. 332
338 Range, Clemens Die Generale und Admirale der Bundeswehr S. 26
339 Steinhoff, Johannes Die Straße von Messina S. 47

*mußten das alles doch wissen und als unauslöschliches Erlebnis in sich ein-
gegraben haben."* [340]

Die Kluft zwischen Truppe und den hohen Stäben war groß geworden.
Im Juli 1944 erhielt Oberstleutnant Steinhoff für 168 Abschüsse die
Schwerter zum Ritterkreuz mit Eichenlaub verliehen. Im Oktober gab
Steinhoff das Kommando ab, wurde zum Oberst befördert und schulte
danach auf das neue Düsenflugzeug, die „Messerschmidt Me-262" um.
Im Dezember übernahm er in seiner zweiten Verwendung als Kommodore das Düsenjagdgeschwader 7. Im Januar 1945 wurde der General
der Jagdflieger Adolf Galland abgesetzt. Steinhoff war einer derjenigen,
die sich an der sog. „Meuterei der Jagdflieger" gegen Hermann Göring
beteiligten und die Rückkehr Gallands, sowie eine Verbesserung der
Ausbildung und Ausrüstung der jungen Jagdflieger forderten. Auch der
spätere Generalleutnant der Bundeswehr Hans Trautloft (1912-1995)
gehörte zu dieser Gruppe. Steinhoff wurde als Kommodore des Jagdgeschwaders 7 abgelöst und in den Sonder-Jagdverband 44 versetzt, der
von Galland geführt wurde. Am Ende des Krieges konnte Steinhoff auf
888 Jagd- und 105 Jagdbombereinsätze, sowie 176 Luftsiege und zwölf
Notlandungen im Einsatz zurückblicken. Am 18. April 1945 startete
Oberst Steinhoff mit Galland und Krupinski zum Einsatz gegen einen
amerikanischen Bomberpulk. Während des Startvorgangs, kurz vor dem
Abheben brach das Fahrwerk von Steinhoffs Me-262. Die Maschine zerschellte am Boden. Steinhoff überlebte trotz zahlreicher Verletzungen und
blieb gezeichnet durch schwerste Verbrennungen. Der Genesungsprozess
zog sich über Jahre hin. Danach arbeitete Steinhoff einige Zeit in der
freien Wirtschaft.

Bereits 1952 trat Steinhoff in das „Amt Blank" ein, wo er den Aufbau der
neuen Luftwaffe mit konzipierte. Die Begeisterung für das Fliegens und
sein überzeugtes Soldatentum waren durch das persönliche Schicksal nicht
gemindert worden. 1955 trat Steinhoff als Oberst in die Bundeswehr ein
und arbeitete zunächst im Führungsstab der Luftwaffe. 1958 wurde er
Brigadegeneral. Zwei Jahre später erhielt er den zweiten goldenen Stern und
ging im Jahre 1960 mit 47 Jahren als „Deutscher Militärischer Vertreter"
zum Militärausschuss der NATO, der damals noch in Washington beheima-
tet war. In dieser Zeit war General Adolf Heusinger Vorsitzender dieses
höchsten militärischen Gremiums der Allianz, das Steinhoff elf Jahre später selbst übernehmen sollte. Man hatte Steinhoff – so mutmaßt
Schmückle – zur NATO geschickt, „um ihn vom Posten des Inspekteurs der
Luftwaffe fernzuhalten." [341]

*„Er war zum Typ des internationalen Generals geworden. Er war kein
Generalstäbler. Doch er hatte bewiesen daß er – ... – große Stäbe führen*

konnte. Er war auch kein Troupier im Wortsinne, dennoch hatte er ... gezeigt, daß er zur Spitzenklasse deutscher Jagdflieger gehörte. Mutig und intelligent, war er einer der wenigen Offiziere, die in der Truppe wie in Stäben, im Inland wie im Ausland als Naturtalente überzeugen. "[342]

Die Bewertung Schmückles ist nicht ganz stichhaltig. Der Posten des Inspekteurs der Luftwaffe wurde 1962 frei, als Kammhuber aus dem aktiven Dienst ausschied. Sicherlich hätte man Steinhoff bereits nach nur zwei Jahren aus den USA zurückrufen können. Mit damals 49 Jahren war er – nach heutigen Maßstäben – durchaus in dem Alter, um die Führung der Luftwaffe zu übernehmen. Allerdings war das „Vorbeiziehen" an Dienstälteren, das nur wenige Jahre später z. B. bei de Maizière und Naumann kein Problem mehr darstellte, damals noch die Ausnahme. Das schwerwiegendste Argument gegen ihn war aber vermutlich, dass er zu diesem Zeitpunkt noch keine Division geführt hatte. Zwar hatte Generalleutnant Harlinghausen (1902-1986) als potentieller Nachfolger Kammhubers bereits 1961 „das Handtuch geworfen" und sich vorzeitig pensionieren lassen, doch andere dienst- und lebensältere Kameraden wie Panitzki oder Trautloft standen bereit, um die Nachfolge Kammhubers anzutreten.

Sicher war aber auch, dass Steinhoff vor allem in den Stäben einflussreiche Feinde hatte. Steinhoffs Sorge um und seine Verantwortung für die ihm anvertrauten Flieger hatten sich selbst zu einer Zeit, als Widerspruch lebensgefährlich war, von Göring nicht einschüchtern lassen. Und so schwieg er noch viel weniger in der Luftwaffe, wo immer er als Mann der Praxis Mißstände entdeckte. Er war ein Mann klarer Worte, nicht erst als General. Sein Generalskamerad Kießling war Steinhoff im Herbst 1965 als junger Major erstmals bei einer NATO-Übung in Luxemburg begegnet:

„Kaum einer ist mit truppenfremden Generalstabsoffizieren so hart ins Gericht gegangen wie Johannes Steinhoff. ... So war ich schon befangen, als Steinhoff völlig überraschend auf unserem Gefechtsstand erschien und sich von mir, ..., über die Lage orientieren ließ. Zu seiner Art gehörte es, immer auch ein, wenn auch nur kurzes, persönliches Gespräch anzuschließen. ...

---

340 Ebenda S. 51 f.
341 Schmückle, Gerd Ohne Pauken und Trompeten S. 292
342 Ebenda
343 Kießling, Günter Versäumter Widerspruch S. 222. In seinem Buch >Die Straße von Messina< S. 52 schreibt Steinhoff:: „War ich gegen die Führung und die Generalstabsoffiziere allergisch? Das war sicher ungerecht, und schließlich mußte die Stabsarbeit gemacht werden, während wir den Hintern in die Luft hängten. Aber schon diese – natürlich ordinäre – Ausdrucksweise war hier nicht mehr üblich, obwohl sie beinahe alle einmal von der Front gekommen waren. Soldaten wägen ihre Worte nicht nach ästhetischen Maßstäben. Ich konnte es nicht ertragen, wenn sie sich geziert wie Gecken und blasiert wie Snobs gaben."

*Mir wurde sofort klar: Der versteht etwas von dem Problem der Menschen-
führung.*"[343]

1963 kehrte Steinhoff nach Deutschland zurück, übernahm die 4. Luftwaffendivision in Aurich und damit zugleich die Verantwortung für die
gesamte Luftverteidigung Norddeutschlands. Zum Generalleutnant befördert, wurde Steinhoff 1964 – als erster deutscher Offizier – zum Stellvertretenden Chef des Stabes und zugleich Stellvertretenden Oberbefehlshaber
der Alliierten Luftstreitkräfte Europa-Mitte nach Fontainebleau berufen.

Als aber die „Starfighterkrise" immer größere Verluste forderte, ohne
dass Panitzki Herr der Lage wurde, zog Minister von Hassel die „Not-
bremse" und berief Steinhoff im September 1966 zum Nachfolger von
Panitzki als dritten Inspekteur der Luftwaffe. Dieser hatte sich jedoch vor
seiner Zustimmung weitreichende Vollmachten durch von Hassel geben
lassen. Steinhoff hatte mit seinem Starfighter-Krisenmanagement Erfolg.
Nach mehr als vier Jahren gab er das Kommando über die Luftwaffe Ende
Dezember 1970 an seinen Nachfolger Günther Rall (*1918) ab. Zum Vier-
Sterne-General befördert, wurde er 1971 der zweite Deutsche, der als Vor-
sitzender des NATO-Militärausschusses zum protokollarisch höchsten
Soldaten der Allianz aufstieg. Und Steinhoff war der erste, der aus der Drei-
Sterne-Ebene direkt an die militärische Spitze der NATO gelangte.

Der Niederländer Joseph Luns (1911-2002) stand in diesen Jahren als
Generalsekretär der NATO vor; fast 13 Jahre führte er das Bündnis, die bisher längste Amtszeit eines Generalsekretärs. In der Amtszeit Steinhoffs
kam es im Nahen Osten zum Yom-Kippur-Krieg. Aus dem Stand heraus
griffen ägyptische Truppen über das Wasserhindernis Suez-Kanal an und
stießen zügig auf die Sinai-Halbinsel vor. Für Steinhoff und die NATO hieß
eine der Lehren aus diesem Krieg, dass eine NATO-Verteidigung ohne zei-
traubenden Aufmarsch möglich sein muss, denn entlang der Grenze zwischen NATO und Warschauer Pakt gibt es in Mitteleuropa kein dem Suez-
Kanal vergleichbares Geländehindernis, das einen schnellen, raumgreifen-
den Angriff von Osten bremsen könnte. Doch dieses militärische Signal fiel
auf politisch unfruchtbaren Boden, denn es war die Zeit, in der die sozial-
liberale Koalition unter Kanzler Willy Brandt die Entspannungspolitik zwischen West und Ost forcierte. Steinhoffs Initiative versandete. War seine
Nominierung wegen der deutschen Ostpolitik durch die Bündnispartner
eher zögerlich aufgenommen worden, so schied er 1974 ebenso wie Heusinger vor ihm mit ungeteilter Anerkennung ob seiner integren Amtsführung. Die Bundeswehr ehrte ihn, als das Jagdbombergeschwader 73 in
Laage (Mecklenburg-Vorpommern) den Ehrennamen „Johannes-Stein-
hoff-Geschwader" erhielt, und die Kaserne in Berlin-Gatow nach ihm benannt wurde. Mit dieser Ehrung trat Steinhoff in die Tradition der großen

Fliegerhelden des Ersten Weltkrieges Boelcke, Immelmann und von Richthofen. Und er führte auch das Erbe des Brillantenträger Mölders fort, bis dessen Name geschleift wurde. Wird auch Steinhoffs Name dieses Schicksal dereinst ereilen? Zwanzig Jahre nach seinem Abschied aus dem aktiven Soldatenleben verstarb Steinhoff am 21. Februar 1994 in Bonn.

Als General **Altenburg**, der erste deutsche Offizier, der nicht im Zweiten Weltkrieg Soldat war, das Amt des Vorsitzenden des NATO-Militärausschusses im Jahre 1986 als dritter deutscher General übernahm, war der Brite Lord Peter A. Carrington K.G., (* 1919) Generalsekretär der Allianz. NATO-Oberbefehlshaber Europa (SACEUR) war bis 1987 Bernard Rogers und danach John Galvin. Michael Gorbatschow stand an der Spitze der Sowjetunion, und es mehrten sich die Anzeichen einer beginnenden Wende im Denken des Kremls. Im Dezember 1987 kam es als Folge des NATO-Doppelbeschlusses folgerichtig zum INF-Vertrag, [344] der die Zerstörung aller atomarer Mittelstreckenwaffen der beiden Supermächte vorsah. Vormalige Berührungsängste und Reisebeschränkungen wurden schnell abgebaut: zum ersten Mal diskutierte ein NATO-General, Altenburg, im sowjetischen Fernsehen mit dem Marschall der Sowjetunion, Sergej F. Akhromejew (* 1923-1991/Freitod), der von 1984 bis 1988, d. h. nahezu zeitgleich mit Altenburg als Generalinspekteur, Generalstabschef der Roten Armee und letzter Soldat im höchsten Dienstgrad des Sowjetimperiums war. Kurz nachdem Altenburg Brüssel verlassen hatte, fiel die Mauer in Berlin. Die Zeit des Ost-West-Konfliktes war vorüber, der Warschauer Pakt zerbrochen.

Zehn Jahre nach Altenburg trat im Jahre 1996 mit General **Naumann** der vierte Deutsche an die militärische Spitze der Allianz und führte sie bis 1999. NATO-Generalsekretär war der Spanier Javier Solana (* 1942). Der US-General George A. Joulwan war NATO-Oberbefehlshaber Europa und wurde 1997 von General Wesley K. Clark abgelöst. Die Jahre waren in erster Linie durch den Konflikt im zerbrechenden Jugoslawien geprägt: Naumann und Clark gingen auf Friedensmission nach Belgrad. Sie versuchten dem störrischen Präsidenten Milosevic die Folgen eines militärischen Eingreifens der NATO gegen Jugoslawien zu schildern, um diesen im Kosovo-Konflikt zum Einlenken zu bewegen – ein eindeutig politischer Auftrag trotz des militärischen Inhalts der Nachricht aus Brüssel. In der

---

344 INF = Intermediate Nuclear Forces; Raketen mit einer Reichweite zwischen 500 und
      5.500 km. Auf Seiten der USA wurden die Pershing I a und II, sowie die GLMC (Ground
      launched cruise missiles) – insgesamt 832 Systeme und auf sowjetischer Seite die SS-4,
      SS-5, SS-12, SS-20, SS-23 und die SS-CX – insgesamt 1.846 Systeme vernichtet.

Frage eines Einsatzes von Bodentruppen waren Auffassungen und Signale aus der Allianz unterschiedlich und widersprüchlich. Nicht wenige Politiker hofften auf die schnelle Wirkung einer Luftoffensive als Machtdemonstration. Militärs hingegen warnten vor dieser trügerischen Hoffnung. Naumann sah mit seinem Stab mehrere Optionen mit Landstreitkräften inklusive einer Besetzung Jugoslawiens durch eine NATO-Armee vor. Der NATO-Rat wollte von dieser Möglichkeit aber nichts wissen. Allerdings waren die Signale diffus. Im April schloss Generalsekretär Solana erstmals einen Landkrieg gegen Jugoslawien nicht mehr aus. Am 41. Tag der Luftkriegführung erklärte Naumann hingegen, der Einsatz von Bodentruppen im Kosovo habe zu keinem Zeitpunkt eine ernsthafte Option dargestellt. Jedoch fügte er als Heeresoffizier hinzu, dass „allein aus der Luft" das Geschehen am Boden nicht kontrolliert werden und deshalb die Vertreibung der albanischen Bevölkerung aus Kosovo nicht aufgehalten werden könne. Militärische Optionen lassen sich nicht immer mit politischen Vorstellungen in Einklang bringen. Naumann erlebte den festlichen, historischen NATO-Gipfel aus Anlass des 50jährigen Jubiläums der Allianz am 23. April 1999 in Washington – allerdings überschattet durch den gleichzeitig laufenden Luftkrieg der Allianz gegen Jugoslawien. Nur ein knappes Jahrzehnt nach dem Zerfall des Warschauer Paktes wurden im Rahmen der ersten Ost-Erweiterung der NATO im selben Jahr mit Polen, Tschechien und Ungarn die ersten drei Länder des vormaligen östlichen Militärbündnisses in die westliche Gemeinschaft aufgenommen. Damit stieg die Zahl der Mitgliedsstaaten von 16 auf 19. Naumann wurde von Minister Scharping am 25. Mai 1999 traditionsgemäß mit einem Großen Zapfenstreich aus dem aktiven Dienst verabschiedet.

Als General **Kujat** im Jahre 2002 sein Amt – noch unter Lord George Robertson (* 1946) und ab 2004 unter dem Niederländer Jaap de Hoop Scheffer (* 1948) als NATO-Generalsekretär – als nunmehr fünfter deutscher Offizier und zweiter Luftwaffengeneral nach Steinhoff – antrat, war die sicherheitspolitische Lage durch die Terroranschläge des 11. September 2001 in den USA nachhaltig verändert. Erstmals in ihrer Geschichte hatte die NATO den Bündnisfall verkündet. SACEUR war US-Luftwaffengeneral Joseph W. Ralston. Im August 2003 übernahm die NATO die Führung der internationalen Schutztruppe ISAF in Afghanistan. Generalleutnant Götz Gliemeroth, der Befehlshaber des Joint Headquarters Centre in Heidelberg, führte „ISAF IV" bis Februar 2004 und übergab das Kommando danach an das Joint Force Command (JFC) in Brunssum unter dem deutschen Oberbefehlshaber General Gerhard Back. Kommandeur „ISAF V" in Kabul war der kanadische Generalleutnant Rick Hillier. Durch die zweite Ost-Erweiterung der NATO wuchs die Zahl der Mitliedsstaaten im März 2004 sprunghaft von 19 auf 26: Bulgarien, Estland, Lettland, Litauen, Rumänien, Slowenien und die Slowakei wurden in das Bündnis aufgenommen. Am 17. Juni 2005 wurde Kujat mit einem Großen Zapfenstreich aus dem aktiven Dienst verabschiedet.

Aus der Brüsseler Warte verschieben sich – was allzu verständlich ist – leicht die vormals vertretenen nationalen Perspektiven. Als Kujat von dort auf die Binsenweisheit hinwies, dass Reformen nur bei Bereitstellung der notwendigen finanziellen Mittel realisiert werden könnten, räumte Struck als neuer Hausherr zwar ein, dass Kujat dies auch schon früher gesagt habe, vergaß aber nicht, ihn gleichzeitig deutlich an die alte, variierte Spielregel der römischen Kirche zu erinnern: „Miles taceat in publica," der Soldat möge sich in der Öffentlichkeit der Stimme enthalten. Die Schelte aus Berlin fiel hart aus:

„Also zu Herrn Kujat möchte ich in aller Deutlichkeit sagen, und das sage ich ihm demnächst auch persönlich: Ich finde es eigenartig, dass er von seiner neuen Position als oberster NATO-Militär Maßnahmen kritisiert, die er selbst mitgetragen und mitgestaltet hat. Das gehört sich nicht, uns aus Brüssel zu sagen, wir würden zu wenig Geld für die Bundeswehr ausgeben." [345]

Auch danach blieb Kujat in seiner internationalen Verwendung nicht vor weiterer Zensur durch die politische Heimatfront geschützt. Im Vorfeld des 3. Golfkrieges („Irak-Krieg"), als sich zum Jahreswechsel 2002/2003 immer mehr abzeichnete, dass die deutsche Regierung unter Gerhard Schröder ein militärisches Eingreifen grundsätzlich ablehnte, gab General Kujat ein Interview, in dem er erklärte, man müsse Druck auf Saddam Hussein ausüben und dürfe militärische Maßnahmen dabei nicht per se ausschließen. Dies führte erneut zu einer öffentlichen Rüge seitens seines vormaligen Ministers. Struck erklärte, Kujat wäre nach wie vor deutscher Soldat und „somit gut beraten," mit seinem Minister vor solchen Äußerungen darüber zu sprechen. Dies bedeutet, dass der Minister offenbar glaubt, seine nationale Kompetenz sei uneingeschränkt auch auf den internationalen Bereich zu übertragen – eine fragwürdige Rechtsauffassung. Mit dieser Lesart würde Kujat zum Sprachrohr Strucks – unwahrscheinlich, dass die anderen Mitgliedstaaten dieses Vereinnahmen des ranghöchsten Soldaten der NATO widerspruchslos hinnähmen. Ähnlich hatte sich allerdings auch in der Vergangenheit CDU-Verteidigungsminister Rühe geäußert, wenn ihm Stellungnahmen des NATO-Chefs Naumann, der noch profilierter als Kujat seinen militärpolitischen Spielraum auslotete, nicht ins Konzept passten. Das Soldatengesetz als globales Diszipli-

---

345 Minister Peter Struck in einem Interview mit dem „Tagesspiegel" am 4. August 2002.

nierungsinstrument – es scheint jedoch hier eher um Drohgebärden denn um seriöse Auseinandersetzung zu gehen.

Die Auswahl deutscher Offiziere für höchste NATO-Verwendungen war – selbst wenn so mancher deutsche Politiker deren Rolle bisweilen nicht richtig einzuschätzen verstand – hinsichtlich der Qualität sorgfältig und damit erfolgreich. Hinsichtlich der Quantität hochrangiger deutscher militärischer Repräsentanz für die Interessensvertretung Deutschlands hingegen waren die Soldaten und Politiker am Rhein gleichermaßen blauäugig; offenbar war es den meisten von ihnen gleichgültig, welcher deutsche Offizier in welchem Dienstgrad auf welcher Ebene in der NATO das Sagen hatte.

Der protokollarisch höchste Militär der NATO wurde deutscherseits bisher von drei Heeres- und zwei Luftwaffengeneralen wahrgenommen: ein deutscher Admiral ist bislang noch nicht auf diesen Posten berufen worden.

Seit Erreichen der früheren Friedensstärke von fast 500.000 Soldaten bis heute hat die Bundeswehr nur etwa 200 Generals- und Admiralsstellen zur Verfügung – zu wenig, wie die Generale Schmückle und Kießling meinen. Beide hatten vor allem die Sorge, dass die Bundeswehr innerhalb der NATO auf den höheren Ebenen nicht entsprechend vertreten werden kann. Schmückle handelte. Als Direktor des Internationalen Militärstabes in Brüssel ließ er 1977/ 78 die Generalssterne der höchsten NATO-Generalität zusammenzählen und nach Nationen ordnen. Das Ergebnis war wie folgt:

73 amerikanische, 66 britische und nur 24 deutsche Sterne, [346]

ein für die Bundesrepublik negatives und ernüchterndes Ergebnis. Schmückle schreibt, er habe dieses seinerzeit Minister Leber vorgetragen, der es dann – offenbar selbst erstaunt über das unausgewogene Resultat – veröffentlichte. Seltsamerweise aber erregte dies das Missfallen von Generalinspekteur Wust.

„Harald Wust .... reagierte wütend. Er behauptete, die Zeit sei für Deutschland nicht reif, um so hohe NATO-Stellen zu fordern." [347]

Eine eigenartige Reaktion des Generalinspekteurs, die auf den ersten Blick keine politische Weitsicht erkennen lässt. Vielleicht ist es auch auf seine fehlende Erfahrung in der NATO zurückzuführen. Möglicherweise scheute er sich auch nur, dies mit der politischen Leitung zu diskutieren, weil er glaubte, man werde ihm vorwerfen, ein solcher Antrag würde lediglich aus Eitelkeit der Generalität gestellt.

Kießling teilt Schmückles Befürchtungen und nennt diese „zu knapp bemessenen Generalsstellen" ein „Wesensmerkmal der Personalstruktur der Bundeswehr." Bereits als stellvertretender Leiter der Abteilung Personal von 1978/79 und auch später in NATO-Verwendungen plädierte er für eine Erhöhung. [348] Doch welch geringe Bedeutung dieser Aspekt offenbar auch auf der politischen Ebene besitzt, wird aus der Bemerkung Wörners deutlich, der – im August 1982 noch vor seiner Zeit als Minister – Kießling gegenüber sein Erstaunen geäußert hatte, er wüsste gar nicht, dass „die Bundeswehr schon so viele Generale" [349] habe.

Mit der Verringerung des Personalumfangs der Streitkräfte nach der Wiedervereinigung sank auch die Zahl der Generale und Admirale. Somit ist das Problem nach wie vor ungelöst. Auf die Möglichkeit der Einführung eines „temporary ranks," d. h. auf die zeitlich begrenzte Beförderung zu einem höheren Rang wurde bisher nur selten zurückgegriffen. Politiker, aber vor allem die Militärs selbst haben die Entwicklung verschlafen. Dabei war die sog. „Charakterisierung" ein nicht selten benutztes Instrument der preußisch-deutschen Personalführung. Darunter verstand man die Verleihung des Charakters des nächsthöheren Dienstgrades, d. h. der Offizier erhielt – sofern bestimmte Voraussetzungen vorlagen – die höhere Dienstgradbezeichnung und durfte die entsprechende Uniform mit den Rangabzeichen tragen. Auf die Dienstbezüge hingegen hatte die Charakterisierung keinerlei Einfluss – eine ideale, weil völlig kostenfreie Art, staatliche Anerkennung zuteil werden zu lassen. Aus falscher Bescheidenheit, Gleichgültigkeit oder Unwissen unterschätzte man die Besetzung der Schlüsselpositionen im Bündnis sowohl für den politischen Einfluss Deutschlands als auch für das Ansehen der Bundeswehr. Wer kennt schon die Verästelung der Personalplanung auf NATO-Ebene. Über lange Jahre hatte man sich in Bonn mit dem Vier-Sterneposten des Oberbefehlshabers der Alliierten Streitkräfte Mitteleuropa (CINCENT) zufriedengegeben, hatte nur auf den Mann an der Spitze geblickt und dabei verkannt, dass auch auf den „unteren" Etagen der Ein- und Zwei-Sterne-Ebene nationaler Einfluss geltend gemacht werden kann. Diejenigen Offiziere, die im Bündnis Spitzenfunktionen wahrnahmen, mochten sie auch manchmal aus anderen Gründen denn zum Reüssieren „ins Exil" geschickt worden sein, bewährten sich ohne Ausnahme hervorragend, wie Schmückle seinerzeit feststellte.

„Anscheinend gediehen deutsche Talente im Ausland besser. Im selben Zeitraum beeindruckten dort die Generale Speidel, Kielmansegg, Steinhoff, Schnell und Schulze. Sie alle glänzten in höchsten NATO-Positionen." [350]

---

346 Schmückle, Gerd Ohne Pauken und Trompeten S. 341
347 Ebenda
348 Kießling, Günter Versäumter Widerspruch S. 351
349 Ebenda
350 Schmückle, Gerd Ohne Pauken und Trompeten S. 345

Aber auch für die Folgezeit war dieses Urteil gültig. Die Anhebung von Dienstposten, auch jener im Ausland, ist nur möglich, wenn sie – sorgfältig und überzeugend begründet – gegen nicht geringen politischen und militärischen Widerstand innenpolitisch durchgesetzt werden kann – keine leichten Hürden. Wenn sich aber, wie im Falle des Einwandes von General Wust, bereits im militärischen Bereich Widerstände zeigen, werden die Politiker kaum geneigt sein, einem solchen Antrag ihre Zustimmung zu geben. Doch die Sensibilisierung des Ministers durch Schmückle zeitigte damals positive Konsequenzen: 1978 wurde der Posten eines zweiten Stellvertreters des NATO-Oberbefehlshabers Europa (Deputy SACEUR- DSACEUR) geschaffen. Der Titel klingt gewaltig, doch die tatsächlichen Befugnisse hinken weit hinterher und sind – wie auch die des britischen Stellvertreters – nur so groß, wie sie durch die Führungsmacht eingeräumt werden – ein echtes Mitspracherecht auf gleicher Augenhöhe ist damit nicht verbunden. Bis dahin hatte der amerikanische NATO-Oberbefehlshaber Europa (SACEUR) nur einen Stellvertreter, der seit den Anfängen des Bündnisses mit einem britischen General besetzt war. Der legendäre britische Feldmarschall Bernard Law Viscount Montgomery of Alamein (1887-1976) war unter General Eisenhower als SACEUR von 1949 bis 1951 der erste auf diesem Posten. Schon er hatte sich damals in dieser undankbaren repräsentativen Rolle unwohl gefühlt, besonders, als nach dem Weggang Eisenhowers der jüngere US-General Matthew B. Ridgway (1895-1993) sein Vorgesetzter wurde.

„Ridgway .... was a fine battle-field general and had done magnificently with the U.S. Eight Army in Korea at a most critical time. I knew him well; he had served under me as a Divisional and Corps Commander in the campaign in North-West Europe from Normandy to Berlin. I knew he was not the right man to succeed Eisenhower and I opposed the appointment, ... "[351]

Von 1964 bis 1967 war – nach Montgomery – mit dem Marshal of the Royal Air Force Sir Thomas G. Pike noch ein zweites Mal ein Fünf-Sterne General als Stellvertreter eines amerikanischen Vier-Sterne-Generals – Lyman L. Lemnitzer – auf diesem Posten – keine glückliche Konstellation. Schmückle war – nach insgesamt acht englischen Stellvertretern – der erste Deutsche, der in diese „britische Domäne einbrach," eine heikle Mission, und er beschreibt die vorherrschende Lage wie folgt:

„Der britische NATO-Botschafter John Killick bat mich auf deutsch: >Sei behutsam, wenn du den Posten deines Stellvertreters im Alliierten Hauptquartier übernimmst. London muß sich erst an die neue Situation gewöhnen. Der Posten des Stellvertreters war durch Churchill geweiht. Montgomery hat ihn für uns Briten heilig gesprochen.< "[352]

Es ist zwar nicht völlig auszuschließen, dass Schmückle die Besetzungsliste absichtlich auf die politische Schiene lancierte, um selbst davon zu profitieren. Dafür spricht nicht zuletzt das Urteil de Maizières über Schmückles Wirken:

„Sein ... Spürsinn ließ ihn frühzeitig erkennen, wenn sich Änderungen im Denken der Verbündeten abzeichneten, die sich für die deutsche Seite ungünstig auswirken könnten. Seine Warnungen haben sich meist als zutreffend herausgestellt. Als ehemaliger Pressesprecher ... nutzte ... er auch in Brüssel seine Verbindungen zu den ... Medien, wobei er sich nicht scheute, diese gelegentlich auch zum eigenen Vorteil einzusetzen. Schmückle, von vielen Truppenkommandeuren mehr als Politiker und Publizist denn als Soldat angesehen, hat gerade in der Zeit des politischen und strategischen Umbruchs Mitte der 60er Jahre viel für die deutsche Sicherheitspolitik getan. Allerdings glaubte ich mir seiner Loyalität nicht immer sicher sein zu können." [353]

Doch ist Ehrgeiz kein Dienstvergehen, zumal, wenn es gleichzeitig deutschen Interessen nützt. Schmückle war in der Bundeswehr nicht unumstritten, war er doch das Gegenteil des unpolitischen Offiziers. Manch einer verdächtigte ihn – fälschlicherweise, – er verträte parteipolitische Absichten und Ziele und auch seine lockere Art – „ohne Pauken und Trompeten" – stieß vor allem in traditionellen Heereskreisen bisweilen auf hochgezogene Augenbrauen. Dabei konnte man ihm allerdings nicht vorwerfen, er habe sich im Krieg „nur in rückwärtigen Stäben herumgetrieben" – im Gegenteil, Schmückle hatte die Höhen und vor allem die Tiefen der Ostfront hautnah erlebt. Allerdings war er weder ein „echter" Generalstabsoffizier – hatte er doch seine Ausbildung erst kurz vor Kriegsende begonnen – noch ein „echter" Truppenführer, denn er stand in der Bundeswehr weder an der Spitze einer Brigade noch einer Division oder eines Korps.

Als er im Dezember 1966 zusammen mit General Graf Baudissin in die Gewerkschaft ÖTV eintrat, sahen viele Soldaten dies als Verrat an den Prinzipien soldatischer Grundsätze an und warfen ihm Opportunität vor. Die Ressentiments vieler Soldaten gegenüber den Gewerkschaften brachen hier wieder auf – Soldat und Gewerkschaftler galt auf beiden Seiten lange als unvereinbar. Auch Kießling, lebensjünger, aber ebenso wie Schmückle durch die Ostfront geprägt, urteilt kritisch, wenngleich mit Wohlwollen:

„So zähle ich zu der wohl überwiegenden Mehrheit der Soldaten, die von Schmückles Auftritten mehr schockiert denn angetan waren. Daß er mutig

---

351 Montgomery Bernard The Memoirs S. 515
352 Schmückle, Gerd Ohne Pauken und Trompeten S. 349
353 Maizière, Ulrich de In der Pflicht S. 289

wider den Stachel löckte, hatte mir dennoch stets imponiert. Dabei reagierte er politisch stets so sensibel, daß er gleichermaßen links wie rechts abgesichert war. Entscheidend für meine positive Einschätzung Schmückles war stets, daß er auch vor Königsthronen nicht wankt, er ist ein streitbarer Geist. "[354]

Irgendwie mutet es wie ein Wunder an, dass es Schmückle trotz dieser massiven Vorbehalte seiner Vorgesetzten und Kameraden gelang, die militärische Spitze zu erklimmen. Ähnlich wie Speidel vielseitig interessiert und gebildet, passte Schmückle – trotz ansonsten keineswegs vorhandener Homogenität in der Generalität – vor allem nicht in das Schema der Heeresspitze in den Anfangsjahren der Bundeswehr.

General Gerhard **Schmückle**, am 1. Dezember 1917 in Bad Cannstatt geboren, war ein schwäbischer Querdenker, der in seinem politischen Urteil oft seiner Zeit weit voraus war. Noch während des Ersten Weltkrieges geboren, trat er nach dem Abitur im Jahre 1936 in das Artillerieregiment 5 in Ulm ein. Ein Jahr zuvor hatte im selben Verband Karl Schnell, der später in der NATO sein geschätzter Vorgesetzter werden sollte, seine ersten Schritte als Soldat gemacht. Schmückles großbürgerliches Elternhaus hatte keine militärischen Traditionen, jedoch stammte seine Ehefrau aus einer alten Offiziersfamilie. Theodor Heuss, einen Freund der Familie, kannte er seit seiner Jugend. Im Herbst 1937 kam er auf die Kriegsschule in Potsdam, wo Oberstleutnant Rommel, der spätere Feldmarschall und Landsmann, zu einer prägenden Figur wurde:

„Wir Fahnenjunker mochten Rommel immer mehr. Niemand wußte zu sagen weshalb. .... Er imponierte auf leise Weise. .... Uns gefiel auch, daß er das achtspitzige, goldene, blau-emaillierte Kreuz, den Pour le mérite, am Halse trug. "[355]

1938 ging er als Leutnant zurück zur Artillerietruppe. In Freiburg bat er seinen Kommandeur darum, nebenher studieren zu dürfen. Doch er hatte weniger Glück als Speidel zehn Jahre zuvor in Stuttgart, denn sein Kommandeur war der weit verbreiteten Auffassung, „ein Studium schade einem Offizier mehr als es ihm nütze." Im Januar 1939 begegnete er zum ersten Mal Hitler – sein Leutnantsjahrgang war in die Reichskanzlei eingeladen worden. Polenfeldzug und den Beginn des Krieges im Westen erlebte Schmückle im Schwarzwald – Friedensdienst in der Kaserne „as usual;" doch der untätige „Sitzkrieg" behagte ihm nicht. Dieses Gefühl des Soldatseins zweiter Klasse beschreiben Helmut Schmidt und de Maizière in ähnlicher Weise und alle drei hatten daraus die Folgerung abgeleitet, sich zur Front versetzen zu lassen. Schmückle nutzte erfolgreich die Verbindung zu seinem alten Lehrer Rommel: er wurde zu dessen 7. Panzerdivision in das Artillerieregiment 78 (später Panzerartillerieregiment 78) versetzt. Als Rommel das Afrikakorps übernahm, wurde Generalmajor Hans Freiherr von Funck (1891-1979) dessen Nachfolger. Schmückles Regimentskommandeur war Oberst Gottfried Frölich (1894-†), der spätere Generalmajor und Kommandeur der 8. Panzerdivision. Im Frühjahr 1941 war es mit der eher beschaulichen Ruhe an der Westfront vorbei: die Division wurde nach Ostpreußen in Raum der Masurischen Seen (Suwalki) verlegt. Mit Beginn des Russlandfeldzuges kämpfte sie im Rahmen der Heeresgruppe Mitte. Über Smolensk führte die Angriffsrichtung auf Moskau. Im November 1941 stand Schmückle am Moskau-Wolga-Kanal. Danach wurde die Division herausgelöst, zurückverlegt und im Gebiet um Smolensk zur Partisanenbekämpfung eingesetzt.

Im Mai 1942 ging es ganz weit westwärts, nach Niort in Westfrankreich, in das Dreieck zwischen La Rochelle – Limoges und Bordeaux. Teile der Division erhielten im November 1942 den Auftrag, die im Hafen von Toulon mit 80 Schiffseinheiten vor Anker liegende französische Kriegsflotte am Auslaufen zu hindern – weder eine alltägliche Aufgabe für eine Panzerdivision noch eine, die ihren Fähigkeiten entspricht. Kein Wunder, dass sie misslang: die Flotte versenkte sich selbst. Wenigstens wurde das Tafelsilber der Flotte vor dem Untergang bewahrt. Von der Mittelmeerküste ging es zurück an die Ostfront, zwischen Don und Donez. Im Frühjahr 1943 erfolgte im Raum Charkow eine weitere Auffrischung. Schmückle wurde Kommandeur der I. Abteilung des Panzerartillerieregiments 78, das mit der Panzergruppe (Panzerregiment 25) von Oberst (später Generalmajor) Adalbert Schulz (1903-1944) – einem der 27 Brillantenträger – auf Zusammenarbeit angewiesen war. In dieser Zeit besuchte Hans Speidel, frischgebackener Generalmajor und Chef des Stabes der „Armee-Abteilung Lanz," Schmückles Division, er wurde aus landsmannschaftlicher Verbundenheit eingeladen und lernte Speidel bei einem Abendessen, zu dem das Tafelsilber der französischen Flotte aufgelegt war, kennen.

„Er (= Speidel) tat so, als sei er durch den >festlichen< Rahmen beeindruckt und meinte, er fühle sich wie im Maxim in Paris. .... Der Schwabe war – gelegentlich ließ er es zu sehr merken – ein gebildeter Mann." [356] Im Juli 1943 kämpfte Schmückles Regiment im Rahmen der Operation „Zitadelle" am Dnjepr. Inzwischen mit EK I und II und dem Deutschen Kreuz in Gold ausgezeichnet, wurde der sechsundzwanzigjährige Abteilungskommandeur zum Major befördert und zum sechsten Mal verwun-

---

354 Kießling, Günter Versäumter Widerspruch S. 434
355 Schmückle, Gerd Ohne Pauken und Trompeten S. 12
356 Schmückle, Gerd a.a.O. S. 70

det. Es folgten Lazarettaufenthalt und Genesungsurlaub. Danach erhielt
Schmückle den Auftrag, in Dänemark die zertrümmerte 25. Panzerdivision als deren „I a" neu aufzustellen. Schmückle war für die Generalstabsausbildung vorgesehen, doch diese wurde nach dem Attentat des 20. Julis
von Hitler verboten. Im Spätsommer 1944 wurde er zum Stab des Generals
der Artillerie im Generalstab des Heeres, dem General der Artillerie Wilhelm Berlin (1889-1987), kurzfristig ins Führerhauptquartier versetzt –
nichts für Schmückle. Er bewarb sich ein weiteres Mal um ein Frontkommando und sollte nun Kommandeur eines Artillerieregiments werden.
Doch im Januar 1945 lief die Generalstabsausbildung wieder an, und
Schmückle nahm bis April daran teil. Aber die Auflösungserscheinungen
waren unaufhaltsam. Per Bahn verlegte der Lehrgang zunächst nach
Weimar und von dort über Bad Kreuznach nach Lengries in Oberbayern –
es war Endstation und Kriegsende zugleich.

Danach suchte und fand Schmückle Stille und familiäre Ruhe in den
Bergen, wo er einen Einödhof im Allgäu bewirtschaftete. Im Januar 1956
trat Schmückle als Major in die Bundeswehr ein. Graf Baudissin hatte ihn
dazu überredet. Seine ersten Schritte in der Bundeswehr bewegten sich
wiederholt am Rande des Ausscheidens – Schmückle war kein Duckmäu-
ser. Dann wurde er als Major Pressesprecher von Minister Strauß, eigentlich ein Sprungbrett für den Weg nach oben, doch für Schmückle traf es
nur bedingt zu. Die Gefahr lag zum einen in der unsteten Person des
Ministers und zum anderen in Schmückles Vorstellungen, die oft mit der
„Lehrmeinung" kollidierten. Überdies fungierte Schmückle – als „alter
ego" von Strauß – bisweilen auch als „Minenhund" für seinen Minister. So
hatte Schmückle 1962 unter dem Titel „Die Wandlung der Apokalypse"
einen Namensartikel in der Wochenzeitung „Christ und Welt" veröffentlicht, in dem er sich kritisch mit der Führbarkeit eines Nuklearkrieges in
Europa auseinandersetzte. Niemals später hat eine Veröffentlichung eines
deutschen Soldaten über ein nuklear-strategisches Thema für solch internationale Aufregung gesorgt – Grund genug für ein vorzeitiges Karriere-
ende. Aber Strauß hielt seine schützende Hand über ihn.

*„Gerd Schmückle genoß mein volles Vertrauen, er dürfte in alles ein
geweiht gewesen sein. Ich hatte zu ihm ein gutes persönliches Verhältnis,
das auch angehalten hat nach meinem Ausscheiden als Verteidigungsminister."*357

Mit geschickter Hand und mit einem feinen Gespür für drohende Gefahren gelang es Schmückle, all diese vielfältigen politischen und militärischen Stromschnellen – so auch 1962 die sog. „Spiegel-Affäre," die die
politische Laufbahn seines Chefs in Bonn abrupt beendete – heil und ohne
Blessuren für die Karriere zu umfahren, obwohl ihm General Heusinger

den Rat gegeben hatte, „am besten verlassen Sie die Bundeswehr oder fangen wieder ganz unten an." [358] Und so fällt Schmückles Urteil über den ersten Generalinspekteur, dem er „virtuose, eiskalte und dennoch betörende Geschmeidigkeit" bescheinigt, auch nicht sehr positiv aus. Als von Hassel neuer Minister wurde, gab Schmückle sein Amt als Pressesprecher auf. Offenbar witterten seine internen Gegner nun Morgenluft, denn die Art, wie sein weiterer Werdegang ablief, deutet eher auf eine Intrige denn auf Planung hin. Schmückle sollte Stellvertretender Kommandant des NATO-Defence College, damals noch in Paris, werden, doch die Stelle war besetzt. Dann wurde ihm ein anderer Posten, diesmal an der NATO-Botschaft angeboten. Aber auch hier stellte sich heraus, dass dieser erst in sechs Monaten frei würde. Und so nahm Schmückle zur Überbrückung an einem Lehrgang des NATO-Defence College teil. 1964 klappte es dann endlich. Schmückle wurde Brigadegeneral und militärischer Berater des deutschen Botschafters bei der NATO, Prof. Dr. Wilhelm Grewe (* 1911). Am 9. November 1964 traf Schmückle dort den damals fast neunzigjährigen Adenauer zum letzten Mal. Es war die Zeit, als die NATO-Strategie wechselte, und die deutsche Haltung war in dieser wichtigen Frage noch unklar. In der Presse wurde kolportiert, Generalinspekteur Trettner plane einen Atom-Minen-Gürtel entlang der innerdeutschen Grenze, und Schmückle stützte dieses Gerücht, das sich später als falsch herausstellte. Sein Verhältnis zu Trettner war eher gespannt.

Im März 1967 zog die NATO von Frankreich in das belgische Mons; vorüber war das quirllige gesellschaftliche Leben in Paris, das Schmückle ebenso schätzte wie Speidel. Aus der Presse erfuhr Schmückle von seiner angeblichen Versetzung. Der Konflikt zwischen Reaktion und Reform war wieder aufgeflammt – Albert Schnez war Inspekteur des Heeres geworden und Generalleutnant Graf Baudissin war Ende 1967 aus dem aktiven Dienst verabschiedet worden. Im Herbst 1968 wurde Schmückle Stellvertretender Kommandeur der 12. Panzerdivision in Veitshöchheim – seine erste „Truppen"-Verwendung" in der Bundeswehr. Als stellvertretender Divisionskommandeur war er zugleich „Kommandeur der Divisionstruppen," jener Vielzahl von Verbänden, wie Artillerie, Pioniere, Flugabwehr und Logistik, die den Kampfauftrag der Division unterstützen. Bei diesem Konglomerat unterschiedlicher Truppenteile bedeutet Führung allerdings zumeist nur disziplinare Unterstellung und die Einwirkung im Rahmen der allgemeinen Ausbildung und Erziehung; die fachliche Dienstaufsicht hingegen liegt in den Händen der nächsten Vorgesetzten. Divisionskomman-

---

357 Strauß, Franz Josef Die Erinnerungen S. 369
358 Schmückle, Gerd a.a.O. S. 272

deur und damit sein nächster Vorgesetzter war Generalmajor Gerhard Kobe (1914-1991); nur drei Jahre älter als Schmückle. In Schmückles Erinnerungen bleibt sein Name unerwähnt – Strafe für schlechte Zusammenarbeit. Personelle Konstellationen entscheiden wie überall auch in der Armee oft über Karriere oder Absturz – abhängig von der „Chemie" zwischen Chef und Stellvertreter. In Würzburg stimmte sie nicht – der Artillerist Schmückle und Kobe, der Infanterist aus einer Pastorenfamilie „konnten nicht miteinander." Kobe schied 1971 nach vier Jahren an der Spitze der Division als Zwei-Sterne-General aus dem aktiven Dienst. Auch Generalleutnant Karl-Wilhelm Thilo (1911-1997), als Kommandierender General des II. Korps in Ulm Schmückles nächsthöherer Vorgesetzter, stand diesem eher reserviert gegenüber. Schmückle wollte ein weiteres Mal die Armee verlassen. Doch Minister Schmidt, der mit Schmückle vormals oft im Streit gelegen hatte, riet ab und wollte ihn sogar zu seinem Planungschef auf der Hardthöhe machen, was Schmidt aber nicht durchsetzen konnte.

„Einige dieser Herren (= der Heeresgeneralität) machen mir das Leben ohnehin schwer genug. Ich muß Zeit gewinnen. Sie kommen nach Casteau. In drei Jahren sieht alles anders aus." [359]

Schmückles Weg führte dennoch nach oben. 1970 verließ er die Garnisonsstadt am Main und wurde – zum Generalmajor befördert – Stellvertretender Chef der Operationsabteilung im NATO-Hauptquartier SHAPE. Sein direkter Vorgesetzter war der nur ein Jahr ältere Generalleutnant Dr. Karl Schnell, der Stellvertretende Chef des Stabes für Planung und Operation (DCOS Plans & Operations) im NATO-Hauptquartier SHAPE, und Andrew J. Goodpaster (1915-2005) war SACEUR. Die Zusammenarbeit mit beiden war ausgezeichnet. Im Jahre 1974 wechselte Schmückle für ein nur achtmonatiges Intermezzo zur Truppe und wurde Stellvertretender Kommandierender General des I. Korps in Münster unter Generalleutnant Hans Hinrichs (1915-2004). In diesem fand er einen „vorzüglichen militärischen Führer." Danach ging es ein weiteres Mal zur NATO, diesmal nach Brüssel: Schmückle wurde Direktor des Internationalen Militärstabes, Arbeitsstab des damaligen Vorsitzenden des NATO-Militärausschusses, Admiral of the Royal Fleet, Lord Peter-John Norton-Hill (* 1915), G.C.B., [360] und erhielt den dritten goldenen Stern. Die Zusammenarbeit mit dem britischen Großadmiral war zunächst holprig, wurde dann besser und war am Ende gut.

„In einem Punkt waren wir uns von vornherein einig: Das beste wäre, den Militärausschuss wegen seiner Nutzlosigkeit ersatzlos aufzulösen." [361]

In dieser Zeit ließ Schmückle jenen erwähnten Vergleich erstellen, in dem die Generalsdienstposten der drei führenden Nationen der Allianz dargestellt wurden, was – wegen des schlechten Abschneidens der Deutschen – zur Einrichtung eines zweiten Stellvertreterspostens auf der Ebene des SACEUR führte. Der US-General Alexander M. Haig jr. – er war Goodpaster nachgefolgt – entschied sich für Schmückle und Bonn stimmte zu. Und so wurde Schmückle am 3. Januar 1978 neben einem britischen General – zunächst General Sir Harry Tuzo (1915-1998) bis November 1978 und danach General Sir Jack Harman (* 1920) – der zweite Stellvertreter Haigs und stieg zum Vier-Sterne-General auf. Damit war zwar kaum Macht, aber wenigstens Glanz verbunden. Vor allem aber stimmte die „Chemie" zwischen Schmückle und Haig – Kießling nennt sie sogar ein „Traumpaar." Zu dieser Zeit war Wust Generalinspekteur und Franz-Joseph Schulze Oberbefehlshaber der Alliierten Streitkräfte Europa Mitte in Brunssum. Vier Tage vor Haigs Versetzung wurde am 25. Juni 1979 auf General Haig ein Anschlag verübt, den er überlebte. Ende Juni 1979 übernahm Haigs Nachfolger Bernard W. Rogers, ein „geradliniger Soldat, mehr von den festen Strukturen des Pentagon als von den fließenden Linien der Weltpolitik geprägt und durchaus sympathisch" beschreibt ihn Schmückle. [362] Zu einer engeren Beziehung zwischen beiden dürfte die Zeit kaum noch gereicht haben. In den Worten Schmückles klingt die Einschätzung nach „Nur-Soldat" durch. Und so erscheint es eher fraglich, dass diese positive Einschätzung Schmückles Bestand gehabt hätte – erinnert man sich überdies an die negative Beurteilung des amerikanischen Generals durch Luther und Kießling. Außerdem strahlte die Persönlichkeit Haigs noch lange nach. Am 31. März 1980 wurde Schmückle altersgemäß – nach nur zwei Jahren im Amte des DSACEUR – aus dem aktiven Dienst verabschiedet. Doch auch danach hielt er mit seiner kritischen Meinung nicht hinter dem Berge. Schmückle war kein bequemer, angepasster Offizier, sondern ein Mann mit Zivilcourage, dessen Reden mit seinem Handeln in Einklang stand und daher glaubwürdig war. Seine Auffassungen waren, auch, wenn sie bisweilen revolutionär klangen, letztlich befruchtend. Geschadet haben sie der Armee nie. So war es nur folgerichtig, dass er – obwohl zu Kießling eher distanziert stehend – einer derjenigen war, der sich mutig mit offenem Visier vor seinen Kameraden stellte, als dieser 1983/84 angegriffen und zu Unrecht verdächtigt wurde.

Schmückles Nachfolger als „DSACEUR" wurde ein Marineoffizier – Admiral Günter **Luther**. Aus dem westfälischen Binnenland stammend,

---

359 Schmückle, Gerd Ohne Pauken und Trompeten S. 326
360 "Knights Grand Cross of the Most Honourable Order of the Bath" (Großkeuz des im Jahre 1399 gegründeten "Ordens vom Bade.")
361 Schmückle, Gerd a.a.O. S. 333
362 Schmückle, Gerd a.a.O. S. 366

konnte Luther, der am 17. März 1922 in Bestwig zwischen Meschede und
Brilon am Nordrand des Rothaargebirges geboren wurde, weder auf militärische noch seefahrerische Familientradition blicken. Dafür gelang es
ihm, in allen drei Teilstreitkräften zu dienen und Erfahrungen zu sammeln. Zunächst trat er – kurz nach Ausbruch des Zweiten Weltkrieges mit
dem Abitur in der Tasche – als Seeoffiziersanwärter in die Kriegsmarine
ein. Nach der Ausbildung meldete er sich jedoch freiwillig zu den Kampf-
beobachtern und kam als Leutnant zur See „und zur Luft," zu den Küsten-
fliegern. Mit diesen flog er Einsätze über dem gesamten Nordatlantik.
1944 wurde er abgeschossen, überlebte aber. Danach meldete sich
Oberleutnant Luther, ausgezeichnet mit dem EK I , zu den Fallschirmjägern und wurde in das Fallschirmjägerregiment 9 versetzt. Hier kämpfte er im letzten Kriegsjahr im Hürtgenwald, den Ardennen und später im
Ruhrkessel. Bei Kriegsende geriet Luther in kurze amerikanische Gefangenschaft. Später arbeitete er als Übersetzer bei den US-Streitkräften und
in der freien Wirtschaft.

Im Jahre 1956 meldete er sich zur Bundeswehr. Als Kapitänleutnant
wieder bei seiner ursprünglichen Teilstreitkraft eingestellt, wurde er in den
USA zum Düsenpiloten ausgebildet. Die nächsten Jahre blieb die Marine-
fliegerei in Schleswig-Holstein seine Heimat. 1958 wurde er Staffelkapitän
in der Marinefliegergruppe 1, dem späteren Marinefliegergeschwader 1.
Dem folgte – als Korvettenkapitän – eine zweijährige Stabsverwendung in
der Operationsabteilung des Flottenkommandos in Glücksburg.

Einige seiner Jahrgangskameraden der Geburtsjahrgänge zwischen
1920 und 1922 absolvierten zwischen 1959 und 1963 den zweiten bzw. dritten Admiralstabslehrgang an der Führungsakademie. Luther gehörte
wegen seiner Spezialausbildung als Marineflieger nicht dazu. Dennoch war
er der einzige seiner Kameraden dieser Jahre, der bis zum Admiral aufstieg.
Die Marine misst der Admiralstabsausbildung zwar einen geringeren
Stellenwert bei der Personalauswahl für Spitzenverwendungen zu, gleichwohl ist Luther bis heute unter den vier Admiralen der Bundeswehr der
einzige ohne Admiralstabsausbildung geblieben. Nach der Stabsverwendung bei der Flotte übernahm Luther – inzwischen Fregattenkapitän –
als Kommandeur die Fliegende Gruppe des Marinefliegergeschwaders 1 im
benachbarten Schleswig-Jagel. Nach drei Jahren wurde er Kommodore dieses Geschwaders und rüstete es auf das Waffensystem „Starfighter" (F-104
G) um. Seine hohen fachlichen Leistungen als leidenschaftlicher Flieger
standen im Gegensatz zu seinen weniger ausgeprägten Führungsqualitäten. 1968 wurde Luther als Kapitän zur See ins Ministeriums berufen und
übernahm im Führungsstab der Marine das für die Marineflieger zuständige Referat. Zwei Jahre später ging Luther mit nur 48 Jahren als Kom-

mandeur der Marinefliegerdivision nach Kiel-Holtenau. In dieser Zeit, 1970, kam Joachim von Hassel, der Sohn des vormaligen Verteidigungs- ministers, der als Kapitänleutnant bei den Marinefliegern diente, bei einem Absturz mit seinem Starfighter ums Leben. Nur eineinhalb Jahre führte er die Division. Am 1. April 1972 wurde Luther – ungewöhnlich für einen Flieger – für ein halbes Jahr „Befehlshaber der Seestreitkräfte Nordsee" (BSN). In dieser Verwendung trug er einen „zweiten Hut" trug, in dem er die Funktion eines NATO-Befehlshabers, des „COMGERNORSEA" (Com- manders German North Sea) wahrnahm. Im Oktober des selben Jahres wurde er – nach vier Jahren in operativen Verwendungen – Amtschef des Marineamtes in Wilhelmshaven und zum Konteradmiral befördert. Von dort führte ihn zweieinhalb Jahre später, am 1. April 1975, der Weg an die Spitze der Bundesmarine: Luther wurde Vizeadmiral und Nachfolger des in den Ruhestand versetzten Inspekteurs der Marine, Vizeadmiral Heinrich Kühnle (1915-2001). Zu dieser Zeit war Georg Leber Verteidigungsminister und Luthers fünf Jahre älterer Marinekamerad Zimmermann stand an der Spitze der Bundeswehr. Wie in der Luftwaffe die Piloten über viele Jahre das Amt des Inspekteurs erfolgreich als Erbhof betrachteten, so war auch in der Marine bislang der Posten des Inspekteurs fest in der Hand der Seefahrer. Nun übernahm ein Seeflieger das Kommando. Die Amtszeit der Marineinspekteure war bis auf wenige Ausnahmen bisher im Durchschnitt länger als die bei den anderen Teilstreitkräften, vor allem aber Vergleich zum Heer – hatte die Marine doch von 1956 bis heute nur 12, das Heer hin- gegen 17 Inspekteure an ihrer Spitze. Auch Luther kann auf fünf Jahre zurückblicken. In dieser Zeit stellte er die Weichen für eine Reihe wichtiger Rüstungsprojekte, so u. a. für die Schnellbootklasse 143, die Beschaffung der Fregatten der Klasse 122 und die Umrüstung auf das Waffensystem „Tornado." Am 1. April 1980 wurde Luther zum Vier-Sterne-Admiral beför- dert und übernahm als Nachfolger von General Schmückle als zweiter Deutscher das Amt des Stellvertretenden NATO-Oberbefehlshabers Europa (DSACEUR). Auch Luther blieb nur zwei Jahre in dieser Verwendung. Anders als sein Vorgänger Schmückle, der wiederholt in seiner Karriere die Funktion eines Stellvertreters ausgeübt hatte, war für Luther die Rolle des „zweiten Mannes", der viele Jahre in der Marine „die erste Geige gespielt " hatte, wenig attraktiv. Die Zusammenarbeit mit seinem amerikanischen Oberbefehlshaber Bernard W. Rogers war wahrscheinlich nicht sehr eng. Luther warnte seinen Nachfolger Kießling vor ihm.[363] Sein britischer Counterpart war zunächst noch General Sir Jack Harman und danach der Air Chief Marshal Sir Peter Terry. Ende März 1982 wurde Luther in den

---

363 siehe: Kießling, Günter Versäumter Widerspruch S. 392

Ruhestand verabschiedet; er starb im Mai 1997. Seine Nachfolge trat wieder ein Heeresgeneral an: General Dr. Kießling.

Günter **Kießling** war im Mai 1940 bereits mit fünfzehn Jahren als Unteroffizier-Vorschüler in Dresden in die Wehrmacht eingetreten. Sein Vater, Richard Kießling (1891-1959), war 1914 Soldat geworden und hatte als Sergeant im Ersten Weltkrieg gedient. Im Jahre 1926 war er, nach zwölfjähriger Dienstzeit im Infanterieregiment 8 (IR 8) in Frankfurt/Oder als Feldwebel ausgeschieden. Ein Jahr vor dem Ende seiner Dienstzeit wurde Sohn Günter in Frankfurt/Oder am 20. Oktober 1925 geboren. Während des Zweiten Weltkrieges wurde Richard Kießling jedoch erneut zu seinem IR 8 einberufen. Dieses unterstand der 3. Infanteriedivision in Frankfurt/Oder, die nach Einsätzen im Polen- und Westfeldzug ab Sommer 1941 an der Ostfront kämpfte. Den Aufstieg seines Sohnes in der Bundeswehr mitzuerleben, war ihm nicht mehr vergönnt.

Nach seiner Beförderung zum Unteroffizier – u. a. auf der Unteroffizierschule in Hohensalza – war Günter Kießling im Frühjahr 1944 als Infanterist und Gruppenführer im Jägerregiment 28 unter seinem Kommandeur Oberst (später Generalmajor) Erhard-Heinrich Berner (1894-1960) eingesetzt, das zunächst im Rahmen der „Schlesisch-Sudetendeutschen" 8. Jägerdivision unter Generalmajor (später General der Infanterie) Gustav Hoehne (1893-1951) im Südabschnitt an der Karpatenfront stand. Das Regiment wurde später der 3. (Steirischen) Gebirgsdivision unter Generalleutnant Paul Klatt (1896-†) unterstellt. Im November 1944 verließ Kießling die Truppe und wurde zur Teilnahme am Offizierlehrgang an der Fahnenjunkerschule in Milowitz bei Prag kommandiert. Anfang April 1945 – Kießling war inzwischen zum Leutnant befördert worden – wurde die Ausbildung jedoch lagebedingt eingestellt. In einer hastig zusammengestellten „Fahnenjunker-Brigade Brummund" wurden die Soldaten in das Erzgebirge verlegt, wo sie sich gegen die aus Westen angreifenden amerikanischen Truppen verteidigen sollten. Doch dazu kam es nicht mehr. Kießling er- und überlebte das Chaos der letzten Kriegstage in der Tschechoslowakei und geriet im Mai 1945 in amerikanische Gefangenschaft.

Nach dem Krieg schloss er seine Schulbildung in der Abendschule mit dem Abitur ab, studierte danach Wirtschaftswissenschaften in Berlin und Hamburg und promovierte später. Im März 1954 trat er als Leutnant in Lübeck in den Bundesgrenzschutz (BGS) ein. In die Bonner Grenzschutzabteilung versetzt, tat er auch am Sitz des Bundeskanzlers, dem Palais Schaumburg, Dienst, wo er gelegentlich auch von Kanzler Adenauer angesprochen wurde. 1956 wurde Kießling als Oberleutnant in die Bundeswehr übernommen. Zunächst diente er kurz im neuaufgestellten Panzerbataillon

2 im westfälischen Hemer und wurde dann in die Unterabteilung
Fü B I (Innere Führung) des Verteidigungsministeriums versetzt, die vom
damaligen Oberst Graf Baudissin geleitet wurde. Im Mai 1958 kam er als
Kompaniechef in die neue Kampfgruppe C 2 (später: Panzergrenadierbrigade 4) nach Göttingen. Graf Baudissin, der neue Kommandeur dieses
Großverbandes, hatte ihn aus Bonn mitgenommen. 1961 nahm er am 4.
Generalstabslehrgang an der Führungsakademie teil, musste die Akademie
aber – ein dreiviertel Jahr vor Lehrgangsende – Ende 1962 wieder verlassen – die „erste Affäre Kießling": ein Liebesverhältnis mit der Tochter eines
Offiziers war der Grund. Es passte – obwohl beide unverheiratet – in der
prüden Nachkriegszeit nicht in das Bild vom Offizier – „officer and gentleman" in der deutschen Version! Hätte man sich einundzwanzig Jahre später wieder an diesen Fall erinnert, wäre der Bundeswehr, wäre vor allem
Kießling und auch Minister Wörner viel erspart geblieben. Kießling wurde
auf das britische Staff College nach Camberley geschickt. 1967 übernahm
er als Kommandeur das Panzergrenadierbataillon 62 im nordhessischen
Neustadt und führte es zwei Jahre. Kommandeur der ihm vorgesetzten
Panzerbrigade 6 war Oberst Josef Rettemeier (1914-1997), der 1943 mit
dem Eichenlaub zum Ritterkreuz ausgezeichnete Kommandeur im Panzerregiment 5 des Afrikakorps. 1969 wurde Kießling als Chef des Stabes der 2.
Panzergrenadierdivision in Marburg die rechte Hand von Divisionskommandeur Ernst Ferber, dem späteren Vier-Sterne-General. Im Jahre 1970
übernahm Kießling die Panzerbrigade 15 in Koblenz. 1971 wurde er
„General für die Offizier- und Unteroffizierausbildung" im Heeresamt.
1975 führte ihn seine Laufbahn zum zweiten Mal für längere Zeit nach
England: er besuchte das Royal College of Defence Studies in London, die
renommierte, höchste zivil-militärische Bildungsstätte Großbritanniens
mit seinem noch tief verwurzelten internationalen Flair des einstigen Em-
pires. Danach wurde er am 1. Januar 1976 als Nachfolger von General
Jürgen Brandt – unter Beförderung zum Generalmajor – Kommandeur der
10. Panzerdivision in Sigmaringen und führte diese bis Oktober 1977. Sein
Kommandierender General war Generalleutnant Carl-Gero von Ilsemann
in Ulm. 1978 kehrte Kießling als Generalmajor nach zwanzig Jahren wieder
in das Ministerium zurück, das er als Hauptmann verlassen hatte. Er wurde
Stellvertretender Leiter der Personalabteilung, „zwischen den Mühlsteinen
der Politik" nicht gerade seine Wunschverwendung und sicherlich auch
nicht seine glücklichste Zeit. Abteilungsleiter war Ministerialdirektor Dr.
Heinz Schaefgen. Doch bereits zwei Jahre später, im Oktober 1979, ging er
als Kommandierender General des deutsch-dänischen Korps LANDJUT
nach Rendsburg und behielt dieses Kommando drei Jahre bis 1982, das
letzte Truppenkommando seiner Laufbahn. Danach folgte die letzte Ver-

wendung im aktiven Dienst. Kießling, der einstige Unteroffizierschüler, wurde im April 1982 – als 19. Vier-Sterne-General der Bundeswehr – einer der beiden Stellvertreter des Obersten Alliierten NATO-Befehlshabers in Europa (DSACEUR) und wurde – nach Schmückle und Luther – als dritter Deutscher auf diesen Posten berufen. Sein nächster Vorgesetzter war der vier Jahre jüngere amerikanische General Bernard Rogers. Rogers war bereits seit dem 1. Juli 1979 SACEUR und sollte dieses Amt bis Juni 1987 insgesamt acht Jahre innehaben, die bisher längste Amtszeit eines SACEUR. Der britische Stellvertreter war Air Chief Marshal Sir Peter Terry.

„Weit verbreitet war und ist immer noch die – irrige – Auffassung, der deutsche Vier-Sterne-General in der Spitze von SHAPE sei dazu da, die deutschen Interessen zu vertreten. Kein Geringerer als Helmut Schmidt vertrat diesen falschen Standpunkt, als ich mit ihm ... , über dieses Problem sprach. Gerade die Vertretung nationaler Interessen durch seinen Stellvertreter verbat Rogers sich. Formal war er da sogar im Recht."[364]

Auch Montgomery weist in seinen Memoiren darauf hin, dass bereits der erste SACEUR Eisenhower darauf bestand, dass seitens der Offiziere des Stabes von SHAPE weder nationale Interessen noch die der jeweiligen Teilstreitkraft vertreten werden dürften.

„From the start Eisenhower was determined that all staff officers at SHAPE must forget they belonged to a particular nation or Service. All were to be international and inter-Service."[365]

Die Vertretung deutscher Interessen setzt allerdings voraus, dass diese den jeweiligen Amtsinhabern im Ausland bekannt sind, was nur durch einen häufigen Kontakt mit dem „Mutterhaus" in der Heimat und die Weitergabe entsprechender Informationen sichergestellt werden kann, um vor allem bei aktuellen Fragen über die deutsche „Sprachreglung" aktuell im Bilde zu sein. In der täglichen Praxis ist aber gerade dieser enge Schulterschluss nur selten möglich.

Viele Politiker – meint Kießling – betrachteten das Amt des SACEUR fälschlicherweise als im Zentrum stehend. In Wirklichkeit aber sei der Amerikaner in erster Linie EUCOM, der Oberbefehlshaber der amerikanischen Truppen in Europa und deshalb würden die Politiker „zumeist übers Ohr gehauen." Rogers war offenbar kein leichter Vorgesetzter; bereits Luther war an ihm gescheitert, und Kießling sollte es ähnlich ergehen:

„Wohl kein anderer Mensch in meinem Leben, nicht nur in meiner militärischen Laufbahn, wurde mir so zum Widerpart wie Bernard W. Rogers. ...Schnell sprach es sich herum, daß er kommißig und unfreundlich war, kontaktarm, allergisch gegen andere Meinungen."[366]

Offenbar kommen auch in anderen Armeen Offiziere bis in höchste Verwendungen, die im Fach Menschenführung nur Hilfsschulabschluss vorweisen können. Da hilft der ständige Hinweis auf die Bedeutung des zeitgemäßen Umgangs mit Soldaten wenig, wenn dies nicht durchgehend in die Praxis umgesetzt und nur auf die unteren Führungsebene bezogen wird. Der eigentlich krönende Abschluss seiner Karriere wurde Kießling – neben der unerfreulichen Arbeitssituation bei SHAPE – durch eine bittere Intrige in seiner eigenen Armee vergällt, bei der er sich unvermittelt wegen angeblicher homosexueller Vorwürfe im Zentrum eines Skandals sah, der an der gesunden Urteilsfähigkeit von Politikern und hohen Militärs eben-so zweifeln ließ wie am ministeriellen „Krisen-" Management und der Kameradschaft innerhalb der Generalität. In Folge unbewiesener Vorwür-fe und Verdächtigungen wurde Kießling am 23. Dezember 1983 durch Staatssekretär Hiehle im Beisein von Generalinspekteur Altenburg und Generalleutnant Kubis, dem Leiter der Personalabteilung, die Urkunde ausgehändigt, mit der er in den vorläufigen Ruhestand versetzt wurde. Nachdem sich aber Kießlings Unschuld herausgestellt hatte, erfolgte fünf Wochen später, am 1. Februar 1984, im Beisein von Staatssekretär Dr. Rühl und der Generale Altenburg, Chalupa und Glanz seine Wiederernennung zum General durch Minister Wörner.

Am 26. März 1984 endete Kießlings Dienstzeit – ein Jahr früher als ur-sprünglich geplant. Eine weitere Zusammenarbeit mit General Rogers war unzumutbar. In seinem alten Panzergrenadierbataillon 62 im nordhessi-schen Neustadt wurde Kießling durch Minister Wörner mit dem Großen Zapfenstreich geehrt. Einen Tag später empfing ihn Bundespräsident Carstens zum Abschiedsbesuch. Am 10. Juli 1987 kam es auf Bitte Wörners zu einer kurzfristigen, letzten Begegnung, die aber nicht die noch fehlen-de menschliche Aussöhnung brachte; am 13. August 1994 starb Manfred Wörner.

Seinen Ruhestand nutzt Kießling als Publizist und geschliffener Vortragsredner, der oft dort warnend die Stimme erhebt, wo andere resig-niert schweigen.

Nachfolger in Casteau wurde General Mack, bisher Kommandierender General des III. Korps in Koblenz. Mack diente drei Jahre als Stellvertreter von General Rogers.

Hans-Joachim **Mack** war der erste deutsche General bei der NATO, der nicht mehr Soldat im Zweiten Weltkrieg gewesen war. Am 30. März 1928 im ostpreußischen Bischofsburg geboren, „feierte" er kurz vor Kriegsende ge-

---

364 Kießling, Günter Versäumter Widerspruch S. 399
365 Montgomery, Bernard The Memoirs S. 514
366 Kießling, Günter a.a.O. S. 401

rade seinen 17. Geburtstag. Gleichwohl wurde er in den letzten Kriegs-
wochen – wie Altenburg – noch als Flak-Helfer eingezogen. In seiner Familie gab es keine militärische Tradition. Nach der Flucht nach Westen beendete Mack zunächst seine Schulausbildung, um dann bei den britischen
Besatzungstruppen in Norddeutschland, Großbritannien und Libyen als
Übersetzer zu arbeiten. Sieben Jahre später, im Oktober 1952, trat er in das
BGS-Kommando Nord in Dannenberg ein und wechselte im Juli 1956 zur
Heeresoffizierschule I nach Hannover. Danach diente er in der Panzertruppe. Von 1962 bis 1964 absolvierte Mack – zusammen mit seinen späteren Generalskameraden Altenburg und Chalupa – den 5. Generalstabslehrgang. Danach wurde er als G 3-Stabsoffizier (Ausbildung, Führung und
Organisation) in die Panzerbrigade 12 nach Amberg versetzt; Brigadegeneral Gerhard Jacobi (1913-1980) war sein Kommandeur. Es schloss sich
eine weitere Stabsverwendung im Führungsgrundgebiet 3 (Ausbildung,
Führung und Operation) an – jedoch zwei Führungsebenen höher: Mack
wurde „G3 op" beim II. Korps in Ulm unter dem Kommandierenden General Karl-Wilhelm Thilo. Am 1. Juli 1968 übernahm Mack das Panzerbataillon 303 in Dornstadt als Kommandeur und erlebte sechs Wochen später
die spannungsgeladenen und überaus arbeitsreichen Wochen während der
Besetzung der CSSR durch Truppen des Warschauer Paktes im August
1968. Kommandeur der vorgesetzten Panzerbrigade 30 in Ellwangen war
Brigadegeneral Günter Rothe (1915-2003). Einer von Macks Zugführern
war in jener Zeit Oberleutnant Wolfgang Schneiderhan, der spätere
Generalinspekteur. Im Oktober 1970 schloss sich die erste NATO-Verwendung als G 3-Stabsoffizier im NATO-Hauptquartier SHAPE in Mons an.
1972 kehrte Mack nach Deutschland zurück und übernahm – unter Beförderung zum Oberst – die Panzerbrigade 14 in Koblenz als Kommandeur.
Die 5. Panzerdivision in Diez wurde von Generalmajor (später Generalleutnant) Hans-Georg Lemm (1919-1994) geführt, einem der Träger der
Schwerter zum Ritterkreuz. Am 1. April 1975 wurde Mack als erster Soldat
ohne Kriegserfahrung zum Brigadegeneral befördert und gleichzeitig
Kommandeur der Kampftruppenschule 2 in Munster. Drei Jahre darauf –
im April 1978 – löste er Generalmajor Johannes Poeppel (*1921) als
Kommandeur der 6. Panzergrenadierdivision in Neumünster ab, der ins
Ministerium wechselte und erhielt den zweiten goldenen Stern. Mack be-
hielt dieses Kommando nördlich der Elbe aber nur eineinhalb Jahre bis
Ende September 1979. Seine Vorgesetzten waren Generalleutnant Dr. von
Senger und Etterlin als Kommandierender General des I. Korps in Münster
und der dänische Generalleutnant Thorsen an der Spitze des NATO-Korps
LANDJUT in Rendsburg, dem die Division im Krieg unterstellt würde. Kurz
vor dem Jahreswechsel 1978/79 versanken Schleswig-Holstein und Ham-

burg im Schnee, und die Division half im Rahmen ihrer Möglichkeiten, um zu helfen.

Mack wurde 1979 – in seiner ersten ministeriellen Verwendung auf der Hardthöhe – Chef des Führungsstabes des Heeres unter Generalleutnant Poeppel, dem neuen Inspekteur des Heeres – keine leichte Aufgabe, mit der komplizierten Maschinerie dieser Mammutbehörde erst auf dieser hohen Ebene vertraut zu werden. Wiederum achtzehn Monate später, im April 1981, kam die nächste Versetzung, und ein weiteres Mal führte ihn sein beruflicher Weg zu SHAPE. Diesmal waren es zwei Jahre. Mack erhielt den dritten goldenen Stern und wurde „Deputy Chief of Staff – Plans and Operations" (DCOS Plans & Ops). Es war die erste dienstliche Begegnung mit dem NATO-Oberbefehlshaber Europa, General Rogers. Am 1. April 1983 kehrte Mack an den Rhein zurück und wurde – als Nachfolger seines Lehrgangskameraden Altenburg – Kommandierender General des III. Korps in Koblenz. Doch auch dies sollte nur eine kurze Verwendung werden. Mack wurde bereits ein Jahr später – am 2. April 1984 – unter Beförderung zum Vier-Sterne-General Nachfolger von General Kießling als DSACEUR und behielt dieses Amt drei Jahre bis zu seiner Pensionierung. Eine Wunschverwendung war dieses hohe Amt, dessen Schwerpunkt aber primär im repräsentativen Bereich liegt, für den Troupier Mack nicht. Zum zweiten Mal arbeitete er nun mit US-General Bernard Rogers, diesmal im gleichen Rang und als sein Stellvertreter. Doch anders als bei Luther und Kießling klappte die Zusammenarbeit offenbar gut. Der britische Stellvertreter war General Sir Edward Burgess. In diese Phase der Amtszeit der „Troika Rogers, Mack und Burgess" fiel die Diskussion der beiden Supermächte um die Abrüstung nach den Konferenzen von Genf und Reykjavik. Aus der Sicht ihrer militärischen Verantwortung für den NATO-Kommandobereich Europa wandte sich das militärische Trio unisono auch öffentlich gegen voreilige Einschnitte in der konventionellen Rüstung. Erst Ende Juni 1987, wenige Monate vor Mack, schied Rogers nach acht Jahren, der bisher längsten Amtszeit eines SACEUR, aus. Wegen seiner angeschlagenen Gesundheit wurde General Mack Ende September 1987 vorzeitig aus dem aktiven Dienst verabschiedet. Sein Nachfolger wurde der Luftwaffengeneral Eimler.

Eberhard **Eimler** wuchs in einer Soldatenfamilie auf. Sein Vater Robert (1891-+) war 1909 als Freiwilliger in das Pionierbataillon 4 eingetreten, hatte am Ersten Weltkrieg teilgenommen und war danach in die Reichswehr übernommen worden. So diente er u. a. als Major im Pionierbataillon 5 in Ulm, das dem Infanterieführer V in Stuttgart unterstellt war. Vermutlich ist sein Vater an der Donaustadt in dieser Zeit auch Rommel und

Speidel begegnet, die bis 1926 bzw. 1929 im benachbarten Infanterieregiment 13 in Ludwigsburg und Stuttgart stationiert waren. Dort in Ulm
kam am 30. November 1930 auch Sohn Eberhard zur Welt. Im Herbst 1938
wurde Robert Eimler als Oberstleutnant in den Stab des Festungsinspi-
zienten II versetzt. Bei Ausbruch des Zweiten Weltkrieges war er zunächst
im Festungspionierstab 22 in Düren und übernahm – im November 1940
zum Oberst befördert – den Festungspionierstab 14 als Kommandeur.
Nach zwei weiteren Verwendungen in der Ober-Bauleitung (OBL) 17 in St.
Wendel und beim Höheren Pionierführer 17 in Homburg wurde Robert
Eimler im August 1944 Kommandeur der Eifelbefestigungen und drei
Monate später zum Generalmajor befördert.

Bedingt durch die Umzüge der Familie war Sohn Eberhard in den letz-
ten Kriegsmonaten in Ostpreußen lebend noch zum Volkssturm eingezo-
gen worden. Nach Kriegsende gelang Eberhard Eimler – in Etappen – die
Flucht nach Westen, zunächst nach Aschersleben und dann zurück nach
Ulm, seiner Geburtsstadt. 1956 trat Eimler jun. – zunächst in Wilhelmshaven bei der Bundesmarine – in die neuen deutschen Streitkräfte ein.
Doch Eimler wollte weder zur See fahren noch den Heeresspuren seines
Vaters folgen, er wollte fliegen. Die Versetzung zur Luftwaffe klappte, und
Eimler wurde Pilot. Von 1964 bis 1965 absolvierte er den 8. Generalstabslehrgang der Luftwaffe; die meisten seiner Lehrgangskameraden waren
älter als er und hatten zum Teil Kriegserfahrung. Sein Lehrgangsleiter war
der spätere Generalinspekteur Harald Wust. In seiner Jahresarbeit behandelte Eimler das Problem militärischer Grenzziehung auf höchsten
Führungsebenen – „Probleme der Abgrenzung der Zuständigkeitsbereiche AFNORTH/ AFCENT;" lautete das Thema. Diese Problematik sollte ihn
in späteren Verwendungen wiederholt beschäftigen. Major Eimler wurde
Referent im Führungsstab der Luftwaffe und arbeitete dann zweieinhalb
Jahre als Adjutant von Generalleutnant Johannes Steinhoff, dem Inspekteur der Luftwaffe. Im Oktober 1970 übernahm Eimler als Oberstleutnant
die Fliegende Gruppe des Leichten Kampfgeschwaders 43 in Oldenburg als
Kommandeur; es war nur ein Zwischenspiel. Denn schon im Frühjahr
1971 wurde er – unter Beförderung zum Oberst – mit 41 Jahren Kom-
modore des Leichten Kampfgeschwaders 42 in Pferdsfeld bei Bad Kreuz-
nach. Sein Verband war mit dem Erdkampflugzeug Fiat G-91 ausgerüstet.
Der Stab des Luftflottenkommandos in Köln-Wahn war 1974 die nächste
Station in Eimlers Laufbahn; er wurde A 3-Stabsoffizier, verantwortlich für
Ausbildung, Führung und Operation. Nach zwei Jahren kam Eimler erneut
ins Ministerium. Im April 1976 wurde er – zum Brigadegeneral befördert
– Stabsabteilungsleiter im Führungsstab der Luftwaffe unter Inspekteur
Limberg. Danach kehrte Eimler wieder zur Truppe zurück. Von 1977 bis

März 1979 führte er als Generalmajor die 2. Luftwaffendivision in Birken-
feld. Es folgte eine nur eineinhalbjährige Zwischenverwendung als Stellvertretender Kommandierender General des Luftflottenkommandos.
Bereits am 1. Oktober 1980 wurde er Stellvertretender Befehlshaber der
Alliierten Luftstreitkräfte in Mitteleuropa (AAFCE) in Ramstein. Gleich-
zeitig erhielt Eimler mit fünfzig Jahren den dritten goldenen Stern. Das
Thema seiner Jahresarbeit als Major vor fünfzehn Jahren, der Abgrenzung
der Zuständigkeitsbereiche Mittel- und Nordeuropa, mit dem er in dieser
Position zu tun hatte, war nach wie vor aktuell. Sein Chef an der Spitze der
Luftstreitkräfte in Mitteleuropa war der amerikanische Vier-Sterne-
General Charles A. Gabriel (1928-2003), ein erfahrener Jagdflieger aus
dem Korea- und dem Vietnamkrieg, der danach die Führung der US-
Luftwaffe im Pentagon übernahm. Zweieinhalb Jahre später, am 1. April
1983, trat Eimler als erster Offizier ohne Kriegserfahrung an die Spitze der
Luftwaffe. Als 7. Inspekteur folgte er hochdekorierten Flieger-Assen des
Zweiten Weltkriegs wie Kammhuber, Steinhoff, Rall und seinem direkten
Vorgänger, Friedrich Obleser (1923-2004). In seine Amtszeit als Inspek-
teur fiel die politisch umstrittene Entscheidung für die Anschaffung des
„Jägers 90," später in „Euro-Fighter" umbenannt. Eimler gab die Führung
der Luftwaffe Ende September 1987 nach viereinhalb Jahren an seinen
Nachfolger, Generalleutnant Horst Jungkurth (* 1933), ab. Mit 57 Jahren
erhielt er den vierten goldenen Stern und trat am 1. Oktober 1987 die
Nachfolge des Heeresgenerals Mack als Stellvertretender Oberbefehlshaber Europa (DSACEUR) im belgischen Casteau unter dem amerikanischen General John Galvin (* 1929) an. Anders als sein Vorgänger Rogers
legte der mit Eimler fast gleichaltrige, honorige und hochgebildete Galvin
Wert auf einen angenehmen und kameradschaftlichen Führungsstil – ideale Voraussetzungen für eine gute und effektive Zusammenarbeit zwischen beiden und dem britischen Stellvertreter, dem Heeresgeneral Sir
John Akehurst. Eimler war – nach Kammhuber, Steinhoff und Wust – der
vierte Offizier der Luftwaffe, der den höchsten Dienstgrad der Bundeswehr erreichte. Ende September 1990, ein knappes Jahr nach der deutschen Wiedervereinigung, trat Eimler in den Ruhestand. Mit den politischen Veränderungen hatte sich auch die Frage der Grenzziehung der
NATO-Kommandobereiche überholt. Sein Nachfolger wurde wieder ein
Heeresoffizier, General Clauß.

Auch Dieter **Clauß**, am 2. September 1934 in Leipzig geboren, stammte aus einer Familie mit militärischer Tradition. Sein Großvater mütterlicherseits, Ferdinand Koch (1875-1947), hatte im Ersten Weltkrieg als
Offizier im I. Bataillon des Königlich Sächsischen Infanterieregiments 104

gekämpft. Es war, später in der Reichswehr in Infanterieregiment 11 umbenannt, jener Verband, in dem sein Vater Joachim Clauß ab 1923 Dienst tun sollte. Seine Mutter kam aus einer Soldatenfamilie und Vater Joachim Clauß (1900-1944) war 1923 in das I. Bataillon des Infanterieregimentes 11 der Reichswehr in Freiberg eingetreten. Das Regiment, dessen Stab in Leipzig lag, unterstand der 4. Division in Dresden. Am Ende des Zweiten Weltkriegs war Joachim Clauß als Oberst i.G. Chef des Generalstabs des XXX. Armeekorps unter dem General der Kavallerie Philipp Kleffel (1887-1964). Aus dem Krieg kehrt er nicht heim – im Jahre 1944 wurde er in Rumänien als vermisst gemeldet.

Nach dem Abitur trat Dieter Clauß als Offizieranwärter 1955 in den Bundesgrenzschutz (BGS) ein. 1956 wurde er als Fähnrich in die Bundeswehr übernommen und direkt zur Heeresoffizierschule I nach Hannover-Langenhagen kommandiert. Nach der Ausbildung zum Offizier war Clauß als Zugführer und S 1-Offizier im Panzergrenadierbataillon 21 in Hannover, in dem auch der spätere General Peter Heinrich Carstens als junger Offizier diente. Im Jahre 1961 übernahm Clauß die 3. Kompanie des Panzergrenadierbataillons 182 in Bad Segeberg als Chef und führte sie bis 1965. Etwa zur gleichen Zeit war auch Peter Kurt Würzbach, der spätere Parlamentarische Staatssekretär im Verteidigungsministerium, als Offizier in diesem Verband. Von Oktober 1965 bis Ende September 1967 absolvierte Hauptmann Clauß den 8. Generalstabslehrgang an der Führungsakademie. Sein Hörsaalleiter war der von ihm geschätzte Oberst i.G. Dr. Gottfried Greiner (* 1922), der später als Divisionskommandeur erneut sein Vorgesetzter werden sollte. In seiner Jahresarbeit behandelte Clauß ein militärisches Thema auf der taktischen Ebene: „Der mögliche Einfluß moderner Panzerabwehrwaffen einschließlich der 1000 m-Einmannwaffe auf das Gefecht." Von 1969 bis 1971 war Clauß G 3-Stabsoffizier (Ausbildung, Führung und Organisation) der Panzerbrigade 8 in Lüneburg; sein Kommandeur war Brigadegeneral Heinz-Otto Fabian (1918-1990). Danach blieb Clauß an diesem Standort und führte von 1972 bis 1974 das Panzergrenadierbataillon 82 in Lüneburg als Kommandeur. Sein direkter Vorgesetzter als Brigadekommandeur war Oberst Johann Condné (1919-2001), der als Führer des II. Bataillons des Grenadierregiments 6 der 30. Infanteriedivision unter Generalmajor Albert Henze (1894-1979) noch im April 1945 mit dem Ritterkreuz ausgezeichnet worden war und am Ende seiner Laufbahn in der Bundeswehr zum Brigadegeneral aufstieg. Für Clauß folgten nach der Zeit in der Truppe drei Verwendungen im Ausland. Zunächst besuchte er den kanadischen Generalstabslehrgang am „Canadian Land Forces Command and Staff College" in Toronto und wechselte dann zum NATO-Defence College nach Rom. Schließlich wurde er 1976 G

3-Stabsoffizier in der Operationsabteilung im NATO-Hauptquartier SHAPE in Mons. General Alexander Haig war zu dieser Zeit SACEUR. Im Jahre 1977 wurde Clauß zum ersten Mal in eine ministerielle Verwendung berufen: zwei Jahre lang arbeitete er als Adjutant von Generalinspekteur Wust. Danach ging er 1979 als Kommandeur der Panzerbrigade 20 in Hemer wieder zur Truppe, Generalmajor Dr. Greiner, sein alter Hörsaalleiter, war mittlerweile dort in Unna sein Kommandeur bei der 7. Panzerdivision. Bereits im Oktober 1980 wurde Clauß – inzwischen zum Brigadegeneral avanciert – Kommandeur des Zentrums Innere Führung in Koblenz und behielt diese Verwendung bis Ende März 1983. Im April 1983 übernahm er von Generalmajor Konrad Manthey (* 1928) für ein kurzes Jahr die 6. Panzergrenadierdivision in Neumünster, in der er zwanzig Jahre zuvor als Kompaniechef in Segeberg gedient hatte. Im April 1984 wurde Clauß, als Nachfolger von Konteradmiral Wellershoff, Kommandeur der Führungsakademie in Hamburg-Blankenese. Nach zwei Jahren übergab er Ende März 1986 die Akademie an Generalmajor Jörn Söder. Dann folgte der nächste Sprung nach oben: Clauß löste Generalleutnant Dr. Gerhard Wachter (* 1929) als Kommandierenden General des I. Korps in Münster ab und stand nun als Drei-Sterne-General bis zum 31. März 1988 an dessen Spitze. Im April 1988 trat Clauß als Leiter der Abteilung Personal seine zweite Verwendung im Ministerium an; er löste Generalleutnant Manfred Fanslau ab. Clauß war der fünfte Soldat, der diese Abteilung führte. Am 1. Oktober 1990 erhielt er den vierten goldenen Stern. Als Nachfolger von Luftwaffengeneral Eimler wurde er einer der beiden Stellvertreter des NATO-Oberbefehlshabers Europa. Zunächst war dies bis Juni 1992 noch General John R. Galvin und danach bis Oktober 1993 General John M. Shalikashvili (* 1936). Sein Counterpart, der britische Stellvertreter war General Sir Brian Kenny. General Clauß schied am 30. Juni 1993 aus dem aktiven Dienst. Danach übernahm er eine Reihe ehrenamtlicher Aufgaben, so u. a. war er von 1994 bis 1999 Präsident der Clausewitz-Gesellschaft, ist Mitglied der „Justitia et Pax-Kommission" im Zentralkomitees der Deutschen Katholiken und Bundesauslandsbeauftragter des Malteser-Hilfsdienstes.

Nach dem Ausscheiden von Clauß als DSACEUR wurde der Dienstposten des zweiten Stellvertreters gestrichen. Von 1993 bis 2001 besetzten – wie in der Vergangenheit – britische Offiziere den einen Posten des Stellvertreters. Deutschland erhielt zwischenzeitlich als Ausgleich dafür als neue Verwendung auf der Vier-Sterne-Ebene den Posten des Chefs des Stabes im Obersten NATO-Hauptquartier SHAPE (COFS SHAPE). Dieser neue Dienstposten, bei dem alle Fäden der Führung, Information und der Stabsarbeit zusammenlaufen, ist zweifelsohne einflussreicher als der des

Stellvertreters von SACEUR. Erst im Jahre 2001 wurde mit General Stöckmann – nach sieben Jahren – wieder ein deutscher Offizier DSACEUR. Ihm folgte im Sommer 2002 der deutsche Admiral Feist, der das Amt nach seiner Pensionierung im Herbst 2004 wieder an einen Briten übergab.

Der erste deutsche Offizier, der auf den Posten des Chefs des Stabes von SHAPE (COFS SHAPE) berufen wurde, war General Carstens. Der Hamburger Peter Heinrich **Carstens** – am 18. Dezember 1937 in der Hansestadt geboren – erlebte bei Kriegsende als Siebenjähriger den Einmarsch der Briten in die zerbombte Stadt. Sein Vater, Hans Carstens (1899-1963), war als junger Mann bereits im Ersten Weltkrieg Berufsoffizier geworden und hatte im Zweiten Weltkrieg als Oberstleutnant und Kommandeur eines Grenadierregiments an der Front gestanden; achtzehn Jahre später erlag er den Spätfolgen seiner Verwundungen. Den Aufstieg seines Sohnes zu erleben, war ihm nicht vergönnt.

Sohn Peter Heinrich trat nach dem Abitur in den Bundesgrenzschutz ein, wechselte aber bereits am 1. Juli 1956 in die Bundeswehr und diente zunächst im Grenadierbataillon 21 in Hannover-Bothfeld. Im Jahre 1957 wurde er Leutnant. In seinen ersten Jahren als junger Infanterieoffizier war er von 1958 bis 1962 Zugführer im Panzergrenadierbataillon 161 in Flensburg. Sein Brigadekommandeur war der von ihm geschätzte Oberst Bennecke, der später ebenfalls Vier-Sterne-General wurde. Danach wechselte Carstens für zwei Jahre als Jugendoffizier in den Stab der 11. Panzergrenadierdivision nach Oldenburg, kehrte jedoch 1964 wieder zur Panzergrenadierbrigade 16 zurück und wurde Kompaniechef im Panzergrenadierbataillon 162 in Hamburg-Wentorf. Zuerst führte er eine Kampf- und danach die schwere (5.) Kompanie des Bataillons. Von 1968 bis 1970 absolvierte Carstens den 11. Generalstabslehrgang an der Führungsakademie; unter seinen Jahrgangskameraden war u. a. Jörg Schönbohm, der spätere Inspekteur des Heeres und heutige Innenminister von Brandenburg. In seiner Jahresarbeit befasste er sich mit militär-geographischen Aspekten: „Möglichkeiten und Grenzen des Flächenaufmarsches in der Bundesrepublik Deutschland – Untersuchungen über die Dichte der in West-Ost-Richtung verlaufenden Straßen- und Wegeverbindungen im Raum Schleswig-Holstein" lautete das Thema. Carstens blieb zunächst im Norden und wurde im Oktober 1970 G 3-Stabsoffizier (Ausbildung, Führung und Organisation) im Stab des binationalen Korps LANDJUT in Rendsburg. Zu dieser Zeit stand der dänische Generalmajor Skriver-Jensen an der Spitze des Korps am Nord-Ostsee-Kanal. Danach folgte die erste Verwendung in Bonn: von April 1972 bis 1976 war er als Oberst Adjutant von Minister Georg Leber. Doch dann ging es wieder in den Norden. Carstens hatte kein Bataillon kommandiert; daher wurde er – um die fehlende Truppenverwendung nachzuholen – Stellvertretender Kommandeur der Panzergrenadierbrigade 17 in Hamburg-Wentorf. Sein Brigadekommandeur war Brigadegeneral Juergen Schroeder (1916-1996) und sein Divisionskommandeur Generalmajor Hans Poeppel. 1979 besuchte Carstens das Royal College of Defence Studies (RCDS) in London, seine erste Auslandsverwendung. Als er nach Deutschland zurückkehrte, übernahm er die Panzergrenadierbrigade 14 in Koblenz als Kommandeur und führte diese von 1980 bis 1982. Seine Vorgesetzten als Divisionskommandeure waren Brigadegeneral Erwin Hentschel (* 1923) und Generalmajor Gerd Helmut Komossa (* 1924), beides kriegsgediente, erfahrene und truppennahe Offiziere. Mittlerweile zum Brigadegeneral befördert, folgte nun die zweite ministerielle Verwendung: von Februar 1982 bis Ende September 1983 war Carstens Stellvertretender Leiter des Planungsstabes unter Ministerialdirektor Dr. Walter Stützle, dem späteren Staatssekretär. Von dort ging Carstens vom 1. Oktober 1983 bis Ende Dezember 1988 als Abteilungsleiter II und General für die Ausbildung im Heer ins Heeresamt nach Köln. Es wurde die längste Verwendung seiner Laufbahn. Am 1. Januar 1989 übernahm er – unter gleichzeitiger Beförderung zum Generalmajor – als erster deutscher Kommandeur den multinationalen Eingreifverband der NATO, die Allied Mobile Force Land (AMF-L) im Kommandobereich Europa und führte ihn bis Ende September 1991. Mit 54 Jahren zum Generalleutnant befördert, wurde Carstens am 1. Oktober 1991 Kommandierender General des III. Korps in Koblenz und Nachfolger von Helge Hansen. Im Sommer 1993 übergab Carstens das Kommando an General Reinhardt und wurde – unter Beförderung zum Vier-Sterne-General – am 1. Juli 1993 als erster deutscher Offizier Chef des Stabes des NATO-Hauptquartiers SHAPE in Mons. Alle seine fünfzehn Vorgänger seit 1951 – der erste war General Alfred M. Gruenther, der spätere SACEUR (1953 bis 1956) – waren amerikanische Generale gewesen. Sein direkter Vorgänger auf diesem Stuhl war der amerikanische Luftwaffen-Vier-Sterne-General James B. Davis. Carstens hatte dieses hohe Amt – im Vergleich zu den meisten seiner Vorgänger – mit fast fünf Jahren überdurchschnittlich lange inne. Als er Ende März 1998 aus dem aktiven Dienst verabschiedet wurde, folgte ihm General Dieter Stöckmann, der bisher den Posten des Oberbefehlshabers der Alliierten Streitkräfte Mitteleuropa (CIN-CENT) in Mons wahrgenommen hatte. Nach seiner Pensionierung arbeitete Carstens – zusammen mit General a. D. Helge Hansen – u. a. im Jahre 2000 in der sog. „Weizsäcker-Kommission" mit.

Rainer **Feist** (*1945) – kurz vor Kriegsende am 12. April 1945 in Cuxhaven geboren – wuchs an der Nordsee auf und ist einer der wenigen

Marineoffiziere, die mit dem Meer von Jugend auf verwachsen waren. Da lag eine seemännische Karriere nicht fern. Doch es war nicht allein die prägende Kraft des Wassers: Feist war zusätzlich in einer lupenreinen familiären Marinetradition aufgewachsen.

Sein Vater Günther (* 1914) gehörte zur Crew 34 und diente danach als Kadettenoffizier auf dem Kreuzer „Emden" und in der Minensuchflottille. Der leichte Kreuzer „Emden" war – in Fortsetzung der Tradition des „Kleinen Kreuzers Emden" (1908-1914) – im Jahre 1925 in Wilhelmshaven vom Stapel gelaufen. Es war der erste deutsche Kreuzer nach dem Versailler Vertrag. Nach acht Jahren einer ausgedehnten Reisetätigkeit als Schulschiff wurde es von 1933 bis 1934 umgebaut und diente dann – mit einer Besatzung von 630 Mann – als Kadettenschulschiff. Sein erster Kommandant von September 1934 bis September 1935 war Fregattenkapitän Karl Dönitz. Im Mai 1945 wurde das schwerbeschädigte Schiff unter seinem letzten Kommandanten, Kapitän zur See Wolfgang Kähler, in der Kieler Förde vor Heikendorf gesprengt. Während des Krieges war Günther Feist – ausgezeichnet mit dem Eisernen Kreuz I. Klasse – in der Geleitflottille, der 18. Minensuchflottille, Sperrbrecherflottille und dann bis zum Ende des Krieges auf dem schweren Kreuzer „Hipper" eingesetzt. Die „Hipper" – benannt nach Admiral Franz Ritter von Hipper (1863-1932), dem letzten Kaiserlichen Flottenchef – war 1937 in Kiel vom Stapel gelaufen und zwei Jahre später in Dienst gestellt worden. Die Besatzung bestand im Krieg aus 600 Soldaten; Kapitän zur See Hellmuth Heye, der spätere Wehrbeauftragte der Bundeswehr, war ihr erster Kommandant. Im April 1940 unterstützte sie die „Operation Weserübung", die Invasion von Norwegen. Von Dezember 1940 bis Ende 1942 beteiligte sich das Schiff am Handelskrieg im Atlantik und wurde wegen eines Treffers in die Ostsee verlegt. Am 1. April 1943 wurde das Schiff in Pillau außer Dienst, jedoch im März 1944 wieder in Dienst gestellt und ab Herbst 1944 als Ausbildungsschiff verwendet. Am 30. Januar 1945 lief die „Hipper" unter Kapitän zur See Hans Henigst mit 1.530 Flüchtlingen von Gotenhafen (Gdingen; heute: Gdynia) zur Reparatur nach Kiel aus, wo es am 3. April einen Bombentreffer erhielt. Einen Monat später, am 3. Mai 1945, wurde die „Admiral Hipper" im Dock gesprengt.

Im Jahre 1956 wurde Günther Feist wieder Soldat und diente zunächst beim Waffenkommando in Kiel und danach im Führungsstab der Marine. Später war er Lehrgruppenkommandeur an der Unterwasserwaffenschule in Flensburg. Als Günther Feist im Oktober 1972 als Kommandeur der neu gebauten Unterwasserwaffenschule in Eckernförde aus dem aktiven Dienst ausschied, waren seine beiden Söhne Peter und Rainer bereits in seine Fußstapfen getreten und führten die Marinetradition der Familie fort. Rüstig bis ins hohe Alter war es Günther Feist vergönnt, nicht nur den

Aufstieg seiner Söhne Peter und Rainer in der Marine, sondern sogar auch noch deren Ausscheiden aus dem aktiven Dienst zu erleben.

Rainer Feists älterer Bruder Peter (* 1942) – Angehöriger der Crew 4/61 – war als Kapitän zur See in seiner letzten Verwendung bis Oktober 2001 Kommandeur des Taktikzentrums der Marine in Bremerhaven. Die Liebe zur See übernahm auch die folgende Generation; Rainer Feists Sohn Torsten diente als Zeitsoldat (SaZ 12) und Angehöriger der Crew 7/90 in der Bundesmarine, zuletzt als Hörsaalleiter an der Marineschule in Mürwik.

Rainer Feist trat er nach dem Abitur 1966 in die Crew 4/66 der Bundesmarine ein. Nach der Ausbildung zum Offizier – von 1967 bis 1969 – diente er bis 1973 als Wachoffizier auf Schnellbooten und dem Zerstörer „Bayern" (D-183; der Zerstörer gehörte zum 2. Zerstörergeschwader. Im Dezember 1993 erfolgte dessen Außerdienststellung). Danach durchlief Feist von 1973 bis 1974 die Ausbildung zum U-Boot-Jagdoffizier und wurde Wachoffizier und Kommandant des Schnellbootes „Geier" (Jaguar-Klasse) des 2. Schnellbootgeschwaders in Olpenitz. Ab April 1975 besuchte er einen einjährigen Lehrgang zur Umschulung auf die neue Schnellbootklasse 143 und wechselte 1976 mit der Indienststellung des S-63 (später „S 63 Geier") als Bootswaffen- und Einsatzoffizier auf dieses Nachfolgemuster. Von 1977 bis 1979 absolvierte Feist den 19. Admiralstabslehrgang an der Führungsakademie. Seine Jahresarbeit verfasste er über ein marinespezifisches Thema, in das er fundierte eigene Erfahrung einfließen lassen konnte: „Gliederung und Struktur der Schnellbootflottille." Nach dem Lehrgang wurde Feist für zwei Jahre, von 1979 bis 1981, Kommandant des Flugkörper(FK)-Schnellbootes „S-66 Greif" (Klasse 143) wiederum im 2. Schnellbootgeschwader an der Ostsee unter Fregattenkapitän (später Konteradmiral) Klaus Jancke (* 1940) als Kommandeur. Von 1981 bis 1983 folgte seine erste ministerielle Verwendung als Stabsoffizier beim Stabsabteilungsleiter Fü S III, Generalmajor Hans-Peter Tandecki und Generalinspekteur Brandt. Mit dieser Verwendung wurden zugleich die Weichen für seine spätere Spezialisierung auf dem Gebiet der Militärpolitik gestellt. Es folgte eine kurze Verwendung in der Truppe als S 3-Offizer (Ausbildung, Führung und Organisation) und Stellvertretender Kommandeur des 7. Schnellbootgeschwaders in Kiel unter dem Geschwaderkommandeur Uwe Bruhns, bevor er 1984 seine erste NATO-Verwendung als Planungschef im NATO-Hauptquartier BAL-TAP („Baltic Approaches") im dänischen Karup erhielt. 1987 kam Feist nach Deutschland zurück und bekam erneut ein Truppenkommando bei der Flotte. Er wurde Kommandeur des 2. Schnellbootgeschwaders in Olpenitz, seines alten Verbandes, und führte das Geschwader drei Jahre, bis 1990. Flottillenadmiral Hans Frank (* 1939), der spätere Stellvertreter des Generalinspekteurs und Präsident der Bundesakademie für Sicherheitspolitik, führte die Schnellbootflottille. Befehlshaber der Flotte war Vizeadmiral Klaus Rehder (* 1933). Feist blieb auch nach dieser Zeit bei der Truppe im Norden Deutschlands. Er wechselte in eine Lehrtätigkeit und wurde Dozent an der Führungsakademie in Hamburg; als dienstältester Lehrstabsoffizier („LA 3") der Fachgruppe Führungslehre Marine lehrte er Seestrategie und operative Planung und war überdies für die Lehrgangsplanung des Admiralstabslehrganges verantwortlich. Kommandeur der Akademie war Generalmajor Dr. Klaus Reinhardt. Aber bereits 1991 folgte die zweite Verwendung in Bonn: Feist wurde als Kapitän zur See Referatsleiter Fü S III 1 (Militärpolitik) zunächst unter Generalmajor Manfred Eisele (* 1938) und danach unter Generalmajor (später Generalleutnant) Klaus Wiesmann (* 1940). General Naumann hatte sein Amt als Generalinspekteur gerade angetreten. Feist führte das Referat drei Jahre; es war die Zeit des 2. Golfkrieges und der beginnenden Neuorientierung des Aufgabenspektrums der Bundeswehr unter den Ministern Stoltenberg und Rühe – eine arbeitsreiche und hektische, gleichwohl aber überaus interessante Zeit. 1994 wurde Feist – unter Beförderung zum Flottillenadmiral – in seiner ersten Verwendung im Ausland Chef des Stabes der „Partnership for Peace" (PfP) -Koordinierungszelle im NATO-Hauptquartier in Mons; die US-Generale Joulwan und Clark standen zu dieser Zeit an der Spitze der NATO in Europa. Im Jahre 1998 führte ihn sein militärischer Werdegang zurück nach Deutschland und diesmal an die Nordspitze Deutschlands, nach Glücksburg ins Flottenkommando: Feist wurde Konteradmiral und Stellvertreter des Befehlshabers der Flotte, Vizeadmiral Dirk Horten (* 1939). Es wurde eine fruchtbare Zusammenarbeit zwischen beiden, aufgebaut auf gegenseitiger Wertschätzung. Im April 2000 übernahm Feist als Befehlshaber den Wehrbereich I „Küste" in Kiel und löste Konteradmiral Lutz Feldt (*1945) ab, der als Befehlshaber der Flotte nach Glücksburg ging. Es war seine kürzeste Verwendung, eher ein laufbahnmäßiges Intermezzo, denn schon nach sechs Monaten – im Oktober 2000 – wurde er zum Vizeadmiral befördert und als Stellvertreter von Generalinspekteur Kujat nach Bonn berufen. An der Spitze der Bundeswehr standen nun ein Luftwaffengeneral und ein Admiral. Nur zwei Jahre später wurde Feist ein weiteres Mal befördert: nach Zimmermann, Luther und Wellershoff wurde er im September 2002 der vierte Vier-Sterne-Admiral der Bundeswehr und übernahm von General Stöckmann, der in den Ruhestand trat, das Amt des Stellvertreters des NATO-Oberbefehlshabers (DSACEUR) unter den US-Generalen Joseph Ralston und danach James Jones (* 1943). Feist war nach Admiral Luther der zweite Marineoffizier auf diesem Dienstposten. In dieser Funktion war Feist zugleich der EU-Befehlshaber der Operation „Concordia" in Mazedonien, die am 31. März 2003 von der NATO an die EU übertragen worden war. Ende September 2004 schied Feist aus dem aktiven Dienst. Sein Nachfolger wurde der britische General Sir John Reith. Seinen Wohnsitz im Herbst des Lebens wählte Rainer Feist – im Gegensatz zur Jugend – an der Ostsee.

General Rainer **Schuwirth** (* 1945) wurde – nach den Generalen Carstens und Stöckmann – der dritte deutsche Chef des Stabes (COFS) bei SHAPE.

Die militärische Tradition der Familie wurde von Vater Horst-Bodo Schuwirth (1919-1983) begründet. Dieser trat 1939 in das Infanterieregiment (ab 1940: Schützenregiment) 74 ein und diente in diesem Verband, der zur 19. (Niedersächsischen) Infanteriedivision gehörte, bis zum Ende des Krieges. Diese Division nahm – zunächst unter Generalleutnant Günther Schwantes (1881-1942) und ab 1940 unter Generalmajor (später General der Panzertruppen) Otto von Knobelsdorff (1886-1966) – am Polen- und Frankreichfeldzug teil. Nach Umbenennung in 19. Panzerdivision kämpfte der Großverband bis Kriegsende an der Ostfront. Nach dem Krieg trat Horst-Bodo Schuwirth in die Bundeswehr ein und stieg bis zum Generalmajor auf. Ende September 1979 schied er aus dem aktiven Dienst und starb bereits im August 1983; den Aufstieg des Sohnes erlebte er nur noch bis zum Bataillonskommandeur.

Sein Sohn Rainer wurde drei Monate nach dem Ende des Zweiten Weltkrieges am 12. Juli 1945 in Regensburg geboren. Nach dem Abitur trat er in das Feldartilleriebataillon 195 in Handorf ein. Im Jahre 1966 wurde Schuwirth Leutnant und war danach Zugführer beim Raketenartillerie-Lehrbataillon 1 in Eschweiler und S1/S2-Offizier (Personal/ Nachrichtenwesen) im Stab des Raketenartilleriebataillons 12 in Nienburg unter Oberstleutnant Ohnesorge. Dann erfolgte ein Wechsel in den Süden Deutschlands: er wurde Batteriechef der 2. Batterie des Raketenartilleriebataillons 102 in Pfullendorf, das zum Artillerieregiment der 10. Panzerdivision gehörte; seine beiden Bataillonskommandeure waren die Oberstleutnante Wagner und Eisenreich.

Von 1976 bis 1978 absolvierte der Artillerist Schuwirth den 19. Generalstabslehrgang an der Führungsakademie. Einer seiner Lehrgangska-meraden war Holger Kammerhoff, der 2004 Befehlshaber des Einsatzführungskommandos der Bundeswehr in Potsdam wurde. Schuwirths Jahresarbeit zeigte bereits sein großes Interesse für Fragen der Nuklear-strategie: „Überlegungen zur Bedeutung der nuklearen Komponente der NATO-Triade in der nächsten Dekade unter Berücksichtigung technischer Verbesserungen im Bereich der konventionellen Waffen." Nach der Akademiezeit in Hamburg wurde Schuwirth 1978 zunächst G 2-Stabsoffizier (Militärisches Nachrichtenwesen) im Hauptquartier der Heeresgruppe Mitte (CENTAG) in Heidelberg und wechselte im Jahre 1981 als „G3-op" zum III. Korps nach Koblenz; sein Kommandierender General war Gene-ralleutnant Altenburg. Im Jahre 1983 übernahm Schuwirth das Raketenartilleriebataillon 150 in Wesel als Kommandeur und führte es zwei Jahre.

1985 erhielt er die erste ministerielle Verwendung als Referent für Innere Führung (Fü S I 4) im Führungsstab der Streitkräfte. Es war eine Verwendung, die zwar nicht auf der später bevorzugten Linie der Operationsführung und Militärpolitik lag, in die er aber seine praktische Erfahrung in der Menschenführung als Bataillonskommandeur einbringen konnte. Sein Stabsabteilungsleiter war Brigadegeneral (später Generalleutnant) Werner von Scheven (*1937). Im Jahre 1988 wechselte Schuwirth als Oberst in die Leitungetage des Ministeriums. Zunächst war er noch für kurze Zeit der 2. Adjutant von Minister Wörner. Nach dem Minister-wechsel im Mai 1988 blieb Schuwirth als 1. Adjutant beim Nachfolger, Minister Scholz, und diente in dieser Funktion bis 1990 auch unter Gerhard Stoltenberg bis 1990. Schuwirth ist somit der einzige Offizier, der unter drei Ministern die Funktion eines Adjutanten wahrnahm. Es war die überaus interessante, aber zugleich äußerst fordernde und arbeitsreiche Zeit der deutschen Wiedervereinigung. Danach wechselte er auf den Posten des Leiters des Grundlagenreferats Militärpolitik (Fü S III 1) unter Generalinspekteur Naumann. Bereits 1991 gab er die Leitung des Referates an den Kapitän zur See (später Admiral) Feist und übernahm die Panzerbrigade 8 in Lüneburg als Kommandeur. Sein Divisionskommandeur in Hannover war Generalmajor Schultze-Rhonhof. Nach drei Jahren folgte Schuwirths erste Auslandsverwendung. Von 1994 bis 1996 war er Abteilungsleiter Militärpolitik und Dienstältester Deutscher Offizier (DDO) bei der deutschen NATO-Botschaft in Brüssel unter Botschafter Dr. Hermann Freiherr von Richthofen (* 1933). Danach kehrte er als Generalmajor nach Bonn zurück und leitete bis 1999 die zentrale Stabsabteilung Fü S III unter Generalinspekteur Hartmut Bagger und Minister Rühe. Im April 1999 erhielt Schuwirth den dritten goldenen Stern und übernahm – ohne eine Division geführt zu haben – das IV. Korps als Nachfolger von General von Kirchbach, der zum Generalinspekteur berufen wurde. Schuwirth blieb bis zum Frühjahr 2001 in Potsdam. Danach wechselte er auf einen neu geschaffenen internationalen Dienstposten und wurde im März 2001 zum ersten Generaldirektor des Militärstabes der Europäischen Union („Director General European Military Staff"/DGEUMS)) mit Sitz in Brüssel ernannt.

Die Forderung der NATO nach einer Verstärkung der militärischen Anstrengungen der europäischen Mitgliedstaaten und nach einer Festigung des europäischen Pfeilers des Bündnisses ist zwar alt, doch das militärische Eingreifen der UN und der NATO im zerfallenden Jugoslawien und der Kosovokrieg hatten die Lücken im europäischen militärischen Potential ungeschminkt und geographisch hautnah an den Tag gebracht. Die EU – mit 25 Mitgliedstaaten, 450 Millionen Einwohnern und einem Viertel des Bruttosozialproduktes der Welt – erkannte, dass bei ihrer fortschreitenden Weiterentwicklung und im Zuge der Konkretisierung der „Gemeinsamen Außen- und Sicherheitspolitik" auch das militärische Instrumentarium eines gebührenden Stellenwertes bedarf. Schuwirths Aufgabe war es, bis 2003 eine europäische Eingreiftruppe aufzubauen, um im Rahmen der Europäischen Sicherheits- und Verteidigungspolitik (ESVP) die geplanten Strukturen für das Krisenmanagement der EU zu schaffen. Konkret hieß dies: die Mitgliedsstaaten der EU sollten in der Lage sein, Land-, Luft- und Seestreitkräfte in Stärke eines Korps (50 000 bis 60 000 Soldaten) innerhalb von 60 Tagen in eine Krisenregion zu verlegen und diesen Einsatz mindestens ein Jahr zu führen. [367] Auch Schuwirths Aufgabe vollzog sich im Grenzbereich zwischen Militär und Politik, war er doch direkt dem „Generalsekretär und Hohen Repräsentanten der Gemeinsamen Außen- und Sicherheitspolitik" (Javier Solana Madariaga – * 1942) zugeordnet. Überdies unterstützte er den „Militärausschuss der EU," der sich – analog zu dem der NATO – aus den Generalstabschefs der EU-Staaten zusammensetzt.

Die EU führte bisher mehrere militärische Einsätze durch. [368] Im August 2004 übernahm die EU erstmalig für sechs Monate die Führung der „International Security Assistance Force" (ISAF) in Kabul. Der französi-

---

367 Die EU hat – in Anlehnung an die „NATO-Defense Capabilities Initiative", die seit 1999 den Schwerpunkt des militärischen Ausbaus u. a. auf Aufklärungs- und Führungsinfrastruktur sowie auf eine Erweiterung der Lufttransportkapazität legt – die sog. „Helsinki Headline Goals" aufgestellt die sich an den „Petersberg-Missionen", wie sie die WEU im Juni 1992 festlegte, orientieren.

368 Die „Operation CONCORDIA" in Mazedonien – auf der Grundlage der Resolution 1371 des UNO-Sicherheitsrates vom 26. September 2001 – war ihre erste, wenngleich vom personellen Umfang her eher bescheidene Militäroperation. An ihr nahmen 350 Soldaten aus dreizehn EU- und 14 Nicht-EU-Ländern teil. Frankreich stellte etwa die Hälfte der Truppen; der deutsche Anteil lag bei 70 Soldaten. Die EU übernahm den Auftrag am 31. März 2003 von der NATO mit dem Ziel, zu einem stabilen und sicheren Umfeld in Mazedonien beizutragen, die den Aufbau politischer Strukturen garantiert. Die „Operation ARTEMIS" im Kongo mit 1.400 Soldaten fand von Juni bis August 2003 auf der Basis eines zeitlich begrenzten Mandats der UNO statt. Ziel war es, die vom Bürgerkrieg gezeichnete Stadt Bunia im Nordosten des Kongo zu stabilisieren und für Überwachungstruppen der Vereinten Nationen offen zu halten.

sche Generalleutnant Jean-Louis Py (* 1948), der Kommandierende
General des Euro-Korps, löste seinen kanadischen NATO-Kameraden Rick
Hillier (* 1955) [369] ab, der „ISAF V" befehligte. General Py leitete die EU-
Mission „ISAF VI" sechs Monate lang bis zum 13. Februar 2005 und über-
gab dann das Kommando an den türkischen Generalleutnant Ethem
Erdagi (* 1949). Dieser führte – zusammen mit seinem deutschen Stell-
vertreter, Generalmajor Hermann Wachter (* 1946) – das Kontingent
„ISAF VII" bis August 2005 im Auftrag des Joint Force Command der
NATO in Brunssum unter dem deutschen Luftwaffengeneral Gerhard
Back. Am 22. September 2004 verließ Schuwirth die EU und wechselte
innerhalb Belgiens von Brüssel nach Mons in das NATO-Hauptquartier.
Unter Beförderung zum Vier-Sterne-General wurde er – nach Carstens
und Stöckmann – der dritte deutsche Offizier, der als Chef des Stabes die
Arbeit dieses höchste militärischen Kommandos der NATO koordiniert,
das nun die Doppelbezeichnung „Supreme Headquarters Allied Powers
Europe und Allied Command Operations" (SHAPE & ACO) trägt.
Schuwirth ist der engste Mitarbeiter des Obersten NATO-Befehlshabers in
Europa (SACEUR), des amerikanischen Generals James Jones (US-
MarineCorps).

2.4 Im Dienste der Allianz und Europas

Die ersten deutschen Offiziere, die in der NATO Führungsverwendungen übernahmen, hatten heikle Missionen zu erfüllen. Kaum mehr als ein
Jahrzehnt nach dem Ende des Zweiten Weltkrieges wurden deutsche Generale Vorgesetzte von Soldaten der ehemaligen Kriegsgegner und führten
Truppen dieser Länder. Die Bedeutung dieser personellen Maßnahme für
das Zusammenwachsen Europas und das Überwinden der Leiden des
Krieges kann nicht hoch genug eingeschätzt werden. In der Heimat hingegen wurden die deutschen NATO-Offiziere kaum wahrgenommen. Sie
standen im Halbschatten des öffentlichen und auch des politischen
Interesses, verständlich, denn zu groß waren die internen Probleme in dieser Zeit des Wiederaufbaues. Kritisch bemerkt de Maizière:
„So hohes Ansehen SACEUR (= NATO-Oberbefehlshaber in Europa) in
Bonn genoß, so schwierig war es, den Verteidigungsministern ... die Bedeu-
tung des mit einem deutschen General besetzten Oberbefehlshabers der
Verbündeten Streitkräfte Mitteleuropa (CINCENT) nahezubringen. ...
Schröder hat zu dem ... amtierenden General Graf Kielmansegg kein persön-
liches Verhältnis gefunden. ... Die Ernennung von Jürgen Bennecke zum

CINCENT Anfang Januar 1966 erwies sich als eine glückliche Entscheidung. ... Schröder, später auch Helmut Schmidt, schätzten ihn hoch, hielten aber dennoch nicht so enge Kontakte, wie ich sie in Anbetracht der Bedeutung des CINCENT für erwünscht gehalten hätte."[370]

Diese Distanz zwischen der politischen Führung in Bonn und den NATO -Kommandobehörden hatte nur dank der positiven politischen Entwicklung keine negativen Auswirkungen. Auch Bundeskanzler Kohl musste 1983 einräumen, dass er General Kießling, einen von damals drei deutschen Vier-Sterne-Generalen, nicht kannte. Dies ist ein weiteres Indiz dafür, dass die Rolle des Bundeskanzlers als „Inhaber der Befehls- und Kommandogewalt im Verteidigungsfall" niemals ernst genommen wurde. Sonst hätten die deutschen NATO-Oberbefehlshaber als die eigentlichen operativen Führer im europäischen Rahmen mehr Interesse und Beachtung erhalten, und vielleicht wäre auch ihr Rat in den politischen Zirkeln am Rhein mehr beachtet worden, ohne dadurch eine Konkurrenz zum Generalinspekteur aufzubauen. Mit den amerikanischen NATO-Oberbefehlshabern hingegen pflegte die deutsche Politik einen engeren Kontakt, aber dies hatte sicherlich primär politische und weniger militärische Gründe. Doch nicht nur die deutschen Offiziere auf diesen hohen NATO-Posten waren den Politikern in Bonn und später in Berlin fremd, auch ihre Rolle, ihre Aufgabe und ihr Einfluss im Bündnis waren weitgehend unbekannt.

„Die Bedeutung der Besetzung dieser Position mit einem deutschen General kann nicht überschätzt werden. Die Bundesregierung war gut beraten, für den Posten des CINCENT ausnahmslos Persönlichkeiten hoher Qualität auszuwählen, die sich internationale Anerkennung und Autorität erworben haben. Die ihnen nachgeordneten Befehlshaber der alliierten Nationen, einschließlich der amerikanischen und britischen 4-Sterne-Generale des Heeres und der Luftwaffe, haben keine Schwierigkeiten gesehen, sich einem deutschen CINCENT unterzuordnen."[371]

Am 2. April 1957 wurde mit General Dr. Hans **Speidel** der erste deutsche General Oberkommandierender einer multinationalen Landstreitmacht – ein historischer Augenblick in der deutschen Militärgeschichte der Nachkriegszeit. Der Schwabe Speidel kam aus keiner „militärisch vorbelasteten" Familie, seine geistige Heimat war das Bildungsbürgertum. Als der Erste Weltkrieg ausbrach, war er – am 28. Oktober 1897 im schwäbi-

---

369 Hillier wurde im April 2005 kanadischer Generalstabschef ("Chief of the Defence Staff for the Canadian Forces")
370 Maizière, Ulrich de In der Pflicht S. 278 und 297
371 Maizière, Ulrich de Führen im Frieden S. 221

schen Metzingen als zweiter Sohn des Oberforstrates und Stellvertreters des Präsidenten der königlich württembergischen Forstdirektion in Stuttgart, Professor Emil Speidel (1859-1938), geboren – gerade siebzehn Jahre alt, noch Schüler und eben mit dem „Notabitur" in der Tasche. Speidel eilte Ende November 1914 „zu den Fahnen" und trat in das „Grenadierregiment König Karl" (5. Württembergisches) Nr. 123 in Ulm ein. Sein älterer Bruder Wilhelm („Helm" – 1895-1970) – er stieg später bis zum General der Flieger auf – war bereits drei Monate zuvor ins Feld gezogen. Im Dezember 1939 löste der damalige Generalmajor Wilhelm Speidel Oberst Josef Kammhuber, den späteren ersten Inspekteur der Luftwaffe, als Chef des Stabes der Luftflotte 2 ab.

Hans Speidels Regiment Nr. 123 wurde im Krieg von vier Kommandeuren kommandiert: Generalmajor von Erpf (Aug/ Sept 1914), Oberstleutnant von Hoff (Sept/ Okt 1914), Oberstleutnant Arnold (Okt 1914 bis März 1915), sowie Oberstleutnant (später Oberst) Freiherr von Lupin (von März 1915 bis zum Ende des Krieges). Der Verband war der 53. Infanteriebrigade unterstellt und diese wiederum gehörte zur 27. (Württembergischen) Infanteriedivision, die zunächst unter dem Kommando von Generalleutnant Graf von Pfeil und Klein-Ellguth (1914-1916), danach unter dem von Generalleutnant von Moser (1916-1917) stand und schließlich ab 1917 bis zum Kriegsende von Generalmajor von Maur befehligt wurde. Bis zum Jahreswechsel 1914/15 kämpfte Hans Speidel mit seinem Regiment in den Argonnen – nur eine kurze Wegstrecke von Verdun entfernt – im Rahmen des XIII. württembergischen Armeekorps unter dem General der Infanterie Bruno von Mudra (1851-1931). Die Franzosen nannten die Waldkämpfe in dem Gewirr von niedrigem Stangen- und Unterholz „L´enfer" („Die Hölle") und hielten sie für den schlimmsten und gefährlichsten Kampfabschnitt der ganzen Westfront. Für Speidel war dies, wie der Zweite Weltkrieg für Schmidt, Strauß und von Weizsäcker, eine prägende Zeit:

„Unvergesslich bleibt aber die Kameradschaft, die sich >im Wald< herausgebildet und die ohne Unterschied von Rang und Alter sich über ein halbes Jahrhundert bewährt hat."[372]

Speidel blieb bis 1918 im Westen, wie sein späterer Kamerad Heusinger und erlebte dort u. a. – nur von kurzen Ruhepausen unterbrochen – die Materialschlachten an der Somme, um Guillemont, Mars-la-Tour, Gravelotte und in Flandern, sowie im März 1918 im Raum Cambrai und dann wieder vor Verdun – die Liste der Kämpfe ist lang. Speidel wurde Leutnant und mit dem Eisernen Kreuz I. Klasse ausgezeichnet. Nach dem Waffenstillstand kehrte sein Regiment von der Maas über mehr als 500 km im Fußmarsch „in voller Ordnung" in die Heimat zurück.

Nach dem Ende des Krieges blieb Speidel – mit 21 Jahren – auf Betreiben seines letzten Regimentskommandeurs, Oberst Freiherr von Lupin, in der württembergischen Armee und wurde zunächst im Sommer 1919 für kurze Zeit als Ordonnanzoffizier zum „Reichswehr-Infanterieführer 13", Generalmajor Ernst Reinhardt, [373] nach Stuttgart kommandiert. Speidels Beziehung zu Erwin Rommel, seinem lebensälteren schwäbischen Landsmann, in den frühen Jahren ihrer Bekanntschaft bleibt in seltsamem Dunkel. Einerseits erwähnt Speidel mit Hochachtung die Führungsqualitäten des Pour le mérite-Trägers Rommel im Ersten Weltkrieg, als dieser z. B. 1915 in den Argonnen die Nachbarkompanie zu Speidels Einheit führte. Doch es fehlt sowohl in Speidels Lebenserinnerungen als auch im Artikel über Rommel in seinen „Zeitbetrachtungen" [374] die Beschreibung persönlicher Kontakte, obwohl Rommel bis 1926 im selben Infanterieregiment 13 Kompaniechef war, und Speidel, der das Regiment erst 1929 verließ, sich als „alten Brigade- und Regimentskameraden" Rommels bezeichnet. Der erste Grund dürfte darin liegen, dass Rommel, im Gegensatz zu Speidel „nicht musisch veranlagt" [375] war, d. h. ihre Interessen, abgesehen von Alter und Unterschied im Dienstgrad, und ihre Charaktere zu unterschiedlich waren, um eine engere Freundschaft zu begründen. Rommel war ein bescheidener, anspruchsloser Mann. Hinzukam, dass Speidel von 1920 bis 1922 die Generalstabsausbildung (sie hieß sie aus Tarnungsgründen „Führergehilfenausbildung") in Stuttgart absolvierte. Rommel stand „den" Generalstäblern distanziert gegenüber.
„Sie sind mir zu glatt und undurchsichtig." [376]
Als Speidel später – offenbar auf Betreiben Rommels – in dessen Stab versetzt wurde, gab daher wahrscheinlich der Verstand ob der Nützlichkeit Speidels in Frankreich, d. h. das dienstliche Kalkül, und nicht das Gefühl und die Erinnerung an gemeinsame Regimentszeiten den Ausschlag.

Neben Speidel und Rommel dienten – zu unterschiedlichen Zeiten – auch die späteren Generalobersten Blaskowitz, Ruoff und Heinrici, sowie der spätere Inspekteur des Heeres, General Schnez, im IR 13. Johannes Blaskowitz (1883-1948/Freitod) war von 1923 (?) bis 1926 Kommandeur

---

372 Speidel, Hans   Aus unserer Zeit S. 24
373 Nicht zu verwechseln mit dem General der Infanterie Walther Reinhardt (1872-1930), dem letzten preußischen Kriegsminister (1919). Dieser war bis 1920 Chef der Heeresleitung, anschließend Befehlshaber im Wehrbereich V in Stuttgart und am Endes seiner Laufbahn Oberbefehlshaber des Gruppenkommandos 2 in Kassel. Er war ein Gegner des Lüttwitz-Kapp-Putsches.
374 Speidel, Hans   Zeitbetrachtungen S. 165 ff.
375 Speidel, Hans   Aus unserer Zeit S. 208
376 Äußerung Rommels gegenüber Prof. Dr. Kurt Hesse; siehe: Hesse, Kurt   Der Geist von Potsdam S. 134

des III. Bataillons. Richard Ruoff (1893-1967) stand von 1931 bis 1933 an der Spitze des I. Bataillons und führte danach von 1933 bis 1934 das Regiment. Gotthard Heinrici (1886-1971) war vor 1932 Bataillonskommandeur im IR 13. Auch Berthold Graf von Stauffenberg (1905-1944), der ältere Bruder von Claus Graf von Stauffenberg, hatte 1923 als Achtzehnjähriger die militärische Grundausbildung in diesem Verband erhalten. 1930, ein Jahr nachdem Speidel das IR 13 verlassen hatte, trat Albert Schnez, der spätere Inspekteur des Heeres, als neunzehnjähriger Offizieranwärter in das Ausbildungsbataillon des Regiments in Schwäbisch-Gmünd ein.

Da Speidel nach dem Ende der zweijährigen „Führergehilfenausbildung" noch „zu jung" für das dritte Jahr dieser Ausbildung war, wurde er in das Infanterieregiment 13 zurückversetzt, diesmal in die 7. Kompanie zum Pour le mérite-Ritter, Hauptmann Hermann Köhl. Von dort wechselte Speidel als Führer eines vierspännigen Maschinengewehr-Begleitzuges in die 8. MG-Kompanie. In dieser Zeit begann er – neben seinem Dienst – mit dem Studium der Geschichte, Germanistik und Ästhetik, sowie der Volkswirtschaft und promovierte 1925. Rommel führte in dieser Zeit die 4. (MG)-Kompanie im Regiment – wusste daher sicher um diese „außerdienstlichen Eskapaden" Speidels und dürfte sie wohl eher ablehnend betrachten haben. Kaum ein Kompaniechef sah diese zeitaufwendigen außerdienstlichen Aktivitäten seiner Offiziere mit ungeteiltem Wohlwollen. Vielleicht war auch etwas Neid auf den Jüngeren im Spiel, war doch der hochdekorierte Rommel – seit Jahren Kompaniechef und ohne Perspektive auf weiteren Aufstieg – aus damaliger Sicht nahezu am Ende seiner Karriere. Zwanzig Jahre nach der gemeinsamen Zeit in Stuttgart und Ludwigsburg kam dann 1944 der späte „Triumph" Rommels: er, der sture und einseitig militärisch orientierte, bescheidene Infanterist, der vermutlich Marschmusik dem Liebestod von Tristan und Isolde vorzog, war zum weltweit bekanntesten Heerführer aufgestiegen. Nun konnte er huldvoll den gebildeten Speidel als einen Berater an seine Seite rufen ohne dass sein eigener Ruhm geschmälert wurde.

1929 wurde Speidel zur Teilnahme am dritten Jahr der „Führergehilfenausbildung" nach Berlin versetzt. Dort lernte Speidel „einen weiteren Reinhardt" kennen, den späteren Generaloberst Georg-Hans Reinhardt (1887-1963), sowie Walter Model, den späteren Generalfeldmarschall. Unter den fünfzehn Offizieren seines Hörsaals war u. a. auch Adolf Heusinger, mit dem zusammen er nur zwei Jahrzehnte später die Bundeswehr aufbauen sollte. In einer Beurteilungsnotiz. schrieb der spätere Generaloberst Ludwig Beck über Speidel: [377]

„Er zeigte sich von eminent rascher Auffassungsgabe, messerscharfem Verstand und überdurchschnittlicher Arbeitskraft. Er hat überdies eine

besondere Fähigkeit zur Menschenbehandlung. Sein gewinnendes Wesen und seine völlige Beherrschung des Ausdrucks in allen Nuancen ließen ihn neben seinen hervorragenden Charaktereigenschaften und seinen Sprachkenntnissen frühzeitig zur Verwendung im militärischen Auslandsdienst geeignet erscheinen."

Nach Abschluss der Ausbildung kam Speidel 1930 in die Abteilung „Fremde Heere" des Truppenamtes (Tarnname für den Generalstab) und übernahm die Lagebearbeitung der westeuropäischen Staaten. 1933 wurde Hauptmann Speidel als Gehilfe zum Militärattachéstab Paris versetzt; sein Chef als Militärattaché war Generalleutnant Erich Kühlenthal (1880-1958). Nach zwei Jahren folgt ein kurzes Truppenkommando: im Herbst 1935 übernahm er die 8. MG-Kompanie im II. Bataillon des Infanterieregiments 56 in Ulm. Mehrfach führte er im Sommer 1936 das Bataillon bei Manövern. Am 1. Oktober 1936 wurde Speidel Leiter der Abteilung „Fremde Heere West" im Generalstab des Heeres. Ein Jahr später bereits folgte die nächste Verwendung. Im Oktober 1937 wurde er Erster Generalstabsoffizier („I a") der 33. Infanteriedivision in München unter Generalleutnant (später Generaloberst) Ritter Eugen von Schobert (1883-1941). Im August 1939 wurde die Division an die Westgrenze in den Pfälzer Wald verlegt und richtete sich im Raum Herxheim zur Verteidigung ein. Im Oktober 1939 wurde Speidel als „I a" zum General der Infanterie Hermann Geyer (1882-1946), [378] dem Kommandierenden General des IX. Korps, nach Rheinberg versetzt.

Am 10. Mai 1940 begann der Westfeldzug. Im Juni wurde Speidel zur Heeresgruppe B des Generalobersten Fedor von Bock (später Feldmarschall – 1880-1945) kommandiert. Nur fünf Jahre, nachdem er Paris im Frieden verlassen hatte, kehrte er nun als Chef des Stabes beim Militärbefehlshaber Paris in die Hauptstadt zurück – zunächst unter Generalmajor Bogislav von Studnitz (1888-1943) und danach unter dem General der Artillerie Alfred von Vollard-Bockelberg (1874-seit 1945 vermisst). In dieser Zeit holte Speidel den zwei Jahre älteren Schriftsteller Ernst Jünger (1895-1998) als Hauptmann in seinen Stab. Schmückle bemerkt dazu:

„Der Schriftsteller urteilte später über die hohen Herren: >Entweder sind die Generale brutal und dumm oder gebildet, aber ohne die Kraft, die zu ihrem Beruf gehört!< Das Urteil war für Speidel Anlaß genug, auf Schriftsteller in seiner unmittelbaren Umgebung künftig zu verzichten." [379]

Speidel ist gebildet, fällt also in die zweite Kategorie – doch was genau er mit jener „Kraft" meint, die auch Speidel fehlen soll, bleibt im Dunkel.

377 zitiert in: Maizière, Ulrich de In der Pflicht S. 197
378 Freitod am 11. April 1946 im Wildsee
379 zitiert in: Schmückle, Gerd Ohne Pauken und Trompeten S. 133

Vielleicht ist es auch eine pauschale Wertung über diejenigen, die – notwendigerweise – auch in Stäben Dienst tun müssen. Doch dort kann sich das „feu sacré" kaum auswirken, und wenn, wirkt es in einem Stab eher störend. Nach dem Krieg aber wurde der 1. September, der Geburtstag Jüngers, zu einem festen Termin in Speidels Kalender.

Am 23. Juni 1940 fungierte Oberstleutnant i.g. Speidel als „Fremdenführer" bei Hitlers Zweieinhalb- Stunden Überraschungsbesuch an der Seine. Am 1. August wurde die Dienststelle in „Militärbefehlshaber in Frankreich " umbenannt; ihr oblag die Ausübung der vollziehenden Gewalt im besetzten Frankreich. Erster Befehlshaber wurde zunächst der General der Infanterie Alfred Streccius (1874-1944) und danach von Oktober 1940 bis Januar 1942 General der Infanterie Otto von Stülpnagel (1878-1948),[380] dem bereits einen Monat später sein dienstgradgleicher Vetter Carl-Heinrich von Stülpnagel (1886-1944) [381] im Kommando folgte.

Im Januar 1941 wurde Speidel zum Oberst befördert. Im April 1942 verließ er Paris und wurde Chef des Stabes des Stuttgarter V. Armeekorps unter dem Kommando des Generals der Infanterie Wilhelm Wetzel (1888-1964), das im Rahmen der Heeresgruppe B von Generalfeldmarschall Günther von Kluge (1882-1944) [382] an der Ostfront im Raum Wjasma kämpfte. Im Juni plante Speidel den Angriff der Heeresgruppe A unter Feldmarschall von Bock zur Wiedergewinnung von Rostow am Nordostrand des Asowschen Meeres und von dort in den Kaukasus hinein. An dieser Operation nahm auch das V. Korps im Rahmen der 17. Armee unter Generaloberst Ruoff teil; dieser war von 1933 bis 1934 Kommandeur von Speidels altem Infanterieregiment 13 in Ludwigsburg gewesen und wollte ihn als Stabschef zu sich holen, da der Vorgänger Walther Wenck eine andere Verwendung erhalten hatte. Doch aus dieser Planung wurde nichts. Speidel, der am 1. Januar 1943 Generalmajor geworden war, erhielt einen „Sonderauftrag," in den er von Heusinger im Führerhauptquartier eingewiesen wurde: er sollte kurzfristig bei der 8. italienischen Armee unter Generaloberst Italo Gariboldi (1879-1970) als „Führungsunterstützung" deren Verteidigung im Südabschnitt (Raum Donez) koordinieren. Es war eine höfliche Umschreibung für das Misstrauen, welches das Oberkommando des Heeres den Verbündeten entgegenbrachte. Einen Monat später, am 2. Februar, kam es zum Zusammenbruch der 6. Armee in Stalingrad.

Danach wurde Speidel Chef des Stabes der „Armee-Abteilung Lanz" – zunächst unter dem General der Gebirgstruppen Hubert Lanz (1896-1982) und nach dessen Ablösung im Januar 1943 unter dem General der Panzertruppen Werner Kempf (1886-1964). Aber auch Kempf wurde sieben Monate später – im August 1943 – ebenfalls des Kommandos enthoben. Die Armeeabteilung wurde danach in „8. Armee" umbenannt, und der General der Infanterie Otto Wöhler (1894-1987) übernahm deren Führung. Dieser Armee war kurzzeitig auch das Armeekorps „Schmidt" unterstellt, dessen Erster Generalstabsoffizier („I a") de Maizière war. Später in der Anfangsphase der Bundeswehr arbeitete Speidel ein zweites Mal eng mit de Maizière zusammen.

Die Rückzugsoperationen der Heeresgruppe Süd – unter dem Oberbefehl von Manstein – vor den überlegenen Kräften der sowjetischen Marschälle Iwan S. Konew (1897-1973) im Norden mit der 1. Ukrainischen Front und Fedor I. Tolbuchin (1894-1949) im Süden verliefen vom Don über den Donez bis Poltawa und von dort nach Westen hinter den Dnjepr. Speidel suchte in dieser Zeit auf dem „kleinen Dienstweg" um Hilfe und Unterstützung.

„Ich schrieb in diesen Tagen (= Ende Juli 1943) einen Brief an den Chef der Operationsabteilung, meinen Freund Heusinger, um über die Lage bei den versickernden Stärken und unsere Zukunftssorgen zu berichten." [383]

Natürlich ohne Erfolg – hatte Speidel tatsächlich Hilfe erwartet? Unklar bleibt, was er sich erhoffte. Zu dieser Zeit traf Speidel Oberst i.G. Henning von Tresckow (1901-1944 – später Generalmajor), der ihn über die Widerstandsbewegung ins Vertrauen zog.

Im Jahre 1944 wurde Speidel zum Generalleutnant befördert. Nach zwei Jahren an der Ostfront wurde er zum Chef des Generalstabes der Heeresgruppe B unter Feldmarschall Erwin Rommel (1891-1944), seinem alten Regimentskameraden, und damit an die Westfront berufen. Bevor er jedoch nach Frankreich zurückkehrte, wurde er zum Lagevortrag bei Hitler auf den Obersalzberg befohlen. Seine düstere Schilderung der Situation an der Ostfront passte nicht in das Bild und wurde von Hitler nicht geteilt. Jedoch erhielt er danach aus dessen Hand für die Planung des erfolgreichen Ausbruchs deutscher Verbände aus dem Kessel von Tscherkassy [384] das Ritterkreuz überreicht. Am 15. April 1944 traf Speidel im Schloss La Roche-Guyon, dem Hauptquartier Rommels, an der Seine südlich Paris ein. Nur wenige Wochen später begann „der längste Tag," die Invasion alliierter Truppen in der Normandie. Gerade in dieser Zeit aber wechselte die Spitze des Oberkommandos West mehrmals schnell: Gerd von Rundstedt (1879-1953) wurde am 2. Juli abgelöst. Von Kluge übernahm als OB West

---

380 Freitod am 6. Februar 1948 im Cherche-Midi-Gefängnis in Paris
381 Am 30. August 1944 im Zuge des 20. Juli in Berlin hingerichtet
382 Freitod in Frankreich
383 Speidel, Hans Aus unserer Zeit S. 149
384 Zur ausführlichen Analyse und Darstellung der militärischen Ereignisse siehe: Speidel,
      Hans Zeitbetrachtungen S. 121 ff.

und musste am 17. Juli nach der schweren Verwundung Rommels auch noch die Heeresgruppe B führen. Doch am 19. August, einen Monat nach dem Attentat auf Hitler, nahm er Gift. Am 5. September wurde Feldmarschall von Rundstedt reaktiviert – für ein halbes Jahr und dann erneut seines Kommandos enthoben.

Eine der Folgen war, dass die deutsche Operationsführung nach der Invasion eher ein System der Aushilfe denn vorausschauender Planung war. Ende Juli 1944 wurden 40.000 deutsche Soldaten im Kessel von Falaise durch die 1. US-Armee unter General Courtney Hodges (1887-1966) eingeschlossen. Zwei Tage später verhaftete die Gestapo Speidel als möglichen Mitwisser des Attentats vom 20. Juli. Range vermerkt dazu kritisch:

„In den folgenden Jahren gewann Speidels bescheidener Part im militärischen Widerstand, nicht ohne sein eigenes Zutun, immer mehr Gewicht und bildete, wenn auch überbewertet, den Ausgangspunkt für seine Nachkriegskarriere." [385]

Doch dieser unterschwellige Vorwurf ist überzogen. Speidel war in peripheren Verwendungen und daher zu keinem Zeitpunkt seiner Karriere in einer Position, in der er dem engeren Kreis des Widerstandes hätte von Nutzen sein können. Nur einmal hätte Speidel vermutlich die Chance gehabt, Hitler eigenhändig zu töten: als er am 23. Juni 1940 bei dessen zweieinhalbstündigem Überraschungsbesuch in Paris als „Fremdenführer" fungierte. Doch dies ist nur eine hypothetische Überlegung, aus der kein ernsthafter Vorwurf abgeleitet werden kann. Vier Jahre später, auf dem Obersalzberg wäre ein Anschlag wegen der Sicherheitsvorkehrungen nicht möglich gewesen. Aufgrund der engmaschigen und vielseitigen Kontakte, die Speidel Zeit seines Lebens gepflegt hat, ist als sicher anzunehmen, dass er von den groben Plänen Kenntnis hatte. Bereits damit aber bestand für ihn, wie die Verhaftung zeigt, Lebensgefahr. Die Tatsache, dass Speidel die Gestapo-Haft überlebte, ist kein schlüssiger Beweis, dass er keine Rolle im Geflecht des Widerstandes gespielt hat, weil bis heute unaufgeklärt ist, ob und wenn ja, in welchem Umfang der SS-Obergruppenführer und Generaloberst der Waffen-SS Sepp Dietrich (1892-1966) seine versprochene Schutzfunktion gegenüber dem inhaftierten Speidel erfüllen konnte und möglicherweise sogar erfüllt hat. Dietrich, der vom glühenden Bewunderer Hitlers zu dessen Gegner [386] geworden war, hatte – zusammen mit Albert Speer – Frau Ruth Speidel nach dem Staatsakt für Rommel am 18. Oktober 1944 in Ulm angesprochen und dieser versichert, „alles in ihrer Macht Stehende" für ihren Mann zu tun. [387] Doch wie eng letztlich jener vermeintliche Machtspielraum selbst für solche, die Hitler nahezustehen glaubten, in Wirklichkeit war, zeigt das Beispiel von Hitlers Schwager, dem SS-Obergruppenführer Hermann Fegelein (1906-1945), den Hitler noch am 29. April 1945 hinrichten ließ. In diesem Zusammenhang ist auch Speidels Rolle bei der Bewahrung der französischen Hauptstadt – in Zusammenarbeit mit General von Choltitz – vor Hitlers zerstörerischen Racheplänen zu sehen.

„Strategisch war ein solcher Befehl nicht zu verantworten, von moralischen Bedenken ganz zu schweigen. .... Auch diesen Befehl gab ich nicht weiter. So blieb Paris in letzter Stunde – auch nach der Räumung – vor der Zerstörung bewahrt. "[388]

Dies war ein zusätzlicher Grund für Hitler – neben Speidels vermutlicher Mitwisserschaft am Attentat – ihn vor das Kriegsgericht zu bringen; bis zum Ende des Krieges wurden in weit weniger gravierenden Fällen Todesurteile vollstreckt. De Gaulle hat Speidels Anteil an der Rettung der französischen Hauptstadt später nicht gedankt.

Am 4. September 1944 wurde Speidel seines Postens enthoben und zunächst zur Führerreserve versetzt. Drei Tage später verhaftete ihn die Gestapo und überstellte ihn in das Hauptgefängnis des Reichssicherheitshauptamtes in der Prinz-Albrecht-Straße in Berlin. Rommel hatte am Mittag des 14. Oktobers auf der Straße zwischen Herrlingen und Blaubeuren an der „Wippinger Steige" die Giftkapsel geschluckt, die ihm von den beiden „Generalskameraden" Burgdorf und Maisel im Auftrag Hitlers aufgezwungen worden war. Speidel wurde später in das Konzentrationslager Ravensbrück verlegt. Kurz vor Weihnachten wurde er überraschend entlassen, aber Anfang Januar 1945 erneut verhaftet und zuerst in Küstrin und später in Wittenberg unter Festungshaft gestellt. Speidel schreibt, er habe erfahren, dass der sog. „Ehrenhof" unter Feldmarschall Keitels Vorsitz – trotz des ausdrücklichen Wunsches von Hitler nach Aburteilung – eine Entscheidung über seinen Ausstoß aus der Wehrmacht vertagt hätte; das Votum gegen ihn sei vor allem am Widerstand Guderians gescheitert. [389] Guderian erwähnt Speidel in seinen „Erinnerungen" hingegen nicht. Am „Ehrenhof" habe er anfangs gar nicht und später auf Befehl Hitlers „wohl oder übel an zwei oder drei dieser entsetzlichen Verhandlungen"[390] teilgenommen. Glück, Schicksal oder doch eine schützende Hand? Erinnert man sich an Hitlers Drohung von der Eliminierung eines Teils des Offizierkorps nach Stalinschem Vorbild, so muss Speidel einen einflussreichen Schutzengel an

---

385 Range, Clemens Die Generale und Admirale der Bundeswehr S. 33; siehe dazu auch:
     Speidel, Hans Aus unserer Zeit S. 169 ff.
386 Speidel, Hans Aus unserer Zeit S. 174
387 Speidel, Hans a.a.O. S. 213
388 Speidel, Hans a.a.O. S. 202
389 Speidel, Hans a.a.O. S. 220
390 Guderian, Heinz Erinnerungen eines Soldaten S. 313

seiner Seite gehabt haben – an Zufall mag man in diesen Zeiten willkür-
licher Rache kaum glauben. Denn Speidel wurde im Frühjahr nach Süd-
deutschland verlegt und geriet dort am 29. April in französische Gefangenschaft, die zugleich das Ende der Angst vor einer Hinrichtung in letzter
Minute bedeutete.

Nach dem Krieg arbeitete Speidel zunächst an der Universität Tübingen. Doch seine militärische Vergangenheit ließ ihn nicht los. Bereits im
Dezember 1948 war Speidel zum ersten Mal mit Adenauer zusammengetroffen, noch vor dessen Wahl zum ersten Regierungschef der Bundesrepublik Deutschland:

„Wenige Tage später (= nach dem 7. Dezember 1948, als Adenauer Dr.
Rolf Pauls nach dem Namen eines mit der Problematik der Sicherheit ver-
trauten Generals gefragt und dieser den Namen Speidels genannt hatte) trat
ich erstmals dem künftigen Bundeskanzler gegenüber. .... Die Aussprache
war streng sachlich.“ [391]

Im Sommer 1950 hatte Speidel, zusammen mit den Generalen a.D. Heusinger und Hermann Foertsch, auf Wunsch Adenauers eine Denkschrift
„Gedanken zur äußeren Sicherheit der Bundesrepublik" erarbeitet. Generalleutnant a. D. Speidel führte danach während der Tagung im Eifelkloster
Himmerod im Oktober den Vorsitz im Militärpolitischen Ausschuss, der das
militärpolitische Korsett der neuen deutschen Streitkräfte zu erarbeiten
hatte. Am 23. Dezember 1950 erhielt Speidel einen Brief von Theodor Blank:

„Mit Einverständnis des Herrn Bundeskanzlers möchte ich Sie bitten, sich
darauf einzurichten, für eine längere Zeit, ... , mir als Berater für die bevor-
stehenden Verhandlungen aufgrund der Ereignisse der Brüsseler Konferenz
zur Verfügung zu stehen. Außer an Sie habe ich mich mit der gleichen Bitte
an Herrn Heusinger gewandt.“ [392]

Es war der Beginn des dritten militärischen Abschnitts in Speidels
Leben: es führte ihn zunächst in das „Amt Blank" und ab November 1955
in der Bundeswehr bis zum Vier-Sterne-General. Am 22. Januar 1951 kam
es in der Residenz, dem „Haus am Walde"," des amerikanischen Hoch-
kommissars John McCloy in Bad Homburg zu einem Treffen mit dem vormaligen Oberbefehlshaber der Invasion von 1944, General Eisenhower.
Auch Adenauer, Vizekanzler Blücher, Carlo Schmid, und Blank nahmen
neben weiteren alliierten Offizieren daran teil, z. B. General Gruenther
(1899-1983), der spätere NATO-Oberbefehlshaber (SACEUR) von 1953 bis
1956. Noch zwei Wochen zuvor, am 9. Januar, war die deutsche Delegation
mit Blank, Heusinger, Speidel und Graf Kielmansegg bei der Vorfahrt mit
ihrem Dienst-VW auf dem Petersberg von einem britischen Militärpoli-
zisten rüde darauf hingewiesen worden, gefälligst den Hintereingang durch
die Küche zu nehmen.

In der Folgezeit traf Speidel wiederholt sowohl mit Adenauer als auch mit Eisenhower zusammen, so z. B. am 6. Juli, am 24. August und am 19. August 1951. Mehrere Wochen später wurde er zum Chef-Delegierten bei den Verhandlungen über eine Europa-Armee in Paris ernannt. Speidel war auch mit Strauß, der ihn später einen seiner „wichtigsten Berater" nannte, bereits 1951 zusammengetroffen. Der damals erst sechsunddreißigjährige Strauß hatte Speidel in dessen Privathaus im Schwarzwald besucht.

„Speidel, ... , war ein hochgebildeter, sehr sympathischer Mann, urban, mit noblen Umgangsformen, der Prototyp des schwäbischen Offiziergelehrten. ... Ich hatte für Speidel immer, auch in den Jahren, in denen ich Verteidigungsminister war, eine ausgesprochene Wertschätzung. .... Mein Eindruck von Speidel war so hervorragend, daß sich bei mir die Überzeugung festigte, dieser Mann müsse in der zukünftigen militärischen Führungshierarchie eine Spitzenposition besetzen." [393]

Umso seltsamer und ungereimter wirkt, dass Adenauer sich im Juli 1957 darüber gesorgt hatte, dass Strauß bei einem Zusammentreffen mit Journalisten sich zu vorgerückter Stunde äußerst abfällig über Heusinger und Speidel geäußert habe.

„Diese Äußerungen seien so, daß, wenn die beiden Generale davon erführen, sie unweigerlich ihre Demission einreichen würden." [394]

Ende Januar 1952 traf Speidel – nach Eisenhower – nun auch mit dem zweiten früheren Kriegsgegner, dem britischen Field Marshal Bernard Law Viscount Montgomery of Alamein (1887-1976) zusammen. Im Mai 1955 kam es in England dann auch zur Begegnung mit dem zweiten britschen Feldmarschall, Earl Alexander of Tunis (1891-1977). Es war der Beginn der Aussöhnung mit den westlichen Alliierten. Erst fünfzig Jahre später folgte auch jene mit den vormaligen Gegnern im Osten: so hielt z. B. am 20. Juli 2002 der Staatspräsident der Republik Polen, Aleksander Kwasniewski, die Festrede anlässlich des Feierlichen Gelöbnisses von Rekruten der Bundeswehr in Berlin – ein hoffnungsvolles Zeichen und damit gleichsam die Vollendung der Brandtschen Ostpolitik.

Speidel hatte – wie Heusinger und Röttiger – im Zweiten Weltkrieg nie Truppe geführt, sondern nur in Stäben gedient. Wegen dieser mangelnden Erfahrung in der Truppenführung standen nicht wenige ältere Offiziere in den Anfangsjahren der Bundeswehr beiden Generalen reserviert gegenüber.

„Viele Stabsoffiziere schoben die Schuld für den stockenden Aufbau Heusinger und Speidel zu. Beide Generale seien vielfach gebrochen, ohne

391 Speidel, Hans a.a.O. S. 253
392 Speidel, Hans a.a.O. S. 284
393 Strauß, Franz Josef Die Erinnerungen S. 281
394 Adenauer – Heuss Unter vier Augen S. 222

jedes Rückgrat. Nur eine Gummischicht mit Flickstellen halte sie zusammen. Biegsam nach allen Seiten, ließen sie die Wiederbewaffnung dahintreiben, ohne ihre Fehlplanung zu korrigieren. Widerlich seien sie. " [395]
Allerdings klingt hier ein wenig die oft zu hörende pauschale Kritik an „jenen da oben in den Stäben" durch. Speidel übernahm am 2. April 1957 in Fontainebleau das Kommando als Oberbefehlshaber der Alliierten Landstreitkräfte in Mitteleuropa (CINCLANDCENT). Sein alter Kamerad Heusinger wurde Generalinspekteur. Die seitens der Sowjetunion und der DDR gesteuerte Pressekampagne gegen Speidel blieb ohne nachhaltigen Erfolg. Ihm wurde vorgeworfen, an den Vorbereitungen des Attentats auf den jugoslawischen König Alexander I. Karadordevic (1888-1934) und den französischen Außenminister Louis Barthou (1862-1934) in Marseille am 9. Oktober 1934 beteiligt gewesen zu sein. [396] Mit diesen Angriffen sollte das Vertrauen zwischen Frankreich und der Bundesrepublik untergraben werden.

In seinen Lebenserinnerungen geht Speidel nicht auf die durchaus vorhandene Möglichkeit ein, dass er ebenso auch zum Generalinspekteur hätte berufen werden können. Vieles deutet daraufhin, dass er selbst diese Möglichkeit nie ernsthaft in Erwägung gezogen hat. Die zweifelsohne mit „mehr Glanz" umgebene NATO-Verwendung entsprach wohl eher seinem Charakter. Speidel war kein Mann für den protokollarischen Halbschatten. Lapidar schreibt er:

„Die französische Regierung hatte mich aufgrund meiner Tätigkeit vor, in und nach dem Krieg in Frankreich namentlich erbeten." [397]
Sicherlich hatte Speidel klar erkannt, dass er als Generalinspekteur nicht in der ersten Reihe und damit nicht im Lichte stehen würde und hatte deshalb die NATO-Verwendung vorgezogen. Speidel liebte – im Gegensatz zu Heusinger, dem Pathos fremd war – die Repräsentation. In der Rückschau war es sicherlich ein interessanteres Leben als in Bonn mit seinen tristen und aufreibenden Alltagsproblemen einer im Aufbau befindlichen Armee. Als Oberbefehlshaber der Alliierten Landstreitkräfte in Mitteleuropa hingegen bezog Speidel den Prinzenflügel des Renaissanceschlosses in Fontainebleau. Am Rhein hingegen wäre es ein kleines Haus mit Garten gewesen, in Bonn, Meckenheim oder Rheinbach – ohne dienstbare Geister. Sein schwäbischer Landsmann Schmückle stellt dazu süffisant fest:

„Der Rahmen war wie geschaffen für ihn. Könige und der Papst, Kaiser und Staatspräsidenten hatten hier residiert. Und nun: Hans Speidel." [398]
Speidel sei in erster Linie an seiner Selbstdarstellung und Inszenierung interessiert gewesen, bemerkt Schmückle recht kritisch:

„Wo immer er auftrat, kam mit ihm ein besternter Glanz. Nie erschien er ohne Eskorte, selten ohne daß ihn Fahnen, Ehrenzüge und Musikka-

pellen empfingen. Manchmal sogar ein Ehrensalut mit Geschützfeuer, wie er nur Staatsoberhäuptern zusteht. ... Immer ging es dem Schwaben um Wirkung." [399]

Anders verhielt sich Jahre später Generalleutnant Jörg Schönbohm. Als diesem 1990 als Befehlshaber des Bundeswehrkommandos Ost das Schloss Wilkendorf, das bisherige Gästehaus des Ministeriums für Nationale Verteidigung der DDR, als Residenz angeboten wurde, lehnte er im Wissen um die Sensibilität eines solchen Schrittes ab und zog in das ehemalige Tagungszentrum (TAZ) der NVA. [400]

Doch war es wirklich nur der vordergründige, oberflächliche Hang zur Selbstdarstellung? Sicherlich klingt bisweilen Stolz ob seiner Begegnungen durch: *„Franco selbst empfing mich nach spanischem Zeremoniell in großer Uniform."*

Vielleicht war es auch die in die Wiege gelegte, ausgeprägte künstlerisch musische Ader, die Speidel schon seit seiner Jugend faszinierte und nun zum Ausdruck kam. In seinen Lebenserinnerungen stehen die Schilderungen von Konzerten, Opernaufführungen und Begegnungen mit den Größen von Geisteswelt und Politik nahezu gleichrangig neben seinem militärischen Leben. Die Zahl der Berühmtheiten, denen er begegnete, deren Nähe er suchte und mit denen er in Kontakt war, ist lang. Sie reicht von Cosima Wagner, der Frau Richard Wagners, über Herbert von Karajan, Gerhardt Hauptmann, dem Wagner-Tenor Wolfgang Windgassen, Carl Zuckmayer, Theodor Heuss, Marschall Pétain, den Päpsten Papst Pius XII. und Johannes XXIII. bis zu Werner Heisenberg.

Umso bitterer war dann Speidels Abgang. Beim Staatsbesuch de Gaulles in Deutschland am 2. Juli 1962 brüskierte der französische Staatspräsident General Speidel, in dem er bei der Begrüßung – sehr undiplomatisch und verletzend – dessen Hand übersah. De Gaulle war u. a. wegen Speidels Buch über die Invasion 1944 verärgert, in der die Rolle der Résistance als unbedeutend dargestellt wurde. Die Gründe wechselten und waren insgesamt offenbar haltlos, so auch der Vorwurf, Speidel hätte als Stabschef von Rommel Befehle zur Aufrechterhaltung der inneren Sicherheit gegeben, die die französische Untergrundbewegung in Bedrängnis gebracht hätte. Ade-

395 Schmückle, Gerd Ohne Pauken und Trompeten S. 132 f.
396 Der Attentäter Welitschko Kerin-Dimitrof erschoss den König und den ihn empfangenden Außenminister während eines Staatsbesuches in Frankreich. Die Hintergründe blieben ungeklärt.
397 Speidel, Hans Aus unserer Zeit S. 357
398 Schmückle, Gerd a.a.O. S. 141
399 Schmückle, Gerd a.a.O. S. 138
400 Schönbohm, Jörg Zwei Armeen und ein Vaterland S. 50

nauer hatte de Gaulle das baldige Ausscheiden Speidels zugesagt. Eine ursprünglich geplante Verlängerung von dessen Dienstzeit bis Ende März
1964 scheiterte am harten Nein aus dem Elysée-Palast. Die Vorwürfe de
Gaulles waren ungerecht, doch Speidel war ein Dorn in den zarten
deutsch-französischen Beziehungen, und er hätte es erkennen müssen.
War seine Eitelkeit größer? Sicherlich brauchen auch Generale und
Admirale Schutz und Kameradschaft. Doch wenn einer von ihnen – ob
verschuldet oder nicht – zu einer politischen Belastung wird, verlangt es
die Pflicht zum treuen Dienen, persönliche Befindlichkeiten hinter die
Staatsräson zurückzustellen. Speidel hingegen taktierte.

*„Anstatt seinen Posten aufzugeben, sich von jedem Vorwurf zu reinigen
und General de Gaulle öffentlich bloßzustellen, rang er um immer neue
Verlängerungen seines Kommandos. Selbst den Bundespräsidenten schaltete er ein. Schließlich wurde de Gaulle grob. Er ließ Adenauer übermitteln,
verschwände Speidel nicht innerhalb weniger Wochen, würde er ihn zur
Persona ingrata erklären. .... Die Peinlichkeit des Endes konnte auch der
Lärm der zahlreichen Abschiedsparaden, ... , nicht verdecken."* [401]

Bundespräsident Lübke vertrat – nicht ganz zu Unrecht – im Gegensatz
zu Adenauer die Auffassung, de Gaulles Forderung griffe sowohl in deutsche
als auch in NATO-Kompetenzen ein und sei daher zurückzuweisen. Auch
Strauß – im Gegensatz zu Adenauer mit einem starken Schutzgefühl für
seine Mitarbeiter ausgerüstet – wollte Speidel nicht fallen lassen.[402] Später
hatte auch Erhard das Nachgeben Adenauers kritisiert. Doch letztlich musste Speidel gehen, wurde auf dem Altar politischer Interessen geopfert,
wenngleich es aus optischen Gründen ein Abschied in Raten war. Zunächst
übergab er am 29. August 1963 im Embry-Stadion in Fontainebleau sein
Kommando als COMLANDCENT an General Graf Kielmansegg. Es war aber
nur der Auftakt einer Reihe von Abschiedsparaden und -besuchen, so u. a.
bei König Baudouin von Belgien. In Baden-Baden wurde er von der französischen 1. Armee und am 11. September 1963 in Stuttgart von der 7. US-Armee verabschiedet. Es war zugleich auch die Zeit des Abschieds von Theodor Heuss, seinem alten Freund und Gönner, der am 12. Dezember 1963
starb. Im Oktober trat er die Übergangsfunktion als „Sonderbeauftragter
der Bundesregierung für Fragen der atlantischen Verteidigung" an, die er bis
Ende März 1964, dem Tag des endgültigen Abschieds aus dem aktiven
Dienst, wahrnahm. Hans Speidel starb am 28. November 1984.

Sein Sohn Hans Helmut (* 1938) setzte die Tradition seines Vaters fort.
Auch er diente im Militärattachéstab an der deutschen Botschaft in Paris,
jedoch als Verteidigungsattaché. Im Jahre 1995 wurde er als Brigadegeneral in seiner letzten Verwendung Standortkommandant der wieder-
vereinigten deutschen Hauptstadt.

Johann Adolf Graf von **Kielmansegg** war nach Hans Speidel der zweite deutsche Oberbefehlshaber der Landstreitkräfte Europa Mitte (COM-LANDCENT).

Das Adelsgeschlecht der Kielmanseggs kann auf eine jahrhundertealte, breitgefächerte Tradition im zivilen Staatdienst und in der Armee zurückblicken. Sein Vater Adolf (1864-1907) war Rittmeister im 5. Dragonerregiment („Manteuffeldragoner") in Hofgeismar gewesen. Das Dragonerregiment „Freiherr von Manteuffel" (Rheinland) Nr. 5, dessen Chef zu Beginn des 20. Jahrhunderts Herzog Karl Theodor von Bayern (1839-1909) war, unterstand der 22. Kavalleriebrigade in Kassel. Vater Adolf verstarb bereits am 4. August 1907 mit nur 43 Jahren, als Sohn Johannes noch nicht einmal sein erstes Lebensjahr vollendet hatte.

Am 30. Dezember 1906 im hessischen Hofgeismar geboren, war Johann Adolf am Ende des Ersten Weltkrieges noch Schüler. Sieben Jahre später, 1925 „baute" er sein Abitur an der traditionsreichen Klosterschule Rossleben in Thüringen. Diese Schule – bereits im Jahre 1549 gegründet und mehrfach unterbrochen – ist heute einer der ältesten Schulbauten Deutschlands. Von 1920 bis 1922/23 besuchte auch Peter Graf Yorck von Wartenburg (1904-1944), einer der Begründer der Widerstandsgruppe des „Kreisauer Kreises" und Vetter von Graf Stauffenberg, die Klosterschule und war der „Stubenälteste" von Kielmansegg. Ein weiterer Schüler dieser Internatsschule war der sieben Jahre jüngere Johannes Steinhoff, der 1932, dort sein Abitur machte und später ebenfalls zum Vier-Sterne-General der Bundeswehr aufstieg. Kielmansegg und Steinhoff verloren sich danach aus den Augen. Der eine ging zum Heer, der andere zur Luftwaffe, später zusätzlich getrennt durch die Wirren des Krieges. Doch mehr als zwanzig Jahre später trafen sie in der Bundeswehr wieder zusammen.

Im Jahre 1926 trat Kielmansegg in das Reiterregiment 16 der Reichswehr ein.

„In der Tat stamme ich aus einer alten Soldatenfamilie, deren Traditionen bis zu den Befreiungskriegen zurückreichen. Der Vater des Begründers dieser Tradition der Kielmanseggs hatte drei Söhne. Die ersten beiden erhielten die Güter, für den dritten reichte es nicht. Wäre er katholisch gewesen, wäre er Priester geworden – so war das damals. Wir aber waren evangelisch, und so wurde er Soldat." [403]

---

401 Schmückle, Gerd Ohne Pauken und Trompeten S. 281
402 Schmückle, Gerd a.a.O S. 250 ff.
403 Graf von Kielmansegg in einem Interview mit Moritz Schwarz und Tobias Wimbauer von der „Neuen Freiheit" Verlag 27. April 2001

Kielmansegg beschreibt die Gründe für diesen Entschluss – eine Kombination aus handfesten pragmatischen Überlegungen und einer tiefen Bindung zum Land – wie folgt:

„Mein Vater war bereits 1907 gestorben, und meine Mutter hatte das bißchen Geld, ... , in der Inflation verloren. Also mußte ich nach der Schule schleunigst irgendeinen Erwerb finden. Soldatsein dagegen bot einen Ausweg. Allerdings war mir das aus der genannten Überlieferung heraus auch nahe. .... Es war damals selbstverständlich für einen jungen Mann, auch Soldat zu werden. Dazu kommt, wie gesagt, das Unrecht des Versailler Vertrages, das zu tilgen jeder von uns natürlich mithelfen wollte. Damals gab es eben noch etwas, was es heute überhaupt nicht mehr zu geben scheint: Vaterlandsliebe. Und zwar als ein echtes Gefühl, nicht nur als Mythos." [404]

Sein Verhältnis zur politischen Struktur seines Landes war distanziert. Er mochte, wie er sagte „die Weimarer Republik nicht ..., war ihr gegenüber aber immer loyal," [405] eine Haltung, die er mit vielen seiner Kameraden teilte. Der Regimentsstab 16, die 1. und 3. Kompanie waren in Erfurt, die 2. Kompanie und die Ausbildungskompanie in Hofgeismar und die 4. und 6. Kompanie in Langensalza stationiert. Das Regiment gehörte als eines der insgesamt sechs Reiterregimenter zur 3. Kavalleriedivision in Weimar, die bereits im Januar 1920 gemäß den Bestimmungen des Versailler Vertrags aufgestellt worden war. Divisionskommandeur war der General der Kavallerie, Maximilian Maria Joseph Reichsfreiherr von Weichs zur Glon (1881-1954). Der alte Kavallerieoffizier von Weichs kannte die Division gut, denn er hatte bereits von 1920 bis 1923 unter Oberstleutnant Gerd von Rundstedt als erstem Chef des Stabes in diesem Kommando gedient. Beide stiegen später zum Generalfeldmarschall auf.

Von 1926 bis 1930 wurde Kielmansegg zum Kavallerieoffizier ausgebildet und danach zum Leutnant befördert. Im Oktober 1934 wurde die 3. Kavalleriedivision in eine „Leichte Division" (zeitweise auch als „Schnelle Division" bezeichnet) umgegliedert, aus der ein Jahr später, im Oktober 1935, die 1. Panzerdivision aufgestellt wurde. Weichs blieb auch danach noch bis zum November 1939 ihr Divisionskommandeur. Kielmansegg wurde im Herbst 1934 bei der Umgliederung seines Regiments als Personalkader für die Aufstellung des Kradschützen-Bataillons 1 herangezogen. Im Jahre 1938 wurde er zur Generalstabsausbildung an die Kriegsakademie nach Berlin versetzt. Die sog. „Fritsch-Affäre" belastete ihn nicht nur als Offizier, sondern auch familiär schwer: Generaloberst Freiherrr von Fritsch war sein Onkel, denn die Schwester von Graf Kielmanseggs Mutter – eine geborene von Werner – war die Ehefrau des Generalobersten. Überdies war von Fritsch sein Patenonkel. Nach der Kriegsakademie kehrte der junge Generalstabsoffizier wieder in seine alte Division zurück. Während des Polenfeldzuges war er „I c"

(Feindlage) der 1. Panzerdivision, die – dem XVI. Armeekorps unterstellt – im Raum Radom und Warschau im Rahmen der Heeresgruppe Süd kämpfte. Im Dezember 1939 wurde die Division in die Eifel verlegt. Während des Westfeldzuges wechselte Kielmansegg auf den Posten des „I b" (Logistik) der 1. Panzerdivision unter den Generalmajoren Friedrich Kirchner (1885-1960) bis November 1939 und danach unter Generalmajor Walter Krüger (1892-1973); beide wurden später Generale der Panzertruppe. Im Panzerregiment 2 dieser Division diente Hyazinth Graf Strachwitz (1893-1968), der später als Reserveoffizier zum hochdekorierten General der Panzertruppen aufstieg. Erster Generalstabsoffizier („I a") war Walther Wenck, der beim Aufbau der Bundeswehr zunächst als Generalinspekteur vorgesehen war.

Mit Beginn des Russlandfeldzuges wurde Kielmansegg als Hauptmann „I a" der 6. Panzerdivision unter den Generalleutnanten Franz Landgraf (1888-1944) und Ehrhardt Raus (1889-1956; später Generaloberst). Die Division kämpfte bis Juni 1941 im Rahmen der Heeresgruppe Nord vor Leningrad. Danach der Heeresgruppe Mitte unterstellt, griff sie zunächst auf Moskau an und verteidigte später während der Rückzugsgefechte im Winter 1941/42 im Raum Rshew an der oberen Wolga.

Im Februar 1942 kehrte Kielmansegg als Major zu seiner alten 1. Panzerdivision zurück, um Walther Wenck abzulösen. Doch er wurde krank und war danach nicht mehr fronttauglich. Daher wurde Kielmansegg in die Operationsabteilung des Oberkommandos des Heeres zu Generalmajor Heusinger versetzt, wo er einer seiner engsten Mitarbeiter wurde. 1944 wurde Kielmansegg zum Oberst befördert. Obwohl nicht zum Kreis des Widerstandes vom 20. Juli gehörend, wurde er verhaftet. Bogislaw von Bonin trat an seine Stelle; die beiden sollten sich nur sechs Jahre später unter gänzlich anderen Vorzeichen im „Amt Blank" wiedersehen. Auch de Maizière, der im Februar 1945 einer seiner Nach-Nachfolger wurde, hatte den sechs Jahre älteren Kielmansegg 1942/43 im Generalstab des Heeres „gelegentlich" [406] getroffen. Sie sollten ebenfalls später im „Amt Blank" eng zusammenarbeiten. Kielmansegg wurde zwar vom Vorwurf der Beteiligung am Attentat gegen Hitler freigesprochen, aber aus dem Generalstab ausgestoßen. Zur „Bewährung" übernahm er, der eigentlich nicht mehr fronttauglich war, das Panzergrenadierregiment 111 als Kommandeur. Dieses Regiment unterstand der 11. Panzerdivision unter Generalleutnant Wend von Wietersheim (1900-1975). [407] Das Regiment kämpfte im Winter 1944/45 zunächst in der

---

404 Ebenda
405 Ebenda
406 Maizière, de Ulrich In der Pflicht S. 142
407 10. April 1945 übernahm Generalmajor Horst Freiherr Treusch und Buttlar-Brandenfels die 11. PD.

Saarpfalz, dann im Raum Trier und wurde nach dem Ausweichen über den Rhein bei Remagen nach erbitterten Kämpfen im Ruhrkessel unter Feldmarschall Walter Model (1891-1945) [408] nahezu aufgerieben. Bei Kriegsende löste Kielmansegg die Reste seines Regimentes auf. Er selbst geriet in Gefangenschaft, aus der er 1946 heimkehrte.

Danach arbeitete er u. a. als Verlagskaufmann. Vier Jahre später, 1950, bat der General der Panzertruppen a.D. Graf Schwerin Kielmansegg, sich als Sekretär einer Runde von „Militärexperten" zur Verfügung zu stellen. Und so übernahm er während der „Himmeroder Tagung" in der Eifel im Oktober 1950 die wichtige Aufgabe des Sekretärs. Damit waren zugleich die Weichen für die weitere Verwendung gestellt, denn Kielmansegg trat in das neu gegründete „Amt Blank" ein und wurde zusammen mit de Maizière ein enger Mitarbeiter von Heusinger und Speidel. Zwischen 1951 und 1954 nahm er u. a. an einer Vielzahl von Konferenzen und Verhandlungen im Rahmen der Planungen an der später gescheiterten Europäischen Verteidigungsgemeinschaft (EVG) teil.

„Andererseits war für jeden deutlich zu erkennen, dass Kielmansegg in den Jahren 1950 bis 1954 als militärischer Berater im Hause eine dominierende Rolle spielte, auch dann noch, als Heusinger mit einem festen Anstellungsvertrag die Führung einer militärischen Abteilung übernahm, ... Niemals jedoch hat Kielmansegg seinen alten verehrten Vorgesetzten ... zu überspielen versucht." [409]

Im Juli 1955 wurde er als deutscher Vertreter zum NATO-Oberkommando SHAPE bei Paris entsandt. US-General Alfred M. Gruenther war zu dieser Zeit der NATO-Oberbefehlshaber Europa (SACEUR) und der britische Kriegsheld Montgomery sein Vertreter. Im Dezember 1955 wurde Kielmansegg Brigadegeneral. Am Jahresende 1958 kehrte er nach Deutschland zurück und übernahm als stellvertretender Kommandeur der 5. Panzerdivision in Diez an der Lahn sein erstes Truppenkommando in der Bundeswehr. Im Februar 1960 wurde die zur Division gehörende Panzerbrigade 14 im Rahmen der Winterübung „Wintershield I" erstmalig dem V. US-Korps unter Generalleutnant Adams unterstellt und übte im Raum Grafenwöhr die Zusammenarbeit mit US-Truppen. Der Erfolg – unter den Augen des Kommandierenden Generals des III. Korps, Generalleutnant Freiherr von Lüttwitz – bestätigte dessen Einschätzung der Leistungsfähigkeit von Kielmansegg. Minister Strauß hatte mit Kielmansegg nur gelegentlich zu tun, doch er lag nicht auf seiner Wellenlänge: Kielmansegg war ihm „zu hochgeboren." [410]

Am 1. Oktober 1960 wurde er Kommandeur der 10. Panzerdivision in Sigmaringen; später sollten diese Division u. a. die Generale Brandt und Kießling führen. In Kielmanseggs Division trat 1963 ein junger Rekrut in

Münsingen seinen Dienst an, der 41 Jahre später deutscher Bundespräsident werden sollte: Horst Köhler (* 1943).

Im Herbst 1963 standen die beiden obersten Dienstposten, die die Bundeswehr zu vergeben hatte, zur Disposition: General Foertsch, der Generalinspekteur und General Speidel, der Oberbefehlshaber der Landstreitkräfte Europa Mitte (COMLANDCENT). Beide – inzwischen 63 Jahre – hatten die Altersgrenze ihrer Zurruhesetzung erreicht, wobei letzterer auf Drängen de Gaulles abberufen wurde. Beim Heer galten die drei Kommandierenden Generale Trettner (I. Korps), Hepp (II. Korps) mit jeweils 56 Jahren und Gaedcke (III. Korps) mit 58 Jahren als „Kronprinzen. In der Luftwaffe war nur Panitzki – mit 52 Jahren gerade erst zum Inspekteur der Luftwaffe berufen – verfügbar, in der Marine saß der 56jährige Zenker erst seit 2 Jahren auf dem Chefsessel der Marine, und Heinrich Gerlach war mit 57 Jahren gerade erst Befehlshaber der Flotte geworden. Minister von Hassel entschied sich für Trettner als Generalinspekteur. Als Nachfolger Speidels wurde der gleichaltrige, aber beträchtlich dienstgradjüngere Kielmansegg ausgewählt. Damit wurde dieser vom Zwei-Sterne- direkt zum Vier-Sterne-General befördert und wurde gleichzeitig Vorgesetzter der dienstälteren Generale des Heeres.

Kielmansegg trat seinen Posten in Fontainebleau am 1. September 1963 an und nahm ihn bis Ende Juni 1966 wahr. Es sollte aber – bedingt durch den politischen Kurswechsel Frankreichs – nicht seine letzte Verwendung bleiben. Die Alliierten Streitkräfte Europa Mitte (AFCENT), das vorgesetzte Hauptquartier von LANDCENT und AIRCENT, wurden von 1953 bis 1963 stets von einem französischen General als Oberbefehlshaber befehligt. [411] Als Präsident Charles de Gaulle sein Land drei Jahre später jedoch aus der militärischen Struktur der NATO löste, beanspruchte die Bundesrepublik Deutschland dieses Amt erfolgreich für einen deutschen General. Und so kletterte Graf Kielmansegg – als Nachfolger des französischen Generals Jean Crépin (1908-1996) – von seiner bisherigen Funktion als „COMLANDCENT" eine Ebene höher auf den vakant gewordenen Chefsessel des „CINCENT" (Commander-in-Chief Central Europe), der fortan in deutscher Hand blieb. General Lyman L. Lemnitzer (1899-1988), einer

---

408 Model erschoss sich am 21. April 1945. Seine sterblichen Überreste wurden 1955 nach Vossenack überführt. Sein Sohn Hansgeorg (* 1927) trat als Siebzehnjähriger im Jahre 1944 in die Panzergrenadierdivision „Großdeutschland ein." In der Bundeswehr stieg er bis zum Brigadegeneral auf.

409 Maizière, Ulrich de In der Pflicht S. 155

410 Schmückle, Gerd Ohne Pauken und Trompeten S. 195

411 Es waren Marschal A. P. Juin (1953-1956) und die Generale J.-E. Valluy (1956-1960), M. P.F. M. Challe (1960-1961), P. E. Jacquot (1961-1963) und J. A. E. Crepin (1963-1966)

der engsten Mitarbeiter von General Eisenhower, war während dieser Jahre
als SACEUR Kielmanseggs nächster Vorgesetzter. Es war eine vertrauensvolle Zusammenarbeit. In diese Zeit fiel u. a. der Übergang zur Strategie
der „Flexible Response" und die „Vorneverteidigung," d. h. die Aufnahme
der Verteidigung zu Lande so weit wie möglich ostwärts entlang der Grenze zum damaligen Ostblock, sowie die Verlegung der beiden Hauptquar-
tiere-SHAPE und AFCENT von Paris bzw. Fontainebleau nach Mons und
Brunssum. Bundeskanzler Kiesinger hatte im Frühjahr 1967 – ohne vorherige Rücksprache mit Minister von Hassel – u. a. auch General Kielmansegg zu einer persönlichen Rücksprache über die künftige Struktur
und Stärke der Bundeswehr nach Bonn gebeten.

Ende März 1968 wurde Graf von Kielmansegg aus dem aktiven Dienst
verabschiedet – eine militärische Lebensspanne, die vom Kavallerieoffizier, der noch mit der Lanze kämpfen lernte, bis zum Oberbefehlshaber
einer internationalen Heeresgruppe, die mit atomaren Waffen ausgerüstet
war, reichte. Wiederholt war in den Jahrzehnten nach der Pensionierung
sein Sachverstand gefragt. Während der sog. „Kießling-Affäre" jedoch verhielt sich der pensionierte General nicht nur unbeteiligt und distanziert, er
kritisierte auch diejenigen, die sich öffentlich auf Seiten Kießlings stellten.
Gerade er, der im Jahre 1938 – damals an der Kriegsakademie in Berlin –
die entwürdigenden Umstände der Entlassung seines Onkels, des Generalobersten von Fritsch, beinahe hautnah miterlebt und diese Ereignisse später in einem Buch über den Prozess gegen Fritsch veröffentlicht hatte, wäre
besonders berufen und geeignet gewesen, seine Stimme zu erheben. Kießling stellt hierzu fest:

*„Die schärfste Kritik an seinem Engagement für mich (= General
Kießling) erntete Schmückle von einem anderen Vier-Sterne-General. Das
war Graf Kielmansegg, der sich als einer der wenigen Verteidiger Wörners
gefiel. In seinen Angriffen auf Schmückle verstieg er sich zu dem Vorwurf,
dieser habe vergessen, >wie ein Soldat sich zu verhalten hat, nämlich an-
ständig.< Da stellt sich schon die Frage, ob anständiges Verhalten nicht auch
erfordert hätte, daß Kielmansegg mich einmal gefragt hätte, bevor er sich
öffentlich äußert. Schließlich war ich ihm kein Unbekannter; Monate zuvor
noch war er als mein persönlicher Gast in Casteau."* [412]

Sein ältester Sohn Johann Adolf (* 1935) führte die Familientradition
fort; er schied 1993 als Generalmajor aus dem aktiven Dienst.

Jürgen **Bennecke** trat die Nachfolge von Graf Kielmansegg an. Auch in
seiner Familie gab es eine militärische Tradition. Sein Vater war Offizier,
seine Mutter stammte aus einer Offizierfamilie und drei seiner Brüder
waren Soldaten; sie fielen später im Zweiten Weltkrieg.

Am 12. September 1912 geboren, trat Bennecke im Jahre 1930 in das Infanterieregiment 12 seiner Geburtsstadt Halberstadt ein. Im Zweiten Weltkrieg nahm er als Hauptmann im Infanterieregiment 183 der 62. Infanteriedivision unter dem General der Artillerie Walter Keiner (1890†) am Polen- und am Westfeldzug teil. Nach einem kurzen Generalstabslehrgang an der Kriegsakademie wurde er zu Beginn 1941 in den Stab der Heeresgruppe A von Generalfeldmarschall Gerd von Rundstedt bei Paris versetzt, die im Sommer des selben Jahres unter der neuen Bezeichnung „Heeresgruppe Mitte" an die Ostfront verlegt wurde. Bennecke war als „I d" verantwortlich für die Ausbildung der Heeresgruppe. Im März 1943 wurde er – mittlerweile zum Major befördert – als Erster Generalstabsoffizier („I a") der neu aufgestellten 100. Jägerdivision. Diese Division, 1940 hauptsächlich aus österreichischen Soldaten aufgestellt, war im Winter 1942/43 im Kessel von Stalingrad vernichtet worden. Im Frühjahr 1943 wurde der Großverband wiederum aus Truppen des Wehrkreises XVII (Wien) neu gebildet und danach in den Raum Vukovar nach Kroatien verlegt. Von dort kam die Division zunächst nach Albanien und dann über Ungarn nach Galizien, um die Ostfront zu stabilisieren. Bennecke, ausgezeichnet mit dem Deutschen Kreuz in Gold und zum Oberstleutnant befördert, kehrte als „Stellvertretender I a" in den Stab der Heeresgruppe Nordukraine (später wieder in „Mitte" umbenannt) unter den Generalobersten Josef Harpe (1887-1968) und danach Ferdinand Schörner (1892-1973) zurück. Am Ende des Krieges nahm er an der Verteidigung Schlesiens und an den Kämpfen in der Slowakei teil. 1945 geriet er in britische Kriegsgefangenschaft, aus der er 1947 entlassen wurde.

Fünf Jahre später bereits trat er 1952 in das „Amt Blank" ein. Zusammen mit de Maizière war er 1953 Mitglied der deutschen EVG-Delegation in Paris. Bennecke erhielt am 12. November 1955 als einer jener 101 Soldaten von Minister Blank die Ernennungsurkunde zum Oberst überreicht. 1958 wurde er für zwei Jahre Kommandeur der Kampfgruppe A 6, der späteren Panzergrenadierbrigade 16 (Hamburg-Wentorf), in Flensburg. 1960 kehrte Bennecke nach Bonn zurück und wurde Brigadegeneral. Nach drei Jahren folgte ein kurzes Truppenkommando. Bennecke übernahm die 7. Panzergrenadierdivision in Unna und erhielt zugleich den zweiten goldenen Stern. 1964 wurde er als Nachfolger seines Freundes de Maizière Kommandeur der Führungsakademie in Hamburg. Im Oktober 1966 wurde er Generalleutnant und Kommandierender General des I. Korps in Münster. Im April 1968 trat sowohl General Graf Kielmansegg als Oberbefehlshaber der Alliierten Streitkräfte Europa Mitte

---

412 Kießling, Günter Versäumter Widerspruch S. 435

als auch Generalleutnant Josef Moll (1908-1989) als Inspekteur des Heeres in den Ruhestand. Generalleutnant Albert Schnez (* 1911), der Kommandierende General des III. Korps, sollte Nachfolger von Kielmansegg werden, und Bennecke war für Molls Amt vorgesehen. Doch diese Planung platze, als die niederländische Regierung unerwartet Schnez als NATO-General ablehnte. Minister Schröder wechselte einfach die Dienstposten: Schnez trat als Nachfolger Molls an die Spitze des Heeres, womit ihm allerdings der vierte Stern versagt blieb, und Bennecke ging unter Beförderung zum Vier-Sterne-General als Oberbefehlshaber der Alliierten Streitkräfte Europa Mitte nach Brunssum; es war dessen erste internationale Verwendung. Ein halbes Jahr nach seiner Amtsübernahme besetzten Truppen des Warschauer Paktes die Tschechoslowakei. In dieser instabilen Zeit hielt Bennecke als für die Operationsführung in Mitteleuropa zuständiger Befehlshaber engen Kontakt u. a. zu Generalinspekteur de Maizière. Der amerikanische Oberbefehl lag zunächst noch kurze Zeit bei Lemnitzer und wechselte dann im Juli 1969 zu Goodpaster. Bennecke wurde Ende September 1973 – nach fünfeinhalb Jahren und der damit längsten Amtszeit eines CINCENT – in den Ruhestand verabschiedet. General Ferber wurde sein Nachfolger.

Bennecke trat als Präsident an die Spitze der Gesellschaft für Wehrkunde und übernahm einen Lehrauftrag für das Fach Strategie an der Universität Freiburg. Er starb am 17. Juli 2002.

Als Ernst **Ferber** am 27. September 1914 in Wiesbaden geboren wurde, war der Erste Weltkrieg wenige Wochen alt. Sein Vater war Major und auch sein Großvater hatte als Soldat gedient. Im Jahre 1933 legte Ferber sein Abitur in München ab und trat unmittelbar danach in das Ausbildungsbataillon des Bayrischen Infanterieregiments 19 in Landshut ein. Zehn Jahre zuvor war der in München geborene Albrecht Ritter Mertz von Quirnheim (1905-1944), neben Graf Stauffenberg einer der führenden Köpfe des Widerstandes vom 20. Juli 1944, im selben Regiment Soldat geworden.

Das Regiment war im Raum München – Augsburg – Kempten stationiert und gehörte zur 7. Infanteriedivision des Wehrkreiskommandos VII in München. In diesem Verband lernte Ferber Hauptmann (später General der Infanterie) Hans Zorn (1891-1943) kennen. Dieser war nach dem Ersten Weltkrieg in das Regiment übernommen worden und hatte später von 1929 bis 1932 eine der Kompanien des Regiments geführt. Im Jahre 1938 wurde Zorn – mittlerweile zum Oberst avanciert – Regimentskommandeur von Ferber. Als Zorn kurz vor Kriegsbeginn Chef des Stabes des XXVII. Armeekorps wurde, holte er den von ihm geschätzten Ferber nach dem Polenfeldzug als Ordonanzoffizier (O 1) zu sich. Während des Westfeldzuges kämpfte das Korps unter dem General der Infanterie Alfred Wäger (1883-1956) im Rahmen der Heeresgruppe C in Ostfrankreich. Als Hauptmann nahm Ferber an einer verkürzten Generalstabsausbildung teil und wurde danach 1941 als „I b" (Logistik) zur 134. Infanteriedivision versetzt – zuerst unter Generalleutnant Conrad von Cochenhausen (1979-1946) und ab Dezember 1941 unter dem General der Gebirgstruppen Hans Schlemmer (1889-1949). Dieser Großverband war im Oktober 1940 auf dem Truppenübungsplatz Grafenwöhr aufgestellt worden. Bei Beginn des Russlandfeldzuges stieß die Division im Rahmen der Heeresgruppe Mitte nach Weißrussland vor. 1942 führte Ferber für kurze Zeit ein Bataillon und kam danach als „I d" (Ausbildung) in den Stab der 2. Panzerarmee unter Generaloberst Rudolf Schmidt (1886-1957). Im Februar 1943 wurde Ferber als Major Nachfolger von de Maizière in die Organisationsabteilung des Generalstabs des Heeres versetzt und blieb dort – im April 1945 noch zum Oberstleutnant befördert – bis zum Kriegsende. Ferber geriet in US-Gefangenschaft, wurde aber bereits im Herbst 1945 entlassen.

1950 trat Ferber in das „Amt Blank" ein. Mit Aufstellung der Bundeswehr trat er als Oberst in die neuen deutschen Streitkräfte ein und übernahm im Januar 1956 die Unterabteilung „Grundsatzangelegenheiten" in der Personalabteilung des Ministeriums. Im Frühjahr 1958 besuchte er einen Lehrgang des NATO-Defence College in Paris und wurde nach dessen Ende im Oktober 1958 Kommandeur der im Aufbau befindlichen Panzergrenadierbrigade 32 in Schwanewede bei Bremen. Als die Brigade im Frühjahr 1961 aufgestellt war, wurde Brigadegeneral Ferber als Chef des Truppenamtes (später: Heeresamt) nach Köln versetzt. Von Oktober 1962 bis Februar 1964 war er Stabsabteilungsleiter II (Militärisches Nachrichtenwesen) im Führungsstab der Bundeswehr (Fü B; später Fü S). Doch nach für nur fünf Monaten wechselte er als Leiter zur Stabsabteilung Fü B III (Militärpolitik), wo er den zweiten goldenen Stern erhielt. Bereits im August 1964 endete seine Zeit auf der Hardthöhe, und er erhielt seine erste Auslandsverwendung. Ferber wurde zum Direktor des „International Planning Staff" (IPS, später IMS) nach Washington berufen. Dieser Stab unterstützte die „Ständige Gruppe" (Standing Group), die permanent eingerichtete Arbeitseinheit des Militärausschusses. Mit dem Rückzug Frankreichs aus dem militärischen Teil der NATO im Jahre 1966 wurde diese jedoch aufgelöst und 1967 von Washington nach Brüssel verlegt. Im Frühjahr 1967 kehrte Ferber nach Deutschland zurück und wurde als Nachfolger von Generalmajor Werner Drews (1914-1974) Kommandeur der 2. Panzergrenadierdivision in Marburg an der Lahn; in dieser Zeit war Günter Kießling zeitweise Chef des Divisionsstabes im Marburg und

Generalleutnant Schnez der Kommandierender General des III. Korps in Koblenz. Ferber, von dem Kießling sagt, er sei „der klügste Militär, dem ich je begegnet bin,"[413] war ein universal gebildeter Mann, aber als Vorgesetzter nicht einfach. Er war sensibel und bisweilen schroff, jedoch nicht der durchgeistigte Intellektuelle, der keinen Zugang zu den Soldaten fand. Zumindest in seiner Zeit als Divisionskommandeur schätzten ihn die Soldaten ob seiner fürsorglichen, väterlichen Art, die Vertrauen schuf. Nach nur zwei Jahren gab Ferber das Kommando an seinen Nachfolger Rolf Jürgens (* 1916) weiter. Der Grund waren politische Turbulenzen um Generalmajor Hellmut Grashey (1914-1990), seinen alten Regiments- und Jahrgangskameraden. Als dieser 1969 vorzeitig in den Ruhestand versetzt wurde, übernahm Ferber dessen Posten als Stellvertreter des Heeres – erneut unter Generalleutnant Schnez. In dieser Eigenschaft war Ferber der Delegierte des Heeres in der Bildungskommission von Professor Ellwein und rettete – nach Kießling – „mit einer bewundernswerten Initiative" [414] die Generalstabsausbildung, die aus politischen Gründen abgeschafft werden sollte. Als Schnez Ende September 1971 routinemäßig aus dem aktiven Dienst ausschied, trat Ferber – bereits seit Juli 1970 Generalleutnant – dessen Nachfolge an der Spitze des Heeres an. Generalinspekteur war de Maizière, den er vor drei Jahrzehnten im Oberkommando des Heeres zum ersten Mal getroffen hatte. Es waren keine leichten Jahre für die deutschen Landstreitkräfte: der Grundwehrdienst war auf 15 Monate verkürzt worden, die Zahl der Wehrdienstverweigerer war sprunghaft angestiegen, und die Stimmung in der Truppe war auf einem Tiefpunkt. Helmut Schmidt hatte die Zügel auf der Hardthöhe übernommen. Doch die Hoffnungen auf schnelle Verbesserungen, die damit gekeimt waren, wurden in der Folge nicht erfüllt und waren zum Teil wohl auch nicht erfüllbar.

Nur zwei Jahre blieb Ferber an der Spitze des Heeres. Dann wurde er am 1. Oktober 1973 – unter Beförderung zum Vier-Sterne-General – Nachfolger von General Bennecke als CINCENT in Brunssum. Während dieser Zeit war der zehn Jahre jüngere US-General Alexander Haig Oberbefehlshaber Europa. Eine glückliche Konstellation. Ende September 1975 wurde Ferber in den Ruhestand verabschiedet. Er starb hochbetagt im Dezember 1998. General Dr. Schnell trat die Nachfolge Ferbers als CINCENT an.

Karl **Schnell**, am 18. Dezember 1916 in der Nähe von Bad Kreuznach noch während des Ersten Weltkrieges geboren, hatte in seiner Familie keine direkte militärische Tradition; seine Vorfahren hatten als Bauern im Vogelsberg gelebt.

Nach dem Abitur trat er 1935 als Offizieranwärter in das Artillerieregiment 5 der Wehrmacht in Ulm ein und durchlief danach die Ausbildung zum Artillerieoffizier. Ein Jahr später wurde Gerd Schmückle, der fünfunddreißig Jahre später als Generalmajor der Bundeswehr einer seiner engsten Mitarbeiter im NATO-Hauptquartier SHAPE werden sollte, im selben Verband Soldat. Beim Westfeldzug war Schnell zunächst noch Adjutant der I. Abteilung des Karlsruher Artillerieregiments 35, übernahm aber dann als Chef die 2. Batterie. Das Regiment unterstand der 35. Infanteriedivision unter dem General der Infanterie Hans Wolfgang Reinhard (1888-1950). 1941 wurde Schnell als Ausbilder an die Artillerieschule in Jüterbog (südlich von Berlin) versetzt, die er eineinhalb Jahre wahrnahm. Als Hauptmann absolvierte er 1942/43 die auf ein halbes Jahr verkürzte Generalstabsausbildung. Nach deren Ende im Frühjahr 1943 ging er als „I b" (Logistik) zur 330. Infanteriedivision, die zunächst an der Ostfront im Rahmen der Heeresgruppe Mitte kämpfte, dann aber bereits im November aufgelöst wurde. Ein knappes Jahr später, 1944, Schnell war mittlerweile Major geworden, folgte seine Versetzung nach Italien als „I b" der 3. Panzergrenadierdivision. Ein wichtiger Grund für die Versetzung waren Schnells Italienischkenntnisse. Dieser Großverband war 1943 anstelle der in Stalingrad vernichteten 3. Infanteriedivision (mot.) neu aufgestellt worden. Divisionskommandeur war der General der Panzertruppen Fritz-Hubert Gräser (1888-1960). Die Division kämpfte in Süditalien am Volturno bei Salerno, am Monte Cassino und bei Nettuno. Im Sommer 1944 wurde Schnell „I a" – Erster Generalstabsoffizier – des LXXVI. Panzerkorps das unter dem General der Panzertruppen Traugott Herr (1890-1976) im Raum Rimini gegen die 8. britische Armee unter Feldmarschall Montgomery verteidigte. Danach ging er als „I a" zur 90. Panzergrenadierdivision unter dem General der Panzertruppen Gerhard Graf Schwerin, dem späteren ersten militärischen Berater von Bundeskanzler Adenauer. Ende April schließlich war der Krieg für Schnell zu Ende. Er kam in amerikanische Kriegsgefangenschaft, aus der er 1947 entlassen wurde.

Schnell studierte nach dem Krieg Betriebswirtschaft und Jura und promovierte. Im September 1956 trat er – trotz seiner gesicherten zivilen beruflichen Lage – in die Bundeswehr ein, wurde als Major übernommen und arbeitete zunächst im Führungsstab des Heeres im Bereich der Heereslogistik. 1959 wurde er als Heeresattaché an die Deutsche Botschaft in Rom versetzt. Die italienische Regierung erteilte ihm das Agrément – ein Zeichen, dass Schnell während der Zeit auf dem italienischen Kriegsschau-

413 Kießling, Günter Versäumter Widerspruch S. 250
414 Kießling, Günter a.a.O. S. 187 und 254

platz seine soldatischen Aufgaben und Pflichten tadellos erfüllt hatte. Von Oktober 1962 bis Ende 1964 war Schnell „Oberst beim Stab" und danach Stellvertretender Divisionskommandeur der 2. Panzergrenadierdivision in Marburg an der Lahn unter Generalmajor Christian Müller (1904-1992). Im Herbst 1964 wurde er Unterabteilungsleiter V (Logistik) im Führungsstab des Heeres. Zu dieser Zeit hatte gerade Generalleutnant de Maizière die Dienstgeschäfte als Inspekteur von seinem Vorgänger Zerbel übernommen. Ein Jahr später wurde Schnell zum Brigadegeneral befördert. Unter dem Logistikfachmann Schnell begann im Heer die Einführung des neuen Kampfpanzers „Leopard 1," und die Logistik machte ihre ersten zaghaften Schritte und Versuche mit der elektronischen Datenverarbeitung (EDV). Im Spätherbst 1968 wurde Schnell Kommandeur der 6. Panzergrenadierdivision in Neumünster und trat die Nachfolge von Generalmajor Gerd Niepold (*1913) an, der das III. Korps in Koblenz übernahm. Damit erhielt Schnell zugleich den zweiten goldenen Stern. Es war die erste Führungsverwendung in der Truppe seit seiner Zeit als Batteriechef im Krieg.

Nach zwei Jahren wurde er im September 1970 – unter Beförderung zum Generalleutnant – Stellvertretender Chef des Stabes für Planung und Operation (DCOS Plans & Operations) im NATO-Hauptquartier SHAPE in Mons. SACEUR war der US-General Andrew Goodpaster. Sein Stellvertretender Chef der Operationsabteilung war der frisch beförderte Generalmajor Gerd Schmückle. Nach zweieinhalb Jahren wurde Schnell von Minister Leber im Mai 1973 als Stellvertreter von Generalinspekteur Zimmermann nach Bonn zurückgeholt. Es war nicht die letzte Stufe in Schnells Karriere. Wiederum zweieinhalb Jahr später kehrte Schnell zur NATO, diesmal jedoch zum Hauptquartier der Alliierten Streitkräfte Mitteleuropa (AFCENT) nach Brunssum, zurück. Zum Vier-Sterne-General befördert, trat er am 1. Oktober 1975 die Nachfolge von General Ferber als vierter deutscher Oberbefehlshaber der Alliierten Streitkräfte Mitteleuropa (CINCENT) an. Schnell nahm diese Aufgabe bis Ende 1976 wahr. General Haig war als SACEUR sein nächster Vorgesetzter. Zwei Jahre später kam völlig unerwartet ein weiterer Aufstieg, der bis dahin einmalig war in der Geschichte der Bundeswehr: als erster Offizier der Bundeswehr wurde Schnell, obwohl er mit nunmehr 61 Jahren das reguläre Pensionsalter bereits erreicht hatte, im Oktober 1977 als ziviler Staatssekretär in die politische Führungsetage des Verteidigungsministeriums berufen, ein mutiger Schritt, der aber zunächst einen Sturm im politischen Wasserglas Bonns hervorrief. Leber schildert die Entscheidung, wobei Schnell namenlos bleibt.

„Aufsehen und zum Teil auch heftigen Widerspruch erregte es, als ich mir einen General als Staatssekretär holte. Der General genoß als Person wie auch

*als Befehlshaber über die alliierten Streitkräfte Europa Mitte hohes Ansehen.
Aber einen General zum Staatssekretär,.... zu machen, das würde doch das
ganze Gebäude von der strengen Trennung zwischen der politisch-zivilen
Oberverantwortung über das Militärische in Gefahr bringen.* "[415]
Doch Minister Leber vertrat seine Entscheidung mit Nachdruck, war er
es doch, der Schnells Aufstieg seit 1972 maßgeblich gefördert hatte: zwischen beiden „stimmte die Chemie," sie schätzten sich gegenseitig. Schnell
oblag die Verantwortung für den gesamten Bereich der Rüstung. Erst 15
Jahre später – 1992 – wurde mit Generalleutnant Schönbohm der zweite
Soldat auf diesen Posten berufen. Schnell schied nach vier Jahren als
Staatssekretär unter Minister Apel im Dezember 1980 aus.

Schnells Nachfolger in Brunssum wurde im Januar 1977 General
Schulze.

Am 18. September 1918 im westfälischen Salzkotten geboren, konnte
Franz-Joseph **Schulze** auf keine militärischen Traditionen in der Familie
zurückblicken. Er besuchte das humanistische Gymnasium „Theodorianum" in Paderborn und beendete seine Schulausbildung 1937 mit dem
Abitur. Zunächst leistete er seine sechsmonatige Dienstpflicht beim Reichsarbeitsdienst und trat danach im November 1937 als neunzehnjähriger
Offiziersanwärter bei der Luftwaffen-Ersatzabteilung 34 in Handorf bei
Münster ein. Nach der Grundausbildung wurde er zunächst zur II./Fla-
Regiment 54 nach Duisburg und von dort zur II. Abteilung des Flak-
Regiments 4 in Münster-Gievenbeck versetzt. Als der Zweite Weltkrieg
begann, war Schulze Zugführer in der 5. Batterie der Reserve-Fla-Abteilung
405 in Bielefeld. Im Februar 1940 wurde er Leutnant und Abteilungsadjutant. Von Dezember 1940 bis zum Kriegsende kämpfte er als Führer und
Batteriechef leichter und schwerer Flak-Batterien (16. Fla-Division; 4.
Batterie der schweren Fla-Abteilung 405) u. a. an der Südfront in Oberitalien. Zwischenzeitlich war er zu Lehrgängen an der Fla-Artillerieschule I
in Rerik kommandiert. Nach den Eisernen Kreuzen beider Klassen und
dem Deutschen Kreuz in Gold wurde er Ende November 1944 – als Oberleutnant und Chef der 3. Batterie des neuaufgestellten Flak-Sturm-Regiments 241 (mot.) – mit 26 Jahren mit dem Ritterkreuz ausgezeichnet. Es
war ihm 1944 während der Rimini-Schlacht mit seinen schweren Flak-
Geschützen gelungen, einen Angriff britischer Panzer abzuwehren und
damit deren Durchbruch zu verhindern. Schulze gehörte nicht zur „Ostfront-Fraktion" unter den Offizieren. Am 5. Mai geriet er als Offizier im
Fallschirmjägerregiment 6 in amerikanische Gefangenschaft.

---

415 Leber, Georg Vom Frieden S. 218

Nach dem Krieg studierte er Jura und arbeitete als Wirtschaftsprüfer. 1956 meldete er sich zur Heeresflugabwehrtruppe der Bundeswehr und wurde am 1. März als Hauptmann eingestellt. Damit begann seine zweite militärische Laufbahn, zunächst als Prüfgruppenleiter bei den Bundeswehr-Annahmestellen in Köln, Paderborn und Münster und danach als Dezernent im Wehrbereichskommando III in Düsseldorf. Von April 1958 bis Ende März 1959 nahm Schulze am 2.Generalstabslehrgang teil, mit 93 Teilnehmern einer der kopfstärksten Lehrgänge. Als Major wurde er im April 1959 zum „Führungsstab der Bundeswehr" (später: Führungsstab der Streitkräfte) versetzt und 1961 zum Oberstleutnant befördert. 1962 übernahm er für zwei Jahre das Heeresflugabwehrbataillon 1 in Langenhagen bei Hannover als Kommandeur.

Von September 1964 bis Februar 1965 absolvierte er den 26. Lehrgang des NATO-Defence-College in Paris. 1965 wurde er als Oberst in die Operationsabteilung der Alliierten Streitkräfte Europa Mitte (AFCENT – zunächst in Fontainebleau und danach in Brunssum) versetzt, die unter dem Kommando von General Graf Kielmansegg stand. Am 7. September 1967 übernahm Schulze die Panzergrenadierbrigade 19, die im westfälischen Ahlen stationiert war und der 7. Panzerdivision in Unna unterstand. Doch nur ein Jahr später, im Herbst 1968, wurde er – unter Beförderung zum Brigadegeneral – als Leiter der Stabsabteilung III im Führungsstab der Streitkräfte ins Ministerium berufen. In dieser Funktion war er der verantwortliche Berater von Generalinspekteur de Maizière und Minister Schröder in allen Fragen der Militärpolitik und der Operationsführung. Nach zwei Jahren ministerieller Arbeit folgte eine weitere Truppenverwendung, die mit der Beförderung zum Generalmajor verbunden war: im Dezember 1970 wurde Schulze als Nachfolger von General Dr. Schnell Kommandeur der 6. Panzergrenadierdivision in Neumünster, der größten Heeresdivision. Er führte den Großverband im Norden Deutschlands bis zum Mai 1973. Zum Generalleutnant befördert, wurde er wieder auf das Militärparkett der NATO zurückgeholt und übernahm – erneut als Nachfolger von General Dr. Schnell – den Posten des Stellvertretenden Chefs des Stabes für Planung und Operationen im NATO-Hauptquartier SHAPE im belgischen Mons. Hier war er einer der engsten Berater des amerikanischen Oberbefehlshabers (SACEUR) Andrew Goodpaster. Als General Dr. Schnell, der CINCENT, im Dezember 1976 zum Staatssekretär berufen wurde, folgte Schulze ihm zum dritten Male und übernahm am 7. Januar 1977 dessen Stuhl als Oberbefehlshaber der Alliierten Streitkräfte Mitteleuropa. Damit war gleichzeitig die Beförderung zum Vier-Sterne-General verbunden. Der Spitzname „Eierkopf-Schulze" weist auf seine brillanten intellektuellen Fähigkeiten hin, die leider nicht mit ähnlichen

Qualitäten auf dem Gebiet der Menschenführung gepaart waren. Schulze galt als schroff, unnahbar und oft auch beratungsresistent. Alexander Haig, der sein Amt als SACEUR 1974 angetreten hatte, war – wie auch unter Schulzes Vorgängern Ferber und Schnell – dessen NATO-Oberbefehlshaber. Am 30. September 1979 wurde Schulze aus dem aktiven Dienst verabschiedet. Er starb am 31. Januar 2005 in Bonn.

Seine Amtsgeschäfte wurden von General Dr. Ferdinand **von Senger und Etterlin**, als siebtem deutschen Oberbefehlshaber, übernommen. Die Senger und Etterlins können auf eine sehr lange militärische Familientradition zurückblicken. Vater Fridolin war Soldat und auch seine Mutter – eine geborene von Kracht – stammte aus einer alten Soldatenfamilie: ihr Vater war General in der Kaiserlichen Armee gewesen.

Vater Fridolin von Senger und Etterlin (1891-1963) war 1910 als Freiwilliger in das Badische Feld-Artillerie-Regiment Nr. 76 eingetreten, hatte im Ersten Weltkrieg von 1914 bis 1918 als Artillerieoffizier an der Westfront gekämpft, war mit den beiden Klassen des Eisernen Kreuzes ausgezeichnet worden und als Leutnant aus dem Krieg heimgekehrt. 1919 war er zunächst in Sachsen dem Freikorps unter General Ludwig Maercker beigetreten, wurde dann aber in der Reichswehr reaktiviert. Für kurze Zeit war er 1920 an der Kavallerieschule und ging von dort für zwölf Jahre zum Kavallerieregiment 18 nach Stuttgart-Cannstadt. Dieses Regiment war eines der sechs Reiterregimenter der 3. Kavalleriedivision in Weimar. Von 1934 bis 1938 wurde er – 1936 zum Oberstleutnant befördert – nach Berlin zum Chef des Stabes des Inspizienten der Kavallerie versetzt. Am 10. November 1938 wurde Fridolin von Senger Kommandeur des Kavallerieregiments 3 in Göttingen; sein Sohn Ferdinand begann zwei Jahre später im selben Verband seine militärische Laufbahn – eines von vielen Beispielen familiärer Militärtradition. Ein Jahr später, im November 1939 übernahm Fridolin von Senger das Kavallerieregiment 22, eines der beiden Regimenter der Kavalleriebrigade 2. Im Frühjahr 1940 wurde Fridolin von Senger Kommandeur dieser Kavalleriebrigade, die – in eine motorisierte Brigade umgegliedert und bei Beginn des Frankreichfeldzuges Rommels 7. Panzerdivision unterstellt – u. a. an der Eroberung von Le Havre und Cherbourg teilnahm. In den folgenden zwei Jahren – von Juli 1940 bis Juli 1942 – arbeitete Fridolin von Senger in Turin als Verbindungsoffizier zwischen der Deutsch-Französischen Waffenstillstandskommission unter dem General der Infanterie Carl-Heinrich von Stülpnagel und der Französisch-Italienischen Waffenstillstandskommission unter dem italienischen General Pietro Pintor. Im September 1941 war er zum Generalmajor befördert worden. Nach einem kurzen Truppenkommando

als Kommandeur der 10. Panzergrenadierbrigade in Frankreich wurde
Fridolin von Senger im Oktober 1942 Kommandeur der 17. Panzerdivision
an der Ostfront, die beim Entsatzversuch der 6. Armee in Stalingrad beteiligt war. Dafür wurde er mit dem Ritterkreuz ausgezeichnet und im Mai
1943 zum Generalleutnant befördert. Im Juni 1943 folgte abermals eine
Verwendung als Verbindungsoffizier; diesmal zur 6. Italienischen Armee
unter General Alfredo Guzzoni, die sich auf Sizilien gegen die alliierte Lan-
dung verteidigte. Nach dem Erfolg der alliierten Invasionskräfte wurde
Senger für einen Monat Wehrmachtsbefehlshaber auf Sardinien und
Korsika. Von Oktober 1943 bis zum Kriegsende führte er das XIV. Panzerkorps im Rahmen der Verteidigungsoperationen im Raum Monte Cassino
und Anzio gegen die Angriffe der 5. US-Armee unter dem amerikanischen
General Mark W. Clark. Am 1. Januar 1944 wurde er – zwischenzeitlich mit
dem Deutschen Kreuz in Gold und dem Eichenlaub zum Ritterkreuz ausgezeichnet – zum General der Panzertruppen befördert. Am Ende des
Krieges geriet er in britische Kriegsgefangenschaft, aus der er 1948 entlassen wurde.

    Nach dem Kriege gehörte Fridolin von Senger und Etterlin zum kleinen
Kreis jener fünfzehn Offiziere der Wehrmacht, die im Oktober 1950 in der
Eifel die „Himmeroder Denkschrift" erarbeiteten. Von 1955 bis 1956 war
er dann Mitglied im Personalgutachterausschuss, der die Wiedereinstel-
lungsanträge für den Dienst in der Bundeswehr ab dem Dienstgrad Oberst
aufwärts zu prüfen hatte. Vater und Sohn von Senger haben generations-
übergreifend am Aufbau der Bundeswehr mitgearbeitet. Den Aufstieg seines Sohnes erlebte er jedoch nicht mehr.

    Als Sohn Ferdinand am 8. Juni 1923 in Tübingen geboren wurde, dien-
te sein Vater als Oberleutnant im Reiterregiment 18 in Stuttgart-Cannstadt. Ferdinand von Senger trat mit siebzehn Jahren am 1. Oktober 1940
in Göttingen in jenes Kavallerieregiment 3 ein, das sein Vater von 1938 bis
1939 kommandiert hatte. Nach der Ausbildung zum Offizier wurde er als
Leutnant zu seinem alten Stammtruppenteil, der 1. Ostpreußischen Kavalleriedivision, mittlerweile in 24. Panzerdivision umbenannt, zurückversetzt und kam als Zugführer in das Panzerregiment 24, dessen Führung
im Oktober 1942 Oberstleutnant von Bassewitz übernahm. Die Soldaten
dieses Regiments trugen als einzige Panzerleute gelbe Biesen, da sie direkt
aus der Kavallerie eingegliedert worden waren. Im Herbst 1942 kämpfte
die Division unter Generalleutnant Arno von Lenski (1983-+) im
Rahmen der 6. Armee im Raum Stalingrad. Von Senger wurde vor der
Vernichtung der Division an die Westfront versetzt und beteiligte sich ab
April 1943 zunächst in Lisieux (Frankreich) und danach in Norditalien
unter dem General der Panzertruppen Maximilian Freiherr von Edelsheim

am Neuaufbau der Division und seines Panzerregiments 24. Im Oktober 1943 wurde die neu aufgestellte Division an die Ostfront verlegt und kämpfte danach unter dem neuen Kommandeur, Generalmajor Gustav-Adolf von Nostitz-Wallwitz (1898-1945) in der Ukraine. Bei diesen Kämpfen im Spätsommer 1944 wurde Oberleutnant Senger – bereits mit dem Deutschen Kreuz in Gold, dem Panzervernichtungsabzeichen und der Silbernen Nahkampfspange ausgezeichnet – zum achten Mal verwundet, diesmal am Rande des Todes: der rechte Arm musste amputiert werden. Er überlebte, war danach aber frontuntauglich. Dennoch meldete er sich wieder zum Dienst. Ende 1944 wurde er – mit 21 Jahren zum Rittmeister befördert – als Adjutant zum Inspekteur der Panzertruppen, General Leo Freiherr Geyr von Schweppenburg, in das Oberkommando des Heeres kommandiert. Kurzzeitig geriet er bei Kriegsende in amerikanische Gefangenschaft.

Nach dem Krieg studierte Ferdinand von Senger Jura in Göttingen, promovierte und ging dann zunächst als Beamter in den Bundesdienst. Doch 1956 ließ er sich reaktivieren und trat in die Panzertruppe der Bundeswehr ein. Bereits als Dreißigjähriger widmete sich Ferdinand von Senger einem Hobby, das er sehr erfolgreich und auch international anerkannt ausübte: er wurde Militärschriftsteller. Vor allem auf dem Gebiet der Wehrtechnik machte er sich mit zahlreichen Büchern, so u. a. dem „Taschenbuch der Panzer," die zu Standardwerken wurden, einen Namen. Er gehört zu den erfolgreichsten Publizisten unter den Generalen. Von Senger arbeitete zunächst im Referat „Militärisches Nachrichtenwesen" im Führungsstab der Bundeswehr (Fü B). Von 1959 bis Dezember 1960 nahm er am 3. Generalstabslehrgang teil und wurde danach G 3-Stabsoffizier (Ausbildung, Führung und Organisation) der Panzerlehrbrigade 9 in Munster. Dort war er maßgeblich an der Erprobung des neuen deutschen Kampfpanzers „Leopard" beteiligt. Danach wurde er für ein Jahr in die Studiengruppe des Heeres an der Führungsakademie versetzt. Im Jahre 1964 übernahm er das Panzerlehrbataillon 94 in Munster als Kommandeur. Als militärischer Führer hatte Senger – bei aller Brillanz – Schwächen, die auf dem Gebiet der Menschführung lagen. Aber auch die Stabsarbeit litt unter seiner sprunghaften und unerschöpflichen Ideenfülle, die Kräfte und Mittel band, jedoch oft nicht umgesetzt werden konnte. 1967 besuchte er einen Lehrgang am NATO-Defence-College, das von Paris nach Rom verlegt worden war und ging dann für zwei Jahre als G3-Stabsoffizier in das Hauptquartier der britisch geführten Heeresgruppe Nord (NORTHAG) nach Mönchengladbach. 1969 wurde er Kommandeur der Panzerbrigade 20 im westfälischen Hemer, doch die Brigadeführung dauerte nur wenige Monate, da von Senger bereits im Spätsommer

1970 – unter Beförderung zum Brigadegeneral – in den Führungsstab des Heeres versetzt wurde, wo er als Leiter der Stabsabteilung Fü H VI gegenüber den Inspekteuren Schnez und Ferber für die Planung des Heeres verantwortlich wurde. Von dort führte ihn seine weitere Laufbahn im Frühjahr 1972 für zweieinhalb Jahre als Befehlshaber des Wehrbereiches V nach Stuttgart. Dort erhielt er den zweiten goldenen Stern. Im Sommer 1974 kehrte Senger aus dem Territorialheer in das Feldheer zurück und übernahm die 7. Panzerdivision in Unna, die das „springende Ross" als Ärmelabzeichen führte. Es war noch die Zeit der großen Herbstmanöver im freien Gelände – wie „Großer Bär und „Springendes Ross," vielfältige Gelegenheiten, um Sengers Kriegserfahrungen auch in der Ausbildungspraxis seiner Division umzusetzen. Im April 1978 wurde von Senger Generalleutnant und – als Nachfolger von Hans-Heinrich Klein – Kommandierender General des I. Korps in Münster. Er behielt dieses höchste nationale Kommando nur eineinhalb Jahre, denn bereits im Oktober 1979 erklomm er die nächste Stufe und wurde als Vier-Sterne-General Nachfolger von Franz-Joseph Schulze zum Oberbefehlshaber der Alliierten Streitkräfte Europa Mitte (CINCENT) ernannt. Ein Vierteljahr zuvor hatte General Bernard Rogers die Führung der NATO in Europa von Alexander Haig übernommen. Vier Jahre später, im September 1983, wurde von Senger in den Ruhestand verabschiedet. Er konnte diesen letzten Lebensabschnitt nur kurz genießen, denn er starb bereits im Januar 1987, im Alter von 63 Jahren. Die körperlichen Folgen der Kriegsjahre – die zahlreichen schweren Verwundungen – forderten ihren späten Tribut.

Sein Nachfolger an der Spitze der Alliierten Streitkräfte Europa Mitte wurde Leopold **Chalupa**, der erste Oberbefehlshaber, der nur noch eine kurze Erfahrung im Zweiten Weltkrieg aufweisen konnte. Am 15. April 1927 in Neuberg im Sudetenland (heute: Podhradí/ CSR) geboren, besuchte Chalupa von 1940 bis Anfang 1945 die „Nationalpolitische Erziehungsanstalt" (Napola) in Naumburg an der Saale und beendete die Schulausbildung mit dem „Kriegsabitur." In seiner Familie gab es keine militärische Tradition. Im Januar 1945, kurz vor seinem 18. Geburtstag, wurde Chalupa noch als Offizieranwärter zum Gebirgsjäger-Ersatzbataillon 137 nach Landeck in Tirol einberufen. Nach einer kurzen Grundausbildung kam er mit diesem Verband im Rahmen der 188. Gebirgsdivision als Fahnenjunker-Oberjäger an die Italienfront im Raum Triest. Dort geriet er – nach nur fünf Monaten als Soldat – nach der Kapitulation im Mai 1945 in britische Gefangenschaft, die er in Lagern in Italien und Großbritannien verbrachte. Wegen seiner Schulausbildung auf der „Napola" wurde der Achtzehnjährige als „belastet" eingestuft. Seine Gefangenschaft dauerte

deshalb fast vier Jahre – zwölfmal so lang wie seine Zeit als Soldat. Erst im
Januar 1949 wurde er nach Hessen entlassen. Danach arbeitete er als Offizier bei der Deutschen Dienstgruppe der US-Armee.

Im Jahre 1956 trat Chalupa als Fähnrich in das Pionierlehrbataillon in
München in die Bundeswehr ein. Er durchlief die Ausbildung zum Offizier
und wurde danach 1957 Zugführer, Einsatzoffizier und Kompaniechef im
Pionierbataillon 2 in Hann.-Münden. 1961/62 war er für kurze Zeit Adjutant von General Speidel in Fontainebleau. Von Oktober 1962 bis September 1964 absolvierte er – zusammen mit den späteren Generalen Altenburg und Mack – den 5. Generalstabslehrgang an der Führungsakademie.
In seiner Jahresarbeit behandelte er „Die Bedeutung Maltas im Zweiten
Weltkrieg und die Einschätzung des Besitzes der Insel durch die kriegfüh-
renden Parteien." Unmittelbar danach schloss sich seine erste Verwendung im Ausland an: er nahm als Major an der einjährigen Generalstabsausbildung am Command and Staff College in Fort Leavenworth in den
USA teil. Im Herbst 1965 kehrte er als Major nach Deutschland zurück und
wurde G3-Stabsoffizier in der Panzergrenadierbrigade 11 in Bogen.
Brigadekommandeur war zunächst Oberst (später Brigadegeneral) Rudolf
Wich (1913-1988) und danach Oberst (später Generalleutnant) Rüdiger
von Reichert (* 1917). Die 4. Panzergrenadierdivision in Regensburg als
vorgesetzte Kommandobehörde wurde zu dieser Zeit von Generalmajor
Johannes Härtel (1908-1969) und danach von Generalmajor Hellmut
Grashey (1914-1990) geführt. Im Jahre 1968 wurde Chalupa vom Bayrischen Wald in Deutschlands hohen Norden versetzt. In Schleswig übernahm er als Oberstleutnant das schwere Pionierbataillon 718, das dem
Territorialkommando Schleswig-Holstein in Kiel unterstellt war. Nach
zwei Jahren folgte die zweite internationale Verwendung. Chalupa wurde
in die Operationsabteilung des Hauptquartiers der Alliierten Truppen in
Mitteleuropa (AFCENT) versetzt. Oberbefehlshaber (CINCENT) war zu
dieser Zeit General Bennecke, der ihn 1972 zu seinen „Kabinettschef,"
d. h. zum Leiter des Persönlichen Stabes, machte. Zwischenzeitlich zum
Oberst befördert, blieb Chalupa in dieser Funktion auch als General Ferber
im Oktober 1973 die Nachfolge Benneckes antrat.

1974 kehrte Chalupa nach Deutschland und zu jener Truppengattung
zurück, in die er 1945 eingetreten war, den Gebirgsjägern. Chalupa übernahm die Gebirgsjägerbrigade 22 in Mittenwald. An der Spitze der vorgesetzten 1. Gebirgsdivision stand zunächst Generalmajor Ernst Metz (1916-
1980) und danach Generalmajor Michael Greipl (1920-1995). 1976 wurde
Chalupa als Brigadegeneral in den Führungsstab des Heeres nach Bonn
versetzt und übernahm die Stababteilung Fü H VI (Planung) unter Inspekteur Hildebrandt. Es war eine arbeitsreiche Zeit, in der die „Heeresstruk-

tur 4" zunehmend Gestalt annahm. Unter anderem wurde die Zahl der Kampftruppenbataillone in den Brigaden von drei auf vier erhöht, und es entstanden gemischte Panzer- und Panzergrenadierbataillone. 1978 wurde Chalupa – ohne eine Division kommandiert zu haben – zum Generalmajor befördert, ging als Chef des Stabes der Heeresgruppe Mitte (CENTAG) nach Heidelberg und wurde zum engsten Mitarbeiter des „Commander CENTAG" (COMCENTAG), des US-Generals George S. Blanchard und dessen Nachfolger General Frederick J. Kroesen. Chalupa blieb im süddeutschen Raum, erhielt den dritten goldenen Stern und übernahm am 1. Oktober 1981 als Nachfolger von Generalleutnant Meinhard Glanz, der zum Inspekteur des Heeres berufen worden war, das II. Korps in Ulm als Kommandierender General. Zwei Jahre später erreichte Chalupa den Gipfel seiner militärischen Laufbahn: Ende September 1983 kehrte er als Vier-Sterne-General nach Brunssum zurück, das er neun Jahre zuvor als Oberst verlassen hatte. Chalupa wurde Oberbefehlshaber der Alliierten Streitkräfte Mitteleuropa (CINCENT) und Nachfolger von General von Senger und Etterlin. General Bernard Rogers stand an der Spitze der NATO in Europa, und General Kießling war als DSACEUR einer seiner beiden Stellvertreter. Chalupa blieb vier Jahre auf diesem Posten und wurde Ende September 1987 aus dem aktiven Dienst verabschiedet. Danach übernahm er eine Reihe ehrenamtlicher Aufgaben, so arbeitete er z. B. von 1987 bis 1989 als Militärberater der NATO bei den Verhandlungen über konventionelle Abrüstung. Daneben stand er dem Fußballverein Alemannia Aachen von 1990 bis 1992 als Präsident vor und wechselte später in den Ältestenrat des Vereins. Darüber hinaus engagiert sich der Sudentendeutsche Chalupa seit dem Zusammenbruch des Warschauer Paktes besonders für die deutsch-tschechische Aussöhnung, und dies fand eine besondere Bestätigung darin, dass ihn seine Heimatgemeinde Podhradí in der Tschechischen Republik, die er vor mehr als sechzig Jahren verließ, zum Ehrenbürger ernannte. Die begonnene militärische Tradition der Familie wurde durch die beiden Söhne Michael (+ 1988) und Detlef weitergeführt. Letzterer absolvierte den 26. Generalstabslehrgang von 1983 bis 1985 – einundzwanzig Jahre nach seinem Vater.

Chalupas Nachfolger als CINCENT wurde der sechs Jahre jüngere bisherige Inspekteur des Heeres Hans-Henning **von Sandrart**. Seine Familie kann auf eine lange militärische Tradition zurückblicken, die bis ins 15. Jahrhundert zurückreicht. Der Großvater Karl von Sandrart war Generalmajor, und sein Vater Fritz war am Ende des Zweiten Weltkrieges Oberst. Sandrarts Mutter Eva (geb. Föst) war die Tochter eines Generals und seine Frau die Tochter von Brigadegeneral Hans-Georg Lueder (1908-1989), der

u. a. Kommandeur der Heeresoffizierschule I der Bundeswehr in Hannover war. Kurz nach Hitlers Machtergreifung wurde Sandrart am 21. Juli 1933 im fernen Argentinien geboren, wohin die Familie nach dem Ersten Weltkrieg ausgewandert war. 1937 kehrten die von Sandrats nach Deutschland zurück. Sein älterer Bruder Jürgen-Joachim – bei Beginn des Krieges Soldat geworden – fiel als Leutnant der Artillerie im Jahre 1943. Henning war damals zehn Jahre alt.

Im Jahre 1953 beendete von Sandrart seine Schulausbildung mit dem Abitur. Zunächst studierte er in Freiburg Politische Wissenschaften, brach dann aber das Studium ab und trat im Januar 1956 in die Artillerietruppe der Bundeswehr ein. Von Oktober 1964 bis Ende September 1966 absolvierte er – u. a. zusammen mit seinem späteren Nachfolger von Ondarza – den 7. Generalstabslehrgang in Blankenese. In seiner Jahresarbeit analysierte er „Die Zunahme der Erdbevölkerung bis zum Jahre 2000 als wehrpolitisches Problem." Unmittelbar nach der Ausbildung an der Führungsakademie ging er von 1966 bis 1967 als Major nach England und absolvierte die einjährige Generalstabsausbildung des britischen Heeres am Staff College in Camberley. Zurück in Deutschland wurde er zunächst für zwei Jahre G 3-Stabsoffizier (Ausbildung, Führung und Organisation) der Panzerbrigade 14 in Koblenz und arbeitete danach von 1969 bis 1971 in der Studiengruppe des Heeres der Führungsakademie an der neuen Führungsvorschrift des Heeres „Truppenführung 100/1" (TF). Danach wurde Oberstleutnant von Sandrart Kommandeur des Panzerartilleriebataillons 25 in Braunschweig. Nach zwei Jahren erfolgte der Sprung von der taktischen artilleristischen Brigadeebene in die strategische Führung der NATO. Im April 1973 übernahm von Sandrart als Oberst den Posten des Stellvertretenden Chefs der Abteilung für nukleare Grundsatzfragen im obersten NATO-Hauptquartier SHAPE in Mons und löste dort den späteren General Altenburg ab. Nur zwei Jahre danach, 1975, folgte er Altenburg zum zweiten Mal und trat dessen Nachfolge als Leiter des Grundsatzreferates Militärpolitik (Fü S III 1) im Führungsstab der Streitkräfte an. Generalmajor Jürgen Brandt war Leiter der Stabsabteilung, Altenburg sein Stellvertreter, Zimmermann Generalinspekteur und Georg Leber Minister. Im Oktober 1977 übergab Sandrart das Referat an Helge Hansen und wechselte wieder zur NATO, diesmal jedoch nicht in den militärischen, sondern in den politisch-diplomatischen Bereich und erhielt den ersten goldenen Stern. Er wurde Leiter der politischen Abteilung der deutschen NATO-Botschaft in Brüssel unter Botschafter Dr. Rolf F. Pauls (1915-2002). Pauls – schwerverwundet und ausgezeichnet mit dem Ritterkreuz – war während des Zweiten Weltkriegs u. a. Offizier im Stabe von General Speidel gewesen. Nach dem Krieg war er Mitarbeiter von Ministerialdirigent Herbert Blankenhorn

(1904-1991) im Kanzleramt unter Adenauer. Dort hatte er 1948 den Namen Speidels als Militärsachverständigen ins Spiel gebracht. [416] Später bekleidete Pauls hochrangige Diplomatenposten; so war er u. a. 1965 der erste deutsche Botschafter in Israel. 1980 wurde Sandrart als Generalmajor Kommandeur der 11. Panzergrenadierdivision in Oldenburg. Kommandierender General des vorgesetzten I. Korps in Münster war Generalleutnant Kurt von der Osten (1922-1989). Sandrart führte das norddeutsche Korps zweieinhalb Jahre. Nach dieser Truppenverwendung auf hoher Ebene wechselte er im April 1983 zum dritten Mal zur NATO. Nur acht Jahre nachdem er das Oberste NATO-Hauptquartier Europa SHAPE in Mons mit drei silbernen Sternen als Oberst verlassen hatte, kehrte er 1983 nunmehr mit drei goldenen Sternen nach Mons als Stellvertretender Chef des Stabes – „Deputy Chief of Staff – Operations" (DCOS) – zurück. NATO-Oberbefehlshaber war bereits seit vier Jahren der US-General Bernard Rogers und – seit 1982 – einer seiner beiden Stellvertreter General Kießling. Sandrart verhielt sich in der sog. „Kießling-Affäre" gegenüber seinem betroffenen Generalskameraden aus dem selben Stab zurückhaltend.

„Nur wenige Minuten sprach ich (= Kießling) mit dem nach mir dienstältesten deutschen Offizier bei SHAPE, Generalleutnant von Sandrart, ... Offensichtlich war er aus Bonn voll informiert. Ich spürte sofort, daß er sich von mir distanzierte. ... Ich räume ein, daß er mir in den folgenden Jahren stets freundlich begegnet ist." [417]

Die Weisung aus Bonn hatte ihre Wirkung nicht verfehlt, und er beachtete sie, was er offenbar später bereute. Sandrart verließ Belgien und trat im Oktober 1984 an die Spitze des deutschen Heeres. Er löste Meinhard Glanz (* 1924) als Inspekteur des Heeres ab. Sein Heereskamerad Altenburg, den er gut kannte, war zwischenzeitlich zum Generalinspekteur aufgestiegen. Drei Jahre später, Ende September 1987, übergab er sein Amt an Generalleutnant von Ondarza, seinen Lehrgangskameraden aus Hamburg. Sandrart wechselte zum vierten Mal in eine NATO-Verwendung. Als Vier-Sterne-General übernahm er als CINCENT das Kommando über die Alliierten Streitkräfte Europa Mitte von General Chalupa. Zur selben Zeit hatte auch US-General Bernard Rogers nach acht Jahren sein Amt als SACEUR abgegeben und war von General Galvin abgelöst worden. Und auch General Altenburg war 1986 als Vorsitzender des NATO-Militärausschusses nach Brüssel berufen worden – eine insgesamt günstige personelle Konstellation an der Spitze der NATO. Während seiner Zeit als Oberbefehlshaber in Mitteleuropa löste sich der Warschauer Pakt auf, und die Ost-West-Konfrontation endete nach über vierzig Jahren. 1991 wurde von Sandrart aus dem aktiven Dienst verabschiedet. Zum zweiten Mal übernahm von Ondarza „den Stab" von seinem Vorgänger Sandrart.

Für Henning **von Ondarza**, am 17. November 1933 im mecklenburgischen Güstrow (südlich Rostock) geboren, war der Soldatenberuf ein konsequenter Schritt, mit dem er die Familientradition – fast – fortsetzte. Das „fast " bezieht sich auf den Wechsel der Truppengattung, denn Großvater und Vater hatten in der Artillerie gedient, Sohn Henning hingegen zog es zur Panzertruppe. Großvater Herbert von Ondarza (1878-1971) war als Fahnenjunker 1899 in die Kaiserliche Armee eingetreten und hatte seine Leutnantszeit vor dem Ersten Weltkrieg im Feldartillerieregiment 60 verbracht. Er kämpfte im Ersten Weltkrieg und wurde danach in die Reichswehr übernommen, wo er 1929 Kommandeur der I. Abteilung des Artillerieregiments 3 in Schweidnitz wurde. Das Regiment unterstand dem Artillerieführer III der 3. Division in Berlin. Ende September 1931 wurde von Ondarza im Alter von 53 Jahren als Oberstleutnant aus dem aktiven Dienst verabschiedet, jedoch am 1. Mai 1937 – unter zwischenzeitlicher Beförderung zum Oberst – wieder zur Wehrmacht einberufen. Zunächst im Oberkommando des Heeres verwendet, übernahm er nach Kriegsbeginn im Oktober 1939 das Artillerieregiment 741. Vier Monate später wurde Herbert von Ondarza Artilleriekommandeur („Arko") 17 des XIII. Armeekorps zunächst unter den Generalobersten Reichsfreiherr von Weichs und von Vietinghoff-Scheel und später unter den Generalen der Infanterie Hans Felber (1889-11962) und Erich Straube (1887-1971) und nahm am Polen- und am Westfeldzug teil. Im August 1940 stieg er zum Generalmajor auf. Am 1. Januar 1942 wurde Ondarza zum „Höheren Artilleriekommandeur" („Harko") ernannt und an die Ostfront in den Bereich der Heeresgruppe Mitte versetzt. Als „Harko 305" führte er alle Artillerieverbände der 2. Panzerarmee unter Generaloberst Heinz Guderian und wurde dort im November zum Generalleutnant befördert. Ausgezeichnet mit dem Deutschen Kreuz in Gold wurde Herbert von Ondarza Ende Mai 1943 mit 65 Jahren aus dem aktiven Dienst verabschiedet. Als er 1971 in Gralenstein/Gelting starb, war sein Enkel Henning Bataillonskommandeur.

Henning von Ondarzas Vater, Leon-Herbert (1903-1945), war in die Artillerietruppe der Reichswehr eingetreten. 1939 war sein „Ausbildungshilfsbuch für den schweren Artilleristen" veröffentlicht worden. In der letzten Phase des Zweiten Weltkrieges war er als Oberst Kommandeur des Panzerartillerie-Regiments 2 der 12. Panzerdivision unter Generalleutnant Erpo Freiherr von Bodenhausen (1897-1945) [418] und nahm u. a. an

---

416 Speidel, Hans Aus unserer Zeit S. 252
417 Kießling, Günter Versäumter Widerspruch S. 424
418 Freitod nach der Kapitulation

den schweren Abwehrgefechten der Division in Kurland teil. Dort wurde ihm im September 1944 das Ritterkreuz des Eisernen Kreuzes verliehen. Im März 1945 gab Leon von Ondarza sein Regiment ab. Doch nur drei Wochen vor Kriegsende geriet er beim Verlegungsmarsch von Zossen nach Lübeck am 21. April mit seiner Stabsgruppe bei Meyenburg (Ostpriegnitz) in einen Tieffliegerangriff britischer Spritfire-Jäger und fiel mit nur 42 Jahren; sein Sohn Henning war zu diesem Zeitpunkt elf Jahre alt.

Henning von Ondarza schloss seine Schulausbildung im Jahre 1954 mit dem Abitur ab und machte danach zunächst eine Lehre als Exportkaufmann, bevor er am 2. Januar 1956 als Panzerschütze in die Offizieranwärter-Kompanie der jungen Panzertruppe der Bundeswehr in Andernach eintrat. Nach der Offizieraussbildung – 1957 wurde er Leutnant – diente von Ondarza als Zugführer, Fernmeldeoffizier und Kompaniechef im Panzerbataillon 3 der Kampfgruppe 3 in Hamburg-Rahlstedt. Später wurde dieser Verband in Panzerbataillon 174 und die Kampfgruppe in Panzergrenadierbrigade 17 umbenannt und unterstanden der 6. Panzergrenadierdivision in Neumünster. Von Oktober 1964 bis Ende September 1966 absolvierte er – u. a. zusammen mit Hans Henning von Sandrart, dem er in den letzten beiden Verwendungen seiner Laufbahn folgen sollte – den 7. Generalstabslehrgang in Blankenese. Seine Jahresarbeit schrieb er über das Thema „Einfluss der gesellschaftlichen Entwicklung in der Bundesrepublik Deutschland nach 1945 auf die Wehrbereitschaft des deutschen Volkes und auf das Verhalten junger Soldaten." Wie Chalupa und Sandrart schloss sich auch bei Ondarza der zweieinhalbjährigen Ausbildung in Hamburg eine weiteres Jahr auf der „Schulbank" an: er wurde 1966 als Major für ein Jahr als Lehrgangsteilnehmer zum Command and General Staff College des amerikanischen Heeres nach Fort Leavenworth kommandiert. Als er 1967 zurückkehrte, wurde er G 3-Stabsoffizier (Ausbildung, Führung und Organisation) der 4. Jägerdivision in Regensburg unter Generalmajor Hellmut Grashey. Chef des Stabes und damit sein nächster Vorgesetzter war Oberstleutnant Michael Greipl, der spätere Generalmajor und Kommandeur der 1. Gebirgsdivision. Von der Donau führte ihn die nächste Station an den Rhein. Von Ondarza wurde Adjutant des Inspekteurs der Heeres, Generalleutnant Albert Schnez, einem der herausragendsten Vorgesetzten, denen er in seinem militärischen Leben begegnete. Im Jahre 1971 folgte eine Verwendung in der Truppe. Von Ondarza übernahm das Panzerbataillon 124 in Amberg als Kommandeur und führte es bis 1973. Die vorgesetzte Panzerbrigade 12 wurde zunächst von Oberst (später Generalleutnant) von der Osten und danach von Oberst (später Generalmajor) Gerd Helmut Komossa geführt. Vom Bayerischen Wald ging es 1973 erneut ins Ausland: Ondarza wurde Stellvertreter

Chef des Stabes für Planung und Operation („Deputy Chief Plans & Operations" – DCPO) im NATO-Hauptquartier SHAPE. 1977 schloss sich der zweite Lehrgang im Ausland an, diesmal am Royal College of Defence Studies in London. Als er 1978 nach Deutschland zurückkam, wurde er Kommandeur der Panzerbrigade 20 im westfälischen Hemer. Seine vorgesetzte Kommandobehörde war die 7. Panzerdivision in Unna zunächst unter Generalmajor Dr. von Senger und Etterlin und danach unter Dr. Gottfried Greiner (* 1922). Im Oktober 1979 – zwischenzeitlich zum Brigadegeneral befördert – übergab von Ondarza die Brigade an Oberst Dieter Clauß und trat seine zweite Verwendung jenseits des Atlantiks an, diesmal als Verteidigungsattaché an der Deutschen Botschaft in Washington unter den Botschaftern Bernt von Staden (* 1919) und Dr. Peter Hermes (* 1922). Der Baltendeutsche Bernt von Staden war am 15. September 1939 noch zum 5. Infanteriebataillon des baltischen Heeres einberufen worden, aber bereits einen Monat später wegen der Zwangsumsiedlung ins Reich entlassen worden. Zum 1. August 1940 wurde er dann zum Lehrbataillon z. b .V. 800 nach Brandenburg an der Havel einberufen und gehörte den „Brandenburgern," bei dem u. a. auch der spätere Generalinspekteur Brandt diente, mit Unterbrechungen bis zum Kriegsende an. Nach dreieinhalb Jahren im Mannschaftsdienstgrad wurde von Staden Unteroffizier und schließlich zum Leutnant befördert.

Als von Ondarza Ende März 1983 nach dreieinhalb Jahren in der amerikanischen Hauptstadt nach Deutschland zurückkehrte, löste er Generalmajor (später Generalleutnant) Heinz Kasch (* 1926) ab und übernahm das Kommando über die 1. Panzerdivision in Hannover. Gleichzeitig erhielt den zweiten goldenen Stern. Ondarza führte diesen Großverband bis Ende April 1985. Sein Kommandierender General in Münster war Generalleutnant Dr. Gerhard Wachter (* 1929). Die nächste Verwendung führte von Ondarza nach Norden über die Elbe. Er löste den dänischen Generalleutnant Assmussen ab und übernahm als „COMLANDJUT" das Kommando über die Alliierten Landstreitkräfte in Schleswig-Holstein und Jütland in Rendsburg. Die Führungsspitze LANDJUT wechselte routinemäßig zwischen einem deutschen und einen dänischen General. Dieser deutsch-dänische Kommandobereich war ihm aus seiner Zeit als junger Offizier in der 6. Panzergrenadierdivision bestens bekannt. 1987 erhielt er dort den dritten goldenen Stern. Am 1. Oktober 1987 wurde Ondarza an die Spitze des deutschen Heeres berufen und löste als Inspekteur seinen Lehrgangskameraden von Sandrart ab, der CINCENT wurde. Als Sandrart im September 1991 als CINCENT aus dem aktiven Dienst schied, folgte ihm Ondarza zum zweiten Mal. Ondarza erlebte in den kommenden zweieinhalb Jahren seiner Amtszeit drei amerikanische Generale als SACEUR:

John R. Galvin (bis Juni 1992), John M. Shalikashvili (Juni 1992 bis Oktober 1993) und George A. Joulwan. Von Ondarza war der erste Oberbefehlshaber der Alliierten Streitkräfte in Mitteleuropa nach dem Zerfall des Warschauer Paktes. Ende März 1994 ging er in den Ruhestand und übernahm danach u. a. einen Auftrag als Berater der polnischen Streitkräfte. Sein Nachfolger als CINCENT wurde General Helge Hansen.

In der Militärtradition der Familie Hansen ist Helge **Hansen** bereits der dritte Offizier im Generalsrang. Großvater Karl Hansen (1876-1965) war im Frühjahr 1897 als Fahnenjunker in die Kaiserliche Armee eingetreten und diente später als Leutnant im thüringischen Infanterieregiment 32 in Halle unter Oberst von Rohrscheidt. Er kämpfte im Ersten Weltkrieg und wurde mit dem Orden Pour le mérite ausgezeichnet. Nach dem Krieg wurde er in die Reichswehr übernommen und war in seiner letzten Verwendung als Oberst Kommandant des Truppenübungsplatzes Ohrdruf. Ende Januar 1931 wurde er unter Beförderung zum Generalmajor aus dem aktiven Dienst verabschiedet, jedoch zu Beginn des Zweiten Weltkriegs mit 63 Jahren reaktiviert. Am Ende des Krieges war Karl Hansen als Generalleutnant Kommandant des belgischen Truppenübungsplatzes Beverloo.

Der Vater, Ottomar Hansen (1904-1993), war 1925 als Fahnenjunker in die Reichswehr eingetreten. Im Jahre 1930 diente er als Leutnant im Infanterieregiment 2 in Allenstein. 1939 wurde er Adjutant des Chefs des Oberkommandos der Wehrmacht, Generalfeldmarschall Wilhelm Keitel (1882-1946). Offenbar entsprach diese Verwendung nicht seinen Vorstellungen, denn bereits nach einem halben Jahr kehrte er zur Truppe zurück und übernahm im Mai 1940 von Oberstleutnant (später Generalleutnant) Hans Freiherr von Falkenstein (* 1893-†) das 1935 in Königsbrück aufgestellte MG-Bataillon 7. Dieser Verband, der im August 1940 in Kradschützenbataillon 64 umbenannt wurde, war der 14. Panzerdivision unterstellt, die von einem Namensvetter, Generalleutnant (später General der Kavallerie) Eric Hansen, befehligt wurde, zu dem aber keine verwandtschaftlichen Beziehungen bestehen. Nach zwei Stabsverwendungen im Heerespersonalamt unter dem General der Infanterie Rudolf Schmundt (1896-1944) ging Ottomar Hansen im April 1943 als Oberst zur Truppe zurück. Er wurde an die Ostfront versetzt und führte das Panzergrenadierregiment 103 als Kommandeur. Im Frühjahr 1944 wurde er Adjutant des Oberbefehlshabers der Heeresgruppe Nord (später: Kurland), Generaloberst von Vietinghoff (gen. Scheel). Ausgezeichnet mit dem Deutschen Kreuz in Gold – übernahm Ottomar Hansen in der Endphase des Krieges, im April 1945, die 121. Infanteriedivision, mit der er in russische Kriegsgefangenschaft geriet. Erst im Oktober 1950 wurde er aus ihr entlassen.

Sieben Jahre später, 1957, trat Ottomar Hansen als Brigadegeneral in die Bundeswehr ein. Zunächst war er Kommandeur der Heeresoffizierschule II in Husum,[419] wurde danach Chef des militärischen Personals im Verteidigungsministerium und übernahm im März 1961 als Generalmajor und Kommandeur die 2. Panzergrenadierdivision im hessischen Marburg von Generalmajor Alfred Zerbel, der Inspekteur des Heeres wurde. Die Grenadierbrigade 4 in Göttingen führte Oberst Graf Baudissin. Das Verhältnis zwischen Divisionskommandeur Hansen und Baudissin war distanziert, allerdings währte ihre dienstliche Beziehung auch nur kurz. Baudissin hingegen schätzte Hansens Sohn Helge, den er später als Adjutanten zu sich holte. Ottomar Hansen beendete seine militärische Laufbahn Ende September 1964 im Marburg. Er starb im März 1993. Den Aufstieg seines Sohnes Helge bis an die Spitze des Heeres konnte er noch miterleben.

Sohn Helge – am 13. März 1936 in Dresden geboren – trat am 1. April 1957 – im selben Jahr wie sein Vater – als Offizieranwärter in das Panzergrenadierbataillon 3 in Hamburg-Rahlstedt in die Bundeswehr ein. Sein Bataillonskommandeur war Oberstleutnant Dr. med. Hermann Wulf. Nach der Offizierausbildung diente Leutnant Hansen zunächst von 1959 bis 1960 als Zugführer im Panzergrenadierbataillon 5 in Koblenz. Im Frühsommer 1959 kommandierte Leutnant Helge Hansen einen Ehrenzug vor dem Korpskommando des III. Korps in Koblenz. Der Oberbefehlshaber der Alliierten Streitkräfte Europa Mitte, der französische General Jean-Etienne Valluy (1899-1970), stattete dem Korps einen Besuch ab. Als Hansen die Ehrenformation seinem Kommandierenden General, Freiherr von Lüttwitz, und dem Gast aus Fontainebleau meldete, ahnte keiner der drei Offiziere, dass der junge Leutnant Hansen beiden Generalen einmal nachfolgen würde: von Lüttwitz 28 Jahre später als Kommandierender General und Valluy 35 Jahre später als Oberbefehlshaber.

Im Jahre 1960 wurde Hansen als Hörsaaloffizier an die Heeresoffizierschule (HOS II) nach Hamburg-Wandsbek versetzt und erlebte dort – zum dritten Mal nach seiner Zeit im Grenadierbataillon 3 und als Fahnenjunker auf dem Offizierlehrgang an der HOS – den legendären Brigadegeneral Dr. med. Hermann Wulf (1915-1990) als seinen Vorgesetzten und Schulkommandeur. Im Oktober 1941 war Wulf als Oberleutnant und Chef der 9. Kompanie des Infanterieregiments 76 mit dem Ritterkreuz und drei Jahre später mit dem Eichenlaub ausgezeichnet worden. Später in der Bundeswehr zählte er zu den herausragenden Persönlichkeiten. Mit seinem Vorbild, seinem fachlichen Können und seiner knorrig-väterlichen Art (Spitzname „Knubben-Wulf") prägte er viele junge Offiziere und zog sie in

---

419 Sie wurde später nach Hamburg verlegt.

seinen Bann. Wulf schied bereits mit 56 Jahren im Jahre 1970 aus dem aktiven Dienst. Helge Hansen blieb bis 1963 in Hamburg und wurde dann Adjutant von Graf Baudissin, der mittlerweile – nachdem er Göttingen verlassen hatte – als Generalmajor zum Stellvertretenden Chef des Stabes von AFCENT in Fontainebleau avanciert war. 31 Jahre später sollte Hansen einmal selbst dieses Kommando AFCENT übernehmen. Als Baudissin nach nur wenigen Monaten im September 1963 als Kommandeur des NATO-Defence College – im Januar 1964 wurde er zum Generalleutnant befördert – ins nahe Paris wechselte, nahm er seinen bewährten Adjutanten Hansen mit. Doch nach zwei Jahren ging es zurück an die Elbe und ein viertes Mal zurück zu seinem verehrten Brigadegeneral Wulf: Hansen wurde Kompaniechef im Panzergrenadier-Lehrbataillon 173 der HOS II in Hamburg-Wandsbek. Von 1967 bis 1969 nahm er am 10. Generalstabslehrgang teil und wurde an dessen Ende mit dem General-Heusinger-Preis ausgezeichnet; zugleich mit ihm erhielt ein Marineoffizier ebenfalls diese Auszeichnung, Korvettenkapitän Dieter Wellershoff, der spätere Generalinspekteur. In seiner Jahresarbeit behandelte Hansen „die großen alliierten Konferenzen des 2. Weltkrieges in ihrem Einfluss auf die Koalitionskriegführung." Die erste Generalstabsverwendung nach der Zeit in Hamburg führte ihn zur 12. Panzerdivision nach Veitshöchheim unter Generalmajor Gerd Kobe. Im Jahre 1970 wurde er als Referent für Militärstrategie in den Führungsstab der Streitkräfte unter Generalinspekteur de Maizière versetzt. Danach besuchte Hansen einen Lehrgang am NATO-Defence College im Rom. Von 1973 bis 1977 war er Kommandeur des Panzergrenadierbataillons 312 in Delmenhorst. Sein Kommandeur der vorgesetzten Panzergrenadierbrigade 31 war Brigadegeneral Joachim Rensing (1922-1994). Für kurze Zeit wechselte Hansen danach in eine NATO-Verwendung in das Hauptquartier der Alliierten Streitkräfte Mitteleuropa (AFCENT), wurde aber bereits im Herbst 1977 – zum Oberst befördert – als Referatsleiter Fü S III 1 in den Führungsstab der Streitkräfte berufen, wo er Oberst von Sandrart nachfolgte. Sein Stabsabteilungsleiter war Generalmajor Wolfgang Altenburg. Von 1979 bis 1980 erarbeitete Hansen am renommierten US-Army War College in Carlisle in Pennsylvania strategische Studien. Es war nach dem NATO-Defence College die zweite internationale Ausbildungsstätte, die er besuchte. Der Erfahrungsaustausch in einer internationalen Atmosphäre diente auch der Erweiterung des militärischen Blickwinkels. 1980 kehrte Hansen nach Deutschland zurück und wurde Kommandeur der Panzerlehrbrigade 9 in Munster. Diese Brigade hatte eine doppelte Unterstellung: truppendienstlich unterstand sie dem Kommandeur der Panzertruppenschule, zu dieser Zeit Brigadegeneral Joachim v. Schwerin (* 1922). Für den Einsatz hingegen war der Kommandeur der 3. Panzerdivision, Generalmajor Franz-Joachim Frhr. von Rodde, verantwortlich. Chef des Divisionsstabes in Buxtehude war Oberst i.G. Hartmut Bagger, der spätere Generalinspekteur. Im Jahre 1982 endete Hansens Zeit in der Truppe. Er wurde als Abteilungsleiter zur deutschen NATO-Botschaft in Brüssel unter Botschafter Dr. Hans-Georg Wieck (* 1928) [420] berufen und nahm diese Aufgabe bis 1985 wahr.

Im Jahre 1985 trat Helge Hansen unter Beförderung zum Generalmajor an die Spitze der 1. Panzerdivision in Hannover. Bereits nach zwei Jahren gab er das Kommando jedoch wieder ab und ging 1987 als Kommandierender General des III. Korps nach Koblenz; damit war die Beförderung zum Generalleutnant verbunden. Hansen blieb drei Jahre an der Spitze des Korps. Im Oktober 1990 folgte eine weitere NATO-Verwendung, die aber nur eineinhalb Jahre dauerte. Hansen wurde Stellvertretender Chef des Stabes im Alliierten Hauptquartier Europa (SHAPE) im belgischen Mons. Am 1. April 1992 berief ihn Minister Rühe als Inspekteur des Heeres nach Bonn. Doch nach wiederum nur zwei Jahren übergab Hansen die Führung des Heeres an seinen Stellvertreter Hartmut Bagger und kehrte in jenen Stab zurück, in dem er vor 31 Jahren als junger Offizier seine ersten Auslandserfahrungen, damals noch in Fontainebleau, gemacht hatte: im April 1994, wurde Hansen als Vier-Sterne-General zum Oberbefehlshaber der Alliierten Streitkräfte Mitteleuropa (CINCENT) in Brunssum ernannt und übernahm von General von Ondarza einen Kommandobereich, der von Dänemark bis zu den Alpen reichte. US-General Joulwan war zu dieser Zeit SACEUR. Ende März 1996 endete die aktive Dienstzeit von Hansen. Die Pensionierung war auch für Hansen nicht gleichbedeutend mit Ruhestand. Er übernahm zunächst einen Auftrag als Dozent für Strategische Planung beim Obersten Alliierten Befehlshaber in Europa. Im Jahre 2000 wurde Hansen – zusammen mit General a.D. Carstens – in die Kommission zur Reform der Bundeswehr („Gemeinsame Sicherheit – Zukunft der Bundeswehr") unter Vorsitz des früheren Bundespräsidenten Richard von Weizsäcker berufen. Gleichzeitig erhielt er eine Dozentur für Strategische Planung und Operationsführung an der Führungsakademie der Bundeswehr, sowie an der britischen Verteidigungsakademie in Shrivenham, der kanadischen Verteidigungsakademie in Toronto, der österreichischen Akademie für Landesverteidigung in Wien und der NATO-Akademie in Oberammergau. Auch in NATO-Kommandostäben in Europa und den USA lehrt Hansen als Gastdozent. Im Jahre 2001 wurde er Gesellschafter und

---

420 Wieck war u. a. Leiter des Planungsstabes BMVg (1970-74), Botschafter im Iran (1974-77), in der UdSSR (1977–80) und bei der NATO (1980–85), Präsident des BND (1985-90), sowie Botschafter in Indien (1990-93). Nach der Pensionierung wurde er zum Berater von Präsident Schewardnadse (Georgien/1993-95) berufen.

Partner in einer Management Beratungsgesellschaft. Hansens Engagement
in der Lehre wurde 2003 durch die Verleihung der Ehrendoktorwürde
durch das Royal Military College of Canada, University of Kingston/Onta-
rio honoriert. Hansens Nachfolge trat General Stöckmann an.

Dieter **Stöckmann**, am 29. Juli 1941 in Pommern geboren, wuchs nach
der Vertreibung in Ostfriesland auf. Sein Vater Herbert (1913-1998) war
als Berufsoffizier in das Kavallerieregiment 5 „Generalfeldmarschall von
Mackensen" in Stolp eingetreten. In der Tradition des 1. und 2. Leib-Husa-
renregiments („Totenkopf-Husaren") der alten Armee vor 1918 stehend,
trugen seine Soldaten traditionell das Totenkopf-Emblem auf den
Schulterstücken, sowie an der Mütze zwischen Hoheitsadler und Reichs-
kokarde. Das Regiment war der 1. Kavalleriedivision in Frankfurt/ Oder
unterstellt. Die Division – unter Führung des Generals der Kavallerie Kurt
Feldt (1887-†) – gehörte bei Beginn des Russlandfeldzuges zur Panzergruppe 2 von General Guderian; sie wurde Ende 1941 in 24. Panzerdivision
umbenannt. Ebenfalls in dieser Division diente der zehn Jahre jüngere
Leutnant Ferdinand von Senger und Etterlin. Im Januar 1943 wurde die
24. Panzerdivision in Stalingrad vernichtet. Jedoch wurde sie danach neu
aufgestellt und kämpfte in der zweiten Jahreshälfte 1944 im Rahmen der
Heeresgruppe Süd. Herbert Stöckmann hatte in diesem Regiment als
Oberleutnant an der Ostfront gedient. Bei Kriegsende kam er in jugoslawi-
sche Kriegsgefangenschaft und kehrte erst 1950 heim. Es war ihm vergönnt, die steile militärische Karriere seines Sohnes, der in seine Fußstapfen getreten war, noch mitzuerleben.

Dieter Stöckmann trat nach dem Abitur 1961 als Offiziersanwärter in
das Panzergrenadierbataillon 41 in Göttingen ein. Nach der Offizierausbildung diente er als Zugführer, S1- und S 3-Offizier und Kompaniechef im
Panzergrenadierbataillon 133 in Wetzlar. Von 1972 bis 1974 nahm er –
zusammen mit seinen späteren Vier-Sterne-Kameraden von Kirchbach
und Spiering – am 15. Generalstabslehrgang an der Führungsakademie in
Hamburg teil. In seiner Jahresarbeit bearbeitete er das Thema „Das >Prin-
zip der ungeteilten Verantwortung< in modernen Streitkräften – Eine
Strukturuntersuchung zur Zweckmäßigkeit und Gültigkeit des Prinzips in
der Bundeswehr." Nach der Zeit in Blankenese folgte für Stöckmann bis
1976 eine Verwendung als Stabsoffizier beim Inspizienten der Offizier-
und Unteroffizierausbildung im Heeresamt, dem damaligen Brigadegeneral Dr. Kießling. Dann folgte die erste Auslandsverwendung. Von 1976 bis
1978 absolvierte Stöckmann den zweijährigen Generalstabslehrgang an
der „Hogeren Krijgsschool" der Niederlande in Den Haag und musste
dazu die holländische Sprache erlernen. Zurück in Deutschland war er von

1978 bis 1980 G 3-Stabsoffizier (Ausbildung, Führung und Organisation) der Panzergrenadierbrigade 1 in Hildesheim und damit die rechte Hand seines Brigadekommandeurs, Brigadegeneral (später Generalmajor) Hans-Detlef Ahrens (* 1931). Nach dieser Stabsverwendung ging es wieder zur Truppe. 1980 übernahm Oberstleutnant Stöckmann das Panzergrenadierbataillon 53 im nordhessischen Fritzlar und führte diesen Verband als Kommandeur bis 1982. Kommandeur der vorgesetzten Panzergrenadierbrigade 5 im benachbarten Homberg war Brigadegeneral Peter Rohde (* 1934), der einige Jahre später erneut sein direkter Vorgesetzter werden sollte. Im Jahre 1982 folgte die erste ministerielle Verwendung. Stöckmann wurde Adjutant des Inspekteurs des Heeres, Generalleutnant Meinhard Glanz. Danach blieb er im Ministerium, denn 1984 holte Generalinspekteur Altenburg Stöckmann als seinen Adjutanten in die Chefetage des Führungsstabes der Streitkräfte – die „zweite Runde" als Adjutant, diesmal aber auf der höchsten militärischen Ebene der Bundeswehr und im Range eines Obersten. 1986 ging Stöckmann zurück zur Truppe und übernahm für drei Jahre, bis 1989, die Panzerbrigade 15 in Koblenz. Zwischenzeitlich war Peter Rohde, sein alter Brigadekommandeur aus Homberg, als Kommandeur der 5. Panzerdivision nach Diez an der Lahn gewechselt und wurde zum zweiten Mal sein nächster Vorgesetzter. In diese Zeit fiel eine „Auseinandersetzung" zwischen Stöckmann und Willi Weiskirch (1923-1996), dem Wehrbeauftragten des Deutschen Bundestages, der in den Medien viel Staub aufwirbelte und sogar ein parlamentarisches Nachspiel hatte (siehe Nr. 2.c.). Stöckmann hatte Glück, denn der Disput tat seiner Karriere keinen Abbruch. 1989 wurde er zum Leiter der Stabsabteilung I (Personal/ Innere Führung) im Führungsstab des Heeres unter Generalleutnant von Ondarza berufen. Zwei Jahre später folgte 1991 erneut eine Aufgabe in der Truppe. Stöckmann trat an die Spitze der 5. Panzerdivision in Diez und führte sie bis zum Herbst 1993. Generalleutnant Peter Heinrich Carstens, dem Stöckmann später als Chef des Stabes SHAPE nachfolgen sollte, war sein Kommandierender General in Koblenz. Im September 1993 wechselte Stöckmann unter Beförderung zum Generalleutnant als Chef des Stabes und Stellvertretender Oberbefehlshaber im Hauptquartier der Alliierten Landstreitkräfte Mitteleuropa in Heidelberg in eine NATO-Verwendung. Dieses Kommando war am 1. Juli 1993 aus der vormaligen Heeresgruppe Mitte (Central Army Group – CENTAG) als „Allied Land Forces Central Europe" gebildet worden; an seiner Spitze stand zu dieser Zeit der niederländische General Rien Wilminck. Stöckmann, zwei Jahre lang im militärischen Denken der niederländischen Streitkräfte geschult und sein holländischer Kommandeur – nahezu ideale Voraussetzungen für eine gute Zusammenarbeit.

Im April 1996 trat Stöckmann aus der „zweiten Reihe" eines Stellvertreters in die erste. Mit vierundfünfzig Jahren erhielt er den vierten goldenen Stern und wurde als Oberbefehlshaber an die Spitze der Alliierten Streitkräfte Europa-Mitte (CINCENT) berufen. Er war der elfte Deutsche in diesem Kommando. Ende März 1998 wurde Stöckmann von seinem Lehrgangskameraden aus Hamburger Tagen Joachim Spiering abgelöst. War die Verwendung als CINCENT für die bisherigen Vorgänger Stöckmanns der Höhepunkt und zugleich das Ende ihrer militärischen Laufbahn, so schloss sich für diesen, der erst 57 Jahre alt war, eine zweite Verwendung auf der Vier-Sterne-Ebene an: Stöckmann übernahm am 1. April 1998 von General Carstens die Aufgabe eines Chefs des Stabes (COFS) im Hauptquartier der Alliierten Streitkräfte Europa (SHAPE) im belgischen Mons. Während dieser Zeit führte die NATO den Luftkrieg gegen Jugoslawien. Bisher hatten – außer Stöckmann – nur jene fünf deutschen Generale, die zum Vorsitzenden des Militärausschusses der NATO berufen wurden, eine zweite Verwendung auf der Vier-Sterne-Ebene. Am 17. September 2001 übergab Stöckmann den Dienstposten des Chefs des Stabes von SHAPE an den britischen Admiral Sir Ian Garnett (* 1944) und nahm – bisher einmalig in der Bundeswehr – eine dritte Verwendung als Vier-Sterne-General wahr. Er wechselte in seiner letzten aktiven Verwendung für ein Jahr auf den Stuhl des Stellvertretenden NATO-Oberbefehlshabers Europa (DSACEUR); sein Oberbefehlshaber war der US-Air Force-General Joseph Ralston (* 1943). Damit fiel dieses Amt – acht Jahre nachdem General Clauß es bekleidet hatte – wieder einem Deutschen zu. Stöckmann – inzwischen hatte er sein sechzigstes Lebensjahr vollendet – löste den britischen General Sir Rupert Smith (* 1943) ab, der in den Ruhestand ging. Im September 2002 schied Stöckmann aus dem aktiven Dienst. Sein Nachfolger als DSACEUR wurde der deutsche Admiral Rainer Feist.

Vier Jahre zuvor, im März 1998 war Stöckmann am Ende seiner ersten Verwendung als Vier-Sterne-General in seiner Funktion als Oberbefehlshaber der Alliierten Streitkräfte in Mitteleuropa von seinem Lehrgangskameraden aus Hamburger Tagen, General Spiering abgelöst worden.

Joachim **Spiering** kam am 7. Oktober 1940 in Braunschweig zur Welt; in seiner Familie gab es keine militärische Tradition. Nach dem Abitur absolvierte er zunächst eine landwirtschaftliche Lehre, bevor er 1962 in die Bundeswehr beim Panzeraufklärungsbataillon 3 in Lüneburg eintrat. Nach der Ausbildung zum Offizier kehrte er in sein altes Bataillon zurück und diente dort bis 1972 als Zugführer, S2/S1-Offizier im Bataillonsstab und als Kompaniechef. Von 1972 bis 1974 absolvierte er – wie seine späteren Vier-Sterne-Kameraden von Kirchbach und Stöckmann – den 15. Generalstabslehrgang an der Führungsakademie. Direkt daran anschließend besuchte er noch den einjährigen Staff Course des britischen Heeres am Army Staff College in Camberley, bevor er 1976 in den Stab der Heeresgruppe Nord (NORTHAG) nach Mönchengladbach versetzt wurde. Von dort ging Spiering für zwei Jahre nach Heidelberg in seine erste NATO-Verwendung. Als G 3-Stabsoffizier (Ausbildung, Führung und Organisation) leitete er den Stab der „Allied Mobile Force (Land)" (AMF (L). Dieser Großverband in Brigadestärke dessen Einsatzoptionen von der Türkei bis nach Nordnorwegen reichten, unterstand – als „Speerspitze der NATO" – direkt dem NATO-Oberbefehlshaber Europa; er wurde im September 2002 aufgelöst. Im Jahre 1980 kehrte Spiering zum dritten Mal in seiner Laufbahn nach Lüneburg zurück. Er wurde Kommandeur des Panzeraufklärungsbataillons 3, in das er zwanzig Jahre zuvor als Rekrut eingetreten war und führte bis 1982. Nach dieser Zeit in der Truppe folgte eine zentrale ministerielle Verwendung: Spiering wurde Referent im Referat Fü S III 1 (Militärpolitik) im Führungsstab der Streitkräfte. Sein Referatsleiter war Oberst i.G. (später Brigadegeneral) Volker Glatt (* 1937), und die Führung der Stabsabteilung Fü S III lag in den Händen von Generalmajor (später Generalleutnant) Hans-Peter Tandecki (* 1932). Zwei Jahre später, 1984, folgte Spierings zweite Auslandsverwendung. Er wurde zum Oberst befördert und übernahm die Aufgabe des Heeresattachés im Militärattachéstab der deutschen Botschaft in Washington. Verteidigungsattaché war zunächst bis März 1986 Brigadegeneral (später Generalleutnant) Klaus Christoph Steinkopff (1935-2003) und danach Brigadegeneral Hasso Freiherr von Uslar-Gleichen (* 1935). An der Spitze der Botschaft stand Günther van Well (* 1922), der spätere Staatssekretär des Auswärtigen Amtes.

Nach drei Jahren, 1987, kehrte Spiering vom Potomac in die Lüneburger Heide zurück. Von 1987 bis 1990 führte er die Panzerlehrbrigade 9 in Munster als Kommandeur. In dieser Funktion erlebte Spiering die deutsche Wiedervereinigung. Die bisherige Einsatzoption seines alten Panzeraufklärungsbataillons 3 und seiner Brigade im Falle eines Ost-West-Konfliktes als Kräfte der ersten Stunde an der innerdeutschen Grenze entfiel. Ende September 1990 übergab er die Panzerlehrbrigade seinem Nachfolger, Brigadegeneral Erich Becker (* 1937) und ging erneut an den Rhein, diesmal in den Führungsstab des Heeres unter Inspekteur von Ondarza an. Am 1. Oktober 1990 übernahm er – unter gleichzeitiger Beförderung zum Brigadegeneral – die Stabsabteilung Fü H IV (Organisation). 1992 erfolgte die nächste Stufe: Spiering löste Generalmajor (später Generalleutnant) Manfred Gerber (* 1938) als Kommandeur der 10. Panzerdivision in Sigmaringen ab und erhielt zugleich den zweiten goldenen Stern. Kommandierender General in Ulm beim II. Korps war Generalleutnant

Gert Verstl (* 1935). Nach zwei Jahren, im Oktober 1994, wurde Spiering als Generalleutnant der erste Kommandierende General des IV. Korps in Potsdam. Dieses einzige Korps in den neuen Bundesländern war aus dem vormaligen „Bundeswehrkommando Ost" unter Generalleutnant Jörg Schönbohm (* 1937) und nach Umbenennung 1991 in „Korps und Territorialkommando Ost" unter Generalleutnant Werner von Scheven (* 1937) hervorgegangen. Das Korps führte die 6. Division/Wehrbereichskommando I (Küste) in Kiel, sowie die 13. Division/Wehrbereichskommando VII in Leipzig und die 14. Division/Wehrbereichskommando VIII in Neubrandenburg. Nach dreieinhalb Jahren, im März 1998, gab Spiering das Kommando in die Hände von Peter von Kirchbach, seines Jahrgangskameraden an der Führungsakademie. Er wurde zum Vier-Sterne-General befördert und übernahm den Oberbefehl über die alliierten Streitkräfte in Mitteleuropa (CINCENT) im niederländischen Brunssum und löste damit einen Lehrgangskameraden aus Blankeneser Zeiten, Dieter Stöckmann, ab.

Spiering war der letzte deutsche General in der Funktion des CINCENT – einer Reihe von insgesamt zwölf Offizieren, die mit Graf Kielmansegg im September 1963 begonnen hatte. Am 3. März 2000 wurde Spierings Befehlsbereich in „Regional Headquarters Allied Forces North Europe" umbenannt und er damit zum „Commander-in-Chief Allied Forces North Europe" (CINCNORTH). Am 31. März 2001 schied Spiering aus dem aktiven Dienst. Er ließ sich in der Lüneburger Heide nieder und stellt seitdem seinen Rat und seine Erfahrung als Lecturer und Senior Mentor in England, den USA, dem Baltikum und an der Führungsakademie der Bundeswehr zur Verfügung.

Spierings Nachfolger wurde, da das Kommando AFNORTH künftig zwischen Deutschland und Großbritannien wechselt, der britische General Sir Jack Deverell (* 1945). Als dessen dreijährige Amtszeit vorüber war, fiel der Oberbefehl wieder an einen deutschen Offizier, den Luftwaffengeneral Back. Nahezu zeitgleich wurde der Befehlsbereich in „Joint Force Command Brunssum" (JFC) umbenannt.

Gerhard **Back** – am 10. Dezember 1944 in Mannheim geboren – trat nach dem Abitur 1965 in die Luftwaffe ein. Er absolvierte die Ausbildung zum Strahlflugzeugführer in den USA; zuerst auf der „Shepard Air Force Base" in Texas und dann auf der „Luke Air Force Base" in Arizona. 1967 wurde er Leutnant. Von 1969 bis 1976 – zwischenzeitlich Oberleutnant und Hauptmann geworden – folgten sieben Jahre in der Truppe, als Pilot und Einsatzoffizier im Aufklärungsgeschwader 52. Dann kam seine erste Verwendung im Ministerium. Im Jahre 1976 wurde Major Back Ordonnanzoffizier beim Inspekteur der Luftwaffe, Generalleutnant Gerhard Limberg (*1920). Von 1978 bis 1980 nahm er am 23. Generalstabslehrgang der Luftwaffe an der Führungsakademie teil. Danach führte ihn sein Werdegang zurück zur Truppe und zur Fliegerei. Als Oberstleutnant war er von 1980 bis 1983 Staffelkapitän in der 2. Aufklärungsstaffel seines alten Geschwaders 52 in Leck. Darauf folgte die zweite Verwendung im Führungsstab der Luftwaffe: von 1983 bis 1984 war Back Referent für operative Grundsatzangelegenheiten im Referat Fü L III 1 unter Inspekteur Eimler. Dem schloss sich 1984 eine Stabsverwendung als A 3-Stabsoffizier und Abteilungsleiter im Stab der 1. Luftwaffendivision in Meßstetten auf der Schwäbischen Alb an. Im Jahre 1986 wurde Back wieder zur Truppe versetzt. 1986 war er zunächst Stellvertretender Kommodore und übernahm dann – mit Beförderung zum Oberst – im Jahre 1988 als Kommodore („Komo") das Aufklärungsgeschwader 51 „Immelmann" in Eschbach. Bereits 1990 folgte die nächste Stabsverwendung, diesmal als Abteilungsleiter „Planung und Operation" im Luftflottenkommando in Köln. Im Jahre 1992 erhielt Back den ersten goldenen Stern und wurde Stellvertretender Leiter des Deutschen Verbindungskommandos zu den Sowjetischen Streitkräften in Deutschland unter Generalmajor Hartmut Foertsch. Von 1993 bis 1994 nahm er am 47. Lehrgang des National Defense College in Kanada teil. Als Back nach Deutschland zurückkehrte, wurde er zum Generalmajor befördert und übernahm bis 1999 das Lufttransportkommando in Münster. Anschließend wurde er Kommandierender General des Luftwaffenkommandos Nord in Kalkar und bekam den dritten goldenen Stern. Doch bereits im Jahre 2000 kehrte er ein weiteres Mal ins Ministerium zurück, diesmal als Stellvertreter des Inspekteurs der Luftwaffe Rolf Portz (* 1940). Als dieser mit Erreichen der Altersgrenze im Frühjahr 2001 aus dem aktiven Dienst schied, wurde Back sein Nachfolger und trat an die Spitze der Luftwaffe. Im Januar 2004 übergab Minister Struck das Kommando der Bundesluftwaffe an seinen Nachfolger Klaus-Peter Stieglitz (* 1947). Back erhielt den vierten goldenen Stern und trat als Oberbefehlshaber der Alliierten Streitkräfte Nordeuropa die Nachfolge des britischen Generals Sir Jack Deverell an. Back war der sechste Offizier der Luftwaffe, der zu diesem höchsten Dienstgrad der Bundeswehr befördert wurde. Dieses Kommando – vormals AFCENT – wird seit 2001 im Wechsel von einem deutschen und einem britischen General geführt. Der erste deutsche Befehlshaber war General Joachim Spiering, der, als er im März 2001 aus dem aktiven Dienst ausschied, von General Sir Deverell abgelöst worden war. Als „Commander Joint Force Command Brunssum" oblag General Back bereits zweimal die Verantwortung für den NATO-Einsatz in Afghanistan: zunächst von Februar bis

August 2004 für die Mission „ISAF V" unter dem kanadischen Generalleutnant Rick Hillier und erneut von Februar bis August 2005 für „ISAF
VII" unter dem türkischen Generalleutnant Ethem Erdagi.

Klaus **Reinhardt** wurde am 15. Januar 1941 in Berlin geboren, wuchs
als drittes von vier Kindern aber in Garmisch-Partenkirchen und Mittenwald auf. Und so ist es kaum verwunderlich, dass Oberbayern als eigentliche Heimat Reinhardts Leben maßgeblich beeinflusste: seine Hobbys
Bergsteigen und Skifahren, seinen militärischen Werdegang und schließlich sogar den Lebensabschnitt nach dem aktiven Dienst. Reinhardt trat
nach dem Abitur in Garmisch-Partenkirchen im Jahre 1960 als Offiziersanwärter in die 2. Kompanie des Gebirgsjägerbataillons 222 in Mittenwald
ein und begründete damit die militärische Tradition der Familie. Mit den
drei Namensvettern im Generalrang in Reichswehr und Wehrmacht ist er
nicht verwandt; sein Vater Fritz Reinhardt war in der Beamtenlaufbahn bis
zum Staatssekretär im Reichsfinanzministerium aufgestiegen. Die Karriere seines Sohnes zu erleben, war ihm nicht vergönnt; er starb bereits
1969 im Alter von 74 Jahren.

Nach der Offizierausbildung diente Klaus Reinhardt von 1963 bis 1967
als Zugführer und danach als S 3-Offizier (Einsatzführung, Ausbildung und
Organisation) im Stab seines alten Bataillons 222. Ab 1967 studierte Reinhardt Geschichte und Politikwissenschaften an der Universität Freiburg.
Zwischenzeitlich wurde er 1968 zum Hauptmann befördert. 1972 promovierte Reinhardt bei Professor Andreas Hillgruber mit einer militärgeschichtlichen Arbeit über den Zweiten Weltkrieg, der „Wende vor Moskau."
Danach folgte eine Truppenverwendung. Reinhardt holte, ebenfalls in Mittenwald, jedoch beim Schwesternverband, dem Gebirgsjägerbataillon 221,
die fehlende Zeit als Kompaniechef nach. Kurz vor Weihnachten 1972 wurde Hauptmann Reinhardt zum Major befördert. Im folgenden Jahr ging es
in Deutschlands Norden: Von 1973 bis 1975 absolvierte Reinhardt den 16.
Generalstabslehrgang an der Führungsakademie; eineinhalb Jahrzehnte
später sollte er als Kommandeur zurückkehren. In seiner – später veröffentlichten – Jahresarbeit behandelte er das Thema „Zur Geschichte der
Führungsakademie. Die Planung, Entstehung und Entwicklung der Generalstabsausbildung des Heeres von den ersten Überlegungen 1948 bis zum
Abschluss des 3. Generalstabslehrganges Ende 1960" – eine nützliche
Vorbereitung für seine spätere Zeit als Kommandeur der Akademie. Von
Hamburg aus ging es direkt über den großen Teich und zur nächsten
Ausbildung. Reinhardt nahm an der einjährigen Generalstabsausbildung
der US-Armee am „Army Command and General Staff College" in Fort
Leavenworth in Kansas teil. Im Oktober 1976 wurde Oberstleutnant Rein-

hardt als G 3-Stabsoffizier (Ausbildung, Führung und Organisation) in den Stab der Heeresgruppe Mitte (CENTAG) nach Heidelberg versetzt. Im Oktober 1978 ging er als Adjutant zum Stellvertreter des Generalinspekteurs nach Bonn und diente dort unter den Generalleutnanten Poeppel und Heinz. Zwei Jahre später, 1980, übernahm Reinhardt das Gebirgsjägerbataillon 231 in Bad Reichenhall als Kommandeur. Im Herbst 1982 wurde er G-3 Stabsoffizier im Stab der 1. Gebirgsdivision in Garmisch-Partenkirchen, seiner Heimatstadt. Seine Divisionskommandeure waren die Generalmajore Eberhard Hackensellner (* 1922) und Horst Netzler (* 1925). Am 1. Oktober 1983 rief ihn Minister Wörner – unter gleichzeitiger Beförderung zum Oberst – als seinen Adjutanten auf die Hardthöhe. In die ersten sechs Monate dieser Verwendung fielen die bitteren Turbulenzen um General Kießling. Nach drei Jahren verließ er Bonn, um in Bayern erneut eine Truppenverwendung zu übernehmen: er wurde Kommandeur der Gebirgsjägerbrigade 23 in Bad Reichenhall. Sein Divisionskommandeur war Generalmajor Jürgen Schlüter (* 1933). Nur zwei Jahre später kehrte Reinhardt als Brigadegeneral an den Rhein und in das Ministerium zurück. Reinhardt übernahm die Leitung der Stabsabteilung VI (Planung) im Führungsstab der Streitkräfte unter Generalinspekteur Wellershoff und war für die Planungen der „Bundeswehr 2000" verantwortlich. Kurz vor seinem 50. Geburtstag erhielt Reinhardt den zweiten goldenen Stern und wurde im Oktober 1990 Kommandeur der Führungsakademie in Hamburg, wo er Generalmajor Werner von Scheven (* 1937) ablöste. Mit der Bergmütze seiner alten Division machte Reinhardt unter den Baretts und Schirmmützen keine schlechte Figur; es war – nicht nur aus modischer Perspektive – ohnehin die Zeit des Aufbruchs zu neuen Ufern. Die Bedrohung aus dem Osten war verschwunden, und gleichzeitig drohte der Virus einer Sinnkrise die Bundeswehr zu befallen. Reinhardt ließ die Aufgaben der Bundeswehr im Rahmen der Krisenbewältigung ebenso analysieren wie den 2. Golfkrieg; nur wenige Jahre später folgte der erste Auslandseinsatz deutscher Truppen. Die eigentliche Zäsur jedoch war die Öffnung der Akademie für Osteuropa. Zwar hatten bereits Mitte der siebziger Jahre die ersten Offiziere aus Jugoslawien in Blankenese ihr militärisches Wissen erweitert, doch mit dem Zerfall des Ostblocks erhielt dieser Austausch eine neue Qualität. Erstmals besuchten ehemalige hohe Offiziere der NVA als Gastreferenten die Führungsakademie, so z. B. am 30. November 1990 Generalleutnant a.D. Prof. Dr. Hans Süß, der vormalige Chef der „Militärakademie Friedrich Engels" in Dresden. Auch russische und ungarische Offiziere kamen nun an die Elbe. Der weltoffene, eloquente Reinhardt war der richtige Mann, diese Zeit des Umbruchs zu gestalten. Die Universität Budapest würdigte dieses Engagement später mit der Ehrendoktorwürde.

Im Sommer 1993 – nach knappen drei Jahren an der Spitze der Führungsakademie – erklomm der Bergsteiger Reinhardt den nächsten Gipfel seiner militärischen Laufbahn. Er wurde Kommandierender General des III. Korps in Koblenz, löste dort General Peter Heinrich Carstens ab und erhielt den dritten goldenen Stern. In dieser Zeit begann der erste größere Auslandseinsatz der Bundeswehr in Somalia, der von Koblenz aus militärisch gesteuert wurde. Der Begriff „geführt" wäre, gemessen an den tatsächlichen Operationen des deutschen Kontingentes in Belet Huen zunächst unter Brigadegeneral Harff und danach unter Brigadegeneral Riechmann, übertrieben, denn aus Deutschland zu führen gab es bei diesem ersten, tastenden Einsatz auf schwierigem ostafrikanischen Terrain kaum etwas. Dennoch war es eine wichtige Erfahrung für Führung und Truppe. Am 1. April 1994 wurde das III. Korps in „Heeresführungskommando" umbenannt. Reinhardt blieb – nunmehr unter der Bezeichnung „Befehlshaber" – bis April 1998 auf diesem Kommando, das zur Schaltstelle der Auslandseinsätze der Bundeswehr wurde. Reinhardt war nahezu fünf Jahre in Koblenz, eine relativ lange Zeit, in der er vielfältige Truppenerfahrungen sammeln konnte, begannen doch in diesem Jahren die UN- und NATO-Einsätze auf dem Balkan: UN-Protection Force (UNPROFOR), Implementation Force (IFOR) und Stabilization Force (SFOR), bei denen deutsche Soldaten beteiligt waren. Das Beispiel Reinhardt zeigt, dass man auch ein Korps befehligen kann, ohne vorher Erfahrungen im Friedensbetrieb einer Division sammeln zu müssen. Im Alter von 57 Jahren zum Vier-Sterne-General befördert, wurde er am 29. April 1998 Befehlshaber der Alliierten Landstreitkräfte Europa Mitte in Heidelberg, das im März 2000 in „Joint Headquarters Centre" umbenannt wurde. In dieser Funktion übernahm er vom 8. Oktober 1999 bis zum 18. April 2000 – für sechs Monate – das Kommando von KFOR (Kosovo Force) in Pristina im Kosovo und löste den britischen General Sir Michael Jackson (* 1944) ab.

Erstmals unterstand ein multinationaler Truppenverband in Stärke von 50.000 Mann, gestellt von 39 Nationen, im Einsatz einem deutschen General – eine herausfordernde militärische, diplomatische und zugleich politische Aufgabe. „Erstmals seit Blücher im Jahre 1813" wie eine britische Zeitung schrieb, führte ein deutscher General wieder britische Truppen in einem Einsatz. Doch die eigentliche Herausforderung war die Tatsache, dass ihm, der als Soldat durch die Jahre des Kalten Krieges geprägt war, nun als „COMKFOR" auch ein russisches Kontingent unterstellt war. Vor allem dies zeigt die hoffnungsvolle Entwicklung in Europa. Die schwere Hypothek des Zweiten Weltkrieges, allein auf sowjetischer Seite mit etwa zwanzig Millionen Opfern belastet, ist zwar nicht getilgt, weil nicht tilgbar, aber sie wurde überwunden – ein Beispiel auch für andere Regionen in der Welt. Reinhardt, der bei Beginn des Rußlandfeldzuges ein halbes Jahr alt war, befehligte 58 Jahre später Truppen des ehemaligen Feindes. Und die Tatsache, dass seine Kommandogewalt – neben den „Rules of Engagement" (ROE) – zusätzlich durch nationale Beschränkungen eingeengt und begrenzt war, schmälert diesen Fortschritt in keiner Weise. Der Kölner Stadtanzeiger nannte Reinhardt den „Vorzeige-Intellektuellen der deutschen Generalität," eine Klassifizierung, die nur einen Teilaspekt widerspiegelt, denn – anders als z. B. der ebenfalls dem „intellektuellen Lager" zuzuordnende de Maizière – hat Reinhardt es auch immer verstanden, einen direkten, warmherzigen und vertrauensvollen „Draht" zu seinen Soldaten herzustellen, der weder gekünstelt noch übertrieben und schon gar nicht autoritätsmindernd war – im Gegenteil. Reinhardt erfüllte diese schwierige Aufgabe mit Fingerspitzengefühl, Können, Geschick und Routine und erwarb dabei sich und damit zugleich der deutschen Generalität insgesamt internationalen Respekt. Nach seiner Rückkehr blieb er in der Funktion des Befehlshaber Joint Command bis zu seinem Abschied aus dem aktiven Dienst im März 2001. Hier oblag ihm auch die Integration der Landstreitkräfte der neuen osteuropäischen NATO-Mitglieder. Die Anerkennung, die seine Arbeit auch international fand, wurde u. a. durch die Verleihung der Ehrendoktorwürde der Miklos Zrini Universität in Budapest manifestiert – ein Zeichen von Versöhnung und Normalität, wenn die Hochschule eines vormals zum Ostblock gehörenden Landes einen hohen Offizier der Gegenseite auf diese Weise auszeichnet. Der dritte Lebensabschnitt führte Reinhardt wieder in die oberbayerische Heimat zurück. Er ist als Dozent für Neuere Geschichte, sowie als Autor und freier Journalist tätig. Er tritt gelegentlich in Talkshows auf, und während des 3. Golfkrieges im Irak war seine Expertise gefragt.

Reinhardts Nachfolger als Befehlshaber des Joint Headquarters Centre in Heidelberg wurde Generalleutnant **Gliemeroth**, der bis März 2001 Kommandierender General des II. Korps in Ulm war. Im Jahre 1963 trat Götz F. E. Gliemeroth, der am 21. Oktober 1943 in Göttingen geboren wurde, in die Bundeswehr ein. Die Familie war zwar von Professoren und Pfarrern dominiert, doch das Interesse am Militärischen wurde vom Großvater mütterlicherseits wachgehalten und geweckt, der als Militärpfarrer bei den Hirschberger Jägern den Ersten Weltkrieg vor allem an der Westfront erlebt hatte.

Gliemeroth trat nach dem Abitur 1963 als Rekrut in das Fallschirmjägerbataillon 261 in Lebach ein. Nach der Ausbildung zum Offizier wurde er zunächst als Lehroffizier an der Kampftruppenschule 1 in Hammelburg eingesetzt, bevor er als Zugführer zum Panzergrenadier-Lehrbataillon 283 nach München kam. Danach blieb er in der bayrischen Hauptstadt, wechselte aber als Hörsaalleiter an die Heeresoffizierschule III. Es folgte eine Verwendung als Kompaniechef im Panzergrenadierbataillon 302 im schwäbischen Ellwangen, wo wenige Jahre zuvor Horst Köhler, der spätere Bundespräsident, als Leutnant gedient hatte. Von 1974 bis 1976 absolvierte Gliemeroth den 17. Generalstabslehrgang an der Führungsakademie. In seiner Jahresarbeit behandelte er das Thema „Die NATO und die Strategie der >Flexible Response< aus sowjetischer Sicht." Danach kam die erste Auslandsverwendung, ebenfalls eine Weiterbildung, verbunden mit dem „Sprung über den großen Teich": Gliemeroth nahm vom Juli 1976 bis Juli 1977 an der einjährigen Generalstabsausbildung der kanadischen Streitkräfte am „Canadian Land Forces Command and Staff College" in Toronto teil.

Folgerichtig ging es danach 1977 – mit aufgefrischten Sprachkenntnissen – in eine NATO-Verwendung, als G 3-Stabsoffizier (Plans) zur Heeresgruppe Nord (NORTHAG) nach Mönchengladbach. Dem schloss sich im Oktober 1979 eine zweite Stabsverwendung, – ebenfalls auf dem Gebiet der Operationsführung, aber mehrere Führungsebenen unterhalb der Armeegruppe – bei der Panzerbrigade 15 in Koblenz an; sein Kommandeur war Brigadegeneral Günter Kriebel. Dieser zählte zu jenen aufrechten, krieggedienten Offizieren, die in ihrer gelungenen Kombination von großem militärischem Fachwissen, persönlicher Integrität und exzellenter Menschenführung einer großen Zahl jüngerer Offiziere zum Vorbild wurden. Anschließend wurde Gliemeroth Kommandeur des Panzergrenadierbataillons 352 in Mellrichstadt; Brigadekommandeur im Hammelburg war Oberst (später Brigadegeneral) Udo Eulig (* 1935). Gliemeroths nächste Station war das Ministerium. Dort arbeitete er ab Oktober 1983 zunächst als Referent im Büro der Staatssekretäre Dr. Hiehle und Dr. Ermisch. Im Jahre 1986 wechselte Gliemeroth – zum Oberst befördert – als Referatsleiter für truppendienstliche Personalangelegenheiten im Führungsstabes der Streitkräfte unter Generalinspekteur Altenburg. 1988 wurde Gliemeroth Kommandeur der Panzergrenadierbrigade 5 im nordhessischen Homberg, wo er Oberst Helmut Willmann (* 1940), den späteren Inspekteur des Heeres, ablöste. Sein vorgesetzter Divisionskommandeur der 2. Panzergrenadierdivision war Generalmajor Johann Grillmeier (* 1933). Nach zwei Jahren, im Oktober 1990, kehrte Gliemeroth als Brigadegeneral und Leiter der Unterabteilung III in der Personalabteilung ins Ministerium zurück. Im April 1993 folgte erneut eine Verwendung in der Truppe. Gliemeroth erhielt den zweiten goldenen Stern und wurde Kommandeur der 7. Panzerdivision in Unna. Sein Vorgänger war Generalmajor Helmut Willmann, dem er nun zum zweiten Mal innerhalb von fünf Jahren nachfolgte. Kommandierender General des I. Korps in Münster, der vorgesetzten Kommandobehörde, war Generalleutnant Hansjörn Boes (* 1936). Ein halbes Jahr später erfolgte die Fusionierung der 7. Division mit dem Wehrbereich III, sowie die Verlegung von Unna nach Düsseldorf; damit war Gliemeroth nun auch Befehlshaber im Wehrbereich III und damit der „militärische Platzhirsch" bei der Landesregierung von Nordrhein-Westfalen. Im Oktober 1996 löste Gliemeroth Generalleutnant Edgar Trost als Kommandierenden General des II. Korps in Ulm ab und erhielt den dritten goldenen Stern. Er führte das Korps viereinhalb Jahre bis März 2001. Danach blieb Gliemeroth im süddeutschen Raum und übernahm von General Dr. Klaus Reinhardt, der aus dem aktiven Dienst schied, das Kommando über das NATO-Joint Headquarters Centre (JHC) in Heidelberg. Gliemeroth unterstand dem Commander-in-Chief AFNORTH in Brunssum, dem britischen General Sir Jack Deverell. In der Funktion als Commander JHC löste Gliemeroth im August 2003 seinen deutschen Kameraden, Generalleutnant Norbert van Heyst (* 1944) ab, der als Kommandierender General des Deutsch-Niederländischen Korps in Münster seit Februar das III. Kontingent der „International Security Assistance Force" („ISAF III") in Kabul befehligt hatte und führte für die nächsten sechs Monate – bis Februar 2004 – die kleine internationale Schutztruppe „ISAF IV" in Kabul. Eine Truppe in der Stärke von etwa 5.000 Soldaten wird eigentlich von einem Oberst oder höchstens einem Brigadegeneral, jedoch keinem Drei-Sterne-General geführt, zumal die Operationen der Truppe auf unterstem taktischen Niveau ablaufen. Doch in diesem Falle ist der Kommandeur ISAF nicht als militärischer Führer, sondern als Militärdiplomat gefragt, denn er ist der Ansprechpartner der afghanischen Regierung. Nach dem Ende der sechsmonatigen Mission am Hindukusch kehrte Gliemeroth im August 2004 nach Heidelberg zurück und wurde dort im März 2004 in den Ruhestand verabschiedet. Im Sommer 2004 wurde das „Joint Headquarters Centre," das von 1959 bis 1993 Heeresgruppe Mitte (CENTAG) und danach bis zum Jahre 2000 „Allied Land Forces Central Europe" hieß, ein weiteres Mal umgegliedert und in „Component Command-Land Headquarters" umbenannt. Die Führung wechselt jeweils zwischen einem deutschen und einem amerikanischen Vier-Sterne-General. Mit Gliemeroths Weggang übernahm der US-General B. B. Bell (* 1947) als erster Befehlshaber das neue Kommando. Stellvertreter – ebenfalls ein deutsch-amerikanischer Rotationsposten – wurde Generalleutnant Karl-Heinz Lather (* 1948), der vormalige Kommandierende General des II. deutsch-amerikanischen (GE/US) Korps in Ulm.

2.5 Die Inspekteure der Teilstreitkräfte

Die Inspekteure der drei Teilstreitkräfte Heer, Luftwaffe und Marine haben – wie der Generalinspekteur – eine Bedeutung, die beträchtlich über die ihrer Besoldungsgruppe B 9, der eines Ministerialdirektors, hinausgeht. Sie sind einerseits ministerielle Instanz und andererseits die truppendienstlichen Vorgesetzten aller Soldaten ihrer Teilstreitkraft. Auf der internationalen protokollarischen Rangskala stehen die Chefs der Land-, Luft- und Seestreitkräfte auch auf der Ebene von Vier-Sterne-Positionen. Bei Besuchen der Inspekteure im Ausland werden diese daher auch nicht selten optisch aufgewertet, in dem ihr Wagen vom Gastgeberland mit vier Sternen gekennzeichnet wird. So gäbe es gute Gründe, die Inspekteure auf diesen Rang anzuheben, ohne dass dadurch – amerikanischem Vorbild folgend – auch der Dienstgrad des obersten Soldaten, des Generalinspekteurs, ebenfalls steigen müsste. Überdies festigte dies auch ihre Autorität nach unten, z. B. gegenüber den Kommandierenden Generalen. In den Anfangsjahren der Bundeswehr hatte Generalleutnant Gerhard Matzky, der das I. Korps führte, versucht, für die Kommandierenden Generale ein direktes Vortragsrecht beim Minister, unter Umgehung des Inspekteurs zu erreichen, war aber gescheitert.

Helmut Schmidt stand der Frage einer Dienstgradanhebung – wie de Maizière schreibt – durchaus positiv gegenüber, doch der Plan wurde nicht verwirklicht. In der Bundeswehr hatte bislang nur einmal ein Inspekteur den vierten goldenen Stern erhalten: Kammhuber, der erste Inspekteur der Luftwaffe. Jeder der Inspekteure stand vor der Frage, wo er den Schwerpunkt seiner Arbeit sieht, als Militärpolitiker oder als oberster Soldat seiner Teilstreitkraft und hat dies nach seiner Persönlichkeit, seinem Charakter und seiner Beurteilung entscheiden müssen. Doch frei war dabei keiner. Die ministerielle Arbeit presste alle Amtsinhaber in ein enges Korsett an Arbeitspensum und Verantwortung, das für die Rolle des Führers kaum Raum ließ. Bisweilen wurde letztere nur noch optisch angedeutet – durch Fleckentarnanzug und aufgekrempelte Ärmel.

Im Jahre 2001 trat neben die drei klassischen Teilstreitkräfte (TSK) der Bundeswehr – Heer, Luftwaffe und Marine, sowie das Sanitäts- und Gesundheitswesen – eine neue, fast eigene – vierte, bzw. fünfte Teilstreitkraft, die Streitkräftebasis. Auch in anderen Armeen zählt man mehr als die drei klassischen TSK, so z. B. haben in den USA die Marines einen eigenen Status mit eigener Uniform, und in der vormaligen Sowjetunion besaßen die Strategischen Raketentruppen den Rang einer eigenen TSK.

Nach dem „Blankeneser Erlass" erhielt zwar der Generalinspekteur das unscharf formulierte Recht, den Inspekteuren zur „Realisierung der Konzeption" auch Weisungen zu erteilen. Aber gleichzeitig wurden die Inspekteure dem Minister truppendienstlich unterstellt und waren ihm damit unmittelbar für die Einsatzbereitschaft ihrer Teilstreitkräfte verantwortlich. Ihre Position im ministeriellen Gefüge wurde dadurch gestärkt. Vor allem, wenn es um die Verteilung der Haushaltsmittel und um Rüstungsfragen geht, haben die Inspekteure der Teilstreitkräfte ein gewichtiges Wort mitzureden, sind sie doch für die Einsatzbereitschaft ihrer Soldaten verantwortlich.

Vor dem Hintergrund begrenzter Haushaltsmittel ist die Konkurrenz unter ihnen schärfer geworden. Minister Apel schildert dieses Tauziehen recht anschaulich:

„Der Untersuchungsausschuß (= MRCA-Tornado) dümpelt vor sich hin, ... Das änderte sich allerdings schlagartig ..., als der Inspekteur der Luftwaffe vor dem Untersuchungsausschuß den Eindruck erweckt, als hätte ich ... die Finanzierungsprobleme beim Tornado erkennen müssen. Obendrein stellt er die Haushaltsbeschlüsse ... so dar, daß nun die Bundesluftwaffe nicht mehr voll einsatzfähig sei. ... Als der Inspekteur des Heeres öffentlich erklärt, Spritmangel hätte zu erhöhten Unfallzahlen ... geführt – ... – machen wir ... eine >Treibstoff-Klausur.< Nun relativieren sich die Vorwürfe. ... Doch inzwischen ist längst >die nächste Sau durchs Dorf gelaufen.<" [421]

Die Zusammenarbeit war und ist unterschiedlich und hängt letztlich von den jeweiligen Amtsinhabern ab.

Heer

Der Inspekteur des Heeres war bis zum Jahre 2001 der Führer der personalstärksten Teilstreitkraft und verfügte von daher über den größten Einfluss. Von den bisher 17 Inspekteuren des Heeres (bei der Luftwaffe waren es nur 13 und bei der Marine sogar nur 12) stiegen nur sechs zum Vier-Sterne-General auf: zwei Inspekteure des Heeres (de Maizière und Bagger) wurden zum Generalinspekteur und vier zum Oberbefehlshaber Europa Mitte (CINCENT) berufen – Ferber, von Sandrart, von Ondarza und Hansen.

Der erste Inspekteur des Heeres, Generalleutnant Hans **Röttiger**, wurde am 16. April 1896 in Hamburg geboren und trat zu Beginn des Ersten Weltkrieges, im September 1914, in das Feldartillerieregiment 45 ein. Nach dem Krieg wurde er in die Reichswehr übernommen und diente ab 1938 im Generalstab des Heeres. Im November 1938 wurde er zum Oberstleutnant

---

421 Apel, Hans   Der Abstieg S. 167 f.

befördert. Mit Ausbruch des Zweiten Weltkrieges wurde Röttiger im
Herbst 1939 „I a" des VI. Armeekorps. Dieses Korps unter dem General der
Pioniere Otto-Wilhelm Förster (1885-1966) war 1934 aus der 6. Division
in Münster gebildet worden und wurde bei Mobilmachung in die Eifel verlegt. Am Polenfeldzug war das Korps daher nicht beteiligt. Bereits im
Februar 1940 wurde Röttiger Chef des Generalstabs des XXXXI. Armeekorps unter Generaloberst Georg-Hans Reinhardt (1887-1963). Während
des Frankreichfeldzuges griff das Korps im Rahmen der Heeresgruppe A
über Sedan und Cambrai an und im September 1940 war es in den
Niederlanden stationiert. Im Januar 1941 wurde Röttiger zum Oberst
befördert. Im selben Jahr wechselten sowohl Unterstellung als auch die
Dislozierung des Korps mehrfach; so war es u. a. auch im Raum Belgrad
eingesetzt. Nach Bereitstellung in Ostpreußen im Frühjahr 1941 griff das
Korps, bei Beginn des Russlandfeldzuges der 4. Panzergruppe unterstellt,
im Rahmen der Heeresgruppe Nord über Dünaburg auf Leningrad an. Im
Oktober 1941 kam das Korps zur 3. Panzergruppe und kämpfte im Raum
Wjasma und Moskau. Röttiger blieb an der Ostfront und wurde im Januar
1942 für vier Monate Chef des Generalstabs der 4. Panzerarmee. Sein
Befehlshaber war – für nur wenige Tage – Generaloberst Erich Hoepner
(1886-1944/hingerichtet), und dann folgte Generaloberst Richard Ruoff
(1883-1967). Im Februar 1942 erhielt Röttiger die Beförderung zum Generalmajor. Im Mai 1942 wechselte er als Chef des Generalstabs zur 4. Armee
unter Generaloberst Gotthard Heinrici (1886-1971) und blieb in dieser
Verwendung bis zum Sommer 1943. Die 4. Armee war in diesem Jahr an
den schweren Abwehrschlachten der Heeresgruppe Mitte beteiligt. Im Juli
1943 wurde Röttiger zum Chef des Generalstabs der Heeresgruppe A
berufen und in dieser Funktion im September 1943 zum Generalleutnant
befördert. Die Heeresgruppe A unter Feldmarschall Wilhelm List (1880-
1971) war im Sommer 1942 in den Kaukasus vorgestoßen. Doch als Röttiger im Sommer 1942 zur Heeresgruppe kam, waren ihre Truppen bereits
wieder auf die Linie zurückgeworfen worden, aus der sie im Sommer ein
Jahr zuvor den Angriff auf den Kaukasus begonnen hatten. Danach tobten
bis zum Sommer 1943 noch heftige Kämpfe um den Kuban-Brückenkopf
bei Krymskaja und Noworossijsk. Erst im Frühjahr 1944 verließ Röttiger
den Osten und wurde Chef des Generalstabes der Heeresgruppe C unter
Generalfeldmarschall Albert Kesselring (1885-1960) und ab März 1945
unter Generaloberst Heinrich von Vietinghoff (gen. Scheel/1887-1952). In
dieser Dienststellung waren ihm zwei Offiziere unterstellt, die mehr als
zwei Jahrzehnte später ihm im Amt des Inspekteurs des Heeres folgen sollten: die Obersten i.G. Josef Moll (1908-1989) und Albert Schnez (* 1912):
Moll war „I a" (1. Generalstabsoffizier) im Stab der Heeresgruppe, und

Schnez war im Herbst 1944 als „General des Transportwesens" nach Italien versetzt worden. Im Januar 1945 wurde Röttiger zum General der Panzertruppen befördert. Bei der Kapitulation am 2. Mai 1945 geriet er in britische Gefangenschaft. Röttiger hatte – wie Heusinger oder Speidel – im Zweiten Weltkrieg kein Truppenkommando, sondern war ausschließlich in hohen Stäben tätig. Aber er war von 1941 bis März 1944 ohne Unterbrechung an der Ostfront im Einsatz. Später wurde ihm als erstem Inspekteur des Heeres von einigen Soldaten verübelt, dass er die Kapitulation der Heeresgruppe gegen den Willen Hitlers und auch seines Befehlshabers vollzogen und dabei, um jedes Risiko zu vermeiden, letzteren sogar kurzfristig unter Arrest gestellt hatte. Erst 1948 wurde Röttiger aus der Gefangenschaft entlassen und arbeitete zunächst als Vertreter einer Versicherung, später als Geschäftsführer einer Im- und Export-Firma, ehe er 1956 in die Bundeswehr eintrat.

Röttiger kam – wie Kammhuber – erst zur Bundeswehr, als diese bereits aufgestellt war. Er hatte weder im „Amt Blank" Dienst getan, noch gehörte er zu den „Männern der ersten Stunde." Allerdings war Röttiger im Oktober 1950 einer jener Offiziere, die in der Eifel die „Himmeroder Denkschrift" erstellt hatten. Er arbeitete im Organisationsausschuss, der von General a. D. Heusinger geleitet wurde. Röttiger wurde am 1. Juni 1957 als Generalleutnant zum ersten Inspekteur des im Aufbau befindlichen Heeres berufen. Als Artillerist war Röttiger ein überzeugter Atomwaffengegner.

„Was diese Waffe anlangte, hätte er in jeder Anti-Atom-Demonstration mitmarschieren können. Er hatte seine Bedenken öffentlich bekundet: In einem Artikel hatte er die These aufgestellt, im Ernstfall müsse mit >Atomdienstverweigerern< gerechnet werden." [422]

Mit dieser Haltung, die auch von Generalinspekteur Heusinger zum Teil getragen wurde, stand er jedoch im Gegensatz zu Adenauer, der am 3. April 1957 erklärt hatte, die Bundeswehr könne nicht auf taktische Atomwaffen verzichten. Möglicherweise aber war Röttigers Widerstand auch in erster Linie nur gegen die Auffassung Adenauers gerichtet, die taktischen Atomwaffen seien lediglich eine Fortentwicklung der Artillerie. Zwar hatte Minister Strauß bereits kurz nach seiner Ernennung am 16. Oktober 1956 den Verzicht auf die Herstellung von Atomwaffen betont, doch war davon die Frage einer Teilhabe an diesen Waffen anderer Bündnispartner unberührt. In Röttigers Amtszeit fiel auch die Entscheidung über eine Ausrüstung der Panzertruppe mit dem amerikanischen Panzer „M 48," wodurch der britische Centurion-Panzer ausschied. 1957 fand im Bereich

---

422 Schmückle, Gerd Ohne Pauken und Trompeten S. 226. Franz Josef Strauß bestätigt dieses Urteil: siehe Strauß Die Erinnerungen S. 378

der 4. Grenadierdivision das erste Großmanöver der Bundeswehr statt. Im Jahre 1958 wurden die vormaligen Kampfgruppen in Brigaden umgegliedert. Die Artillerie erhielt nuklearfähige Honest John-, Sergeant- und Pershing-Raketen. Zur selben Zeit wurden 1.800 Schützenpanzer vom Typ HS 30 in Auftrag gegeben; insgesamt sollten 6.000 Stück beschafft werden. Dies führte später zu erheblichen politischen Auseinandersetzungen, in denen der Vorwurf erhoben wurde, es wäre ein unerprobtes und damit wenig taugliches Kampffahrzeug gekauft worden.

Die Hansestadt an der Elbe und auch die Bundeswehr verdanken Röttiger eine Entscheidung, die er nicht als Heeresinspekteur, sondern als Hamburger beeinflusst hat: die Wahl seiner Geburtsstadt als Standort der Führungsakademie der Bundeswehr. Diese fand zunächst im beschaulichen Kurort Bad Ems im pittoresken Lahntal eine provisorische Bleibe. Speidel votierte für Heidelberg als Endstandort. An der Spitze der Befürworter Münchens hingegen standen Strauß und Kammhuber – keine einfachen Gegner. Doch letztlich bekam 1958 das ehemalige Luftgaukommando XI in Hamburg-Blankenese den Zuschlag. [423]

Am 15. April 1960 verstarb Röttiger mit 64 Jahren noch im Dienst. Der Kommandeur der 2. Grenadierdivision, Generalmajor Alfred Zerbel (1904-1987) trat seine Nachfolge an.

Die Bundeswehr ehrte den ersten Inspekteur des Heeres, in dem sie die Kaserne in Neugraben-Fischbek bei Hamburg nach ihm benannte. Doch im März 2004 wurde die Kaserne mit Auflösung der dort stationierten Brigade 7 aufgeben.

Das Heer ist heute im Jahre 2005 – trotz beträchtlicher Verringerung seiner Stärke durch Verkleinerung sowie Personalabgaben an die Streitkräftebasis und den Sanitätsdienst – mit ca. 138.000 Soldaten mit Abstand noch immer die größte Teilstreitkraft. Damit trug und trägt es zugleich auch den Löwenanteil der vielfältigen Probleme beim Aufbau der Armee, den wehrpflichtigen Soldaten, den zahlreichen Strukturveränderungen und – anpassungen und den Auslandseinsätzen. (Die Inspekteure des Heeres – siehe Anhang, Seite 524)

Luftwaffe

Von den 13 Inspekteuren der Luftwaffe wurden 4 Offiziere zum Vier-Sterne-General befördert (Kammhuber, Steinhoff, Eimler und Back), keiner von ihnen wurde bisher Generalinspekteur; General Wust – als Nicht-Pilot ohnehin eine Art „Außenseiter" – war „nur" Stellvertreter des Inspekteurs gewesen. Es war fast ein Dogma, dass die Inspekteure der Luftwaffe nur von Piloten gestellt wurden. In den Anfangsjahren waren dies die

hochdekorierten Fliegerasse des Zweiten Weltkrieges Kammhuber (Ritter-
kreuz), Steinhoff (Schwerter), Rall (Schwerter), und Obleser (Ritterkreuz).
Mit Generalleutnant Eimler (* 1930) trat der erste Pilot an die Spitze der
Luftwaffe, der nicht mehr im Krieg gedient hatte. Im Jahre 1994 übernahm
mit Generalleutnant Bernhard Mende (1937-2004), dem „FlaRak-Offizier",
erstmals ein Nicht-Pilot die Führung. Mende hatte sich vor allem nach der
Wiedervereinigung große Verdienste bei der Schaffung der Armee der
Einheit erworben. Er starb am 7. Oktober 2004 mit nur siebenundsechzig
Jahren. Unter den bisherigen 40 „Vier-Sterne-Generalen" der Bundeswehr
gibt es sechs Männer, die aus der Luftwaffe hervorgegangen sind, und nach
ihren Geburtsdaten verdeutlichen sie zugleich den Generationswandel,
dem auch die Bundeswehr zwangsläufig unterworfen ist. Diese Reihe beginnt mit dem ersten Inspekteur der Bundesluftwaffe, Josef Kammhuber,
der bereits in der Wehrmacht zum General der Flieger und Oberbefehlshaber einer Luftflotte aufgestiegen war. Auch der dritte Generalinspekteur,
Heinz Trettner, kam ursprünglich aus der Luftwaffe. Am Ende des Zweiten
Weltkrieges war er als Generalleutnant Kommandeur einer Fallschirmjägerdivision. Der hochdekorierte ehemalige Jagdfliegeroberst Johannes
Steinhoff, wurde dritter Inspekteur der Luftwaffe und beschloss seine
glänzende Laufbahn als Vorsitzender des NATO-Militärausschusses. Wust
hatte als Oberleutnant der Luftnachrichtentruppe noch im Krieg gedient,
war aber kein Flieger. Die Piloten Eimler und Back gehören bereits der jüngeren Generation an, die keine Kriegserfahrung mehr hat.

Josef **Kammhuber,** der erste Inspekteur der Luftwaffe, wurde am 19.
August 1896 in Burgkirchen geboren. Der Oberbayer hatte keine militärische Tradition in seiner bäuerlichen Familie, als er im August 1914 „zu den
Fahnen eilte." Als Achtzehnjähriger trat er in das Pionierkorps des I. Bayerischen Armeekorps in Ingolstadt ein und kämpfte an der Westfront –
davon allein achtzehn Monate vor Verdun –, wo er mit dem Eisernen Kreuz
I. Klasse ausgezeichnet wurde. 1917 erhielt er das Leutnantspatent. Nach
dem Krieg wurde er in die Reichswehr übernommen und bildete zunächst
Rekruten in Landshut und Lindau aus. 1923 wurde er als Bataillonsadjutant nach München versetzt. 1925 wurde Kammhuber Oberleutnant
und qualifizierte sich danach für die dreijährige „Führergehilfen-Aus-
bildung," an der er von 1926 bis 1929 teilnahm. Zwischenzeitlich wurde
Kammhuber zum Stab der 2. Division nach Stettin versetzt, wo Oberstleutnant Paul Hausser (1880-1972), der spätere SS-Oberstgruppenführer,
von 1925 bis 1927 sein Chef des Stabes wurde. Auch Major Heinz Guderian

---

423 siehe: Reinhardt, Klaus Generalstabsausbildung in der Bundeswehr S. 48

gehörte von 1924 bis 1927 diesem Stab an. Danach kam Kammhuber zunächst in die Operationsabteilung des Truppenamtes in Berlin. Die Schreibtischtätigkeit dürfte ihm nicht sonderlich gefallen haben, denn er entschied sich für die Praxis und meldete sich 1930/31 für die Pilotenausbildung in der Sowjetunion. Formell musste er dazu als Flugschüler für die Dauer der Ausbildung aus der Reichswehr ausscheiden, denn die militärische Fliegerei in Deutschland war durch die Abrüstungsbestimmungen des Versailler Vertrages untersagt. Doch gab es schon in der ersten Hälfte der zwanziger Jahre geheime Vereinbarungen zwischen der Reichswehr und der Roten Armee, die deutschen Offizieren die Möglichkeit zur fliegerischen Ausbildung boten. Diese wurde in Lipetsk, etwa 300 km südlich von Moskau am Woronesch, durchgeführt. Mit über 500 Mann hatte der Flugplatz Lipetsk – gegliedert u. a. in Jagdfliegerlehrstaffel, Beobachterlehrgang, Werft und Depot – im Jahre 1931 seine stärkste Belegung. Bis 1933, als diese bilaterale Zusammenarbeit endete, wurden in Lipetsk u. a. rund 120 Jagdflieger ausgebildet. Im September 1933 wechselte Kammhuber als Gruppenleiter in die Organisationsabteilung des neuen Reichsluftfahrtministeriums. 1936 wurde er zum Major befördert und gleichzeitig Kommandeur einer Jagdfliegergruppe in Dortmund. Ein Jahr später übernahm er die Organisationsabteilung des Luftfahrtministeriums in Berlin. Sein nächster Vorgesetzter war Oberst Hans Jeschonnek (1899-1943).[424] Die Zusammenarbeit Kammhuber – Jeschonnek scheiterte, als letzterer Hitlers ehrgeizige Pläne zum Aufbau der Luftwaffe, die Kammhuber als unrealistisch beurteilte, akzeptierte. 1943 schied Jeschonnek durch eigene Hand aus dem Leben. Darüber hinaus zählte Kammhuber auch zu den engeren Mitarbeitern des später tödlich abgestürzten ersten Generalstabschefs der Luftwaffe, General der Flieger Walther Wever (1887-1936). Nahezu zeitgleich mit Kammhuber war 1937 Oberstleutnant Heusinger in die Operationsabteilung der Schwesterteilstreitkraft Heer versetzt worden und 1940 an deren Spitze getreten. Beide sollten zwanzig Jahre später gemeinsam die Bundeswehr aufbauen. Ende 1938 zum Oberst befördert, übernahm Kammhuber am 1. Oktober 1939 die Aufgabe des Stabschefs der Luftflotte 2 in Braunschweig unter dem General der Flieger Hellmuth Felmy (1885- 1965), dem Vater des Schauspielers Hans-Jörg Felmy. Doch auch die Zusammenarbeit Felmy-Kammhuber fand ein schnelles Ende, diesmal durch äußere Gründe: Im Januar 1940 hatte sich eine Kuriermaschine mit dem Verbindungsoffizier der Luftflotte 2, Major Reinberger, nach Belgien verflogen. Dabei war der deutsche Operationsplan für den Westfeldzug in die Hände des Gegners gefallen. Felmy und Kammhuber zogen sich Hitlers und Görings Ungnade zu und wurden abgelöst. Der Schaden blieb nur deshalb aus, weil die Gegenseite annahm, es habe sich um bewusste Irreführung gehandelt. Kammhubers Nachfolger wurde Generalmajor Wilhelm Speidel, der ältere Bruder von General Hans Speidel.

Doch die Unglücksserie riss nicht ab. Im März 1940 übernahm Kammhuber als Kommodore das Kampfgeschwader 51 (KG 51) „Edelweiß." Am 10. Mai 1940 bombardierten drei Maschinen seines Geschwaders versehentlich Freiburg im Breisgau. 57 Menschen starben und 101 wurden verletzt. Kammhuber wurde zum Schweigen vergattert, und Goebbels machte daraus propagandaträchtig einen feindlichen Luftangriff, „der deutsche Vergeltungsmaßnahmen nach sich ziehen würde." Im Juni 1940 wurde Kammhuber abgeschossen und geriet in französische Gefangenschaft, aus der er aber durch die vorrückenden deutschen Truppen wieder befreit wurde.

Kammhuber stellte die 1. Nachtjagddivision auf, die allerdings nur aus einem einzigen Geschwader (NJG 1), einer Scheinwerferbrigade und einem Luftnachrichtenregiment bestand. In der Geschichte des Luftkrieges gilt er als Organisator der deutschen Nachtjagd, Erfinder der „Kammhuber-Lichtspiele" und des „Kammhuber-Riegels" zur Abwehr feindlicher Luftangriffe. Das System bestand aus einer Kette von Nachtjagdräumen mit Frühwarn-Radargeräten, Scheinwerferbatterien und vom Boden aus zentral geleiteten Jagdflugzeugen. Im Oktober 1940 wurde Kammhuber zum Generalmajor befördert und im Juli 1941 mit dem Ritterkreuz ausgezeichnet: Einen Monat später wurde er zum General der Nachtjagd ernannt und übernahm als Generalleutnant das XII. Fliegerkorps. Im Januar 1942 wurde er zum General der Flieger befördert. Der Wettkampf um die begrenzten Ressourcen zwischen Bombenflugzeugen und Jägern fiel zugunsten ersterer aus. Im Herbst 1943 wurde Kammhuber abgelöst, zum Oberbefehlshaber der Luftflotte 5 in Norwegen ernannt und damit abgeschoben. Erst kurz vor Kriegsende, im Februar 1945, wurde er „aus der Verbannung" zurückberufen und von Hitler zum „Sonderbeauftragten zur Bekämpfung der viermotorigen Feindflugzeuge" ernannt, zu spät, um die Niederlage aufzuhalten. Kammhuber geriet in Bayern in amerikanische Gefangenschaft, aus der er Ende 1947 entlassen wurde. Danach arbeitete er in der freien Wirtschaft.

Kammhuber trat erst in die Bundeswehr ein, als diese bereits aufgestellt war. Er gehörte weder zum „Amt Blank," noch zu den „Männern der ersten Stunde." Auch an der „Himmeroder Denkschrift" hatte er nicht mitgearbeitet. Heusinger, der Kammhuber aus gemeinsamer Zeit im „Operationsgeschäft" in Berlin kannte, hatte ihn für die Bundeswehr

---

424 Jeschonnek war ab 1939 Generalstabschef der Luftwaffe und 1942 als Generaloberst Chef des Luftwaffen-Führungsstabes.

„geworben." Am 6. Juni 1956 übernahm Kammhuber als Generalleutnant die Leitung der Abteilung Luftwaffe des Bundesministeriums für Verteidigung und wurde mit sechzig Jahren am 1. Juni 1957 der erste Inspekteur der neuen Luftwaffe. In Kammhubers Amtszeit fiel die Entscheidung zum Kauf des amerikanischen Kampfflugzeuges „Starfighter" (F-104). Minister Strauß hatte aus Gründen der rüstungstechnischen Zusammenarbeit mit Frankreich die französische „Mirage III" bevorzugt, doch
„die deutschen Militärs haben darauf hingewiesen, daß die Mirage zu klein ausgelegt sei, eine zu geringe Reichweite habe, daß ihre Elektronik nicht genüge, das Radar noch in den Anfängen stecke. Deshalb waren unsere sämtlichen Militärs gegen die >Mirage III<, sie wollten den Starfighter." [425]
    1958 fiel die Entscheidung zugunsten des amerikanischen Modells, von dem 700 Maschinen anstatt der ursprünglich nur 250 geplanten in Auftrag gegeben wurden – der Keim der späteren „Starfighter-Krise" war gelegt. Kammhuber erlebte noch den Beginn: Am 20. Juni 1960 waren vier Starfighter in eine Kiesgrube bei Köln gestürzt, und die politische Verantwortung fiel auf Minister Strauß, der über Kammhubers Eigenmächtigkeit klagte:
„Was konnte ich dafür, daß General Josef Kammhuber hinter meinem Rücken eine Kunstflugstaffel der Luftwaffe aufbaute und dann alle drei Maschinen mitsamt des amerikanischen Instrukteurs mit tausend Stundenkilometern vertikal in den Boden rasten?" [426]
    Den Höhepunkt der Krise sollte er nur noch aus der Sicht des im Ruhestand befindlichen Soldaten verfolgen. Im Februar 1961 – im Alter von fast 65 Jahren – wurde Kammhuber als bisher einziger Inspekteur einer Teilstreitkraft – zum Vier-Sterne-General befördert. Am 14. September 1961 – einen Monat nach dem Bau der Berliner Mauer – hatten sich zwei Jagdbomber eines Jagdbombergeschwaders aus Lagerlechfeld bei Augsburg verirrt, die Grenze zur DDR passiert und waren in Berlin-Tegel gelandet. Die sowjetischen Jäger, die sie verfolgten, hatten keinen Erfolg. Zwei Tage später passierte ein weiterer Zwischenfall. Erneut drangen zwei Maschinen, diesmal aus Husum, bis Rostock in den Luftraum der DDR ein. Strauß bestellte Inspekteur Kammhuber zum Rapport. Dieser schlug die Ablösung des Kommodores aus Lechfeld, Oberstleutnant Siegfried Barth (1916-1997) und dessen Versetzung vor, und auch der Husumer Kommodore sollte seines Dienstpostens enthoben werden. Strauß stimmte zu. Doch innerhalb der Luftwaffe machte sich Unmut über dieses Vorgehen breit. Barth, der sich später gegen die Ablösung vor Gericht erfolgreich wehrte, genoss als Ritterkreuzträger hohes Ansehen.
    Am 30. September 1962 wurde Kammhuber – mit 66 Jahren – aus dem aktiven Dienst verabschiedet. Er starb am 25. Januar 1986. Die Bundes-

wehr ehrte den ersten Inspekteur der Luftwaffe, in dem sie einer Kaserne in Karlsruhe seinen Namen gab.
(Die Inspekteure der Luftwaffe – siehe Anhang, Seite 524)

Marine
Von den 12 Inspekteuren der Marine stiegen nur Luther und Wellershoff zu Vier-Sterne-Admiralen auf, Luther als DSACEUR und letzterer als Generalinspekteur. Zimmermann wurde als Befehlshaber der Flotte an die Spitze der Bundeswehr befördert.

Drei Inspekteure der Marine erreichten über den Flottenchef die Spitze der Marine: die Vizeadmirale Hans Joachim Mann (* 1935), Hans-Rudolf Boehmer (* 1938) und Lutz Feldt (* 1945).

Der erste Inspekteur der Bundesmarine war Vizeadmiral Friedrich Oskar **Ruge**. Am 24. Dezember 1894 in Leipzig geboren, war er nach Generalleutnant Matzky der zweitälteste Soldat, der in der Bundeswehr diente. Er hatte keine seemännischen und militärischen Traditionen in seiner Familie; sein Vater war Gymnasialprofessor. Am Vorabend des Ersten Weltkriegs, im April 1914, trat Ruge als Seekadett in die kaiserliche Marine ein und erhielt seine erste seemännische Ausbildung auf dem Großen Kreuzer SMS „Hertha". Mit der Mobilmachung vier Monate später kam er auf das Linienschiff SMS „Lothringen", das zum 11. Geschwader unter der Führung des Vizeadmirals Reinhard Scheer (1863-1928) gehörte. Nach weiteren Bordkommandos und Einsätzen u. a. in der Ostsee, beendete er im Dezember 1915 seine Offizierausbildung. Im Juli 1916 wurde er zum Leutnant zur See befördert. Danach kam Ruge als Wach- und Artillerieoffizier auf das Torpedoboot „B 110" und wurde – ausgezeichnet mit dem Eisernen Kreuz beider Klassen – Kommandant des Torpedobootes „B112". Ruges Boot war eine jener 69 Einheiten der deutschen Hochseeflotte, die aufgrund der Waffenstillstandsbedingungen an die Engländer auszuliefern waren. Doch am 21. Juni 1919 wurde diese auf Befehl von Konteradmiral Ludwig von Reuter (1869-1943) in der Bucht von Scapa Flow versenkt. Ruge kam zusammen mit den anderen Besatzungsmitgliedern in Kriegsgefangenschaft, aus der er 1920 entlassen wurde. Danach wurde er in die Reichsmarine übernommen und zum Oberleutnant zur See befördert. Nach einer Reihe von Verwendungen wurde Ruge zum Spezialisten für Minenkriegführung. Im Oktober 1925 wurde Ruge zum Kapitänleutnant befördert. 1928 wurde er Kommandant des Minensuch-

---

425 Strauß, Franz Josef Die Erinnerungen S. 315
426 Strauß, Franz Josef a.a.O. S. 292

boots „M 136" und nach weiteren Verwendungen im Bereich des Minen-
wesens – Chef der 1. Minensuchhalbflottille, deren vier Einheiten auch als
Minenleger und U-Boot-Jäger dienten. Am 1. April 1933 wurde Ruge Korvettenkapitän und im September 1934 Admiralstabsoffizier im Stab des
Kommandierenden Admirals der Marinestation Ostsee in Kiel. Im Juni
1937 übernahm Ruge als Fregattenkapitän die Minensuchboote als
Kommandeur und befehligte damit einen Verband von 39 Schiffen. Im
Januar 1939 wurde Ruge Kapitän zur See und im September „Führer der
Minensuchboote Ost" (FdMO) und nahm in dieser Funktion am Polenfeldzug, u. a. der Einnahme von Gdingen (Gotenhafen), teil. Im Oktober
1939 wechselte er an die Westfront und übernahm die Führung der Minensuchboote West. Im Februar 1940 wurde Ruge zum Kommodore ernannt und befehligte zugleich die „Kriegsschiffgruppe 10" während des
Norwegenfeldzuges, dem Unternehmen „Weserübung". Weitere Einsätze
folgten, so gelang unter seinem Kommando der erste Durchbruch einer
Räumbootsflottille durch die Straße von Dover bei Tage. Am 21. Oktober
1940 wurde Ruge mit dem Ritterkreuz ausgezeichnet und im Februar 1942
zum „Befehlshaber der Sicherung West" ernannt. Mit seinem Stab in Paris
befehligte er u. a. mehrere Sicherungsdivisionen. In dieser Funktion hatte
er auch maßgeblichen Anteil an dem Gelingen des legendären Durch-
bruchs der deutschen Schlachtschiffe „Gneisenau" und „Scharnhorst," sowie des Schweren Kreuzers „Prinz Eugen" im Februar 1942 durch den
Kanal. Dafür wurde er am 16. Februar 1942 namentlich im Wehrmachts-
bericht genannt, und erhielt am 1. April 1942 seine Beförderung zum Konteradmiral. Im Februar 1943 wurde Ruge als Vizeadmiral mit der Leitung
des Sonderstabes Tunesien bei der italienischen Marine beauftragt. Im
November 1943 wurde er als Admiral z. b. V. (zur besonderen Verwendung)
dem Stab des Generalfeldmarschalls Rommel bei der Heeresgruppe B
zugeordnet und arbeitete in dieser Funktion eng mit Generalleutnant
Hans Speidel zusammen. 1944 wurde er zum Chef des Kriegsschiffbaus im
Oberkommandos der Marine (OKM) ernannt. Das Kriegsende erlebte
Vizeadmiral Ruge in Flensburg-Mürwik, dem letzten Sitz des OKM und
geriet nach der Kapitulation in britische Gefangenschaft, aus der er Ende
1946 entlassen wurde. Nach dem Kriege arbeitete er zunächst als
Dolmetscher. Ruge gehörte zu der kleinen Gruppe ehemaliger Offiziere,
die im Oktober 1950 im Eifelkloster Himmerod die Grundzüge der künftigen Streitkräfte erarbeitete. Er war im Militärpolitischen Ausschuss
unter Vorsitz von Generalleutnant a.D. Speidel, der die militärpolitischen
Rahmenbedingungen der neuen deutschen Armee erarbeitete. Am 1. Juni
1957 wurde Ruge als Vizeadmiral zum ersten Inspekteur der Bundesmarine berufen und trug damit die Verantwortung für den Aufbau der See-

streitkräfte. Aber er war auch in der umstrittenen Frage der Marinetradition richtungsweisend. Im Januar 1956 hatte Kapitän zur See Adolf Zenker (1907-1998), der 1961 zum zweiten Inspekteur der Marine berufen wurde, in einer Ansprache vor Matrosen der Marineausbildungskompanie in Wilhelmshaven den soldatischen Ruf der beiden Großadmirale Raeder und Dönitz verteidigt, was danach – als die Rede öffentlich wurde – heftige Diskussionen auslöste und auch zu einer Debatte im Bundestag führte. Ruge stellte in einem Kommandeurbrief treffend fest, Namen und Gegenstände seien nur Mittel, die Tradition sichtbar machten:

„Symbole sind Leuchtfeuer zur Standortbestimmung ..... . Stehen sie fern, werden wir sie getrost ansteuern können; stehen sie nahe, werden wir sorgsam ein Auflaufen vermeiden müssen.“[427]

1958 wurden die ersten beiden Marinefliegerstaffeln in Dienst gestellt, und zwei Jahre später lief in Hamburg der erste selbstgebaute Zerstörer „Hamburg" vom Stapel.

Am 30. September 1961 wurde Ruge aus dem aktiven Dienst verabschiedet. Danach war er u. a. als Honorarprofessor tätig. Er starb am 3. Juli 1985. (Die Inspekteure der Marine – siehe Anhang, Seite 524)

Sanitäts- und Gesundheitswesen

Das Sanitätspersonal der Streitkräfte bildet keine eigene Teilstreitkraft, und ihr Inspekteur nimmt daher als oberster Soldat des Sanitäts- und Gesundheitswesens der Bundeswehr eine Sonderrolle ein. Er ist nur in fachdienstlicher, nicht aber in disziplinarer Hinsicht Vorgesetzter der im Sanitätsdienst eingesetzten Soldaten.

Dies fand auch darin Ausdruck, in dem der erste Inspekteur des Sanitäts- und Gesundheitswesens der Bundeswehr, Generalstabsarzt Dr. med. Theodor Joedecke (1899-1996), der am 1. Juni 1957 sein Amt als höchster Sanitätsoffizier der Bundeswehr übernahm, „nur" den Rang eines Zwei-Sterne-Generals bekleidete und somit den anderen drei Inspekteuren dienstgradmäßig nachgeordnet war. Doch bereits dessen Nachfolger, Dr. Wilhelm Albrecht (1905-1993), erhielt als Generaloberstabsarzt den dritten goldenen Stern. Die Sanitätstruppen waren hinsichtlich ihres Einsatzes den jeweiligen Truppenteilen der Teilstreitkräfte unterstellt. Parallel dazu stützte sich die Truppe auch auf das zivile Gesundheitswesen ab. Mit den Auslandseinsätzen der Bundeswehr stieg die Bedeutung des Sanitätsdienstes und damit auch die Belastung des Sanitätspersonals sprunghaft an. (Die Inspekteure des Sanitäts- und Gesundheitswesens – siehe Anhang, Seite 524)

---

427 zitiert in: Abenheim, Donald Bundeswehr und Tradition S. 132

Streitkräftebasis

Seit dem Jahre 2000 ist mit der sog. „Streitkräftebasis" (SKB) als eigenständigem militärischen Organisationsbereich in gewisser Weise eine weitere Teilstreitkraft geschaffen worden. Die bisherigen „Zentralen Militärischen Dienststellen" (dazu gehörten u. a. die Ämter und Schulen) wurden zu Lasten der 3 TSK verstärkt; so wechselten z. B. 31.000 Soldaten des Heeres zur SKB. Auch an der Spitze der SKB steht ein Inspekteur, der seit Januar 2004 zugleich die Funktion des neugeschaffenen Dienstpostens eines zweiten Stellvertreters des Generalinspekteurs wahrnimmt.

Die Streitkräftebasis entstand als eine der organisatorischen Konsequenzen aus den bisherigen Auslandseinsätzen und stellt eine Art von Serviceeinrichtung der Bundeswehr dar. Sie bündelt Aufgaben, die vorher beim Heer, sowie bei Luftwaffe und Marine angesiedelt waren; dazu gehören unter anderem:

• Logistische Unterstützung und Versorgung der Bundeswehr und
• Führungsunterstützung der Bundeswehr im Inland und im Ausland.

Zur Streitkräftebasis – mit etwa 50.000 Soldaten und ca. 20.000 zivilen Mitarbeitern nach dem Heer der zweitgrößte Organisationsbereich – gehören auch die vormaligen sog. „Zentralen militärischen Dienststellen" wie z. B. die beiden Universitäten der Bundeswehr, die Sportschule der Bundeswehr, der Militärische Abschirmdienst (MAD) und das Militärgeschichtliche Forschungsamt. Die Streitkräftebasis hat keine eigene Uniform. Ihre Soldaten tragen die Uniform der Teilstreitkraft, der sie vormals angehörten.

Erster Inspekteur der neuen Teilstreitkraft „Streitkräftebasis" war Vizeadmiral Bernd Heise. Er wurde am 26. Januar 1943 in Berlin geboren und trat 1962 als Offizieranwärter in die Bundesmarine ein. Heise absolvierte von 1975 bis 1977 den 17. Admiralstabslehrgang an der Führungsakademie und schrieb dort seine Jahresarbeit über das Thema „Die 3. See rechtskonferenz und die Interessen der Bundesrepublik Deutschland." Seine erste und zugleich einzige Auslandsverwendung war die Ausbildung am renommierten, im Jahre 1884 gegründeten US-Naval War College in Newport (Rhode Island). Am 1. Oktober 2000 wurde dem frischgebackenen Vizeadmiral und Spezialisten für Logistik und Organisation im Zuge der Neustrukturierung der Bundeswehr und deren Optimierung für die Auslandseinsätze die Aufgabe übertragen, den neuen Organisationsbereich Streitkräftebasis aufzubauen. Heise wurde im Jahre 2004 aus dem aktiven Dienst verabschiedet.

Sein Nachfolger, Generalleutnant Hans-Heinrich **Dieter**, – am 6. Mai 1947 in Darmstadt geboren – trat im April 1966 in das Fallschirmjägerbataillon 313 in Wildeshausen ein und durchlief danach die Ausbildung zum Fallschirmjägeroffizier. Von 1968 bis 1972 war er Zugführer und danach S2/ S 1-Offizier in seinem alten Bataillon 313, das später in Fallschirmjägerbataillon 272 umbenannt wurde. Danach ging er bis 1973 als Jugendoffizier in den Stab der 1. Luftlandedivision nach Bruchsal; Dieter musste – wie zur selben Zeit Hauptmann Wolfgang Schneiderhan als Jugendoffizier der 10. Panzerdivision in Sigmaringen – in dieser schwierigen Zeit vielfältiger Aktivitäten der Außerparlamentarischen Opposition (APO) Auftrag und Stellung der Bundeswehr in der Öffentlichkeit und an den Schulen vertreten. 1973 kehrte Dieter in seinen alten Verband nach Wildeshausen zurück und wurde Chef der 2. Kompanie des Fallschirmjägerbataillons 272. Im Jahre 1975 wurde er als Hörsaalleiter an die „Alma Mater" der Fallschirmtruppe, die Luftlande und Lufttransportschule (LL/ LTS) nach Altenstadt bei Schongau in Bayern versetzt. 1977 ging es von dort an die Elbe: Bis 1979 nahm Dieter am 20. Generalstabslehrgang an der Führungsakademie in Hamburg teil. Generalinspekteur Schneiderhan und der vormalige Inspekteur des Heeres Gudera waren Lehrgangskameraden. In seiner Jahresarbeit behandelte Dieter das Thema „Soldatische Menschenführung in Krieg und Frieden" – ein Thema, das er später auch bei seinen Auslandsverwendungen anwenden konnte. Am Ende der Akademiezeit wurde Dieter 1979 G 4-Stabsoffizier (Logistik) im Stab der Luftlandebrigade 26 in Saarlouis. Nach zwei Jahren in der Truppe drückte Dieter wieder die „Schulbank." Es war zugleich seine erste Auslandsverwendung: 1981/82 besuchte er als Lehrgangsteilnehmer das britische Staff College in Camberley und wurde – neben der Vervollkommnung der Sprachkenntnisse – vor allem mit den Grundsätzen britischer Führung und Stabsarbeit vertraut, eine wichtige Basis für Verwendungen im internationalen Bereich. Viele seiner deutschen Vorgänger stiegen später in höchste Verwendungen auf, darunter die Generale Kießling und Spiering. Folgerichtig schloss sich danach, 1982, eine Tätigkeit als G 3-Stabsoffizier (Übungsplanung) in der unter britischer Führung stehenden Heeresgruppe Nord (NORTHAG) an. Nach drei Jahren wechselte Dieter – erneut als G 3-Stabsoffizier – in den Stab der 1. Luftlandedivision, den er aus seiner Zeit als Jugendoffizier bereits kannte. 1987 übernahm er das Fallschirmjägerbataillon 263 in Saarlouis als Kommandeur und führte es zwei Jahre. Daran schloss sich seine erste ministerielle Verwendung an: Von 1989 bis 1990 war Dieter als Referent Fü H VI 3 im Führungsstab des Heeres zuständig für die Heeresentwicklung. Dann ging er als Chef des Stabes der 1. Panzerdivision nach Hannover und wurde – zum Oberst befördert – die „rechte Hand" von Generalmajor Hartmut Behrendt (* 1935). Bereits nach weniger als zwei Jahren folgte die zweite Verwendung

an der Führungsakademie. Als „Fachgruppenleiter Führungslehre Heer"
oblag ihm von 1991 bis 1992 die Durchführung der Generalstabslehrgänge
des Heeres; Generalmajor Dr. Reinhardt war zu dieser Zeit Kommandeur
der Akademie. 1992 kehrte er in sein früheres Referat Fü H VI 3 (Heeresentwicklung) im Führungsstab des Heeres zurück, diesmal jedoch als dessen Leiter; sein Inspekteur war zunächst Generalleutnant Helge Hansen
und danach Hartmut Bagger. Im Jahre 1994 wurde Dieter Kommandeur
der Luftlandebrigade 26 in Saarlouis, jenem Standort, an dem er sieben
Jahre zuvor bereits als Bataillonskommandeur gedient hatte. In diese Zeit
fiel seine erste Auslandsverwendung: vom 24. Juli bis zum 7. Dezember
1995 war er Nationaler Befehlshaber und Kommandeur des 1. deutschen
Kontingents der UN-Protection Force (UNPF) in Kroatien, das jedoch im
Kern nur aus einem Feldlazarett bestand. Im April 1996 folgte – unter
Beförderung zum Brigadegeneral – die dritte Verwendung im Ministe-
rium als Leiter der Stabsabteilung Fü H VI (Planung) im Führungsstab des
Heeres unter Inspekteur Helmut Willmann (* 1940). Im Jahre 1997 kehrte
Dieter zum dritten Mal an die Elbe und an die Führungsakademie zurück
und wurde – unter Konteradmiral Rudolf Lange (* 1941) – dessen für die
Lehre zuständiger Direktor. Doch bereits im Oktober 1998 folgte eine wei-
tere Truppenverwendung, diesmal als Kommandeur des „Kommandos
Spezialkräfte" (KSK) in Calw. Im Dezember 2000 kehrte Dieter nach Bonn
zurück. Als Stellvertreter von Vizeadmiral Heise, dem Inspekteur der
Streitkräftebasis, oblag Dieter zugleich die Aufgabe des Chefs des
Führungsstabes der Streitkräftebasis, und er konnte dabei seine Auslands-
und Truppenerfahrung in den Aufbau dieses neuen Organisationsbereiches einbringen. In dieser Verwendung erhielt er 2001 den zweiten goldenen Stern. Im Januar 2004 wurde Dieter – unter Beförderung zum
Generalleutnant – Inspekteur der Streitkräftebasis und damit Nachfolger
des in den Ruhestand getretenen Vizeadmirals Heise; zugleich übernahm
er Aufgaben als einer der beiden Stellvertreter des Generalinspekteurs .

2.6 Licht und Schatten

In den 50 Jahren ihres Bestehens blieben – bei anfangs fast einer halben Million Soldaten – naturgemäß Katastrophen, Unglücksfälle, sowie
kleinere und größere Skandale nicht aus. Menschen versagen, verletzen
Dienstpflichten, laden Schuld auf sich, begehen Fehler, verstoßen gegen
Sicherheitsbestimmungen und treten in Fettnäpfchen. Doch selten hatten
sie landesweite Bedeutung, und nur in wenigen Fällen wurde ihnen internationales Echo zuteil. Zumeist waren es interne Kontroversen, die nur

unter den Berufs- und Zeitsoldaten und kaum unter den Wehrpflichtigen diskutiert wurden. Die Öffentlichkeit nahm selten davon Notiz; es waren Themen, die weder interessierten noch berührten. Manchmal waren es Eintagsaffären und Stürme im Wasserglas, die schnell verebbten. Leider aber boten und bieten gerade diese den Stoff für spektakuläre und medienträchtige Schlagzeilen und stellen damit die Leistungsbilanz vordergründig und nur bei oberflächlicher Betrachtung auf den Kopf. Der Medienrummel stand und steht meist in keinem Verhältnis zur Bedeutung des Vorfalles, doch damit wird – sofern es sich um Versagen handelt – auch Druck auf die Politiker ausgelöst und zur Jagd auf die Schuldigen geblasen. Die Aufregung über negative Vorfälle in der Bundeswehr wird nicht selten aus politischen Gründen über Gebühr hochgespielt. Die Streitkräfte sind dabei oft nur der „Sack," auf den eingeprügelt wird, um, den „Esel," den jeweiligen Verteidigungsminister, zu treffen. Die Meinungsverschiedenheiten, die zwischen politischer Leitung und militärischer Führung bisher auftraten, waren – obwohl von manchen Kritikern und auch Gegnern der Bundeswehr so dargestellt – keinesfalls Versuche, den Primat der Politik in Frage zu stellen. Heute sind die Soldaten der Bundeswehr als gleichberechtigte Bürger in das demokratische Staatswesen eingebunden. Da wäre es eher unnatürlich, blieben – wie früher – politische Themen im Kasernenalltag ausgeklammert. Doch bei ihrer Diskussion müssen die Grenzen der Kameradschaft gewahrt bleiben. Die weitgehende Enthaltsamkeit vor allem hoher Vorgesetzter in Bezug auf eine parteipolitische Bindung hat dazu beigetragen, die neutrale Haltung der Bundeswehr zu wahren.

Neubeginn

Die „Geburtswehen" der Bundeswehr im Nachkriegsdeutschland waren vom Meinungsstreit der Parteien und einer heftigen innenpolitischen Diskussion („Ohne-mich"-Debatte und dem Slogan „Lieber Rot als tot!") überschattet. Viele Politiker pflegten eine kühle Distanz zur Bundeswehr. Darunter waren auch solche, die als Soldaten im Krieg gekämpft hatten. Doch deren Distanz war anders als die heutige. Sie hielten auf Abstand aus dem persönlichen Erleben des Krieges und seiner vielfältigen, schmerzlichen Folgen, sowie manchmal auch aus Gründen der Parteiräson. Nicht wenige sahen im Militär sogar einen Gegner der Demokratie und betrachteten militärisches Leben konträr zu demokratischen Leitlinien. Die Frage nach der Verteidigungswürdigkeit von Recht und Freiheit, die in Eid und Feierlichem Gelöbnis des Soldaten als integrale Werte einer Demokratie genannt sind, war dabei weitgehend ausgeblendet. Im Zentrum der Debatte stand zwar die Wiederbewaffnung und weniger die Armee selbst.

Doch es waren politische Zwänge, die zur Aufstellung der Bundeswehr führten, und noch lange schwebte das Wort vom „Notwendigen Übel " über den Streitkräften und hielt sie in der Rolle eines „ungeliebten Stiefkindes." Daraus resultierte eine besondere Empfindsamkeit in der Armee. Unter den Politikern aller Parteien gab es viele, die sehr klar zwischen der politischen Frage der Wiederbewaffnung und ihrer grundsätzlichen Haltung zum Soldatentum differenzierten. Dazu gehörten – neben ehemaligen Offizieren wie Dregger (CDU) und Mende (FDP) – auch SPD-Politiker wie Professor Carlo Schmid (1896-1979) und der im 1. Weltkrieg schwerverwundete Kurt Schumacher (1895-1952). Letzterer hielt – obwohl in der Sache gegen die Wiederbewaffnung – enge, teilweise auf Freundschaft basierende Kontakte zu hohen Militärs und besaß überdies fundierte militärische Sachkenntnis.[428] Schon lange bevor die neuen deutschen Streitkräfte Wirklichkeit wurden, bemühten sich beide Seiten um Zusammenarbeit. So trafen sich ehemalige Soldaten seit 1950 mehrfach mit der Spitze der SPD (Schumacher, Prof. Schmid und Wehner) um z. B. über „Formen und ethische Grundlagen einer neuen deutschen Wehrmacht" zu diskutieren.[429] Die Generale Hermann Foertsch, Heusinger und Speidel hielten enge Kontakte zu Schumacher, Schmid und Annemarie Renger (* 1919). Offenbar ging dieses Vertrauensverhältnis im populistischen Geschrei der öffentlichen Debatten später verloren. Die Haltung der SPD zur Bundeswehr war gespalten. Hans Apel bemerkt dazu:

„Das Verhältnis der SPD zur Bundeswehr ist merkwürdig. Seit den frühen sechziger Jahren hat die Partei die Notwendigkeit der Landesverteidigung durch die Bundeswehr im Rahmen der NATO akzeptiert. ... Doch eine echte Auseinandersetzung mit den Fragen der Landesverteidigung findet in der SPD nicht statt,"

und fährt fort:

„Auch die Bundeswehr braucht wie jedes Lebewesen und jede soziale Institution Verständnis, Zuneigung und Anerkennung."[430]

Helmut Schmidt bescheinigt seiner Partei eine „an sich gesunde antimilitaristische Tradition," die aber von Zeit zu Zeit „zu einer hyperkritischen Attitüde gegenüber den Streitkräften geführt hatte und weiterhin führen würde." [431] Der SPD-Abgeordnete Ernst Paul war einer der Befürworter der Wiederbewaffnung.

„Ich war von Anfang an der Meinung, daß Demokratie nur wehrhaft zu verteidigen sei.

... Es gab in der Partei starke Strömungen, die die Wiederbewaffnung mit Militarismus gleichsetzten und deshalb rigoros ablehnten. Ich verstand diese Haltung durchaus, insbesondere wenn sie von Frauen ... vertreten wurde, die fast ausschließlich Kriegerwitwen waren."[432]

Die Wehrpflicht wurde von der SPD abgelehnt und das Wehrpflichtge-setz kam ohne Mitwirkung und Unterstützung der SPD zustande, was die Beziehungen zur Bundeswehr zusätzlich belastete. In den Folgejahren wurden die Demonstrationen gegen alle Themenkomplexe, die auf der Agenda des linken Spektrums standen – wie z. B. der Vietnamkrieg oder die NATO-Nachrüstung – zu einem nicht unbeträchtlichen Teil von Anhängern der SPD und auch prominenten Mitgliedern der evangelischen Kirche getragen. Der Hass regierte und vernebelte. So wurden am 6. Mai 1980 anlässlich eines öffentlichen Gelöbnisses im Bremer Weserstadion bei bürgerkriegsähnlichen Ausschreitungen 257 Polizeibeamte und Soldaten verletzt. Der damalige Verteidigungsminister Apel in der Erin-nerung:

„Am 6. Mai ... ist in Bremen ... noch alles in Ordnung. Nachmittags und abends herrschen in der Stadt bürgerkriegsähnliche Zustände ... . Straßen-schlachten toben rund um das Stadion. (Bundespräsident) Carstens und ich müssen mit dem Hubschrauber ins Weserstadion eingeflogen werden. ... Hans Koschnik (Anm.: der Bürgermeister) kommt mit uns ins Weserstadion. Zur gleichen Zeit flaniert sein Jugendsenator Henning Scherf bei den Demonstranten herum."[433]

Andere prominente SPD-Politiker, wie Erhard Eppler, Oskar Lafontaine und selbst Jochen Vogel, zeigten offen ihre Sympathie für die „Friedens-bewegung." Die Militärs waren verunsichert, und so sagte der Komman-dierende General des I. Korps, Generalleutnant Kurt von der Osten (1922-1989), ein in Emden geplantes öffentliches Gelöbnis am 14. Mai 1980 – wenige Tage nach den Krawallen in Bremen – ohne Rücksprache mit dem Minister ab. Doch Apel bestand darauf, ließ es durchführen und nahm selbst teil. Aber ein halbes Jahr später, am 12. November 1980, versank erneut ein Gelöbnis – diesmal aus Anlass des 25. Geburtstages der Bundeswehr – auf dem Münsterplatz in Bonn im Lärm Tausender von Demonstranten. Unter den Zuschauern waren nicht wenige hohe Offiziere, die wenigsten jedoch in Uniform. So mancher von ihnen hatte – in banger Vorahnung der Ereignisse – die Anonymität, den Halbschatten ziviler Kleidung, vorgezogen. General de Maizière bemerkte danach zu Minister Apel:

428 Speidel, Hans Aus unserer Zeit S. 283 und 289
429 MGFA Anfänge westdeutscher Sicherheitspolitik 1945 – 1956 Bd. 1 S. 787
430 Apel, Hans Der Abstieg S. 62 f.
431 Schmidt, Helmut Die Deutschen und ihre Nachbarn S. 126
432 Paul, Ernst MdB Parlamentarische und politische Erfahrungen S. 172
433 Apel, Hans Der Abstieg S. 124. Dr. Henning Scherf (* 1938) ist seit 1995 Bürgermeister
     und Präsident des Senats der Freien Hansestadt Bremen.

„Vor 25 Jahren hatten wir schon einmal eine Bewegung >ohne mich<. Damals ging es um die Abneigung, wieder Soldat zu werden. Heute geht es um die Abneigung gegen unseren Staat. Die Bundeswehr wird nun zum Vehikel für mangelnden Konsens über unsere Verfassungsordnung und unsere Grundwerte."[434]

Minister Apel selbst urteilt über die Ereignisse in Bonn:

„Der Abend des 12. November auf dem Münsterplatz wird zu einer Katastrophe. Die Bonner Innenstadt ist von sechstausend Polizisten in eine Festung verwandelt worden. .... Aus der Geburtstagsfeier wird eine Farce."[435]

Bis heute hat sich wenig daran geändert. Zwar werden hochrangige aktive Politiker, aber auch bereits aus dem politischen Leben ausgeschiedene Repräsentanten des öffentlichen Lebens gern als Ehrengäste zu Feierlichen Gelöbnissen eingeladen und stellen dann das sichtbare Bindeglied zwischen Streitkräften und Politik dar. Doch militärische Feiern können in der Öffentlichkeit nur selten ohne den Schutz eines großen Polizeiaufgebotes durchgeführt werden. Es ist eine unwirkliche Situation: in unserer Demokratie beherrscht eine verschwindend kleine, aber lautstarke und vor allem auch gewaltbereite Minderheit das Geschehen und reißt das Gesetz des Handelns an sich. Die überwiegende Mehrheit schweigt. Und die Medien berichten in erster Linie über den Verlauf der Demonstrationen und machen sich damit zum kostenlosen Propagandawerkzeug der Gegner der Bundeswehr. Aber die Distanz zur Bundeswehr war, anders als oft kolportiert, keineswegs eine Domäne der SPD. Es gab auch keine geschlossene Front der Ablehnung. Franz Josef Strauß bescheinigt seinem Parteifreund Richard Jäger, dem „ewigen Gegenspieler," wenn es um militärische Fragen ging und damaligen Vorsitzenden des Verteidigungsausschusses

„eine notorische Abneigung und ein eingewurzeltes Misstrauen gegen alles Militärische."[436]

Der Aufbau einer militärischen Führungselite der Bundeswehr war nicht einfach. Es gab zwar ein theoretisches Potential von etwa 1.400 Generalen und Admiralen, doch nur wenige waren bereit, sich für einen Dienst an der Spitze der Bundeswehr zur Verfügung zu stellen. Mit Aufstellung der neuen Streitkräfte setzte keineswegs ein Wettlauf um die besten Dienstposten unter den ehemaligen Soldaten ein. Der Krieg hatte seine Spuren hinterlassen. Diejenigen, die nicht in Gefangenschaft waren, hatten sich beruflich neu orientieren müssen, die meisten mit Erfolg. Am gravierendsten war das psychologische Hindernis der massiven – tatsächlichen und empfundenen – Diffamierung ehemaliger Soldaten.[437] Sie weigerten sich, in die neu aufzustellenden Streitkräfte einzutreten, solange sie als Verbrecher bezeichnet würden. Am 3. Dezember 1952 gab Adenauer daher eine Ehrenerklärung für die Soldaten der Wehrmacht ab:

„Ich möchte heute vor diesem Hohen Hause im Namen der Bundesregierung erklären, daß wir alle Waffenträger unseres Volkes, die im Rahmen der hohen soldatischen Überlieferung ehrenhaft zu Lande, auf dem Wasser und in der Luft gekämpft haben, anerkennen. ... Es muß unsere gemeinsame Aufgabe sein, die sittlichen Werte des deutschen Soldatentums mit der Demokratie zu verschmelzen."[438]

Diese Ehrenerklärung hatte bis in die neunziger Jahre Bestand. Erst nach dem Ausscheiden der Kriegsgeneration aus der aktiven Politik und dem Beginn der Versöhnung nun auch mit den ehemaligen Gegnern in Osteuropa, die in besonderer Weise im Zweiten Weltkrieg gelitten haben, setzte in Deutschland eine pauschale Diffamierungswelle ein, die nun sogar jene ehemaligen Soldaten erfasste, die sich beim Aufbau der Bundeswehr und des demokratischen Nachkriegsdeutschlands verdient gemacht hatten.

Zu den wenigen prominenten Generalen, die sich einem Dienst in der Bundeswehr zur Verfügung stellten, zählte der mit Eichenlaub und Schwertern ausgezeichnete General der Panzertruppen a.D. Smilo Freiherr von Lüttwitz (1895-1975). Er erklärte sich 1957 bereit, obwohl fünfmal verwundet und bereits zweiundsechzig Jahre alt, als Generalleutnant das Kommando über das III. Korps in Koblenz zu übernehmen.

Smilo Freiherr **von Lüttwitz** war nach Matzky und Ruge der drittälteste Offizier, der in der Bundeswehr diente. Er stammte aus einer Familie, deren verzweigte und lange militärische Traditionen weit in die preußische Geschichte zurückreichen. Er wurde am 30. Dezember 1895 in Straßburg geboren, das seit 1871 wieder zum Deutschen Reich gehörte. Sein Vater, Walther (1859-1942), war damals Hauptmann und diente als Erster Generalstabsoffizier in der 31. Infanteriedivision; im Jahr 1920 führte er den gescheiterten „Kapp-Lüttwitz-Putsch" an. Die unterschiedliche Beurteilung führte zu einem lange andauernden Zerwürfnis zwischen Vater und Sohn. Smilo trat am 6. August 1914 als Fahnenjunker in das Leib-Dragonerregiment Nr. 24 (2. Großherzogliches Hessisches) in Darmstadt ein. Während des Ersten Weltkrieges kämpfte der Verband an der Ostfront nördlich der Memel. Ende August 1915 wurde Leutnant von Lüttwitz wegen mehrerer Verwundungen in ein Lazarett nach Darmstadt verlegt. Doch danach ging es wieder an die Front im Osten. Da fiel Smilos

434 zitiert bei: Apel, Hans a.a.O. S. 146
435 Ebenda
436 Strauß, Franz Josef Die Erinnerungen S. 275
437 Zu den Ausmaßen dieser Diffamierung siehe: Militärgeschichtliches Forschungsamt – Foerster, Roland u.a. Anfänge westdeutscher Sicherheitspolitik 1945 – 1956 Bd. 1 S. 652 ff.
438 zitiert in: Maizière, Ulrich de In der Pflicht S. 173

Bruder Walther. Dessen Tod im Felde bildete – wie in jeder Familie – eine entscheidende Zäsur. Auch Richard von Weizsäcker, der als Fahnenjunker im Infanterieregiment 9 die Totenwache für seinen bereits am 2. September 1939 in der Tucheler Heide gefallenen älteren Bruder Heinrich Viktor (1917-1939) hielt, zählt diesen Verlust zu den schlimmsten, die ihn jemals trafen.

„Kaum hatte der Krieg begonnen, hatte er schon mein Leben für immer geprägt; es war nie mehr dasselbe wie zuvor."[439]

Vater Walther von Lüttwitz wollte nicht noch den zweiten Sohn verlieren und ließ Smilo trotz dessen Widerstandes im April 1916 als seinen Adjutanten in das Generalkommando des X. Armeekorps, das er befehligte, versetzen. Smilos Zurückhaltung war begründet, denn wer diesen Einfluss nicht hatte, zahlte einen höheren Blutzoll. Der Stab des X. Korps lag an der Westfront in Bruyère südostwärts von Laon. Doch schon zwei Monate später, im Juni 1916, wurde es an die Ostfront, 150 km südostwärts von Lublin, geworfen. Es war jedoch nur ein Intermezzo, denn der Kaiser berief Vater Walther zum Chef des Generalstabes der „Heeresgruppe Deutscher Kronprinz," die im Raum Sedan lag. Allerdings wurde er nur wenige Monate später, Ende November 1916, auf Weisung Ludendorffs von diesem Posten abgelöst und übernahm das III. Armeekorps an der Schweizer Grenze. Ende 1917 kam Smilo zum Generalkommando z.b.V. 65 nach Sissone – etwa 25 km ostwärts von Laon – und übernahm die Aufgabe eines Adjutanten von Hauptmann Kurt Freiherr von Hammerstein-Equord (1878-1943). Hammerstein war Smilos Schwager; er war mit dessen Schwester Maria verheiratet. Im Dezember 1917 kehrte Smilo zum dritten Mal zu seinem alten Regiment zurück. Es lag zur Auffrischung in Karlshorst bei Berlin, verlegte aber im Februar 1918 über 1.500 km wieder nach Osten bis in den Raum Woronesch. Nach dem Friedensvertrag von Brest-Litowsk im März 1918 wurde das Regiment Nr. 24 hinter die Demarkationslinie in den Raum Kupiansk -150 km südostwärts von Charkow – zurückgenommen und kehrte im Januar 1919 in die Heimat zurück. Ende März 1919 wurde Smilo zum Gruppenkommando 1 nach Berlin versetzt, doch die Tätigkeit als Ordonnanzoffizier beim „I a" gefiel ihm nicht. Es gelang ihm, seine Versetzung zur 3. Eskadron des Leib-Kürassierregiments Nr. 1 (später 7. preußisches Reiterregiment) in Breslau durchzusetzen. Nach dem Putsch seines Vaters 1920 forderten einige Zeitungen auch die Ablösung seines Sohnes Smilo, obwohl dieser nicht auf der Seite des Vaters stand. Doch sein Regimentskommandeur, Oberst von Thaer, deckte ihn.

„Manch anderer General, der Smilo gut kannte und sich früher sofort nach dem Befinden >seiner Exzellenz, des Herrn Vaters< erkundigt hatte, übersah ihn fortan geflissentlich."[440]

Erst am 1. April 1925, nach zehn Jahren als Leutnant in Krieg und Frieden, wurde Smilo von Lüttwitz zum Oberleutnant befördert und als Zugführer in die 1. Eskadron des Reiterregiments 6 nach Pasewalk versetzt; sein Divisionskommandeur war General Ludwig Beck, der spätere Generalstabschef. Im Herbst 1929 wurde er Chef der 1. Eskadron und führte sie fünf Jahre, bis zum Januar 1934. Am 1. Mai wurde er zum Rittmeister befördert. Die familiären Bindungen waren für Smilo von Lüttwitz eher ein Hemmschuh für seine Karriere. Anfangs hatte Smilos Vater die Verwendungen des einzig überlebenden Sohnes noch beeinflusst, doch nach dem Putsch war dies nicht mehr möglich. Smilos Schwager Hammerstein, der Ende 1930 zum Chef der Heeresleitung aufgestiegen war, beließ ihn sogar länger als üblich in der Verwendung als Schwadronschef, um jeglichen Verdacht von Vetternwirtschaft zu vermeiden. Hammerstein wurde im Januar 1934 wegen seiner massiven Kritik an Hitler und den Nazis – unter Beförderung zum Generalobersten – seines Postens enthoben und durch den Freiherrn von Fritsch ersetzt. Sechs Monate später, am 30. Juni 1934, endete für Lüttwitz die zwanzigjährige Dienstzeit bei der Kavallerie. Er wurde als 2. Adjutant („II b") in das neue Kommando der Panzertruppen im Reichswehrministerium unter General Oswald Lutz (1976-1944) und dessen Chef des Stabes Heinz Guderian versetzt. Ein Jahr später brachte es die Beförderung zum Major. Am 6. Oktober 1936 wurde er zum Kommandeur der Panzeraufklärungsabteilung 5 in Kornwestheim ernannt; Kommandeur der 2. Panzerdivision in Würzburg war General Guderian. Im März 1938 nahm seine Abteilung am Einmarsch in Österreich und an der Parade am 14. März in Wien teil. Ende April 1938 wurde Smilo Adjutant („II a") der Heeresgruppe 4 in Leipzig. Sein Oberbefehlshaber war der General der Artillerie (später Generalfeldmarschall) Walter von Reichenau (1884-1942). In dieser Funktion lernte Lüttwitz Hitler und eine Reihe anderer Nazi-Größen kennen. Am 1. November 1938 wurde er – unter Beförderung zum Oberstleutnant – nach Jena in den Stab des XV. Armeekorps des Generals der Infanterie (später Generaloberst) Hermann Hoth (1885-1971) versetzt und nahm mit diesem am Polenfeldzug teil. Zum ersten Mal erlebte er Kriegsverbrechen der dem Korps unterstellten „Leibstandarte Adolf Hitler," als Soldaten einer ihrer Einheiten im September sechzehn polnische Juden erschossen. Das von Hoth eingeleitete Kriegsgerichtsverfahren gegen die Täter wurde auf Weisung Hitlers gestoppt. Durch eine Blinddarmoperation fiel Lüttwitz längere Zeit aus. Im Mai 1940 übernahm

439 Weizsäcker von, Richard Vier Zeiten S. 79
440 Kobe, Gerd Pflicht und Gewissen S. 44

er die stellvertretende Führung des Schützenregiments 12 der 4. Panzer-division unter Generalmajor Johann Stever (1889-1945/ vermisst) wäh-rend des Westfeldzuges. Er ließ den Befehl, die Stadt Bourg kurz vor Ein-treten des Waffenstillstandes beschießen zu lassen, unbeachtet. Im April 1941 wurde das Regiment in den Raum Posen und von dort in den Raum nach Radzyn (nördlich von Lublin) am Bug an die polnische Ostgrenze verlegt. Zeitgleich war sein Sohn (* 1924-1944), der seinen Vornamen trug, gemustert worden; im August 1941 trat er dann als Siebzehnjähriger in die Aufklärungsabteilung 3 in Stahnsdorf bei Potsdam ein. Mit Beginn des Russlandfeldzuges kämpfte von Lüttwitz mit seinem Regiment im Rahmen der Panzergruppe Guderian im Mittelabschnitt. Als Guderian im Dezember 1941 seine Armee bei 40 Grad minus und tiefem Schnee gegen Hitlers Befehl aus dem Raum Tula zurücknahm, löste Hitler ihn ab. Im Frühjahr 1942 wurde Lüttwitz zum Oberst befördert, mit dem Ritterkreuz ausgezeichnet und übernahm wenige Tage später, am 1. März 1942, als Nachfolger von Generalmajor (später General der Panzertruppen) Diet-rich von Saucken (1892-1980) die 4. Schützenbrigade. Sein Kommandie-render General war der General der Panzertruppen Willibald Freiherr von Langerman (1890-1942). Dieser musste sich wenige Wochen nachdem sein Sohn gefallen war, bei Hitler zum Empfang des Eichenlaubes melden. Nachdem Hitler ihm die Auszeichnung überreicht hatte, machte Lan-german jedoch kehrt und verließ im Beisein einer großen Anzahl von Generalen den Saal. Auf diese ungewöhnliche Brüskierung angesprochen, antwortete Langerman:

„Wenn er (= Hitler) nicht mal so viel Takt besitzt, mir zum Tode meines einzigen Sohnes ein Wort zu sagen, will ich nichts mehr von ihm wissen." [441]

Von Langerman fiel wenige Tage später im Osten. Im Sommer 1942 trat von Lüttwitz an die Spitze der 23. Infanteriedivision, die – in Belgien sta-tioniert – zur 26. Panzerdivision umgegliedert wurde. Im September 1942 starb sein Vater; er erlebte die Beförderung seines Sohnes am 1. Oktober zum Generalmajor nicht mehr. Nur wenige Monate später, am 24. April 1943, verstarb auch sein Schwager Hammerstein-Equord, der strikte Geg-ner Hitlers. Vor der Trauerfeier waren auf Anweisung von Lüttwitz` Schwester Maria alle NS-Embleme und der Kranz Hitlers entfernt worden. Die 26. Division wurde im Sommer 1943 nach Süditalien verlegt und kämpfte dort gegen die alliierten Truppen, die von Sizilien aus vorrückten. Am 15. April 1944 erhielt Lüttwitz auf dem Obersalzberg das Eichenlaub. Am 20. Juli 1944 sollte er sich bei Hitler im Führerhauptquartier zum Empfang der Schwerter zum Ritterkreuz melden. Durch das Attentat ver-zögerte sich die Anreise; er traf Hitler erst am 21. Juli in Rastenburg. Lüttwitz übernahm das XXXXVI. Panzerkorps, das – der Heeresgruppe

Nordukraine des Generalobersten Harpe unterstellt – 150 km ostwärts von Krakau in schweren Abwehrkämpfen stand und von drei Seiten her eingeschlossen war. Sein Chef des Stabes war Oberst i. G. Müller-Hillebrand, der später in der Bundeswehr ebenfalls als General diente. Am 23. August fiel sein einziger Sohn Smilo, der mit der 5. Panzerdivision ebenfalls an der Ostfront kämpfte, bei Mitau (dem heutigen Jelgava), 20 km südwestlich von Riga – ein weiterer schwerer Schlag für die Familie. Am 20. September 1944 wurde von Lüttwitz – unter Beförderung zum General der Panzertruppen – zum Oberbefehlshaber der 9. Armee ernannt. Generaloberst Reinhardt, der Oberbefehlshaber der Heeresgruppe Mitte, begründete seine Entscheidung auch damit, dass er einen Führer benötigte, der sich auch gegenüber der SS durchsetzen könne. Zeitgleich folgte ein Wechsel der Unterstellung der Armee zur Heeresgruppe A (Krakau) unter Generaloberst Josef Harpe (1887-1968). Die 9. Armee verteidigte mit dem VIII. Armeekorps unter dem General der Artillerie Walter Hartmann (1891-1977), dem XXXXVI. Panzerkorps unter dem General der Panzertruppen Walter Fries (1894-1982) und dem IV. SS-Panzerkorps unter dem Obergruppenführer und General der Waffen-SS Herbert Gille (1896-1966) südwestlich von Warschau an der Weichsel. Neben der Führung seiner Truppen beanspruchten von Lüttwitz die zähen Auseinandersetzungen mit den Sonderverbänden des SS- Obergruppenführers Erich von dem Bach-Zelewski im Raum Warschau, die direkt Himmler unterstanden, einen beträchtlichen Teil seiner Zeit und Kräfte. Lüttwitz kam es darauf an, die befohlene Zerstörung Warschaus so lange wie möglich hinauszuzögern. Überdies verbot er seiner Armee schriftlich, sich an der befohlenen „Räumung" Warschaus, d. h. dem Abtransport aller verwertbaren Dinge zu beteiligen. Die familiäre Lage in der Heimat war schwierig: seine Frau litt schwer am Tod des Sohnes, und seine Schwester, Maria Freifrau von Hammerstein-Equord, sowie eine Reihe naher Verwandter waren im Zuge der Sippenhaft nach dem 20. Juli verhaftet und in Konzentrationslager eingeliefert worden. Am 14. Januar 1945 griff die Weißrussische Front der Rotem Armee mit überlegenen Kräften nach Westen an. Lüttwitz` wiederholte Anträge auf rechtzeitige Zurücknahme der Front waren abgelehnt worden, jetzt wurde die Überdehnung der Kräfte, der „Riss im Deich," immer größer. Personeller Wechsel half wenig: Harpe wurde abgelöst und durch Generaloberst Schörner ersetzt, und dieser entband von Lüttwitz seines Kommandos – fernschriftlich; auch der Führungsstil verrohte. Der General der Infanterie Theodor Busse (1897-1986) übernahm am 20. Januar 1945 das Kommando von Lüttwitz. Am nächsten Tag fuhr

---

441 Kobe, Gerd Pflicht und Gewissen S. 121

von Lüttwitz zum Stab der Heeresgruppe nach Bad Salzbrunn, ca. 70 km südwestlich von Breslau. Nach mehrstündigem Warten wurde er von Schörner empfangen, der ihm eröffnete, das ein Kriegsgerichtsverfahren wegen Ungehorsams gegen ihn eingeleitet werde. Ende Januar begann das Verfahren vor dem Reichskriegsgericht in Torgau; es endete mit einem Freispruch aller drei Generale von Lüttwitz, Fries und Friedrich Weber, dem Kommandeur der Division Warschau. Von Lüttwitz wurde zum Kommandierenden General des LXXXV. Armeekorps ernannt – eine Rückstufung und meldete sich am 27. März im Befehlszug des beweglichen Kommandostabes des Oberbefehlshabers West, Generalfeldmarschall Kesselring, in Gotha. Das neue Korps hielt aus Stellungen am Ostufer der Werra zwischen Vacha, 30 km südwestlich von Eisenach und Eschwege gegen die langsam vorstoßenden amerikanischen Kräfte – die Endphase des Krieges war eingeläutet. Ende April standen die Trümmer seines „Korps" am Südrand des Böhmerwaldes mit Front nach Westen. Auf einer Fahrt geriet sein Wagen in eine Falle tschechischer Aufständischer; nur das Eingreifen von tschechischer Polizei rettete ihn, den Adjutanten und seinen Fahrer vor dem Lynchtod. Von Lüttwitz wurde dann den amerikanischen Truppen übergeben. Im April 1946 wurde er zunächst in das Generalslager der „Historical Division" nach Stadt Allendorf in Hessen und von dort im September nach Nürnberg verlegt, wo er Generalleutnant Heusinger, den letzten Chef der Operationsabteilung, kennenlernte. Später, als Heusinger bereits im „Amt Blank" arbeitete, wurde diese – auf beiderseitiger Wertschätzung beruhende – Beziehung vertieft, die letztlich dazu führte, dass sich von Lüttwitz für einen Dienst in der Bundeswehr zur Verfügung stellte. Am 27. November 1946 kam er in ein normales Gefangenenlager und kehrte im Januar 1947 wieder nach Stadt Allendorf zurück. Im Sommer 1947 wurde von Lüttwitz aus der Gefangenschaft entlassen.

Er übernahm für sechs Jahre die Stelle eines Verwalters der Evangelischen Sozialakademie im Schloss Friedewald bei Dillenburg. Mitte 1953 wechselte er als Mitarbeiter einer Tiefbaufirma nach Bonn. Im Oktober 1954 wurde von Lüttwitz zum Geschäftsführer der 1952 gegründeten Johanniter-Unfallhilfe berufen. Am 22. Februar 1957 stimmte der Personalgutachterausschuss einer Übernahme von Lüttwitz in die Bundeswehr zu, und Minister Strauß entschied sich für ihn als Kommandierenden General des III. Korps. Am 1. Juni 1957 wurde er als Generalleutnant übernommen.

Dem III. Korps unterstanden die 2. Grenadierdivision in Gießen (später Marburg und danach Kassel) und die 5. Panzerdivision in Koblenz (später Diez). Ende 1959 wurde auch die in Aufstellung befindliche 7. Panzerdivision in Unna dem Korps unterstellt; später kam sie zum I. Korps. Im September 1958 führte das III. Korps die erste große Herbstübung durch, bei der die Kampfgruppe A 2 der 2. Grenadierdivision bei Ürmitz unterhalb von Koblenz – unter den Augen von Bundespräsident Heuss – den Rhein mit Unterstützung von Flusspionieren überquerte. Lüttwitz` lange Erfahrungen in der Menschenführung in Krieg und Frieden sind in seinen „Bemerkungen Nr. 4/59 „Vorbereitung der Ausbilder und Erzieher" [442] wie folgt zusammengefasst:

> „Der Soldat (und ebenso die Eltern dieser jungen Menschen) muß die Gewißheit haben, daß er in einer Gemeinschaft lebt, in der ihm jeder Vorgesetzte nicht nur Beispiel, sondern auch Kamerad in allen kleinen und großen Nöten ist."

Hierin wird auch das Element der Familienbetreuung indirekt angesprochen, dem erst mit den Auslandseinsätzen der Bundeswehr stärkere Beachtung geschenkt wurde. Als Generalleutnant Röttiger, der erste Inspekteur des Heeres, am 15. April 1960 mit 64 Jahren im Dienst verstarb, wollte Strauß von Lüttwitz zum Nachfolger berufen. Allerdings lehnte dieser unter Hinweis auf sein Alter ab. Ende 1960 schied Lüttwitz aus dem aktiven Dienst. Danach widmete er sich – wie vierzig Jahre später General von Kirchbach – der Johanniter-Unfallhilfe und übernahm zeitweise den Vorsitz in der Gesellschaft für Wehrkunde. Smilo Freiherr von Lüttwitz starb am 19. Mai 1975. Der Inspekteur des Heeres, Generalleutnant Horst Hildebrandt sagte bei der Trauerfeier:

> „Wir erweisen die letzte Ehre einem Edelmann, für den das selbstlose Dienen Ausdruck der persönlichen Ehre und der inneren Freiheit war."

Auch in diesen Worten kommt die „dienende Funktion der wahren Elite" Gehlens und Gerstenmaiers zum Ausdruck. Die insgesamt 35 militärischen Dienstjahre von Lüttwitz sind aus mehrerlei Hinsicht interessant und vorbildhaft zugleich. Die ersten zwanzig Jahre in der Armee, d. h. nahezu 60 %, sind eher unterdurchschnittlich zu nennen. Es waren Verwendungen als Ordonnanzoffizier, Adjutant und Kompaniechef (Eskadron). Lüttwitz war – wie Steinhoff – kein Generalstabsoffizier, hatte aber bewiesen dass er Großverbände in Krieg und Frieden führen konnte und zu Recht in höchste Ränge aufstieg. Sein Name und die Familientradition waren ihm eher Hindernis als „Vitamin B." Die Karriereleiter erklomm er erst in den letzten drei Kriegsjahren. Lüttwitz lehnte Hitler kategorisch ab, ahnte den fatalen Ausgang des Krieges und tat dennoch seine Pflicht. Er wich wiederholt vom erteilten Auftrag ab, wenn ein eigenständiger Entschluss gefordert oder wenn die Ausführung des Befehls gegen sein Gewissen gerichtet war, selbst wenn ihn dies in Gefahr brachte. Bei seiner Operationsführung beachtete er stets die Auswirkungen auf die Zivilbevölke-

---

442 zitiert in: Kobe Gerd Pflicht und Gewissen S. 242

rung. Bescheidenheit, fürsorglicher Umgang mit seinen Soldaten, Gewissenhaftigkeit, untadeliger Charakter und mannhaftes Auftreten waren die Grundlagen seines Handelns.

Eine weitere herausragende Persönlichkeit unter den „Männern der ersten Stunde" war Wolf Graf von Baudissin, der vor allem das Konzept der inneren Struktur und geistigen Ausrichtung der neuen Streitkräfte prägte. Während seiner aktiven Dienstzeit war Baudissin als einer der „Väter der Inneren Führung" der Öffentlichkeit kaum bekannt. Er diente zunächst über lange Jahre in der Anonymität seines ministeriellen Schreibtisches, später als Brigadekommandeur in Göttingen in der Provinz und danach bis zu seiner Pensionierung im NATO-Hauptquartier in Frankreich, später Belgien – keine günstigen Voraussetzungen, um populär zu werden. Bekannt wurde er einer breiteren Öffentlichkeit erst nach seiner Pensionierung, als er Gründungsdirektor des „Instituts für Friedensforschung und Sicherheitspolitik" in Hamburg wurde.

Wolf Stefan Traugott **Graf Baudissin** wurde am 8. Mai 1907 als einziges Kind des preußischen Regierungspräsidenten Theodor Graf von Baudissin in Trier geboren. Kurz danach wurde der Vater nach Königsberg versetzt. Die Familie zog um und lebte dort bis 1919. Die weitverzweigte Sippe der Baudissins kann auf eine lange Tradition als Teil einer nationalen Herkunftselite des Adels zurückblicken, die sich in erster Linie durch die beiden staatstragenden Säulen Militär [443] und Berufsbeamtentum definierte. Beiden oblag dabei die Aufgabe, zum Wohle des Volkes zu handeln. Auch aus der Familie seiner Frau, Dagmar Gräfin und Burggräfin zu Dohna-Schlodien (1907-1995), gingen viele Offiziere hervor. So war z. B. ihr Großvater, Hannibal Graf zu Dohna (1838-1914) im Jahre 1871 als Hauptmann [444] bei den Gardejägern in Potsdam, ihr Vater Alexander (1876-1944) – ein renommierter Strafrechtslehrer – nahm als Rittmeister am Ersten Weltkrieg teil und ihr jüngerer und einziger Bruder Christoph fiel als Soldat im Februar 1945. Generalmajor Heinrich Burggraf und Graf zu Dohna-Schlobitten (1882-1844), der Ehemann einer Cousine, [445] wurde 1944 in Plötzensee hingerichtet.

Nach dem Abitur 1925 studierte Baudissin zunächst zwei Semester Jura, Geschichte und Nationalökonomie in Berlin, trat dann aber am 12. April 1926 mit 19 Jahren als Fahnenjunker in das Infanterieregiment (IR) 9 der Reichswehr in Potsdam ein. Das Regiment [446] war am 1. Januar 1921 in Potsdam mit drei Bataillonen zu je vier Kompanien, einer (13.) Granatwerfer- und einer (14.) Panzerabwehrkompanie aufgestellt worden. Der erste Regimentskommandeur war Oberst Werner Freiherr von und zu Gilsa. In diesem Verband spielte die Herkunftselite des Adels noch eine große Rolle. Im Jahre 1920 kamen von den 80 Offizieren des Regiments 47

(= ca. 60 %) aus adeligen und nur 33 aus bürgerlichen Familien. Das Regiment gehörte zunächst der 3. Infanteriedivision in Berlin. Im Zuge der Umfangserweiterung der Wehrmacht wurde es jedoch im Jahre 1935 der 23. Infanteriedivision unterstellt. Ende September 1927 verließ Baudissin auf eigenen Wunsch die Reichswehr und begann eine landwirtschaftliche Ausbildung, die er 1930 als geprüfter Landwirt an der Technischen Hochschule München abschloss. [447] Grund für diesen beruflichen Kurswechsel war, dass ein Onkel mütterlicherseits erwogen hatte, ihm sein Gut zu vererben. Als diese Planung später nicht realisiert werden konnte, kehrte er – wenngleich mit einigen Schwierigkeiten – am 1. Oktober 1930 in den aktiven Dienst in der Reichswehr und in sein altes Regiment zurück. Den „Tag von Potsdam," am 21. März 1933, mit dem Handschlag zwischen Reichspräsident von Hindenburg und Hitler auf den Stufen der Garnisonskirche erlebte Baudissin als Zugführer in der Front seiner Kompanie stehend; zehn Tage später wurde er zum Leutnant befördert.

„Freunde aus dieser Zeit haben ihn als typischen Eliteoffizier geschildert, etwas hochgestochen und eitel, aber sehr intelligent." [448]

Im Jahre 1934 wurde Baudissin Bataillonsadjutant und 1935 Regimentsadjutant.

In seinem Regiment dienten – wenngleich zu unterschiedlichen Zeiten – auch eine Reihe von Offizieren, die später zum engen Kreis der Widerstandsbewegung des 20. Julis 1944 gehörten: Bereits im Jahre 1919 trat der sechs Jahre ältere Henning von Tresckow (1901-1944/ Freitod) [449] in das Infanterieregiment 9 ein, schied aber bereits im Oktober 1920 wieder aus und wurde ein erfolgreicher Bankier. Doch in der zweiten Hälfte der zwan-

---

443 Zu erwähnen sind z. B.: Wolf Heinrich Graf von Baudissin (1671 bis 1748) sächsischer General und Oberkommandierender der sächsisch-polnischen Armee, sowie Admiral Friedrich Graf von Baudissin, (1852-1921).

444 Er hatte 1877 das kleine Buch „Studien und Entwicklung für ein Normalreglement der Infanterie im Sinne der modernen Kriegsweise" veröffentlicht.

445 Marie Agnes Gräfin zu Dohna (geb. von Borcke); sie überlebte die Haft im KZ Ravensbrück. Ihr Mann schied 1943 aus der Wehrmacht, weil er Hitlers Kriegführung nicht mehr hinnehmen wollte. Er gehörte dem Widerstandskreis um Beck und Goerdeler an.

446 Es erhielt den Spitznamen „Graf", da in seinen Reihen viele adlige Offiziere dienten. Im Zuge der geheimen Aufrüstung 1934 zunächst in „Infanterieregiment Potsdam" umbenannt, erhielt es ein Jahr später seine alte Bezeichnung zurück. Aus dem Regiment gingen 22 Generale der Wehrmacht und 19 Offiziere hervor, die aktiv an der Erhebung des 20. Juli 1944 gegen Hitler beteiligt waren.

447 Das zeitlich begrenzte Ausscheiden und der Wiedereintritt waren nicht ungewöhnlich; so taten dies z. B. auch die späteren Generale Henning von Tresckow und Gerhard Graf von Schwerin. Allerdings war die Reaktivierung nicht einfach und gelang z. B. bei von Tresckow letztlich nur durch den Beistand des Reichspräsidenten von Hindenburg.

448 Knoke, Elfriede in Vorwort zu: Graf von Baudissin/ Gräfin zu Dohna ... als wären wir nie getrennt gewesen – Briefe S. 21

ziger Jahre ließ er sich reaktivieren und wurde am 1. Februar 1928 Oberleutnant und Adjutant des I. Bataillon im alten IR 9. Die Angriffe der Linken gegen die Reichswehr ließen Tresckow zunächst nach rechts tendieren und die militärische Aufrüstung begrüßen. Am 21. März 1933 paradierte er mit seinem Bataillon an Hindenburg und Hitler vorbei. Erst der sog. „Röhm-Putsch" führte zu einer Änderung seiner Haltung gegenüber dem Nationalsozialismus. Im Herbst 1934 verließ Tresckow das Regiment und wurde zur Generalstabsausbildung an die Kriegsakademie kommandiert. Von 1930 bis 1934 waren Baudissin und Tresckow in Freundschaft verbundene Regimentskameraden. Die Blomberg-Fritsch-Krise im Frühjahr 1938 erschütterte beide so, dass sie beschlossen, die Reichswehr zu verlassen. Erst dem General der Infanterie und späteren Feldmarschall Erwin von Witzleben, der als Kommandierender General des III. Armeekorps in Berlin in der direkten Vorgesetztenhierarchie des IR 9 stand, gelang es, beide Offiziere zu überzeugen, dass ihr Verbleiben in der Armee notwendig wäre. Er begründete dies damit, dass die Armee Soldaten brauche, die dem Nationalsozialismus nicht verfallen seien. Überdies wäre geplant, mit der Gestapo und der SS abzurechnen. Ihr persönlicher Kontakt riss erst ab, als Baudissin 1941 in Gefangenschaft geriet. Der lebensältere Rudolf Schmundt (1896-1944), der später Chefadjutant von Hitler wurde und zum General der Infanterie aufstieg, war nach 1919 als junger Offizier ebenfalls im IR 9. Von Tresckow und Schmundt waren befreundet, vertraten aber politisch konträre Standpunkte. Schmundt wurde bei dem Bombenanschlag auf Hitler schwer verletzt und starb am 1. Oktober 1944 im Lazarett in Rastenburg. Auch Walther Wenck (1900-1982), der spätere General der Panzertruppen, wurde im Februar 1923 als Leutnant zu diesem Regiment versetzt und diente dort als Zugführer in der 9. Kompanie in Berlin-Spandau. Er blieb mehr als zehn Jahre im III. Bataillon, wurde Oberleutnant und Bataillonsadjutant. Wenck und Baudissin kannten sich aus dieser Zeit. Die späteren Feldmarschälle Ernst Busch (1885-1945) und Ewald von Kleist (1881-1954) dienten ebenfalls in der ersten Hälfte der dreißiger Jahre als Bataillons – bzw. Regimentskommandeur im IR 9. Im Oktober 1936 wurde Oberst Werner Freiherr von und zu Gilsa (1889-1945/Freitod), der spätere General der Infanterie, Baudissins Regimentskommandeur. Paul von Hase (1885-1944) kam im April 1923 in den Stab des Ausbildungsbataillons des IR 9 und war danach von 1925 bis Oktober 1926 Kompaniechef in diesem Regiment. Im November 1940 wurde von Hase, der seit 1938 dem Kreis des militärischen Widerstands angehörte, Stadtkommandant von Berlin. Er gab am 20. Juli 1944 dem Kommandanten des ihm unterstellten Wachbataillons den Befehl, das Regierungsviertel abzusperren. Nach dem Scheitern des Umsturzes wurde

Generalleutnant von Hase am 8. August 1944 hingerichtet. Baudissin dürfte ihn, wenn überhaupt, nur bei seinem Eintritt in das IR 9 im Jahre 1926 persönlich kennengelernt haben. Allerdings war von Hase damals bereits Hauptmann und Baudissin Fahnenjunker. Auch der spätere Oberstleutnant Hasso von Boehmer (1904-1945), Friedrich Karl Klausing (1920-1944) und Fritz-Dietlof von der Schulenburg (1902-1944), alle drei später Mitverschwörer des 20. Juli 1944 und hingerichtet, dienten als Offiziere im IR 9. [450] Im November 1937 trat der achtzehnjährige, baumlange Axel Freiherr von dem Bussche-Streithorst (1919-1993) als Fahnenjunker in die 1. Kompanie des IR 9. 1943 – inzwischen Hauptmann und Kommandeur des I. Bataillons seines alten Regiments (in Grenadierregiment 9 umbenannt) und mehrfach verwundet – erklärte er sich Stauffenberg gegenüber zu einem Selbstmordanschlag bereit. Anlässlich einer Vorführung neuer Ausrüstungsstücke im Berliner Zeughaus wollte er Hitler, Göring, Himmler und sich selbst in die Luft zu sprengen. Der Plan scheitere jedoch in letzter Minute, weil Hitler die Ausstellung bereits nach wenigen Minuten verließ. Baudissin hat offenbar auch Heinrich Viktor (1917-1939) von Weizsäcker gekannt, der 1936 in das IR 9 eingetreten war. Mit dem jüngeren Bruder Richard von Weizsäcker hingegen ist Baudissin vermutlich nicht zusammengetroffen, denn dieser kam erst 1938 als Offizieranwärter in das Regiment, als Baudissin bereits seine Versetzung zur Kriegsakademie in der Tasche hatte und es im selben Jahr verließ. Baudissin nahm nach eigenen Angaben einmal „an einem Abendessen zu Ehren eines Generals des Ersten Weltkrieges teil. Als dabei ein Trinkspruch auf den Kaiser ausgebracht wurde, soll er den Raum verlassen haben. [451] An dieser Darstellung bestehen Zweifel. Es erscheint unwahrscheinlich, dass ein junger, adliger Offizier der Reichswehr die Etikette auf diese eklatante Weise verletzt haben soll. Allerdings gab es Adelskreise, die die Abdankung des Kaisers als „Fahnenflucht" betrachteten und ihn deshalb später ablehnten. Hätte er es jedoch aus diesem Grunde getan, stützte es den späteren Vorwurf, Baudissin wäre damals „reaktionär" gewesen. In dieser Zeit zwischen 1935 und 1938 war Baudissin bei Besprechungen

---

449 Von Tresckow war mit Erika von Falkenhayn, der Tochter des ehemaligen Chefs der Heeresleitung und preußischen Kriegsministers verheiratet.

450 Unklar ist, ob Baudissin Boehmer kannte. Bei Klausing und Schulenburg kann es ausgeschlossen werden, denn diese traten erst 1938 bzw. nach Kriegsbeginn 1939 dem Regiment bei, als Baudissin es bereits verlassen hatte.

451 siehe: Abenheim, Donald Bundeswehr und Tradition S. 56 f. Erinnert sei hier an General Friedrich-Bernhard Graf von der Schulenburg-Tressow (1865-1939), der am 9. November 1918 im kaiserlichen Hauptquartier im belgischen Spa als einziger der anwesenden Offiziere den Kaiser beschwor, nicht zu fliehen, sondern bei der Truppe zu bleiben.

und Übungen des II. Armeekorps gelegentlich dem fünf Jahre jüngeren Oberleutnant de Maizière begegnet, der zu dieser Zeit Regimentsadjutant des IR 50 in Landsberg an der Warthe war. Zwar gehörte Baudissins IR 9 zur 23. Infanteriedivision und de Maizières IR 50 zur 3. Infanteriedivision, jedoch waren beide Divisionen dem II. Armeekorps in Berlin unterstellt. Im Jahre 1938 begann Baudissin mit der Generalstabsausbildung an der Kriegsakademie in Berlin und wurde am 1. Januar 1939 zum Hauptmann befördert. Mit Kriegsbeginn 1939 kam er als „I c" (Feindlage) in den Stab der 58. Infanteriedivision. Dieser Großverband war Ende August 1939 durch den Infanterie-Kommandeur 22 in Lüneburg aufgestellt worden. Im September wurde die Division an die Westgrenze, zunächst in die Saarpfalz und danach in die Eifel verlegt. Während des Westfeldzuges war sie der 16. Armee unterstellt und kämpfte in Belgien. Divisionskommandeur war zunächst Generalleutnant Iwan Heunert (1886-+) und ab September 1940 Generalleutnant Dr. Friedrich Altrichter (1890-1949). Baudissin wurde während des Westfeldzuges mit den beiden Eisernen Kreuzen ausgezeichnet. Nach dessen erfolgreichem Abschluss fürchtete er, nicht in vorderster Linie eingesetzt zu werden. Doch General Rommel, der „an verschiedenen Stellen" Baudissins Lehrer gewesen war, [452] forderte ihn 1941 als „I c" (Feindlage) des Deutschen Afrikakorps an. Jedoch bereits einen Monat nach seinem Dienstantritt, im April 1941, geriet Baudissin bei einem Aufklärungsflug nahe Tobruk in britische Gefangenschaft und wurde – über etwa zehn Zwischenstationen in Afrika (Kairo) und Palästina und einem Lazarettaufenthalt in Sydney – schließlich in ein Offizierlager in den Südosten Australiens bei Dhurringile (bis September 1946) und danach bei Tatura im Staat Victoria verlegt. Am 1. April 1942 war Baudissin – bereits in Gefangenschaft – zum Major befördert worden. Nach den Aussagen seiner Mitgefangenen war er im Lager sehr aktiv und hielt Vorlesungen und Gesprächsrunden über Taktik, Kriegsgeschichte, sowie über kunsthistorische Themen. [453] Im letzten Jahr der Gefangenschaft verfasste Baudissin die Studie „Ost oder West – Gedanken zur deutscheuropäischen Schicksalsfrage," in der er seine Vorstellungen zur geistigen und politischen Neuorientierung Deutschlands entwickelte. Anfang 1947 wurde er nach Deutschland verschifft und kam Ende Februar – kurz vor seinem 40. Geburtstag – zunächst nach Munster-Lager bei Celle, wo er dem fünf Jahre jüngeren Oberstleutnant de Maizière wieder begegnete. Im Juli des selben Jahres wurde Baudissin endgültig aus der Gefangenschaft entlassen. Danach arbeitete Baudissin in der Töpferei seiner Frau Dagmar (1907-1995), einer Bildhauerin; die beiden hatten 1947 geheiratet. Sie war für den künstlerischen Part und er für Verwaltung und Technik zuständig. Der Briefwechsel der späteren Eheleute Wolf Graf von Baudissin und

Dagmar Gräfin zu Dohna aus den Jahren 1941 bis 1947, d. h. aus Krieg und Gefangenschaft, wurde im Jahre 2001 herausgegeben. [454] Die Gedanken des Paares mit ihrer Fokussierung auf den europäischen Gedanken und die politische Neuorientierung in einem neuen Deutschland nach dem Ende des Krieges wiesen schon damals weit in die Zukunft. Drei Jahre später, 1950, kam es zu ersten Kontakten Baudissins zur „Dienststelle des Bundeskanzlers für die mit der Vermehrung der alliierten Truppen zusammenhängenden Fragen." Im Oktober 1950 nahm er als Major a.D. an der Expertentagung im Eifelkloster Himmerod teil, die für Bundeskanzler Konrad Adenauer erste Überlegungen für eine Wiederbewaffnung anstellten. Baudissin, als ehemaliger Stabsoffizier einer der jungen Teilnehmer, war sicherlich derjenige mit der geringsten Kriegserfahrung. In der – kleinsten – Arbeitsgruppe unter Vorsitz des Generals der Infanterie a.D. Hermann Foertsch war Baudissin im „Allgemeinen Ausschuss," der die ethischen und moralischen Aspekte der neuen Streitkräfte bearbeitete. Anders als manche Kritiker, die in Himmerod den Hort der Reaktion sehen, bescheinigt Baudissin der Mehrzahl der Konferenzteilnehmer „eine generelle Reformbereitschaft." [455] Allerdings räumt er ein, dass sie sich dem politischen Druck nach schneller und effektiver Wiederbewaffnung beugten, war doch nach Meinung eines großen Teils der Bevölkerung ein sowjetischer Angriff zu erwarten.

Am 8. Mai 1951 schließlich trat Baudissin – angeworben durch den Ministerialdirigenten Dr. Holtz – als Mitarbeiter in das „Amt Blank" ein und gehörte ihm bis zur Überführung in das Verteidigungsministerium als Referatsleiter „Inneres Gefüge" an. In dieser Funktion trug er maßgeblich zur Entwicklung des Konzepts der „Inneren Führung" und des Leitbildes vom „Staatsbürger in Uniform bei. Innerhalb des Amtes jedoch sollen seine Ideen auf geringes Verständnis gestoßen sein, weshalb Baudissin „von Tagung zu Tagung, von Diskussionsabend zu Diskussionsabend" gereist wäre, um seinen Reformplänen ein öffentliches Forum zu schaffen. [456] Einer seiner Mitarbeiter war der sieben Jahre jüngere Heinz Karst (1914-2002), der später als Brigadegeneral einen intellektuellen Gegenpol zum Baudissinschen Denken bildete.

---

452 Baudissin, Wolf Graf von Abschiedsvorlesung an der Uni Hamburg am 18. Juni 1986 in; Baudissin/ Dohna ... als wären wir nie getrennt gewesen – Briefe S. 264

453 Im Mai 1943 schrieb er: „Hätte mir früher nie eine Lehrertätigkeit erträumt, geschweige gewünscht, aber hier ist´s für mich die einzige Möglichkeit, noch etwas zu nützen." Graf von Baudissin/ Gräfin zu Dohna ... als wären wir nie getrennt gewesen – Briefe S. 30

454 Knoke, Elfriede (Hrsg.) „... als wären wir nie getrennt gewesen"

455 Baudissin, Wolf Graf von Abschiedsvorlesung an der Uni Hamburg am 18. Juni 1986 in: Baudissin/ Dohna ... als wären wir nie getrennt gewesen – Briefe S. 267

456 Brill, Heinz Bogislaw von Bonin S. 53 f.

„Als intelligenter, vielseitig gebildeter, einfallsreicher, rhetorisch begabter Soldat aus Passion fühlte er sich dem konservativen Denken katholischer Prägung verbunden und unterschied sich schon dadurch von dem Norddeutschen Baudissin mit evangelischer und liberaler Erziehung." [457]

Zum Jahreswechsel 1955/56 wurde Baudissin als Oberst in die Bundeswehr übernommen und erhielt – unter General Heusinger – die Leitung der Unterabteilung Fü B I (Innere Führung) übertragen. Franz Joseph Strauß hatte nach der Demission von Theodor Blank das Verteidigungsressort übernommen. Der dreißigjährige Günter Kießling, der spätere Vier-Sterne-General, wurde als Hauptmann ein enger Mitarbeiter Baudissins. Baudissin, Kielmansegg und de Maizière waren oft Opfer von Kabalen, schreibt Schmückle, doch sie hätten immer in ihm – dem lebens- und dienstgradjüngeren – einen Fürsprecher gehabt. Offenbar aber weniger in der Person des Ministers selbst, denn Strauß hatte zu keinem der drei Offiziere „einen Draht." Baudissin war ihm „zu puritanisch" [458] und vermutlich wie bei Kielmansegg – auch „zu hochgeboren. Baudissin mochte er auch deshalb nicht, weil dieser

„... die Ideologie verbreitet, dass die Uniform nur als Arbeitskleidung anzusehen sei." [459]

In der Tat gingen einige seiner Vorschläge ins Mark des militärischen Selbstverständnisses und scheiterten auch deshalb. Ernst Paul (SPD), ein Mitglied im „Ausschuss für Fragen der europäischen Sicherheit" (später Verteidigungsausschuss) schreibt:

„Wir alle waren am Anfang Illusionäre – ich möchte hier nur Wolf Graf von Baudissin erwähnen, der sich mit mir bemüht hat, Neuerungen in der künftigen Bundeswehr durchzusetzen, wie zum Beispiel die Abschaffung der Grußpflicht. Viele dieser Neuerungen ließen sich nicht verwirklichen." [460]

Für die Generale und Admirale übrigens wurde die allgemeine Grußpflicht beibehalten, aber dies hatte keine praktische Bedeutung, begegneten sich doch Generale und Soldaten in Uniform selten beim Einkauf. In der Bundeswehr war Baudissin – neben Schmückle – einer der umstrittensten Offiziere. Baudissin polarisierte und galt daher vielen als „rotes Tuch von Flensburg bis Mittenwald." Für seine Gegner war er ein Opportunist. Aus reinem Zweckdenken heraus habe er seine aristokratische Herkunft verleugnet, um den vorherrschenden Zeitgeist für seine Zwecke zu nutzen. Seine Anhänger hingegen lobten ihn als den militärischen Messias. Allerdings dürften ihn die wenigsten seiner Gegner und Anhänger persönlich gekannt haben. Die Auseinandersetzung wurde unsachlich, unfair und auch unkameradschaftlich geführt. Schmückle, der auf Seiten Baudissin stand, beschreibt sie wie folgt:

„Baudissin war umstritten wie kaum ein anderer Offizier. Seine Gegner verbreiteten, im feudalen Infanterieregiment 9 in Potsdam sei er als junger

Offizier – selbst für stockkonservative Offiziere – erschreckend reaktionär gewesen. Später, beim Fronteinsatz habe er sich verflogen und sei – ... – in Gefangenschaft geraten. .... Wünschten die Gegner Baudissin in den Höllenpfuhl, so lobten ihn seine Jünger in den Himmel." [461]

De Maizières Urteil über seinen Mitstreiter Baudissin ist differenziert: *„Ich habe die Kritik Baudissins an Reichswehr und Wehrmacht in ihrer harschen Form für nicht berechtigt und auch vielfach für taktisch unklug gehalten. Wußten wir doch, daß die Bundeswehr nicht ohne ehemalige Offiziere und Unteroffiziere der Wehrmacht aufgebaut werden konnte.*" [462]

Die Innere Führung hat viele Väter, schreibt de Maizière. Die Generale Heusinger und Speidel hatten die militärische, Parlament und Regierung die politische Verantwortung. Jedoch ist Graf Baudissin herausgehoben, war er doch sieben Jahre im „Amt Blank" und später im Verteidigungsministerium der dafür zuständige Referent. Auch Kießling, der ebenfalls lange mit Baudissin zusammengearbeitet hatte und ihn gut kannte, ist in seinem Urteil über ihn hin- und hergerissen. Sicherlich nicht zuletzt auch, weil Baudissin während des Skandals um Kießling abseits stand, „obwohl hier Innere Führung gefordert war," schreibt General Clauß in einem Aufsatz. [463] Die Pläne Adenauers zur Wiederaufrüstung beurteilte Baudissin als übereilt, und die meisten Wehrmachtsoffiziere hielt er – in einer allerdings leicht überheblichen Attitüde – für unfähig, seinen Reformideen zu folgen.

„Ich weiß, wie oft Baudissin in den folgenden Jahren drauf und dran war, das Handtuch zu werfen." [464]

Baudissin war zweifelsohne ein unbequemer Denker, der nicht als der typische Soldat verstanden werden wollte, doch der unterschwellig anklingende Vorwurf, Baudissin habe sich mit der Gefangenschaft – beinahe vorsätzlich – der Verantwortung entzogen, ist beleidigend. Baudissin sah im Konzept des „Staatsbürgers in Uniform" nie eine „magische Formel." [465] Doch in der Truppe wurde er als Protagonist der „weichen Welle" verteufelt. Er selbst ist an dieser Einschätzung nicht völlig schuldlos. In seiner Abschiedsvorlesung im Jahre 1986 führte er dazu aus:

457 Maizière, Ulrich de In der Pflicht S. 235 f.
458 Schmückle, Gerd Ohne Pauken und Trompeten S. 195
459 Strauß, Franz Josef Die Erinnerungen S. 295
460 Paul, Ernst MdB Parlamentarische und politische Erfahrungen S. 173
461 Schmückle, Gerd Ohne Pauken und Trompeten S. 121
462 Maizière, Ulrich de In der Pflicht S. 176
463 Clauß, Dieter Verfechter der Inneren Führung in: Kießling, Günter Staatsbürger und General S. 57
464 Knoke, Elfriede in: Baudissin/ Dohna ... als wären wir nie getrennt gewesen – Briefe S. 36
465 Baudissin, Wolf Graf von Soldat für den Frieden S. 129

„Die in frühtechnischen Armeen übliche Forderung nach >Härte< ist für den Menschen des 20. Jahrhunderts nicht einzusehen und mindert das Engagement und das Vertrauen in die Sinnhaftigkeit des Dienstes überhaupt. Wichtig ist es, die Teams sorgfältig nach fachlichen und menschlichen Gesichtspunkten zusammenzusetzen und eine bewußt gruppendynamische – .... – Erziehung zu betreiben.“ [466]

Diese Worte klingen schwammig und sind wenig praxisbezogen. Die geforderte sorgfältige Bildung ist vielleicht in der beschaulichen Ruhe eines Friedensstandortes noch denkbar. Bereits bei den heutigen Auslandseinsätzen jedoch mit ihrer hohen personellen Rotations- und Fluktuationsquote ist dies unmöglich, geschweige denn in einem Krieg. Die erwünschte „gruppendynamische Erziehung“ mutet dabei eher wie die Themenstellung eines Seminars im zweiten Semester Psychologie an – es klingt bedeutend, ist aber ohne Inhalt. Auch Baudissins Eintritt in die Gewerkschaft ÖTV – zusammen mit General Schmückle und Generalstabsarzt Dr. Ammermüller (1912-1974) – im September 1966 stieß auf harsche Kritik bei nicht wenigen Soldaten. Es waren die ersten Generale in der deutschen Wehrgeschichte, die das Koalitionsrecht in Anspruch nahmen. Für die linken Kreise in der Bevölkerung hingegen galt Baudissin als Paradebeispiel des preußischen Junkers, dessen Konzept der Inneren Führung soldatische Traditionen in die Bevölkerung tragen und die Armee zur „Schule der Nation“ machen sollte. Von Juli 1958 bis März 1961 führte Oberst Baudissin die Kampfgruppe C 2 (ab 1959 Panzergrenadierbrigade 4) in Göttingen als Kommandeur; er holte Kießling als Kompaniechef zu sich. Baudissins neue Truppe unterstand der 2. Grenadierdivision zunächst unter Generalmajor Alfred Zerbel (1904-1987), dem späteren zweiten Inspekteur des Heeres.

„Er (= Baudissin) war eben nicht nur ein Mann der Inneren Führung, sondern ein Meister der Taktik und der Truppenführung, wie sich immer mehr herausstellte. Später – in der NATO – glänzte er als strategische und operative Begabung. .... Dieser ausgeprägte Sinn Baudissins für Fragen des Kasernen-Alltags wurde ergänzt durch seine Bereitschaft, stets mit gutem Beispiel voranzugehen.“ [467]

Das Verhältnis zwischen Zerbels Nachfolger, Generalmajor Ottomar Hansen, und Baudissin war distanziert.

„.... die beiden hatten sich ... nichts zu sagen. Mehr schätzte Baudissin dessen Sohn Helge, der später sein Adjutant wurde und schließlich zum Vier-Sterne-General aufstieg.“ [468]

Der Kommandierende General des II. Korps, Smilo Freiherr von Lüttwitz, hingegen hatte zu Oberst Baudissin, einem seiner Kampfgruppenkommandeure, ein harmonisches Verhältnis. [469] Auch Generalinspekteur Heusinger hielt viel von Baudissin und drückte diese Wertschätzung auch durch einen Besuch bei Baudissins Brigade in Göttingen am 22./23. Januar 1959 aus. Doch all dies wog wenig. Baudissins fehlende Kriegserfahrung war ein Handicap bei seiner Qualifikation als militärischer Führer, das als nicht ausgleichbar galt.

„Als Brigadekommandeur führte Baudissin ein strenges Regiment. Natürlich war er seinen ihm unterstellten Bataillonskommandeuren weit überlegen. Und doch stieß er immer wieder auf eine Wand, die schicksalhaft durch seinen persönlichen Werdegang bedingt war: Ihm fehlte das Erlebnis der Ostfront." [470]

Im Ersten Weltkrieg lag – wegen der Intensität und Dauer der Kämpfe – das Zentrum soldatischer Bewährung aus deutscher Sicht an der Westfront, z. B. vor Verdun; im Zweiten Weltkrieg hingegen verschob es sich an die Ostfront. Bei seinen kriegsgedienten Bataillonskommandeuren, z. B. dem Infanteristen und Ritterkreuzträger, Oberstleutnant (später Brigadegeneral) Curt von Witzendorff (1916-1994) hatte Baudissin daher keinen leichten Stand. Ende Dezember 1959 wurde er zum Brigadegeneral befördert. Im Frühjahr 1961 endete seine Zeit in der Truppe, und er sollte bis zum Ende seiner aktiven Dienstzeit nicht mehr zu ihr zurückkehren. Baudissin ging zur NATO und sein Nachfolger, der österreichische Pionieroberst Graf Ressingier, übernahm die Brigade. Am 1. November 1961 wurde Baudissin auf den Posten eines Stellvertretenden Chefs des Stabes im Hauptquartier der Alliierten Streitkräfte (AFCENT) für „Operations and Intelligence" in Fontainebleau berufen und erhielt den zweiten goldenen Stern. Er selbst wäre lieber Divisionskommandeur geworden und empfand von daher seine Versetzung zur NATO „als eine Art des Abschiebens." Baudissins Ehefrau Dagmar schreibt:

„Die Restauration des >guten Alten< setzte sich durch. Es endete für meinen Mann damit, daß man ihn aus dem Ministerium herausversetzte und schließlich – bis zu seiner Pensionierung – ins Ausland abschob." [471]

De Maizière stimmt dieser Einschätzung zu; zwar seien dies „zweifelsohne Positionen von Rang und Bedeutung" gewesen, aber es blieb ihm dadurch verwehrt, auf die weitere Entwicklung der Bundeswehr unmittelbaren Einfluss auszuüben. [472]

---

466 Baudissin, Wolf Graf von Abschiedsvorlesung an der Uni Hamburg am 18. Juni 1986 in; Baudissin/ Dohna ... als wären wir nie getrennt gewesen – Briefe S. 270
467 Kießling, Günter Versäumter Widerspruch S. 168 f.
468 Kießling, Günter Staatsbürger und General S. 90
469 Kießling, Günter a.a.O S. 90
470 Kießling, Günter Versäumter Widerspruch S. 171
471 Gräfin Baudissin in einem Brief vom 1.10.1971 in: Baudissin/ Dohna ... als wären wir nie getrennt gewesen – Briefe S. 249
472 Maizière, Ulrich de In der Pflicht S. 192

Im September 1963 übernahm Baudissin das NATO-Defence College in Paris, die höchste zivil-militärische Ausbildungsstätte der Allianz, als Kommandeur und blieb in dieser Verwendung – unter zwischenzeitlicher Beförderung zum Generalleutnant im Januar 1964 – bis zum März 1965. Wie stark die Auseinandersetzung zwischen Reformern und Traditionalisten war, wird zwischen den Zeilen spürbar, wenn Baudissin im Januar 1963 schreibt:

„Der Gesamteindruck unseres Ministeriums war eigentlich erschütternd. "Unsere" Leute fühlen sich auf verlorenem Posten; die anderen sprechen kaum mehr mit einem. Ich bin immer wieder froh, zur Zeit hier eingestellt zu sein." 473

Die Wortwahl „eingestellt" klingt sehr resignierend nach „abgestellt." Anders hingegen seine Wahrnehmung in der Öffentlichkeit: Am 10. Februar 1965 war Baudissin – zusammen mit den Generalen Graf Kielmansegg und de Maizière – für „öffentliche Verdienste" mit dem „Freiherr-vom-Stein-Preis 1964" der Universität Hamburg ausgezeichnet worden. Dieser Preis – vom Hamburger Kaufmann Dr. Alfred Toepfer gestiftet – wird alle zwei Jahre an die Schöpfer beispielhafter zeitgemäßer sozialer Betriebsordnungen bzw. eines zeitgemäßen Sozialprogrammes verliehen. Zwei Jahre später erhielt er am 29. Januar 1967 in der Münchner Akademie der Wissenschaften den Theodor-Heuss-Preis für „mutige Initiative und Beispiel einer aufrechten demokratischen Haltung." Im April 1965 wurde Baudissin zum Stellvertretenden Chef des Stabes für Planung und Operation (DCOS Plans & Operations) im NATO-Oberkommando Europa SHAPE in Paris, später in Casteau/ Belgien, berufen. Auf diesem Dienstposten wurde er Ende Dezember 1967 aus dem aktiven Dienst verabschiedet. Bundeskanzler Kiesinger hatte – ohne vorherige Rücksprache mit Minister von Hassel – einige Monate zuvor u. a. auch von General Baudissin zu einer persönlichen Aussprache über die künftige Struktur und Stärke der Bundeswehr nach Bonn kommen lassen. Generalinspekteur de Maizière gab seinem Mitstreiter Baudissin am 19. Dezember 1967 in der Koblenzer Schule für Innere Führung einen Abschiedsempfang. Die Ehrung mit dem Großen Zapfenstreich hingegen, obligatorisch für alle aus dem Dienst scheidenden Offiziere ab der Drei-Sterne-Ebene, lehnte Baudissin ab. Es muss keineswegs als verbitterte Reaktion gesehen werden; vielleicht wollte Baudissin einfach nicht, dass seinetwegen dreihundert Soldaten mehrere Stunden bei frostigen Temperaturen Dienst taten. 1966 war Baudissin in das „Kuratorium des Internationalen Dokumentationszentrums zur Erforschung des Nationalsozialismus und seiner Folgeerscheinungen e. V." berufen worden. Im Jahre 1968 trat Baudissin, der mit dem Politiker Fritz Erler bis zu dessem frühen Tod befreundet war, in die

SPD ein. Im Herbst des selben Jahres wurde er Lehrbeauftragter der Wirt-schafts- und Sozialwissenschaftlichen (später der Politikwissenschaft-lichen) Fakultät der Universität Hamburg für moderne Strategie und 1979 zum Professor ernannt. Von 1971 bis 1984 leitete er als Gründungsdirektor das „Institut für Friedensforschung und Sicherheitspolitik" an der Universität Hamburg und lehrte zusätzlich von 1980 bis 1986 als Dozent für Sozialwissenschaften an der Universität der Bundeswehr in Hamburg. 1973 wurde er Mitglied des P.E.N.-Zentrums [474] der Bundesrepublik und 1977 der „Pugwash-Conference." [475] Am 5. Juni 1993 starb Wolf Graf Bau-dissin in Hamburg. Er hatte verfügt, dass er ohne militärisches Zeremo-niell zu Grabe getragen werden möchte. Seine letzte Ruhestätte fand er im Westen Hamburgs, auf dem Friedhof in Groß-Flottbek, nicht weit von der Kaserne, die seinen Namen trägt. Die Namensgebung der Kaserne der Führungsakademie in Hamburg-Blankenese 1993 war in gewisser Weise eine Art posthumer Abbitte, hat sich doch in der Rückschau eines halben Jahrhunderts gerade das Konzept der Inneren Führung, auch unter den Bedingungen der Auslandseinsätze, bewährt und wurde eine Art militäri-scher Exportartikel der Bundeswehr – neben der alten, bewährten Auf-tragstaktik ein neues Markenzeichen deutscher Militärtradition. Bereits 1971 hatte Baudissins Ehefrau Dagmar, die später die Kasernentaufe in Hamburg noch erlebte, dies klar erkannt:

„Mehr als selbst die konservativsten Verfechter des guten Alten glauben und merken, ist von den neuen Ideen in die Bundeswehr eingegangen." [476]

Die Tatsache, dass es wiederholt massive Verstöße gegen die Innere Führung gab und leider auch künftig geben wird, spricht nicht gegen die-ses positive Urteil. In einer Armee von der Größenordnung der Bundes-wehr gibt es und wird es – wie in der Bevölkerung – immer auch einen kleinen Promillesatz ungeeigneter Vorgesetzter geben, die versagen und Schuld auf sich laden.

Bruderzwist

Bereits im „Amt Blank," das am 23. November 1950 ins Leben gerufen worden war und fünf Jahre lang die Grundlagen der neuen deutschen

---

473 Brief des damaligen Generalmajors Wolf Graf von Baudissin an Generalmajor Ulrich de Maizière, den Kommandeur der Führungsakademie (datiert Grez-sur Loing (S. et M.) 4, rue Renoult 30. Januar 1963); im Privatbesitz des Verfassers

474 P.E.N. = "Poets, Essayists, Novelists" – 1921 gegründete Schriftstellervereinigung

475 1957 im kanadischen Ort Pugwash gegründeter Zusammenschluß von Wissenschaftlern und Politikern zur Verhinderung der Gefahr bewaffneter Konflikte; Auslöser war das „Russell-Einstein-Manifest" von 1955.

476 Gräfin Baudissin in einem Brief vom 1.10.1971 in: Baudissin/ Dohna … als wären wir nie getrennt gewesen – Briefe S. 250

Streitkräfte erarbeitete, kam es bisweilen zu Differenzen, die an die Öffentlichkeit gelangten und Aufmerksamkeit erregten. Jedoch gab es dort, zumindest nach Meinung von de Maizière, keine Gruppenbildung zwischen „Reformern" und „Reaktionären."

„Es wäre falsch, von zwei klar konturierten gegensätzlichen Gruppen zu sprechen." [477]

Mit Schlagzeilen wie „Bruderkrieg" und „Krach im Hause Blank" wurde der erste „Skandal" bedacht. Im Zentrum stand Oberst a.D. Bogislaw von Bonin (* 1908), seit 1952 im „Amt Blank" und seit 1953 Chef der Planungsabteilung. Bonin, am 17. Januar 1908 als Sohn einer alten Soldatenfamilie in Potsdam geboren, war am 1. April 1926 als Fahnenjunker in das 4. (Preußische) Reiterregiment in Potsdam eingetreten und 1930 zum Leutnant befördert worden. Die Grafen Claus Schenk von Stauffenberg und Kielmansegg waren im selben Jahr, allerdings in unterschiedlichen Verbänden, Soldat geworden: Stauffenberg im Reiterregiment 17 in Bamberg und Kielmansegg im Reiterregiment 16 in Erfurt. Von Oktober 1927 bis August 1928 hatte Bonin jedoch u. a. zusammen mit Claus Schenk Graf von Stauffenberg die Infanterieschule in Dresden besucht; einer ihrer Taktiklehrer war Hauptmann (später Generaloberst) Eduard Dietl (1890-1944/ Flugzeugabsturz). [478] Im Jahre 1935 wechselte Bonin zum Panzerregiment 6 in Neuruppin und von 1936 bis 1938 absolvierte er die Generalstabsausbildung an der Kriegsakademie. Im Krieg hatte er sich als Generalstabsoffizier in verschiedenen Verwendungen bewährt. So nahm er am Westfeldzug als Erster Generalstabsoffizier („I a") der 26. Infanteriedivision unter dem General der Infanterie Sigismund von Förster (1887-1959) teil und war danach in Stabsverwendungen in Russland, Afrika und Italien. 1943 wurde er zum Oberst befördert. Nach dem Attentat auf Hitler trat er – mit nur 36 Jahren – als Nachfolger von Generalleutnant Heusinger an die Spitze der Operationsabteilung im Oberkommando des Heeres (OKH). Am 17. Januar 1945, seinem 37. Geburtstag, wurde Bonin auf Weisung Hitlers wegen angeblichen Ungehorsams verhaftet. Grund war das Abweichen von der befohlenen Operationsführung der Heeresgruppe A im Zusammenhang mit der „Festung Warschau; dass die spätere Lageentwicklung Bonin Recht gab, half ihm wenig. Dank seiner Beziehungen trug Bonin als „Ehrenhäftling" maßgeblich dazu bei, dass die meisten seiner Mithäftlinge („Führerhäftlinge"), u. a. auch Maria Freifrau von Hammerstein-Equord, die Schwester des Generals Smilo von Lüttwitz, das Kriegsende überlebten, ohne vorher durch die SS exekutiert zu werden. Im „Amt Blank" kam es zunächst zu internen Spannungen über Organisationsfragen zwischen Bonin und seinen Regimentskameraden Baudissin und Axel von dem Bussche, [479] die letztlich zum Ausscheiden des lebens- und dienstgradjüngeren von dem Bussches führten. Um die Gefahr eines sowjetischen „Präventivangriffes" in der Phase der Aufstellung der neuen deutschen Streitkräfte abzubauen, entwickelte Bonin die Konzeption eines grenznahen und zeitlich befristeten Panzerabwehrriegels. Dieser Plan fand jedoch weder politische noch militärische Unterstützung im „Amt Blank." In einer überarbeiteten Studie forderte er im Juli 1954 die Nichtangriffsfähigkeit der deutschen Streitkräfte und glaubte, mit dieser Kombination von Defensivstrategie und politischer Attraktivität die Chancen auf eine Wiedervereinigung Deutschlands zu erhöhen. Doch damit stand er im Gegensatz zu den Zielen Adenauers, der mit Hilfe der Wiederaufrüstung die Westintegration forcieren wollte. Im Jahre 1955 erarbeitete von Bonin ein weiteres umstrittenes Thesenpapier. Ausgangspunkt war die Beurteilung, dass das geteilte Deutschland – auch geographisch im Spannungsfeld zwischen den beiden Blöcken – ohne das Risiko einer Zerstörung dessen, was verteidigt werden sollte, weder nuklear noch konventionell geschützt werden konnte. Daraus leitete er ein Sicherheitskonzept ab, dass ein neutrales Deutschland zwischen den rivalisierenden Machtblöcken vorsah. Doch damit stand die Integration der Bundesrepublik in die NATO auf dem Spiel. De Maizière diagnostiziert bei Bonin – bei allen menschlichen und militärischen Vorzügen – politische Defizite:

„Doch es fehlte ihm an politischem Gespür. Es fiel ihm schwer, den von der Bundesregierung bestimmten politischen Rahmen für den deutschen Verteidigungsbeitrag zu akzeptieren, die militärfachlichen Erfordernisse mit den Zielen der Europapolitik in Übereinstimmung zu bringen. Er konnte auch kaum Verständnis für das neue Konzept des Staatsbürgers in Uniform aufbringen." [480]

Bereits im November 1953, nach nur wenigen Monaten, wurde von Bonin als Planungschef abgelöst, hielt aber an seiner Konzeption im Kern fest. Als Bonin jedoch mit seinen Thesen an die Öffentlichkeit ging, führte dies im Sommer 1955, noch vor der offiziellen Gründung der Bundeswehr, zu seiner Entlassung.[481]

Menschliche Schwächen

Einen „Sturm im Wasserglas" rief eine Auseinandersetzung zwischen Brigadegeneral Burkhart Müller-Hillebrand (1904-1987), dem Unterab-

---

477 Maizière, Ulrich de In der Pflicht S. 176
478 siehe: Hoffmann, Peter Claus Schenk Graf von Stauffenberg und seine Brüder S. 85
479 siehe: Abenheim, Donald Bundeswehr und Tradition S. 68 f.
480 Maizière, Ulrich de In der Pflicht S. 176
481 Zur Gesamtdarstellung siehe: Brill, Heinz Bogislaw von Bonin

teilungsleiter militärisches Personalwesen im Verteidigungsministerium, und Minister Strauß hervor.

Müller-Hillebrand war 1923 in die Reichswehr eingetreten. 1926 diente er als Leutnant im Reiterregiment 16 in Erfurt, als der junge Graf Kielmansegg in diesen Verband als Offizieranwärter eintrat. Nach der Generalstabsausbildung war Müller-Hillebrand zunächst im August 1939 in der Organisationsabteilung des Generalstabs des Heeres und wurde während des Frankreichfeldzuges „I a" der 93. Infanteriedivision unter Generalleutnant Otto Tiemann (1890-1952) und danach „I b" (Logistik) im Stab des XVII. Armeekorps unter General der Infanterie Werner Kienitz (1885-+). Im Oktober 1940 wurde Müller-Hillebrand Adjutant des Generalstabschefs des Heeres, Generaloberst Franz Halder. Zwei Jahre später wurde er zum Chef der Organisationsabteilung im Generalstab des Heeres ernannt. In dieser Zeit wurde de Maizière einer seiner engsten Mitarbeiter. Von März 1943 bis Januar 1944 übernahm Müller-Hillebrand das Panzerregiment 24, das im Rahmen der – nach ihrer Vernichtung in Stalingrad neu aufgestellten – 24. Panzerdivision unter Generalmajor Gustav-Adolf von Nostitz-Wallwitz (1898-1945) in der Ukraine kämpfte. Einer seiner Offiziere war Oberleutnant Ferdinand von Senger-Etterlin, der spätere Vier-Sterne-General der Bundeswehr. Im April 1944 wurde Oberst i.G. Müller-Hillebrand für sechs Monate Chef des Generalstabs des XXXXVI. Panzerkorps unter dem General der Panzertruppen Smilo Freiherr von Lüttwitz, der 1957 das III. Korps der Bundeswehr in Koblenz übernehmen sollte. Von September 1944 bis zum Kriegsende war er, zwischenzeitlich zum Generalmajor befördert, Chef des Generalstabes der 3. Panzerarmee unter Generaloberst Erhard Raus (1889-1956). Die Jahre von 1945 bis 1947 verlebte er in britischer Kriegsgefangenschaft. Im Jahre 1956 trat er als Brigadegeneral in die Bundeswehr ein.

Strauß hatte mit dem elf Jahre älteren und selbstbewussten Müller-Hillebrand, den er zu seinen „eingefleischten Gegnern" zählte, bereits mehrfach Zusammenstöße gehabt, so z. B. als sich Müller der von Strauß favorisierten Berufung von Generalmajor (später Generalleutnant) Max Pemsel (1897-1985) zum Kommandierenden General des II. Korps in Ulm widersetzte. Einmal hatte Strauß Müller-Hillebrand zu einer Besprechung bestellt. Als dieser jedoch einige Zeit auf den Minister warten musste – die Angaben schwanken zwischen 15 Minuten und einer halben Stunde, – verließ Müller-Hillebrand das Vorzimmer, da er eine solch lange Wartezeit für einen General als unzumutbar betrachtete. Strauß, ob dieses Verhaltens erbost, ließ ihn durch Feldjäger von dessen Haus zurückholen [482] und versetzte ihn danach als Stellvertretenden Kommandeur der 1. Panzergrenadierdivision zur Truppe. Schmückle stellt die Gegebenheit entschärft dar: danach hätten die

Feldjäger dem General nur die Weisung des Ministers übermittelt und ihm zugleich aus Höflichkeit angeboten, ihn im Dienstwagen mitzunehmen, was der General fälschlicherweise als Verhaftung verstanden hätte. Im übrigen hätte der General „die Stimmung genossen, die ihn so populär machte." [483] Der Vorfall führte in den Medien und auch innerhalb der Bundeswehr zu beträchtlichem Aufsehen.

In späteren Jahren nahmen Generale allerdings noch längere Wartezeiten im Vorzimmer des Verteidigungsministers ohne Murren in Kauf. Aufmüpfigkeit war nicht mehr gefragt. So wartete General Dr. Reinhardt am 20. August 1999 zwei Sunden lang geduldig im Vorzimmer seines Ministers Scharping. Die Gründe für dieses Verhalten wurden nicht genannt. [484] Es gibt sicherlich triftige Gründe, selbst einen angemeldeten Besucher warten zu lassen. Doch dies kann man begründen und dafür um Verständnis bitten. Bedenklich wird es, wenn der Vorgesetzte und der Wartende diesen Fehler bei der Terminplanung oder diese Unhöflichkeit fälschlicherweise als Ausdruck des Primats der Politik verstehen und einordnen. Im Falle Müller-Hillebrands hatte dieser auf die Unhöflichkeit seines Ministers ähnlich unhöflich geantwortet. Damit waren die Fronten ausgeglichen, denn bei der zweiten Begegnung, die Strauß als Vorgesetzter zu Recht durchsetzte, gab es offenbar keine Verzögerung mehr. Zwar wurde Müller-Hillebrand danach aus dem Ministerium versetzt, doch seiner Karriere tat dies keinen Abbruch. Später wurde Müller-Hillebrand in Hannover Divisionskommandeur und wechselte von dort in seiner letzten aktiven Verwendung zur NATO. Die Tatsache, dass er noch unter Strauß den zweiten und sogar den dritten goldenen Stern erhielt, spricht dafür, dass der Minister sehr wohl zwischen persönlicher Sym- oder Antipathie und dienstlicher Befähigung zu trennen vermochte. Offenbar sah Strauß die Demonstration des Generals gelassen und ordnete diese Reaktion vor allem nicht der Rubrik „Verletzung des Primats der Politik" zu. Ende März 1965 trat Müller-Hillebrand in den Ruhestand.

Der Wehrexperte der SPD, Oberst a.D. Dr. Friedrich Beermann, später Brigadegeneral und danach Abgeordneter des Bundestages, hatte vor Offizieren der Marine in Glücksburg über Marinetradition referiert und dabei die beiden Meuterer von 1917, Max Reichpietsch und Albin Köbis, als Idealisten dargestellt, was zunächst zu eisigem Schweigen und dann zu einem Tumult in der Zuhörerschaft führte. Die SPD kündigte eine Große Anfrage im Bundestag an, die der damalige Inspekteur der Marine, Vize-

---

482 Strauß Die Erinnerungen S. 374; siehe auch: Steinhaus, Rolf Soldat & Diplomat S. 210
483 Schmückle, Gerd Ohne Pauken und Trompeten S. 166
484 Vgl. Reinhardt, Klaus Tagebuchaufzeichnungen als deutscher Kommandeur im Kosovo S. 35

admiral Ruge, und der Führungsstab der Marine vermeiden wollten. Durch eine geschickte Presseerklärung wurde dies zwar verhindert, doch einige Jungsozialisten wollten daraufhin eine Gedenkfeier an der Grabstätte der beiden hingerichteten Meuterer auf einem Bundeswehrgelände in Köln-Wahn veranstalten. Die Weisung an den Standortkommandanten war, die Veranstaltung großzügig zu unterstützen, allerdings war nur eine Abordnung von zehn Mann zugelassen. Die Stimmung der vor der Kaserne demonstrierenden Menge schien zu kippen, als das Gerücht verbreitet wurde, die Wachsoldaten hätten scharfe Munition erhalten, doch nach der Kranzniederlegung entspannte sich die Lage. [485]

Ein General des Heeres ist sehr tief gestürzt: Der im Zweiten Weltkrieg hochdekorierte [486] letzte Kommandeur der Panzerdivision „Großdeutschland," Generalleutnant Hellmuth Mäder (1908-1984). Sechs Jahre nach seiner Pensionierung im Jahre 1968 kam es wegen Unregelmäßigkeiten in Dienstabrechnungen sowie Bestechungsannahmen in Verbindung mit Auftragsvergaben für Bundeswehrfahrzeuge zu einer Anklage wegen Untreue gegen ihn. Mäder wurde zu zwei Jahren Haft verurteilt und verlor seinen Rang als Generalleutnant – ein bisher einmaliger und zugleich tragischer Fall. Im Verzeichnis der Generale und Admirale der Bundeswehr ist sein Name gelöscht. In späteren Jahren hat die deutsche Justiz hier einen milderen Kurs eingeschlagen. Vergleicht man, wie heute ähnliche Fälle z. B. Verfehlungen von Politikern hinsichtlich der Inanspruchnahme diverser Vorteile behandelt werden, mutet die damalige Strafe sehr hart an. Doch bekanntlich fängt „der Fisch am Kopfe an zu stinken," und so sind Exempel wichtig. Öffentlichkeit und Medien prangern diese Missstände zwar an, doch ihre Wirkung verpufft schnell. Vergehen bleiben zumeist ungeahndet und fallen dann dem kollektiven Vergessen anheim. Auch die Bindungskraft des Eides hinsichtlich treuer Pflichterfüllung ist im Offizierkorps stärker ausgeprägt als in der Bevölkerung und bei manchen Politikern.

Katastrophen

Es ist eine Ironie des Schicksals, dass in der Vergangenheit zumeist landesweite Naturkatastrophen dazu beigetragen haben, das Ansehen der Bundeswehr zu heben.

Mehrmals in ihrer Geschichte war die Bundeswehr bei Hochwasserkatastrophen gefordert: im Februar 1962 an der Elbe, im Juni 1965, im März 1988 und zu Pfingsten 1999 an der Donau, 1997 an der Oder, sowie 2002 an der Elbe.

Die Hamburger Flutkatastrophe im Februar 1962 brachte der Bundeswehr den ersten, beträchtlichen Schub an Ansehen. Jedoch trat kein General oder Admiral namentlich hervor; sie alle standen „unter dem Kommando" des Hamburger Innensenators Helmut Schmidt. Es war eine „zivile" Katastrophe, von der Natur hervorgerufen. Dass sie trotz der hohen Zahl an Opfern gemeistert wurde, lag am Zusammenspiel der Kräfte und am Krisenmanagement der zivilen Führung Schmidts, der jedoch auf seine militärischen Erfahrungen zurückgriff. Und so war es selbstverständlich, dass das Militär im Hintergrund blieb. Die positive Wirkung auf das Meinungsbild gegenüber den Streitkräften indes hielt nur bei den direkt Betroffenen länger an. Generalmajor Hans-Peter von Kirchbach, der spätere Generalinspekteur, wurde im Sommer 1997 der Öffentlichkeit bekannt, als er als Kommandeur der 14. Panzergrenadierdivision in Neubrandenburg den Einsatz der mehr als 24.000 Soldaten gegen das Hochwasser der Oder leitete. Der gemeinsame Kampf von Bundeswehr, Technischem Hilfswerk, Polizei, Bundesgrenzschutz, Feuerwehren, zahlreichen Hilfsorganisationen und vielen freiwilligen Helfern gegen Wasser und fragile Deiche war erfolgreich. Als Ende Juli 1997 der Deich bei Hohenwutzen auf einer Länge von 50 Meter abrutschte, schien die Lage hoffnungslos. Mit Tonnen von Sandsäcken gelang es buchstäblich in letzter Minute, die Katastrophe abzuwehren. Danach folgen umfangreiche Aufräumungs- und Instandsetzungsarbeiten. Leistung und Einsatzwille der Soldaten fanden bei der Bevölkerung Anerkennung und Dankbarkeit. Die Armee der Einheit hatte die erste, große Bewährungsprobe bestanden. Kirchbach wurde zum „Retter des Oderbruchs." Fünf Jahre später, im Sommer 2002, führte die Elbe zerstörerisches Hochwasser. Wieder rückten tausende Soldaten und zivile Helfer aus und halfen Not und Leid zu mindern und den Schaden zu begrenzen.

Als am 28. Dezember 1978 dichte Schneewolken über Norddeutschland zogen und einen Tag später eisige Kälte, extremer Schneefall und Sturm Schleswig-Holstein in eine sibirische Eiswüste verwandelten, half die Bundeswehr. Sie befreite verzweifelte Autofahrer, die mit ihren PKW in Schneewehen steckten, eingeschneite Bauerhöfe ohne Strom, und einmal wurde ein geheizter Transportpanzer M 113 zum Kreißsaal.

Oberst (später Brigadegeneral) Erwin Hentschel (* 1923), dem Kommandeur der Panzerbrigade 18, war das Kommando aller Hilfskräfte der Bundeswehr nördlich des Nord-Ostsee-Kanals übertragen worden. Am 6. Januar 1979 war der Einsatz, den der kriegserfahrene Hentschel mit Ruhe und Übersicht führte, beendet.

Nach der Seebeben-Katastrophe am 26. Dezember 2004 in Südostasien wurden Lufttransportkräfte der Bundeswehr zur Rückholung einer gro-

---

485 siehe: Schmückle, Gerd a.a.O. S. 214 ff.
486 Generalmajor Mäder wurde im April 1945 mit dem Ritterkreuz mit Eichenlaub und Schwertern ausgezeichnet.

ßen Zahl von gestrandeten und verletzten Touristen eingesetzt, und im Januar 2005 verlegte der Einsatztruppenversorger „Berlin" mit Sanitätssoldaten des Marineeinsatzrettungszentrums und zwei Hubschraubern in die Krisenregion, um an der Nordspitze der indonesischen Insel Sumatra bei der Krankenversorgung zu helfen. Darüber hinaus wurde ein landgestütztes Rettungszentrum in die Katastrophenregion verlegt.

Ausbildung für Frieden und Krieg

Die Streitkräfte als Instrument der Politik waren stets – neben ihrer Wirkung, die sie bereits durch ihre schiere Existenz besitzen – auf die Anwendung von Gewalt ausgerichtet, ausgebildet und ausgerüstet. Jeder verantwortliche Vorgesetzte hatte daher das Bestreben, die Ausbildung der Soldaten so zu optimieren, damit diese in einem Krieg bestehen konnten. Als Motto galt: Je besser Ausbildung und Ausrüstung, desto größer die Überlebenschancen – „Schweiß spart Blut." Unverantwortliche Führung zeige sich auch darin, dass – wie in der Endphase des Zweiten Weltkrieges – schlecht und sogar unausgebildete Männer – alte wie junge – in den Kampf geschickt wurden und einen hohen Blutzoll zahlen mussten. Die aus der Wehrmacht übernommenen Unteroffiziere und Offiziere brachten primär ihre Kriegserfahrungen in die Ausbildung ein. Vor allem jene, die im Laufe ihres Lebens zwei Weltkriege innerhalb von nur 31 Jahren erlebt und überlebt hatten, waren überzeugt, auch der dritte große Krieg des 20. Jahrhunderts wäre letztlich nur eine Frage der Zeit. Und tatsächlich standen die Zeichen während des Kalten Krieges wiederholt auf Sturm: vor allem die sechziger Jahre waren instabil: Mauerbau, Kubakrise und Besetzung der CSSR waren Meilensteine. Ihr Bestreben war es, die ihnen unterstellten Soldaten dafür optimal, d. h. vor allem zum Überleben fähig, auszubilden und lehnten von daher Kompromisse in der Ausbildung ab. Sie wollten vermeiden, dass die ihnen anvertrauten Soldaten als „Kanonenfutter" verheizt würden wie jene Feldersatzdivisionen oder das letzte Aufgebot des Volkssturmes. Nicht, dass sie den Krieg herbeisehnten – aber ihre Vorstellung von Erziehung zur Härte war eine Frage der Fürsorge und der Pflichterfüllung. Nur war diese in vielen Fällen nicht mit den geänderten Bedingungen und Einschränkungen eines Friedensbetriebes in Einklang zu bringen. Im Bestreben nach bestmöglicher, kriegsnaher Ausbildung der Soldaten wollten die jungen Ausbilder wiederum nicht hinter ihren kriegserfahrenen Kameraden zurückstehen, wollten zeigen, dass sie auch etwas leisten und Härte ertragen können.

„Auf die Kriegsoffiziere schauten sie (= die jüngeren Offiziere) mit einer Mischung von Bewunderung und Skepsis. Eine Neigung zur Bewunderung

ergab sich zwangsläufig daraus, daß die Älteren alles das erfahren hatten, was die Jüngeren mit ihrer Entscheidung für den Offizierberuf anstrebten: Führer von Soldaten zu sein. ... Nach und nach erkannten sie, daß auch da nicht alles Gold war, was glänzte. Nicht alle ...hatten sich an der Front bewährt. Und die Tapferen von einst zeigten nicht immer Zivilcourage, wo sie ... gefordert war. Die wenigsten waren gute Ausbilder; denn das hatten sie eben im Kriege nicht gelernt." [487]

Unterschwellig gärte in den Jüngeren die geheime Frage: „Wie würde ich mich in einem Krieg bewähren? Wäre ich ebenso tapfer und diszipliniert wie meine Altvorderen? Könnte ich vor deren Urteil bestehen?" Dies hat keinesfalls etwas damit zu tun, dass sich die Jüngeren nach Krieg und Kriegserfahrung sehnten. Es ist vergleichbar dem jungen Arzt, der erst mit einer erfolgreichen Operation aus dem Sauerbruchschen Schatten tritt. Der Pilot, der seine fliegerische Praxis nur am Simulator erworben hat, befreit sich erst mit dem Alleinflug von der heimlichen Sorge, das Erlernte nicht richtig anzuwenden. Die politischen Inquisitoren der 68er-Generation glaubten in arroganter Selbstüberschätzung, dieses Problem durch die Verdammung der Leistungen der Väter lösen zu können. Wenn deren Verdienst geschmälert würde, brauchte man ihm nicht mehr nachzueifern, eine – oberflächlich betrachtet – einfache Lösung. Doch mit der rigorosen Zerstörung „familiärer" Traditionen ging nicht nur Identität verloren. Es entstand ein geistiges Vakuum, das Orientierungslosigkeit nach sich zog. Die Bundeswehr hat die Feuertaufe eines Krieges nie erleben müssen, aber daraus resultierte lange Zeit ein Minderwertigkeitskomplex, der nur mühsam verdrängt wurde. Auch die Verbündeten haben dies bisweilen anklingen lassen. Die Bundeswehr wurde von ihnen ob ihrer Ausrüstung, Ausbildung und Leistungen bei Manövern geschätzt und respektiert, aber stets mit der unterschwelligen Einschränkung einer fehlenden Bewährung im scharfen Schuss. In dem Bestreben, dies zu kompensieren, kam es oft zu einem Überschreiten der Grenzen, zur Verletzung von Sicherheitsvorschriften, zu Verstößen gegen die Menschwürde und zu Unfällen. Erst mit den Auslandseinsätzen begann die Bundeswehr, sich freizuschwimmen und vom dominierenden Vorbild der kriegsgedienten Väter und Großväter zu lösen. Anders als in der Vergangenheit haben die geänderten weltpolitischen Bedingungen und die neuen militärischen Anforderungen und Aufgaben zu der Erkenntnis geführt, dass das „Erleben der Hölle der Ostfront" nun nicht mehr die Meßlatte soldatischen Bewährens sein kann. Vor dem Hintergrund der unvorstellbaren, apokalyptischen Zerstörungskraft nuklearer Waffen wurde der Satz vom „Kämpfen können, um nicht

---

487 Kießling, Günter Versäumter Widerspruch S. 174

kämpfen zu müssen" so interpretiert, als sei der Auftrag der Bundeswehr mit dem Ausbruch des Krieges erledigt. Sollte die Abschreckung versagen, der ersten Schuss tatsächlich fallen, hätten die Streitkräfte ihren Auftrag nicht erfüllt. Die Soldaten brauchten – glaubten manche – unter solchen Bedingungen nicht mehr tatsächlich kämpfen können, denn sie wirkten allein durch ihre Präsenz abschreckend. Diese Denkschule war die geistige Kapitulation unter der Parole „Lieber rot als tot!" Viele Offiziere bezogen eine Gegenposition und wehrten sich auch gegen die Parole vom „Offizier als Manager" und dem „Industriebetrieb Bundeswehr:" Sie verwiesen auf das für Frankreich verhängnisvolle „Maginot-Denken" der französischen Armee im Jahre 1940. Auch in den Thesen jener „Hauptleute aus Unna" wurde 1971 gefordert, der Soldat müsse „in erster Linie als Kämpfer anerkannt, nicht aber als militärisch technischer Spezialist begriffen werden." Ein weiteres Missverständnis war die falsche Auslegung jenes Satzes „Der Friede ist der Ernstfall." Mancher glaubte, in der Verknüpfung der Begriffe das Dilemma auflösen zu können. Doch diese Thesen wurden in der Armee abgelehnt. Krieg war bisher das tragende Motiv des Soldatseins gewesen, und nun sollte es der Friede sein? Auch die Zentrale Dienstvorschrift (ZDv) 10/1 – Innere Führung – von 1972 betonte, dass die soldatische Bewährung „ihre stärkste Bewährung im Kampf" fände. Ähnlich stellte es auch die Führungsvorschrift des Heeres fest:

„Der Krieg stellt härtere und vielfach andere Anforderungen an den Menschen als der Dienst im Frieden. Mancher tritt im Kriege hervor, der im Frieden übersehen wurde. Umgekehrt erweist sich mancher, der im Frieden Hervorragendes leistet, unter den seelischen und körperlichen Belastungen des Krieges als weniger leistungsfähig." [488]

In den neueren Vorschriften fehlt dieser Satz. Der Widerspruch, Sachwalter des Krieges zu sein und gleichzeitig dem Frieden zu dienen – diesen geistigen Spagat haben viele Soldaten nicht geschafft, und daher blieb auch mancher Vorgesetzter eine überzeugende Antwort schuldig. Der Friede wurde von vielen älteren Soldaten nur als Übergangsphase betrachtet, der Dienst am Frieden nicht ernst genommen. Als der Kommandierende General des II. Korps, Werner Lange (* 1929), am 11. Juli 1984 eine „Weisung für die Ausbildung im II. Korps 1/84" erließ und darin eine kriegsnahe Ausbildung forderte, führte dies führte zu einer Anfrage im Deutschen Bundestag. Minister Wörner lehnte allerdings die Aufhebung des Erlasses ab. Bei der Diskussion über „Härte in der Ausbildung" ist die Frage zu stellen, wie weit sich diese bei Übungen überhaupt simulieren und darstellen lässt. Bei körperlichen Anforderungen, z. B. der Länge von Fußmärschen und im Sport, ist eine Erhöhung der Leistungsanforderungen grundsätzlich möglich. Auch ein ungeübter Mensch kann – in bestimmten naturgegebenen Grenzen- z. B. für die Teilnahme an einem Marathonlauf trainiert werden. Wesentlich schwieriger ist das Heranführen an psychische Belastungen. Die Meinung der Fachwelt darüber, ob und inwieweit sich auch psychische Härte antrainieren lässt, ist geteilt. Zwar ist diese oft mit der physischen gekoppelt, aber hier bedarf es in weit stärkerem Maße fachkundiger Dienstaufsicht, weil die Grenzen der Belastbarkeit weit schwerer erkennbar sind als z. B. die Kennzeichen körperlicher Erschöpfung. Das Risiko bei der Härteausbildung liegt – wie die Beispiele von Nagold bis hin zu den „Folter"-Vorwürfen im Herbst 2004 zeigen – im individuellen Überzeichnen und in der Überforderung, was letztlich auch in Schikane und Misshandlung umschlagen kann. Die Zahl der Verstöße in der Bundeswehr gegen die Grundsätze der Menschführung ist zwar beträchtlich, doch sie relativiert sich vor dem Hintergrund der hohen personellen Stärke der Bundeswehr und dem langen Zeitraum eines halben Jahrhunderts. Auch personelle Fluktuation, oft zu geringe „Führerdichte" und mangelhafte Ausbildung sind als Gründe zu nennen. Hinzu kommt, dass in der Bundeswehr – anders als in zivilen Organisationen – derartige Vorfälle öffentlich werden. Generale und Admirale waren schuldhaft in diese Ereignisse nicht verwickelt.

Nur eineinhalb Jahre nach Aufstellung der Bundeswehr kam es im Sommer 1957 zum ersten schweren Unfall. Am 3. Juni 1957 übte der IV. Zug der 2. Kompanie des Luftlandejägerbataillons 19 unter Führung des Stabsunteroffiziers (Stabsoberjäger) Julitz das Durchqueren eines Flusses in voller Ausrüstung. Dabei ertranken 15 Soldaten in der reißenden, etwa 40 bis 60 m breiten Iller bei Hirschdorf. Sie gehörten zum ersten Wehrpflichtigen-Kontingent, das am 1. April einberufen worden war. Es war das erste Mal, dass deutsche Soldaten nach dem Ende des Zweiten Weltkrieges getötet wurden. Die Öffentlichkeit war schockiert, und die Frage nach Dienstaufsicht, Ausbildung und Ausrüstung der Soldaten wurde gestellt. Die höhere Führung traf keine Schuld. Doch mancher fragte, ob der Unfall nicht auch die Folge von Ausbildungsmängeln eines zu schnellen Aufbaus der Armee war. Der Zugführer Julitz wurde später zu acht Monaten Gefängnis auf Bewährung verurteilt, die Mitangeklagten hingegen wurden freigesprochen. Auch Minister Strauß kam ins Visier, obwohl er es war, der die ehrgeizigen Zahlen des Aufbaues nach unten korrigiert hatte. Das Unglück führte zur Gründung des Soldatenhilfswerks, das unverschuldet in Not geratenen Soldaten und ihren Familien schnelle und unbürokratische Hilfe leistet; bis Ende 2004 wurden 23 Millionen Euro gespendet. Am 9. August 1963 starb der 19-jährige Rekrut Gerd Trimborn der in Nagold stationier-

---

488 Heeeresdienstvorschrift (HDv) 100/100 – Führung im Gefecht 1973 Nr. 711

ten Ausbildungskompanie 6/9 des Fallschirmjägerbataillons 252 an den Folgen eines Gewöhnungsmarsches bei großer Hitze. Dies führte zu einer Untersuchung der Ausbildungsmethoden bei den Fallschirmjägern der gesamten 1. Luftlandedivision. Nach dreimonatigen Ermittlungen erhob die Staatsanwaltschaft Tübingen Anklage gegen den Kompaniechef, Hauptmann Jürgen Schallwig, seinen Kompanieoffizier, Leutnant Rölle, sechs Unteroffiziere und fünf Gefreite. Die Kompanie wurde wegen dieser Vorfälle vom Kommandierenden General des vorgesetzten II. Korps in Ulm, Generalleutnant Leo Hepp (1907-87), im November 1963 aufgelöst. Doch dieser Schritt stieß in der Bundeswehr auf zwiespältige Resonanz, weil er nur vordergründig und auf Wirksamkeit in der Öffentlichkeit gerichtet war. Überdies wurde bezweifelt, dass Hepp das Recht hatte, solch eine gravierende Maßnahme zu verhängen. Ein Jahr später, 1964, kam es zu einem ähnlichen Vorfall in der Rekrutenkompanie des Fallschirmjägerbataillons 313 in Wildeshausen. Dort seien „Ausbildungsmethoden üblich gewesen, die an die Vorfälle in Nagold aus dem Jahre 1963 erinnerten." [489]

Im selben Jahr erlitt der Rekrut Anton Deigel der Fernmeldeausbildungskompanie I/9 am 16. Juli in der Esslinger Funkerkaserne bei einer Laufschritteinlage einen Hitzschlag.

In der Öffentlichkeit wurden Erinnerungen an jenen „Schleifer Platzek" aus der Roman-Trilogie „08/15" von Hans Hellmut Kirst (1914-1989) wachgerufen. Berücksichtigt man die immense Zahl von Schieß- und Sprengvorhaben und -übungen, sowie die unüberschaubare Zahl von Waffen und Munition, die in den Streitkräften verfügbar sind und in der

---

489 Maizière, Ulrich de a.a.O. S. 263 f.
490 Hier eine Auswahl der schwersten Unglücke: Am 9. April 1964, schlug auf dem Truppenübungsplatz Bergen-Hohne eine Mörsergranate – infolge falscher Zieldaten – in den Zuschauerbereich ein. Zehn Soldaten wurden getötet und zahlreiche weitere schwer verletzt. Unter den Opfern waren acht Deutsche und zwei ausländische Offiziere des „Lehrgangs für ausländische Offiziere aus Nicht-NATO-Staaten" der Führungsakademie. Am 14. September 1966 sank das U-Boot „Hai" während einer Überwasserfahrt in der Nordsee. 19 Matrosen fanden den Tod, als Wasser durch den Schnorchel in das Schiff eindrang. Am 12. Februar 1969 stürzte ein Transportflugzeug „Noratlas" bei Erding in Oberbayern in ein Haus. Dabei wurden zehn Soldaten und ein kleines Mädchen getötet. In der Nacht zum 20. Januar 1969 wurde die Wache der Standortmunitionsniederlage im saarländischen Lebach von zwei Männern überfallen. Vier Wachsoldaten des Fallschirmjägerbataillons 261 wurden getötet, einer schwer verletzt. Der Überfall, der durch Defizite bei den Wachbestimmungen erleichtert wurde, war ein „normales" Verbrechen. Am 7. Juli 1970 geriet ein Hubschrauber bei Berchtesgaden in Telefondrähte und stürzte ab. Zwölf Soldaten – acht französische und vier deutsche – kamen ums Leben. Der Absturz einer Transall, die am 9. Februar 1974 auf Kreta gegen einen Berg raste und bei dem 42 Soldaten ums Leben kamen, war das Unglück, das bisher die meisten Opfer forderte. Am 28. August 1988 forderte ein Unglück bei der US-Luftschau in

Ausbildung benutzt werden, ist gemessen daran die Zahl der Unglücksfälle und Vergehen – bei allem Respekt vor dem individuellen Leid – gering und spricht für die Qualität der Ausbildung und Dienstaufsicht. Es gab zum Glück in den fünfzig Jahren nur wenige große Unglücksfälle. Dennoch ist der Blutzoll von Soldaten der Bundeswehr, alliierter Truppen und Zivilisten, die bei Manövern, sowie bei Schieß-, Schiffs- und Flugunfällen starben, beträchtlich. Allein zwischen 1960 und 2005 starben über 2.500 Soldaten, davon über 600 bei Flugunfällen; im Durchschnitt waren dies zwischen 50 und 60 pro Jahr. [490]

Wesentlich mehr Opfer kostete der schleichende Tod mehrerer tausend Soldaten, die bei Unfällen außer Dienst und vor allem auf dem Weg vom und zum Dienst ihr Leben verloren. Auch die Soldaten der Luftwaffe, die durch Verstrahlung starben, zählen in diese Kategorie. Anfangs hängen Bilder und Namen der ums Leben gekommenen Soldaten noch in den Kasernenfluren. Doch schnell werden sie vergessen. Heute sind viele Einheiten aufgelöst, und manche Kaserne gibt es nicht mehr. Die Erinnerungen verstauben in einer „Traditionsecke" – kein Platz für Trauer. Diese Soldaten sind die namenlosen „Gefallenen des Kalten Krieges," doch bis heute gibt es kein Denkmal, das an sie erinnert. Wie Gedenken auch würdevoll gestaltet werden kann, zeigt die Zusammenarbeit zwischen britischen Truppen und kommunalen Behörden in Schleswig-Holstein. [491] Auf dem Friedhof von Sehestedt in Schleswig-Holstein wird jedes Jahr an einem Gedenkstein, der die Namen der Toten trägt, ihres Opfers gedacht – eine Geste, die die Bundeswehr für ihre toten Kameraden nur selten auf-

---

Ramstein 70 Menschenleben. Die Bundeswehr war an dieser Katastrophe nicht beteiligt. Doch zeitgleich feierte das Jagdbombergeschwader 31 („Boelcke") in Nörvenich mit einem Tag der Offenen Tür mit Großem Zapfenstreich und einer Tanzveranstaltung. In Unkenntnis über die Umstände und das Ausmaß des Unglücks in Ramstein, brach man die Feier nicht ab, was zu Schelte in den Medien führte. Am 11. Mai 1990, verloren neun Soldaten und ein ziviler Mitarbeiter ihr Leben, als eine Transall des Lufttransportgeschwaders (LTG) 62 in ein Waldstück bei Rodenbach in der Nähe von Lohr am Main stürzte. Ein Hubschrauber „Bell UH-1 D" der Flugbereitschaft des Ministeriums stürzte am 6. Juni 1996 bei einem Rundflug über Dortmund südlich der Stadt in ein Waldstück. Von den 14 Insassen überlebte nur einer. An Bord waren neben der Besatzung sechs Jugendliche, die einen Freiflug gewonnen hatten. Am 22. Oktober 1995 zerschellte eine Transall an den Felsklippen bei Ponta Delgada auf den Azoren; die siebenköpfige Crew kam ums Leben. Am 14. September 1997 stieß eine Turpolev der Luftwaffe auf dem Flug nach Südafrika vor Namibia vermutlich mit einem anderen Flugzeug zusammen und stürzte in den Südatlantik: 33 Soldaten und Passagiere starben.

491 Im Jahre 1974 ertranken in der Nacht des 11. Septembers sechs Fallschirmjäger der „15th Scottish Para Battalion Group" beim NATO-Manöver „Bold Guard" im Nord-Ostsee-Kanal.

bringt. Und in Öffentlichkeit und Medien erntet in diesen Jahren Applaus
nur der, welcher dem unbekannten Deserteur Kränze flicht, obwohl Fahnenflucht unverändert im Wehrstrafgesetz (§ 44) als Straftatbestand verankert ist. Deutschland ist wahrscheinlich weltweit das einzige Land ist,
das eine solche Ehrung pflegt. Hier stimmt die ethische Justierung nicht
mehr. Bereits 1966 verweigerten zwei protestantische Pfarrer in Flensburg
die Gefallenenehrung an den Ehrentafeln in der Kirche. Der spätere Bundespräsident Heinemann beglückwünschte sie. [492] Christliche Grundsätze
wurden über Bord geworfen, zählt doch die „verbale Fahnenflucht" von Pe-
trus nach der Verhaftung von Jesus („Ich kenne diesen Menschen nicht!")
keinesfalls zu einem nachahmenswerten Beispiel.

Die Auslandseinsätze der Bundeswehr stellten die Armee seit Mitte der
neunziger Jahre vor völlig neue Aufgaben. Sie wurden mit Bravour gelöst.
Die Bundeswehr mutierte damit zum gleichberechtigten Partner der großen NATO-Staaten. Viele Soldaten erkannten bei diesen Einsätzen auch,
dass jene Sicherheit und Freiheit, die viele junge Menschen in Deutschland
und anderen westlichen Ländern mittlerweile als verbrieftes Grundrecht
betrachteten, in Wirklichkeit ein sehr zerbrechliches Gut ist, das des Schutzes bedarf. Am 14. Oktober 1993 wurde der Sanitätsfeldwebel Alexander
Arndt in Pnom Penh/Kambodscha erschossen. Er war das erste Opfer eines
Einsatzes im Ausland. Bei den Auslandseinsätzen der Bundeswehr von
1993 bis 2005 starben bisher 52 Soldaten; die meisten von ihnen kamen auf
dem Balkan ums Leben; auch diese Missionen bergen ein beträchtliches
Risiko. [493] Sie wurden bei Verkehrs- und Schießunfällen getötet, einige er-
lagen Krankheiten oder schieden freiwillig aus dem Leben. Doch der „Dank
des Vaterlandes" ist eine Chimäre, die sich nicht selten im dichten Gestrüpp
der Ministerialbürokratie verheddert. Mit fadenscheinigen juristischen
Spitzfindigkeiten werden häufig Entschädigungsansprüche abgewiesen.
Dabei ist es nur ein schwacher Trost, dass nicht nur in Deutschland überle-
bende Opfer und Hinterbliebene oft allein gelassen werden.

Krisen

Der Rücktritt der drei Generale Trettner, Pape und Panitzki im Jahre
1966 ging als sog. „Generalskrise" (siehe Nr. 2.2) in die Annalen der Bundeswehr ein. Doch die Gründe für diese Demissionen waren unterschiedlich und haben eine andere Gewichtung.

Trettner und Pape verzichteten wegen des Erlasses über die gewerkschaftliche Betätigung der Soldaten auf ihr Amt. Der zweite Konflikt hingegen, die „Starfighter-Krise," derentwegen Panitzki aus dem Dienst schied,
war ungleich schwerwiegender, denn er führte zum Verlust von Menschen-

leben. Der „Starfighter" (F-104 G; G steht für Germany) war ein auf amerikanische Wetterbedingungen zugeschnittener Abfangjäger (Interceptor).
Die Entscheidung für die Einführung des Waffensystems F 104 G war
bereits unter General Kammhuber, dem ersten Inspekteur der Luftwaffe,
im Jahre 1958 gefallen. Strauß hatte mehrfach versichert, er hätte sich –
auch aus politischen Gründen – für die französische Mirage entschieden,
um die deutsch-französische Zusammenarbeit voranzutreiben, doch
gegen die geschlossene Phalanx der Luftwaffe nicht durchsetzen können.
Für den Einsatz in der Luftwaffe wurde das Flugzeug zu einer Mehr-
zweckwaffe (zusätzlich als Aufklärer, Jagdbomber und nuklearer Waffenträger) umkonstruiert. Anstatt der ursprünglich nur 250 geplanten Flugzeuge wurden 700 Maschinen in Auftrag gegeben und 364 Maschinen
gekauft. Im April 1961 erfolgte die Auslieferung der ersten Flugzeuge an
das Jagdbombergeschwader 31 („Boelcke"). Der Bedarf an qualifizierten
Piloten konnte jedoch nicht so schnell gedeckt werden, und so wurden als
Ausweg die Anforderungen gesenkt. Doch dies führte zu einer Überforderung von Material, Personal und Organisationsstruktur. Der einzelne Pilot
war oft überlastet und die Luftwaffe nur bedingt kampffähig. Im Januar
1962 kam es zum ersten tödlichen Unfall, und dann folgte eine beispiello-
se Absturzserie. Bis zur Ausmusterung am 22. Mai 1991 starben 108
Piloten, und die Luftwaffe verlor insgesamt 292 Maschinen. Trotz dieser
hohen Verluste schwankt das Urteil über die Maschine und reicht von
„Witwenmacher" bis „Traumflugzeug." In der Bundestagsdebatte vom 20.
Januar 1965 wies von Hassel die Vorwürfe des SDP-Abgeordneten Karl
Wienand („ganz große Verschwendung") entschieden zurück und nannte
die F 104 G ein „ausgezeichnetes Flugzeug." Am 10. März 1966 folgte eine
weitere Debatte über den „Starfighter." Dabei hatte auch Helmut Schmidt
die Organisationsstruktur kritisiert. Ein Unternehmen mit 450.000 Sol-

---

492 Im Oktober 1966 verweigerten die Pfarrer von St. Marien in Flensburg, Jastram, Krause
und Friedrich, Veteranen des Füsilier-Regiments 86 die Ehrung ihrer gefallenen
Kameraden und die Niederlegung von Kränzen an den in der Kirche aufgestellten
Ehrentafeln ihrer Gefallenen. Im März 1967 schloss sich Pastor Fast von St. Johannis
dem Protest an und ließ das an der Südwand der Kirche angebrachte Kriegerdenkmal
entfernen. In einem Glückwunschschreiben schrieb der spätere Bundespräsident
Heinemann, er freue sich über die Geistlichen und ermuntere sie, fest zu bleiben.

493 Am 6. März 2002 kamen in Afghanistan fünf ISAF-Soldaten eines
Kampfmittelräumtrupps, zwei Deutsche und drei Dänen, ums Leben, als sie versuchten,
eine russische Rakete zu zerlegen. Kurz vor Weihnachten des selben Jahres stürzte nur
wenige Kilometer ostwärts von Kabul ein Hubschrauber der Heeresflieger vom Typ
„Sikorsky CH-53" ab. Sieben Soldaten der Bundeswehr waren auf der Stelle tot.
Wartungsfehler sollen die Ursache gewesen sein. Am 7. Juni 2003 sprengte sich ein
Selbstmordattentäter neben einem deutschen Militärbus der internationalen
Schutztruppe ISAF in Kabul in die Luft: drei Soldaten der Bundeswehr starben.

daten und 200.000 zivilen Beschäftigten könne nicht von einem „alleinigen Vorstandsmitglied mit einem Stellvertreter" geleitet werden. Die Luftwaffenführung schlug die Einrichtung eines Systembeauftragten nach amerikanischem Vorbild vor, was aber auf erbitterten Widerstand der auf die GGO (Gemeinsame Geschäftsordnung der Bundesministerien) eingeschworenen zivilen Ministerialbürokratie, vor allem den des Staatsekretärs Gumbel und der „Gruppe Org" (Organisation) stieß. Am 24. Januar 1966 wurde zwar ein Erlass herausgegeben, der die Einrichtung eines Systembeauftragten vorsah, diesen jedoch nicht mit den dafür notwendigen Kompetenzen ausstattete. Luftwaffeninspekteur Panitzki zog die Konsequenzen. In seinem Rücktrittsgesuch vom 12. August 1966 beklagte er, dass der Bericht des Führungsstabes der Luftwaffe zur Flugsicherheit und Unfallsituation vom 29. Oktober 1965 auf Weisung des Ministers aus politischen Gründen auf ein Viertel des Umfangs zusammengestrichen worden sei. Auch die Forderung nach einer Änderung der Organisation sei nicht erfüllt worden. Acht Tage später stellte er in einem Interview mit der Neuen Ruhr-Zeitung am 20. August 1966 fest, die Anschaffung des Starfighters sei eine „politische Entscheidung" gewesen. Daraufhin schied er aus dem aktiven Dienst. Generalleutnant Steinhoff wurde sein Nachfolger. Doch auch er biß zunächst mit seinen Forderungen auf bürokratischen Granit und war daher bereits einen Monat nach Amtsantritt am 2. September 1966 zum Rücktritt entschlossen. Dies wäre einem politischen Offenbarungseid von Hassels gleichgekommen, denn einen weiteren Rücktritt eines Generals hätte er sich kaum leisten können. Und so erfüllte der Minister die Forderung Steinhoffs nach einem Systembeauftragten mit hinreichenden Vollmachten. Letztlich wurde die Krise dadurch gemeistert.

Unerlaubte Gedankenspiele

Generalleutnant Albert Schnez, der am 1. Oktober 1968 Inspekteur des Heeres geworden war, hatte 1969 – noch zur Zeit von Minister Schröder – eine geheime Studie mit dem Titel „Gedanken zur Verbesserung der Inneren Ordnung des Heeres" in Auftrag gegeben, die u. a. von Generalmajor Hellmut Grashey (1914-1990) und den Brigadegeneralen Heinrich Karst (1914-2002) [494] und Wolfgang Schall (1916-1997) verfasst wurde. Die 87 Leitsätze des Dokuments forderten u. a. die Stärkung des Traditionsbewusstseins und eine Einschränkung des Rechts auf Wehrdienstverweigerung. Soldatsein sei eine Aufgabe „sui generis," schrieb Schnez, und damit grundsätzlich qualitativ anders als Zivilberufe. Hieraus wurden zwar keine Privilegien, aber eine Sonderrolle abgeleitet. Schnez widersprach damit dem vormaligen Verteidigungsminister von Hassel, der gesagt hatte:

„Der Beruf des Soldaten ist ein Beruf wie jeder andere. Er genießt weder höheren noch niederen ethischen Wert. Er ist ein Teil unserer Gesellschaft."[495] Dessen Aussage war bereits früher auf heftige Kritik gestoßen. Der konservative, „ungediente" Journalist Hans-Georg Studnitz (1907-1992) hatte 1967 mit seinem Buch „Rettet die Bundeswehr!" deswegen eine heftige Diskussion in Bundeswehr und Öffentlichkeit entfacht:

„Soldatsein ist kein Beruf wie andere, sowenig wie der des ... Wissenschaftlers, des Erziehers und Arztes, ... des Feuerwerkers und Polizisten. Er hat sein eigenes Ethos."[496]

Das Papier des Führungsstabes des Heeres sickerte – trotz Einstufung als „Verschlusssache" (VS) – in seinen Kernaussagen im Dezember 1969 an die Öffentlichkeit. Es war eine Steilvorlage für die Gegner: Schnez wurde von ihnen innerhalb der Bundeswehr, d. h. dem Reformerflügel und außerhalb, zur Inkarnation des Reaktionärs, des militärischen Gegenreformators und Konterrevolutionärs. Die Argumente waren dabei ebenso unsachlich und unkameradschaftlich wie jene, die gegenüber Baudissin benutzt wurden. Jede Seite wähnte sich im Besitz der absoluten Wahrheit. Doch auch Schnez ging es – wie Baudissin – nicht um Profilierung, sondern um die Erfüllung des ihm übertragenen Auftrages, die Einsatzbereitschaft des Heeres verantwortlich zu gestalten. Er wies lediglich darauf hin, dass alle militärischen Verteidigungsanstrengungen vergeblich bleiben müssen, wenn es der Bevölkerung am Willen mangele, sich im Falle eines Angriffes von außen dem Aggressor entgegenstellen zu wollen. Helmut Schmidt hat dies offenbar klar erkannt. Er nannte die Studie zwar „unklug," sie enthielte aber „auch vieles Richtige, was in den Zeitungen leider kaum abgedruckt oder zitiert"[497] werde. Diese eher verhaltene Kritik von Schmidt zeigt, dass er die Thesen, obgleich einige von ihnen die Grenze des Primats der Politik berührten, im Kern – auch aus seiner eigenen militärischen Erfahrung heraus – wohl billigte und damit auch die Pflicht und das Recht eines Inspekteurs anerkannte, auf Schwachstellen hinzuweisen. Hier stellt sich die Frage, ob Offiziere in höchsten Führungsverwendungen ein ungeschminktes Bild der Lage zeichnen und dabei Forderungen an die Politik stellen dürfen, auch wenn deren Wahrheiten unbequem sind und eine Umsetzung unrealistisch erscheint. Verzichten sie darauf, verletzen sie Dienstpflichten und Eid. Auch Staatssekretär Karl-Günter von Hase hatte die Studie als „klar, einheitlich und guten Beitrag" gelobt. Doch sie

494 Brigadegeneral Heinrich Karst ist der Verfasser des Buches „Das Bild des Soldaten."
495 Kai Uwe von Hassel in: DIE WELT vom 11.März 1967 zitiert in: Studnitz Hans-Georg von Rettet die Bundeswehr! S. 131 f.
496 Studnitz Hans-Georg von Rettet die Bundeswehr! S. 131 f.
497 Schmidt, Helmut Handeln für Deutschland S. 475

kam zu einem Zeitpunkt an die Öffentlichkeit, der kaum hätte ungünstiger sein können. Auch in der Generalität des Heeres war sie nicht unumstritten. Generalleutnant Thilo, der Kommandierende General des II. Korps unterstützte sie, hatte er doch daran mitgearbeitet. Generalmajor Carl-Gero von Ilsemann (1920-1991) hingegen, der später das II. Korps übernahm, hielt es für falsch, den mit ständischen Wertmaßstäben belasteten Begriff vom „Beruf sui generis" auf die Armee anzuwenden. Die Truppe kannte die Studie nicht. Der damalige hessische Kultusminister Ludwig von Friedeburg (* 1924), ein Sohn des Generaladmirals, hatte als vehementer Kritiker der Bundeswehr in der Frankfurter Neuen Presse am 26. November 1970 erklärt, der Offizierberuf sei nur deshalb kein Beruf wie jeder andere, weil die Gesellschaft ihn nur wegen ihrer eigenen Unreife brauche. [498]

Albert **Schnez**, am 30. August 1911 in Abtgmünd (Kreis Aalen) geboren, hatte in seiner Familie keine unmittelbare militärische Tradition. Doch seine Großmutter mütterlicherseits stammte aus der alten württembergischen Soldatenfamilie Linzemann. Und sie gab die Geschichten, die sie als Kind vom Russland-Feldzug Napoleons, seinen Einzug in Moskau und den Rückzug über die Beresina gehört hatte, an ihren Enkel weiter. Albert Schnez war nach dem Abitur am 1. April 1930 als Neunzehnjähriger in das Ausbildungsbataillon des Infanterieregiments 13 in Schwäbisch-Gmünd eingetreten, diente nach der Grundausbildung bis September 1931 im II. Bataillon in Ludwigsburg und wurde dann zur Infanterieschule nach Dresden kommandiert. Nach dem Abschluss der Offizierausbildung kehrte er als Zugführer des I. Bataillons des IR 13 nach Stuttgart zurück. Vom Oktober 1934 bis April 1938 war Schnez Bataillonsadjutant des I. Bataillons IR 13, das 1936 in Infanterieregiment 119 umbenannt wurde. Anschließend wurde der inzwischen zum Hauptmann beförderte Schnez Regimentsadjutant des IR 119. Das IR 13 (bzw. 119) unterstand der 25. Infanteriedivision (ab November 1940 Infanteriedivision (mot.). Bei Kriegsbeginn erhielt Schnez zunächst eine Verwendung als Ordonnanzoffizier im Stab seiner Division unter Generalleutnant (später General der Infanterie) Heinrich Clößner (1888-1976) und wurde – während des Frankreichfeldzuges wiederholt als Führer von Vorausabteilungen und Kampfgruppen an vorderster Front kämpfend – mit den beiden Eisernen Kreuzen, sowie dem Infanteriesturmabzeichen ausgezeichnet. Von Mitte Oktober 1940 bis Anfang Januar 1941 absolvierte Schnez die verkürzte Generalstabsausbildung an der Kriegsakademie in Berlin unter Oberst i.G. Hermann Foertsch, dem Bruder des späteren Generalinspekteurs der Bundeswehr. Danach blieb Schnez bis zum 31. Oktober in der Hauptstadt, denn er wurde in die Feldtransportabteilung des Oberkommandos des

Heeres versetzt; Generalstabschef war zu dieser Zeit Generaloberst Franz Halder. Im November 1941 verließ Schnez seine Schreibtischtätigkeit im Generalstab des Heeres und übernahm bis Juni 1942 die Aufgabe des „Transportkommissars Süd" bei der Heeresgruppe Süd im Donez-Becken und auf der Krim. Im Juli 1942 folgte erneut eine Stabsverwendung, diesmal als Adjutant des Chefs des Transportwesens der Wehrmacht, des Generals der Infanterie Rudolf Gercke (1884-1947), der diese Verwendung während des ganzen Krieges innehatte. Ihm oblagen u. a. Planung und Durchführung der Truppen- und Versorgungstransporte sowie der gesamte Wehrmachtsreiseverkehr. Am 1. Februar 1943 wurde Oberstleutnant i.G. Schnez für fünfzehn Monate, bis Mitte Mai 1944, Erster Generalstabsoffizier („I a") seiner alten Division – zwischenzeitlich umbenannt in 25. Panzergrenadierdivision – zunächst unter dem General der Infanterie Anton Grasser (1891-†), der nach dem Krieg von 1951 bis 1953 Kommandeur des Bundesgrenzschutzkommandos West war und ab November 1943 unter Generalmajor Dr. Fritz Benicke (1894-+). Die Division war zu dieser Zeit an der Ostfront im Raum Brjansk, Orel und Smolensk eingesetzt und wurde später während der Abwehrkämpfe im Juli 1944 vernichtet. Während dieser Zeit führte er für kurze Zeit sein altes IR 119 – inzwischen in Grenadierregiment 119 umbenannt -, in dem er nur wenige Jahre zuvor als Adjutant gedient hatte. Im Juni 1944 wurde Schnez – mittlerweile Oberst – für drei Monate „General des Transportwesens" in Rumänien und damit oberster Transportoffizier der Heeresgruppe Süd unter Generaloberst (später Feldmarschall) Ferdinand Schörner. Dem „General des Transportwesens" unterstand u. a. eine Eisenbahnpionierbrigade (ca. 15.000 Mann), ein Eisenbahn-Nachrichten-Regiment (ca. 1.500 Mann), eine leichte Flak-Abteilung (ca. 600 Mann) zum Schutz der Eisenbahntransporte, ein Transportsicherungsregiment (ca. 8.600 Mann), sowie eine Feldeisenbahnabteilung – insgesamt zwischen 30.000 und 50.0000 Soldaten.

Bereits im Herbst 1944 wechselte Schnez – ausgezeichnet mit dem Deutschen Kreuz in Gold – in der selben Funktion nach Italien zur Heeresgruppe C unter Feldmarschall Albert Kesselring und ab März 1945 unter Generaloberst Heinrich von Vietinghoff. Chef des Generalstabs der Heeresgruppe im Hauptquartier in Rignano sull´Arno bei Florenz war Generalleutnant Hans Röttiger, der spätere erste Inspekteur des Heeres, mit dem Schnez eng zusammenarbeitete. In dieser Verwendung erlebte Schnez das Ende des Krieges. Nach der Kapitulation führte er diese Aufgabe auf Weisung der Alliierten mit dem Titel „Generalbevollmächtigter der deutschen

---

498 siehe: Ilsemann, Carl-Gero von Die Bundeswehr in der Demokratie S. 78

Eisenbahnbautruppen in Italien unter alliierter Überwachung" weiter und leitete mit 12.400 Soldaten den Wiederaufbau weiter Teile des norditalienischen Eisenbahnnetzes, u. a. der Brennerstrecke und Teile der Strecke Udine – Tarvisio in Nordost-Italien, sowie der Eisenbahnbrücken über den Po und die Etsch (Adige) im Raum Bologna. Die Truppenstärke wurde – mit dem Fortgang der Arbeiten – schrittweise abgebaut. Dieser Arbeitseinsatz erfolgte unter guten Arbeitsbedingungen, guter Verpflegung (4.200 kcal pro Kopf und Tag) und ungeachtet der Kapitulation unter voller deutscher Befehlsgewalt. Schnez besaß formell die Disziplinargewalt eines Divisionskommandeurs nach amerikanischem Recht.

Nach der Gefangenschaft arbeitete Schnez in der freien Wirtschaft und war ab 1954 als Bevollmächtigter eines großen Unternehmens tätig. In die Bundeswehr trat Schnez erst am 4. November 1957 als Brigadegeneral ein und übernahm die Unterabteilung Logistik im Führungsstab der Bundeswehr (Fü B; später Fü S). Von April 1960 bis Oktober 1962 war er Chef des Führungsstabes der Bundeswehr unter Generalinspekteur Heusinger. Danach wurde er als Generalmajor Kommandeur der 5. Panzerdivision in Diez an der Lahn. Am 1. April 1965 trat Schnez – zum Generalleutnant befördert – an die Spitze des III. Korps in Koblenz und wurde nach von Lüttwitz und Gaedcke dessen dritter Kommandierender General. Als im April 1968 sowohl Graf Kielmansegg als Oberbefehlshaber der Alliierten Streitkräfte Europa Mitte (CINCENT) als auch der Inspekteur des Heeres Moll, routinemäßig in den Ruhestand traten, sollte Schnez Nachfolger von Kielmansegg werden. Bennecke war für Molls Amt vorgesehen. Doch die niederländische Regierung sperrte sich gegen die Ernennung von Schnez. So wurde dieser nach zweieinhalb Jahren als Nachfolger von Josef Moll zum Inspekteur des Heeres berufen, wodurch ihm jedoch der vierte Stern versagt blieb. Schmidt deckte seinen Heeresinspektor, trotz der politischen Turbulenzen, die dessen Studie verursacht hatte und behielt ihn bis zum Erreichen der Altersgrenze im Frühjahr 1971 im Amt. Die Tatsache, dass sich Schmidt später klarer distanzierte und z. B. die Forderung von Schnez strikt ablehnte, der Erziehung der Soldaten müsse ein verbindliches Menschenbild zugrunde gelegt werden,[499] schmälert nicht seine damalige honorige Haltung.

In einer Rede an der Führungsakademie hatte der Stellvertretende Inspekteur des Heeres, Grashey, einer der Autoren der Studie, am 19. März 1969, behauptet, die Innere Führung sei kein wirklich neues Konzept, sondern bereits in Reichswehr und Wehrmacht Praxis gewesen. Überdies habe sie nur als Lockmittel gedient, um die Wiederbewaffnung ihren Gegnern im Lager der Sozialdemokratie und der protestantischen Kirche zu verkaufen.

„ Wo ist denn das Neue? Ich glaube, ...daß eigentlich das, ..., bei uns schon immer war und schon immer verwirklicht wurde, und daß eigentlich das ganze Konzept der Inneren Führung nur als neu verkauft wurde, um die SPD für die Wiederbewaffnung zu gewinnen. Aber jetzt könnte man doch endlich die Maske vom Gesicht nehmen und sagen: >Ja bitte, es war doch schon immer da.<"

Grashey stellte damit heraus, bereits in der Wehrmacht sei „Innere Führung" praktiziert worden, wenngleich unter einem anderen Namen. Bernt von Staden, der im Zweiten Weltkrieg beide Seiten kennengelernt hatte, urteilt kritischer:

„Diese Männer habe ich zum Teil ganz einfach als Leuteschinder empfunden. Ich will hier niemanden unrecht tun; aber nachdem ich der alten Wehrmacht dreieinhalb Jahre lang im Mannschaftsgrad angehört habe, bis ich dann Unteroffizier und Offizier wurde, weiß ich, wovon ich rede." [500]

Andererseits ist zu bedenken, dass der Durchhaltewille der Wehrmacht bis zum bitteren Ende vermutlich weit früher zerbrochen wäre, wäre das Verhältnis zwischen Vorgesetzten und Untergebenen grundlegend gestört gewesen. Als Grasheys Äußerungen öffentlich wurden, wollte Schmidt ihn zunächst aus dem Ministerium versetzen – auch dies eine eher behutsame politische Reaktion. Doch Grashey lehnte es in einer „Hier stehe ich und kann nicht anders-Haltung" ab. So wurde er Ende des Jahres 1969 vorzeitig in den einstweiligen Ruhestand versetzt. Jahre später und „sine ira cum studio" wird Grasheys Auffassung von mehreren Offizieren, u. a. den Generalen Graf Kielmansegg und Bennecke gestützt. Letzterer schreibt zu diesem Sachverhalt:

„Ich glaube wohl, daß Graf Kielmansegg Recht hat, wenn er sagt, daß die >Innere Führung< von Anfang an >mehr nach außen als von innen dabei war.< Der Bundeswehr musste in einem Volk und einem Staat, das bzw. der sich gerade erst aus den vom Krieg hinterlassenen ... Trümmerbergen herauszuarbeiten suchte, zunächst ein Platz geschaffen werden. Das bedeutete anfangs geistigen Kampf gegen eine Mauer von Gleichgültigkeit und Misstrauen, teilweise von Feindschaft." [501]

General Kießling bekräftigt dies:

„Aber den Politikern ging es ja – .... – bei der Inneren Führung in Wirklichkeit weniger um ein modernes inneres Gefüge der neuen deutschen Streitkräfte, als um Anerkennung im Bündnis und um Wählerstimmen für die Adenauersche Politik der Wiederaufrüstung zum Zwecke der Westbindung." [502]

---

499 Schmidt, Helmut Der Kurs heißt Frieden S. 68
500 Staden, Berndt von Anfang und Ende S. 32
501 zitiert in: Brill, Heinz Bogislaw von Bonin S. 60
502 Kießling, Günter Versäumter Widerspruch S. 154

Vielleicht war es dieses Wissen um die Zusammenhänge, die Helmut Schmidt letztlich bewogen, nur Grashey als „Bauer" zu opfern, Schnez aber zu halten. Schmückle hingegen, zu dieser Zeit als Brigadegeneral Stellvertretender Kommandeur der 12. Panzerdivision im fränkischen Veitshöchheim und auf Seiten der Reformer, skizziert ein Konfrontationsszenario:

„Die Gegenreformer sammelten sich in der Generalität des Heeres in Bonn. .... Der Inspekteur des Heeres (= Schnez) führte sie an. Dieser General war organisatorisch begabt. Politisch zeigte er sich gefühllos. .... Es war nur eine Frage der Zeit, wann seine Gesinnung im Heer durchschlagen würde. ... Ein Skandal? Keineswegs. Maizière reagierte so milde, daß die Truppe daraus schloß, er billige die Rede."[503]

In der Rückschau hat sich diese düstere Prognose nicht bewahrheitet. Der damalige Major Dietrich Genschel (* 1934), ein enger Mitarbeiter von Professor Thomas Ellwein und Doktorand der Philosophie – er wurde als Oberst der erste militärische Leiter des Studentenbereichs der Bundeswehruniversität in Hamburg und stieg später bis zum Generalmajor auf – verfasste daraufhin eine Studie unter dem Titel „Wehrreform und Reaktion," in der er feststellte, die Reformen hätten – nachdem die Bundeswehr aufgebaut war – nur eine geringe Bedeutung für die militärische Führung gehabt. Jüngere Studien des Militärgeschichtlichen Forschungsamtes hingegen gehen davon aus, dass die Analyse Genschels, die weitgehend nur innenpolitische Parameter beleuchtete und z. B. bündnispolitische Aspekte kaum berücksichtigte, in dieser Einseitigkeit nicht zutrifft, sondern dass die Umsetzung von Reformen vor allem wegen der komplexen Aufgaben der Wiederbewaffnung und wohl auch wegen der Differenzen innerhalb der militärischen Führung kaum voranschritt.

Bildung

Fünfzehn Jahre nach Gründung der Bundeswehr kündigte das Weißbuch der Bundesregierung von 1970 [504] eine Neugestaltung der Bildung und Ausbildung an.

Die Idee bundeswehreigener Hochschulen ging auf Verteidigungsminister Schmidt und den Politik- und Verwaltungswissenschaftler Professor Dr. Thomas Ellwein, den späteren Gründungspräsidenten der Hamburger Hochschule der Bundeswehr, zurück. Helmut Schmidt nannte eines seiner Motive, die Reform der Offizierausbildung zu forcieren:

„Mir war das ausgezeichnete Bildungsniveau einer Reihe britischer Offiziere aufgefallen, die vielfach mindestens ein vollständiges College-Studium absolviert hatten. Wir untersuchten daraufhin die Bildungsgänge der Berufsoffiziere in anderen Bündnisstaaten. Das Ergebnis war die Gründung

der beiden Bundeswehr-Hochschulen, deren Besuch für junge Berufsoffiziere obligatorisch wurde, was sich inzwischen sehr bewährt hat."[505]
Schmidt berief im Juli 1970 eine 24-köpfige Bildungskommission unter Vorsitz von Ellwein. Diese legte am 18. Mai 1971 ihr Gutachten zur „Neuordnung der Ausbildung und Bildung in der Bundeswehr" vor. Darin wurde vorgeschlagen, jedem längerdienenden Soldaten einen Beruf oder eine zusätzliche Berufsförderung, bzw. einen weiteren Schul- oder Hochschulabschluss anzubieten. Ziel der Reform war es, die Ausbildung so zu gestalten, dass die Soldaten aus ihr den größtmöglichen Nutzen sowohl für ihren militärischen Werdegang als auch für ihr späteres ziviles Leben ziehen sollten. Mit der Bildungsreform sollten zudem Ansehen und Anziehungskraft der militärischen Führungsberufe erhöht werden, was angesichts des gravierenden Mangels an Offizierbewerbern dringend nötig war. Die Bundeswehr stand damals bei ihrer Nachwuchswerbung im Wettbewerb mit einer florierenden Wirtschaft. Der Truppe fehlten 1970 ca. 1.000 Zeitoffizieranwärter, beinahe 50 Prozent des Bedarfs an Leutnanten und Hauptleuten. Schon zwei Jahre später begann der Studienbetrieb an den beiden neu gegründeten Hochschulen der Bundeswehr in Hamburg und München. Die Studiengänge und deren Abschlüsse wurden allgemein anerkannt. Der organisatorische und strukturelle Ansatz des Studiums beschritt dabei neue Wege, die auch für die zivilen Hochschulen wegweisend waren, so gab es z. B. nahezu ideale Studienbedingungen, eine Trimestereinteilung und die daraus resultierenden kürzeren Studienzeiten, sowie die interdisziplinäre Vernetzung der Studiengänge mit erziehungs- und gesellschaftswissenschaftlichen und zum Teil auch mit technischen und wirtschaftswissenschaftlichen Anteilen. Der Widerstand des Militärs, aber auch zum Teil der zivilen Universitäten, war beträchtlich, denn jener Uralt-Disput nach der Bedeutung von Theorie und Praxis schwelte vor allem in der größten Teilstreitkraft, dem Heer, unvermindert. Auf Seiten der Befürworter gab es helle Euphorie und bei den Gegnern tiefe Sorge. Die spätere Entwicklung lieferte beiden Seiten Argumente. Mangelhafte menschliche Führungsqualitäten eines Zugführers würden durch einen blendenden Abschluss in Betriebswirtschaft keineswegs ausgeglichen und die taktischen Kenntnisse rapide absinken. Manche Studiengänge brachten in der Tat für den militärischen Alltag keine Vorteile. Vielleicht fürchtete der eine oder andere in der Fraktion der Gegner auch die künftige Konkurrenz studierter Offiziere. Doch stieg andererseits mit dem Studien-

503 Schmückle, Gerd Ohne Pauken und Trompeten S. 322
504 in Nr. 173
505 Schmidt, Helmut Die Deutschen und ihre Nachbarn S. 135

angebot die Attraktivität des Offizierberufes und damit auch die dringend notwendigen Bewerberzahlen. Die Gegner verkannten, dass ein Offizier im Laufe seines militärischen Werdeganges von fünfunddreißig bis vierzig Jahren nur etwa ein Drittel, d. h. nur ca. die ersten zwölf Jahre in seiner Truppengattung und damit in einer vorwiegend fachlichen Tätigkeit eingesetzt ist. Die längste Zeit seines beruflichen Lebens hingegen arbeitet er truppenfern, meist streitkräfteübergreifend in Stäben, Ämtern, Schulen und im Ministerium. In der Rückschau ist dieser Streit um den rechten Weg in der Offizierausbildung beigelegt. Die ersten Offiziere, die damals an den beiden neuen Bundeswehruniversitäten studierten, haben das Pensionsalter erreicht.

Meinungsfreiheit

Zur Jahreswende 1969/70 erarbeitete eine Gruppe von Leutnanten unter Leitung des Politologen Dr. Klaus von Schubert zur Vorbereitung auf eine Diskussion mit Generalleutnant a.D. Graf Baudissin in einem Seminar eines Offizierlehrgangs der Heeresoffizierschule II Hamburg ein Papier („Der Leutnant 1970"), in dem in zehn Thesen die traditionellen Wertvorstellungen des Offizierberufes auf den Kopf gestellt wurden. Jede These begann mit dem Satz: „Ich will ein Offizier der Bundeswehr sein, der ... ." Neben der Forderung „Ich lebe, um zu genießen," wollten sie u. a. den Frieden nicht nur erhalten, sondern auch gestalten. Das Prinzip von Befehl und Gehorsam wurde in Frage gestellt, in dem sie nur dem verfassungsmäßigen Auftrag der Bundeswehr, nicht aber Personen oder Dienststellen Loyalität entgegenbringen wollten. Die Autoren waren junge Leutnante, die noch keinerlei Erfahrungen in und mit der Truppe gesammelt hatten. Das Papier gelangte im Entwurf an die Öffentlichkeit und wurde als Entgegnung auf jene im Dezember 1969 ebenfalls durch eine Indiskretion in die Öffentlichkeit gelangte „Schnez-Studie" verstanden. Das Urteil der militärischen Führung lautete „diskussionswürdig und diskussionsbedürftig." [506] Ein knappes Jahr später führte die „Denkschrift der Hauptleute aus Unna" zu einer erneuten Kontroverse. Diesmal kam die Kritik aus der Truppe, doch sie war nur am Rande eine Reaktion auf das Papier der Hamburger Leutnante. In erster Linie war sie ein zorniger Aufschrei und ein Ausdruck des Vertrauensverlustes in die obersten Militärs und Politiker. Zum Jahreswechsel 1970/71 beklagten knapp dreißig Hauptleute und Oberleutnante, die meisten Kompanie- oder Batteriechefs, in einer Denkschrift die innere Lage des Heeres. Auf der Grundlage ihrer Eidesverpflichtung zum treuen Dienen fühlten sie sich zu diesem Schritt verpflichtet und durch ihren Divisionskommandeur ermutigt. Generalmajor Eike Middeldorf (1915-1995), der

Kommandeur der 7. Panzerdivision in Unna, hatte die Aktion seiner Offiziere gebilligt und die Denkschrift – was ein Fehler war – unter Umgehung der Bataillons- und Brigadekommandeure verfassen lassen. Er war später deswegen abgelöst und durch Generalmajor Dr. Eberhard Wagemann ersetzt worden. Die Kompaniechefs standen an der Alltagsfront und waren – anders als die Militärs an der Spitze, die die Probleme, abgesehen von Dienstaufsichtsbesuchen, nur von der „Papierlage" der Zustandsberichte her kannten – täglich in vielfältiger Weise mit der seuchenartig umsichgreifenden Wehrunwilligkeit der wehrpflichtigen Soldaten konfrontiert. Erfüllt von der Sorge um die Streitkräfte und ihrer künftigen Entwicklung, sowie der immer größer werdenden Schere zwischen Mitteln und Auftrag kritisierten sie politische und militärische Führung. Die disziplinaren Schwierigkeiten in der Truppe nähmen ebenso zu wie die eigenmächtigen Abwesenheiten und die Zahl der Wehrdienstverweigerer, Nachlässigkeiten im Umgang mit Gerät, Waffen und Munition, Vernachlässigung des äußeren Erscheinungsbildes des Soldaten. Neben militärischen Maßnahmen forderten sie – und hier gab es, wenngleich um 180 Grad verdreht, eine Übereinstimmung mit den Hamburger Leutnanten – die Gesellschaft müsse sich verändern, damit die Streitkräfte ihren Auftrag erfüllen könnten. Von den Politikern forderten sie ein klares Bekenntnis zur Notwendigkeit der Verteidigung. De Maizière meinte später, sie hätten „aus dem relativ engen Gesichtskreis ihres Verantwortungsbereiches" [507] geurteilt. Dies ist zutreffend, doch gerade aus dieser Einschätzung heraus haben Millionen Soldaten im Krieg ihre Pflicht erfüllt, keinen Widerstand geleistet und zu einem Zeitpunkt weitergekämpft, als – aus der erweiterten Perspektive z. B. des Oberkommandos der Wehrmacht – der Krieg bereit verloren galt.

Im Februar 1979 bezeichnete der Fraktionsvorsitzende der SPD Herbert Wehner (1906-1990) in einem Interview des NDR [508] die Rüstung der Sowjetunion als defensiv, auch wenn sie ein größeres Militärpotential habe, als zur Verteidigung notwendig sei. Einen Monat später griff Generalmajor Gerd Bastian (1923 -1992), der Kommandeur der 12. Panzerdivision, die These Wehners zum Teil auf. Die UdSSR werde mit Sicherheit

---

506 Im September 1983, schlossen sich einige aktive und ehemalige Soldaten unter Leitung eines Majors (heute: Oberstleutnant a.D. Helmuth Prieß) zum sog. „Darmstädter Signal" zusammen. In einem Friedenspolitischen Aufruf wandten sie sich gegen den NATO-Doppelbeschluss. Die Gruppe hatte bis 1992 etwa 200 Mitglieder und ist heute auf etwa 100 abgesunken. Auch sie brachte durch ihre akzentuierte parteipolitische Betätigung Unruhe in die Truppe und polarisierte, blieb aber letztlich bedeutungslos.

507 Maizière, Ulrich de Die Verantwortung des militärischen Führers – Sonderdruck aus Europäische Wehrkunde Heft 5/79

508 mit Jürgen Kellermeier

zur Zeit keinen Krieg beginnen. Daher müsse die NATO darauf achten, dass das Gleichgewicht in Europa erhalten bliebe und gegebenenfalls auch nachrüsten. Bastians Äußerung erregte innerhalb und außerhalb der Bundeswehr, in der deutschen Öffentlichkeit, aber auch in der Führungsriege der amerikanischen Truppen in Europa beträchtliches Aufsehen. Letztere betrachteten Bastian als „Sicherheitsrisiko," keine günstige Lage für einen deutschen Kommandeur, dessen Division eng mit den US-Streitkräften zusammenarbeiten musste. Minister Apel hatte sich danach – obwohl er das Militärpotential der UdSSR selbst anders beurteilte – in einer Aktuellen Stunde des Bundestages Ende März 1979 vor Bastian gestellt; dieser habe nur das auch einem Soldaten zustehende Recht auf freie Meinungsäußerung in Anspruch genommen. Diese ministerielle Unterstützung wurde Bastian aber vor allem deshalb gewährt, weil sich dieser auf der Argumentationslinie von Herbert Wehner bewegte. Auf der Kommandeurtagung der Bundeswehr auf der Insel Borkum im April 1979 hatte Minister Apel erneut zur Frage des Militärpotentials der Sowjetunion Stellung bezogen. Er rätsele nicht, meinte Apel unter Anspielung auf Bastian, über die Motive der Sowjetunion, sondern urteile nur über deren Fähigkeiten und Potential. Danach jedoch müsse deren Militärmacht als offensiv eingeschätzt werden. In einem persönlichen Gespräch versprach Bastian seinem Minister am 30. August, sich künftig politischer Äußerungen zu enthalten. Doch er hielt sich nicht an das Schweigeversprechen, sondern teilte am 16. Januar 1980 seinem Stab in Veitshöchheim mit, er könne den NATO-Doppelbeschluss vom 12. Dezember 1979 vor seinem Gewissen nicht verantworten und werde daher den Dienst quittieren. Doch Minister Apel lehnte es ab, Bastian in den einstweiligen Ruhestand zu versetzen. Er wurde als Divisionskommandeur abgelöst und ins Heeresamt versetzt. Bastian hatte von 1941 bis 1945 als Soldat im Zweiten Weltkrieg gekämpft, war bei Kriegsende Leutnant und geriet danach in amerikanische Kriegsgefangenschaft. Im Jahre 1956 trat er als Oberleutnant in die Bundeswehr ein. Von Oktober 1959 bis Dezember 1960 absolvierte er den 3. Generalstabslehrgang und schrieb seine Jahresarbeit über „El Alamein 1942" als Beispiel englischer militärischer Führungskunst. Nach einer Reihe von Stabsverwendungen war er von 1971 bis 1974 Kommandeur der Jägerbrigade 4 in Göttingen. Danach wurde er zum Generalmajor befördert und übernahm die fränkische 12. Panzerdivision. Viele ehemalige Soldaten, die ihn als Vorgesetzten erlebt hatten, schwärmen noch heute von seinen überzeugenden soldatischen Führungseigenschaften. Ende September 1980 wurde Bastian doch vorzeitig in den Ruhestand versetzt. Danach trat er in die Partei der Grünen ein und war von März 1983 bis Februar 1987 Mitglied des Deutschen Bundestages. Im November

1980 lernte er Petra Kelly (1947-1992) kennen. Der siebenundfünfzigjährige Ex-General und die vierundzwanzig Jahre jüngere, zerbrechlich wirkende damalige Galionsfigur der Grünen wurden ein Paar, eine nicht unkomplizierte Verbindung. Bastians Solidarität mit seiner langen Soldatenzeit lebte 1983/84 noch einmal kurz auf, als er während der sog. „Kießling-Affäre"- wenngleich nicht öffentlich, um den Vorwurf des Beifalls aus dem falschen Lager zu vermeiden – dem Generalskameraden Kießling in einem Brief seines Vertrauens versicherte.[509] Am 10. Oktober 1992 wurden Bastian und Frau Kelly tot aufgefunden. Nach dem Polizeibericht hatte Bastian zunächst Petra Kelly im Schlaf erschossen und sich anschließend selbst getötet. Dieser tragische Absturz im Herbst des Lebens erinnert ein wenig an jenen Professor Rath in dem Film der „Blaue Engel." Rath opferte Lebenswerk, Familie und Reputation seiner Liebe zu „Lola Fröhlich," einer Nachtclubsängerin.

Minister Schmidt, der Widerspruch allerdings nur im kleinen Kreise und sofern er gut begründet war, „schätzte, ja forderte"[510], erließ im September 1971 eine Weisung zur freien Meinungsäußerung und Diskussion innerhalb der Bundeswehr. Damit wurde versucht, den Geist ungelenkter freier Meinungsäußerung, der der Flasche Disziplin und Gehorsam entflohen war, wieder einzufangen und zu regeln. Bereits im Weißbuch 1970 (Nr. 160) war klargelegt worden:

„Diskussion unter Soldaten und Gehorsam schließen einander nicht aus; sie ergänzen sich vielmehr ... Dabei kann grundsätzlich alles diskutiert werden, mit einer einzigen Ausnahme: Der Gehorsam gegenüber dem Grundgesetz und der verfassungsmäßigen Bundesregierung, der Gehorsam gegenüber den Gesetzen, die auf dem Grundgesetz beruhen, und der Gehorsam gegenüber Befehlen, die auf dieser Basis gegeben worden sind, kann nicht zur Diskussion stehen."

Hierbei ist aber zu berücksichtigen, dass selbst ein Ressortchef nicht „im luftleeren Raum schwebt." Er kann parteipolitische Befindlichkeiten nicht außer Acht lassen. Am 3. Juni 1970 veröffentlichte die Schwäbische Zeitung unter dem Titel „Abschiedsalarm" einen mehrspaltigen Artikel, in dem der Kommandierende General des II. Korps, Generalleutnant Wilhelm Thilo (1911-1997), Minister Schmidt öffentlich vorwarf, er werde wegen seiner Kritik und seiner offenen Worte vorzeitig in den Ruhestand geschickt. Teile der Partei hatten in den Medien die Forderung erhoben, Schmidt solle sich von den „erzkonservativen" Generalen Schnez, Grashey, Karst und Thilo trennen, die alle an der „Schnez-Studie" mitgearbeitet

509 Kießling, Günter Versäumter Widerspruch S. 439
510 Maizière, Ulrich de a.a.O. S. 315

hatten. Grashey wurde nach seiner umstrittenen Rede an der Führungs-akademie Ende 1969 mit 55 Jahren und Thilo im September 1970 mit 59 Jahren vorzeitig in den Ruhestand geschickt. Karst bat selbst darum und schied ebenfalls im Herbst 1970 aus dem aktiven Dienst.

Mitte 1988 gab es einen Disput zwischen Generalleutnant Helge Hansen, dem Kommandierenden General des III. Korps sowie Generalmajor Peter Rohde, dem Kommandeur der 5. Panzerdivision, mit Willi Weiskirch (1923-1996), dem Wehrbeauftragten des Deutschen Bundestages, der in den Medien viel Staub aufwirbelte und sogar ein parlamentarisches Nachspiel hatte. Weiskirch hatte in seinem Jahresbericht aufgrund einzelner, allerdings schwerwiegender Fälle von Fehlverhalten den Unteroffizieren der Bundeswehr pauschal Fehler in ihrem Führungsverhalten vorgeworfen. Hansen und Rohde hatten sich daraufhin in Briefen – mit dienstlichem Briefkopf – an den Wehrbeauftragten gewandt und gegen dieses Pauschalurteil protestiert. Auch Oberst Dieter Stöckmann, der Kommandeur der Panzerbrigade 15, der von der schriftlichen Intervention seiner Vorgesetzten Hansens und Rohdes allerdings nichts wusste, schrieb Weiskirch, er teile dessen Bewertung nicht. Alle drei Kommandeure fürchteten, dass viele gutwillige und hochmotivierte junge Unteroffiziere durch solche generelle Schelte in Resignation und Gleichgültigkeit getrieben würden.

Die Kritik dieser hohen Offiziere des Heeres an einem Organ des Deutschen Bundestages wurde von Weiskirch – Journalist von Hause aus – bekannt gemacht und entwickelte sich schnell zu einer Lawine. Die Medien holten das für Vorfälle dieser Art übliche Vokabular aus ihrer publizistischen Asservatenkammer: „Insubordination," „Missachtung des Primats der Politik," und „Gutsherrenart" wurde den drei Offizieren vorgehalten. Unversehens landeten sie in der Kategorie der „unverbesserlichen Kommißköppe." Die Ehefrau eines dieser Offiziere bekam sogar in ihrem Beruf Kritik ihrer Kollegen zu spüren, und selbst die Kinder wurden in der Schule zu verbalen Zielscheiben. Doch auch im Kameradenkreis hielt man sich bedeckt – stolperten die drei Offiziere über ihren Brief, so mag manch einer im stillen Kämmerlein gehofft haben, würden damit lukrative Stellen frei, d. h. es käme „Zug in den verrußten Schornstein der Personalabteilung!" Hansen und Rohde erhielten – im Gegensatz zu Stöckmann – eine parlamentarische Rüge durch den Präsidenten des Deutschen Bundestages, Dr. Philipp Jenninger (* 1932).[511] Der Wehrbeauftragte lud Stöckmann später zu einem Essen ein und entschuldigte sich bei ihm. Rohde wurde 1991 aus dem aktiven Dienst verabschiedet, Hansen und Stöckmann stiegen später noch zu Vier-Sterne-Generalen auf.

Generalmajor Gerd Schultze-Rhonhof (* 1939), Befehlshaber im Wehrbereich II und Kommandeur der 1. Panzerdivision in Hannover, hatte bei einem Neujahrsempfang in Hannover im Januar 1995 das sog. „Mörder-Urteil," d. h. den Beschluss des Bundesverfassungsgerichtes vom 25. August 1994, kritisiert:

„Der Vergleich von Soldaten mit Mördern ist so absurd und zutiefst ehrabschneidend, wie es ein Vergleich des Bundesverfassungsgerichts mit dem Volksgerichtshof der NS-Zeit sein würde."

Der General sprach sich auch gegen eine erneute Verkürzung des Wehrdienstes von 12 auf 10 Monate aus. Trotz der grammatikalischen Finesse seiner Aussage wurde er zur leichten Beute von Politik und Medien. Ende März 1996 wurde er mit 57 Jahren vorzeitig in den Ruhestand versetzt und schnell zur „persona non grata" erklärt – Kasernenverbot inklusive. Mit seiner konservativen Haltung geriet er schnell ins Visier der deutschen „Meinungspolizei" und wurde als „rechts" abgestempelt. [512] Seit seiner Pensionierung arbeitet er als Autor und Referent.

Bundespräsident Herzog nahm auf der Kommandeurtagung im November 1995 in München zu der „unglückseligen >Mörder<-Debatte" – wie er es nannte – wie folgt Stellung:

„Es mag ja sein, daß Entscheidungen des Bundesverfassungsgerichts nicht immer ganz leicht zu lesen sind. Auf Grund meines beruflichen Werdegangs bin ich aber ziemlich sicher, daß ich sie jedenfalls nicht völlig falsch verstehe, und dann sagt mir die Lektüre ... folgendes: Es kann bestraft werden, wer konkrete Soldaten einfach deshalb, weil sie Soldaten sind, als Mörder bezeichnet, und es kann sogar bestraft werden, wer die Bundeswehr als Ganzes – ... als Mörder bezeichnet." [513]

Die Wahlinitiative „Soldaten für Schröder," die im Herbst 2002 von dem pensionierten Vier-Sterne-General Carstens ins Leben gerufen und von Minister Struck sowie einigen Abgeordneten unterstützt wurde, ist der Rubrik „Skandälchen" zuzuordnen, wenngleich er nicht gerade Ausdruck ausgeprägten politischen Fingerspitzengefühls war. Kritik an diesem Wahlaufruf wurde vom Minister zurückgewiesen; sie sei „kleinkariert." Doch er war zu diesem Zeitpunkt erst kurz im Amt, zu kurz offenbar, um die

---

511 Jenninger war von 1984 bis 1988 Präsident des Deutschen Bundestages. Seine Rede in einer Gedenkstunde des Parlaments zum 50. Jahrestag der antijüdischen Pogrome des NS-Regimes am 9. November 1988, führte wegen missverständlich vorgetragener und zunächst missverstandener Passagen zu einem Eklat. Jenninger legte 24 Stunden später sein Amt nieder und schied mit Ablauf der 11. Wahlperiode aus dem Bundestag aus. Von 1991 bis 1995 war er Botschafter in Wien und von 1995 bis 1997 beim Heiligen Stuhl.

512 So musste ihn z. B. die Sektion Rendsburg der „Gesellschaft für Wehr- und Sicherheitspolitik" auf Weisung des Landesvorsitzenden der Gesellschaft als Referenten wieder ausladen, wo er bei einer Veranstaltung am 25. Februar 2004 sprechen sollte. Der einladende Sektionsleiter, OTL a. D. Hans Joachim Pieth, trat daraufhin von seinem Amt zurück.

513 Herzog, Roman Reden S. 48 f.

Schieflage seines Verhaltens überschauen zu können. Hier bedarf der Oberbefehlshaber des loyalen militärischen Rates und sollte diesen auch nicht mit dem Hinweis auf den Primat der Politik übersteuern. Doch wie soll er sich verhalten, wenn die Signale der Generalität diffus und kakophon sind? Das Verständnis für den hohen Wert parteipolitischer Neutralität in den Streitkräften ist offenbar gestört. Aktivitäten dieser Art – unabhängig, für welche Partei sie initiiert werden – verletzen die politische Kultur und das Vertrauen in Vorgesetzte. Fritz Erler hat dies bereits 1954 klar postuliert:

„Die Erziehung in der Truppe darf aber nicht mißbraucht werden zur politischen Propaganda, für die jeweilige Regierung." [514]

Beachtet wurde der Grundsatz hingegen nicht; auch hier gilt: „Wehret den Anfängen!" Die Tatsache, dass letztlich nur wenige Soldaten dem Aufruf folgten, zeigt zugleich, dass sich die überwältigende Mehrheit der Soldaten nicht manipulieren lässt – ein Signal, das denen, die die Aktion befürworteten und unterstützten zu denken geben sollte.

Der jüngste Skandal um einen General der Bundeswehr rankte sich um den Kommandeur des „Kommandos Spezialkräfte" (KSK) in Calw, Brigadegeneral Reinhard Günzel (* 1944). Der truppen- und stabsdiensterfahrene Fallschirmjägeroffizier hatte dem CDU-Bundestagsabgeordneten und Major der Reserve Martin Hohmann (* 1948) in einem Schreiben mit dem Briefkopf des Kommandeurs KSK zu einer, später in den Medien und der Öffentlichkeit kontrovers diskutierten und von allen Parteien als antisemitisch verurteilten Rede gratuliert, die dieser unter dem Leitwort „Gerechtigkeit für Deutschland" am 3. Oktober 2003 anlässlich des deutschen Nationalfeiertages beim CDU-Ortsverein im Bürgerhaus von Neuhof bei Fulda gehalten hatte. Gleichsam als Rechtfertigung und Zustimmung, sowie mit wenig Gespür für politische Brisanz hatte der Major der Reserve Hohmann, der in Günzels Verband eine Wehrübung absolviert hatte – unter Verletzung des Briefgeheimnisses – den Brief Günzels einem Fernsehteam des ZDF-Magazins „Frontal 21" präsentiert. Minister Struck, bezeichnete den Brigadegeneral als „verwirrt," und machte ihn lächerlich. Er versetzte Günzel ohne Anhörung durch seine Vorgesetzten sofort in den einstweiligen Ruhestand; von seiner schnellen Entlassung erfuhr Günzel erst aus dem Fernsehen – „leadership by television." Das Verfahren wirft ein bezeichnendes Licht darauf, wie das Konzept des Staatsbürgers in Uniform und zeitgerechte Menschenführung in der Praxis in den Streitkräften umgesetzt werden, wenn es nicht um wehrpflichtige Soldaten, sondern um hohe Offiziere geht. Meinungen, die von der Norm abweichen, werden nicht geduldet. Wie erwartet, schwiegen die Kameraden zur Art und Weise des Hinauswurfs. Sie schwiegen allerdings auch wegen Günzels mangelndem Gespür für politische Minenfelder: nichts beendet in Deutschland Karriere und Ruf schneller als der Hauch eines Verdachtes, von dogmatischen Lehrmeinungen abzuweichen. Der Politiker Philipp Jenninger und der Schriftsteller Martin Walser (* 1927) sind warnende Beispiele. Günzel hätte überdies – selbst im Vertrauen auf die Verschwiegenheit Hohmanns – seine Meinung nicht mit einem dienstlichen Briefkopf absegnen dürfen. Das Beispiel der Generale Hansen und Rohde, die ebenfalls mit ihrer Demarche an den Wehrbeauftragten auf einem offiziellen Briefbogen Ärger bekamen, war in Vergessenheit geraten. In den letzten Jahren werden Konflikte zwischen Politik und Militär zunehmend unter Ausschluss der Öffentlichkeit ausgetragen. Generalinspekteur von Kirchbach schied im Juni 2000 vorzeitig und klaglos aus seinem Amt. Auch der Inspekteur des Heeres, Wagnerliebhaber Gert Gudera, nahm im Januar 2004 wegen der von Minister Struck gebilligten neuen Struktur der Bundeswehr seinen Hut. Beide Generale verzichteten auf öffentliche Auseinandersetzung und politischen Grabenkampf, die sie ohnehin nur hätten verlieren können. Dies zeigt auch, dass der Verdacht, die Bundeswehr könne zum „Staat im Staate" werden, jeglicher Grundlage entbehrt. Doch die Nachteile einer Loyalität über die Demission hinaus sollten nicht unterschätzt werden. Über wichtige Probleme wird der Mantel goldenen Schweigens gehüllt. Aber ist dieses Sprichwort tatsächlich immer zutreffend? In der heutigen Medienzeit, in der vor allem Bilder wirken, wird das Signal, das vom Schweigen durchaus ausgehen kann, nicht verstanden, schon gar nicht als Protest und Widerstand. Die FAZ schrieb zum Rücktritt von Heeresinspekteur Gudera:

„Er hat mit seinem Schritt nicht nur der moralischen Hygiene seiner Soldaten gedient, sondern auch einen Stein ins Wasser der deutschen Politik geworfen. Die Wellen, die er verbreitet, sind nicht hoch." [515]

Schweigen bedeutet Passivität und kann sogar als Zustimmung ausgelegt werden. Das gleiche trifft auch auf Veröffentlichungen zu. Die warnenden Studien von Generaloberst Beck am Vorabend des Zweiten Weltkrieges haben nichts bewirkt. Nach dem Krieg dienten sie lediglich Historikern als Beleg seines Widerstandes – ein schwacher Trost.

Militärische Beratung kann nur dann ausgeübt werden, wenn das Militär in der Phase der Entscheidungsfindung auch den Mut zum Widerspruch hat. Wohin das Jasagen führen kann, haben Deutschland und die Welt bitter erleben müssen. Gerade wegen dieser Erfahrungen sollte bei der Auswahl der höchsten Soldaten das Element Zivilcourage, jener „Mut

---

514 Erler, Fritz Demokratie und bewaffnete Macht Gewerkschaftliche Monatshefte 1954
      Heft 6 S. 355 ff.
515 Frankfurter Allgemeine Zeitung, 21.Januar 2004, Nr. 17 / Seite 1

vor Königsthronen" eine wichtigere Rolle spielen. Dies erfordert Mut, Tapferkeit und Weisheit. Man muss mutig sein, um seine Meinung auch zu
vertreten, wenn dies Nachteile mit sich bringt und tapfer, um diese Haltung gegen eine schweigende, anfeindende Mehrheit durchzustehen. Die
Weisheit ist notwendig, um zu erkennen, wann sich der Einsatz lohnt.
Diese Tugenden lassen sich nicht nur im Lackmustest des Krieges nach-
weisen. Sie wirken auch im Frieden. Wenn schon in einem Rechtsstaat die
Angst vor den möglichen und bisweilen auch nur fiktiven Nachteilen eines
Widerspruchs die freie Meinung unterdrückt und lähmt, wie will man
dann den Soldaten der Wehrmacht unter ungleich schwierigeren Umständen vorwerfen, geschwiegen zu haben? Allerdings ist sorgfältig abzuwägen, ob und wann ein Einschalten der Öffentlichkeit erfolgen sollte, und ob
es tatsächlich notwendig ist, um schweren Schaden von Land und Armee
abzuwenden. Die Forderung nach Zivil- oder besser „Militärcourage" ist
leicht, aber schwierig in der Praxis umzusetzen. Es ist nicht die
Entscheidung für oder wider, sondern ihre zunehmende Komplexität, die
sich einem Urteil „falsch oder richtig," einem Schwarz-Weiß-Denken entzieht. Demokratie bedeutet Zugeständnisse zu machen, so sehr dies die
Gralshüter der Aufrichtigkeit und Prinzipientreue auf beiden Seiten auch
ablehnen mögen. Der Beurteilungshorizont ist keine Konstante, sondern
hängt vom Betrachter ab. Probleme, die auf Bataillonsebene schwer wiegen, verlieren an Gewicht, je größer die Distanz zu ihnen wird. Umgekehrt
können Argumente, die im militärpolitischen Umfeld große Bedeutung
besitzen, auf der Ebene eines Bataillons einen geringeren Stellenwert
haben. Es kommt noch ein weiterer Faktor erschwerend hinzu: Der Soldat
wird zu nüchterner Beurteilung der Lage und zugleich zum Mitdenken auf
der nächsthöheren Ebene erzogen – einer der Kernbereiche militärischer
Ausbildung. In der Lagefeststellung hat er möglichst umfassend alle Informationen zu sammeln, diese zu bewerten und erst dann die sich daraus
ergebenden Folgerungen zu ziehen. Einspruch ist aber erst dann möglich,
wenn die für eine fundierte Lagefeststellung notwendigen Fakten vorhanden sind. Damit aber verschiebt sich die „Widerspruchsebene" immer
weiter nach oben. Ein Divisionskommandeur hält z. B. eine Entscheidung
des Korps für falsch, räumt aber ein, dies träfe nur für seine Ebene und
seine begrenzte Sicht der Dinge zu. Möglicherweise verfügen aber Korps
und Ministerium über weitere Informationen, die – lägen sie ihm vor –
auch ihn zu einem neuen Entschluss führten. Und so beugt er sich dem
Willen der übergeordneten Führung. Im Bereich der obersten militärischen Führung bedeutet jenes geforderte Mitdenken auf der nächsten
Ebene das Einbeziehen und Berücksichtigen politischer Faktoren. Dort
aber stehen militärische Überlegungen im Wettbewerb mit einer Reihe

anderer und grundsätzlich gleichwertiger Aspekte, wie z. B. sicherheitspolitischen, finanziellen, wirtschaftlichen oder gesellschaftspolitischen Elementen. Dies anzuerkennen und von dem vormals oft üblichen Übersteuerungsmechanismus militärischer Zwänge Abschied zu nehmen, gehört ebenfalls zur Anerkennung des Primats der Politik.

Streit um Auswahl

Im Zuge der Neuordnung der Offizieraus- und fortbildung Anfang der siebziger Jahre war auch die Generalstabsausbildung in den Strudel der Gleichmachungsideologie geraten und stand auf dem Prüfstand. Heute, wo allenthalben die Suche nach Eliten einen hohen Stellenwert besitzt, mutet dieses Gezerre um die Generalstabsausbildung nahezu anachronistisch an. Die Vorreiter dieser Attacken auf die Elitebildung der Bundeswehr kamen nicht nur aus dem äußerst linken Lager; auch aus dem Offizierkorps selbst gab es heftige Angriffe. Sie kamen in der Regel von denen, die nur knapp an den Auswahlkriterien gescheitert waren und nun mit – zum Teil durchaus berechtigtem – Neid auf jene blickten, deren Laufbahn – trotz Beförderungs- und Verwendungsstau – zügig weiterlief. Aber auch unter den Generalstabsoffizieren gab es manche, die „abhoben," sich durch Dünkel, Arroganz und fehlendes Gespür im Umgang mit Untergebenen unbeliebt machten und die bestehenden Vorurteile in der Truppe bestätigten. Wenn diese Offiziere dann – trotz ihrer Defizite in der Menschenführung – in Führungspositionen gebracht wurden, für die sie eigentlich aufgrund charakterlicher Lücken ungeeignet waren, schuf solche Personalpolitik zusätzlich böses Blut. Sie wurden als „Durchlauferhitzer" bezeichnet, die – ohne Rücksicht auf die Belange der Truppe – durch Führungsverwendungen geschleust wurden, nur weil dieser Posten für ihr weiteres Vorwärtskommen angeblich notwendig schien. Diese latente Rivalität zwischen Offizieren im Truppen – und im Generalstabsdienst gab es schon früher. Generaloberst Guderian nannte letztere z. B. wegen der Farbe ihrer Kragenspiegel die „karmesinfarbene Zunft," [516] und Rommel stand Generalstäblern ebenfalls distanziert gegenüber; er hielt sie pauschal für „undurchsichtig." Auch in der Bundeswehr ist das Auswahlproblem optisch manifestiert, denn die Offiziere von Heer und Luftwaffe, die auf Generalstabsdienstposten eingesetzt sind, tragen zwar nicht mehr die breiten roten Biesen an den Hosen wie zu früheren Zeiten, sind aber durch ihre karmesinroten, gezackten Kragenspiegel als Offiziere im Generalstabsdienst zu erkennen. [517] Im Weißbuch 1970 (Nr. 134) deutete sich die erste

---

516 Guderian, Heinz Erinenrungen S. 318
517 Die Kragenspiegel dürfen nur getragen werden, wenn der Offizier einen
     Generalstabsdienstposten (sog. „Sternchenstelle") wahrnimmt.

Absicht an, „die bisher übliche Kennzeichnung von Offizieren in Generalstabsstellen" zu ändern. Allerdings hatten bereits Jahre zuvor Verteidigungsminister Strauß [518] im Jahre 1958 und später der Inspekteur der Luftwaffe, Generalleutnant Steinhoff, den Plan verfolgt, die besondere Kennzeichnung der Generalstabsoffizier in Heer und Luftwaffe abzuschaffen. Steinhoff wollte sie durch ein Tätigkeitsabzeichen ersetzen. [519] Die Logik, ein Abzeichen durch ein anderes zu ersetzen, bleibt allerdings unklar. In einer Sitzung der Bildungskommission hatte offenbar die Empfehlung auf Abschaffung der Generalstabsausbildung eine Mehrheit erhalten. Doch sie wurde – schreibt Kießling – nach einer Intervention von Generalleutnant Ferber, dem Stellvertretenden Inspekteur des Heeres, wieder geändert.

„Ein Glanzstück seiner intellektuellen Fähigkeiten lieferte er in der Bildungskommission. Als von ihm entsandter Beobachter hatte ich (= Kießling) ihn alarmiert, als in einer Nachtsitzung die Generalstabsausbildung zu Fall gebracht wurde. ... So erschien Ferber am folgenden Morgen in der Sitzung, ... und überzeugte alle Kommissionsmitglieder davon, daß sie eine Fehlentscheidung getroffen hatten. Es wurde noch mal abgestimmt: Die Generalstabsausbildung war gerettet!" [520]

Allerdings wurde sie in die neue Struktur eingefügt und erhielt inhaltlich neue Akzente. Es blieb auch die Kennzeichnung der Offiziere im Generalstabsdienst. Das Weißbuch 1973/74 vom 14. Januar 1974 stellte unter der Rubrik „Die Maßnahmen des Weißbuchs 1970" in Ziffer 19 „Kennzeichnung von Offizieren in Generalstabsstellen" lapidar fest:

„Der Bundesminister der Verteidigung hat entschieden, daß die Kennzeichen von Offizieren in Generalstabsstellen nicht verändert werden." [521]

Die Rivalität innerhalb des Offizierkorps hat sich – von beiden Seiten mit Beispielen unterfüttert – leider bis in unsere Tage gehalten. Dadurch wurde und wird ein Gegensatz konstruiert, der realiter nur in Einzelfällen besteht. Auch der Generalstabsoffizier gehört zu den Truppenoffizieren; der Unterschied liegt nur in der zweijährigen Ausbildung und dem Verwendungsgang. Der Ansatz, diesen Graben durch eine optische Korrektur in Form der Abschaffung der eigenen Kragenspiegel des Generalstabsdienstes zu verdecken, wäre nur oberflächliche Kosmetik und damit ohne Erfolg. Dieses Thema bedarf wegen seiner im Kern destruktiven Tendenz für die Kohäsion des Offizierkorps permanenter Beobachtung; hier ist der Generalinspekteur als höchster Soldat gefordert.

Bei einem Besuch des 15. Generalstabslehrganges im Bundeskanzleramt im Spätsommer 1974 empfing Helmut Schmidt die Offiziere unter Führung des Brigadegenerals (später Generalleutnant) Günter Raulf (* 1928). Am Ende einer brillanten Tour d´horizon fragte Schmidt mit seinem bekannten „Haifischlächeln" und provokant zugleich nach der Begründung für die besonderen Kragenspiegel der Generalstabsoffiziere in Heer und Luftwaffe. Nach einer kurzen Schrecksekunde aller Zuhörer fragte, antwortete ihm der schlagfertige Major (später Oberst) Jürgen von Block-Schlesier (* 1941):

„Dann müssen Sie, Herr Bundeskanzler, auch General Raulf die Kragenspiegel abnehmen, denn sie sind ebenfalls ein Zeichen für eine besondere Ausbildung."

Schmidt lachte ob des überzeugenden Arguments und wechselte das Thema.

Später verlagerte sich der Schwerpunkt der Diskussion auf die Struktur der Führungsakademie, die vermittelten Lehrinhalte und die Mitsprache von Dozenten und Lehrgangsteilnehmern. Diese Auseinandersetzungen zogen sich über mehrere Jahre hin; sie im Detail darzustellen, überschreitet den Rahmen dieser Untersuchung. Die Schlagzeilen in den Printmedien, wie „Der Generalstabsoffizier der Bundeswehr – ein gesellschaftlicher Anachronismus," [522] „In der Führungsakademie wird Zwietracht gesät" [523] und „Aufbegehren in Bundeswehr-Akademie" [524] werfen einen kleinen Blick auf die Schärfe und die Bandbreite der Fronten. Zeitgleich fanden unappetitliche Grabenkämpfe um die Mitverantwortung der Lernenden und der zivilen Wissenschaftlichen Räte der Akademie, sowie um eine neue Geschäftsordnung statt. Anlässlich des Festaktes zum 20-jährigen Bestehens der Führungsakademie in Hamburg im Jahre 1977 kam es zu einem Eklat. Ihr Kommandeur, Generalmajor Dr. Eberhard Wagemann, hatte im Beisein von Minister Leber ausgeführt:

„Es ist mein Stolz, dem Vaterland zu dienen und mein doppelter Stolz, unter demütigenden Bedingungen. Ich werde diese Bedingungen erfüllen,"

Mit diesen Worten brachte Wagemann zwar seine Kritik deutlich zum Ausdruck, stellte aber zugleich unzweideutig fest, dass er gehorchen werde. In der folgenden Pressekonferenz kam es zu einem kontroversen Wortwechsel zwischen Wagemann und Minister Georg Leber. Hintergrund war die Frage der Einordnung der Generalstabsausbildung in die neue Fort-

---

518 Siehe auch Reinhardt, Klaus Generalstabsausbildung in der Bundeswehr S. 9 Strauß erwähnte diese Absicht auch während seines Pakistanbesuches als bayrischer Ministerpräsident am 30. April 1981 gegenüber dem Verfasser, damals Verteidigungsattache in Islamabad.
519 siehe Model/ Prause Generalstab im Wandel S. 100
520 Kießling, Günter Versäumter Widerspruch S. 254. Eine Zeitangabe fehlt.
521 Weißbuch 1973/74 S. 228
522 Karl von den Driesch in: Frankfurter Hefte Nr. 3/1974
523 Die WELT vom 27. Mai 1975
524 Süddeutsche Zeitung vom 28. Februar 1979

bildungsstufe C und die damit verbundene künftige Rolle der Akademie in Blankenese.[525] „Wie brav müssen unsere Generale sein?" fragte die Presse später süffisant. Dabei war Wagemann alles andere als ein engstirniger Traditionalist, sondern eine selten gelungene Mischung eines militärischen Führers. Er vereinte überzeugendes, vorbildliches und warmherziges Auftreten und Haltung mit intellektueller Schärfe und militärischer Klarheit. Bedauerlich war, dass Wagemann der weitere Aufstieg – auch zum Wohle der Bundeswehr – versagt blieb.

Eberhard **Wagemann** wurde am Ende des Ersten Weltkrieges, am 6. September 1918, in Göttingen geboren. Im Jahre 1937 trat er in das Infanterieregiment 67 in Spandau ein, das Generaloberst von Seeckt nach seiner Ablösung als Chef der Heeresleitung im Jahre 1926 übernommen hatte. Das Regiment gehörte bis 1942 zur 23. Infanteriedivision, deren erster Kommandeur Generalleutnant (später Feldmarschall) Ernst Busch war. Im Sommer 1939 zum Leutnant befördert, kehrte Wagemann in seine Division zurück. Diese unterstand der 4. Armee unter Generaloberst Hans Günther von Kluge, die während des Polenfeldzuges am Nordflügel kämpfte. Bereits am 3. September, dem dritten Kriegstag, wurde Wagemann als Zugführer schwer verwundet, und am 19. Oktober musste ihm im Lazarett der linke Unterschenkel amputiert werden. Nach langer Genesung kam er im Juli 1941 kurzzeitig als Oberleutnant zum Armeeoberkommando 18 in den Raum Königsberg und Thorn, kehrte aber noch im selben Jahr als Kompaniechef in sein Regiment 67 und damit in die 23. Infanteriedivision zurück, die im Rahmen der Heeresgruppe Mitte an der Ostfront im Raum Wjasma auf Moskau angriff. Im Nachbarregiment 9 diente zeitgleich mit Wagemann der zwei Jahre jüngere Oberleutnant Richard von Weizsäcker, der spätere Bundespräsident. Am 1. Oktober stand das Regiment im Raum Gschatsk, als er an die Offizierschule nach Potsdam als Ausbildungsoffizier versetzt wurde. In der zweiten Jahreshälfte 1942 nahm Wagemann an einem Kommandeurlehrgang in Paris teil und kehrte anschließend erneut an die Ostfront zurück. Wagemann war ein Asket. Als Kompaniechef im Panzergrenadierregiment 103 erlebte er die Hölle von Stalingrad und wurde im Kessel eingeschlossen. Als Kurier der 6. Armee flog man ihn am 19. Januar 1943, kurz vor der Kapitulation, noch aus – Soldatenglück und lebensrettend. Mit einer Beinprothese hätte er die Wintermärsche in die Gefangenschaft nicht überlebt. Wagemann wurde zur neu aufgestellten 21. Panzerdivision nach Rennes versetzt; die alte Division war im Mai 1943 in Afrika vernichtet worden. Nach den monatelangen schwersten Strapazen der Ostfront war die Normandie als Periode der Wiederauffrischung und Erholung gedacht. Es kam anders. In der Nacht zum 6. Juni 1944 fungierte Wagemann beim Panzerregiment 100 im Raum Caen als „Offizier vom

Dienst" (OvD), als die alliierte Invasion, „der längste Tag," begann. Die 21. Panzerdivision unter Generalleutnant Edgar Feuchtinger (1894-+) verteidigte gegen die aus dem Brückenkopf angreifenden alliierten Truppen, musste aber Zug um Zug vor den immer stärker werdenden Kräften ausweichen. Im Kessel von Falaise – etwa 30 km südostwärts von Caen – ging die Division im August 1944 ein zweites Mal unter. Wagemann entkam. Durch eine nur 8 km breite Lücke am Ostrand des Kessels schlug er sich in der Nacht zum 16. August – zusammen mit mehreren tausend Soldaten – auf Befehl des Feldmarschalls Hans Günther von Kluge unter Zurücklassung des gesamten schweren Gerätes über die einzige Brücke über die Orne nach Osten durch. Drei Tage später war der Kessel geschlossen. Im Januar 1945 wurde Wagemann zur Generalstabsausbildung an die Kriegsakademie befohlen; nach dem Attentat vom 20. Juli war diese von Hitler zunächst verboten worden. Vermutlich besuchte Wagemann den Lehrgang, der nach Bayern verlegt worden war, zusammen mit dem nur neun Monate älteren damaligen Major Schmückle. Im April war der Krieg vorüber. Bei Rosenheim kam Wagemann kurzzeitig in amerikanische Gefangenschaft.

Danach hielt er sich zunächst als Landarbeiter über Wasser, bevor er in seiner Heimatstadt mit dem Studium (Deutsch, Geschichte und evangelische Theologie) begann. Im Jahre 1953 promovierte er und arbeitete als Studienassessor in Lüneburg.

Im Jahre 1956 trat er als Major in die Bundeswehr ein und nahm vom 1. April bis zum 30. September 1957 am 1. Generalstabslehrgang an der Führungsakademie – noch in Bad Ems – teil. Lehrgangsleiter war Oberst i.G. (später Brigadegeneral) Detlef von Rumohr (1908-1961). Der Lehrgang dauerte nur ein halbes Jahr, weil die meisten der 84 Offiziere bereits am 16. oder 17. Generalstabslehrgang der Wehrmacht teilgenommen hatten; zwanzig von ihnen stiegen später in die Generalsebene (Brigadegeneral bis Generalleutnant) auf, darunter u. a. Horst Hildebrandt (1919-1989), der im Jahre 1973 Inspekteur des Heeres wurde. Bereits die erste Verwendung nach der Akademie führte Wagemann ins Ministerium, wo er als Oberstleutnant i.G. Referent für Erziehung und Bildung im Führungsstab des Heeres unter Generalleutnant Röttiger wurde. Im Jahre 1961 kehrte er in seine Geburtsstadt zurück und übernahm das Panzerbataillon 44 als Kommandeur. Fast zeitgleich war Oberst Graf Ressingier – als Nachfolger von Graf Baudissin – Kommandeur der Brigade 4 geworden. Nach vier Jahren in der Truppe wurde Wagemann 1965 zum zweiten Mal ins

---

525 Bis 1973 lag die Hauptaufgabe der Akademie in der Ausbildung und Erziehung der künftigen Führungsgehilfen der drei Teilstreitkräfte. Ab Januar 1974 wurde sie mit dem Anlaufen des ersten Grundlehrganges der Fortbildungsstufe C die zentrale Ausbildungsstätte der Bundeswehr für ihre Stabsoffiziere.

408 _____ Elite im Halbschatten

Ministerium versetzt, diesmal in den Führungsstab der Streitkräfte, aber erneut in sein Fachgebiet Innere Führung, Erziehung und Bildung. Am 1. April 1968 ging Wagemann abermals nach Göttingen – diesmal eine Ebene höher. Als Nachfolger von Brigadegeneral Hans-Joachim Kerschkamp (1915-1997) übernahm er die Panzergrenadierbrigade 4. Doch diese Zeit in der Truppe währte nicht allzu lange; bereits am 31. Januar 1970 gab er das Kommando an Oberst (später Brigadegeneral) Dr. Arndt-Dieter Thormeyer (* 1920) weiter und wurde zum dritten Mal ins Ministerium berufen. Als Leiter der Unterabteilung I (Innere Führung) im Führungsstab der Streitkräfte unter Generalinspekteur de Maizière war Wagemann – inzwischen Brigadegeneral – einer der engsten Berater von Minister Schmidt, der den gebildeten und ideenreichen Wagemann als Fachmann für Fragen der Inneren Führung schätzte. Wagemann war es auch, der Helmut Schmidt in der Frage der Gründung der Bundeswehruniversitäten bestärkte. Als nach der „Denkschrift der Hauptleute von Unna" Generalmajor Eike Middeldorf als Kommandeur der 7. Panzerdivision abgelöst wurde, übernahm Wagemann im Juni 1971 – als eine Art „personeller Feuerwehr von Helmut Schmidt" – zunächst kommissarisch deren Führung. 1972 erhielt er als Divisionskommandeur den zweiten goldenen Stern. Sein Kommandierender General beim I. Korps in Münster war Generalleutnant Hans Hinrichs (1915-2004). Im Oktober 1974 wurde Wagemann in seiner letzten Verwendung in der Bundeswehr an die Spitze der Führungsakademie berufen. Ende September 1977 schied er mit 59 Jahren vorzeitig aus dem aktiven Dienst.

Schwere Erbschaft
Ein nahezu permanentes Streitthema bildet bis heute der Umgang mit der Tradition.

Es würde zu weit führen, die schmerzhafte „Suche der Bundeswehr nach dem gültigen Erbe des deutschen Soldaten" nachzuzeichnen.[526] Die anfänglichen Vorstellungen, auf Tradition weitgehend verzichten zu können, erwiesen sich schon bald als Utopie; nur Söldnerarmeen haben keine personenbezogene Tradition. Auch die Hoffnung, die Diskussion werde sich „auf biologischem Wege" lösen, ist trügerisch. Anpassung und Wandel sind sinnvoller als ein gänzlicher Bruch. Man kann die Lage mit der alleinerziehenden Mutter vergleichen, die ihrem Kind zwar jeden Kontakt mit dem „bösen, nichtsnutzigen" Vater, der die Familie ins Unglück gestürzt habe, strikt und unter Androhung von Strafe verbietet, aber letztlich nicht verhindern kann, dass sich das Kind mit Vater, Herkunft und Vergangenheit auseinandersetzt – bisweilen auch auf eine Weise, die der Mutter nicht gefällt. Ralph Giordano behauptet:

*„Ihr tiefstes Dilemma liegt darin, dass die Bundeswehr nicht von vorn-
herein auf Traditionen aus der vordemokratischen Epoche verzichtete."*[527]
Er irrt, denn das traumatische Problem der Bundeswehr liegt in dem
Glauben, ein solcher Verzicht sei möglich. Die Vorstellung Giordanos vom
Vergessen geht am Prozess der primär im Gefühl verankerten Traditions-
bildung vorbei. Zwar kann z. B. eine Ehefrau das Bild der ehemaligen
Freundin ihres Mannes aus dem Hause verbannen, aber seine Erinnerung
an die Verflossene kann sie nicht steuern. Gerade dieser Ansatz des Ver-
zichts führte bei manchen Soldaten zu einer übersteuerten Gegenreaktion.
So war es durchaus geboten, den Wildwuchs an traditionsträchtigem Ge-
baren der Truppe in geordnete Bahnen zu lenken. Gerade dieses Ausufern
aber war ein Indiz für die Suche nach dem verkümmerten Innenleben. Im
Zentrum der Diskussion stand dabei der Umgang mit dem soldatischen
Erbe der Wehrmacht. Das Dilemma dabei ist, dass die Wehrmacht aus rein
militärischer Perspektive hervorragend war. Wäre sie militärisch zweitrangig gewesen, gäbe es keine Traditionsdebatte. Somit bleibt nur die
Frage, ob soldatische Pflichterfüllung von den politischen Zielen, für die
sie eingesetzt wird, zu trennen ist. Hierüber schwelt im Grund bis heute
die Auseinandersetzung. Die Auffassung, eine Trennung sei nicht möglich
– mittlerweile weit verbreitet – wirkt gekünstelt, weil sich nachfolgende
Generationen damit zum Richter über ihre Altvordern erheben. Der Ansatz, eine Leistung einzig vor dem Hintergrund ihrer politischen Zielsetzung zu würdigen, ist intellektuelles Tunneldenken. Jeder Mensch handelt
in seiner Zeit. Wie wollen wir Alexander den Großen, Wallenstein oder
Napoleon mit unseren Maßstäben messen? Oder wäre – hypothetisch gefragt – die Zeit von 9,0 sec über 100 m eines nordkoreanischen Sprinters
keine herausragende sportliche Leistung, nur weil dieser für eine Diktatur
an den Start geht? Die Tradition wendet sich an das Gefühl, die Emotion,
nicht an die ratio, den Geist. Wird dies vermischt, kommt es auch außerhalb des Militärs zu Erscheinungen, die – typisch deutsch – seltsam
anmuten: so wurde z. B. jüngst gefordert, den Namen des renommierten
Goethe-Instituts zu ändern, weil der Dichterfürst seinerzeit ein Frauenbild
vertreten haben soll und wahrscheinlich auch vertreten hat, das mit den
heutigen Vorstellungen unvereinbart ist – Bilderstürmerei im 21. Jahrhundert. Da auch das Frauenbild z. B. Martin Luthers nicht unserer Zeit
entspricht, müsste auch dieser von der Liste der Namensgeber gestrichen
werden. Kann man die Qualifikation eines Menschen abwerten, weil seine
Vorstellungswelt anders geprägt war als die heutiger Tage? Natürlich wäre

---

526 siehe dazu: u. a. Abenheim, Donald Bundeswehr und Tradition
527 Giordano, Ralph Die Traditionslüge S. 28

heute ein Marsch mit Kriegselefanten über die Alpen und deren Einsatz in einer Schlacht ein eklatanter Verstoß gegen den Tierschutz. Doch wird – muss man fragen – dadurch Hannibals Leistung als Feldherr geschmälert? Es wäre an der Zeit, unsere Ideologie der „political correctness" zu überdenken. Zeitgeist ist nicht identisch mit Wahrheit. Was Bundespräsident Johannes Rau in seiner letzten „Berliner Rede" dazu mit Blick auf die Nation ausführte, lässt sich in gleicher Weise auf das Teilelement Armee übertragen:

„Jeder Mensch braucht ein positives Bild von sich selber und strebt danach es zu haben. Gewiss: Jeder Mensch hat in seinem Leben Gutes und Schlechtes erlebt. Aber er kann nicht auf Dauer mit sich selber im Reinen sein, wenn er allein das Schlechte über sein Selbstbild bestimmen lässt. Auch eine Nation braucht insgesamt ein positives Selbstverständnis und ein positives Verhältnis zu sich selber. Nur so kann sich ein Wir-Gefühl entwickeln, das die Grundlage jeder Nation ist."[528]

Doch auch der Gegenkurs, das Beharren auf der „sui generis"-Stellung des Soldaten, war und ist ein Irrweg. Bei der im Prinzip bis heute schwelenden Kontroverse blieben auf beiden Seiten die „Risiken und Nebenwirkungen" ihres Vorgehens unbeachtet. Zum einen stießen die von außen, sprich von oben, verordneten Richtlinien auf den Widerstand in der Truppe, die sich bevormundet fühlte. In der Tat wurde in keiner anderen Institution in Deutschland gerade dieser Aspekt des Innenlebens, der „corporate identity," so sehr fremdgesteuert. Zum anderen war es unvermeidbar, dass das geistige Gerüst der Streitkräfte nach 1945 auf den Prüfstand musste; der ethische TÜV war fällig. Baudissin stellt dazu fest:

„>Die soldatischen Tugenden< hatten nicht vor falschen Kompromissen bewahrt; sie hatten sie sogar gerechtfertigt. Das lag nicht zuletzt an dieser merkwürdigen Sonderwelt, jenem künstlichen Gemisch postfeudaler, landsknechtlicher und frühtechnischer Denkrelikte, das sich über die Zeiten hinweg erhalten hatte. Ihre Normen hatten den Konflikten dieser Zeit nicht standgehalten. Hier mußten neue Wertvorstellungen wachsen, ... , um die Streitkräfte und ihre Soldaten zu einem verläßlichen und glaubhaften Ressort der Exekutive ... werden zu lassen."[529]

Als der Stuka-Oberst Rudel, dessen Teilnahme am Traditionstreffen des Aufklärungsgeschwaders 51 „Immelmann" in Bremgarten 1976 zum Rücktritt der Generale Krupinski und Franke geführt hatte (siehe Kapitel 2.2), 1982 in Dornhausen bei Rothenburg o.T. beigesetzt wurde, flogen zwei Phantom-Flugzeuge der Luftwaffe über den Friedhof. Vielleicht war es Zufall, vielleicht ein Zeichen des Aufbegehrens gegen das Traditionsdogma. Es könnte auch einfach nur die Geste des Protestes gegen die politische Missachtung der Majestät des Todes und gegen die Ächtung und

Verdammung über den Tod hinaus gewesen sein, für die kein Verständnis aufgebracht wurde. Auch als Großadmiral Dönitz, der am 24. Dezember 1980 verstorben war, im Januar 1981 in Aumühle bei Hamburg zu Grabe getragen wurde, war es den Soldaten der Bundeswehr durch Minister Apel verboten worden, ihm in Uniform die letzte Ehre zu erweisen. Dieses menschliche Urteil wurde zu einem Zeitpunkt verhängt, als Dönitz bereits vor einem „höheren Richter" stand. [530]

Fast zeitgleich mit einem beträchtlichen Ansteigen des Ansehens der Bundeswehr in der deutschen Öffentlichkeit durch die professionelle Durchführung der Auslandseinsätze wuchs auf der anderen Seite in den letzten Jahren nicht nur der Trend einer pauschalen Verurteilung aller Soldaten, die in der Wehrmacht gedient haben, sondern auch derjenigen, die die Last der Wiederaufrüstung als integralen Bestandteil staatlicher Souveränität getragen haben. Wie schwer sich der Aufbau einer neuen Armee – und damit auch neuer staatlicher Strukturen ohne den Rückgriff auf ehemalige Soldaten gestaltet, zeigen die Beispiele Afghanistan und Irak. Gerade Angehörige der jüngeren Generation, denen Leid und Elend eines Krieges erspart blieb, schwangen sich zum Richter mit der „ceterum censeo-Peitsche" auf. Mancher Politiker der 68er-Generation, mittlerweile an Schaltstellen der Macht, hat zu dieser Änderung im öffentlichen Meinungsbild ebenso beigetragen wie die sog. „Wehrmachtsausstellung." Vordergründig als Aufklärung dargestellt, transportiert sie im Kern eine zutiefst ablehnende Haltung gegen jegliches Soldatsein. Dennoch gab es auch einige Soldaten der Bundeswehr, die sich in kaum zu überbietender Naivität den Ausstellern anbiederten – ein seltsames Bild, das man wohl nur in Deutschland sehen kann – Ausdruck geistiger Zerrissenheit eines Volkes. Wann, fragt man sich, werden Soldaten der Bundeswehr, die an Einsätzen wie dem Kosovo-Krieg und Afghanistan beteiligt waren, am Pranger stehen? Schlimm und unerträglich ist, dass sich nun ausgerechnet rechtsradikale Gruppierungen zu Protektoren der Wehrmacht aufschwingen und ernennen dürfen und ihnen das Feld weitgehend überlassen wird. Der Beifall

---

528 Rau, Johannes „5. Berliner Rede" am 12. Mai 2004
529 Baudissin, Wolf Graf von Abschiedsvorlesung an der Uni Hamburg am 18. Juni 1986 in; Baudissin/ Dohna ... als wären wir nie getrennt gewesen – Briefe S. 268
530 Es war nicht das erste Mal, dass die Bundeswehr hochrangigen Offizieren der Wehrmacht militärische Ehren am Grabe versagte. Auch als der umstrittene Generalfeldmarschall Ferdinand Schörner am 2. Juli 1973 in Mittenwald beigesetzt wurde, untersagte Minister Leber die Teilnahme von Soldaten der Bundeswehr in Uniform und auch die „Teilnahme von zivilgekleideten Angehörigen der Streitkräfte" war unerwünscht. Da unbestritten ist, dass der vom Nationalsozialismus überzeugte Durchhalte-Marschall nicht in das heutige Konzept soldatischer Werte passt, war der erste Teil der Weisung berechtigt.

gerade aus dieser Ecke beleidigt jeden Soldaten – die lebenden und die toten. Die Stimmen derjenigen, die in Wehrmacht und Bundeswehr ihrem Land gedient haben, sind schwach geworden. Ihre Zahl schrumpft von Jahr zu Jahr. Die Kriegsgeneration kann sich kaum noch wehren und vielleicht ist sie es auch leid, sich ausgerechnet vor jenen rechtfertigen zu müssen, die niemals die extremen Belastungen und Schrecken eines Krieges erleben mussten. Dieser restriktive Kurs richtet sich nun zunehmend auch gegen jene Soldaten der Wehrmacht, die später in der Bundeswehr gedient und sie aufgebaut haben. Generalinspekteur Naumann versuchte zu differenzieren:

„Ich habe viele dieser Männer (= die in der Wehrmacht dienten) in ihrem Wirken in der Bundeswehr erlebt. Ich habe nicht ein Beispiel selbst erfahren, mit dem versucht wurde, die Wehrmacht pauschal von Schuld freizusprechen, nicht ein Beispiel, in dem nicht das Ringen zwischen Gewissen und Gehorsam erkennbar wurde, ein Ringen, dessen Schwere von uns, die wir ein Leben in Freiheit führen durften, kaum nachzuvollziehen ist.“ [531]

Im Oktober 1996 fand das Jahrestreffen der immer kleiner werdenden Gemeinschaft der Ritterkreuzträger, [532] darunter nicht wenige ehemalige Soldaten der Bundeswehr, in Dresden statt. Dort wollte man eine Totenehrung auf dem Nordfriedhof durchführen. Die Bundeswehr sagte zunächst ihre Unterstützung zu. Doch das Ordnungsamt der Stadt untersagte die Feierstunde in Form eines militärischen Zeremoniells, und der CDU-Oberbürgermeister lehnte es ab, eine Abordnung zu empfangen. Daraufhin verbot das Ministerium der Truppe die Teilnahme. Ein Jahr später wiederholte sich das unwürdige Schauspiel in Hammelburg in ähnlicher Form. In Hameln, bei 50. Jahrestreffen im Herbst 2004, hatte Landrat Karl Heißmeyer (SPD) ein Grußwort zugesagt. Doch auf massiven politischen Druck hin widerrief er seine Zusage. Als Bundeskanzler Adenauer 1967 zu Grabe getragen wurde, hielten an seinem Sarg im Kölner Dom sechs Offiziere mit

531 Naumann, Klaus in: DIE ZEIT Erinnern, lernen – nichts kopieren vom 12. Mai 1995
532 Die Gemeinschaft war 1955 gegründet worden. Von den 7318 Ritterkreuzträgern ist etwa die Hälfte im Zweiten Weltkrieg gefallen, verstorben oder vermisst; 711 von ihnen haben in der Bundeswehr gedient, davon 116 Generale und Admirale. Heute leben nur noch etwa 450 Ordensträger.
533 Mrs. Sara Jones, Witwe des im Falkland-Krieg 1982 gefallenen und posthum mit dem „Victoria Cross“ (VC), der höchsten britischen Kriegsauszeichnung, ausgezeichneten Colonel „H“ Jones, wandte sich in einem einseitigen, groß aufgemachten Presseartikel an den britischen Verteidigungsminister Geoff Hoon. Die geplante Auflösung des 300 Jahre alten „1st Battalion of the Devonshire and Dorset Regiment“ („The Bloody Eleventh“) sei – so schrieb sie – eine Beleidigung am Erbe und der Erinnerung ihres gefallenen Mannes und möge tunlichst rückgängig gemacht werden (Quelle: The Mail on Sunday – 26. Dezember 2004 S. 11).
534 Gähnende Leere herrschte in der Plenarsitzung des Bundestages an jenem Freitag, dem 24. April 1998, zwei Wochen nach Ostern, besonders auf seiten der Regierungskoalition

Ritterkreuz die Totenwache. Heute werden ihre hochbetagten Träger im eigenen Land wie Aussätzige behandelt. Allerdings stieß die Entscheidung, junge Männer in die Gemeinschaft als „Nachwuchs" aufzunehmen auch bei nicht wenigen Trägern der Auszeichnung zu Recht auf Unverständnis. Ein Beispiel, welches Ansehen hohe Kriegsauszeichnungen in Ländern mit einer ungebrochenen Tradition besitzen, bietet England. [533]

Am 28. Januar 2005 entschied Minister Struck unter Berufung auf einen Parlamentsbeschluss, den Namen des Jagdfliegers Oberst Werner Mölders (1913-1941) als Namensgeber zu streichen: die Mölders-Kaserne im niedersächsischen Visselhövede, in dem das Fernmeldebataillon 381 stationiert ist und auch das Jagdgeschwader 74 „Mölders" in Neuburg an der Donau verloren ihren Namen, den sie jahrzehntelang trugen. Der Lenkwaffenzerstörer „Mölders" hingegen hatte Glück im Unglück; bereits im letzten Jahr erreichte er das Alter seiner Ausmusterung; eine neue Taufe blieb ihm so erspart. Als Begründung der Aberkennung wurde ein Beschluss des Bundestages genannt – dies hat Gewicht. Allerdings kam er auf eine fragwürdige Weise zustande, die man durchaus als eine Art des „parlamentarischen Putsches" bezeichnen, bei der eine verschwindende Minderheit die Mehrheit überstimmt. [534] Im Jahre 2000 hatte die Bundesregierung auf eine Kleine Anfrage der PDS (Nr. 14/3240) geantwortet,

„eine kritische Würdigung der Gesamtpersönlichkeit Mölders könne nicht außer Betracht lassen, dass dieser weder an der Bombardierung der spanischen Stadt Guernica im Jahre 1937 beteiligt noch persönlich in das Unrecht des NS-Regimes verstrickt gewesen sei." [535]

Auch Struck war keineswegs gezwungen, sich auf dieses dubiose Votum zu berufen. Doch dies setzt ein Grundverständnis für Seele der Armee voraus und Mut, die von den Medien wieder aufgegriffene Diskussion durchzustehen. Beides fehlte Struck offenbar. Auch ging die Initiative zur Umbenennung weder von der Truppe, noch den Kommunen oder der Bevölke-

von CDU, CSU und FDP. Themen wie eine Empfehlung zur Ausweisung von Naturschutzgebieten, der Hochschulstandort Deutschland und die Lage der Bundeswehr deuteten auf Routine hin, und das Wochenende stand vor der Tür. Mehrere Abgeordnete der Grünen und der SPD stellten den Antrag, zum 60. Jahrestag der Bombardierung der baskischen Stadt Guernica „ ... mit einer Geste der Versöhnung ein Bekenntnis zu Schuld und Verantwortung der Deutschen abzulegen ... " – leere Rituale einer Schuldkultur, wie sie nur in Deutschland zu finden sind. Da verlangte der PDS-Abgeordnete Gerhard Zwerenz, dies um die Empfehlung zu ergänzen, Kasernen und Einheiten der Bundeswehr, die nach Soldaten der „Legion Condor" benannt seien, umzubenennen. Zwar warnte der CSU-Abgeordnete Hartmut Koschyk vor überschnellen Beschlüssen, doch vergebens. Der Änderungsantrag wurde gegen das Votum der schwach vertretenen Regierungsfraktionen bei Stimmenthaltung der SPD mit den Stimmen von PDS und Bündnis 90/Die Grünen angenommen

535 Antwort der Bundesregierung Nr. 14/3658

rung aus. Doch man täte dem Minister Unrecht, wiese man nicht darauf hin, dass auch der Bundesvorstand des Bundeswehrverbandes danach entschieden hatte, die Namensänderung nicht zu kritisieren. Dies wurde mit jenem Bundestagsbeschluss und dem Traditionserlass von 1982 begründet; wie jene „Parlamentsmehrheit" zustande gekommen sein, spiele keine Rolle. „Mölders sei zwar militärisches Vorbild, aber nicht traditionsgebend" wurde argumentiert – eine Logik, die schwer nachzuvollziehen ist. Denn dann müsste es auch Personen geben, die für die Armee zwar traditionsgebend sind, aber kein militärisches Vorbild darstellen. [536] Nun erhält jene Kaserne in Niedersachsen und der Truppenteil in Bayern einen neuen Namen; man sollte sich an die Worte von Bundespräsident Carstens erinnern.

„Kein Volk verträgt es, wenn seine Geschichte alle 20 Jahre neu geschrieben wird." [537]

In einer bisher einmaligen Protestaktion haben sich 116 Soldaten aller Dienstgrade, darunter u. a. der frühere Generalinspekteur Wust, in einer ganzseitigen „Todesanzeige für Mölders" in der FAZ im März 2005 gegen diese Verfügung gewandt. Ändern wird dies nichts, wird nur ein hilfloser, wohl aber notwendiger Protest bleiben. Sicherlich wird diese Entscheidung die Bundeswehr nicht bis aufs Mark erschüttern, und die Truppe wird auch dies schlucken. Bedauerlich ist, dass Minister und jene Soldaten, die den Beschluss widerspruchslos hingenommen haben, sich letztlich zu Werkzeugen militärfeindlicher Politiker gemacht haben. Jener Beschluss des Bundestages hätte erneut diskutiert und auch rückgängig gemacht werden müssen. Es ist eine Ironie des Schicksals, dass Deutschland zwar die Aussöhnung mit den ehemaligen Kriegsgegnern in Ost und West in überzeugender Weise weitgehend gelungen ist, jedoch die ebenfalls notwendige Versöhnung im Inneren in immer weitere Ferne rückt; hier werden die Gräben vertieft, anstatt sie einzuebnen. Anerkennung wurde ihr gerade von jenen zuteil, die im Krieg unter der deutschen Expansion gelitten hatten. Während ausländische Politiker und Militärs, denen durch die Wehrmacht Leid zugefügt wurde, den deutschen Soldaten ihren Respekt und ihre Anerkennung bezeugen, wirken die Worte mancher deutscher Politiker für die eigenen Streitkräfte seltsam fremd und unglaubwürdig. In Deutschland schafft man es offenbar nicht, den Krieg abzulehnen, ohne zugleich den Soldaten ihren Rang und ihre Ehre zu nehmen. Der französische Staatspräsident Francois Mitterand (1916-1996) sprach in seiner Rede beim Staatsakt im Deutschen Bundestag zum 40. Jahrestag des Kriegsendes im Mai 1995 auch die deutschen Soldaten an:

„Ich bin nicht gekommen, um den Sieg zu feiern, über den ich mich … gefreut habe. Ich bin nicht gekommen, um die Niederlage herauszustellen, weil ich wußte, welche Stärke das deutsche Volk hat, welche Tugenden, wel-

*cher Mut, und wenig bedeutet mir seine Uniform und auch die Vorstellung in
den Köpfen dieser Soldaten, die in so großer Zahl gestorben sind. Sie waren
mutig. Sie nahmen den Verlust ihres Lebens hin. Für eine schlechte Sache,
aber ihre Taten hatten damit nichts zu tun. Sie liebten ihr Vaterland. Das
muß man sich klar machen.* "[538]

Sätze mit diesem Tenor aus dem Munde deutscher Politiker hingegen
sind heute eine Rarität geworden, werden bestenfalls hinter vorgehaltener
Hand und im vertrauten Kreis geäußert. Mitterands Worte sind mehr als
eine diplomatische Floskel. Er hätte dies nicht erwähnen müssen. Doch er
tat es im Wissen darum, dass nur der unbelastet die Zukunft gestalten
kann, dessen Verhältnis zur Vergangenheit bereinigt ist. Und so fuhr Mitterand fort:

*„Europa bauen wir auf, wir lieben unsere Vaterländer. Bleiben wir uns
selbst treu. Verbinden wir die Vergangenheit mit der Zukunft, dann können
wir ruhigen Gewissens den Stab denen übergeben, die uns nachfolgen werden.* "[539]

Die politische und militärische Führung der Bundeswehr verhält sich
in dieser Auseinandersetzung neutral, als sei sie unberührt, als gäbe es
keinerlei Bindungen, als seien die heutigen Soldaten nicht betroffen, wenn
ihre Väter und Großväter geschmäht werden.

Rechts um !?

Gegen Vorfälle mit rechtsradikalem Hintergrund in der Bundeswehr
sind Öffentlichkeit und Medien verständlicherweise besonders sensibel
und aufmerksam. Begünstigt durch eine klare Hierarchie, Uniformen und
Waffen gelten Streitkräfte grundsätzlich als anfällig für rechtsextreme
Ideen und Aktivitäten. Doch nicht in jedem Vorkommnis, das bräunlich
verpackt ist, steckt tatsächlich braunes Gedankengut. So gab es z. B.
wiederholt in der Bundeswehr sog. „Liederskandale." Martialische Texte
erregten – zumeist bei Außenstehenden – Anstoss. Hin und wieder waren
auch – so einmal von studierenden Offizieren an einer Bundeswehruniversität – NS-Lieder gesungen worden.

Solche Entgleisungen ereignen sich meist an Kameradschaftsabenden
zu fortgeschrittener Stunde unter beträchtlichem Alkoholeinfluss. Sie sind

---

536 Der Bericht in der ARD-Sendung „Kontraste" vom 22. April 2004 und eine Anfrage der
     PDS-Abgeordneten Gesine Lötzsch vom 16. Juni 2004 zwangen angeblich zum Handeln;
     beim Umsetzen anderer Auflagen ist die Exekutive nicht so schnell.
537 Carstens, Karl Rede als Vorsitzender der CDU/CSU-Bundestagsfraktion am 18. Juni
     1973 in: Texte zur Deutschlandpolitik Band 12 S. 762
538 Bulletin der Bundesregierung vom 12. Mai 1995 – Nr. 38 S. 336
539 Ebenda

daher eher der Rubrik Oberflächlichkeit, Unbekümmertheit und jugendlicher Dummheit denn rechtsradikaler Haltung zuzuordnen.

Im Jahre 1997 geriet die Führungsakademie in die Schlagzeilen: im Januar 1995 war Manfred Roeder, ein Neonazi und verurteilter Rechtsterrorist
als Referent (Thema: „Die Übersiedlung von Rußlanddeutschen in den
Raum Königsberg") eingeladen worden. Er sprach jedoch nicht vor Dozenten oder den Teilnehmern diverser Lehrgänge, sondern es war eine interne
Weiterbildung der kleinen Gruppe von Offizieren und Unteroffizieren des
Akademiestabes. Natürlich war es ein peinlicher Fehler, diesen Mann zu einem Vortrag einzuladen. Doch die Tatsache, dass der politische Hintergrund
Roeders nicht bekannt war, ist ein Beweis, dass es keinesfalls ein rechtsradi-
kales Vorkommnis war. Erst Monate nach dem Vortrag wurde Roeders Rolle
bekannt, und erst zwei Jahre danach wurde der Vorfall publik. Die wenigsten
Veranstalter, die zu Vorträgen einladen, lassen vorher Identität und politische Zuverlässigkeit durch den Verfassungsschutz prüfen. Der damalige
Chef des Akademiestabes, Oberst i.G. Norbert Schwarzer (* 1941), hatte auf
eine Meldung an den Kommandeur, Generalmajor Dr. Olboeter, verzichtet;
geändert hätte sie ohnehin nichts mehr. Doch nun wurde die Bundeswehr in
toto rechtsradikaler Umtriebe bezichtigt. Olboeter wurde bis zur Klärung
des Sachverhaltes von seinen Aufgaben entbunden. Später stellte man fest,
dass ihm keine Dienstpflichtverletzungen vorzuwerfen seien. Selbst
Minister Rühe geriet zunehmend unter Druck. Die Opposition bestand
sogar auf einem parlamentarischen Untersuchungsausschuss. Ohne Zweifel
gilt auch hier die Devise: „Wehret den Anfängen!" Doch solange es auch in
der Gesellschaft rechtsradikale Tendenzen gibt, wäre es blauäugig zu glauben, die Bundeswehr bliebe davon verschont, denn viele Probleme werden
aus der Gesellschaft in die Bundeswehr hineingetragen. Hysterie, Aktionis-
mus und Umfunktionierung zu parteipolitischem Vorteil bei solchen Vorfällen schaden mehr als sie den Streitkräften bei der Bewältigung dieser Probleme helfen. Es ist auch zu berücksichtigen, dass das bundeswehrinterne
Meldeaufkommen steigt, je größer die Aufmerksamkeit auf rechtsradikale
Umtriebe fokussiert ist. Überdies nutzt auch mancher Soldat dies als will-
kommene Möglichkeit, um persönliche Verärgerung auszudrücken, oder
einfach auch um seine Vorgesetzten in Schwierigkeiten zu bringen. In einer
Armee mit einer hohen Personalfluktuation werden immer Fehler gemacht,
und oft sind es die gleichen Fehler. Doch es gibt keinen idealen Endzustand,
der einmal erreicht und dann gehalten wird.

Im Herbst 1997 kam es im IV. Korps (Potsdam) unter Generalleutnant
Joachim Spiering zu einer Reihe von Vorfällen mit als rechtsradikal einge-
stuftem Hintergrund. Soldaten hatten ein „Spaßvideo" gedreht, auf dem
Vergewaltigungen und Hinrichtungen nachgestellt worden waren. Regio-

naler Schwerpunkt lag in Sachsen und Thüringen, d. h. im Kommandobereich von Generalmajor Michael von Scotti (* 1941), dem Kommandeur
der 13. Panzergrenadierdivision und zugleich Befehlshaber im Wehrbereich VII in Leipzig. Volker Rühe als verantwortlicher Minister kam nun –
wie seinerzeit Minister Leber wegen der Generale Krupinski und Franke –
schnell unter Druck der Medien, der sich zumeist tsunamigleich aufbaut
und alles mitreißt, was sich nicht in sicheren Höhen befindet. Wie stets bei
Geschehnissen dieser Art ist der Verfahrensablauf nahezu identisch.
Durch die publizistische Lynchjustiz gerät die Bundeswehrführung in
hektische Defensive. Sie beteuert, es handele sich nur um Einzelfälle. Doch
die Medien recherchieren weiter und decken dabei oft auch ähnlich gela-
gerte, bisher unbekannte Fälle auf. Zwar handelt es sich bei diesen letztlich
zumeist nur um Einzelfälle, doch da sie räumlich und zeitlich verteilt sind,
erweckt dies optisch den Eindruck eines „Flächenbrandes." Durch diese
neuen Fakten wird die Bundeswehr bezichtigt, sie verschleiere die Vorfälle,
und die Ablösung des politisch verantwortlichen Ministers wird gefordert.
Doch: Nur auf hoher See geht der Kapitän als letzter von Bord; bei politisch schwerer See ist es umgekehrt. Den jungen Unteroffizieren und Offizieren wird beigebracht, Verantwortung für die ihnen unterstellten Soldaten zu übernehmen, Kameradschaft vor allem gegenüber denen zu pfle-
gen, die in Not sind. Fälle, wo sich Verteidigungsminister vor ihre Generale
und Admirale gestellt haben, sind selten. In diesen Sphären sind die Grundsätze der Inneren Führung offenbar außer Kraft gesetzt. Anders als bei
Gerichtsverfahren, wo zunächst der Sachverhalt sorgfältig untersucht
wird, bevor ein Schuldspruch verhängt und Maßnahmen getroffen werden, wird hier als Sofortmaßnahme zuerst ein „Schuldiger" identifiziert.
Um den öffentlichen Druck zu verringern, Führungsstärke zu zeigen und
den Eindruck zu erwecken, die Lage sei unter Kontrolle, wird dieser dann
umgehend seines Postens enthoben. Parallel dazu wird ein Aktionsbündel
geschnürt, das den Anschein von Kompetenz erwecken soll. Erst dann
beginnt die Untersuchung. Zwischenzeitlich legt sich die Aufregung, denn
die Nachricht verliert schnell an Wert. Es versteht sich von selbst, dass das
Ergebnis später zumeist wenig Konkretes zu Tage fördert. Manchmal treten im Zuge der Aufklärung sogar entlastende Fakten zu Tage, die es opportun erscheinen lassen, die gespielte und echte Entrüstung der Philip-
pika zu drosseln. Sollte dabei – was auch oft der Fall ist – festgestellt werden, dass den eingangs geschassten Verantwortlichen keine Schuld trifft,
erfolgt nur selten dessen Exkulpierung und Rehabilitierung, da dies die
dafür Verantwortlichen in ein schlechtes Licht brächte – er bleibt also
meist in der Verbannung. So war es auch im vorliegenden Fall. Es wurde
ein „Bauernopfer" gesucht, nicht zu hoch und zu dicht am Ministerium,

aber auch nicht zu niedrig, um Vorwürfe zu entkräften, es würden immer
nur „die Kleinen" bestraft. Die Entscheidung des Ministers war offenbar
bereits während der Kommandeurtagung der Bundeswehr in Berlin im
November 1997 gefallen, auf der Rechtsextremismus in den Streitkräften
ein Thema war: Generalmajor Michael von Scotti, der Kommandeur der
13. Division in Leipzig, wurde zum „Verantwortlichen" abgestempelt und
erfuhr einige Tage später von seiner geplanten Ablösung durch den Abteilungsleiter P, Generalleutnant Dr. Olboeter. Dass jene Vorfälle bereits vor
der Übernahme der Verantwortung durch von Scotti geschahen, spielte bei
der ministeriellen Entscheidung offenbar keine Rolle. Der nächste Vorgesetzte von Scottis, Generalleutnant Spiering, hatte keine Chance, zugunsten seines Freundes aus der Zeit an der Führungsakademie beim Minister
oder dem Inspekteur des Heeres, Willmann, zu intervenieren. In der Generalität des Heeres und auch in Teilen des Offizierkorps geriet nun auf einmal er selbst in das Fadenkreuz der Kritik. Er hätte sich, wurde ihm vorgeworfen, nicht für Scotti verwandt, um seine Ernennung zum CINCENT und
die damit verbundene Beförderung zum Vier-Sterne-General im Frühjahr
1998 nicht zu gefährden. Doch hätte Spiering tatsächlich eine reelle Chance
gehabt, die vom Minister verfügte Entscheidung zu revidieren? Ein
Gespräch mit dem Minister wurde ihm verweigert. Sicherlich, er hätte in
einem demonstrativen Schritt „seinen Hut nehmen" können. Geholfen indes hätte es Scotti jedoch wenig, die Geste der Kameradschaft wäre verpufft. Spiering wäre als „ewig Gestriger, der in falsch verstandener Kameraderie seinem alten Spezie zu Hilfe eilen wollte" und vor allem als „einer,
der den Primat politischer Entscheidungen nicht respektieren und anerkennen wolle," gebrandmarkt und in den Medien zerrissen worden. Der
Rest ist Bitterkeit auf beiden Seiten und eine wohl zerbrochene alte Freundschaft. Die Ebene eines Kommandierenden Generals ist aus Sicht der
Truppe zwar sehr hoch, doch eben nicht aus der Perspektive des Ministeriums. Hier wären in erster Linie Generalinspekteur Bagger und der
Inspekteur des Heeres Willmann, seine Heereskameraden, in der Pflicht
gewesen, doch sie schwiegen – vermutlich aus jener bekannten Loyalität.
Doch selbst sie hätten – wie Spiering – die Entscheidung von Minister
Rühe nicht revidieren können. Erst als der Vorfall in den Medien diskutiert
wurde, erklärten sich Minister und Inspekteur mit beträchtlichem
Zeitverzug bereit, mit von Scotti zu sprechen. Dies ist ein weiteres Beispiel
dafür, dass die oberste militärische Führung der Bundeswehr jede politische Entscheidung auf dem Hochaltar der Loyalität mitzutragen bereit ist.
Es zeigt aber zugleich auch ihren begrenzten Einfluss – Halbschatten der
Macht eben. Wenn Medien und Politik ihr Urteil gefällt haben, hilft keine
militärische „Intervention" mehr.

2. Die militärische Spitze der Bundeswehr

Generalsopfer

Die Personalsituation bei einigen Spitzenämtern des Verteidigungsministeriums und nachgeordneter Behörden war im Spätsommer 1983 labil. Personalwechsel und längere Abwesenheiten gehören in der Truppe zwar zum Alltag, aber sie sind oft Phasen der Schwäche und Unsicherheit, denn sie bringen Turbulenzen in die eingespielten Verfahrensabläufe von Organisationen und Behörden. Minister Wörner war seit einem knappen Jahr im Amt, der Parlamentarische Staatssekretär Würzbach und Generalinspekteur Altenburg hatten erst sechs Monate zuvor ihre neue Aufgabe übernommen. Staatssekretär Hiehle war im Herbst 1983 längere Zeit krank. An der Spitze des MAD-Amtes kam es im Spätsommer des selben Jahres zu einem Wechsel von Flottillenadmiral Elmar Schmähling zu Oberst (später Brigadegeneral) Helmut Behrendt (* 1924). Auch der Adjutant von Minister Wörner, Oberst i.G. Jörg Schönbohm, übergab Ende September 1983 die Dienstgeschäfte an Nachfolger Klaus Reinhardt. Im Herbst 1983 wurde der Nachrüstungsbeschluss der NATO umgesetzt, der eine Vielzahl von Protestaktionen vorwiegend linker Kreise auslöste. In dieser Zeit wurde der Vier-Sterne-General Dr. Kießling, damals Stellvertreter des NATO-Oberbefehlshabers Rogers, durch ein Dossier des Militärischen Abschirmdienstes (MAD) der Homosexualität bezichtigt. Am 15. September 1983 kam es – im Beisein von Generalinspekteur Altenburg – zum ersten Gespräch in dieser Angelegenheit zwischen Minister Wörner und General Kießling. Ersterer beschuldigte den General, seit 12 Jahren in der Kölner Homo-Szene zu verkehren, wofür auch handfeste Beweise vorlägen. Kießling hingegen gab sein Ehrenwort, dass dieser Vorwurf falsch sei. Er glaubte im Vertrauen auf die langjährige, fast freundschaftliche Bekanntschaft mit Wörner und die Kraft seines Ehrenwortes, die Vorwürfe würden durch fundierte Untersuchungen des Ministeriums schnell entkräftet und erklärte sich daher bereit, zum 31. März 1984 vorzeitig aus dem aktiven Dienst zu scheiden, zumal die Zusammenarbeit mit dem cholerischen US-General Rogers sich immer mühsamer gestaltete und auch an Kießlings Gesundheit nicht spurlos vorübergegangen war. Anschließend begab sich der General zu einer seit längerem geplanten stationären Behandlung in das Bundeswehrkrankenhaus in München. Da tauchte am 13. Dezember überraschend Staatssekretär Dr. Joachim Hiehle, ein Jahr jünger als Kießling und seit über fünf Jahren als beamteter Staatssekretär auf der Hardthöhe, mit dem Leiter der Personalabteilung, Generalleutnant Hans Kubis, einem Jahrgangskameraden aus Hamburger Tagen, im Schlepptau am Krankenbett von Kießling auf. Hiehle eröffnete dem sprachlosen Kießling, er werde – nun da der Abschlussbericht des MAD-Amtes vor- und seine Schuld offenläge – bereits zum 31. Dezember

1983 aus der Bundeswehr entlassen und zwar ohne den für Offiziere seines Ranges üblichen Großen Zapfenstreich. Mit anderen Worten:
Innerhalb von zwei Wochen sollte ein Vier-Sterne-General, der überdies
bei der NATO noch in Amt und Würden war, nach fast drei Jahrzehnten
treuen Dienens in der Bundeswehr bei Nacht und Nebel die Armee verlassen. Noch nicht einmal die Frist für die zahlreichen Abschiedseinladungen
und andere diverse Vorbereitungen könnten gewahrt werden – ein „Weih-
nachtsgeschenk" des Dienstherrn der Extraklasse. Am 23. Dezember
wurde Kießling – der Minister war bereits in Urlaub – von Staatssekretär
Hiehle die Urkunde seiner Zurruhesetzung ausgehändigt. Kießling stellte
nun den Antrag auf Einleitung eines disziplinargerichtlichen Verfahrens
gegen sich selbst, um die Vorwürfe zu entkräften.

Dann erst trat er, der sich bislang noch durch die Fürsorgepflicht seines
Ministers geschützt glaubte, die Flucht in die Öffentlichkeit an. Flankiert
wurde er dabei durch einige Kameraden, die ihm öffentlich beistanden,
wie Brigadegeneral a.D. Karl-Eberhard Boehm (* 1913) und General a.D.
Gerd Schmückle. Auch der Kommandierende General des I. Korps, Dr.
Gerhard Wachter (* 1929), hegte Rücktrittsabsichten, wurde davon aber
letztlich abgebracht. Da aber dieser General der SPD nahestand, blieb
unklar, ob der Schritt aus Kameradschaft oder politischem Kalkül gegen
den CDU-Minister geplant war. Gleiches gilt für die Unterstützung, die
Kießling von Politikern der SPD erhielt, wie Berkhan oder Apel. Doch in
dieser Lage bleibt die Motivation zweitrangig – Hilfe ist Hilfe. Wer am
Abgrund hängt, fragt den Helfer nicht, weshalb er hilft. Zumal sich die
Politiker des Regierungslagers bis auf wenige Ausnahmen bedeckt hielten.
Die Reaktion der meisten aktiven Generalskameraden wie auch einiger
hochrangiger Kameraden im Ruhestand war diffus, abwartend und letzt-
lich hilflos. Die Presse bemächtigte sich des Themas erst am 4. Januar
1984, zunächst noch verhalten und ohne konkretes Hintergrundwissen.
Doch als Würzbach das Wort „Sicherheitsrisiko" ins Spiel brachte, wurde
eine Lawine daraus. Obwohl bald klar wurde, dass es jene „handfesten
Beweise" nicht gab, beharrte Wörner seltsamerweise nicht nur auf seiner
Meinung, sondern versuchte sich auch aktiv an der Beweiskosmetik –
Lagebeurteilung und Handlungsweisen folgten zunehmend unkalkulier-
barer Irrationalität. War es bis dahin wegen des Gestrüpps aus Gerüchten
und unsauberen Recherchen noch ein „Fall MAD" gewesen, wurde es nun
zu einem „Fall Wörner" und erhielt eine politische Dimension. Selbst
dubiose Zeugen wurden höchstministeriell, aber erfolglos bemüht. Als
schließlich die Haltlosigkeit der angeblichen „Beweise" offenkundig war,
war der politische und militärische Scherbenhaufen groß. Am 1. Februar
1984 wurde Kießling in den aktiven Dienst zurückgeholt und am 26. März

im Beisein von Minister Wörner in seinem alten Bataillon im hessischen Neustadt mit einem Großen Zapfenstreich endgültig aus dem aktiven Dienst verabschiedet. In seinen Erinnerungen beschreibt Franz Josef Strauß diesen Skandal als eines der „skandalösesten Vorkommnisse."

„Daß Wörner trotz der Kießling-Affäre im Amt blieb, verrät ein geradezu unvorstellbares Maß an Skandalfähigkeit. Da verläßt sich ein Verteidigungsminister auf dubioseste Agentenberichte aus der Halbwelt, ..., setzt ein Verfahren gegen den betroffenen General in Gang, das an Widerwärtigkeit nicht zu überbieten ist, kommt dann in Beweisnot, ... und am Ende ... bricht das ganze Gebäude der Anklage gegen den General zusammen." [540]
Wörner bot Kohl seinen Rücktritt an, doch der Kanzler lehnte ab. Hatte er Spielraum, oder gab es Druck von Washington, den in den USA überaus geschätzten Wörner um jeden Preis zu halten? Neben der chaotischen Abstimmung und Arbeitsweise bei dieser hausgemachten Krise innerhalb des Ministeriums war auch die Haltung eines großen Teils der Generalität kein Ruhmesblatt. Wie – muss man fragen – würden wirklich ernste politische Krisen gemeistert, wenn bereits bei solchen Anlässen das Management einer obersten Bundesbehörde versagt? Die Beurteilung eines Sachverhaltes mit zunächst sorgfältiger Lagefeststellung, der daran anschließenden Bewertung aller Fakten und die daraus abzuleitenden Folgerungen mit einem abgewogenen Entschluss sind Schlüsselbegriffe in der Offizierausbildung. Sie gelten nicht nur für taktische Situationen. Doch im Falle Kießling haben sie auf breiter Front versagt, weil sie nicht beachtet und auf den Kopf gestellt wurden. Der Entschluss stand fest, bevor die Fakten offenlagen und bewertet waren. War die Beweislage eng, wurden Erkenntnisse zurechtgebogen, bis sie passten. Abgesehen vom Betroffenen hat sich bisher keiner der anderen Offiziere und Generale zu dieser Affäre schriftlich geäußert. Ein Musterbeispiel für die hochgelobte und im Soldatengesetz als Pflicht verankerte Kameradschaft war es nicht; sie scheint innerhalb des Korps der Spitzenmilitärs nicht zu den hervorstechendsten Eigenschaften zu gehören.

„Geradezu flehentlich hatte ich mich an den .... Leiter der Personalabteilung, Generalleutnant Kubis, gewandt: > Kubis, Sie glauben das doch selbst nicht. Sie kennen mich seit dreißig Jahren und wissen, das kann nicht stimmen!< Kubis verzog keine Miene und sagte kein Wort." [541]
Das hehre Postulat der Kameradschaft, das nach Paragraph 15 des Soldatengesetzes alle Soldaten verpflichtet, die Würde, die Ehre und die Rechte des Kameraden zu achten und ihm in Not und Gefahr beizustehen,

---

540 Strauß, Franz Josef Die Erinnerungen S. 512
541 Kießling, Günter Versäumter Widerspruch S. 417

was gegenseitige Anerkennung, Rücksicht und Achtung fremder Anschauungen einschließt, ist verengt auf das Zusammenleben der Wehrpflichtigen. Diese Pflicht scheint offenbar ausgeblendet, wenn es um höhere Ränge und um Karriere geht. Gerät einer von ihnen ins Kreuzfeuer der Öffentlichkeit, wagen sich nur wenige der Ranggleichen aus der Deckung. Doch
es ist nicht nur der Tunnelblick auf das eigene Vorwärtskommen, der
lähmt. Es sind die Denkstrukturen, die einer Prüfung bedürfen. Solange
jede politische Aussage grundsätzlich mit dem Diadem der Unfehlbarkeit
gekrönt wird, werden sich Fälle dieser Art wiederholen. Die Sensibilität ist
verkrustet. Hier wäre es leicht, die Schuld dafür allein auf die höhere, die
politische Ebene zu schieben. Wie jeder Mensch zieht auch der Politiker
das Lob der Mahnung und dem Tadel vor, Jasager sind pflegeleichter als
kritische Geister. Doch auch das Führerkorps trifft Schuld. Es schwieg,
weil sich einfach niemand vorstellen konnte, dass ein Minister, der so sehr
dem Militär verbunden war und Jurist obendrein, derartig schwerwiegende Beschuldigungen ohne fundierte, wasserdichte Beweise erheben würde.
Das mag ihre Schuld mindern, zumal viele später ihr Versagen mit Bedauern einräumten.

Einheit
Die deutsche Wiedervereinigung und die in diesem Zusammenhang
von der Bundeswehr erfolgreich gelösten einmaligen militärischen Aufgaben hoben insgesamt das Ansehen der Bundeswehr in der Bevölkerung
beträchtlich. Im Oktober 1990 wurde Generalleutnant Jörg Schönbohm
Befehlshaber des neuen „Bundeswehrkommandos Ost" in Straußberg und
übernahm damit den Befehl über alle Truppenteile, Stäbe und Einrichtungen auf dem Gebiet des beitretenden Teils Deutschlands, mit dem
gleichzeitigen Auftrag, die NVA aufzulösen. Es war eine Herkulesarbeit,
nicht nur in organisatorischer Hinsicht. In nur neun Monaten wurde die
Personalstärke von 90.000 auf 56.000 Soldaten verringert, 350 Truppenteile aufgelöst und 250 neue aufgestellt. Unmengen von Waffen und Munition wurden in Gewahrsam genommen, ohne die Sicherheit des Landes
und ihrer Bürger zu gefährden. General Schönbohm sagte dazu beim
Abschlussappell am 1. Juli 1991:
„Unsere Mitbürger hier im Osten Deutschlands haben die Einheit unse
res Volkes erstritten. Soldaten aus Ost und West sind dabei, diese Einheit in
der Bundeswehr zu gestalten." [542]
In der Geschichte der Bundeswehr gab es zweimal eine Phase, in der
überwiegend frei von Vorschriftenzwängen gestaltet werden konnte und
musste: beim Aufbau der Armee nach 1955 und in der Zeit der Wieder-

vereinigung. Bundespräsident Herzog betonte bei seinem Besuch der Hee-
resunteroffizierschule in Delitzsch am 8. Dezember 1994:

*„Die Integration von fast 11.000 ehemaligen Soldaten der NVA ist eine
Leistung, für die es kein geschichtliches Vorbild gibt. .... Heute, nach etwas
mehr als vier Jahren, kann sich die Bundeswehr in den neuen Bundesländern mit berechtigtem Stolz zeigen."*

Einsatz

Die mittlerweile zwölf Jahre einer steigenden Zahl von Auslandseinsätzen der Bundeswehr soll hier nicht dokumentiert werden. Die Soldaten
der Bundeswehr haben die in sie gestellten Aufgaben und Erwartungen –
seit den ersten, vor allem politisch zaghaften und unsicheren Schritten in
Kambodscha und Somalia – voll erfüllt. Dies gilt sowohl für die Offiziere
in Führungsverwendungen als auch für die militärfachliche Durchfüh-
rungsebene. Deutschland hat die politische Isolation endgültig überwunden. Allerdings klafft eine Lücke zwischen politischen und militärischen
Konzepten. Doch die weitverbreitete Vorstellung, das Militär sei ein All-
heilmittel für oft jahrhundertealte Aggressionen und Verwerfungen ist
falsch. Den Soldaten glauben zu machen, ihr Einsatz sei auch politisch ein
Erfolg, ist zumeist Etikettenschwindel. Es ist und bleibt ausschließlich ein
erster „militärischer Druckverband," der den ausströmenden Hass und
die Gewalt in Krisenregionen nur kurzfristig zu stoppen vermag. Doch die
Wirkung hält nur solange an, wie militärische Macht demonstriert wird.
Daher bedarf diese „erste militärische Hilfe" dringend der Absicherung
und Stützung durch politische Maßnahmen, aber daran mangelt es oft.
Nicht zuletzt deshalb, weil nach dem Eingreifen der Soldaten der Zwang
zum Handeln für die Politiker schwächer wird – „die Armee wird es schon
richten." Und so bleiben die Streitkräfte Jahr um Jahr auf ihrem Posten als
Ersatz für ausbleibende politische Lösungen. Doch die Politik muss – nach
Clausewitz – auch bei derartigen Einsätzen der Streitkräfte auf die Natur
des Militärs Rücksicht nehmen. Sie sollte sie nicht vor Aufgaben stellen,
die diese nicht erfüllen können. Dazu sollten die Politiker die Eigenheiten
der Armee kennen, um diese sachgerecht einsetzen zu können. Falls dies
nicht gegeben ist, erhält die fachliche Beratung durch die Militärs eine
wichtige Bedeutung. Wie früher, als das Wort „Krieg" tabuisiert und durch
den Begriff „Ernstfall" ersetzt war, wird heute das Risiko oft durch sprachliche Korrekturen wie „robustes Mandat" oder „Friedenserzwingung"
überdeckt. Bisweilen werden Stimmen laut, die das Konzept der Inneren

---

542 Schönbohm, Jörg Zwei Armeen und ein Vaterland S. 252

Führung als ungeeignet für die Auslandseinsätze charakterisieren – ein leichtfertiges und auch unzutreffendes Urteil. Dies gilt sowohl für die externe Dimension – die Bindung des Einsatzes an politische Vorgaben, als auch für die interne, die Menschenführung im Einsatz.

2.7 Politische Karrieren

Der Wechsel von Soldaten in das politische Metier war und ist in Deutschland eher die Ausnahme. Die wenigsten waren erfolgreich, bekannt nur wenige. Beide Felder sind zu unterschiedlich. Als Bismarck 1872 vom Amt des preußischen Ministerpräsidenten zurücktreten wollte, wurde von Moltke gefragt, ob er diese Aufgabe nicht übernehmen könne. Er soll mit den Worten abgelehnt haben:
„Das ist nichts für mich. Ich bin zu weich dafür. Meine Hand ist zwar eisern im Kriege, aber zu weich im Frieden." [543]
In den Streitkräften herrscht das Prinzip von Befehl und Gehorsam, über Befehle und Anordnungen wird nicht diskutiert und Vorgesetzte werden – zumindest coram publico – nicht kritisiert. In der Politik ist dies völlig anders. Entscheidungen werden in Diskussionen und Kompromissen erarbeitet, Politiker werden öffentlich angegriffen, und selbst einmal getroffene Entscheidungen sind vor Kritik, die oft bewusst die sachlich gebotene Grenze überschreitet, nicht sicher. Überdies steht der häufige Wechsel des Wohnortes bei Soldaten einer engen parteipolitischen Bindung an einen Ortsverein entgegen. So haben sich nur wenige Soldaten in Deutschland langfristig in der Politik engagiert. Im vorigen Jahrhundert gehörten Groener, Hindenburg, Ludendorff, von Lüttwitz, von Papen, von Schleicher, von Seeckt und von Tirpitz dazu. Nur drei von ihnen – die zwei kurzen Monate der Kanzlerschaft von Schleichers 1932/33 sind hierbei nicht berücksichtigt – gelang der politische Aufstieg, wenngleich mit unterschiedlichem Erfolg. Hindenburg, Groener und von Papen. Für die anderen hochrangigen Militärs blieb der Ausflug in die politische Arena ein weitgehend erfolgloses Intermezzo, das überdies ihre militärischen Verdienste darob schmälerte.

Nach dem Zweiten Weltkrieg prägten nicht wenige ehemalige Soldaten das Bild des Deutschen Bundestages. Zu nennen sind – neben den bereits erwähnten Wehrbeauftragten, General a.D. von Grolman und Vizeadmiral a. D. Heye, der zeitweise auch Mitglied des Europarates war – vor allem Dr. Erich Mende und Dr. Alfred Dregger.

Erich Mende, am 28. Oktober 1916 in Groß-Strehlitz in Oberschlesien geboren, war nach dem Abitur im Oktober 1936 mit zwanzig Jahren als

Offizieranwärter in das Infanterieregiment 84 in Gleiwitz eingetreten. Das Regiment gehörte zur 8. (Oberschlesisch-Sudetendeutschen) Infanteriedivision unter Generalleutnant Rudolf Koch-Erpach (1886-+). Im Juni 1942 wurde es der 102. Division unterstellt. Mende nahm als Leutnant mit dem IR 84 zunächst am Polenfeldzug teil, wurde verwundet und erhielt das Eiserne Kreuz II. Klasse (EK II). Im Westfeldzug führte Mende den Pionierzug des Regiments, bewährte sich beim Übergang über die Maas erneut und wurde mit dem Eisernen Kreuz I. Klasse ausgezeichnet. Während des Russland-Feldzuges führte Mende als Oberleutnant die 10. Kompanie des IR 84 und nahm an den Kämpfen der Heeresgruppe Mitte im Raum Grodno, Minsk, Smolensk, Wjasma, und Moskau teil. 1942 erhielt er das Deutsche Kreuz in Gold, sowie die Nahkampfspange und wurde zum zweiten Mal verwundet. Nach einem Lazarettaufenthalt in Dresden kehrte er zu seinem Verband an die Ostfront zurück. Mende wurde als Regimentsadjutant zum Hauptmann befördert und führte danach ein Bataillon seines Regiments als Kommandeur, mit dem er bei Kaluga, Orel, am Djnepr und in den Pripjet-Sümpfen im Einsatz war. Anfang 1945 übernahm er – zum Major befördert – das Grenadierregiment 216, das im Rahmen der 102. Infanteriedivision unter Generalleutnant Werner von Bercken (1897-1976) in Ostpreußen kämpfte. Für seine Leistungen während der Abwehroperationen am Narew im Jahre 1944 wurde er mit dem Ritterkreuz ausgezeichnet. Es gelang Mende, sein Regiment rechtzeitig nach Schleswig-Holstein zurückzuführen und er ersparte dadurch seinen Soldaten und sich den Weg in die sowjetische Kriegsgefangenschaft; sein Divisionskommandeur Bercken hatte dies nicht mehr geschafft; er kehrte erst 1955 aus Russland zurück. Mende war nur kurze Zeit in Schleswig-Holstein in britischer Gefangenschaft; währenddessen konnte er jedoch verhindern, dass das Marineehrenmal in Laboe gesprengt wurde; im Jahre 1983 erhielt er dafür das Goldene Eichenblatt des Deutschen Marinebundes. Nach seiner Entlassung studierte Mende Jurisprudenz an der Kölner Universität und promovierte im Jahre 1950. Bereits unmittelbar nach dem Krieg 1945 war er einer der Gründer der FDP und wurde im Januar 1946 deren Landesgeschäftsführer in Nordrhein-Westfalen. 1949 wurde Mende mit 33 Jahren als einer der jüngsten Abgeordneten in den deutschen Bundestag gewählt. Er gehörte ihm danach 31 Jahre lang an. 1957 wurde er Vorsitzender der FDP-Bundestagsfraktion und von 1960 bis 1968 war Mende Bundesvorsitzender der FDP. Danach wurde er 1963 für drei Jahre als Minister für gesamtdeutsche Fragen in das Kabinett von Kanzler Ludwig Erhard beru-

---

543 zitiert in: Gablentz, Otto Heinrich von der Das preußisch-deutsche Offizierkorps in: Schicksalsfragen der Gegenwart Bd. 3 S. 59

fen und hatte in dieser Zeit auch das Amt des Vizekanzlers inne. Im Jahre 1968 gab Mende den Parteivorsitz ab, schied 1970 aus der FDP aus und wechselte zur CDU, für die er bis 1980 dem Bundestag angehörte. Erich Mende starb am 06. Mai 1998 in Bonn.

Alfred Dregger – am 10. Dezember 1920 im westfälischen Münster geboren – wurde 1939 unmittelbar nach dem Ende der Schulzeit als Soldat einberufen und war am Ende des Krieges, den er überwiegend – viermal verwundet – an der Ostfront zubrachte, Hauptmann und Bataillonskommandeur. Seine politische Laufbahn führte ihn nach dem Krieg von der Kommunalpolitik als Oberbürgermeister von Fulda von 1956 bis 1970, über die Landespolitik als Abgeordneter im hessischen Landtag von 1962 bis 1972 in den Bundestag. Er gehörte ihm von 1972 bis 1998 an und war von 1982 bis 1991 Vorsitzender der CDU/CSU-Fraktion. Alfred Dregger hat sich als Abgeordneter – und auch als ehemaliger Soldat – oft und kompetent zu sicherheits- und militärpolitischen Fragen geäußert.[544] Er starb am 29. Juni 2002 in Fulda.

Weniger erfolgreich verlief der Wechsel des Generals der Panzertruppen a.D. Hasso von Manteuffel (1897-1978), Armeeoberbefehlshaber und einer der 27 Träger der Brillanten zum Ritterkreuz mit Eichenlaub und Schwertern, auf die politische Bühne. Er war von 1953 bis 1957 als Abgeordneter der FDP Mitglied des Deutschen Bundestages. Er schied jedoch aus dem Parlament aus, als er in einem Prozess wegen Überschreitung seiner Befehlsbefugnis im Krieg schuldig gesprochen wurde. Manteuffel schildert seine Beweggründe wie folgt:

„Trotz meiner politischen Arbeit war ich kein politisierender General. Eigentlich wollte ich auch jetzt nichts anderes sein, als ein Soldat von einst, der seine Erfahrungen ... für die praktische Friedensarbeit an Volk und Nation einsetzt." 545

Der General der Infanterie a. D. Kurt Brennecke (1891-+) war in der FDP in Nordrhein-Westfalen auf Landesebene tätig, und der General der Gebirgstruppe a.D. Hubert Lanz (1896-1982) arbeitete als militär- und sicherheitspolitischer Berater der FDP, jedoch ohne politisches Mandat.

Zwar sind eine Reihe von Soldaten der Bundeswehr in die Politik gewechselt, haben in fast allen Fraktionen des Bundestages – abgesehen bisher von der PDS – gedient und auf unterschiedliche Weise das Bild der Bundeswehr im Parlament geprägt. Doch in Bundes – und Landespolitik, sowie auf Europa- und kommunaler Ebene stellen pensionierte Generale und Admirale der Bundeswehr eine eher seltene Spezies dar. Als bisher ranghöchste Offiziere der Bundeswehr sind Generalleutnant a.D. Schönbohm, die Generalmajore a.D. Bastian und Holzfuss, Konteradmiral a.D. Lange, sowie die Brigadegenerale a.D. Dr. Beermann, Opel, Dr. Schall und

Flottillenadmiral a.D. Schmähling zu nennen. General a.D. Wust stand nach seinem aktiven Dienst – jedoch außerhalb eines aktiven Mandates – der FDP kurze Zeit als sicherheitspolitischer Berater zur Verfügung. Generalmajor a.D. Gerd Bastian war in seiner aktiven Dienstzeit u. a. Kommandeur der 12. Panzerdivision in Veitshöchheim, zog als Abgeordneter der Grünen 1983 in den Bundestag ein und gehörte ihm bis 1987 an (siehe Kapitel 2.6). Als ehemaliger General passte er weder vom Alter noch vom Habitus her in diese Partei, und so ist es nicht verwunderlich, dass er als Politiker glücklos blieb – bis zu seinem tragischen Ende im Oktober 1992. Brigadegeneral Dr. Friedrich Beermann (1912-1975) war vor seiner Wiedereinstellung in die Bundeswehr im Jahre 1959 von 1955 bis 1959 wissenschaftlicher Assistent in der SPD-Bundestagsfraktion. Nach seiner Pensionierung im Jahre 1969 wechselte er erneut in die Politik und gehörte dem Bundestag als Abgeordneter der SPD von 1972 (7. Wahlperiode) bis zu seinem Tod im Jahre 1975 an. Generalmajor a.D. Martin Holzfuss (* 1925) wurde 1989, drei Jahre nach seinem Ausscheiden aus dem aktiven Dienst, Abgeordneter der FDP im Europa-Parlament in Straßburg. In der Hansestadt Hamburg gab Konteradmiral a.D. Rudolf Lange (* 1941), [546] der vormalige Kommandeur der Führungsakademie, als Senator für Bildung und Sport von 2001 bis 2003 ein kurzes Gastspiel. Im Jahre 2000 wurde er Landesvorsitzender der Hamburger Liberalen und in den Bundesvorstand der FDP gewählt. Im Herbst 2001 – mittlerweile pensioniert – kandidierte Lange als Spitzenkandidat der FDP in Hamburg. Seine Partei erhielt 5,1 % der Stimmen und zog mit sechs Abgeordneten in die Bürgerschaft ein. Lange wurde Senator für Bildung und Sport unter dem Ersten Bürgermeister Ole von Beust (* 1955). Auf dem schwierigen Pflaster der Bildungspolitik verwelkten die Vorschußlorbeeren für den Quereinsteiger schnell, und ein dauerhafter Erfolg blieb ihm verwehrt. „Admiral erleidet Schiffbruch" lautete eine Schlagzeile, als er im Spätherbst 2003 zurücktrat. Brigadegeneral a. D. Manfred Opel (* 1938), Träger des General-Heusinger-Preises an der Führungsakademie zum Abschluss des 16. Generalstabslehrganges der Luftwaffe im Jahre 1973, diente von 1958 bis 1987 in der Luftwaffe und ließ sich danach in den einstweiligen Ruhestand versetzen. Im selben Jahr errang der gebürtige Oberfranke das Direktmandat im Wahlkreis Nordfriesland-Dithmarschen für die SPD und zog in den Bundestag ein, dem er bis 2002 angehörte. Brigadegeneral a. D. Dr. Wolfgang Schall (1916-1997) vertrat die CDU in Straßburg.

Nur die zivile Karriere des Generalleutnants a.D. Schönbohm weist Kontinuität und Langzeiterfolg auf. Jörg **Schönbohm** wurde am 2. Sep-

---

544 siehe: Dregger, Alfred Eine Strategie für die Zukunft in: Mein Blick nach vorn
545 Schaulen, Joachim von Hasso von Manteuffel S. 214

tember 1937 in Neu-Golm in der Mark Brandenburg geboren; eine militärische Tradition gab es in der Familie nicht. Nach dem Abitur in Kassel trat
er 1957 als Offizieranwärter in die I./Feldartillerieregiment 2 in Nieder-
lahnstein ein. Auf dem Fähnrichslehrgang an der Artillerieschule des Heeres in Idar-Oberstein war Oberstleutnant von Kirchbach, der Vater des späteren Generalinspekteurs, einer seiner Lehrstabsoffiziere. Nach der Ausbildung zum Artillerieoffizier wurde Schönbohm 1959 als Leutnant zunächst
Zugführer im Panzerartilleriebataillon 55 in Homberg/ Efze und danach
vom April 1960 bis März 1961 im Raketenartilleriebataillon 22 im nordhessischen Wolfhagen. Von dort ging er im April 1961 als Hörsaaloffizier an
die Heeresoffizierschule I nach Hannover. Drei Jahre später, im April 1964,
wurde er Batteriechef im Feldartilleriebataillon 11 in Hannover, das zum
Artillerieregiment 1 gehörte. Schönbohm blieb in diesem Artillerieverband
und übernahm 1966 die Funktion eines Feuerleitoffiziers. Von Oktober 1968 bis September 1970 absolvierte er den 11. Generalstabslehrgang
an der Führungsakademie in Hamburg. Sein Hörsaalleiter war Oberst i.G.
(später Brigadegeneral) Georg von Raesfeld (* 1921). Peter Heinrich Carstens, der spätere Vier-Sterne-General, war einer seiner Lehrgangskameraden. In seiner Jahresarbeit behandelte Schönbohm ein kriegsgeschichtli-
ches Thema, die „Kriegsartikel des 16. und 17. Jahrhunderts als Erzie-
hungsgrundlage des Soldaten, dargestellt am Beispiel ausgewählter Kriegsartikel" und untersuchte dabei militärische Erziehungsziele – und absichten. Schönbohm blieb danach im norddeutschen Raum und wurde G 1-
Stabsoffizier (Personal/ Innere Führung) im Stab der 11. Panzergrenadierdivision im niedersächsischen Oldenburg. Sein Divisionskommandeur
war Generalmajor Hans-Heinrich Klein, der spätere Kommandierende
General des I. Korps, und Oberst i.G. (später Brigadegeneral) Klaus Nen-
necke (* 1925) leitete als Chef den Divisionsstab. 1973 folgte Schönbohms
erste und einzige Auslandsverwendung: im Hauptquartier der Alliierten
Streitkräfte Europa-Mitte (AFCENT) in Brunssum wurde er – unter den
Generalen Ferber und Dr. Schnell als Oberbefehlshaber – der für die
Anlage von Gefechtsübungen zuständige Generalstabsoffizier. 1976 kehrte
Schönbohm nach Norddeutschland zurück und übernahm das Panzerartilleriebataillon 85 in Lüneburg als Kommandeur. Sein Brigadekommandeur war Oberst Werner von Scheven (* 1937), der im April 1991 nach
der deutschen Wiedervereinigung Schönbohms Nachfolge als Befehlshaber des Bundeswehrkommandos Ost – es wurde gleichzeitig in Korps-
und Territorialkommando Ost umbenannt – in Potsdam antrat. Im Jahre
1978 folgte seine erste ministerielle Verwendung als Referent in der
Personalabteilung. Danach schlossen sich zwei weitere Aufgaben auf der
Hardthöhe an. Zunächst wurde Schönbohm als Oberst 1979 „Fü S Pers"

und damit Referatsleiter im Führungsstab der Streitkräfte. Dort war er direkt dem Stellvertretenden Generalinspekteur Heinz unterstellt und zuständig für die Personalplanung und -bearbeitung aller Offiziere des Führungsstabes. Im Herbst 1982 wechselte Schönbohm als Adjutant des neuen Verteidigungsministers Dr. Manfred Wörner in den Leitungsbereich des Ministeriums. Ende September 1983 übergab er diesen Dienstposten an seinen Nachfolger, Oberst i.G. Dr. Klaus Reinhardt, um ein Truppenkommando zu übernehmen. Schönbohm wurde Kommandeur der Panzerbrigade 21 in Augustdorf bei Detmold. Kommandeur der vorgesetzten 7. Panzerdivision in Unna war zunächst Generalmajor Dr. von Senger und Etterlin und danach ab April 1978 Generalmajor Dr. Gottfried Greiner. Im Jahre 1985 kehrte Schönbohm ins Ministerium zurück und wurde zum Stellvertretenden Leiter des Planungsstabes, ebenfalls unter Minister Wörner, berufen. General Altenburg war zu dieser Zeit noch Generalinspekteur; im Oktober 1986 folgte ihm Admiral Wellershoff. Am 1. April 1988 wurde Schönbohm Kommandeur der 3. Panzerdivision in Buxtehude, doch es war nur ein kurzes Intermezzo, denn bereits sechs Monate später berief ihn der neue Minister, Prof. Rupert Scholz, als Leiter des Planungsstabes nach Bonn zurück. Dort erhielt Schönbohm den dritten goldenen Stern. Im November 1989 fiel die Mauer in Berlin, und am 3. Oktober 1990 wurde Schönbohm im Zuge der Wiedervereinigung zum Befehlshaber des „Bundeswehrkommandos Ost" in Strausberg ernannt. Mit dieser in der deutschen und auch internationalen Militärgeschichte bisher einmaligen Aufgabe und ihrer reibungslosen Erfüllung hat sich Schönbohm bleibende Verdienste erworben, die keineswegs nur auf den militärischen Bereich bezogen sind. Präzedenzlos hatte er an der Schwelle zwischen Militär und Politik agieren müssen. Ende September 1991 wurde er als Nachfolger von Generalleutnant Henning von Ondarza, der zur NATO wechselte, an die Spitze des Heeres berufen. Doch es sollte die kürzeste Amtszeit eines Inspekteurs des Heeres werden. Nach nur wenigen Monaten berief ihn Minister Stoltenberg am 1. März 1992 zum Staatssekretär für Sicherheitspolitik, Bundeswehrplanung und Rüstung. Nach General Dr. Karl Schnell, der im Jahre 1977 als erster Soldat Staatssekretär im Verteidigungsministerium wurde, war Schönbohm nun der zweite Offizier, der fünfzehn Jahre später in die Leitungsebene emporstieg. Im Januar 1996, mit 59 Jahren, verließ Schönbohm die Bundeswehr und wechselte endgültig in die Politik. Allerdings war Schönbohm erst nach seiner aktiven Zeit in der Bundeswehr Mitglied der CDU geworden, „weil sich die

---

546 Lange war in seiner letzten militärischen Verwendung von 1996 bis 2001 Kommandeur der Führungsakademie der Bundeswehr.

Mitgliedschaft in einer Partei nicht mit seinem Verständnis von den Verpflichtungen eines aktiven Generals vereinbaren ließ." [547] Zunächst war er vom 25. Januar 1996 bis zum 12. November 1998 Senator für Inneres in Berlin unter dem Regierenden Bürgermeister Eberhard Diepgen (* 1941). Mitte Januar 1999 wurde er mit 98 % der Stimmen zum Landesvorsitzenden der CDU Brandenburg gewählt. Nach den erfolgreichen Landtagswahlen wurde Schönbohm im Oktober 1999 in der Koalition mit der SPD – zunächst bis Juni 2002 unter Ministerpräsident Dr. Manfred Stolpe (* 1936) und später unter Matthias Platzeck (* 1953) Innenminister und Stellvertretender Ministerpräsident in Brandenburg. Nebenbei eine deutsch-deutsche Episode: Stellvertreter Schönbohm, vormals General der Bundeswehr, arbeitet nun mit Ministerpräsident Platzeck zusammen, der seinen zweijährigen Wehrdienst von 1972 bis 1974 in der NVA abgeleistet hatte. Zwar haben sich die Hoffnungen auf einen Sieg bei der Landtagswahl im September 2004 und damit auf den Posten des Ministerpräsidenten zerschlagen, doch Schönbohm, der seit April 2000 zusätzlich Mitglied im Präsidium der CDU Deutschlands ist, setzt seine politische Laufbahn unverändert erfolgreich fort. Unter der Überschrift „Einmal General, immer General" druckte der Berliner Tagesspiegel einen kurzen Lebenslauf Schönbohms:

„Wenn einer fast vier Jahrzehnte dem Militär verbunden war, ... wird er auch im zivilen beruflichen Leben diesen Stallgeruch nicht mehr los. Jörg Schönbohm hat sich damit arrangiert." [548]

Einmal werde er achtungsvoll, einmal böswillig als „General" tituliert, schrieb das Blatt. Schönbohm reagiert zumeist leicht ungehalten, wenn man ihn auf seine Zeit als General anspricht. [549] Nicht zu Unrecht, denn mittlerweile ist er neun Jahre erfolgreich auf Landesebene tätig, und bei manchem der fragenden Journalisten verbirgt sich hinter dem Hinweis auf seine militärische Karriere eine gewisse Skepsis, manchmal sogar Misstrauen. Befremdlich ist daran, dass hohe Offiziere der Bundeswehr, anders als z. B. ehemalige gewalttätige „Berufsdemonstranten," in der deutschen Politik als Außenseiter betrachtet werden. Schönbohm ist bisher der einzige frühere General, der bis zum Landesvorsitzenden einer Partei aufstieg. Sein Beispiel zeigt gleichzeitig, dass es keinesfalls von Nachteil, und schon gar nicht eine Gefahr für den Primat der Politik darstellt, wenn ehemalige Offiziere sich aktiv und erfolgreich in der Politik betätigen.

Flottillenadmiral a.D. Elmar Schmähling (* 1937) [550] versuchte nach seiner vorzeitigen Pensionierung im Jahre 1990 und einer missglückten Karriere in der Wirtschaft den Sprung auf die politische Bühne und bot sich der PDS als Kandidat an. Schmähling gelang es wiederholt, öffentliche und Medienaufmerksamkeit zu erzielen. So bemühte er im September

1989 die Gerichte, nachdem das Verteidigungsministerium ihm als damaligem Amtschef des „Amtes für Studien und Übungen der Bundeswehr," mit dem Hinweis auf seinen Status als Geheimnisträger, eine Reise nach Moskau verweigert hatte. Danach war er – gleichsam in den Fußstapfen von General Bastian, jedoch außerparlamentarisch – in der Friedensbewegung aktiv. In der PDS stieß die Nominierung Schmählings 1998 als Direktkandidat bei der Bundestagswahl für Berlin Mitte und Prenzlauer Berg auf wenige Gegenliebe. Vermutlich erkannten die Delegierten die Geschmacklosigkeit dieses Planes, ausgerechnet einen ehemaligen Chef des westdeutschen Militärischen Abschirmdienstes zum Abgeordneten einer ostdeutschen Partei zu berufen.

In Deutschland gilt das Prinzip von der Undurchlässigkeit zwischen Militär und Politik. Als General Dr. Karl Schnell [551] im Jahre 1977 als erster Soldat der Bundeswehr zum Staatssekretär im Verteidigungsministerium berufen wurde, galt dies bereits als Sensation, obwohl es keine parteipolitische Karriere im eigentlichen Sinne, sondern nur der Aufstieg in die Ebene der Staatssekretäre war. Ein ehemaliger General oder Admiral als Minister im Bundeskabinett, als Außenminister oder gar als Bundespräsident ist noch auf lange Zeit unvorstellbar. In anderen europäischen Staaten ist dies – von wenigen Ausnahmen, z. B. de Gaulle in Frankreich – ähnlich. Doch in zahlreichen Ländern Afrikas, Asiens und Lateinamerikas konnten ehemalige hohe Offiziere in der Politik zu höchster Verantwortung aufsteigen. Auch in den USA sind frühere Soldaten in politischen Ämtern keine Seltenheit, wie die Beispiele Eisenhower (1890-1969), George C. Marshall (1880-1959), Alexander Haig (* 1924) und Colin Powell (* 1937) zeigen. In kaum einem westlichen Land aber wechselten so viele ehemalige Soldaten in die Politik wie in Israel. Grund dafür war die Entstehungsgeschichte des Landes. Durch ihre Siege in vier Kriegen (1948, 1956, 1967 und 1973) gegen eine übermächtige arabische Allianz hat die israelische Armee die Existenz des jungen Landes bewahrt und damit entscheidend zur staatlichen Identität und Stabilität beigetragen. Zu nennen sind beispielhaft die Namen der vormaligen Generale Ehud Barak (* 1942), Moshe Dayan (1915-1981), Yitzhak Rabin (1922-1995), Ariel Scharon (* 1928) und Ezer Weizman (1924-2005).

---

547 Schäuble, Wolfgang Mitten im Leben S. 100
548 Berliner Tagesspiegel (Nr.18445; Seite 8) am 11./ 12. April 2004
549 So bei einem Interview des DLF am 15.März 2004 (12.25 Uhr).
550 Schmähling war von 1982 bis 1983 Amtschef des Amtes für Sicherheit der Bundeswehr (ASBw; heute: MAD-Amt) und leitete von 1984 bis 1990 das Amt für Studien und Übungen der Bundeswehr.
551 Er war in seiner letzten militärischen Verwendung Oberbefehlshaber der Alliierten Streitkräfte Europa Mitte (CINCENT).

Der Soldat ist geneigt, formale Ordnung zu überschätzen und daher fällt es ihm infolge seiner „Berufstradition und Aufgabe schwer, den oft umständlichen und widersprüchlichen Prozess politischer Meinungsbildung und Entschlussfassung zu bejahen und die wachsame Kritik der Öffentlichkeit als notwendiges Korrektiv anzuerkennen." [552] Eine gewisse Scheu, verbunden mit einer generellen Abneigung gegen politisches Ränkespiel und Grabenkämpfe zählen zu den Gründen. Der Offizier tut sich schwer mit den Unbilden des politischen Parketts, und auch das Verständnis für die Zähflüssigkeit mancher Entscheidungen ist begrenzt. Viele halten Politik, vor allem Parteipolitik, für ein unehrliches, schmutziges Geschäft, in das sie sich keinesfalls involvieren lassen wollen. Die gebotene Zurückhaltung dürfte eine weitere Rolle spielen. Es ist nicht unbedingt Dünnhäutigkeit gegenüber Kritik, aber in den Streitkräften ist offene Kritik – vor allem von unten – nicht üblich. Im politischen Leben hingegen gehört sie zum Alltag. Helmut Schmidt stellte dazu fest, die Generale könnten keine Kritik vertragen, ja seien „gegenüber öffentlicher Kritik erschreckend verletzbar." [553]

Der eine oder andere Offizier tendiert zwar – eher versteckt denn offen – zu einer der Parteien, doch meist nur in Form der Mitgliedschaft. Nur wenige hohe Militärs machen ihren Beitritt bekannt, fürchten sie doch zu Recht, dies beeinträchtige ihr Vertrauen als Vorgesetzter. Der Paragraph 15 des Soldatengesetzes mit seinen einschränkenden Regelungen in Bezug auf die politische Betätigung von Soldaten, ist eine weise Regelung, um politische Querelen nicht in die Streitkräfte hineinzutragen; die wenigen Verstöße dagegen hatten keine nachhaltigen Folgen.

2.8 Die schreibende Zunft

Nicht jeder Mensch ist ein Literat, nicht jedem liegt das Schreiben, auch nicht jedem General oder Admiral. In früheren Zeiten sprach man bekanntlich vom „Kriegshandwerk," und Handwerker greifen eher selten zur Feder. Wenn Soldaten früher schrieben, so waren es Exerzierordnungen, Vorschriften (z. B. das „Handbuch der Artillerie" von Scharnhorst), technische Bedienungsanleitungen, taktische Abhandlungen oder die Darstellung von Feldzügen. General Constantin von Alvensleben (1809-1892) wird die Äußerung zugeschrieben:

„Ein preußischer General stirbt, aber er schreibt keine Memoiren!" [554]

Kein Wunder, dass in der Zeit nach den Freiheitskriegen des 19. Jahrhunderts wissenschaftliches Arbeiten im Offizierkorps nicht hoch im Kurs stand. Es war dem Offizier fremd und suspekt. Lediglich die wissenschaftliche Aufbereitung vergangener Schlachten und Kriege wurde als notwendig erachtet. Schillers Plädoyer für die Praxis – nach dem Motto „Im Felde, da ist der Mann noch was wert" – ließ die Theorie verkümmern. Auch das überragende Werk des Generals von Clausewitz fand erst spät Anerkennung. Trotz mancher Kritiker wie z. B. Ludendorff, sowie auch jener, die sich brüsteten, ihn nie gelesen zu haben,[555] wie z. B. Eisenhower, fand er seinen Platz auf dem Olymp der Militärschriftsteller. Viele adlige Offiziere, die damals meinungsführend in der Armee waren, hielten Bildung für eine bürgerliche Errungenschaft, auf die man bei der praktischen Ausrichtung des Militärs verzichten konnte. Mit ähnlichen Argumenten wurde übrigens – trotz völlig geänderter Rahmenbedingungen – auch zu Beginn der siebziger Jahre des vorigen Jahrhunderts über die Einführung der Bundeswehruniversitäten gestritten. Doch setzte sich damals der Reformkurs durch. Diese Aversion gegen alles Theoretische führte im 19. Jahrhundert zu einer Schieflage zwischen Anspruch und Wirklichkeit und brachte das Militär auf einen „anti-intellektuellen Kurs," der geistige Isolation und Inzucht nach sich zog. Der kritisch-differenzierte Austausch zwischen Armee und den gesellschaftlichen Eliten in Deutschland brach ab. Die wissenschaftliche Ausrichtung als integraler und gleichwertiger Bestandteil der Offizierausbildung verkümmerte. Die Arbeit reformorientierter Offiziere, die dies angestrebt und durchgesetzt hatten, wurde zunichte gemacht, was in der Folgezeit zu fatalen Fehlentwicklungen bzw. -einschätzungen innerhalb eines beträchtlichen Teils des Offizierskorps führte. Die Vorbilder eines Friedrichs des Großen, auch hinsichtlich seiner künstlerischen Neigungen, sowie eines Clausewitz´ und eines Moltkes des Älteren waren vergessen. Sie zählten zu den Ausnahmen. Die älteren, kriegserfahrenen Offiziere betrachteten das theoretische Studium ihrer jüngeren Kameraden mit einer gewissen Geringschätzung, unterstellten sie doch einen unauflöslichen Widerspruch zwischen Theorie und Praxis. Theoretiker kamen in den Verdacht, sie hätten Mängel in Bezug auf Praxis und Tatkraft. Darunter litt auch die freie literarische Arbeit im Offizierkorps. Die Veröffentlichung eigener Gedanken und Vorstellungen wurde sogar als Insubordination aufgefasst:

„daß es eine nicht zu duldende Ungehörigkeit sei, wenn ein Offizier öffentlich Ansichten darlege, die mit denjenigen in Widerspruch ständen, die von Seiner Majestät gebilligt seien." [556]

552 Baudissin, Wolf Graf von   Soldat für den Frieden S. 106
553 Schmidt, Helmut   Weggefährten S. 475
554 zitiert bei: Karst, Heinrich a.a.O. S. 66
555 siehe die ausführliche Darstellung in: Hahlweg, Werner – Vorwort „Das Clausewitzbild einst und jetzt" zu: Clausewitz, Carl von   Vom Kriege S. 1 ff.

Damit wurde unterschwellig eine kaiserliche Unfehlbarkeit etabliert.
Im Jahre 1892 wollte Kaiser Wilhelm II. sogar die direkte Verbindungsaufnahme von Offizieren zur Presse verbieten. Dies scheiterte jedoch am
Artikel 27 der Preußischen Verfassung und dem Pressegesetz vom 7. Mai
1874. [557]

Schreiben enthüllt und entblößt. Es stellt die Gedanken des Autors zur
öffentlichen Disposition und ruft zu Widerspruch heraus. Und nicht wenige Soldaten wollen gerade dieses Öffentlichwerden vermeiden. Erst im 20.
Jahrhundert löste sich die Zurückhaltung schrittweise auf. Hinzukam,
dass das Offizierkorps naturgemäß in Kriegszeiten keine Zeit zu literarischer Betätigung findet. Generaloberst von Seeckt schrieb mehrere
Bücher.

*„Er (= Seeckt) war kühl und gebildet, erwies sich in den paar militärhistorischen Schriften als Stilist von hohem Rang, während Hindenburg, was er
ja selber mitteilte, völlig illiterat war."* [558]

Das Geistesleben, das früher eine enge Bindung mit dem Militär eingegangen war, wandte sich nach dem Zweiten Weltkrieg endgültig ab.

„Ein Schriftsteller, der sich für die Bundeswehr einsetzt, wird von seinesgleichen in diesem Lande nicht mehr für voll genommen." [559]

Hatte vormals das Militär dünkelhaft und hochmütig auf die Intellektuellen geblickt, so straften diese nun ihrerseits die Armee mit Verachtung.
Das Erbe eines Scharnhorsts, Clausewitz, Schlieffens und Seeckts galt
nichts mehr. Scharnhorst war nur noch für Jahrestage gut, Clausewitz
schien im Atomzeitalter überholt, Schlieffen war reaktionär und Seeckt die
Inkarnation des demokratischen Anti-Christen und der Totengräber der
Weimarer Republik – keine Vorbilder in einem demokratischen Land. Nach
1945 traten nur wenige Offiziere der Generation des 2. Weltkrieges – z. B.
Generalfeldmarschall von Manstein, die Großadmirale Raeder und Dönitz,
sowie Generaloberst Guderian – mit Büchern an die Öffentlichkeit, die
auch als Erklärungs- und Rechtfertigungsversuche gedacht waren. „Der
„Soldat deutet sich nicht gern," meint General Karst. Die deutschen
Offiziere hätten deshalb nach 1945 auch zu vielen Anwürfen geschwiegen,
weil die meisten zu „eingehenden öffentlichen Diskussionen und zur intellektuellen Selbstverteidigung nicht erzogen" waren. Später wurde dieses
Defizit in der Ausbildung auch nur am Rande gefördert und beachtet.
Bestenfalls wurden die Kommandeure im Umgang mit den Medien geschult, jedoch nicht um ihrer Selbst willen, sondern damit die Streitkräfte
geschützt wurden. Karst schreibt von „schweigendem Gehorsam." Tatsächlich sind die meisten Buchtitel der von hohen Offizieren veröffentlichten
Bücher neutral bis defensiv gehalten, wie z. B. „Aus unserer Zeit" (Speidel),
„Soldat – Diplomat" (Steinhaus), „In der Pflicht" (de Maizière), „Versäum-

ter Widerspruch" (Kießling) oder „Bundeswehr in einer Welt im Umbruch"
(Naumann). Nur ganz wenige, wie Schmückle, eine Art „enfant terrible
unter den Generalen" oder eher ein notwendiger Querdenker, weicht mit
Titeln wie „Kommiß a.D." und „Ohne Pauken und Trompeten" von diesem
Sprachmuster ab. Das Wahrnehmen des Grundrechtes der freien Meinungsäußerung ist für Soldaten eingeschränkt. Zwar darf dieser z. B. die
Öffentlichkeit grundsätzlich über Vorfälle und Missstände in der Bundeswehr informieren, aber er muss dabei die Pflicht zur Verschwiegenheit
gem. Soldatengesetz § 14 beachten, und er darf weder das Ansehen der
Bundeswehr, noch das seiner Vorgesetzten und seiner Kameraden verletzen. Das Instrumentarium, das ihm dabei zur Verfügung steht, ist vielfältig
und reicht von der Meldung über die Beschwerde und Petition bis hin zur
Eingabe an den Wehrbeauftragten. Der direkte Weg an die Öffentlichkeit
hingegen ist nicht risikofrei. Bereits kritische Leserbriefe können zumindest zur Einleitung disziplinarer Ermittlungen führen, selbst wenn diese –
wie in der Vergangenheit mehrfach bewiesen – zumeist für ein Dienstvergehen nicht tatbestandsmäßig sind. [560] Doch aus Sorge vor einer indirekten Ahndung, jenem „Reiter auf der Personalakte" verzichten Soldaten –
nicht ganz zu Unrecht – in der Regel darauf, abweichende Meinungen offen
zu vertreten.

Schmückle hingegen stellt einen Wandel in Bezug auf die rednerische
Tätigkeit und Schreibfreudigkeit von Offizieren fest, die im 19. Jahrhundert
begonnen habe, heute aber unerlässlich sei. Dies ist im Kern richtig. Unter
den Soldaten der Bundeswehr gibt es keine Scheu vor dem Schreiben,
wenn es sich um rein fachbezogenen Themen handelt, oder wenn man sich
politisch auf sicherem Ufer wähnen kann. Die militärische Fachliteratur (z.
B. „Soldat und Technik," „Wehrausbildung in Wort und Bild," „Truppenpraxis," „Y – Magazin der Bundeswehr" und „Information für die Truppe"
(IFDT) ist weit gefächert, doch war und ist diese primär für den internen
Gebrauch in den Streitkräften und weniger für die Öffentlichkeit bestimmt. Viele Generale und Admirale der Bundeswehr haben sich – manche davon bereits als Stabsoffiziere – häufig auch zu sicherheitspolitischen
und militärstrategischen Fragen geäußert, zumeist in Form von Aufsätzen
oder Buchbeiträgen, wie z. B. die Generale Altenburg und Steinhoff in dem

---

556 Wortlaut nach der A.O.K. vom 28.Juni 1877 zitiert in: Demeter, Karl a.a.O. S. 154
557 Demeter, Karl a.a.O. S. 154 Auch in anderen Ländern bestanden ähnliche
      Bestimmungen, die die schriftstellerische Tätigkeit von Offizieren einschränkten.
558 Heuss, Theodor Erinnerungen 1905 – 1933 S.221
559 Scheel, Walter „Bundeswehr und Gesellschaft" in: Zuber, Hubertus (Hrsg.) Innere
      Führung in Staat, Armee und Gesellschaft S. 20
560 siehe u. a.: BVerwG NZ Wehrrecht 1974 S. 107

Buch „Die Atomschwelle heben – Moderne Friedenssicherung für über-
morgen" oder der spätere General Kujat im Jahre 1986, damals noch
Oberstleutnant, in „Bändigung der Macht." Mehrere Generale und Admirale arbeiteten auch als Co-Autoren: General a.D. Schulze am „Strategie-
Handbuch" oder General Kujat u. a. am „Wörterbuch zur Sicherheitspolitik." Doch auch dies schafft nur eine begrenzte Publizität.

Die militärische Führung hat die Soldaten – Offiziere und Unteroffiziere – seit den Anfängen der Bundeswehr in vielfältiger Hinsicht zum
Schreiben motiviert. „Da der Bildungsstand der jungen Offiziere sehr unterschiedlich" war und diese häufig über mangelnde Weiterbildungs-
möglichkeiten klagten, schuf bereits der erste Generalinspekteur Heusinger – nach Unteroffizieren und Leutnanten getrennt – den Wettbewerb
„Winterarbeiten." Jedes Jahr wurden mehrere allgemeinbildende Themen
zur Auswahl gestellt, die – auf freiwilliger Basis bearbeitet – von einer
Kommission bewertet und prämiert wurden. Auch die „Jahresarbeiten"
der angehenden Generalstabsoffiziere an der Führungsakademie der
Bundeswehr und die Diplomarbeiten der Bundeswehruniversitäten sind
hier zu nennen. Obwohl beide die Anforderungen wissenschaftlichen
Arbeitens erfüllen und eine große thematische Bandbreite abdecken, führen sie dennoch eher ein Schattendasein, weil sie nur selten publiziert werden und damit die Öffentlichkeit kaum erreichen. Sieht man jedoch von
dieser reinen Fachliteratur ab, gibt es nur von wenigen hochrangigen
Offizieren der Bundeswehr schriftliche Zeugnisse. Biographien der deutschen Generalität und Admiralität, die die jüngere Geschichte der
Bundeswehr beleuchten und militärtheoretische Werke sucht man vergebens. Auch aus kontrovers diskutierten Sachverhalten, halten sich die
Soldaten – mit wenigen Ausnahmen pensionierter Offiziere – nahezu völlig heraus und überlassen damit das Feld kampflos anderen. Auch dies
kann ein Grund sein, weshalb das Meinungsbild in den letzten Jahren
zuungunsten des Militärs gekippt ist.

Kein deutscher Militärautor der Nachkriegszeit hat bisher ein internationales Niveau erreicht wie z. B. US-General Maxwell D. Taylor (1901-
1987) oder der französische General André Beaufre (1902-1975). Der 1959
pensionierte Taylor hatte das Buch „The Uncertain Trumpet" veröffentlicht. Dort behauptete er, keine Atommacht werde bei Gefahr der Zerstörung des eigenen Landes diese Waffen zur Verteidigung der Bundes-
genossen einsetzen. Zwar war dies seine persönliche Meinung, die er später nicht mehr vertrat, doch sie leitete in den sechziger Jahren die Abkehr
von der Strategie der „Massiven Vergeltung" ein. Er wurde im Jahre 1962
von Präsident Kennedy als „Chairman Joint Chiefs of Staff" (Generalstabschef) reaktiviert und schied erst 1964 unter Präsident Johnson end-

gültig aus der Armee. Auch Beaufre bestimmte mit seinen Büchern (u. a. „Abschreckung und Strategie," „Totale Kriegskunst im Frieden" und „Die Revolutionierung des Kriegsbildes") die internationale Strategiediskussion maßgeblich. Bei Veröffentlichungen über militärpolitische und strategische Fragen gehört das Feld unangefochten den zivilen „Think Tanks." Bei der jährlichen Sicherheitstagung in München und selbst in Fernsehsendungen, die sich mit militärischen Fragen beschäftigen, findet man Soldaten in Uniform kaum. Dort dominieren Politiker und zivile „Wehrexperten" das Geschehen. Hinsichtlich internationaler Resonanz bildet allerdings auch die deutsche Sprache eine gewisse Hürde. Ein deutsches Militärmagazin, z. B. zweisprachig veröffentlicht, wäre sehr hilfreich. Nur selten werden Bücher deutscher Offiziere in andere Sprachen übersetzt. Eine der wenigen Ausnahmen bildet Klaus Reinhardts Buch „Die Wende vor Moskau," das 1980 ins Russische übersetzt („Povorot pod Moskvoi") wurde. Helmut Schmidt – bereits damals renommierter Autor auch auf dem Felde der Militärstrategie – hatte dieses Defizit früh erkannt und General de Maizière bei dessen Abmeldung aus dem aktiven Dienst nachdrücklich aufgefordert, zu schreiben: Die „Öffentlichkeit hätte einen Anspruch" darauf [561] meinte er und stellte fest, dass nur wenige Generale der Bundeswehr sich „bisher mit Veröffentlichungen an der Diskussion militärpolitischer und strategischer Fragen beteiligt" hätten. Diese Zurückhaltung während der aktiven Dienstzeit hat mehrere Gründe. An erster Stelle dürften die Arbeitsbelastung und die Sorge, in den Strudel politischer Diskussionen zu geraten, zu nennen sein. Ein General kann bei der Erarbeitung eines von ihm privat zu veröffentlichenden Buches nicht – wie manche zivile Autoren – auf seinen Stab zurückgreifen. Generale und Admirale haben zwar „ghostwriter," die sie aber nicht für private Zwecke nutzen können. General Graf Kielmansegg erwähnt das Problem der mangelnden Zeit:

„Vor sechs Jahren schlug ich dem Verlag ein Buch über die Innere Führung vor, das selbst zu schreiben mir aus Gründen zu großer beruflicher Beanspruchung zu meinem großen Bedauern nicht möglich war." [562]

Doch auch nach ihrer Pensionierung, wenn Zeit vorhanden ist, greifen nur wenige Generale und Admirale zur Feder. Es ist keineswegs mangelndes Können, eher Bescheidenheit, wie z. B. Heusinger, der „nicht so kühn" sein wollte, die „Geschichte zu korrigieren." General Steinhoff war zunächst auch dieser Auffassung, änderte aber später seine Haltung.

561 Maizière, Ulrich de In der Pflicht S. 280
562 In seiner Einführung zum Buch des Generals Carl-Gero von Ilsemann, Die Bundeswehr in der Demokratie S. V

„Ich habe niemals die Absicht gehabt, Kriegserinnerungen zu schreiben, niemals wollte ich Dokumentation und Kriegshistorie durch eigene Beiträge bereichern." [563]

Als Grund seines Meinungsumschwunges nannte er die „Eigenart des Geschehens," als er im Sommer 1943 als Kommodore eine Aufgabe auf Sizilien übernahm,

„die undurchführbar war und die mir bewußt machte, dass eine Wende zur endgültigen Niederlage eingetreten war." [564]

Manche Offiziere möchten sich auch nicht dem Vorwurf aussetzen, sie hätten in ihrer aktiven Dienstzeit die skizzierten Missstände engagierter bekämpfen sollen, anstatt sie in der Rückschau des kontemplativen Lebensabschnittes zu analysieren. Doch der bisweilen zu hörende Vorwurf, Generale würden erst nach ihrer Pensionierung tapfer, ist nicht sehr sachlich. Es gibt hohe Offiziere, die aus Zurückhaltung, Bescheidenheit und jener Loyalität, die sie bereits im aktiven Dienst zeigten, auf Schreiben verzichten. Ein weiterer Grund für die Zurückhaltung, mit Veröffentlichungen vor allem im Bereich der Militärstrategie an die Öffentlichkeit zu treten, dürften aber auch die Schranken der Geheimhaltung gewesen sein. Der Chefredakteur der „Kölnischen Rundschau" („Bonner Rundschau") war 1955 an Minister Blank herangetreten und hatte mangels eigener Fachleute um einen Experten für militärpolitische Artikel gebeten. De Maizière übernahm diese Aufgabe und schrieb bis 1964 wöchentlich ein bis zwei Artikel, allerdings – und dies ist bezeichnend für jene Zurückhaltung – nur unter dem Pseudonym „Cornelius." [565] Das größte Aufsehen, das wahrscheinlich bisher durch einen Artikel eines Offiziers der Bundeswehr hervorgerufen worden war, bezog sich nicht etwa auf eine brisante Bucherscheinung eines Generals mit der Preisgabe geheimer militärischer Interna – es war ein Aufsatz eines Obersten, der bis dato nicht als Autor hervorgetreten war: Es war Oberst Schmückle, der Pressesprecher von Minister Strauß. Dieser schrieb eine Abhandlung mit dem Titel „Die Wandlung der Apokalypse," in dem er sich mit den Folgen eines in Europa geführten Nuklearkrieges auseinandersetzte und die weitverbreitete, auch von Adenauer getragene These verneinte, Atomwaffen seien nur eine Weiterentwicklung der Artillerie. Die Wochenzeitschrift „Christ und Welt" veröffentlichte den Artikel zwar am 26. Januar 1962, [566] distanzierte sich aber gleichzeitig im Vorspann von dessen Inhalt. Strauß hatte nichts gegen die Veröffentlichung, er sei kein Zensor, meinte er souverän, vielleicht auch ein wenig abwartend ob der politischen Reaktion. Überdies nennt er es „eine unserer wichtigsten politisch-publizistischen Gemeinschaftsleistungen." [567] Der Aufsatz bekam ein seltenes und unerwartet hohes, aber unterschiedliches Echo – auch im Ausland, sorgte für Unruhe und löste sogar im Bundestag eine heftige Diskussion aus. [568] Sowohl Adenauer, als auch Helmut Schmidt waren deswegen nicht gut auf Schmückle zu sprechen und sogar Präsident Kennedy soll über den Aufsatz entsetzt gewesen sein. Strauß nahm seinen Sprecher vor dem Plenum in Schutz, zumal die Ablehnung gegen Schmückle quer durch die Parteien ging:

„Der Artikel des Oberst Schmückle wird in der Geschichtsschreibung über den Deutschen Bundestag ebenso wie die Person Schmückle sowohl über seinen Dienstgrad wie über seine bisherige Tätigkeit weit hinausgehende Bedeutung erhalten." [569]

Gerade zur Thematik der „Inneren Führung," als eigenständigem geistigen Konzept der Bundeswehr, gab es – sieht man vom 1957 durch das Ministerium herausgegebenen „Handbuch Innere Führung" und Aufsätzen und Artikeln ab – lange Zeit keine Gesamtdarstellung. Die Skeptiker und Gegner, wie General Karst und der Zivilist von Studnitz, nicht aber ihre „Väter" und die Befürworter, waren es, die die öffentliche Diskussion mit eigenen Publikationen anheizten und das Meinungsbild in ihrem Sinne beeinflussten. Vielleicht wurde auch wegen der Unausgewogenheit in der Darstellung dieses wichtige Thema der Bundeswehr so kontrovers diskutiert. Erst Anfang der siebziger Jahre meldeten sich u. a. die Generale Baudissin und Ilsemann zu Wort. Manch einer der hohen Offiziere im Ruhestand – nach einem langen Leben für die Armee, einer hohen zeitlichen Belastung und häufigen Trennungen von der Familie – möchte auch einfach den dritten Lebensabschnitt anders und privater gestalten und bewusst mit den Angehörigen verleben. Die Feststellung Ralph Giordanos,

„Bundeswehrgeneräle sind im allgemeinen nicht besonders schreibselig." [570]

trifft zwar zu, aber sie liegt nicht unter dem Durchschnitt der Vertreter anderer Eliten.

---

563 Steinhoff, Johannes Die Straße von Messina S. 241
564 Ebenda S. 242
565 Maizière, Ulrich de In der Pflicht S. 181 f.
566 Strauß, Franz Josef Die Erinnerungen S. 369
567 Strauß, Franz Josef a.a.O. S. 369
568 Schmückle, Gerd Ohne Pauken und Trompeten S. 241 ff.
569 zitiert in: Schmückle, Gerd Ohne Pauken und Trompeten S. 245. Der Satz erntete Heiterkeit, vermerkt Schmückle.
570 Giordano, Ralph Die Traditionslüge S. 79

2.10 Resümee

Die Generale und Admirale der Bundeswehr besitzen zwar innerhalb der Armee Macht, Einfluss und nehmen dort eine Vorbildfunktion wahr, doch außerhalb ihrer eigenen Organisation stehen sie im Halbdunkel. Die Gründe dafür sind unterschiedlicher Natur.

Zum einen werden sie durch Politik, Medien und Bevölkerung auf Distanz gehalten, ein Los, das sie mit anderen Eliten teilen, werden diese doch in pluralistischen Gesellschaften grundsätzlich misstrauisch beäugt. Das Erbe des Hitler-Regimes und des Krieges wirken ebenso nach wie jene Furcht vor politischer Eigenmächtigkeit des Militärs, die man nur durch strikte Kontrolle einzudämmen glaubt. Dieses Misstrauen der Politik in das Militär zieht sich – wenngleich mit unterschiedlicher Akzentuierung – wie ein roter Faden durch fast ein Jahrhundert deutscher Geschichte – von der Weimarer Republik über das Dritte Reich bis heute. Nach dem Ersten und nach dem Zweiten Weltkrieg wurde der Verfassungstreue der Armeespitze misstraut und für Hitler waren die Generale und Admirale Kriegsbremser, die seine aggressiven Kreise störten.

Bis heute sind jene etwa 1.500 Generale und Admirale, die von 1955 bis heute in der Bundeswehr gedient haben, in der Bevölkerung weitgehend unbekannt, sind namen- und gesichtslos. Kaum jemand in der Öffentlichkeit kennt sie. In nur wenigen Biographien diverser Politiker werden einige Namen verewigt. Doch dieser Halbschatten ist nicht nur das Ergebnis strikter Kontrolle und passiven Ausgrenzens, sowie öffentlichen und politischen Desinteresses. Sie selbst fördern diesen Trend aufgrund eigener Zurückhaltung, Selbstbeschränkung und ihres Rollenverständnisses hinsichtlich der verfassungsmäßig vorgegebenen Aufgabenverteilung. Dies führt dazu, dass sie kaum nach außen wirken können und nur auf der Ebene einer Funktions- und Fachelite stehen, obwohl ihre Haltung, vor allem in Bezug auf den dienenden Charakter für das Land durchaus als eine Wertelite betrachtet und damit Vorbildcharakter haben könnte.

Auf der Münchner Sicherheitskonferenz waren unter den durchschnittlich etwa 250 Gästen der letzten fünf Jahre nur ca. 27 hochrangige Offiziere, davon die Hälfte aus der Bundeswehr. Dies zeigt, dass sich der Schwerpunkt der Sicherheitspolitik immer weiter von den militärischen Aspekten verlagert. Auch hier stehen Generale und Admirale mittlerweile im Halbschatten. Ihre Rolle ist marginalisiert, obgleich das militärische Moment bei der Lösung von Krisensituationen eine wachsende Bedeutung gewinnt, sind ihre Mitsprache und ihr fachlicher Rat offenbar weniger gefragt. Selbst der Generalinspekteur als ranghöchster Soldat der Bundeswehr gehört nicht zum inneren Führungszirkel, weder dem des Verteidigungsministeriums und schon gar nicht jenem der politischen Bühne früher in Bonn und heute in Berlin. Seinen Rat darf er nur geben, wenn er gefragt wird. Er muss warten, bis man ihn ruft. Vertritt er eine andere Meinung als jene, die bei Hofe erwünscht ist, bleibt ihm nur das Schweigen oder der Rücktritt. Zwar wurde dieser Weg bisher von drei Generalinspekteuren eingeschlagen, doch zu einem Überdenken, geschweige denn zu einem Umdenken führten diese spektakulären Schritte nicht. Haben Politik und Medien ihr Urteil gefällt, hilft kein militärisches Aufbegehren. Auch protokollarisch rangiert er „unter ferner liefen;" nur seine Uniform hebt ihn aus der Masse der zivilen Würdenträger heraus. Weder sein Wechsel an die Spitze der Armee noch sein Ableben ist eine Nachricht in den Abendnachrichten der Fernsehanstalten wert. Dabei steht dieses Leben der militärischen Führung im Halbschatten durchaus im Widerspruch zu den großen Leistungen im bisherigen fünfzigjährigen Bestehen der Bundeswehr. Es ist eine Erfolgsgeschichte, die nicht hoch genug bewertet werden kann, aber immer noch unterschätzt wird, und vor der die skizzierten diversen negativen Ereignisse – Katastrophen, Skandale und Skandälchen – verblassen. Die Bundeswehr hat dazu beigetragen,

- mit ihrer Präsenz, Einsatz- und Leistungsbereitschaft dem eigenen Land und den europäischen Nachbarn den Frieden zu bewahren;
- mit ihrer Einordnung in Staat und Gesellschaft und der Anerkennung des Primats der Politik die staatlichen Strukturen des demokratischen Deutschlands zu festigen, zu schützen und dieses Erbe für kommende Generationen zu sichern;
- mit der Integration in das westliche Bündnis, bei Übungen und Manövern, sowie in der Begegnung mit Soldaten anderer Nationen und schließlich durch die Schaffung multinationaler Truppenteile die Aussöhnung mit den europäischen Nachbarn im Westen und Osten zu forcieren und damit die Voraussetzungen für die europäische Integration zu schaffen;
- durch die reibungslose und zumeist vorurteilsfreie Zusammenarbeit mit den Soldaten der Nationalen Volksarmee bei Auflösung der NVA die schwierige Phase der Wiedervereinigung und des Zusammenwachsens zu erleichtern;
- durch engagierten Einsatz in anderen Ländern das Ansehen Deutschlands in der Welt zu steigern und
- seit 1960 durch eine Vielzahl von Hilfseinsätzen in Deutschland und im Ausland persönliches Leid vieler tausend Menschen, das durch Katastrophen und Unglücksfälle verursacht wurde, zu lindern und Schaden zu mindern.

Die deutschen Streitkräfte haben sich in den letzten Jahren zu einem wirkungsvollen Instrument der Außenpolitik entwickelt und leisten einen wichtigen Beitrag zur Wahrung der nationalen Interessen.

Die politischen und militärischen Gründungsväter der Streitkräfte können – aus der Perspektive eines halben Jahrhunderts – stolz auf das „Kind Bundeswehr" sein, das unter solch widrigen Umständen zur Welt kam. Unbemerkt, weil ebenfalls im Schatten stehend und noch mit alten Vorurteilen belastet, wurde z. B. in den Streitkräften ein exzellentes Korps an Portepee-Unteroffizieren (Feldwebel bis Oberstabsfeldwebel) geschaffen, das seinesgleichen sucht. Mit dieser Leistungsbilanz müsste sich die „Aktie Bundeswehr" eigentlich auf einem Höhenflug befinden. In einer Befragung des ADAC vom Frühjahr 2004 zu insgesamt 22 Institutionen in Deutschland rangierte die Bundeswehr an 7. Stelle, was Verbesserungen anbetrifft und an 10. Stelle bezüglich des Vertrauens in der Bevölkerung. Nur 36,4 % stellten einen Verbesserungsbedarf fest, und 18,5 % der Befragten misstrauten ihr. Es ist insgesamt kein schlechtes Abschneiden. In fünfzig Jahren gab es keinen gravierenden Fall, der das Vertrauen der Bevölkerung in die Bundeswehr, oder das Vertrauen der Soldaten in die oberste militärische Führung nachhaltig untergraben hätte. Nicht zuletzt deshalb ist das Ansehen der Armee – im In- und Ausland – kontinuierlich gestiegen. Auch in den Krisenregionen, in denen die Bundeswehr eingesetzt ist, ist sie anerkannt.[571]

In der Rückschau hat man vor allem im Ausland die Leistungen der Wehrmacht als Armee, die einen Krieg führen musste, aus rein militärischer Sicht als hoch und vorbildlich bewertet. Doch in letzter Konsequenz hat und konnte sie ihren Auftrag nicht erfüllen, was Manstein mit dem Titel „Verlorene Siege" treffend charakterisierte. Die Bundeswehr als Friedensarmee hingegen hat ihre Aufgabe, Recht und Freiheit des deutschen Volkes zu verteidigen, ohne Krieg erfüllt – es war ein „Sieg durch Abwarten." Seit sechzig Jahren gilt im Zentrum Europas die Auffassung Immanuel Kants (1724-1804), der Krieg sei „der Naturzustand unter den Völkern" nicht mehr. Gemessen an diesem Erfolg waren die hohen Kosten, die für die Verteidigung in fünf Jahrzehnten aufgewandt wurden, außerordentlich gewinnträchtig und „zinsgünstig" angelegt; Kriege sind bekanntlich um ein Mehrfaches teurer. Truppenteile der Bundeswehr haben an der Parade auf den Champs Elysées in Paris teilgenommen – doch anders als 1940, diesmal auf Einladung der französischen Regierung und von der Bevölkerung begrüßt. Diese Liste der Erfolge, zu der die Bundeswehr beigetragen hat, weist einen anderen Charakter und eine andere Qualität auf als die einer Armee im Krieg. Der Anteil von Streitkräften zur Gestaltung des Friedens ist in den meisten Fällen indirekter und in erster Linie unterstützender Natur, wohingegen er sich im Kriege direkt auswirkt. Doch die

Vorstellungswelt sowohl der Soldaten als auch jener, die dem Militär skeptisch bis feindselig gegenüberstehen, ist noch zu sehr von dem alten
Denkmuster bestimmt, das die Primäraufgabe der Armee in der Errei-
chung politischer Ziele durch Gewalt sieht. Nun ist erstmals eine davon
abweichende Tradition begründet worden, in der sich dies anders darstellt. Aus diesem Grunde sind auch nur die Namen weniger hoher Offiziere im Gedächtnis der Öffentlichkeit haften geblieben. Eine gewisse
Popularität haben lediglich die Gründerväter, wie de Maizière und Graf
Baudissin, sowie die Generale Naumann und von Kirchbach gewonnen.
Auch die ca. 9 Millionen Wehrpflichtige, die in der Bundeswehr seit Bestehen ausgebildet wurden, haben nur einen geringen Einfluss, die Spitzenmilitärs bekannt zu machen. Sie erinnern sich, wenn überhaupt, nur an
die Namen ihrer direkten Vorgesetzten auf Kompanie- und Bataillonsebene. Dies liegt allerdings auch daran, dass der „normale" Wehrpflichtige
nur selten mit einem General oder Admiral in Berührung kommt. Ohnehin vollzieht sich der Löwenanteil der Arbeit der Streitkräfte im Ver-
borgenen, wird als Gemeinschaftsleistung empfunden und dargestellt.
Nur wenn ein Ereignis das Interesse der Medien findet, wird es publik
gemacht und möglichst personifiziert. Doch es gab in den fünfzig Jahren
nur sehr wenige Skandale und negative Schlagzeilen, durch die Generalität
und Admiralität selbst ins Zwielicht gerieten. Wenn das Verhalten einzelner Aufregung in der Öffentlichkeit verursachte, waren es aber – bis auf
die erwähnte Ausnahme des Generals Mäder – keine strafrechtlichen und
keine Tatbestände in Form finanzieller Bereicherung. Dies belegt, dass –
trotz der zuvor skizzierten Heterogenität des Führungskorps der Bundeswehr – das ethisch-moralische Erziehungsgerüst der Streitkräfte als inte-
grales Element der Inneren Führung funktioniert und intakt ist. Damit hat
die militärische Auslese anderen Eliten des Staates, die zum Teil auf
Vorteilsnahme und Bereicherung orientiert sind, einen entscheidenden
Vorteil: sie hat sich die Idee des Dienens bewahrt. Dadurch ist sie Funk-
tions- und Wertelite zugleich. Jedoch wird diese Wertestruktur nur im
Inneren der Armee wirksam. Der Offizier handelt unverändert nicht aus
Gewinnstreben, sondern aus einem tiefverwurzelten soldatischen Ethos
und der Verpflichtung gegenüber dem Staat heraus, eine Tradition, die
weitgehend ungebrochen blieb. Hier sei an Gehlens Wort erinnert, die Elite
von morgen werde eine Elite der Askese sein. Doch diese Werte muten in
der heutigen Zeit, die vor allem auf Selbstverwirklichung und Gewinn-

---

571 Neben ihrem fachlichen Engagement tragen auch nicht-militärische Aktivitäten – wie z.
B. die 1996 gegründete Privatinitiative „Lachen helfen e. V.," die Kinder in Kriegs- und
Krisengebieten unterstützt – flankierend dazu bei.

maximierung ausgerichtet ist, anachronistisch an und finden daher in der Gesellschaft keinen geistigen Nährboden. Die Idee der Einordnung der neuen Streitkräfte in das ebenfalls neue Staatswesen wurde – sieht man von den Männern des Widerstandes gegen Hitler ab – bei den preußischen Reformern des frühen 19. Jahrhundert entlehnt. Dieser weite Zeitbogen mit seiner Lücke zwischen persönlichem Erleben und tradierten Geschichtsbildern, sowie die fehlende Kongruenz führt bis heute zu Spannungen und Brüchen. Dabei ist die Verankerung der Spitzenmilitärs – wie die der Streitkräfte in ihrer Gesamtheit – in das demokratische Staatswesen ohne Zweifel gelungen. Weder Auswahl und Ausbildung, noch mangelnde Loyalität und Treue zum Grundgesetz oder politisches Machtstreben der Generalität und Admiralität der Bundeswehr geben Anlass zu Sorge. Auch werden – anders als nach der Zäsur von 1918 – Staat und Staatsidee von den Soldaten uneingeschränkt bejaht. Das „Experiment Bundeswehr,“ d. h. die Eingliederung der Streitkräfte in das neue demokratische Staatswesen, ist wahrscheinlich gerade deshalb gelungen, weil die Soldaten der Wehrmacht nicht per se ausgeklammert, sondern in den Wiederaufbau eingebunden wurden, reichen doch die Wurzeln des Führerkorps der Bundeswehr bis in die kaiserliche Armee zurück. Sie haben diese Aufgabe loyal erfüllt und waren keineswegs ein „Hort der Reaktion,“ zumindest nicht im Sinne einer gegen die Demokratie gerichteten Haltung. Gerade wegen ihrer negativen Erfahrungen in einer Diktatur konnten sie der jungen Generation glaubhaft die großen Vorteile eines Lebens in Freiheit und Frieden darstellen. Die Generalität und Admiralität der Bundeswehr ist kein monolithischer Block, und auch dies ist letztlich ein Korrektiv gegen die bisweilen befürchtete Abschottung im Sinne eines „Staates im Staat.“

„Viele Außenstehende vermuten, diese Generalität sei eine verschworene Gemeinschaft, nicht wenige betrachten sie als die creme de la creme. Sie ist keines von beiden. Aber was sonst? Sicher sind es nicht die schlechtesten Offiziere, die in den zahlenmäßig so knapp gehaltenen Kreis der Generale und Admirale aufsteigen, doch gehören nicht alle auch zu den besten.“[572]

Die militärische Führungsspitze bezieht ihre geistige Stärke vermutlich gerade aus ihrer gesellschaftlichen und sozialen Vielfalt. Was Sorge bereitet, ist die blutleere, weitgehend versachlichte Zweckehe zwischen Bundeswehr und Staat. Stand in der Weimarer Republik das Militär dem Staat distanziert gegenüber, so verkehrte sich dies nach 1955 ins Gegenteil. Heute ist der Staat derjenige, der Distanz zu seinen Streitkräften wahrt. Daher liegt in unserer Zeit die Problematik weder in der Gefahr eines Staates im Staat, d. h. der Distanz der Streitkräfte zur zivilen Gesellschaft, sondern in der Fremdheit der Gesellschaft bzw. deren politischer Ent-

scheidungsträger zu den Streitkräften. Anders als nach dem Ersten Weltkrieg und in der Weimarer Republik bringen die Soldaten der Bundeswehr
ihrer Staatsform uneingeschränkte Zuneigung entgegen, doch bleibt diese
durch die Repräsentanten des Staates weitgehend unerwidert. Die Bundeswehr wird wegen der Verbrechen des Dritten Reiches und der Verstrickungen der Wehrmacht nur geduldet und bedingt anerkannt, aber
nicht gemocht. Sie besteht mittlerweile ein halbes Jahrhundert und hat
vielfältig bewiesen, dass sie sowohl ihre militärfachlichen Aufgaben zu
erfüllen, als auch ihrer politischen Verantwortung innerhalb des Staates
uneingeschränkt nachzukommen vermag. Doch die alten Ressentiments
sind weitgehend geblieben. Zwar nehmen die Politiker ihr „Sorge- und
Umgangsrecht" bei der Truppe wahr, und es besuchen sie heute sogar jene,
die vor gar nicht allzu langer Zeit das „militärische Kind" noch am liebsten
tot gesehen hätten. Auch werden die Streitkräfte alimentiert und im Rahmen des Notwendigen ausreichend versorgt. Doch aus dieser Konstellation, mit der sich Politik, Gesellschaft und Bundeswehr weitgehend abge-
funden haben, hat sich – trotz der noch bestehenden Wehrpflicht – eine
Geisteshaltung entwickelt, die bedenklich ist und Risiken birgt. Der kleine
Teil der männlichen Jugend, der eingezogen wird, erlebt die Monate „beim
Bund" eher als eine unausweichliche Kinderkrankheit – wie z. B. Mumms,
gegen die man, ist sie einmal überstanden, weitgehend resistent ist. Die
entstandenen Bindungen werden schwächer und verblassen schließlich.
Nur noch wenige Soldaten werden zu Wehrübungen herangezogen oder
engagieren sich in der Reservistenarbeit. Für viele Zeit- und Berufssoldaten ist die Bundeswehr primär wirtschaftliche Basis, das Sprungbrett
für bessere berufliche Qualifikation. Sie entscheiden sich bewusst und in
erster Linie für die Armee als einen Arbeitgeber, der ein breitgefächertes
Aus- und Weiterbildungsangebot bereitstellt. Dagegen ist auf den ersten
Blick nichts einzuwenden. Die Bundeswehr hat ihre Nebenrolle als ziviler
und militärischer Arbeitgeber und Wirtschaftsfaktor durchaus mit Verantwortung und Einsatz ausgefüllt. Und so war während der Jahrzehnte
des Kalten Krieges das „treue Dienen" durch die tägliche Pflichterfüllung
weitgehend abgedeckt; die „tapfere Verteidigung" hingegen, d. h. auch
unter Einsatz des Lebens, blieb im Hintergrund, war nur eine abstrakte
Option und wurde weitgehend verdrängt. Mit den Auslandseinsätzen hat
sich dies jedoch geändert. Zum ersten Mal kehren Soldaten nicht mehr
lebend zurück, sondern mit „Bundeswehr Cargo," den Transall-Ma-
schinen, in mit der Bundesflagge bedeckten Särgen. Dieses Risiko kann
zwar in bestimmten Grenzen durch Zahlung eines Zuschlages kompen-

---

572 Kießling, Günter Versäumter Widerspruch S. 287 f.

siert werden, doch steckt in diesem Ansatz – so verdient die Zahlung letztlich ist – bereits eine latente Söldnermentalität, und in der Tat ist dies – vor allem für die Mannschaftsdienstgrade – eine beträchtliche Motivationsförderung. Die ethische Bindung an den Schutz des eigenen Landes, der eigenen Bevölkerung, der Frauen und Kinder ist bei einem Einsatz z. B. im Norden Afghanistans kaum vorhanden. Dieses Defizit kann weder durch den Hinweis auf die den Menschen im Einsatzland geleistete Hilfe, noch durch die fragwürdige Parole, auch dort werde die Freiheit und Sicherheit Deutschlands gewährleistet, ausgeglichen werden.

Im Umgang mit Politikern scheint den Militärs bisweilen ein gewisses Mindestmaß an Selbstvertrauen abhanden gekommen zu sein. Es geht nicht dabei nicht um die Beachtung der Grundregeln eines respektvollen Miteinanders. Doch bisweilen treten selbst gestandene Soldaten Politikern, die sich ihrerseits im Umgang mit Soldaten nicht an die Grundregeln von Respekt und Höflichkeit gebunden fühlen, in peinlicher Servilität auf. Unhöflichkeit wird fälschlicherweise nicht als Zeichen schlechter Kinderstube, sondern als Ausdruck des Primats der Politik verstanden.

Die Generalität und Admiralität der Bundeswehr hat – trotz ihres Charakters als Funktionselite – kein eigenes, nach außenhin erkennbares Profil entwickelt; sie wollte dies vermutlich nicht und durfte es wohl auch nicht. Es gab darüber offenbar eine stillschweigende Übereinstimmung zwischen Militär und Politik. Erstere sahen sich nur in der dienenden Rolle der militärfachlichen Berater, die schon den Hauch einer Verletzung des Primats der Politik vermeiden wollten. Dies hat das Opportunitätsdenken in den Streitkräften gefördert, vor dem das Militär ebenso wenig gefeit ist wie andere Bereiche der Gesellschaft. Den Politikern kam diese Abstinenz nicht ungelegen; überdies war sie für den Aufbau der jungen deutschen Demokratie von Vorteil. Die Erwartungen, die ein Politiker an den militärischen Führer hat, fasste Bundespräsident Rau in einer Rede am 25. September 2003 an der Führungsakademie zusammen:

„In den bald fünfzig Jahren ihres Bestehens haben unsere Streitkräfte sich Ansehen und Vertrauen erworben: Als zuverlässiges, hochqualifiziertes und loyales Instrument sicherheitspolitischen Handelns in der Politik unseres Landes. Dies Vertrauen und dies Ansehen verdankt die Bundeswehr ganz entscheidend diesen Grundorientierungen. Was ich mir von Ihnen, als künftigen Beratern, jedoch darüber hinaus erhoffe, das ist Wahrhaftigkeit. Wahrhaftigkeit ist eine besonders herausfordernde, aber auch eine besonders wichtige Tugend – nicht nur für Soldaten, sondern für jeden von uns. Sie verlangt Selbstbewusstsein und den Mut zur Selbstkritik. Beides muss den Berater auszeichnen."

Mehr als dreißig Jahre – von 1955 bis zur Wiedervereinigung und dem Zerfall des Sowjetimperiums – lag der Schwerpunkt der Aufgaben der

Bundeswehr – eingebettet in die Nordatlantische Allianz – auf der Garantie der äußeren Sicherheit und war dabei weitgehend statischer Natur. Seit dem Wegfall dieser Bedrohung von außen hat sich der Auftrag der Streitkräfte gewandelt. Sie sind nun – wie unter Adenauer, der sie primär als Mittel zur Erlangung der Souveränität nutzte – im Sinne von Clausewitz zu einem direkten Instrument der Politik geworden. Doch dadurch ist eine neue Lage entstanden. Heute können Soldaten der Bundeswehr aufgrund falscher oder mangelhafter politischer Entscheidungen bei Auslandseinsätzen Gesundheit und Leben verlieren. Diese höchste Form des „treuen Dienens," das Opfer des Lebens, darf aber – wegen der beiderseits verankerten Treuepflicht – vom Staat nicht leichtfertig eingefordert werden. Es kann – auch bei Berufssoldaten – nicht mit der Bemerkung abgetan werden, wer Soldat werde, müsse diese Gefahr einkalkulieren. Der Polizist, der im Einsatz getötet wird, muss sich darauf verlassen, dass der Dienstherr alles Mögliche tut – z. B. in Bezug auf Ausbildung, Ausrüstung und rechtlichem Rahmen –, um dieses Risiko so niedrig wie möglich zu halten. Gleiches trifft auf den Soldaten zu. Er schwört, seinem Lande treu zu dienen und muss seinerseits darauf bauen, dass auch der Eidnehmer, der Staat, vertreten durch die Regierung, alles unternimmt, um der Verpflichtung seines Amtseides gerecht zu werden. Diese Forderung kann aber nur dann erfüllt werden, wenn die Politiker durch die Offiziere in den militärischen Spitzenfunktionen sachkundig und loyal beraten werden. Doch hier gibt es Defizite auf beiden Seiten. Beim Militär sind stromlinienförmige Anpassung, Opportunismus und schweigende Resignation zu nennen. Diese führen zu Mängeln in der Beratung der Politiker und erhöhen damit das Risiko von Fehlentscheidungen. Während des 3. Golfkrieges im Frühjahr 2003 („Irak-Krieg") gab es die sog. „embedded journalists," Hofberichterstatter, die das von den US-Militärs gewünschte Medienbild zeichneten. Es gibt auch „embedded generals," hohe Offiziere, die politische Entscheidungen wider militärischen Sachverstand vorbehaltlos und im Glauben an die Pflicht zu absoluter Loyalität unterstützen. Sie sind das Produkt ihrer politischen Meister. Unbequeme Mahner und Querdenker hingegen werden grundsätzlich nicht geschätzt. Sie sind Sand im Getriebe und zwingen zum Nachdenken. Dabei wurde die Zivilcourage nicht zuletzt deshalb von jenen forciert, die der Generalität und Admiralität unter Hitler vorwarfen, sie hätte sich dem Diktator nicht mannhaft entgegengestellt. Doch damals war dies ungleich gefährlicher als heute.

Das Grundrecht auf freie Meinungsäußerung ist bei Soldaten zu Recht durch das Soldatengesetz eingeschränkt. Doch die Handhabung ist mittlerweile so strikt, dass nicht wenige Offiziere aus Angst, dagegen zu verstoßen, entweder lieber schweigen oder – im Sinne eines „vorauseilenden

Gehorsams" – krampfhaft versuchen, die vermutete politische Linie bereits in ihre militärischen Entscheidungen einfließen zu lassen. Manche Soldaten argumentieren hier, dass Zivilcourage und geistige Selbständigkeit abseits vom „main-stream-Denken" eine gewisse wirtschaftliche Unabhängigkeit voraussetzten, es aber genau daran heute mangele – Schweigen, um Karriere und Existenzgrundlage nicht zu gefährden? Dieses Argument trifft nur insofern zu, als dass im Falle einer schwerwiegenden Auseinandersetzung mit einiger Wahrscheinlichkeit keine weitere Beförderung mehr zu erwarten sein dürfte. Hier ist persönlich abzuwägen – nächster Stern oder Selbstachtung. Überdies war jener § 50 des Soldatengesetzes, der diese Option regelt, ursprünglich eingeführt worden, damit hochrangige Soldaten, die unter Berufung auf ihr Gewissen den Dienst quittieren, nicht in wirtschaftliche Schwierigkeiten geraten. Die Diskussion, ob Schweigen auf hoher militärischer Führungsebene auch bei lebenswichtigen politischen Entscheidungen wirklich „Gold" und eine Tugend ist, muss unter den veränderten Rahmenbedingungen neu geführt werden. Karl Feldmeyer schrieb am 22. Januar 2004 in der FAZ zum Rücktritt von Heeresinspekteur Gudera:

„Endlich hat einer nicht die Hacken zusammengeschlagen und >Jawohl< gesagt. ... Der Rücktritt des Generals ... wirkt im Heer wie eine Selbstbefreiung, die den spürbaren Verlust an Selbstachtung im Offizierskorps stoppen kann. .... Die Bereitschaft der hohen Generalität, mitzuverantworten, was Politiker wollen, schien grenzenlos. Der Mut zur freien Rede gegenüber dem Minister und seinem Gefolge schien allenthalben dem Wunsch gewichen, den eigenen Aufstieg nicht zu gefährden."

Feldmeyers Glaube an einen Befreiungsschlag in Ehren, doch was hat Guderas Rücktritt nach außen bewirkt? Wurden die Einschnitte in Umfang und Fähigkeiten des Heeres zurückgenommen oder korrigiert? Hat sein Schritt Politik, Medien und Öffentlichkeit aufgerüttelt, auf Fehlentwicklungen hingewiesen? Welche Folgen, so muss gleichfalls gefragt werden, haben diese politischen Entscheidungen? Geht es nur um Gewichtung, um Ansichten oder können sie bei Einsätzen im Ausland Leben und Gesundheit von Soldaten gefährden? In seiner Abschiedsrede anlässlich des Kommandowechsels am 4. März 2004 führte der scheidende Inspekteur des Heeres aus, dass es

„ ... trotz der schwierigen Rahmenbedingungen und der seit Jahren anhaltenden chronischen Unterfinanzierung gelungen ..."

• sei, bei den Auslandseinsätzen zu bestehen, das gute Ausbildungsniveau zu halten,

• die Umstrukturierung geordnet durchzuführen, die Motivation der Truppe zu stärken und für ausreichenden, qualifizierten Nachwuchs zu sorgen. Mit anderen Worten: der Auftrag wurde nicht nur gerade eben, sondern trotz widriger Umstände offenbar gut erfüllt. Doch wenn dies trotz mangelnder Finanzierung gelingt, muss einer der beiden Parameter falsch sein. Wenn das Heer die ihm gestellten Aufgaben dennoch ohne Abstriche erreicht hat und erreichen konnte, war vermutlich die Beurteilung vom chronischen Finanzengpass überzeichnet, was heißt, dass das Geld letztlich doch ausreichend gewesen sein muss. Trifft hingegen die Einschätzung der immer knapper werdenden Mittel zu, ist die Beurteilung hinsichtlich der Auftragserfüllung zu positiv dargestellt. Da die Kritik an der Unterfinanzierung alt ist – schon Minister Scharping hatte an Vorgänger Rühe bemängelt, dass die Armee „seit Jahren … von der Substanz" gelebt habe – ist möglicherweise die Einschätzung der Leistungsfähigkeit zu optimistisch. Hier stellt sich die Frage, ob ein hoher Militär, d. h. in erster Linie der Generalinspekteur oder einer der Inspekteure, im Falle einer grundlegenden und schwerwiegenden Diskrepanz zwischen ihm und der politischen Leitung sich an Bevölkerung, Medien und die ihm unterstellten und anvertrauten Soldaten wenden darf oder sogar muss, um seine Sicht darzulegen. Nicht, um die Politiker anzugreifen, sondern um die Öffentlichkeit auf gravierende Mängel hinzuweisen. Einen solchen Schritt grundsätzlich und unter allen Umständen zu verneinen, hieße den Primat der Politik zu verabsolutieren. Überdies zeigen die Paragraphen 10 (Pflichten des Vorgesetzten) und 11 (Gehorsam) des Soldatengesetzes (SG) sowohl die Grenzen dessen, der Befehle erteilt als auch desjenigen, der sie befolgen muss. Der Vorgesetzte darf nach § 10 (4) SG Befehle

„nur zu dienstlichen Zwecken und unter Beachtung der Regeln des Völkerrechts, der Gesetze und der Dienstvorschriften erteilen."

Ein Soldat, der einem Befehl gehorcht, obwohl dieser die Menschenwürde verletzt oder nicht zu dienstlichen Zwecken gegeben wurde, begeht nicht per se eine Dienstpflichtverletzung. Nicht befolgen hingegen darf er einen Befehl, durch den ein Verbrechen oder Vergehen begangen würde; gehorcht er dennoch, macht er sich nur schuldig, wenn er die Folgen hätte erkennen können. Doch für die Phase der Entscheidungsfindung auf militärpolitischer Ebene ist diese gesetzliche Richtschnur als ethischer Rahmen nur sehr bedingt geeignet, denn bei diesen Entscheidungen geht es in der Regel weder um Menschenwürde, noch um strafrechtliche relevante Bezüge, sondern um deren politische Bewertung und mögliche Konsequenzen in der Zukunft. Die skizzierten Ausnahmeregelungen der Gehorsamspflicht nach § 11 SG sind – salopp formuliert – die Legitimierung für den „20. Juli des kleinen Mannes." Bereits in den ersten Stunden seiner Soldatenzeit wird dem Rekruten nahegebracht, unter welchen Umständen er nicht gehorchen braucht und unter welchen er keinesfalls gehorchen darf. Dabei geht es nicht und kann es auch nicht um jene Ausnahmesituationen auf höchster Ebene gehen, sondern nur um die Verstöße und Sünden gegen die Befehlsgewalt im Alltag – jene oft bemühten Beispiele, auf einer Dienstfahrt bei Rot über eine Kreuzung zu fahren oder den Privat-PKW des Kompaniechefs zu waschen. Und sicherlich sind sie auch bei den Auslandseinsätzen von Bedeutung. Beispiele in anderen Armeen – jene von Folterungen in irakischen Gefängnissen durch US-Soldaten – belegen eindrucksvoll, wie wichtig eine solch ethisch begründete, militärische Handlungsmaxime ist, und wie fatal sich Verstöße dagegen unmittelbar und weltweit auch im politischen Raum auswirken können. Das Fehlverhalten einiger weniger Soldaten kann in höchstem Maße und mit einer nicht abschätzbaren Langzeitwirkung Schaden für die Armee und das Land anrichten. Doch wie und wann greifen die beiden Paragraphen des Soldatengesetzes auf höchster ministerieller Ebene? Wann und in welchem Umfang gilt Paragraph 10 SG (Pflichten des Vorgesetzten) für den Minister und wann Paragraph 11 (Gehorsam) für seine militärischen Berater? Sind sie für den militärpolitischen Prozess der Willensbildung z. B. hinsichtlich der Beschaffung eines bestimmten Waffensystems, die Dauer des Grundwehrdienstes oder die Festlegung der Regeln für einen Auslandseinsatz („Rules of Engagement"/ ROE) überhaupt anzuwenden? Wie artikuliert sich der Widerstand z. B. des Generalinspekteurs gegen eine ministerielle Planung, die dieser als unvereinbar mit den Gesetzen beurteilt? In der Phase der Entscheidungsfindung erfolgt dies durch Einspruch und Hinweis auf mögliche negative Auswirkungen. Doch was geschieht, wenn die Entscheidung gegen ihn getroffen wird? Genau diesen Fall hat Bundespräsident Rau in seiner Rede am 25. September 2003 vor der Führungsakademie angesprochen:

„Sie werden die Erfahrung machen, dass nicht jeder Entscheidungsträger bereit ist, Rat anzunehmen, auch wenn dieser Rat noch so sachkundig, offen, wahrhaftig, kreativ und verantwortlich gegeben wird. Dann ist Loyalität gefordert. Das kann zu erheblichen Belastungen führen, zu Gewissensentscheidungen bis zur Gewissensnot. Bis dahin ist ... in jedem Fall ist sorgfältig zu prüfen: Geht es wirklich um eine Gewissensentscheidung? ... Zivilcourage ist wichtig, aber nicht jede öffentliche Kritik an politischen oder militärischen Entscheidungsträgern darf mit Zivilcourage verwechselt werden."

In diesem Falle, wenn der Politiker vom Rat des Militärs abweicht, bleiben nur Gehorsam oder Rücktritt. In unserer Zeit, in der im westlichen Kulturkreis dem Individuum ein sehr hoher Eigenwert zugemessen und oft über den des Gemeinwohls gestellt wird, steht Gehorsam nicht in hohem Ansehen. Das Nachgeben, das Gehorchen ist eine Eigenschaft, die fälschlicherweise dem Verlierer zugeordnet und auch als konträr zur Freiheit stehend bewertet wird. Dabei wird zumeist die ethisch-religiöse Dimension des Gehorsams übersehen, die – als Hingabe verstanden – die reinste Ausprägung des treuen Dienens sein kann, wie dies u. a. in den Ordensgemeinschaften von Nonnen und Mönchen gepflegt wird. Auf die militärische Führung bezogen bedeutet dies, dass Gehorsam nicht per se einseitig als Schwäche und mangelnde Zivilcourage ausgelegt werden darf. De Maizière hat Beispiele aus seiner Amtszeit als Generalinspekteur genannt, bei denen seiner Expertise nicht gefolgt wurde. Sie waren nach seiner Beurteilung jedoch nicht so gravierend, dass sie Grund zum Rücktritt waren, auch wenn die Truppe sich diesen Schritt z. B. in der Frage des Haarerlasses gewünscht hätte. Der Rücktritt eines hohen Offiziers ist nur angemessen, wenn es sich um „schwerwiegende Gründe" handelt, und dieses Instrument kann – wie Helmut Schmidt einmal bemerkte – nur einmal angewendet werden. Doch was ist „schwerwiegend?" Sicherlich sind es keine mathematisch exakt bestimmbaren Faktoren. Ein gedanklicher Ansatz wäre, sie auf einer Ebene mit der „schwerwiegenden Folge" des Wehrstrafgesetzes (WStG § 2 – Nr.3) anzusiedeln, d. h. in erster Linie mit einer Gefahr für die Sicherheit Deutschlands, sowie für Leib und Leben von Soldaten zu verbinden. Hierbei ist festzustellen, dass es letztlich in der fünfzigjährigen Geschichte der Bundeswehr – trotz einer beträchtlichen Zahl von kontrovers, mit Schärfe und manchmal auch mit Intransigenz auf beiden Seiten geführten Diskussion – keine – gegen militärischen Rat getroffene – Entscheidung gegeben hat, die die Substanz der Bundeswehr und die Sicherheit unseres Landes und ihrer Soldaten ernsthaft gefährdet hätte oder durch die tatsächlich die Grenze echter Gewissensnot berührt worden wäre. Keine hat sich – cum grano salis – wie in Kriegszeiten – direkt auf Leben oder Tod Tausender von Menschen ausgewirkt – weder die Länge der Haare, noch die Anrede oder die Dauer des Grundwehrdienstes. Eine „Was-wäre-gewesen, wenn-Diskussion" hilft dabei nicht weiter. Hier müssen die Soldaten der verständlichen Neigung, ihre Sichtweise zu verabsolutieren, entgegenwirken. In den Debatten wurden und werden die Argumente – von beiden Seiten – häufig holzschnittartig grob, schwarz-weiß und als lebenswichtig überhöht verkauft. So wird z. B. die Diskussion um die Fortführung der Wehrpflicht auf einer beinahe ideologisch verhärteten Ebene geführt. Die politische Führung der Bundeswehr gibt eine Sprachregelung vor, die dann verbindlichen Charakter hat. Abweichler haben einen schweren Stand. Früher, als die Wehrpflicht noch Grundpfeiler der Aufwuchsfähigkeit war, wurde dieses Problem mit weniger Verbissenheit diskutiert. Der SPD-Abgeordnete Ernst Paul schreibt:

„Für mich war die Frage Berufsheer oder Wehrpflichtarmee nie eine grundsätzliche Alternative, sondern eine Frage der Zweckmäßigkeit. Ich bejahe die Wehrpflicht als normale Einrichtung eines demokratischen Staates, aber ich kann mich nicht um die Frage der Zweckmäßigkeit drücken." [573]

Falls sich Soldaten – wie z. B. Trettner, Panitzki, Pape, Wust, von Kirchbach und Gudera – für den Rücktritt entscheiden, weil ihrem Rat nicht gefolgt wurde und damit ein irreparabler Vertrauensverlust entstanden ist, haben sie die Wahl zwischen einem stillen Ausscheiden aus dem aktiven Dienst oder der gleichzeitigen Bekanntgabe der Gründe für diesen Schritt. Ein schweigender Rücktritt bleibt letztlich stets nur ein persönlicher Protest mit sehr geringer Außenwirkung. Sollte jene prognostizierte negative Folge der Entscheidung eintreten, hat sich derjenige, der zurückgetreten ist, exkulpiert und ist frei von Verantwortung. Doch es gibt auch die Möglichkeit, dass der ausscheidende Offizier die Gründe seines Rücktritts öffentlich bekanntgibt. Wann und unter welchen Umständen ist ein solcher Schritt denk- und vertretbar? Oder verbietet sich dieser generell um z. B. außen- oder innenpolitischen Schaden zu vermeiden, aus Zwängen der Geheimhaltung und um die Loyalität nicht zu verletzen? Der Begriff Loyalität wird im Soldatengesetz nicht genannt, sondern mit „treuen Dienen" umschrieben. Ist die Preisgabe der Hintergründe eines Rücktritts eine Verletzung der Loyalität? Zweifelsohne wird sie gegenüber dem Politiker gebrochen. Doch sie gilt nicht ihm allein. Man kann sie als eine dreifache Bindung betrachten. Sie besteht erstens aus dem treuem Dienen gegenüber dem Grundgesetz und damit gegenüber dem Land und seinen Menschen, zweitens aus der personalen Komponente des Gehorsams und der Kameradschaft zum jeweiligen militärischen oder auch politischen Vorgesetzten und drittens aus der Kameradschaft und Fürsorgepflicht gegenüber den anvertrauten Soldaten. Wird einer dieser drei Faktoren dominant, verzerrt sich die Loyalität. Die stärkste Verpflichtung ist die gegenüber dem Grundgesetz, denn sie ist auf dem Fahneneid begründet. Dennoch darf auch sie nicht ohne jegliche Berücksichtigung des eigenen Gewissens sowie der Verantwortung gegenüber den Soldaten verabsolutiert werden, da diese sonst zu „Menschenmaterial," d. h. zu politischer Verfügungsmasse degradiert und damit ihrer Würde beraubt werden. Wird hingegen die Loyalität zum Politiker durch den Soldaten in das Zentrum gerückt, wird dieser über Verfassung und Menschenwürde erhoben. Werden aber Wohl und Wehe des Soldaten überbetont, wird die Pflicht zum treuen Dienen ebenso verletzt wie die Kameradschaft gegenüber dem verantwortlichen Politiker. Es ist kein leichter Kurs, der hier gehalten werden muss. Nach § 1 des Soldatengesetzes sind Staat und Soldat „durch gegenseitige Treue miteinander verbunden." Ein General, der sich mit

Rücktrittsgedanken trägt, wird sich selbst auch die Frage beantworten müssen, ob der Dienstherr seine Treuepflicht verletzt hat. Doch wann und wodurch kann der Staat sich einer Verletzung dieser Treuepflicht schuldig machen? Wie drückt sich diese „Redlichkeit," dieses „Einhalten von Zusagen" des Politikers gegenüber den Soldaten aus? Ist die Verantwortung bereits verletzt, das Treueversprechen gebrochen, wenn z. B. ein Waffensystem nicht exakt in der vom Militär gewünschten Stückzahl beschafft wird, oder erst dann, wenn ein Einsatz oder Operationen befohlen werden, die nicht mit dem Völkerrecht in Einklang stehen oder die mit den verfügbaren Kräften und Mitteln nicht zu erfüllen sind? Auch diese Frage entzieht sich einer eindeutigen Beantwortung. Bei Fragen der Ausrüstung, der Ausbildung und dem Kräfte-Mittel-Verhältnis wird die Beurteilung zudem dadurch erschwert, dass es zumeist keinen direkten Zusammenhang zwischen Entscheidung und ihren Folgen gibt und selten einen zeitlichen. War z. B. der Tod eines Soldaten bei einem Auslandseinsatz tatsächlich die Folge schlechter Ausbildung und mangelhafter Ausrüstung, oder war es einfach höhere Gewalt? War das Ausscheiden aus dem Amt das Ergebnis begründeter ernster Sorge vor schwerwiegenden Konsequenzen, d. h. solchen, die nach militärischer Expertise im Einsatz mit einem hohen Risiko für Leben und Gesundheit behaftet sind und ist eine mögliche Verletzung staatlicher Treue- und Fürsorgepflicht nicht auszuschließen, müssen die Gründe des Rücktritts öffentlich gemacht werden. Auch im Falle politischer Planungen für einen möglicherweise rechtlich unzulässigen Einsatz der Bundeswehr kann ein solcher Schritt möglich sein. Zu Recht erwähnt Bundespräsident Rau allerdings hier die Begriffe „Gewissensentscheidung und Gewissensnot" als eine sehr hohe Messlatte. Diese Informationspflicht bezieht sich dabei keineswegs nur auf die Bevölkerung und die Medien, sondern wegen der Fürsorgepflicht auch gegenüber den anvertrauten Soldaten. Jener Vorgesetzte, der zumindest die theoretische Macht des Einwirkens und Änderns hätte, darf in solch einer Lage nicht stillschweigend für sich allein die Konsequenzen ziehen, die Soldaten hingegen mit den Folgen dieser möglichen Gefährdung von Leib und Leben allein lassen. Überdies tritt der Vorgesetzte den Soldaten gegenüber hier auch als Sachwalter staatlicher Treuepflicht auf. Werden die Soldaten im Unklaren gelassen, wird Vertrauen verspielt. In diesem Falle ist die Loyalität zum Grundgesetz und die Sorge für die Soldaten wichtiger als die Treuepflicht gegenüber dem vorgesetzten Politiker.

Betrachtet man die Entwicklung der Haltung der Regierungen der Bundesrepublik Deutschland zum Einsatz militärischer Macht in den letz-

---

573 Paul, Ernst MdB Parlamentarische und politische Erfahrungen S. 173

ten fünfzig Jahren, so werden Wandel ebenso deutlich wie Widersprüche und Risiken. Über Jahrzehnte war Zurückhaltung gefragt. Sie galt in Deutschland parteiübergreifend als Prinzip außenpolitischen Kalküls. Diese Haltung entsprach allerdings nicht der üblichen internationalen Norm politischen Verhaltens. Die erste Abweichung und Korrektur erfolgte mit dem halbherzigen Agieren während des 2. Golfkrieges im Frühjahr 1991: Materiell wurde die von den USA geführte Allianz gegen den irakischen Diktator Saddam Hussein zwar recht massiv mit einem zweistelligen Milliardenbetrag unterstützt, aber die militärische Jungfräulichkeit wurde bewahrt. Erst mit den Turbulenzen vor der Haustür, sprich auf dem Balkan, gab die Bundesregierung, gestützt auf eine breite parlamentarische Mehrheit, ihre bisherige Politik und Bewertung hinsichtlich des Einsatzes eigener militärischer Mittel auf – zögerlich anfangs, aber zielstrebig. Nahezu fünfzig Jahre nach dem Ende des Zweiten Weltkrieges wurde der letzte noch fehlende Mosaikstein in das Bild der deutschen Souveränität eingefügt. Bundeskanzler Schröder umriss diesen Wandel auf der 39. Kommandeurtagung in Hannover am 8. April 2002 im Beisein von Minister Scharping und General Kujat mit den Worten:

„Unsere Streitkräfte, die Bundeswehr – also vor allen Dingen Sie und die Menschen, die Ihnen anvertraut sind -, haben sich in einer Weise und einem Tempo den veränderten internationalen Aufgabenstellungen anpassen müssen, wie das vor wenigen Jahren niemand von uns erwartet hätte. Denn vieles von dem, was in den vergangenen Jahren auf uns zugekommen ist, ist nicht vorausgesehen worden und war auch nicht voraussehbar."

Und Bundespräsident Rau stellte an der Führungsakademie am 25. September 2003 dazu fest:

„Gelegentlich frage ich mich, ob in einer breiten Öffentlichkeit überhaupt recht wahrgenommen wird, wie weit wir uns in der Praxis von dem verabschiedet haben, was jahrzehntelang die allgemein akzeptierte Aufgabe der Bundeswehr gewesen ist."

Vielleicht wurde dieser Wandel in Parlament, Öffentlichkeit und Bundeswehr auch deshalb weitgehend reibungslos vollzogen, weil seine Notwendigkeit als Schritt hin zu Normalität erkannt und respektiert wurde. Wichtig ist nun, dass dieser politische Kurs, der Mittelweg zwischen Landesverteidigung und der Übernahme internationaler Verantwortung gehalten wird. Doch dieses Fahrwasser wird von Untiefen und Stromschnellen bedroht. Zweimal bereits geriet das deutsche Boot in den letzten Jahren in den Gefahrenbereich des Artikels 26 (1) des Grundgesetzes: Der Kosovokrieg 1999 wurde zunächst ohne entsprechendes UN-Mandat geführt und auch die Einsätze des Kommandos der Spezialkräfte KSK in Afghanistan bewegen sich auf einem völkerrechtlich nicht unbedenkli-

chen Boden. Fast fünfzig Jahre stand jenes weise Verbot, das die Väter des
Grundgesetzes künftigen Generationen in das Verfassungsstammbuch ge-
schrieben hatten, bezugslos im Raum. Es war nicht viel mehr als eine
Absichtserklärung, die schriftliche Garantie des Friedenswillens deutscher
Regierungen. Eine praktische Bedeutung schien der Artikel 26 (1) des
Grundgesetzes nicht zu haben, denn die Bundesrepublik war zu sehr in
das sicherheitspolitische Korsett der NATO eingeschnürt, um auf militärische Abwege geraten zu können. Zwar verbietet Artikel 26 keineswegs die
Verteidigung im Falle eines Angriffs von außen, doch in jüngster Zeit
haben sich die Akzente hinsichtlich der Interpretation von Angriff und
Bedrohung verschoben. Der Begriff des Krieges – vormals durch „Ernstfall" euphemistisch umschrieben – wird nun häufig als „robustes Mandat" bezeichnet. Leichtfertig führen Politiker, Medien und sogar Militärs
den Begriff vom „Präventivkrieg" im Munde. Der Luftkrieg der NATO im
Jahre 1999 wurde, ebenso wie der 3. Golfkrieg („Irak-Krieg"), als präventive Operation verkauft. Bislang galten als „präventiv" nur jene Handlungen, mit der man einem unmittelbaren Angriff des Gegners zuvor-
kommt, d. h. sich auf eine staatliche Notwehrsituation berufen konnte.
Doch in beiden Fällen kann von Notwehr nicht gesprochen werden, denn
weder Milosevic plante Westeuropa, noch der Diktator am Euphrat die
USA anzugreifen. Kann man das Eingreifen der NATO im Kosovo-Konflikt
noch im weitesten Sinne der Rubrik „staatliche Nothilfe" zuordnen, so war
der Angriff auf den Irak eindeutig eine „pre-eptive" und keine präventive
Operation. Dem Irak wurden durch die USA Bedingungen und Hand-
lungsauflagen gestellt. Als er diese nicht, nicht vollständig und nicht im
erwarteten Umfang, sowie nicht in der vorgegebenen Zeit erfüllte, war der
Kriegsgrund gegeben. Falls diese Konditionen propagandamäßig mit Hilfe
der Medien aufbereitet werden, lässt sich schnell ein Umfeld der Angst in
der Öffentlichkeit schaffen, das dieses Vorgehen billigt und absegnet.
Überdies könnte Artikel 26 durch die Internationalisierung militärischer
Einsätze langfristig ausgehebelt und umgangen werden. Weitgehend un-
widersprochen verbreitet Minister Struck die These, die Freiheit Deutschlands werde „auch am Hindukusch" verteidigt. Damit wird der Bevölkerung suggeriert, der Einsatz sei sinnvoll und notwendig, um den Terrorismus einzudämmen und eine Bedrohung für Deutschland abzuwehren.
Und die Soldaten müssen daraus entnehmen, dass ihr Oberbefehlshaber
glaubt, von Afghanistan wäre tatsächlich jemals eine echte Gefahr für
Deutschland ausgegangen. Doch die Bedrohung von dort kann so groß
offenbar nicht gewesen sein, wenn nur knapp 5.000 Soldaten ausreichen,
um sie zu neutralisieren. Überdies wird dabei schamhaft verschwiegen,
dass es sich bei dieser Zahl nur um den „Brutto-Wert der militärischen

manpower" handelt. Die Zahl der tatsächlich eingesetzten Kampftruppe ist wegen des „Tail-to-tooth-Verhältnisses" [574] weit geringer. Dieses Bedrohungskonstrukt entstand erst nach dem 11. September 2001. Ohne diese Anschläge in den USA wäre Afghanistan vermutlich noch heute in der Hand der Taliban. Die militärische Führungsspitze trägt diese Fehlinformation über Ziel und Zweck dieser Einsätze offenbar mit. Über Bedenken ist nichts bekannt, zumindest nicht in der Öffentlichkeit, und auch die Medien hielten sich weitgehend bedeckt. Den Gefahren soll künftig dort begegnet werden, wo sie – geographisch – entstehen, ein nicht unbedenkliches Konzept. Wo und wann finden z. B. Gegenmaßnahmen im sog. „Kampf gegen den Terrorismus" ihre Grenzen? Auch beim Einsatz der Bundesmarine am Horn von Afrika, der ebenfalls als „Kampf gegen den Terrorismus" verkauft wird, bleiben beträchtliche Zweifel. Ehrlicher wäre es, den Soldaten zu sagen, dass unsere Bündnisverpflichtungen diese Einsätze politisch notwendig machen, anstatt ihnen einzureden, sie leisteten auf diese Weise tatsächlich einen Beitrag im Kampf gegen internationalen Terrorismus und machten damit die Heimatfront sicherer. Dadurch wird langfristig Vertrauensverlust entstehen. Das zum Ritual erstarrte jährliche Gedenken am 20. Juli reicht nicht aus, um dieses Denken wachzuhalten und in praktische Handlungsmaxime umzusetzen.

„Die Haltung der Frauen und Männer des Widerstandes ist für die Soldaten Vorbild, denn ihnen allen war gemeinsam, daß sie der Stimme ihres Gewissens folgten und sich dem Unrecht widersetzten,"
schreibt Brigadegeneral Dr. Roth, der vormalige Chef des Militärgeschichtlichen Forschungsamtes. [575] Allerdings ist hier zu fragen, unter welchen politischen Rahmenbedingungen dieses postulierte Vorbild von Soldaten der Bundeswehr umgesetzt werden könnte. Doch wohl nur in einem Szenario, bei dem sich die heutige rechtsstaatliche Struktur Deutschlands grundlegend gewandelt hat. Auf solch einen hypothetischen Fall aber ist das Offizierkorps und die Generalität und Admiralität der Bundeswehr nicht vorbereitet und würde wahrscheinlich diesen politischen Wandel ebenso passiv wie seinerzeit die Reichswehr hinnehmen. Und zwar deshalb, weil sie den Primat der Politik ohne Wenn und Aber akzeptiert. General Kielmansegg antwortete auf die Frage eines Journalisten, ob seiner Meinung nach die Offiziere der Bundeswehr in einer sittlichen Krise wie der vom 20. Juli noch die nötige Kraft zu handeln fänden:

„In einem Rechtsstaat ... kommt es gar nicht zu so einer Situation." [576]
Dies ist kurzsichtig. Niemand kann heute mit Sicherheit sagen, wie sich die politische Zukunft Deutschlands und Europas in den kommenden Jahrzehnten entwickeln wird. Auch in Deutschland könnten – hervorgeru-

fen durch Politikverdrossenheit und soziale Unzufriedenheit – die heutigen Parteien ihre Vormachtstellung an radikale Gruppen verlieren. Diese fänden eine vielfältige, breitgefächerte und technisch ausgefeilte Sicherheitsarchitektur vor, die in den letzten Jahren im Rahmen der Abwehr von Terrorgefahren aufgebaut wurde – ideal zur Absicherung ihrer Macht und zur staatlichen Unterdrückung. Vielleicht hat George Orwell seine Vision nur fünfzig Jahre zu früh datiert – „2034" anstatt „1984." Die Wahrscheinlichkeit ist groß, dass die Generale und Admirale auch dann wieder – wie im Dritten Reich – schweigen werden, obwohl sie ihre Stimme erheben müssten. Sie werden vermutlich vor allem deshalb schweigen, weil sie jahrzehntelang schweigen mussten und geschwiegen haben. Dies ist keine Frage von Mut oder Feigheit, sondern eine von Auswahl und Erziehung. Der Offizier, der als General oder Admiral schweigt, hat auch schon als Hauptmann oder Kapitänleutnant seine abweichende Meinung eher für sich behalten. Doch hat sein damaliger Vorgesetzte, dies überhaupt bemerkt, und wenn ja, hat er dieses Verhalten in der Beurteilung als positiv oder negativ bewertet? Hat er es vielleicht sogar gefördert, weil er Widerspruch nicht mochte? Wer schweigende Leutnante erzieht, braucht sich nicht zu wundern, dass sie als Majore und Korvettenkapitäne ebenso stumm bleiben wie später als Generale und Admirale. Es wäre wünschenswert, käme es hier zu einem Umdenken, würde die „Militärcourage" mehr gefordert. Noch ist es Zeit. Es bleibt jene Hoffnung, auf die Bundespräsident Herzog [577] hingewiesen hat, dass die multinationale Sicherheitspolitik einer unerwünschten Renationalisierung der Verteidigungspolitik vorbeugt, was „nicht unterschätzt werden" sollte. Zwar stellte Minister Rühe fest:

„Die politische Dimension militärischen Handelns verlangt heute fach- und ressortübergreifendes Denken." [578]

Doch solange diese Forderung nicht auch im Handeln sichtbar wird, ist sie wenig hilfreich. Dabei steht außer Frage, dass der Primat der Politik im Prinzip für alle Bereiche der Streitkräfte gilt. Ihre politische Durchsetzung

---

574 Das Verhältnis zwischen dem Troß („tail"-Schwanz) wie z. B. der gesamten Logistik und der eigentlichen Kampftruppe („tooth"- Zahn) liegt zwischen 10 : 1 bis 8 : 1. Dabei muss allerdings berücksichtigt werden, dass es innerhalb der Kampftruppen noch einen weiteren Anteil an integralen Logistik-, Unterstützungs- und Stabselementen gibt.

575 Menschenwürde und Menschenrechte in deutschen Streitkräften in: Walle, Heinrich Von der Friedenssicherung zur Friedensgestaltung S. 233 f.

576 Graf von Kielmansegg in einem Interview mit Moritz Schwarz und Tobias Wimbauer von der „Neuen Freiheit" Verlag 27. April 2001

577 Bei seinem Besuch im NATO-Hauptquartier am 12. Oktober 1994

578 Rühe, Volker Rede bei der 36. Kommandeurtagung der Bundeswehr am 5. November 1997 in Berlin.

ist allerdings eine Frage von Vernunft und Zweckmäßigkeit. Ein politisches Eingreifen z. B. in taktische oder operative Entscheidungen wäre zwar rechtmäßig und daher grundsätzlich möglich, aber in der Regel eher unzweckmäßig. Allerdings kann und muss die politische Führung – wenngleich nur in Ausnahmesituationen – auch direkt bis auf die taktische Ebene steuernd ein- und durchgreifen können, wenn dies aus übergeordneten politischen Gründen notwendig und sinnvoll ist. [579] Die Tatsache, dass eine Regierung auf demokratischem Wege an die Macht gekommen ist, bedeutet allein jedoch nicht, dass sie keine ungesetzlichen Entscheidungen treffen und keine Handlungen begehen könnte, die gegen das Gesetz gerichtet sind. Das Parlament kann für seine Beschlüsse und Gesetze weder Unfehlbarkeit noch Fehlerlosigkeit geltend machen. In der Vergangenheit hat es wiederholt Entscheidungen des Bundestages gegeben, die nach höchstrichterlicher Prüfung verworfen wurden. Gerade in diesem Grauzonenbereich lauern Risiken. Die Frage, die sich hier stellt, ist, ob und falls ja inwieweit die militärische Spitze der Bundeswehr verpflichtet ist, zu verhindern, dass die Regierung politische Beschlüsse trifft, die den verfassungsmäßig vorgegebenen Rahmen überschreiten oder die sich am Rande des Völkerrechts bewegen. Die Einwirkungsmöglichkeiten der Spitzenmilitärs auf die Politiker und den politischen Meinungsbildungsprozess vollziehen sich dabei sowohl während der permanenten militärfachlichen Beratung als auch in der Phase der Entscheidungsfindung zur Lösung konkreter Probleme. Hier kommt es darauf an, den militärischen Sachverstand überall dort geltend zu machen, wo die Politik gestaltend auf die Armee einwirkt. Die Politik sollte – im eigenen Interesse, dem des Landes und dem der Streitkräfte – ihre Aufträge an die Bundeswehr so gestalten, dass diese mit den vorhandenen Kräften und Mitteln bei einem kalkulierbaren Risiko und auch mit den erforderlichen rechtlichen Voraussetzungen und den anderen Rahmenbedingungen wie z. B. der Ausrüstung und der Ausbildung erfüllbar sind. Betrachtet man z. B. die am Inlandsrecht orientierten und damit eingeschränkten Befugnisse der Marine am Horn von Afrika, so werden Defizite deutlich. Bei Einsätzen im Ausland wird der politische Rahmen, der den Streitkräften zugestanden werden soll, in den sog. „Rules of Engagement" (ROE) festgelegt. Der darin vorgegebene politische Wille ist in militärisches Handeln umzusetzen und bestimmt den Handlungsspielraum der Truppe. In den letzten Jahren ist vermehrt zu beobachten, dass die Politiker glauben, sie könnten Probleme und Konflikte im Zusammenleben von unterschiedlichen ethnischen Gruppen allein mit militärischen Mitteln lösen. Zu oft regiert hier das Prinzip Hoffnung. Wird der militärische Einwand vom Politiker verworfen, hat der Soldat die Möglichkeit der Gegenvorstellung. Doch dies ist nur ein Instrument der oberen

Führung. An diesem Beispiel zeigt sich, dass der Widerspruch umso leichter ist, je höher der militärische Dienstgrad ist. Ein einfacher Soldat hat kaum die Möglichkeit, seiner abweichenden Meinung – auch im Sinne von § 11 des Soldatengesetzes (Gehorsamspflicht und dessen Einschränkungen) – Geltung zu verleihen. [580] Sofern der Politiker seine Entscheidung gegen den militärischen Sachverstand trifft, bleibt dem Militär nur der Rücktritt als letzte Möglichkeit, sofern er dies als Ausdruck fehlenden Vertrauens in seinen Rat oder als eine schwerwiegende Abweichung beurteilt. Doch nicht jede andere Entscheidung zerstört zugleich die Vertrauensbasis – bei sensiblen Gemütern sicherlich leichter als bei robusteren Charakteren. Letzteres ist der Fall, wenn Leib und Leben von Soldaten gefährdet werden, die Durchführung des gestellten Auftrages unmöglich oder mit hohem Risiko befrachtet ist, oder wenn der Zusammenhalt der Armee bedroht ist. Ob der Rücktritt schweigend erfolgt oder unter Einschaltung der Öffentlichkeit, ist ein Entschluss, der im Einzelfall in Abwägung zwischen Eidesverpflichtung, Loyalität und Verantwortung zu treffen ist. Der Eid des Soldaten, „der Bundesrepublik Deutschland treu zu dienen und das Recht und die Freiheit des deutschen Volkes tapfer zu verteidigen" reicht – selbst in Verbindung mit Artikel 20 Absatz 4, dem Widerstandsrecht, und dem § 11 (2) des Soldatengesetzes, nachdem ein Befehl nicht befolgt werden darf, „wenn dadurch ein Verbrechen oder ein Vergehen begangen würde" – vermutlich nicht aus, um hier eine Widerstandspflicht zu begründen; es wäre ein riskantes juristisches Konstrukt. Überdies begründet Artikel 20 nur ein Recht, aber keine Pflicht zum Widerstand. Die Bundeswehr hat keinen Verfassungsauftrag, Deutschland vor rechtlich möglicherweise fragwürdigen oder unzulässigen politischen Entscheidungen ihrer Regierung zu schützen, oder diese von solchen Entschlüssen abzuhalten. Sie ist nicht die Hüterin des Grundgesetzes. Eine konkrete Prüfung, ob z. B. die Grenze des Verfassungspostulats nach Artikel 26 des Grundgesetzes überschritten wurde, kann und darf nicht durch die Führungsspitze der Bundeswehr erfolgen. Die militärische Sicht der Dinge darf nicht zur allgemeingültigen Grundlage erhoben werden. Dazu sind die Streitkräfte weder befugt noch befähigt. Allein dem Bundesverfassungsgericht obliegt die Aufgabe höchstrichterlich über Recht und Gesetz zu wachen. Dem Generalinspekteur bliebe auch in solch einem Falle

---

[579] So durfte z. B. während der US-Blockade Kubas im Oktober 1962 die Feuereröffnung nur auf Befehl des US-Präsidenten und nicht etwa durch einen Entschluss des örtlichen Führers erfolgen.

[580] Zwar könnte er z. B. bei einem Panzerduell als Richtschütze bewusst daneben schießen, doch damit riskiert er sein Leben, denn der Gegner erkennt diese Geste des Widerstandes wahrscheinlich nicht und erwidert das Feuer.

nur die Option durch seinen Rücktritt auf die bestehenden Risiken hinzuweisen, um bei – nach seiner Meinung – schwerwiegenden Verstößen Opposition, Medien und Öffentlichkeit zu sensibilisieren, damit diese eine verfassungsrechtliche Prüfung durch das oberste Gericht veranlassen. Eine
völlig andere Lage würde – hypothetisch betrachtet – eintreten, wenn auch
das Bundesverfassungsgericht seine unabhängige Aufgabe nicht mehr erfüllen könnte, d. h. daran gehindert wäre, sie auszuüben oder das Grundgesetz im ganzen oder in Teilen suspendiert wäre. Erst dann griffe die
Gewissensentscheidung in Verbindung mit der Treuebindung gegenüber
dem Grundgesetz und bestimmte das Handeln der Soldaten. Beide Elemente wiegen grundsätzlich schwerer als die personale Bindung und Loyalität an Kanzler oder Verteidigungsminister. Doch selbst in dieser Ausnahmesituation unterlägen Handeln oder Nichthandeln der individuellen
Entscheidung und Gewissensabwägung jedes einzelnen Soldaten.

3. Die politische Bühne

3.1 Politiker und Militär

D ie Bundeswehr hat ihren festen, verfassungsrechtlichen Platz im staatlichen Gefüge der Bundesrepublik Deutschland. Daneben ist das tatsächliche Verhältnis zwischen Politik und Militär vom bitteren Erbe des Dritten Reiches und des Krieges bestimmt. Vielleicht nahmen die Politiker gerade deshalb in den Anfangsjahren starken Einfluss auf die Gestaltung der neuen deutschen Streitkräfte:

„Der Deutsche Bundestag nahm sich dieser Fragen in den Jahren 1954/55 mit Intensität und politischer Weitsicht an; ... Die meisten Abgeordneten jener Zeit waren Kriegsteilnehmer und dachten kritisch an die Menschenführung in der Wehrmacht zurück." [581]

De Maizière unterstreicht diese Bewertung Baudissins. Dabei habe sich die Aufmerksamkeit aller Parteien, so schreibt er, „stärker auf die politische und fachliche Kontrolle der neuen Streitkräfte als auf die Erfordernisse für ihre professionelle Effizienz" gerichtet.

„Erst in den 60er Jahren, als die Zweifel an der Verfassungstreue der Bundeswehr nicht mehr laut wurden, änderte sich diese Tendenz. Gleichzeitig ließ auch das Interesse der Spitzenpolitiker an der Mitarbeit im Verteidigungsausschuß nach. Das hohe Niveau der 50er Jahre hat der Ausschuß bis heute nicht wieder erreicht." [582]

Die Zusammenarbeit auf kommunaler Ebene hingegen ist gut und vertrauensvoll. Überdies werden auf dieser Ebene selten Entscheidungen getroffen, die die Streitkräfte berühren und Konfliktstoff in sich bergen. Ver-

---

581 Baudissin, Wolf Graf von   Abschiedsvorlesung an der Uni Hamburg am 18. Juni 1986 in:
      Baudissin/ Dohna ... als wären wir nie getrennt gewesen – Briefe S. 269
582 Maizière, Ulrich de   In der Pflicht S. 190

gessen sind die Zeiten, als man mancherorts mit dem dümmlich-naiven
Ortsschild-Zusatz „Unsere Stadt ist atomwaffenfrei" die Truppe am liebsten
aus dem Stadtbild vertreiben wollte. Vor dem Hintergrund vieler Standort-
schließungen im Zuge der Truppenreduzierung kämpfen nun nicht wenige
Bürgermeister verbissen um den Erhalt ihrer Garnison. Die Kommunen
haben den Wert der Standorte als wichtigen wirtschaftlichen Faktor begriffen und schätzen die Truppe als Arbeitgeber vor allem in strukturschwachen Regionen.

Heute gehört ein nicht unbeträchtlicher Teil der Spitzenpolitiker zur
Protestgeneration der sog. „68er", die die Streitkräfte nicht nur ablehnten,
sondern vormals aktiv und zum Teil mit Gewalt bekämpften. Sie standen
in der Jugend dem jungen deutschen Rechtstaat distanziert bis feindlich
gegenüber und bekämpften ihn, seine Institutionen und seine Repräsentanten. Vermutlich glaubten sie, dass sie sich auch in einer Diktatur, im
Dritten Reich, so „aufrecht und mutig" verhalten hätten und leiteten daraus ihre angebliche moralische Überlegenheit ab. Mit der Übernahme
höchster Regierungsämter kamen sie ex officio direkt mit der Bundeswehr
in Berührung und bauen – nun in Regierungsverantwortung – demonstrativ Einigkeit und Nähe zur Bundeswehr auf, was meist gekünstelt und
unglaubwürdig wirkt. Gleichzeitig ist die Zahl der Abgeordneten aller
Parteien des Bundestages, die über eigene militärische Erfahrung als Soldat verfügt, die Grundwehrdienst geleistet hat oder als Zeit- oder
Berufssoldat bei der Bundeswehr war, in den letzten zwanzig Jahren gesunken. Auch die Zahl von Zeit – und Berufssoldaten, die in die Politik
wechselten, ist rückläufig. [583] Sollte die Bundeswehr die Wehrpflicht aufgeben oder einfrieren, wird die Zahl der Politiker mit militärischer
Erfahrung noch weiter absinken. Ausgewiesene Verteidigungspolitiker wie
vormals Schmidt oder Wörner, die über militärische Sachkompetenz und
Autorität zugleich verfügen, muss man mit der Lupe suchen. In einer Zeit,
in der sich die sicherheitspolitische Lage grundlegend geändert hat, und
die Bedeutung des militärischen Instrumentariums in der Politik, sowie
die Zahl der Auslandseinsätze ansteigen, stimmt dies bedenklich. Mit dem
Rückgang militärischer Erfahrung unter den Politikern wächst gleichzeitig die Bedeutung und damit die Verantwortung derjenigen Offiziere, die
die Politiker in militärischen Angelegenheiten beraten. Es erfordert aber
auch, dass die militärische Expertise rechtzeitig abgefragt wird.

Prüft man die Kurzbiographien der Abgeordneten des Deutschen Bundestages nach Aussagen zu Soldatenzeit in Wehrmacht, Bundeswehr oder
NVA, stellt man fest, dass sich hier ein Wandel vollzogen hat. Von den
Abgeordneten des 7. Deutschen Bundestages (1972-1976) erwähnten
54 %, dass sie im Krieg und Kriegsgefangenschaft waren oder bei der

Bundeswehr gedient hatten. [584] Einige nannten ihren vormaligen Dienstgrad, Reservestatus oder Kriegsauszeichnungen. Dieser hohe Prozentsatz liegt daran, dass im 7. Bundestag der Anteil kriegsgedienter Soldaten noch groß war. 26 Jahre später, im 14. Deutschen Bundestag (1998-2002), hat sich das Verhältnis grundlegend gewandelt. Altersbedingt sind die kriegsgedienten Abgeordneten aus dem aktiven politischen Leben ausgeschieden. Nur noch 16 % der Abgeordneten erwähnen, dass sie Soldat waren. Allerdings ist zu berücksichtigen, dass der Anteil der Damen unter den Abgeordneten sich beträchtlich erhöht hat. 5 % der Abgeordneten haben den Wehrdienst verweigert oder Wehrersatzdienst geleistet. Im 15. Deutschen Bundestag (2002-2005) nennen 21 %, dass sie bei Bundeswehr oder in der NVA gedient haben; die Zahl ist im Vergleich zur vorherigen Wahlperiode leicht gestiegen. Der Prozentsatz der Abgeordneten, die den Wehrdienst verweigert haben, ist konstant geblieben. Die Nichtnennung ist übrigens sowohl 1972 als auch 1998 und 2002 weitgehend unabhängig von der jeweiligen Partei, soweit CDU/CSU, SPD und FDP berührt sind. 1998 sind allerdings bei den Grünen und der PDS (NVA-Dienstzeiten) die Eintragungen relativ selten. Welch tragische Bandbreite der militärische Werdegang mancher Abgeordneter aufweist, soll nur skizzenhaft verdeutlicht werden: Die beiden SPD-Abgeordneten Egon Franke (1913-1995), der spätere Bundesminister für innerdeutsche Beziehungen und Erwin Lange (1914-1991) wurden aus politischen Gründen im Dritten Reich strafversetzt und kämpften mehrere Jahre an verschiedenen Fronten in der Strafeinheit 999. Auf der politisch anderen Seite stand der CDU-Abgeordnete Hans Wissebach (1919-1983), der – nach dem Abitur zur Waffen-SS eingezogen – an der Ostfront als Offizier 1942 durch eine Verwundung erblindete und erst 1954 aus russischer Kriegsgefangenschaft heimkehrte.

In der Vergangenheit waren Mitarbeit, Mitsprache und Mitwirkung von Politikerinnen an militärischen Fragen begrenzt. Zum einen war der Anteil weiblicher Abgeordneter im Bundestag noch sehr gering, und die wenigen Damen besetzten dann primär Politikfelder, die traditionell eher „weib-

---

583 Im 9. und 10. Bundestag (1980-1983, bzw. 1983-1987) waren es jeweils 4 Soldaten (2 CDU und 2 SPD) und im 11. (1987-1990) ebenfalls 4 (alle SPD). Im 15. Deutschen Bundestag hingegen ist kein Berufssoldat mehr unter den Abgeordneten. Lediglich das MdB Eberhard Otto (* 1948/FDP) gibt als Beruf „Bootsmann" an, hat diesen aber nur drei Jahre lang in der NVA-Volksmarine ausgeübt.

584 Eine fehlende Angabe bedeutet allerdings nicht, dass diese Abgeordneten keinerlei Berührung mit der Armee hatten. Zum Beispiel fehlt in der Kurz-Vita von Manfred Wörner ein solcher Eintrag, obwohl er bereits damals bei der Luftwaffe eine Reihe von Wehrübungen als Pilot abgeleistet und einen Reserveoffizierdienstgrad hatte.

lich" geprägt, bzw. neutral waren, wie der Bildungs-, Schul- und Sozial-
bereich. In den letzten Jahren jedoch haben sich immer mehr Frauen im
Bereich Sicherheitspolitik und Streitkräfte spezialisiert. Mit der Öffnung
der Streitkräfte für Frauen war dies ohnehin ein fälliger Schritt. [585]

3.2 Die Verteidigungsminister

* Theodor Blank

Theodor Blank wurde am 19. September 1905 in Elz an der Lahn als
Sohn einer kinderreichen katholischen Schreinerfamilie geboren und
erlernte nach der Schule das Handwerk des Modelltischlers. Erst im Alter
von 28 Jahren holte er das Abitur nach. Von 1939 bis 1945 war Blank Soldat
und kehrte als Oberleutnant aus dem Krieg heim. Am 1. Dezember 1950
ernannte Adenauer den CDU-Abgeordneten Blank zum „„Bevollmächtigten (später: Beauftragten) des Bundeskanzlers für die mit der Vermehrung
der alliierten Truppen zusammenhängenden Fragen." [586] Blank übernahm mit dieser voluminös und verschwommen zugleich klingenden
Aufgabe eine kleine Behörde, die „Dienststelle Blank," mit etwa 20 ehemaligen Soldaten und zivilen Beamten. Blanks Stellvertreter war Ministerialdirigent Dr. Holtz. 1953 hatte das Amt bereits 140 Mitarbeiter und 1955
waren es ca. 1000. Die zivilen Schlüsselpositionen wurden mit Beamten
aus dem Kanzleramt besetzt: Dr. Josef Rust wurde der erste Staatssekretär
und Ministerialdirektor Karl Gumbel leitete ab 1953 die Personalabteilung; von 1964 bis 1966 war er Staatssekretär. Wirmer, der Leiter der
Abteilung I (Zentralabteilung), war vormals der Persönliche Referent von
Bundeskanzler Adenauer gewesen. Im „Amt Blank" fungierte zunächst
Oberstleutnant a.D. de Maizière als militärischer Sachverständiger, doch
wurde diese Aufgabe bald von General a.D. Dr. Speidel übernommen. Die
Militärische Abteilung (II) wurde von General a.D. Heusinger geleitet.

Zehn Jahre nach der Kapitulation der Wehrmacht, am 9. Mai 1955,
wurde die Bundesrepublik in die NATO aufgenommen, einen Monat später, am 7. Juni, das „Amt Blank" in „Bundesministerium für Verteidigung"
umbenannt und Blank am 7. Juni 1955 zum ersten Verteidigungsminister
berufen. Adenauer hatte ihn in erster Linie in seiner Eigenschaft als stellvertretender Vorsitzender der Industriegewerkschaft Bergbau ausgewählt.
Ob der Kanzler damit zugleich die alte Kluft zwischen Gewerkschaften
und Armee überbrücken wollte, ist nicht bekannt. Wegen seiner kurzen
Amtsdauer war es Blank aber nicht möglich, den Grundstein der
Aussöhnung zwischen beiden zu legen. Dies sollte erst später Georg Leber
gelingen. In jedem Falle aber verfolgte Adenauer mit dieser Ernennung

das Ziel, mit der Person Blanks auch solche gesellschaftlichen Gruppen in die Wiederbewaffnung einbinden zu können, die ihr bisher, wenn auch nicht völlig ablehnend, so doch mit Skepsis gegenüberstanden. Blank, das Gegenteil eines militanten, ehrgeizigen Oberbefehlshabers, war mit seinem integren Werdegang als Gewerkschafter, Reserveoffizier im Zweiten Weltkrieg und praktizierender Katholik eine ideale Besetzung, um die Integration der neuen Streitkräfte in Staat und Gesellschaft zu garantieren. Ihm konnte niemand militaristische und restaurative Tendenzen unterstellen. Doch dieses Ziel wurde verfehlt. Dem Pragmatiker Blank fehlte der Blick für visionäre Entwicklungen. Seine Sorge galt in erster Linie dem militärischen Innenleben, dem Kasernendienst und dem Verhältnis zwischen Mannschaften, Unteroffizieren und Offizieren, und in der Rückschau war dies wahrscheinlich sogar der richtige Ansatz. In einer Rede vor Bonner Studenten äußerte sich Blank am 16. Juni 1950 wie folgt:

„Wer nicht in der Lage ist, sei es als aktiver Offizier, Unteroffizier oder Reserveoffizier, seine militärischen Kenntnisse und sein Wissen den Rekruten zu vermitteln, ohne dabei diesen wie einen freien Bürger zu behandeln, für den wird kein Raum sein bei uns." [587]

Dies zeigt zugleich, dass die Konturen der inneren Struktur der neuen Streitkräfte – fünf Jahre vor offizieller Gründung der Bundeswehr bereits verkündet – recht klar waren. Damit wird auch deutlich, das Blank offenbar schon sehr früh exakte Vorstellungen davon hatte, was erst später als Konzept des Staatsbürgers in Uniform umgesetzt wurde. Ende September 1955 legte Blank den Aufstellungsplan für die Streitkräfte vor. Danach sollten innerhalb von drei Jahren – bis zum 1. Januar 1959 – zwölf Divisionen des Heeres und ein Jahr später Marine und Luftwaffe aufgestellt sein. Die

---

585 Eine der Protagonistinnen, die in die Männerdomäne des Militärs eindrang, war Angelika Beer (* 1957), die 1994 die Aufgabe der verteidigungspolitischen Sprecherin vom „Bündnis 90/ Die Grünen" übernahm. Bereits im Mai 1987 wurde Agnes Hürland-Büning die erste Parlamentarische Staatssekretärin im Verteidigungsministerium. Ihr folgten 1992 Ingrid Roitzsch und 1993 Michaela Geiger, sowie Brigitte Schulte im Jahre 1998. Von 1995 bis 2000 war Claire Marienfeld-Czesla Wehrbeauftragte des Bundestages. Im Verteidigungsausschuss des 15. Deutschen Bundestages sind unter den 32 ordentlichen Mitgliedern 10 Frauen (ca. 31 %); im Mai 2005 trat mit Ulrike Merten (SPD/ * 1951) erstmalig eine Dame an die Spitze des Ausschusses. Minister Struck hat im Januar 2005 der Abgeordneten Monika Brüning (CDU/* 1951) als erster Dame im Parlament den Dienstgrad eines Majors der Reserve verliehen. Die Abgeordnete Petra Heß (SPD/* 1959) bekleidet den Dienstgrad eines Kapitänleutnants der Reserve.

586 Am Tage nach Blanks Ernennung trat General a. D. Graf von Schwerin von seinem Amt als militärischer Berater des Bundeskanzlers zurück.

587 zitiert in: Abenheim, Donald   Bundeswehr und Tradition S. 52; Nach dem Archiv des Presse- und Informationsamtes der Bundesregierung, Biographisches Archiv, Pressekonferenzen und Interviews S. 20

Gesamtkosten wurden mit 51 Milliarden DM veranschlagt. Vor allem das Personalproblem stellte eine gravierende Hürde dar, deren Lösung vor allem Blank, aber später auch noch Strauß, beträchtliche Anstrengungen kostete. Zwar lagen Blank im August 1955 bereits 150.000 Freiwilligenmeldungen vor, doch gab es anfangs nicht genügend junge Unteroffiziere und Offiziere. Und die Stabsoffiziere hatten keine Erfahrung mit den Erfordernissen einer Ausbildung im Frieden. Die Zahlen zeigen überdeutlich, dass es eine Herkulesarbeit war, die jeden anderen an die Grenze seiner Belastbarkeit geführt hätte. Blanks Fehler lag darin, dass er dem politischen Druck Adenauers nachgab, die Bundeswehr quasi aus dem Stand innerhalb kürzester Zeit – Quantität vor Qualität – auf eine Stärke von 500.000 Soldaten hochzufahren. Aber auch die militärische Expertise von Heusinger und Speidel, die den Aufbau der Wehrmacht aus eigener Erfahrung kannten, blieb hier seltsam verschwommen. Sie beugten sich den Weisungen der Politiker – „versäumten den Widerspruch" möchte man mit Kießling sagen. Ist ihnen daraus ein Vorwurf zu machen? Sicher dürfte sein, dass Blank möglicherweise im Amt geblieben wäre, hätten sie aus militärischer Sicht auf der zeitlichen Vorgabe bestanden. Doch auch in späteren Jahren wurden Änderungen politischer Planungsvorgaben wiederholt eilfertig seitens des Militärs gebilligt, zumeist mit dem Argument des Primates der Politik. Zustimmung trotz besseren Wissens ist nicht nur beim Militär weitverbreitet. Blank verlor, als es zu Schwierigkeiten beim Aufbau der Bundeswehr kam, schnell den Rückhalt in der CDU-Fraktion. Als sich zunehmend herausstellte, dass die ehrgeizigen Pläne zur Aufstellung der Bundeswehr nicht einzuhalten waren, für die er die politische Verantwortung trug, wurde Blank von Adenauer seines Amtes entbunden.

„Der Druck für einen Wechsel war so stark, daß es dem Kanzler nicht einmal gelang, Blank wenigstens bis zum Ende der laufenden Legislaturperiode im Amt zu behalten, sondern ihn ... schon ein Jahr vor der nächsten Wahl, im Oktober 1956, entlassen musste." [588]

Schmückle zitiert eine Aussage General Speidels ihm gegenüber, offenbar am 20. Januar 1956 gefallen, als Adenauer erstmalig die neuen Streitkräfte in Andernach besuchte:

„Für Adenauer ist der Verteidigungsminister erledigt. Dabei hat Theodor Blank die Verhandlungen, die zur Wiederbewaffnung führten, hervorragend geleitet. Er ist ein kluger Kopf. Jetzt kommt Schweres auf ihn zu. Daran ist der Bundeskanzler schuld. Heusinger und ich, wir haben beide von Adenauer eine Vorlaufzeit von 18 Monaten verlangt, bevor der erste Soldat eingezogen wird. Dies wurde zugesagt. Jetzt kann sich der Kanzler an nichts mehr erinnern. Er drückt auf Tempo. Ihm ist die Armee nur Mittel zum politischen Zweck." [589]

Im April 1956 erhielten die Streitkräfte der Bundesrepublik Deutschland offiziell die Bezeichnung „Bundeswehr," und am 12. September wurde die Einführung einer 12-monatigen Wehrdienstzeit durch die Regierung beschlossen; sie wurde erst im Frühjahr 1962 auf 15 Monate angehoben. Am 16. Oktober 1956, kaum eineinhalb Jahre nach Amtsübernahme, musste Blank seinen Sessel auf der Hardthöhe räumen. Nach Rupert Scholz war es bis 2005 die zweitkürzeste Amtszeit eines Verteidigungsministers.

„Wie Adenauer es ... verstand, sich der Fähigkeiten seiner Mitarbeiter zu bedienen, so konnte er sie auch, wenn sie ihm entbehrlich geworden waren, kühl fallen lassen.." [590]

Generalinspekteur Heusinger bedauerte, dass Blanks Name wegen dieser kurzen Amtszeit leider sehr in den Hintergrund getreten sei, obwohl er „die Last der Jahre 1950 bis 1955 getragen hat." Seine Leistung beim Aufbau der Streitkräfte wird deshalb oft zu gering beurteilt. Überdies muss man die wichtigen Jahre des Vorlaufes, in denen er als „Schatten-Verteidigungsminister" amtierte und in denen der Grundstein der späteren Wehrstruktur gelegt wurde, hinzurechnen, und dann gerät die Bilanz von Blank vollends in den grünen Bereich. General Schmückle urteilt wie folgt:

„Blank war zum Verhandeln, nicht aber zum Führen geschaffen. In Entscheidungssituationen blieb er unentschlossen. Seine Aktenkenntnis war oft flüchtig, sein Gedächtnis nicht präsent genug. Den Generalen brachte er zuviel Respekt entgegen, verbunden mit einem Minderwertigkeitskomplex, der bei seiner Intelligenz ganz unangebracht war." [591]

Dieses scharfe Urteil ist subjektiv geprägt und muss vor dem Hintergrund bewertet werden, dass Blank im Spätsommer 1957 den damaligen Major Schmückle wegen dessen maßgeblicher Beteiligung an der Gründung einer Standesvertretung der Soldaten, des Bundeswehrverbandes, aus der Bundeswehr entlassen wollte. Im übrigen relativiert Schmückle seine Bewertung, indem er einräumt, er bedauere „einen so verdienstvollen Mann wie Theodor Blank geärgert zu haben." [592] Kein Politiker hat jemals wieder so gestaltend auf alle Bereiche der Bundeswehr eingewirkt wie Theodor Blank in den Jahren von 1950 bis 1956. Es ist bedauerlich, muss man Heusinger zustimmen, dass sein Vermächtnis und Verdienst kaum noch bekannt sind. Im April 1972 legte Blank aus gesundheitlichen Gründen sein Abgeordnetenmandat nieder. Bereits einen Monat später, am 14. Mai, starb der erste Verteidigungsminister in Bonn.

---

588 Hornung, Klaus   Staat und Armee S. 96
589 Schmückle, Gerd   Ohne Pauken und Trompeten   S. 107
590 Speidel, Hans   Aus unserer Zeit S. 253
591 Schmückle, Gerd   Ohne Pauken und Trompeten   S. 134
592 Schmückle, Gerd   a.a.O. S. 116

* Franz Josef Strauß

Franz Josef Strauß wurde am 6. September 1915 in München als zweites Kind eines Metzgers geboren. Der Großvater mütterlicherseits war als Berufssoldat königlich-bayrischer Schwerer Reiter gewesen, hatte 1866 in der „Schlacht von Kissingen" gegen die Preußen und 1870/71 gegen die Franzosen gekämpft. Die Mitglieder der Familie Strauß väterlicherseits waren – soweit sie nicht den bäuerlichen Hof übernommen hatten – zum Militär oder zur Polizei gegangen, schreibt Strauß in seinen Erinnerungen.

Franz Josef Strauß selbst wurde 1935, im Alter von 20 Jahren, zwar gemustert und als „tauglich für die Kraftfahrkampftruppe" (= Panzertruppe) befunden, jedoch nicht eingezogen worden, da es noch keine Panzerwaffe gab. Danach wurde er wegen des Studiums zurückgestellt. Erst als im Juli 1939 ein bevorstehender Krieg immer längere Schatten warf, wurde Strauß erneut gemustert. Am 3. September 1939, zwei Tage nach Beginn des Polenfeldzuges, wurde er nach Landsberg am Lech eingezogen, wo er eine verkürzte, achtwöchige Grundausbildung absolvierte. Danach kam er zur schweren motorisierten Artillerie und wurde zur 5. Batterie des Artillerieregiments 43 der 7. Infanteriedivision („Bayrische Division;" zunächst unter dem General der Infanterie Eugen Ott, dann unter Generalleutnant Eccard Freiherr von Gablenz) versetzt. Als sich Strauß einmal gegenüber Kameraden skeptisch über die Erfolgsaussichten des Krieges äußerte, wurde er denunziert. Zu seinem Glück vernichtete sein Kommandeur, Major Ludwig Fergg, die Anklageschrift und bewahrte ihn damit vor Bestrafung. Von 1941 bis 1943 stand Strauß an der Ostfront. Beim Angriff auf die Sowjetunion am 22. Juni 1941 kämpfte sein Artillerieregiment 43 im Rahmen der 4. Armee im Operationsgebiet der Heeresgruppe Mitte. Die Kämpfe führten in den Folgemonaten über Bialystok, Minsk, Smolensk nach Wjasma. Am 12. Januar 1943 wurde Leutnant Strauß zu einem Lehrgang an der Feldflak-Artillerieschule XIII in Stolpmünde (poln.: Ustka) an der Ostsee kommandiert. Strauß schreibt, dadurch sei er „um Haaresbreite dem Inferno von Stalingrad entronnen."[593] Diese Aussage ist unklar. Dazu hätte sein Artillerieregiment der Heeresgruppe Süd unterstellt sein müssen, was zwar möglich scheint, lag doch hier der Schwerpunkt der Operationen, aber nicht belegt ist. Seine bayrische Hausdivision „schob," wie der Divisionschronist schreibt, zumindest vom Frühjahr 1942 bis zum Sommer 1943 „eine relativ ruhige Kugel" in der Hauptkampflinie (HKL) der Heeresgruppe Mitte. Während der Rückverlegung per Bahn zog sich Strauß, als der Zug tagelang bei eisiger Kälte wegen einer ausgefallenen Lokomotive liegenblieb, schwere Erfrierungen an beiden Füßen zu. Deshalb verzögerte sich seine Ausbildung zum Entfernungsmess- und Batterieoffizier, die er erst von Mitte März bis

Mai 1943 durchlief. Danach kehrte er nicht mehr an die Front zurück, sondern wurde heimatnah als Ausbildungsoffizier an die Flak-Artillerieschule IV der Luftwaffe unter Oberst Kretschmann in Altenstadt bei Schongau versetzt. Am 1. Juni 1944 wurde Strauß zum Oberleutnant befördert. Elf Monate später, am 27. April 1945, nahmen amerikanische Panzer die Ortschaft Altenstadt und die Kaserne ein. Nach nur fünfwöchiger amerikanischer Kriegsgefangenschaft war für Strauß der Krieg endgültig zu Ende.

„Zu meiner Prägung haben sechs Jahre Dienst in der Wehrmacht, davon mehrere Jahre Fronterlebnis, wesentlich beigetragen,"[594]

gesteht Strauß in seinem Lebensbericht. Am 16. Oktober 1956 wurde Franz Josef Strauß als zweiter „Bundesminister für Verteidigung" vereidigt. Er hatte sich als militärischer Fachmann für das Amt empfohlen. Dennoch wehrte sich Adenauer dagegen, konnte sich aber gegen die Fraktionsmehrheit, die für diesen votierte, nicht durchsetzen. Eine Woche später brach in Ungarn der Volksaufstand aus, zwei Wochen danach begann der israelische Feldzug gegen Ägypten und drei Wochen später landeten britische Truppen am Suez-Kanal, außenpolitisch eine unruhige Zeit. Und innenpolitisch stellte die Aufstellung der Bundeswehr den neuen Chef auf der Hardthöhe, dem Amtssitz des Verteidigungsministers, vor große Herausforderungen. Viele davon wurden gelöst, einige brachten erst später massive Probleme. In seiner Amtszeit ereignete sich das erste große Unglück: am 3. Juni 1957 ertranken 15 Wehrpflichtige in der Iller bei Kempten – einen Tag vor der Hochzeit des Verteidigungsministers. Die Schwierigkeiten des schnellen Aufbaus der Bundeswehr zeigten sich auch an einem anderen Fall: in Memmingen und in Uetersen kam es zu zwei Meutereien von Soldaten der Luftwaffe, die sich gegen die mangelnde Versorgung richteten. Strauß regelte die Vorfälle intern und pragmatisch, in dem er einen Beamten mit Bargeld in die beiden Standorte schickte und die Soldaten, die seit Wochen keinen Sold erhalten hatten, bar auszahlen ließ.[595] In seinem politischen Leben bezog Strauß klar und ausführlich sowohl zu Personen als auch zum Militärischen Stellung. Er diagnostizierte bei sich einen „latent immer vorhandenen militärischen Grundzug," hatte doch „Reichswehroffizier" zu den Berufswünschen in seiner Jugend gehört.[596] Sein Verhältnis zu den Generalen und Admiralen der Bundeswehr hingegen war nicht frei von Spannungen. Der Unterschied im Alter und im Dienstgrad spielte dabei sicherlich eine Rolle. Strauß war gerade erst 41 Jahre alt, als er oberster Vorgesetzter wesentlich älterer Generale wurde.

593 Strauß, Franz Josef Die Erinnerungen S. 48
594 Strauß, Franz Josef a.a.O. S. 58
595 Strauß, Franz Josef a.a.O. S. 288 f.
596 Strauß, Franz Josef a.a.O. S. 251

Aber er stützte sich auf seine Zeit als Frontsoldat und ein unerschütterliches Selbstvertrauen. Als Strauß einmal – er war zu dieser Zeit noch Sonderminister ohne eigenen Aufgabenbereich – die unerfüllbaren personellen Planungszahlen beim Aufbau der Bundeswehr als utopisch kritisierte, fragte Adenauer ihn ironisch, ob er von militärischer Planung etwa mehr verstehe als die Generale?! Strauß bejahte dies selbstsicher, [597] und tatsächlich gab ihm die Entwicklung später recht. Auch mit dem ersten Generalinspekteur Heusinger, dessen Dienstposten Strauß im Sommer 1957 durchgesetzt hatte, gab es wiederholt Kontroversen. Strauß hatte als Generalinspekteur zuerst den General a.D. Wenck favorisiert. Als dies jedoch nicht realisiert werden konnte, setzte Strauß auf Heusinger, obwohl der Personalgutachterausschuss ihn für diese Verwendung ausdrücklich als nicht geeignet eingestuft hatte. Noch vor Amtsübernahme als Verteidigungsminister hatte Strauß in einer strittigen Frage der Bundeswehrplanung Heusinger scharf zurechtgewiesen. Dieser hatte erklärt, die außenpolitische Glaubwürdigkeit verlange es, alles zu tun, um die Aufstellungsplanung einzuhalten. Daraufhin hatte Strauß ihn „angenommen und Klartext gesprochen:"

„Kümmern Sie sich nicht um politische Dinge, weder um die innenpolitische Lage noch um außenpolitische Glaubwürdigkeit. Was ich von Ihnen will, meine Herren, ist ein verbindliches Urteil der verantwortlichen militärischen Führung, was nach Ihrem sachkundigen Urteil und den Erfahrungen, die Sie bisher gemacht haben, an Planung möglich ist. Das möchte ich von Ihnen wissen. Die politischen Bedenken, die kenne ich, denn ich muß sie im Parlament vertreten...." [598]

Von da an hätten die Generale, so schreibt Strauß, nicht mehr über Politik gesprochen. General Heusinger hatte sich allerdings durch diese Äußerungen herabgesetzt gefühlt und durch Marineinspekteur Ruge, sein Rücktrittsgesuch bei Strauß vorlegen lassen. Dieser habe es jedoch mit der Bemerkung, „auch ein hoher Soldat müsse einen Anpfiff vertragen," nicht angenommen. Im übrigen sei dieser „kühne Ton eines jungen Ministers gegenüber einem hervorragenden General" nur deshalb möglich gewesen, weil die Fakten für ihn, ..., gesprochen hätten. [599]

„Der rhetorischen Begabung und geistigen Beweglichkeit von Strauß waren die Generäle nicht gewachsen," [600]

schrieb der Journalist Josef Riedmiller. [601] Strauß nennt später die Generale Heusinger und Speidel seine „wichtigsten Berater,"

„... mit denen ich in unzähligen Einzelgesprächen schon lange vor meiner Ernennung zum Verteidigungsminister die strategische Lage und Probleme beim Aufbau der Bundeswehr immer wieder durchgesprochen hatte."

Gerade gegenüber letzterem hätte er stets eine „ausgesprochene Wertschätzung" empfunden. [602] Strauß war zu dieser Zeit – lange bevor er das Verteidigungsressort übernehmen sollte – als Stellvertretender Vorsitzender der CDU/ CSU-Bundestagsfraktion gleichzeitig in der inoffiziellen Rolle des Sprechers der CSU-Fraktion für den militärischen Bereich. Im Widerspruch dazu steht jedoch, dass sich Adenauer im Juli 1957 besorgt darüber geäußert hatte, dass Strauß bei einem Treffen mit Journalisten zu vorgerückter Stunde unter Alkoholeinfluss äußerst abfällig über Heusinger und Speidel gesprochen habe. [603] Adenauer missfiel auch das „unbeherrschte und unnötig grobe" Wesen von Strauß im Umgang mit seinen höchsten zivilen und militärischen Mitarbeitern, Staatssekretär Rust, General Heusinger und den Ministerialdirektoren Hopf und Gumbel. Dabei hatte Adenauer offenbar weniger die Defizite der Menschenführung im Auge, als die Konsequenzen für die noch junge Bundesbehörde auf der Hardthöhe, wenn „diese Herren sich einmal wegen der Behandlung, die der Minister ihnen angedeihen lasse, sich aus dem Ministerium zurückzögen." [604] Die Generale Foertsch, Kammhuber, Schnez, aber vor allem auch sein Pressesprecher, Oberst i.G. Schmückle, werden in Strauß´ Lebensrückblick gewürdigt. Kammhuber wurde von Strauß als bisher einziger Inspekteur einer Teilstreitkraft – eineinhalb Jahre vor seiner Pensionierung – im Mai 1961 noch zum Vier-Sterne-General befördert. Schmückle schreibt, dass Strauß den Heeresoffizieren Baudissin, Kielmansegg und de Maizière, obwohl er sie für überdurchschnittlich begabt hielt, „nicht mehr als eine gebremste Sympathie entgegenbrachte: Baudissin war ihm zu puritanisch, Kielmansegg zu hochgeboren und de Maizière zu schulmeisterlich." Ausführlich, dabei jedoch überaus sachlich und fair, setzt sich Strauß – trotz aller Klarheit in der Sache und ohne jegliche Abstriche hinsichtlich seines Führungsanspruches – auch mit seinen Gegnern innerhalb der Bundeswehr auseinander, vor allem mit Brigadegeneral Müller-Hillebrand, dem damaligen militärischen Leiter der Personalabteilung.[605] Man mag dies Fairness und Souveränität nennen, aber sicherlich schwingt darin neben praktizierter Menschenführung gegenüber Generalen, auch jene Kameradschaft mit, die Strauß als Frontsoldat erlebt hat. Das Gegenbeispiel war, als Minister Struck im Jahre 2003 Brigadegeneral Günzel vor

---

597 Strauß, Franz Josef a.a.O. S. 270; siehe auch: Schmückle, Gerd a.a.O. S. 136
598 Strauß, Franz Josef a.a.O. S. 276
599 Strauß, Franz Josef a.a.O. S. 279
600 zitiert in: Studnitz Hans-Georg von Rettet die Bundeswehr! S. 40
601 Süddeutsche Zeitung vom 28. Juni 1963
602 Strauß, Franz Josef a.a.O. S. 281
603 Obwohl die Bemerkungen von mindestens 14 Journalisten mitgeschrieben worden waren, wurden sie nicht öffentlich.
604 siehe: Adenauer – Heuss Unter vier Augen S. 283
605 Strauß, Franz Josef a.a.O. S. 284, 371 und 373 f.

laufenden Kameras als „verwirrt" bezeichnete. Nur wenige Generale haben sich schriftlich über die Person Strauß geäußert. Heusinger, obwohl
bisweilen auf Konfrontationskurs mit Strauß, nennt ihn „ein Glück für
uns, trotz gelegentlicher Sorgen."[606] Speidel seinerseits hingegen erwähnt
Strauß nur kurz und schreibt über dessen Amtsantritt:

> *„Damit hatte eine dynamische Persönlichkeit die Leitung des Ministe-*
> *riums übernommen. Er ergriff gleich fest die Zügel und wirkte nicht nur mit*
> *überragender Intelligenz, sondern auch mit großem Sachverstand. Eine*
> *raschere Aufstellung deutscher Verbände konnte allerdings auch er nicht*
> *bewerkstelligen."*[607]

Hierbei ist jedoch zu berücksichtigen, dass Speidel kurze Zeit nach
dem Amtsantritt von Strauß zur NATO wechselte und sich von daher in
der Folgezeit nur noch sporadische Kontakte zu Strauß ergaben. Schmückle, sein erster Pressesprecher, beschreibt ihn wie folgt:

> *„Auf eine rätselhafte Weise bewegte er die Phantasie. Nicht nur durch*
> *Reden, auch nicht allein durch die Triebkraft seines Handelns. Nicht einmal*
> *durch die Ausbrüche seines vulkanischen Temperaments – nein, durch das*
> *Zusammenspiel seiner Gaben, Schwächen, unerklärbaren Widersprüche. ...*
> *Es hieß, seine Aktenkenntnis sei phänomenal. Sein Gedächtnis unschlagbar.*
> *Seine Fragerei penetrant. Er führe die Armee durch bohrende Fragen, mit*
> *denen er oft schmerzhaft den Nerv eines Problems treffe."*[608]

Und ergänzt an anderer Stelle:

> *„Der Bayer besaß eine gut erhaltene Vulgarität: derb und saftig, witzig*
> *und boshaft. In ihm steckte ein Stück >Schwabing<, ein Stück von dem eros-*
> *durchtränkten Künstlerviertel Münchens, in das er hineingeboren worden*
> *war."*[609]

De Maizière bemerkt lediglich „trotz seiner bemerkenswerten Leistungen als dynamischer Verteidigungsminister während der Aufstellungszeit
musste er .... sein Amt verlassen."[610] Diese kühle Feststellung beruht
wahrscheinlich auf dem distanzierten Verhältnis zwischen dem Norddeutschen und dem Bayern. Strauß trat für eine Korrektur des Bildes vom
„Staatsbürger in Uniform" ein und vertrat damit jene Linie, die einige
Jahre später Generalleutnant Schnez in seiner Studie aufgriff.

> *„Ein Bürger in Uniform ist zum Beispiel ein Eisenbahner oder ein Post-*
> *beamter. Das sind sehr ehrenwerte Berufe. Aber der Soldat ist immerhin ein*
> *Bürger in Uniform sui generis, ohne jeden Zweifel, und der militärische*
> *Dienst, etwa F-104-Piloten, ist eben – ohne Werturteil gesprochen – anderer*
> *Art als z. B. der Dienst eines in unserer Gesellschaftsordnung auch unbedingt*
> *notwendigen Omnibusfahrers."*[611]

Der Bau der Berliner Mauer am 13. Oktober 1961 fiel in die Amtszeit
von Strauß; sieben Monate später wurde der bisherige Grundwehrdienst

von 12 zunächst auf 15 und ab 1. Juli 1962 auf 18 Monate erhöht. Im Oktober 1962 führten Raketenlieferungen der Sowjetunion an Kuba die Welt an den Rand eines Dritten Weltkrieges. Nahezu zeitgleich brachte die sog. „Spiegel-Affäre" die Bundesrepublik in innenpolitische Turbulenzen. Im Zusammenhang mit dem NATO-Manöver „FALLEX 62" hatte der „SPIEGEL" in einem Artikel unter der Überschrift „Bedingt abwehrbereit" die Mängel kritisiert, die bei dieser Übung auf seiten der Bundeswehr zutage getreten waren. Herausgeber Rudolf Augstein (1923-2002), der ehemalige Leutnant der Nachrichtentruppe der Wehrmacht, schrieb damals:

„Mit Raketen anstelle von Brigaden und mit Atomgranaten anstelle von Soldaten ist eine Vorwärtsverteidigung der Bundeswehr nicht möglich, eine wirksame Abschreckung bleibt fraglich."

Strauß nahm den angeblichen Landesverrat in über 40 Fällen zum Anlass, um gegen leitende Journalisten des Magazins vorzugehen. Augstein und der stellvertretende Chefredakteur Conrad Ahlers, einer der beiden Verfasser des Artikels, wurden verhaftet, die SPIEGEL-Redaktion von Staatsanwaltschaft und Polizei durchsucht.[612]

Das Vorgehen stieß auf massive Kritik und brachte nach der Debatte im Bundestag am 8. November die Regierung Adenauer in Schwierigkeiten. Die FDP machte ihre Fortsetzung in der Koalition von der Entlassung des umstrittenen Strauß abhängig. Strauß trat daraufhin am 20. November 1962 zurück, führte die Amtsgeschäfte allerdings kommissarisch bis Januar 1963. Adenauer verlor nach Blank nun auch seinen zweiten Verteidigungsminister. Am 9. Januar 1963 übergab Strauß das Amt in die Hände seines Nachfolgers von Hassel. Seine Amtszeit ist mit sechs Jahren und vier Monaten – nach Volker Rühe – die bisher zweitlängste in der Geschichte der Bundeswehr. In seiner weiteren politischen Laufbahn verflachten seine Beziehungen zu den Streitkräften naturgemäß, standen doch z. B. als Bundesfinanzminister im Kabinett Kiesinger von 1966 bis 1969 andere Aspekte im Mittelpunkt seines politischen Wirkens. Doch während seiner Amtszeit als bayerischer Ministerpräsident von 1978 bis

---

606 Meyer, Georg   Vom Kriegsgefangenen zum Generalinspekteur S. 364
607 Speidel, Hans   Aus unserer Zeit S. 356
608 Schmückle, Gerd   Ohne Pauken und Trompeten S. 143
609 Schmückle, Gerd   a.a.O. S. 156
610 Maizière, Ulrich de   In der Pflicht S. 249
611 Dt. BT 57. Sitzung S. 2843
612 Ahlers wurde durch die Intervention des deutschen Militärattachés in Madrid, Achim Oster, in Spanien verhaftet. Der Bundesgerichtshof lehnte 1965 die vom Generalbundesanwalt beantragte Eröffnung eines Hauptverfahrens wegen Landesverrat ab. Ein Jahr später scheiterte allerdings auch der Antrag des SPIEGEL vor dem Bundesverfassungsgericht, die „Nacht-und-Nebel-Aktion" für verfassungswidrig zu erklären.

1988 hielt er enge Verbindungen zu „seiner" 1. Gebirgsdivision, die ihr
Entstehen maßgeblich seiner Einflussnahme verdankt. Strauß erlitt während eines Jagdausflugs beim Fürsten von Thurn und Taxis in Regensburg
am 1. Oktober 1988 einen Zusammenbruch mit kurzfristigem Herzstillstand. Zwei Tage später, am 3. Oktober, starb er ohne das Bewusstsein wiedererlangt zu haben in einem Regensburger Krankenhaus. Er wurde nach
einem Staatsakt in München unter Beteiligung der Bundeswehr in Rott
am Inn beigesetzt.

* Kai-Uwe von Hassel

Kai-Uwe von Hassel wurde am 21. April 1913 in der damaligen Kolonie
Deutsch Ostafrika (heute Tansania) geboren. Sein Vater betrieb eine Farm
und war zugleich Offizier in der Kaiserlichen Schutztruppe. 1919 wurde
die Familie ausgewiesen und kehrte nach Deutschland zurück – der erste
Neuanfang. 1933 schloss von Hassel seine Schulausbildung in Flensburg
mit dem Abitur ab und absolvierte danach eine Ausbildung als Pflanzungskaufmann. Doch 1935 kehrte er nach Ostafrika zurück; es war der
zweite Neubeginn. Gemeinsam mit seinem bald verstorbenen Vater betrieb er am Rande des Usambaragebirges eine Plantage. Bei Kriegsausbruch wurde er jedoch in Daressalam interniert und 1940 nach Deutschland abgeschoben. Er wurde sofort einberufen und diente danach als Soldat bis 1945. Am Ende des Krieges geriet er in Italien in britische Gefangenschaft, aus der er im September 1945 heimkehrte.

Nach dem Krieg trat von Hassel der CDU bei und schlug die politische
Laufbahn ein – zum dritten Mal begann er bei Null. Doch von Hassel war
ein Stehaufmännchen im besten Sinne. Er war ein Pionier, ein Farmer,
geprägt von Rhythmus des Säens und Erntens. In seiner Antrittsrede als
Bundestagspräsident nach seiner Wahl am 20. Oktober 1969 wies er auf
die Pflicht zu permanentem Neubeginn hin:

*„Unsere parlamentarische Demokratie hat an Selbstbewußtsein und innerer Kraft gewonnen. Dies darf uns aber nicht in Selbstzufriedenheit dazu
verleiten, den Konflikten in unserer Gesellschaft auszuweichen. Im Gegenteil: Der Auftrag zu ständiger Erneuerung, zu Reformen und Verfestigung
unseres sozialen und freien Rechtsstaates ist uns mit auf den Weg gegeben."*

Von 1947 bis 1950 war er auf kommunaler Ebene tätig und wechselte
dann in die Landespolitik. Danach war von Hassel bis 1965 Mitglied des
schleswig-holsteinischen Landtages in Kiel und übernahm 1954 das Amt
des Ministerpräsidenten im nördlichsten Bundesland, das er bis 1963
innehatte. Von 1953 bis 1954 und von 1965 bis 1980 war er Mitglied des
Deutschen Bundestages. Am 11. Dezember 1962 löste von Hassel Verteidigungsminister Franz Josef Strauß ab und übernahm – im fünften Kabi-

nett Adenauers – am 9. Januar 1963 dessen Amtsgeschäfte. Es war eine schwierige Aufgabe in einer schwierigen Zeit. Im Jahre 1966 traten Generalinspekteur Trettner, Luftwaffenchef Panitzki und Generalmajor Pape zurück. Auf diese sog. „Generalskrise" reagierte von Hassel indigniert – ähnlich wie seinerzeit Strauß:

„Ich werde nicht mehr hinnehmen, daß Generale sich öffentlich äußern." [613]

Die sich abzeichnende Starfighter-Krise war eine weitere schwere Hypothek, die den Minister und seine Familie später selbst traf. Von Hassel berief Steinhoff an die Spitze der Luftwaffe. Doch Steinhoff, wollte er die Absturzserie des Starfighters F-104 G beenden und forderte klare Kompetenzen. Da er selbst auf das Flugzeug nichts kommen ließ, mussten die Gründe für das Versagen woanders liegen – beim Management, in der Zuordnung der Verantwortung, bei der Ausbildung und Übung, sowie der Personalauswahl.

„Der Minister antwortete ihm (= Steinhoff) zögerlich. Er befürchtete einen politischen Krach. Einem General nachgeben, hieß in Deutschland: politische Schwäche zeigen. Steinhoff zuckte mit den Schultern: Dann eben nicht! Der alte Konflikt zwischen Politiker und Soldat war aufgebrochen." [614]

Das Urteil über von Hassel ist geteilt. De Maizière schreibt:

„Durch seine persönliche Integrität hatte er im In- und Ausland Respekt erworben. Hassel war im besten Sinne des Wortes ein >Bundeswehrminister<; für die Soldaten und ihr Denken besaß er viel Verständnis." [615]

Allerdings sollte dieses überaus positive Urteil vor dem Hintergrund betrachtet werden, dass de Maizière, wie er selbst schreibt, von Hassel „die Berufung in die beiden höchsten Ämter meiner militärischen Laufbahn" zu verdanken hat. Strauß hingegen urteilt, von Hassel sei „militärhörig" [616] gewesen. Schmückle schreibt:

„Dabei war Hassel besten Willens. Allerdings: Durch Uniformierte, die goldene Sterne trugen, ließ er sich allzu sehr beeindrucken. Zu militärischen Vorschlägen konnte er nicht immer auf die nötige Distanz gehen. Diese Schwäche ließ ihn auch Ratschlägen folgen, die er hätte verwerfen müssen." [617]

Beide Aussagen sind nahezu identisch. Auch Helmut Schmidt habe ihn „bemitleidet," schreibt Schmückle:

„Kai Uwe von Hassel habe das Ministerium nicht im Griff. Zwei Probleme machten dem Minister besonders zu schaffen. Erstens die Absturzserie neu angeschaffter >Starfighter<, zweitens die strategische Problematik, von

---

613 Die WELT vom 1. Sept. 1966

614 Schmückle, Gerd Ohne Pauken und Trompeten S. 293

615 Maizière, de Ulrich In der Pflicht S. 285

616 Strauß, Franz Josef a.a.O. S. 275

617 Schmückle, Gerd Ohne Pauken und Trompeten S. 294

der er nichts verstehe. Hassel sei voll guten Willens, militärfromm und über-
zeugt, ein bedeutender Politiker zu sein." [618]
Schmückle schreibt ähnlich.
„Den engen Grenzen seiner Landesprobleme verhaftet, war ihm die
große Politik fremd geblieben." [619]
Das Urteil Schmückles mutet seltsam an. Zwar hatte von Hassel seine
ersten politischen Sporen in der Kommunalpolitik erworben, doch sein
Blick war durch die Jahre in Afrika durchaus geweitet, was er später auch
durch sein politisches Engagement auf europäischem Niveau zum Ausdruck gebracht hat.

In seine Amtszeit fielen die allmähliche Konsolidierung der Bundeswehr, ebenso wie die Ausrüstung mit nationalen Waffensystemen, so z. B.
dem Kampfpanzer Leopard 1 und die ersten erfolgreichen Hilfseinsätze
der Bundeswehr z. B. für Erdbebenopfer in Algerien. In seiner Amtszeit
war im Jahre 1964 die Quote der Wehrdienstverweigerer mit nur 2.777
(davon 205 Soldaten) am niedrigsten. [620] Am 1. Juli 1965 unterzeichnete
von Hassel den ersten Traditionserlass der Bundeswehr. Als die Große
Koalition aus SPD und CDU/CSU gebildet wurde, verließ er am 5. Dezember 1966 die Bundeswehr und wechselte als Minister in das Bundesministerium für Vertriebene. Von 1969 bis 1972 bekleidete er das Amt des Bun-
destagspräsidenten. In den letzten Jahren seines politischen Wirkens
wandte sich von Hassel vor allem der europäischen Politik zu. 1997 ehrte
die Bundeswehr ihren dritten Verteidigungsminister mit der Namensgebung der Kaserne des Marine-Aufklärungsgeschwaders 51 in Kropp
(Schleswig-Holstein). Von Hassel war der einzige Minister, der bisher auch
innerhalb seiner Familie einen schweren Blutzoll an die Bundeswehr und
damit an sein Land zahlen musste. Vier Jahre nach von Hassels Ausscheiden aus dem Amt des Verteidigungsministers, verlor er seinen Sohn
Joachim. Bei einem Absturz mit seinem Starfighter kam der junge Marineoffizier und Pilot, der im schleswig-holsteinischen Kropp stationiert war,
1970, ums Leben. Von Hassel starb am 8. Mai 1997 im Alter von 84 Jahren.
In Aachen, anlässlich der Verleihung des Karlspreises der Stadt brach er
auf dem Weg vom Dom zum Kaisersaal im Rathaus zusammen und starb.
Er fand in Bad Godesberg seine letzte Ruhestätte.

* Dr. Gerhard Schröder (CDU)

Gerhard Schröder wurde am 11. September 1910 in Saarbrücken geboren. Schröder war am 1. April 1933 in die NSDAP ein- und 1941 wieder
ausgetreten. Seine Mitgliedschaft in der SA erneuerte er bereits 1934 nicht
mehr. Im Jahre 1939 wurde er eingezogen, war bis 1945 Soldat und geriet

am Ende des Krieges in Gefangenschaft. De Maizière beschreibt die erste dienstliche Begegnung mit Schröder:

„Noch vor seiner offiziellen Einführung empfing mich Schröder ... zu einem ersten persönlichen Gespräch. .... Mit vorsichtiger Zurückhaltung fragte er mich, ob seine Autorität als Minister in der Truppe davon beeinflußt werden könnte, daß er als Soldat während des Krieges aus nicht näher zu erörternden Gründen nicht einmal zum Unteroffizier befördert werden durfte, obwohl er damals schon ein promovierter Rechtsanwalt war. Ich konnte ihm versichern, daß der frühere militärische Rang eines Ministers für seine Autorität von untergeordneter Bedeutung sei. Nur müsse die Truppe das Gefühl erhalten, daß (er) ... Verständnis für die >Eigentümlichkeiten< ihres Dienstes, ihre Lebensbedingungen und Sorgen besitze." [621]

Schröder verfügte über langjährige Erfahrung im Bundeskabinett: von 1953 bis 1961 war er Bundesminister des Inneren und leitete nach dem Ausscheiden von Heinrich von Brentano (1904-1964) von 1961 bis 1966 das Außenressort. Als das Außenamt im Jahre 1966 im Rahmen der Großen Koalition von Willy Brandt übernommen wurde, galt es, eine neue Aufgabe für Schröder zu finden: er übernahm am 1. Dezember 1966 das Kommando über die Bundeswehr, obwohl er – wie Strauß urteilt – an diesem Amt völlig uninteressiert gewesen sei und nur seine „Ministerjahre auf der Hardthöhe vermehrt" [622] habe. Ähnlich scharf meint Helmut Schmidt, Schröder habe als Verteidigungsminister politisch nur überleben, nicht aber in den Streitkräften etwas verändern wollen. [623] Ähnlich schreibt Hornung, es sei „ ... bekannt, wie sehr der vierte Verteidigungsminister sein Amt auf der Hardthöhe als politische Wartestellung auffasste." [624] De Maizière hingegen urteilt sehr positiv:

„Für mich gehört Schröder, der mir sein volles Vertrauen schenkte, trotz seiner verhältnismäßig kurzen, dazu noch von längerer Krankheit unterbrochenen Amtszeit in die Reihe der erfolgreichen Verteidigungsminister unserer Republik." [625]

In seiner Amtszeit wurde im April 1967 der erste parlamentarische Staatssekretär im Verteidigungsministerium, Eduard Adorno, vereidigt. Als erster Verteidigungsminister präsentierte Schröder 1969 ein „Weißbuch

618 Schmückle gibt hier eine Aussage Schmidts wieder; in: Schmückle, Gerd a.a.O. S. 291
619 Schmückle, Gerd Ohne Pauken und Trompeten S. 274
620 BMVg Weißbuch 1970 S. 82
621 Maizière, de Ulrich In der Pflicht S. 285 f.
622 Strauß, Franz Josef a.a.O. S. 275
623 nach Reiser, Hans; zitiert in: Dönhoff, Marion Gräfin (Hrsg.) Hart am Wind S. 55
624 Hornung, Klaus Staat und Armee S. 97
625 Maizière, Ulrich de In der Pflicht S. 311

zur Sicherheit der Bundesrepublik Deutschland und zur Lage der Bundeswehr". Er führte das Ressort drei Jahre, vom 5. Dezember 1966 bis zum 22. Oktober 1969, als die Bundestagswahl 1969 eine Koalition von SPD und FDP brachte, und die Hardthöhe von Helmut Schmidt übernommen wurde. Nach einer erfolglosen Kandidatur um das Amt des Bundespräsidenten schied Gerhard Schröder mit dem Ende der Großen Koalition 1969 auch aus der Bundesregierung aus. In den siebziger Jahren arbeitete er als Abgeordneter im Bundestag weiter. Dort hatte er bis 1980 den Vorsitz im Auswärtigen Ausschuss inne. Am 31. Dezember 1989 verstarb Dr. Gerhard Schröder in Kampen auf Sylt.

* Helmut Schmidt

Als Helmut Schmidt am 23. Dezember 1918 in Hamburg-Barmbek als Sohn eines Studienrats und Diplomhandelslehrers geboren wurde, war der Erste Weltkrieg gerade zu Ende und die Republik sechs Wochen alt. Schmidts Vater (*1888-+) diente 1911/12 als „Einjähriger". Im August 1914 wurde er als Sechsundzwanzigjähriger erneut zum Militär eingezogen und blieb zum Frühjahr 1919 Soldat: Nach einer Verwundung wurde er „garnisonsverwendungsfähig Heimat" (g.v.H.) geschrieben und war dann bis zum Ende des Ersten Weltkrieges in Schleswig stationiert. Als Hitler an die Macht kam, war Helmut Schmidt fünfzehn Jahre alt. Im Jahre 1937, direkt nach dem Abitur, meldete er sich vorzeitig zur Wehrmacht, um die zweijährige Wehrpflicht, der zusätzlich sechs Monate beim Reichsarbeitsdienst RAD vorgeschaltet waren, abzuleisten, da er danach Architektur studieren wollte. Helmut Schmidt hat – neben Bundespräsident von Weizsäcker und Franz Josef Strauß – von allen Politikern des Nachkriegsdeutschlands am detailliertesten Rechenschaft über seine Zeit in der Wehrmacht abgelegt. Der neunzehnjährige Schmidt kam im Herbst 1937 zunächst in die Flak-Kaserne nach Hamburg-Osdorf, wurde aber gleich weiter nach Bremen-Vegesack verlegt. Im September 1938 wurde der Kanonier Schmidt zum Geschützführer befördert. Versuche seines Batteriechefs, Hauptmann Paul Ullrich, ihn für die Laufbahn des Berufsoffiziers zu begeistern, schlugen fehl. Im Sommer wurde Schmidt Unteroffizier und ROA, Reserve-Offiziersanwärter. Als seine Wehrpflicht sich dem Ende näherte, brach der Zweite Weltkrieg aus, und die Soldatenzeit ging ununterbrochen weiter. Die persönliche Lebensplanung war zugleich Makulatur geworden, keine leichte Jugend für Schmidt wie für Millionen junger Männer auf beiden Seiten. Auch Schmidts zwei Jahre jüngerer Bruder Manfred diente als Soldat. Kurz nach Kriegsbeginn wurde Helmut Schmidt zum Wachtmeister der Reserve (entspricht dem Feldwebel), und Anfang 1940

zum Leutnant bei der Flakartillerie der Luftwaffe befördert. Ab Ende
August 1939 war Schmidt im Raum Bremen stationiert, um die Stadt mit
2 cm-Kanonen gegen englische Bomberangriffe zu verteidigen. 1940 war
Schmidt mit seinem Truppenteil zum Schutz des oberschlesischen Indus-
triegebietes eingesetzt. 1941 wurde er nach Berlin in das Oberkommando
der Luftwaffe zur Inspektion der Flakartillerie (L.In4) versetzt, offenbar
von seinem alten Batteriechef angefordert. Von hier reiste er zum ersten
Mal im Rahmen einer Kurier-Dienstreise nach Paris. Sehr offen schildert
Schmidt, wie er sich als junger Offizier in Uniform unwohl fühlte, da er –
im Gegensatz zu vielen Soldaten, die in den bisherigen Feldzügen gekämpft und sich ausgezeichnet hatten – noch keinerlei Tapferkeitsauszeichnungen hatte erwerben können. Als junger Mann – aufgewachsen in
einer Zeit, in der Orden faszinierten und Heldenmythos hoch im Kurs
stand – war diese Haltung nur allzu natürlich und menschlich, selbst für
einen Hanseaten, der eigentlich Orden grundsätzlich ablehnt.

*„Für die Gespaltenheit meines damaligen Bewußtseins ist es bezeichnend,
daß ich den katastrophalen Ausgang des Krieges zwar deutlich vor Augen
hatte, mich aber schämte, anders als die Mehrheit aller Soldaten auf den
Straßen Berlins auf meiner Uniform keinerlei Tapferkeitsorden tragen zu
können, weil ich ja an keinem Feldzug teilgenommen hatte. So kam es, daß
ich mich darum bewarb, zur kämpfenden Truppe versetzt zu werden.“* [626]
Schmidts Wunsch wurde erfüllt. Nicht wenige Soldaten haben sich damals an die Front versetzen lassen, weil sie „Halsschmerzen," hatten, d. h.
danach strebten, z. B. das Ritterkreuz zu erwerben. Er wurde im Spätsommer 1941 zur leichten Luftwaffen-Flakabteilung versetzt, die mit der 1.
Panzerdivision unter ihrem Kommandeur Generalleutnant Walter Krüger
(1892-+) auf Zusammenarbeit angewiesen war. Der Truppenteil kämpfte
zunächst im Rahmen der Heeresgruppe Nord unmittelbar vor Leningrad.
Ende September jedoch, nachdem sich der Vorstoß auf die Großstadt am
östlichen Zipfel des Finnischen Meerbusens festgefahren hatte, wurde die
Division herausgelöst und der Heeresgruppe Mitte unterstellt. Im Rahmen
der Panzergruppe 3 unter den Generalobersten Hermann Hoth und danach
Georg-Hans Reinhardt griff sie am Nordflügel der Heeresgruppe Mitte auf
Moskau an. Sie durchbrach die russische Dnjepr-Stellung und stieß über
Szytschewka auf Subzow und Staritza an der oberen Wolga vor. Bei Kalinin
erzwang die Division einen Brückenkopf über die Wolga und setzte dann
den Angriff in nordwestliche Richtung auf Torshok weiter fort. Im Dezem-
ber 1941 kämpfte Schmidt – wie auch von Weizsäcker – vor Moskau. Am 6.
Dezember 1941 wendete sich das Blatt: nach heftigen Abwehrkämpfen be-

---

626 Schmidt, Helmut u. a. Kindheit und Jugend unter Hitler S. 211

gann der Rückzug über Klin bis Jaropoletz (sog. „Lama-Stellung"). Schmidt erlebte in diesen ersten Monaten des Krieges gegen die Sowjetunion sowohl die Schlammperiode als auch danach den unbarmherzigen russischen Winter, wiederholt abgeschnitten und eingekesselt. Doch Schmidt hatte Glück: er wurde versetzt und kam am 18.Januar 1942 aus Russland zurück. Zunächst besuchte er einen Lehrgang an der Flak-Artillerieschule II auf dem Venusberg in Bonn. Überdies musste er in einer Klinik ein Rheumaleiden auskurieren, das er sich im Osten zugezogen hatte. Schmidt hatte sich in dieser Zeit – er in Bonn, sie in Hamburg – mit Hannelore Glaser verlobt. Die beiden wollten heiraten, doch vorher galt es, eine Hürde zu überwinden: Schmidt brauchte dazu eine Heiratserlaubnis seines Kommandeurs und dieser bestand auf einem formellen Antrittsbesuch der Braut. 1942 war es noch üblich, dass auch Kriegsoffiziere ihre künftige Frau dem Kommandeur vorstellen mussten. Und so reiste Schmidts Verlobte in den Osterferien von Hamburg nach Bonn, um dieser Pflicht nachzukommen. Sie besuchte Oberstleutnant Andresen und dessen Frau, und danach bekamen die Brautleute ihre Heiratserlaubnis. Am 27.Juni 1942 heirateten sie; Schmidt – zwischenzeitlich zum Oberleutnant befördert - in Uniform. Über sechzig Jahre später verbesserte Frau Schmidt einen Journalisten, als dieser den Dienstgrad ihres Mannes in einem Interview nur mit „Leutnant" bezeichnete. „Mein Mann war Oberleutnant!" korrigierte sie ihn klar und bestimmt.[627]

Danach wurde Schmidt zum zweiten Mal nach Berlin ins Reichsluftfahrtministerium versetzt, wo er seine vormalige Tätigkeit wieder aufnahm und Bedienungs-und Schießvorschriften für die leichte Flak ausarbeitete.

„Helmut war Fachmann für kleinkalibrige Flak. Er hatte eine Anweisung für diese Waffe geschrieben und sollte auf dem Schießplatz Rerik mit jungen Soldaten an den Geschützen üben."[628]

Der Flak-Schießplatz Rerik lag nahe der Kleinstadt in Mecklenburg-Vorpommern auf der Halbinsel Wustrow. Schmidts Dienststelle wurde später nach Bernau nordöstlich von Berlin verlegt, und das Ehepaar Schmidt bezog eine kleine Gutsarbeiterwohnung im benachbarten Gut Schmetzdorf. Der General der Flakartillerie Walther von Axthelm (1893-1972)und Inspekteur der Flakwaffe, sowie der Generalleutnant der Luftwaffe Heino von Rantzau (1894-1946)als Kommandierender General der Flak-Ausbildung waren in Bernau stationiert. Hannelore („Loki") Schmidt (* 1919) erwähnt in ihren Erinnerungen beide Generale als wohlwollende Vorgesetzte. Oberst i. G. Kurt Fischer (1906-1982),der spätere Brigadegeneral der Bundesluftwaffe, war dort bis 1944 Chef des Stabes. Nächster Vorgesetzter Schmidts war Major i.G. Friedrich Georgi (* 1917), der Schwiegersohn von General Friedrich Olbricht (1888-1944), dem Kopf der Verschwörung vom 20.Juli 1944.

„Das anfangs eher distanzierte Verhalten des aktiven Offizierkorps gegen-
über dem Kriegsoffizier Schmidt und seiner Frau veränderte sich schnell. ....
Ich habe in dieser Zeit gelernt, mich in einem Offizierskreis sicher zu beneh-
men und mich auch wohl zu fühlen, obwohl ich anfangs innerlich immer
noch etwas zusammenzuckte bei der Anrede >Gnädige Frau<. .... So hat mir
das Zusammenleben mit Soldaten vieler Dienstgrade in Bernau später sehr
geholfen, als Helmut Verteidigungsminister war.“ [629]
Aus diesen Sätzen von Loki Schmidt wird auch ihre innere Verbundenheit mit dem „Soldaten Schmidt" deutlich. Am 26. Juni 1944 wurde das
erste Kind der Eheleute Schmidt, Helmut Walter („Moritz") in Bernau
geboren. Loki Schmidt wurde im „Generalswagen mit roten Ledersitzen,"
dem Dienstwagen des Generals Axthelm, in die Klinik gebracht – ein seltenes Beispiel von Familienbetreuung im Zweiten Weltkrieg. [630]
Oberleutnant Schmidt hielt offenbar schon damals – trotz des damit
verbundenen hohen Risikos – mit seiner Meinung über das Regime in
Berlin nicht hinter dem Berge. Zwecks Einschüchterung vermutet Schmidt,
wurde er am 22. Juli 1944 zu einem der ersten Prozesse des Volksgerichts-
hofes nach dem misslungenen Attentat auf Hitler befohlen. Nach Rückkehr
bat er General von Rantzau, ihn von einer weiteren Teilnahme zu entbin-
den. „Na, Schmidtchen, was haben die Braunen nun wieder angerichtet!?"
[631] war dessen Reaktion, und er gab der Bitte nach. Kurze Zeit später geriet
Schmidt selbst in das Visier der Staatssicherheit: negative Äußerungen
über Hermann Göring, seinen obersten Luftwaffenchef, im Kameradenkreis auf dem Flak-Schießplatz in Rerik brachten ihm eine Anzeige wegen
Wehrkraftzersetzung ein, doch er hatte Glück. General von Rantzau deckte
ihn ebenso wie andere Vorgesetzte.
„Aber die beiden Generalstabsobersten in Helmuts und der übergeordne-
ten Dienststelle in Bernau versetzten ihn zu einer Fronttruppe der leichten
Flak, so daß das Ermittlungsverfahren .... ihn nicht erreichte.“ [632]
Schmidt selbst urteilt wie folgt:
„Sie schuldeten mir gar nichts; ich war weder adelig wie meine Generale
noch gehörte ich zu einer der vielen Cliquen von Berufsoffizieren eines be-
stimmten Regiments oder eines bestimmten Kriegsschullehrgangs; ich war
bloß jemand, den sie mochten – so nehme ich jedenfalls an. Diese Vorgesetz-

---

627 Filmbericht über das Leben von Loki Schmidt; im WDR am 26. Mai 2004
628 Schmidt , Loki Hannelore Schmidt erzählt aus ihrem Leben S. 71
629 Schmidt Hannelore Gezwungen, früh erwachsen zu sein in: Schmidt, Helmut u. a.
        Kindheit und Jugend unter Hitler S. 58 f.
630 Schmidt Loki a.a.O. S. 76
631 Schmidt, Helmut u.a. Kindheit und Jugend unter Hitler S. 230
632 Schmidt Loki a.a.O. S. 77

ten haben mich als gute ältere Kameraden davor bewahrt, daß ein Kriegs-
gerichtsverfahren wirklich in Gang kam, zumal es ... nur zwei äußerste Mög-
lichkeiten gab: entweder Freispruch oder Todesstrafe. " [633]

Schmidt wurde als Batteriechef an die Westfront versetzt und war damit aus dem politischen Schussfeld. Im Winter 1944/45 geriet er dort in den Rückzug aus der Ardennenoffensive und wurde mehrfach zu verschiedenen Truppenteilen versetzt. Dies erschwerte und verzögerte die Nachforschungen der Gestapo. Doch auch die Feldpostverbindung zur Familie geriet dadurch in Mitleidenschaft. So erfuhr Schmidt erst mit Verzögerung, dass sein kleiner Sohn bereits im Februar 1945 an einer Hirnhautentzündung gestorben war. Im März erhielt Schmidt Urlaub auf Ehrenwort und fuhr zu seiner Frau, die zwischenzeitlich von Bernau nach Hamburg zurückgekehrt war. Das Ehepaar wollte das Grab ihres Erstgeborenen auf dem Friedhof in Schönow bei Schmetzdorf besuchen und bat den früheren Vorgesetzten, General von Rantzau, der nun das Luftgaukommando XI in Hamburg-Blankenese kommandierte, um Hilfe. Dieser ernannte Loki Schmidt – trotz eigenen Risikos – pro forma zur Luftwaffenhelferin, was es ihr ermöglichte, mit einem Marschbefehl die Reise per Bahn mit ihrem Mann durchzuführen. Danach kehrte Schmidt wieder zu seiner Einheit in der Eifel zurück, geriet Ende April 1945 in britische Gefangenschaft und kam in ein Offizierlager nach Yabbecke in Belgien. Loki Schmidt schilderte die Ereignisse geringfügig anders: als sich die Einheit ihres Mannes aufgelöst hatte, habe sich dieser zu Fuß bis in die Südheide kurz vor Hamburg durchgeschlagen und sei dort in Gefangenschaft geraten. Bereits am 24. August 1945 kehrte er – abgemagert wie alle in damaliger Zeit – nach Hamburg zurück.

In einem Interview mit Günter Gaus vom 8. Februar 1966 äußerte sich Schmidt zu seiner Soldatenzeit:

„Ich bin lange Soldat gewesen ..., von 1937 bis 1939 aktive Wehrpflicht,
dann ...kam der Krieg und dann noch eine kurze Gefangenschaft. Ich bin in
der Gefangenschaft Sozialdemokrat geworden, unter dem Einfluß älterer
Offiziere. Und dabei spielte das Kriegserlebnis eine große Rolle. Manches von
dem, was wir ... an Idealen vorgesetzt bekommen hatten, haben viele ..., so
auch ich, ... als nicht ernst zu nehmend, ... empfunden. Aber manches haben
wir doch auch sehr ernst genommen. Fünfundzwanzig Jahre später, also
heute, klingt es für manche Ohren gar nicht sehr angenehm, wenn ich sage,
dass für mich das Erlebnis der Kameradschaft im Kriege einer der Werte ist,
die ich glaubte mitgebracht zu haben. Und ich habe dann im Gefangenen-
lager ... entdeckt, daß ... ähnliche Grundprinzipien diesem Erlebnis der
Kameradschaft – ... – zugrunde lagen wie den Prinzipien des Sozialismus.
.... . Eigentlich habe ich meine positive Vorstellung, wie ein Staat wohl sein
sollte, ... , in der Gefangenschaft gebildet. " [634]

Schmidt war von 1953 bis 1961 und später von 1965 bis 1987 Abgeordneter des Deutschen Bundestages. In den vier Jahren dazwischen, von 1961 bis 1965, nahm er das Amt des Innensenators der Freien und Hansestadt Hamburg wahr. Niemand kann sagen, welche Folgen die Flutkatastrophe im Februar 1962 für die Bevölkerung Hamburgs gebracht hätte, hätte Helmut Schmidt als damaliger Innensenator nicht seine militärischen Führungserfahrungen und -qualitäten nutzen können. Neben Feuerwehr, Rotem Kreuz und THW griff Schmidt auch direkt auf Bundeswehrkräfte, vor allem Pioniere und Heeresflieger, zurück. Dabei war von großem Nutzen, dass Schmidt als einer der ersten Politiker der SPD bereits vier Jahre zuvor, 1958, zusammen mit Willy Berkhan, dem späteren Wehrbeauftragten des Deutschen Bundestages, eine sechswöchige Wehrübung bei der Bundeswehr abgeleistet hatte und zum Hauptmann der Reserve befördert worden war. Er war daher mit den militärischen Aspekten der jungen Bundeswehr bestens vertraut und hatte überdies von Anfang an engen Kontakt zu führenden Soldaten der Bundeswehr gepflegt. Die lebensälteren Offiziere, Konteradmiral Bernhard Rogge (1899-1982), der Befehlshaber im Wehrbereich I und Generalmajor Bern von Baer (1911-1981) bei I. Korps in Münster, zählten in dieser Krise zu seinen wichtigsten militärischen „Untergebenen." Nicht wenige in seiner Partei kritisierten diese vermeintliche Nähe zur Bundeswehr scharf. Überdies war Schmidt der erste Politiker der SPD, der auch den Veteranen der Waffen-SS das Recht auf Pensionen zubilligte und damit einen Skandal verursachte.

Das Verhältnis Schmidts zu Schmückle, dem damaligen Pressesprecher von Minister Strauß, war nicht spannungsfrei. Anfangs mokierte sich Schmückle noch über „das kleinkarierte Amt eines Hamburger Innensenators." [635] Er schildert ein Gespräch mit dem ersten Inspekteur des Heeres, Generalleutnant Röttiger. Danach wollte dieser die Armee mit der Sozialdemokratie versöhnen und umgekehrt und zwar deswegen, damit die Armee bereit ist, jeder demokratisch gewählten Regierung, gleichgültig, welche Partei sie stellt, loyal zu dienen. Ein weitsichtiges Vorhaben und eine Aufgabe, die erst später gelang. [636] Bei dieser Gelegenheit sprachen Röttiger und Schmückle auch über sozialdemokratische Politiker. Ersterer führte zu Helmut Schmidt aus:

„Ich kenne den Mann aus Hamburg. Er ist ungestüm, unausgegoren, hochbegabt. Er nimmt den Mund zu voll. Aber er riskiert auch viel. Von sei-

---

633 Schmidt, Helmut u.a. Kindheit und Jugend unter Hitler S. 232
634 Dönhoff, Marion Gräfin (Hrsg.) Hart am Wind S. 27 ff.
635 Schmückle, Gerd Ohne Pauken und Trompeten S. 290
636 Schmückle, Gerd a.a.O. S. 12

ner Art haben wir nur wenige in Deutschland. Ich will, daß er bei uns übt. ...... Viele Sozialdemokraten sind Puritaner der Macht. ..... Sie verabscheuen die Macht und die Realität der Welt. Daher kommt ihr Widerwille gegen die Armee, Nicht bei Helmut Schmidt. Er liebt die Macht. Er weiß, daß die Armee im internationalen Geschäft unentbehrlich ist. Er hat kein Vorurteil gegen uns. Ihn ärgert höchstens, daß die Bundeswehr von den Christdemokraten und nicht von den Sozialdemokraten gegründet wurde." [637]

Die Rechnung Röttigers ging auf: Helmut Schmidt absolvierte als erster sozialdemokratischer Abgeordneter eine Wehrübung. Er wollte damit beweisen, dass er sich nicht nur verbal zur Bundeswehr bekenne.

„Gerade weil er die Politik von Adenauer und Strauß für verderblich halte, mache er sich sachkundig. Nicht nur theoretisch. Auch praktisch. Im übrigen verurteile er den antimilitärischen Komplex vieler Sozialdemokraten." [638]

Schmückle beschreibt Helmut Schmidt als einen „rhetorischen Bogenschützen ersten Ranges, kalt bis ans Herz."

„Wenn Schmidt sprach, klang es, als schlage jemand auf Metall. Preußischer Klang? Nicht allein. Hinzu kam Schnodderigkeit. Auch rüde Ausfälle. Dann wieder leise Töne. Schulmeisterliches dazwischen. Dann wieder großartige Augenblicke mitreißender Polemik, ohne rednerische Kunstgriffe, ganz dem freigegebenen Temperament überantwortet." [639]

Das harte Urteil stand sicherlich unter dem Eindruck der großen „Atomtod-Debatte" im Bundestag 1958, [640] als der noch nicht einmal vierzigjährige Helmut Schmidt „mit einem gewaltigen Schuss Demagogie," so Marion Gräfin Dönhoff, die Sicherheitspolitik Adenauers anprangerte und attackierte. Etwas süffisant, gepaart mit der arroganten Attitüde des Abkömmlings einer vermögenden, großbürgerlichen Familie, schreibt Schmückle:

„Abgesehen von seiner Rednergabe war Helmut Schmidt sehr deutsch. Der Scheitel war geradgezogen wie bei einem Gardeleutnant. Die Kleidung stammte aus zweitklassiger Konfektion. Auf Formen legte er betrüblich wenig Wert. Im Gegenteil. Er schien zu genießen, gegen sie zu verstoßen. ... Bei ihm schien jeder Auftritt sorgfältig vorbereitet. Daher war ich nie sicher, wann es sich bei ihm um einen Ausbruch des Temperaments, wann um täuschende Schaustellung handelte.... Bei keinem anderen deutschen Politiker war ich mir meines Urteils so wenig sicher." [641]

Doch es klingt auch Bewunderung durch:

„Er hatte die eiskalte und doch betörende Härte eines Talleyrand. Zu Amerikanern wie McNamara hatte er rechtzeitig Verbindungen hergestellt. Neben Strauß war er zum wichtigsten Sicherheitspolitiker Deutschlands geworden." [642]

Im Jahre 1962, schreibt Schmückle, wollte Helmut Schmidt

„mir den Fangstoß geben," indem *„er öffentlich verkündete: >Schmück-*
les Rolle in der deutschen Verteidigungspolitik wird zu einer Gefahr. Er hat
mehr politischen Einfluß in seiner Hand als je General Schleicher im Trup-
penamt.< Schmidt forderte, ich müsse zur Truppe versetzt werden." [643]

Später, als Schmückle bereits als Brigadegeneral Berater des deutschen
NATO-Botschafters Wilhelm Grewe in Paris geworden war, trafen die beiden unerwartet aufeinander. „Kein Mensch hat mir im Leben so geschadet wie Sie," zitiert Schmückle einen über ihn verbitterten Schmidt. [644]
Doch sie sprachen sich aus: „Manches erwies sich als Missverständnis,
anderes als Intrige." Danach wurde das Verhältnis besser, später sogar gut,
denn Schmückles Aufstieg zum Vier-Sterne-General vollzog sich während
der Kanzlerschaft Schmidts.

Als 1969 die Große Koalition zwischen CDU und SPD gebildet wurde,
bot sich Schmidt – wie kaum ein anderer Verteidigungsminister vor und
nach ihm und auch mehr noch als Strauß – für das Amt des Verteidigungsministers an. Er hatte sich im Krieg bewährt, ihn erlebt und erlitten, war
Reserveoffizier der Bundeswehr und hatte sich vor allem auch als aner-
kannter Autor mehrerer Bücher mit Aspekten der Sicherheitspolitik und
Nuklearstrategie auf hohem internationalen Niveau beschäftigt. So war u.
a. bereits 1961 Schmidts Buch „Verteidigung oder Vergeltung" erschienen,
der erste deutsche Beitrag zur Nuklearstrategie. Im Jahre 1969 wurde
„Strategie des Gleichgewichts" veröffentlicht. Den möglichen Einsatz von
Nuklearwaffen bewertete Schmidt anders als z. B. Adenauer. Er erkannte –
wie Altenburg – sehr früh das Glaubwürdigkeitsdefizit der Strategie der
massiven Vergeltung.

„Ich hielt es für ganz unrealistisch, daß im Verteidigungsfall unsere Sol-
daten weiterkämpfen würden, wenn erst einmal nukleare Waffen auf deut-
schem Gebiet explodiert wären." [645]

Mit Recht bezeichnet sich Schmidt daher als „auf das Amt recht gut
vorbereitet," [646] und er war zugleich auch der Wunschkandidat der Soldaten auf der Hardthöhe.

---

637 Schmückle, Gerd   a.a.O. S. 138 f.
638 Schmückle, Gerd   a.a.O. S. 155
639 Schmückle, Gerd   a.a.O. S. 153
640 Helmut Schmidt gehörte dem Bundestag zum ersten Mal von 1953 bis 1961 an.
641 Schmückle, Gerd   Ohne Pauken und Trompeten S. 154
642 Schmückle, Gerd   a.a.O. S. 260
643 Schmückle, Gerd   a.a.O. S. 247
644 Schmückle, Gerd   a.a.O. S. 289
645 Schmidt, Helmut   Die Deutschen und ihre Nachbarn S. 144
646 Schmidt, Helmut   a.a.O. S. 128

Später hat Schmidt das Ziel, Kriegsverhinderung durch glaubwürdige Abschreckung zu sichern, zielstrebig verfolgt und wurde in dieser Arbeit – weil auf gleicher Gedankenlinie liegend – konzeptionell von dem damaligen Generalmajor Altenburg als Leiter der Abteilung Militärpolitik (Fü S III) unterstützt. Im Offizierkorps der Bundeswehr gab es – trotz grundsätzlich parteineutraler Haltung – bis Mitte der sechziger Jahre eine vorherrschende tendenzielle Neigung zugunsten konservativer Parteien. Doch später, in der zweiten Hälfte der sechziger Jahre und vor allem während der Kanzlerschaft Brandts, stieg die Sympathie der Soldaten für die SPD. Mit einem großen Vertrauensvorschuss in Öffentlichkeit und Bundeswehr übernahm Schmidt am 22. Oktober 1969 das Kommando auf der Hardthöhe. Dabei hatte er „durchaus gezögert, dem Ruf Willy Brandts und dem Drängen Herbert Wehners zu folgen und das Verteidigungsressort zu akzeptieren." [647] Kanzler Brandt hatte Mühe, ihn zur Annahme des Amtes des Verteidigungsministers zu überreden, denn Schmidt wäre lieber Fraktionsvorsitzender der SPD im Bundestag geblieben. [648] Seine Frau Loki schenkte ihm eine

„noch nicht geöffnete Esskastanie – mit Stacheln an der Außenhaut – und sagte: >Mit der Bundeswehr wird es dir wohl ähnlich gehen wie mit dieser Kastanie – das Innere wird sich als durchaus genießbar erweisen.< Damit hat sie recht behalten: Schon nach wenigen Monaten hatte ich mich mit unseren Streitkräften identifiziert. Und ich war sogar stolz darauf, ein halbes Jahrhundert nach der kurzen, unglücklichen Wehrministerzeit Gustav Noskes der erste sozialdemokratische Befehlshaber einer deutschen Armee zu sein." [649]

Mit Schwung führte Schmidt ab Herbst 1969 eine „Kritische Bestandsaufnahme" der Bundeswehr durch und schloss sie binnen eines halben Jahres ab. Es gab eine Vielzahl von Klausuren und Konferenzen, Arbeitstagungen mit Kommandeuren, Kompaniechefs, jungen Offizieren, Unteroffizieren, Zivilbediensteten und Vertrauensleuten. Eine Wehrstrukturkommission erarbeitete Vorschläge für eine größere Wehrgerechtigkeit. Schmückle schreibt dazu:

„Als Verteidigungsminister brachte er zuerst eine nervöse Unruhe in die Truppe. Dann aber gelang es ihm, bleibendes Erbe, Hochschulen für Offiziere zu gründen und dem Beruf ein neues Niveau zu geben." [650]

In der Vorrede seines 1987 erschienenen Buches „Menschen und Mächte" dankt Schmidt pauschal u. a. auch Soldaten, die „Einfluss auf mein Urteil und mein Handeln gehabt" hätten; Namen nennt er im Buch nicht, doch wird die Bundeswehr wiederholt erwähnt. In seinem Buch „Weggefährten" hingegen spielen Soldaten und Bundeswehr eine Nebenrolle, trotz seiner Zeit als Verteidigungsminister. Doch bei einem so breit angelegten und erfüllten, langen Leben mit vielseitigen, vor allem auch künstlerischen Interessen wie dem von Helmut Schmidt ist dies nicht verwunderlich; und auch bei Strauß, Apel und von Weizsäcker ist es nicht anders. Hinzu kommt, dass in einer Funktion wie der eines Verteidigungsministers keine Freundschaften und engere Bindungen mit Untergebenen entstehen. Wohlwollend nennt Schmidt General de Maizière, „das Gegenteil eines draufgängerischen Haudegens oder eines tollkühnen Jagdfliegers," einen „herausragenden Generalinspekteur." [651]

„Anders als die meisten Generale war er tief in die Probleme des Spannungsverhältnisses zwischen soldatischem Denken, das sich an Befehl und Gehorsam orientiert, und dem verfassungs- und rechtsstaatlichen Denken des aufgeklärten Staatsbürgers eingedrungen." [652]

Schmidt habe bei de Maizière und Zimmermann die „fachliche Urteilskraft, ihre Courage zum Widerspruch und ihre Verschwiegenheit" geschätzt [653] und bedauerte zugleich, dass er Zimmermann, der im Amt verstarb, nur kurz erlebt habe. [654] Er lobt die große Hilfe durch General Graf Baudissin und den späteren Brigadegeneral Fritz Beermann bei der Konzipierung einer modernen Bundeswehr,[655] die Leistung der Grafen Baudissin und Kielmansegg bei der Entwicklung des Konzeptes der Inneren Führung und des Bürgers in Uniform,[656] sowie seinen bewährten Oberstarzt Dr. Wolfgang Völpel, [657] den Chef des Bundeswehrkrankenhauses in Koblenz. Schmidts Vertrauen in die ärztlichen Fertigkeiten und Kenntnisse seines Leibarztes übertrug sich gleichzeitig auf das Ansehen des Sanitätswesens der Bundeswehr.

Schmidts Urteil über die bereits im Juni 1969 vorgelegte und nach ihrem Bekanntwerden in Medien, Parteien und Öffentlichkeit umstrittene Denkschrift von Heeresinspekteur Schnez ist ausgewogen. Zwar nennt er sie „unklug", bescheinigt ihr aber, dass sie auch vieles Richtige enthielte, „das in den Zeitungen leider kaum abgedruckt oder zitiert wird." [658] Auch daran zeigt sich Schmidts militärischer Sachverstand. Schmidt habe der

647 Schmidt, Helmut a.a.O. S. 126
648 Schmidt, Helmut Handeln für Deutschland S. 167
649 Schmidt, Helmut Die Deutschen und ihre Nachbarn S. 128
650 Schmückle, Gerd Ohne Pauken und Trompeten S. 331
651 Schmidt, Helmut Weggefährten S. 477
652 Schmidt, Helmut a.a.O. S. 475
653 Schmidt, Helmut a.a.O. S. 433
654 Schmidt, Helmut a.a.O. S. 465
655 Schmidt, Helmut a.a.O. S. 416
656 Schmidt, Helmut a.a.O. S. 475
657 Schmidt, Helmut a.a.O. S. 290 und 467
658 Ebenda

versammelten Generalität deutliche Kritik zwar nicht erspart, diese aber nicht öffentlich gemacht. Eine Kette von Generalsentlassungen, die damals politisch gefordert worden war, hatte Schmidt abgelehnt. Sie sei weder für die Armee, noch innen- oder außenpolitisch vertretbar. Schmidt hielt General Schnez als Inspekteur des Heeres bis zu dessen Pensionierung im Jahre 1971 im Amt.

Schmidt hatte entschieden, die Haartracht der Soldaten der Mode entsprechend freizugeben. Diese Entscheidung brachte Unruhe und unnötige Reibungsverluste in die Truppe (Spitzname: „Hair-Force"). Bei einer Arbeitstagung mit Vertrauensmännern der Mannschaften im November 1970 erklärte Schmidt, dass es sowohl sehr gute Soldaten mit Bart und langen Haaren gäbe, wie diese Indizien wiederum nicht per se ein Beweis für die militärischen Qualitäten aller Langhaarigen seien. Der Haar-Erlass wurde 1972, als die negativen Folgen immer spürbarer wurden, revidiert. Ob dem schneidigen ehemaligen Offizier Schmidt, der bis heute großen Wert auf ein gepflegtes Äußeres legt, jene langhaarigen, ungepflegten Landsknechtsfiguren gefallen haben, ist nicht überliefert, aber es darf stark bezweifelt werden. Der Haar-Erlass war eine jener politischen Entscheidungen, die mit einiger Wahrscheinlichkeit gegen eigene Überzeugung und besseres Wissen getroffen worden war. Er wird aber erklärbar durch den Ausspruch Schmidts

„In der Politik hat keine Emotion und keine Leidenschaft Platz außer der Leidenschaft zur Vernunft." [659]

Gefühle und Neigungen waren ausgeblendet. Schmidt allerdings stand zu diesem Grundsatz und bewies dies auch durch die Gelassenheit, mit der er auf die öffentliche Kritik des Kommandierenden Generals des II. Korps, Generalleutnant Wilhelm Thilo, reagierte (Siehe S. 397)..Aber auch die Macht eines Verteidigungsministers hat offenbar Grenzen: General Schmückle schildert, dass er als Planungschef im Ministerium als Nachfolger von Theo Sommer und zugleich als Divisionskommandeur im Gespräch war, sich Schmidt aber weder mit der einen, noch der anderen Verwendung für ihn durchsetzen konnte. [660]

Nur drei Jahre – unterdurchschnittlich lang – residierte Schmidt auf dem Hardtberg. Am 10.Juli 1972 – nach dem Rücktritt von Minister Karl Schiller – verließ er das Ressort und übernahm das Doppel-Bundesministerium für Wirtschaft und Finanzen. Zwei Jahre später, 1974, als Bundeskanzler wurden seine Bindungen zur Bundeswehr von Amts wegen lockerer. Als Leber vom Amt des Ministers zurücktrat, zwang Kanzler Schmidt Hans Apel gegen dessen massiven Widerstand in das Amt des Verteidigungsministers. Stundenlang versuchte er, den sich sträubenden Apel zu überreden. Schmidt als altem Soldaten war zweifelsfrei bewusst, was er der

Bundeswehr mit dieser Entscheidung zumutete, doch er nahm Apel und die Armee in die Pflicht. Auch dieses Beispiel zeigt, dass auch Politiker mit militärischer Erfahrung keineswegs per se im Sinne der Streitkräfte entscheiden. In zahllosen Gesprächen und Interviews nach seiner Kanzlerschaft und seinem Ausscheiden aus der aktiven Politik stellte er seine soldatische geprägte, preußische Dienstauffassung und Pflichterfüllung heraus. Selbst als Mitherausgeber, Verleger und Geschäftsführer der ZEIT ab 1983, verbarg Helmut Schmidt seine Affinität zum Militär nicht.

„In Einstellungsgesprächen unterdrückte er bei Männern selten die Frage: >Haben Sie gedient?<" [661]

Im Dezember 2003 ehrte die Bundeswehr ihren fünften Verteidigungsminister, in dem die Bundeswehr-Universität der Hansestadt, die ihr Entstehen seinem Wirken verdankt, sich noch zu dessen Lebzeiten seinen Namen gab. Schmidt hatte den Aufbau der beiden Universitäten der Bundeswehr in Hamburg und München, die am 1. Oktober 1973 ihren Betrieb aufgenommen hatten, maßgeblich gefördert und vorangetrieben.

* Georg Leber

Georg Leber kam am 7. Oktober 1920 in Obertiefenbach bei Limburg an der Lahn als Sohn eines Maurers zur Welt. Nach einer kaufmännischen Lehre wurde er am 1. Dezember 1939 – wenige Wochen nach seinem 19. Geburtstag – zum Luftnachrichtenregiment 6 nach Gütersloh eingezogen und dort im Funkdienst ausgebildet. Nach dem Ende der Ausbildung wurde Leber im Juni 1940 zur II. Gruppe des Jagdgeschwaders 54 „Grünherz" nach Waalhaven bei Rotterdam versetzt; der Verband war erst im Februar 1940 in Böblingen aufgestellt worden. Während des Krieges war unter Lebers Geschwaderkommodoren Oberstleutnant Hans Trautloft und unter seinen Gruppenkommandeuren Dieter-Adolf Hrabak (1914-1995), die beide später in der Bundeswehr in die Generalsebene der Luftwaffe aufstiegen. Beide schieden jedoch bereits 1970 aus dem aktiven Dienst und damit bevor Georg Leber die Bundeswehr übernahm. Während des Luftkampfes gegen England war die Einheit an der französischen Kanalküste im Raum Cherbourg und Calais stationiert. Im April 1941 verlegte der Verband in den Raum Graz und nahm danach bis Ende Mai am Feldzug gegen Jugoslawien teil. Im Juni 1941 erfolgte die Verlegung nach Trakehnen in Ostpreußen. Ab dem 21. Juni 1941 stand Lebers Verband, die

---

659 zitiert in: Zeitpunkte Heft 1/2004 S. 3
660 Schmückle, Gerd Ohne Pauken und Trompeten S. 325 f.
661 Sommer, Theo Macher und Moralist in: Zeitpunkte Heft 1/2004 S. 9

II. Gruppe des Jagdgeschwaders 54, kreuz und quer in Russland im Einsatz: zunächst im Nordabschnitt vor Leningrad, später im Rahmen der
Heeresgruppe Mitte, danach im Süden und am Ende des Krieges wieder
im Norden. Im Sommer 1943 wurde er zum Unteroffizier befördert und
führte als solcher an vorderster Front einen schweren Funktrupp, der die
Verbindung zwischen dem Jagdgeschwader und der Infanterie herstellte
und hielt, um die Luftunterstützung sicherzustellen. Bei einem Gefecht auf
der Frischen Nehrung wurde Leber am 2. Februar 1945 schwer verwundet.
Von Pillau in der Danziger Bucht verlegte man ihn auf einem Schiff der
Marine – quer durch die verminte Ostsee – nach Kiel und von dort in ein
Lazarett nach Rendsburg. Als Verwundeter kam er nicht in britische
Kriegsgefangenschaft.

Im Jahre 1947 trat Georg Leber in die SPD ein und war von 1957 bis
1983 ununterbrochen Mitglied des Deutschen Bundestages. Zwischenzeitlich leitete er von 1966 bis 1972 im Kabinett der Großen Koalition
unter Kanzler Kiesinger das Verkehrs- und zwischenzeitlich ab 1969 auch
das Postressort. Leber übernahm am 10. Juli 1972 als Nachfolger von
Helmut Schmidt das Bundesministerium der Verteidigung. Leber stand –
im Gegensatz zu einigen seiner Parteifreunde – zur NATO und zur nuklearen Abschreckungsstrategie sowie zum unvermindert hohen Verteidigungsbeitrag. In seinen Erinnerungen unter dem Titel „Vom Frieden" legt
er das Bekenntnis eines Mannes ab, der Militär und Frieden nicht als
Gegensatz ansieht. Seine engsten militärischen Berater bleiben jedoch –
bis auf Admiral Zimmermann – unerwähnt und namenlos im Halbschatten, obwohl er seine Zeit auf der Hardthöhe ausführlich beschreibt.
Leber arbeitete in seiner fast sechsjährigen Amtszeit viereinhalb Jahre mit
Zimmermann als Generalinspekteur zusammen; nach dessen Tod folgte
General Wust. Leber berief mit General Dr. Schnell erstmals einen Soldaten zum Staatssekretär und damit in die Leitungsebene des Ministeriums,
ein mutiger Schritt zu damaliger Zeit.

*„Aufsehen und zum Teil auch heftigen Widerspruch erregte es, als ich mir
einen General als Staatssekretär holte. Der General genoß als Person wie
auch als Befehlshaber ... hohes Ansehen. Aber einen General zum
Staatssekretär,.... zu machen, das würde doch das ganze Gebäude von der
strengen Trennung zwischen der politisch-zivilen Oberverantwortung über
das militärische in Gefahr bringen."* 662

Lebers Weitsicht wird bei der Schilderung eines Vorfalles deutlich, der
sich Abend des 11. Septembers 1972 während der Abschlussfeier der Olympischen Spiele in München – genau 29 Jahre vor jenen Terroranschlägen
in den USA im Jahre 2001 – ereignete. Er erhielt die Meldung von einem
angeblich in Stuttgart gestohlenen Flugzeug, das – mit Flugrichtung Mün-

chen – möglicherweise über dem Olympiastadion Bomben abwerfen würde. Leber wartete mit der Feigabe des Waffeneinsatzes an die Alarmrotte
des Jagdgeschwaders 74 aus Neuburg.

*„Es waren zwei, drei sehr lange Minuten. Es drängte mich auch niemand
von meinen anwesenden militärischen Beratern."* 663

Dann stellte sich heraus, dass es ein voll besetztes finnisches Zivilflugzeug war, dessen Radaranlage ausgefallen war.

*„Von dem Vorfall blieb vieles im dunkeln. Es wäre aber gut, wenn er einmal juristisch und politisch aufgearbeitet würde. Niemand kann ausschlie
ßen, daß er sich in ähnlicher Form wieder einmal ereignet."*

Auch seine Vorstellungen hinsichtlich einer engeren militärischen Zusammenarbeit zwischen der Bundesrepublik und Frankreich, die er jedoch nur auf das freie Wahlrecht hinsichtlich des Grundwehrdienstes bezog, waren richtungsweisend und wurden später, wenn gleich in anderer
Form, in der Deutsch-Französischen Brigade und im Euro-Korps umgesetzt. Leber besaß zwar anfangs nicht die umfassenden militärstrategischen Kenntnisse seines Vorgängers, aber dies war für die Armee nachrangig. Was zählte waren seine Aufrichtigkeit, seine Glaubwürdigkeit und die
positive Einstellung zu den Streitkräften. Bald genoss er besonders aufgrund seines menschlichen Umgangs mit den Soldaten aller Dienstgradgruppen hohes Ansehen, das ihm den Namen „Soldatenvater" einbrachte.
Schmückle schreibt dazu:

*„Der Hesse Leber war anders konstruiert als der Hamburger Schmidt;
bescheiden im Auftreten und warmherzig. Mit abwägendem Verstand beobachtete er die politische Szene. Auf Schaugeschäfte verzichtete er. .... In kürzester Zeit war er der angesehenste Verteidigungsminister in der westlichen
Allianz."* 664

Seine Glaubwürdigkeit und seine aufrechte Art verschaffte ihm, dem
Unteroffizier im Zweiten Weltkrieg, hohes Ansehen und große Autorität
unter den Soldaten, aber auch in der Allianz. Auch gegenüber der
Generalität und Admiralität pflegte er einen Umgangston, der weder unterwürfig noch arrogant war. Nicht von ungefähr kam es in seiner Amtszeit zur Aussöhnung zwischen bewaffneter Macht und Gewerkschaften,
die General von Schleicher vierzig Jahre zuvor vergeblich versucht hatte.
Helmut Schmidt schreibt, Leber „habe dieses Amt geliebt" und zitiert den
Ausspruch eines ungenannten Generals:

---

662 Leber, Georg Vom Frieden S. 218
663 Leber, Georg a.a.O. S. 230
664 Schmückle, Gerd Ohne Pauken und Trompeten S. 331
665 Schmidt, Helmut Weggefährten S. 456

„Genaugenommen ist ein Gewerkschaftler als Verteidigungsminister ein Idealfall für die Bundesrepublik."[665]

Im Innenleben der Bundeswehr kam es zu Änderungen und Klarstellungen. Der Grundwehrdienst wurde am 1. Januar 1973 von 18 auf 15 Monate verringert und blieb bis zur Wiedervereinigung mehr als 17 Jahre auf diesem Niveau.

Die Gesamtstärke der Streitkräfte wurde auf 495.000 Soldaten festgelegt. Leber nahm die neue Wehrstruktur in Angriff, mit der Präsenz und Kampfkraft der Bundeswehr gestärkt werden sollten; so erhielt das Heer drei zusätzliche Brigaden. Mittels einer Verfügungsbereitschaft konnte die Truppenstärke bei Bedarf um rund 30.000 Mann rasch aufgestockt werden. Im Jahre 1973 nahmen die beiden Universitäten der Bundeswehr in Hamburg und München ihren Dienstbetrieb auf. Zwei Jahre später, 1975, wurden die ersten fünf weiblichen Sanitätsoffiziere aufgrund freiwilliger Verpflichtung in der Laufbahn der Offiziere des Sanitätsdienstes ernannt. Am 1. Februar 1978 – nach sechs erfolgreichen Jahren – trat Georg Leber vom Amt des Ministers zurück und übernahm damit die politische Verantwortung für einen ungenehmigten Lauschmitteleinsatz des Militärischen Abschirmdienstes. Doch dies war offenbar nur jener Tropfen, der das Fass zum Überlaufen brachte – die Gegner Lebers in der eigenen Partei und bei der Opposition hatten sich formiert.

„Je stärker der Stern Lebers in Brüssel erstrahlte, desto mehr verblaßte er in Bonn. Viel Neid war im Spiel, auch politisches Konkurrenzdenken. Der Opposition war ein so beliebter Verteidigungsminister wenig erwünscht. In der Sozialdemokratie regte sich ideologische Kritik: Leber sei zu sehr >Vater der Soldaten,< zu sehr Aussöhnungspolitiker zwischen >Arbeiterbewegung und Armee,< zu sehr ein >Mann des westlichen Bündnisses.< Dies alles genügte, die Position des Ministers zu schwächen, nicht aber ihn zu stürzen. Dazu bedurfte es der Aufdeckung eines Spionagefalls und dessen unzureichender Behandlung durch das Verteidigungsministerium."[666]

Dass diese Einschätzung Schmückles wahrscheinlich zutreffend ist, zeigt die Tatsache, dass bei Lebers Abschiedsfeier kein Vertreter der christdemokratischen Opposition anwesend war. Am 17. Februar 1978 übergab er das Amt an seinen Nachfolger Hans Apel. Danach blieb er – ab 1979 als Bundestagsvizepräsident – weiterhin in der Bundespolitik, zog sich jedoch im Jahre 1983 aus dem aktiven politischen Leben zurück.

* Dr. Hans Apel

Hans Apel wurde am 25. Februar 1932 in Hamburg-Barmbek geboren. Sein Vater hatte im Zweiten Weltkrieg an der Ostfront gekämpft und war als einer der letzten Soldaten aus dem Kessel von Stalingrad hinausgeflogen worden. Der Krieg in Russland hatte ihn geprägt, und er übertrug diese schweren Erfahrungen auf seinen Sohn Hans, den er nach dem Tod seiner Frau im Jahre 1946 allein großzog. Er wurde Christ und hoffte, dass „unser Land nie wieder Soldaten haben werde." [667] Keine Frage, dass er die von Adenauer betriebene Wiederbewaffnung strikt ablehnte. Im Jahre 1965 starb er.

Als junger Mann schloss sich Hans Apel dem Sozialistischen Deutschen Studentenbund (SDS) an. 1965 gewann er in Hamburg ein Direktmandat der SPD und wurde mit 33 Jahren Mitglied des Deutschen Bundestages. 1968 reiste er mit einer Delegation seiner Fraktion nach Athen. Bei einem Empfang von Vertretern der Militärjunta warf Apel dem griechischen Innenminister, General Pattakos, vor, die griechische Demokratie zu zerstören. Dieser fragte ihn, ob er gedient habe. Als Apel dies verneinte, sagte Pattakos zu ihn, dann solle er gefälligst seinen Mund halten. [668] Es war das erste und letzte Mal, dass er von einem Soldaten, noch dazu einem fremden, auf diese schroffe Weise gemaßregelt wurde, bemerkt Apel in der Rückschau. Am 1. Februar 1978 war Verteidigungsminister Leber zurückgetreten. Bereits wenige Monate zuvor, in der Adventszeit 1977, hatte Bundeskanzler Helmut Schmidt seinen Finanzminister Apel als Nachfolger im Auge und ihn in stundenlangen Gesprächen auf einen etwaigen Wechsel auf die Hardthöhe einzustimmen versucht. Es war „eine schwierige Arbeit, Apel für die neue Aufgabe zu gewinnen," schreibt Schmidt, [669] die Streitkräfte seien ihm ziemlich fremd gewesen. Doch Schmidt verwies auf Apels internationale Erfahrung als ehemaliger Staatssekretär im Auswärtigen Amt und als Behördenchef des Finanzressorts; überdies spräche er Englisch und Französisch. Die Einwände Apels, er sei niemals Soldat gewesen und könne nicht einmal die Rangabzeichen genau unterscheiden, [670] wischte der Kanzler beiseite. Doch Apel wehrte sich lange gegen den Wechsel ins Verteidigungsressort. Er spürte, dass er nicht die richtige Wahl war.

„Vor 23 Jahren bin ich im Kampf gegen die Wiederaufrüstung in die SPD eingetreten. Daraus habe ich nie ein Hehl gemacht. Mir ist das Militärische fremd. Tradition besitzt für mich nur einen Wert, wenn sie uns beim Zusammenleben hilft. Im Traum habe ich nicht daran gedacht, je Verteidigungsminister zu werden." [671]

---

666 Schmückle, Gerd a.a.O. S. 343
667 Apel, Hans Der Abstieg S. 10
668 Apel, Hans a.a.O. S. 16 f.
669 Schmidt, Helmut Weggefährten S. 457
670 Apel, Hans a.a.O. S. 26
671 Apel, Hans a.a.O. S. 29

Noch 1975 hatte Apel erklärt, er würde es sicher ablehnen, böte man ihm einmal das Amt des Verteidigungsministers an. Doch schließlich beugte er sich dem Willen des Kanzlers. Die Befindlichkeiten der Bundeswehr, einen Mann vorgesetzt zu bekommen, der die Streitkräfte im Inneren vehement ablehnt, spielen bei der Besetzung des Dienstpostens aus politischer Sicht keine Rolle. Die Personaldecke der Parteien ist oft zu kurz, um geeignete Bewerber für ein Amt zu finden. Dann kommen Notlösungen zum Zuge. In der Rückschau urteilt Schmidt, dass „all dies ... ihn zu einem guten Verteidigungsminister ... " hat werden lassen, [672] eine Bewertung, die vor allem in der Armee von nicht wenigen anders gesehen wird. Es war nicht nur Apels innere Ablehnung der Bundeswehr, das für Vorbehalte sorgte. Apel trug auch durch seine, nicht selten die Grenze des guten Geschmacks überschreitende Schnodderigkeit und die bewusste Verletzung von Stil und Form, dazu bei, dass er auf Ablehnung stieß. Wenn einerseits von militärischen Vorgesetzen ein korrekter Umgang mit den Untergebenen verlangt wird, wirkt es unglaubwürdig, wenn ausgerechnet der oberste Dienstherr dagegen verstößt. Auch bei Nicht-Soldaten kam seine Art offenbar nicht gut an. Apel schreibt – halb resignierend, halb beleidigt – , dass man auch im Finanzministerium offenbar erleichtert war, als er das Ressort verließ und ihn dies spüren ließ. [673] Zu einer Überprüfung und Korrektur seines Verhaltens führte es aber nicht. Anfang Mai 1978 absolvierte Apel seinen ersten Truppenbesuch beim Heer, zunächst im Rahmen einer großen Waffenschau in Munster, danach bei der Heeresfliegerwaffenschule in Bückeburg. Die Demonstrationen rissen ihn „nicht zu Begeisterungsstürmen" hin, gesteht Apel, aber dies verlangte auch niemand. Apel gab sich den Anschein, dass er auch diesen Teil der Streitkräfte ernst nahm, hat doch „jedermann Anspruch darauf." Apel schreibt,

„ich muß sicherstellen, daß ich das Militärische ernst nehme. Äußere Form heißt auch innerer Zusammenhalt, Bindung von Menschen untereinander und an die Sache. Deshalb schreite ich Ehrenformationen ab, zeichne Offiziere aus und nehme Meldungen entgegen. Die Menschen haben ein Recht darauf, daß ihr Verhaltens- und Ehrenkodex ernst genommen wird. Doch ich habe die Pflicht sicherzustellen, daß ich nicht davon vereinnahmt werde." [674]

Offenbar agierte er wie ein Schauspieler, der in eine Rolle schlüpft. Kießling kritisiert zu Recht, dass Apel seine Frau anlässlich der Kommandeurstagung der Bundeswehr in Saarbrücken im April 1978 mit in den Tagungsraum genommen und Generalinspekteur Wust dies auch noch mit Freude begrüßt habe.

„Das vom Fernsehen verbreitete Bild, mit welchem Kotau ihn ein hoher General bei seinem Eintreffen .... begrüßte, ist ein Dokument peinlicher Unterwürfigkeit deutscher Militärs." [675]

Auch der Bundeskanzler nimmt seine Ehefrau nicht zu Kabinettssitzungen mit. Dies hat nichts mit „unkonventionell" zu tun, es ist auch eine Frage der Geheimhaltung.

Es wäre Aufgabe des Generalinspekteurs gewesen, den Minister auf die Einhaltung gewisser Grundregeln hinzuweisen. Andererseits sind militärische Formen nicht in jeder Situation angebracht. Apel schildert, wie er einmal mit seiner Fußballmannschaft „Hans Apel und Consorten" in Oldenburg zu Gast war.

„Als ich kurz vor dem Anpfiff in grün-weißem Dreß aus den Umkleidekabinen komme, tritt General Glanz vor und baut sich vor mir auf. Mit fester Stimme ruft er: >Herr Minister, ich begrüße Sie im Standort Oldenburg, keine besonderen Vorkommnisse.< Da stehe ich nun in Kniestrümpfen und kurzer Hose und weiß nicht, was ich sagen soll." [676]

Doch hätte Glanz den Minister nicht wahrnehmen sollen? Dieser ist rund um die Uhr Oberbefehlshaber und bleibt dies auch im Fußballdress. Vielleicht wäre eine „zivilere" Begrüßung zweckmäßiger gewesen. Allerdings schätzte Apel Generalleutnant Meinhard Glanz, der später von Oktober 1981 bis 1984 noch ein Jahr unter Apel Inspekteur des Heeres war, trotz des grundverschiedenen Charakters als „soliden und überzeugend sachverständigen Mann." Auf die Frage in einer Fernsehdiskussion, ob es nicht nur Show sei, wenn er sich als Verteidigungsminister zu den Soldaten ins Gras setze, während die Generale stehen blieben, antwortete Apel, vielleicht hätten diese „Angst um ihre Hosen." [677] Apel als Guru der Inneren Führung ist eine seltsame Vorstellung, bedenkt man seinen Umgang mit hohen Offizieren. Überdies soll er die Innere Führung einmal spöttisch als „demokratische Heilslehre" bezeichnet haben. [678] Jahre später fragte er einmal Generalinspekteur Brandt, wie weit er es wohl als Berufssoldat gebracht hätte. Brandt antwortete offen:

„Herr Minister, ihr analytischer Verstand, Ihr schnelles Erfassen der wesentlichen Dinge, ihre Kraft befähigen Sie zum Generalinspekteur. Aber Ihr Auftreten, ihre legere Art hätten Ihre Karriere spätestens beim Major gestoppt." [679]

---

672 Schmidt, Helmut a.a.O. S. 457
673 Apel, Hans a.a.O. S. 31
674 Apel, Hans a.a.O. S. 47
675 Kießling, Günter a.a.O. S. 358
676 Apel, Hans a.a.O. S. 56
677 Apel, Hans a.a.O. S. 47
678 Meyer, Georg Vom Kriegsgefangenen zum Generalinspekteur S. 264
679 Apel, Hans a.a.O. S. 46 f.

Am Freitag, dem 7. Juli 1978, erhielt eine Kaserne in Essen-Kray den Namen von Bundespräsident Gustav Heinemann. Apel, der Heinemann von Jugend an verehrt hatte, war einer der Befürworter dieser unter Soldaten umstrittenen Aktion, wissend, dass „die Bundeswehr ... Schwierigkeiten mit ihm" hatte. Apels Begründung war, dass Heinemann Staatsoberhaupt gewesen war, in gesetzten Worten über die Landesverteidigung und die Rolle der Bundeswehr gesprochen, gegen die Teilung Deutschlands gekämpft und sich zu Nazi-Deutschlands Schuld bekannt hätte. Ehrenwerte und wichtige Kriterien zweifelsohne, doch sind sie ausreichend, um eine Namensgebung im militärischen Bereich rechtfertigen? Muss jeder Bundespräsident auch zugleich ein Vorbild für die Streitkräfte, die Soldaten sein? Und muss dieses Vorbild verordnet werden? Auch diese Namensgebung ist ein Beispiel, wie wenig auf den Verhaltens- und Ehrenkodex der Armee, den Apel selbst als wichtig bezeichnet, durch die Politik Rücksicht genommen wurde und wird.

Wie bereits zu Lebers Zeiten blieb die Führungsakademie auch unter Apel unverändert im Zentrum misstrauischer Beobachtung seitens linker Dozenten und Politiker. „Für die führenden Militärs ist die Führungsakademie von strategischer Bedeutung," schreibt Apel.

„Leber hatte es zugelassen, daß sich der Einfluß der Militärs an den Führungsakademien schrittweise steigerte. Die Auseinandersetzung über die richtige Ausbildung unserer Stabsoffiziere war vorprogrammiert. So kommt es bei meinem ersten Auftritt an der Führungsakademie zu einem handfesten Krach mit deren Kommandeur. .... Mit einer Sofortmaßnahme verschaffe ich den angehenden Generalstabsoffizieren spürbare Erleichterung. Ich reduziere den Unterrichtsstoff um fünf Prozent, um auf diese Weise mehr Raum für Kreativität zu schaffen."[680]

Apels Darstellung seines Besuches ist geschönt und weicht von den Eindrücken des Verfassers ab, der den Antrittsbesuch Apel in Blankenese miterlebte. Kaum hatte Generalmajor von zur Gathen (1924- 2002), der Kommandeur, seinen Kurzvortrag über Auftrag und Gliederung der Akademie begonnen, unterbrach ihn Apel recht rüde. Er, von zur Gathen, solle nicht glauben, er sei blauäugig. Weshalb er verboten habe, dass ihm keine Probleme vorzutragen seien?![681] Apel selbst klärte den Sachverhalt auf: er habe am Vortag einen bekannten Offizier der Akademie zu sich nach Hause eingeladen, um sich informieren zu lassen. Gathen war einen Augenblick sprachlos, denn er kannte jenes Schreiben nicht, das in seinem Auftrag verteilt worden war und setzte seinen Vortrag dann souverän fort. Dies zeigt, welche Mittel in diesem politischen Ränkespiel zum Einsatz kamen. Bei Gesprächen mit Wehrpflichtigen hingegen spielte Apel den fürsorglichen Kameraden. Nach fünfzehn Monaten im Amt stellt Apel fest, er habe keine Probleme im Umgang mit den Menschen:

*„Aber wenn ich eine Front abschreiten und „Guten Morgen, Soldaten"
brüllen soll, bin ich ziemlich hilflos. Meine Frau sagt, sie sehe mir förmlich
an, wie mir das alles innerlich widerstrebe. Recht hat sie. Ich finde es widerlich, wenn andere so unnatürlich vor mir strammstehen müssen und ich an
ihnen in bedeutender Pose vorbeitrabe. Und dazu noch die dauernden
Meldungen der Einheitsführer. Ich mache das alles mit, weil ich nicht weiß,
wie ich es ändern soll. Aber wenn es wieder einmal geschafft ist, bin ich ganz
besonders erleichtert."* [682]

Diese ehrliche Aussage Apels ehrt ihn, aber sie ist zugleich ein Armutszeugnis.

Apel, der selbst aus hanseatischer Tradition die Annahme von Orden
ablehnt, stiftete aus Anlass des 25-jährigen Bestehens der Bundeswehr
1980 das Ehrenkreuz der Bundeswehr. Apel veranlasste 1982 eine Untersuchung über die personelle Bedarfsdeckung der Bundeswehr in den
neunziger Jahren und schloss dabei auch die Möglichkeit freiwillig die-
nender Soldatinnen nicht aus. Erst viel später wurde dies realisiert. Im
Februar 1982 lud Apel anlässlich des 70. Geburtstages von General a.D. de
Maizière zu einem Empfang, eine Geste, mit der er den allseits respektier-
ten ehemaligen Generalinspekteur ehrte. General Schmückle urteilt über
Apel aus der Sicht desjenigen, der den Verteidigungsminister auf internationalem Parkett erlebt hatte; es ist ein eher bedrückendes Psychogramm
eines deutschen Politikers, und dabei war es keineswegs Apels erste Auslandsverwendung:

*„Hans Apel gab sich autoritär. Brachen bei ihm, fragten wir uns erschro-
cken, alte deutsche Verhaltensmuster wieder durch: rasch beleidigt, nachtra-
gend, belehrend. Er sprach schroff, oft unüberlegt und verzichtete darauf, für
seine Überzeugungen zu werben. Er war rauflustig. Die anderen sollten sich
fügen. Dabei besaß er einen raschen Witz, den er nicht – wie viele Politiker
– nur auf Kosten anderer machte. Kurz: Eine Natur, die auf den ersten Blick
für sich einnahm, um auf den zweiten Blick an ihr zweifeln zu lassen. Den
Generalsekretär Joseph Luns und den >Obersten Alliierten Befehlshaber
Europa< Alexander Haig nahm er gleichzeitig aufs Korn. Er behandelte sie
wie säumige Untergebene."* [683]

680 Apel, Hans a.a.O. S. 98 f.
681 Apel zog die Kopie eines Schreibens im Format DIN A5 hervor. Darin waren die sechs
     Fachgruppenleiter lediglich daran erinnert worden, dem Minister nur die aus ihrer Sicht
     wichtigen Probleme vorzutragen, ihn aber nicht mit Lappalien zu behelligen. Von einer
     Auflage, etwas zu verheimlichen, war keine Rede. Erstaunlich war auch, dass ein, nur in
     siebenfacher Ausfertigung erstelltes, internes Schreiben den direkten Weg zum Minister
     fand.
682 Apel, Hans a.a.O S. 102
683 Schmückle, Gerd Ohne Pauken und Trompeten S. 346

Apel muss viel und oft politisches Porzellan in der NATO zerschlagen haben und hat dabei bisweilen das Bild vom „hässlichen Deutschen" aufleben lassen. Wenn es „zu schlimm" wurde, schreibt Schmückle, „dann rief ich den Bundeskanzler zu Hilfe. Er sorgte – rasch, diskret, geräuschlos – dafür, dass wieder Ruhe eintrat." Eine eigenartige Allianz, aber personelle Konsequenzen blieben aus. Eigentlich ist ein solches Kabinettsmitglied untragbar, aber Parteiräson zählt eben mehr als Qualifikation, und so behielt Kanzler Schmidt Apel vier lange Jahre im Amt.

„*Die Ausfälle, die sich – auch im Apparat des Verteidigungsministeriums – mehrten, wurden daher in Mons (= Sitz des SACEUR) mit zusammengebissenen Lippen ertragen.*

.... Es schien, als seien Apels Überzeugungen als Pazifist und seine Pflichten als Oberbefehlshaber gleichermaßen in Unordnung geraten" [684]

Generalsekretär Luns hatte sich nach dem Eklat in der Nuklearen Planungsgruppe, in der Apel ihm gesagt hatte, erließe sich seine Amtsführung nicht gefallen, beim deutschen Kanzler gemeldet: Schmidt habe den Streit beigelegt Apel schildert den Sachverhalt durch seine Brille:

„*Mitte Oktober kommt es dann in Brüssel während der Sitzung der Nuklearen Planungsgruppe zum Eklat. Da werden uns von den hohen Militärs Pläne zur Modernisierung der in Europa stationierten amerikanischen Atomwaffen so vorgetragen, als sei alles schon beschlossene Sache. Ich weise darauf hin, daß diese Pläne so sehr in die Rüstungskontrollverhandlungen ... eingriffen, daß diese Diskussion nicht allein den Militärs überlassen bleiben dürfe. Wir müßten endlich umfassend politisch verhandeln. Und als sich Nato-Generalsekretär Luns nicht rührt, frage ich: >Wer führt hier eigentlich den Vorsitz?< Luns ruft mich daraufhin zur Ordnung und sagt mir, ich wisse anscheinend noch nicht, daß es im Bündnis niemals nur militärische Entscheidungsprozesse gebe. ... Nun explodiere ich und sage ihm, er sei nicht dazu da, mich zu zensieren. Das klingt dann in Englisch noch gröber, weil die Nuancen fehlen, die mir in meiner Muttersprache zur Verfügung stehen. So etwas hat es im Bündnis noch nicht gegeben: Ein deutscher Minister wird unbotmäßig. Und dann noch ein so junger und ungedienter. Die Beschwerde beim Kanzler ist fällig über einen >ernsten Zwischenfall.< Luns fliegt nach Bonn. Helmut Schmidt beruhigt ihn, ... "* [685]

Apel räumt mit diesen Worten ein, dass er seine Handlungsweise durchaus einzuschätzen wusste – Barmbeker Gepflogenheiten sind international nicht unbedingt hoffähig und anerkannt. Dieses Fehlverhalten auf internationalem Parkett wiegt letztlich schwerer als die Verletzung militärischer Formen.

Nach dem Regierungswechsel trat Apel sein Amt am 4. Oktober 1982 an Manfred Wörner ab. Wenige Tage zuvor wurde Apel mit einem Großen

Zapfenstreich von der Bundeswehr verabschiedet. Er, dem dieses Zeremoniell auch in den vier Jahren seiner Amtszeit als Verteidigungsminister fremd geblieben ist, nennt es salopp und abwertend „Brimborium." Er verkennt damit die Geste der Verneigung und Hochachtung der Streitkräfte vor ihrem scheidenden Oberbefehlshaber und beleidigt letztlich all die vielen Soldaten, die daran teilnehmen. In den, von ihm selbst am 20. September 1982 unterschriebenen „Richtlinien zum Traditionsverständnis und zur Traditionspflege in der Bundeswehr" wird der Große Zapfenstreich als Ausdruck der Zusammengehörigkeit bezeichnet, der einen festen Platz in der Traditionspflege habe. [686] Nur zwei der hohen Militärs, die Generale Glanz als Inspekteur des Heeres und Heinz, der Stellvertreter des Generalinspekteurs, fanden bei Apels Weggang von der Hardthöhe gute, persönliche Worte für den scheidenden Minister, was ihn nicht wunderte. [687]

Nach dem Wechsel im Verteidigungsministerium wurde Apels Haltung in der Kießling/Wörner-Affäre noch einmal auf den Prüfstand gestellt. Ein Freund Kießlings, Heinz Matthias, hatte Apel angerufen und den Ex-Minister um Hilfe für den in Not geratenen General gebeten. Apel half. Die Frage, ob aus Überzeugung oder parteipolitischem Kalkül ist in diesem Falle jedoch unbedeutend. General Kießling sah dies ebenso und lud den ehemaligen Minister Ende März 1983 zu seiner offiziellen Verabschiedung aus dem aktiven Dienst nach Neustadt in Hessen ein. Apel folgte der Einladung und beobachtete sehr klar:

„Ich höre von den Soldaten die üblichen Freundlichkeiten nach dem Motto: Alter Minister, guter Minister. Ich spüre aber auch, wie sich die karrierebewussten Offiziere von Kießling fernhalten. Er geht, der Minister bleibt. Das gibt Orientierung für die, die noch etwas werden wollen."

Sehr klar erkennt Apel hier die selbstgesteckten Grenzen der Kameradschaft innerhalb des Offizierkorps. Unter der Überschrift „Apel war nicht der schlechteste," [688] urteilt Kießling in der Rückschau verständlicherweise milde über ihn. Er schreibt, dass er erst am 30. Oktober 1979 – während seiner Mitarbeit als Kommandierender General LANDJUT in der „De Maizière-Kommission" – zum ersten Mal ein längeres Gespräch mit Apel geführt hatte.

„Wie wohl die meisten meiner Kameraden war ich nach der Amtsübernahme schnell zu dem (Vor-) Urteil gelangt, Apel würde als der schlechteste

---

684 Schmückle, Gerd Ohne Pauken und Trompeten S. 347 f.
685 Apel, Hans Der Abstieg S. 55
686 BMVg Traditionserlass vom 20. September 1982 Nr. 23
687 Apel, Hans a.a.O. S. 224
688 Kießling, Günter Versäumter Widerspruch S. 358

Verteidigungsminister in die Geschichte der Bundeswehr eingehen. Diese Auffassung hatte ich aber bereits korrigiert." [689]

Ein Grund der Korrektur war auch, dass Apel die von Kießling vorgeschlagene und unterstützte Beförderung von Oberst Günter Baer (* 1923) zum Brigadegeneral genehmigte. Baer, ehemaliger Offizier in der Waffen-SS, war zu Unrecht zuvor wegen eines Liederskandals in der 10. Panzerdivision als Kommandeur der Panzerbrigade 28 abgelöst worden. Zwar habe es in der Bundeswehr insgesamt vier Generale gegeben, die im Krieg in der Waffen-SS gedient hatten, aber mit dieser Entscheidung habe Apel Mut gezeigt und dies ehre ihn, schreibt Kießling. „Was interessiert es mich, was B. mit 20 Jahren gewesen ist," hatte Apel an den Beförderungsvorschlag geschrieben. [690] Der zweite Grund für das positive Urteil Kießlings über Apel war dessen Eintreten für ihn.

Vier Jahre nach seinem Ausscheiden nahm Dr. Apel ein weiteres Mal eine Einladung auf die Hardthöhe an: am 30. September 1986 kam er zur Verabschiedung von General Altenburg, zu dem er ein besonderes Verhältnis hatte. Altenburg war unter Apel als Leiter der Abteilung III „Militärpolitik" im Führungsstab der Streitkräfte einer der wichtigsten militärpolitischen Berater gewesen. Apel bereute es, der Einladung Folge geleistet zu haben.

„Als ich das Tschingdarassabum höre und die zackigen Kommandos, geht es ja noch, obwohl es auch kein Spaß ist, die altbekannten Gesichter zu sehen. Und die betrachten mich mit gelangweilter Neugier: Den gibt es ja auch noch. Übel wird mir allerdings, als Manfred Wörner mit stahlhartem Tremolo in der Stimme den >Soldaten< Altenburg preist und über die Bundeswehr in einer Weise redet, die schlimm ist: Auch die Armeen des Ostens hätten Respekt vor der Bundeswehr. Er sagt das so, daß jedermann mehr hört als >Respekt<, nämlich >Angst<."

* Dr. Manfred Wörner

Manfred Wörner wurde am 24. September 1934 in Stuttgart geboren. Im Jahre 1953 legte er sein Abitur ab. Bereits während seiner Studienzeit wurde sein Interesse an Sicherheits- und Verteidigungspolitik deutlich; in seiner Dissertation untersuchte er die „Verteidigungsbeziehungen zwischen den alliierten Ländern." Manfred Wörner gehörte zu den „Weißen Jahrgängen;" er war bereits 21 Jahre alt, als die Bundeswehr aufgestellt wurde. Bereits mit einunddreißig Jahren, 1965, wurde Wörner in den Bundestag gewählt. Von 1976 bis 1980 war er Vorsitzender des Verteidigungsausschusses. Wörner war – neben Helmut Schmidt – einer der wenigen Politiker, die ihr Interesse an der Bundeswehr nicht zuletzt in einer Reihe von Wehrübungen bekundeten. Als Reserveoffizier in der

Luftwaffe war er bis zum Oberstleutnant aufgestiegen. Für den erfahrenen Jetpiloten war die Fliegerei die größte Leidenschaft. Selbst als Minister ließ er es sich nicht nehmen, bisweilen zu einigen Terminen persönlich mit dem Jet einzufliegen.

Am 4. Oktober 1982 wurde Manfred Wörner nach der Bildung der neuen christlich-liberalen Koalition unter Bundeskanzler Kohl zum Verteidigungsminister ernannt.

Nach der militärdistanzierten Amtszeit Apels, wurde seine Berufung auf die Hardthöhe – wie vormals die von Helmut Schmidt – von den Soldaten begrüßt. Nach vier Jahren übernahm wieder ein ausgewiesener Fachmann und vor allem ein soldatenfreundlicher Politiker das Verteidigungsressort. Von daher war es tragisch, dass Wörner – schon ein Jahr später – letztlich durch eigene Fehler und Versagen im Umgang mit General Kießling in diesem Amt scheiterte. Wörner erkannte seine Schuld und wollte zurücktreten, doch Kanzler Kohl nahm das Rücktrittsgesuch nicht an. Allerdings schwächte diese Affäre Wörners Position im Kabinett. Im Sommer 1987 bat Wörner um ein Treffen mit Kießling. Es war eine kurze, letzte Begegnung, die aber nicht die menschliche Aussöhnung brachte.

In Wörners Amtszeit standen drei Generalinspekteure an der militärischen Spitze der Bundeswehr: Nach dem Regierungswechsel blieb zunächst General Brandt bis zu seinem Ausscheiden aus dem aktiven Dienst im Amt. Danach kam General Altenburg, der 1986 von Admiral Wellershoff abgelöst wurde. Strauß urteilt, Wörner sei „militärhörig" gewesen.

„Wenn der einen General sah, dann stand er im Geiste schon stramm." 691

Vor dem Hintergrund von Wörners Agieren im Falle Kießling erscheint diese Einschätzung jedoch übertrieben. In Wörners Amtszeit fiel im Jahre 1985 das 30-jährige Jubiläum der Bundeswehr mit der bisher größten Feldparade in Bergen-Hohne. Er war der letzte deutsche Verteidigungsminister, dessen Amtszeit vollständig von der Ost-West-Konfrontation bestimmt war, allerdings machten sich die ersten Anzeichen eines Wandels zwischen den Blöcken bemerkbar. So nahmen im März 1987 erstmals Bundeswehroffiziere an einem Manöver des Warschauer Paktes als Beobachter teil.

Die beiden Grundpfeiler der deutschen Verteidigungspolitik, der enge Schulterschluss mit den USA und die zunehmende militärische Annäherung an Frankreich, wurden unter Wörner gefestigt, u. a. mit Aufstellung der Deutsch-Französischen Brigade in Böblingen.

---

689 Kießling, Günter a.a.O. S. 359
690 Ebenda
691 Strauß, Franz Josef a.a.O. S. 275

1988 gab Wörner die Entscheidungen zur Bundeswehrplanung bis zum Jahr 2000 bekannt. Danach blieb es bei der Friedensstärke der Bundeswehr von 495.000 Mann. Für das Heer wurde die Heeresstruktur 2000 gebilligt und für die Luftwaffe der Bedarf für ein neues Jagdflugzeug anerkannt. Ein Jahr später jedoch waren diese Planungen durch den Fall der Mauer überholt.

Wörner blieb bis zum 17. Mai 1988 im Amt. Mit 5 Jahren und 7 Monaten zählt seine Amtszeit – zusammen mit der von Leber – zur drittlängsten nach Rühe und Strauß. Den Umbruch in Deutschland und Europa erlebte er erst in seinem Amt als Generalsekretär der NATO, das er am 18. Mai 1988 als erster Deutscher antrat. An Darmkrebs erkrankt, starb Dr. Wörner am 13. August 1994 als amtierender Generalsekretär. Die Führungsakademie in Hamburg benannte ihr computergestütztes Planübungszentrum „Manfred-Wörner-Zentrum."

* Prof. Dr. Rupert Scholz

Rupert Scholz wurde am 23. Mai 1937 in Berlin geboren. Im Jahre 1957 schloss er seine Schulausbildung mit dem Abitur ab. Als Berliner Bürger war er vom Wehrdienst befreit. Scholz studierte Rechtswissenschaften und Volkswirtschaft in Berlin und München. Später lehrte er als Professor für Öffentliches Recht an der Freien Universität Berlin. Seit 1978 hatte er den Lehrstuhl für Staats-, Verwaltungs- und Finanzrecht an der Universität München inne. In dieser Zeit erwarb er sich einen Ruf als angesehener Grundgesetzkommentator. 1981 begann seine politische Laufbahn, als er zum Senator für Justiz- und Bundesangelegenheiten in Berlin ernannt wurde; er behielt dieses Amt bis 1989. Zudem wurde er von 1985 bis 1988 als Abgeordneter der CDU in das Berliner Abgeordnetenhaus gewählt.

Als Wörner zum NATO-Generalsekretär nach Brüssel berufen wurde, ernannte Kanzler Kohl den Juristen Scholz, der sich bislang weder auf dem Feld der Sicherheits- und Militärpolitik, noch der Streitkräfte profiliert hatte, am 18. Mai 1988 zum Verteidigungsminister. Bis zu diesem Zeitpunkt besaß der Seiteneinsteiger Scholz überdies keine nennenswerte bundespolitische Erfahrung. Das Militär war ihm fremd. Sein militärpolitischer Berater war Admiral Wellershoff. Die Amtszeit von Scholz stand im Zeichen der sich verstärkenden Entspannungspolitik, die auch dadurch deutlich wurde, dass Scholz als erster deutscher Verteidigungsminister – im Rahmen des Kanzlerbesuches Ende Oktober 1988 – nach Moskau reiste. Er traf dort seinen sowjetischen Amtskollegen, Armeegeneral Dmitri T. Jasow und vereinbarte für das folgende Jahr ein Treffen zwischen dem Generalinspekteur der Bundeswehr und dem sowjetischen Generalstabschef.

Am 28. August 1988, nur vier Monate nach seinem Dienstantritt, kam es auf dem NATO-Flugplatz in Ramstein zu einem tragischen Flugunfall während eines amerikanischen Flugtages. Durch die Kollision dreier Maschinen einer italienischen Kunstflugstaffel verloren zahlreiche Besucher ihr Leben. Scholz verbot daraufhin auch für die Luftwaffe jegliche Kunstflugvorführungen. Im Dezember 1988 stellte er die neue Übungskonzeption des Heeres vor, wonach die Zahl von Großverbandsübungen des Heeres mit Volltruppe im freien Gelände von 1990 an um mehr als die Hälfte reduziert wurde. Die Zeit der großen Manöver war vorüber. Am 28. und 29. März 1989 trafen sich zum ersten Mal Offiziere der Bundeswehr und der NVA in Hamburg zu einem Gedankenaustausch – die Ost-West-Konfrontation, die viereinhalb Jahrzehnte das politische Klima in Europa bestimmt hatte, begann zu bröckeln. Einen Monat später – bereits nach dem Wechsel auf der Hardthöhe – Anfang flog Admiral Wellershoff auf Einladung der sowjetischen Regierung als erster Generalinspekteur nach Moskau. Nach dem Tod von Franz Josef Strauß im Oktober 1988 kam es ein halbes Jahr später, im April 1989, zu einem Revirement im Bundeskabinett, als Theo Waigel, der neue CSU-Vorsitzende, das Finanzressort übernahm. Für den einflussreichen bisherigen Finanzminister Gerhard Stoltenberg, der dieses Ministerium seit 1982 erfolgreich leitete und zugleich die norddeutsche CDU repräsentierte, musste ein neuer Kabinettsposten gefunden werden: er wechselte auf die Hardthöhe. Prof. Scholz räumte seinen Stuhl bereits nach elf Monaten. Seine Amtszeit war die bisher kürzeste und wohl auch unbedeutendste eines deutschen Verteidigungsministers.

* Dr. Gerhard Stoltenberg

Gerhard Stoltenberg wurde am 29. September 1928 in Kiel geboren. Als Achtzehnjähriger wurde er im Jahre 1944 als Soldat zur Wehrmacht eingezogen und geriet bei Kriegsende in Gefangenschaft. 1949 macht er das Abitur. Nach dem Studium war Stoltenberg zunächst in der Wissenschaft und Lehre und danach in der freien Wirtschaft tätig. Von 1954 bis 1957 und von 1971 bis 1982 war er Mitglied des Schleswig-Holsteinischen Landtages.

Als Dr. Stoltenberg am 21. April 1989 die Geschäfte des Verteidigungsministers von Prof. Scholz übernahm, konnte er bereits auf eine elfjährige ministerielle Amtszeit zurückblicken und brachte vielfältige politische Erfahrung mit. Bereits im Jahre 1965 war er – mit 37 Jahren – zum ersten Mal als Minister für wissenschaftliche Forschung Mitglied im Bundeskabinett unter Kanzler Kiesinger geworden und hatte diesen Posten bis 1969 bekleidet. Danach leitete er von 1982 bis 1989 das Finanzressort.

Nach Kai-Uwe von Hassel war er der zweite Minister, der Ministerpräsident von Schleswig-Holstein gewesen war; von 1971 bis 1982 hatte er dieses Amt bekleidet und in dieser Zeit enge Kontakte zur Bundeswehr in seinem Bundesland, vor allem zur 6. Panzergrenadierdivision in Neumünster, dem damals kopfstärksten Großverband des Heeres, gepflegt. Stoltenberg arbeitete zunächst mit Admiral Wellershoff als Generalinspekteur zusammen; erst in den letzten sechs Monaten seiner Amtszeit übernahm Naumann dessen Posten. Bereits das erste Jahr von Stoltenbergs Amtszeit brachte eine Fülle von Ereignissen. Zunächst wurde die beschlossene Wehrdienstverlängerung von 15 auf 18 Monate rückgängig gemacht. Im Oktober nahm die neu aufgestellte deutsch-französische Brigade in Böblingen ihren Dienst auf – eine Adenauersche Vision, von Kanzler Kohl vorangetrieben, wurde damit Wirklichkeit. Die wichtigste Zäsur in Stoltenbergs Amtszeit war jedoch der Fall der Mauer 1989 und die sich abzeichnende deutsche Wiedervereinigung. Bei der 31. Kommandeurtagung der Bundeswehr im Juni 1990 in Stuttgart-Fellbach prägte Stoltenberg die Formel „Ein Staat – eine Armee!" Zwei Monate später nahm eine Verbindungsgruppe der Bundeswehr im Ministerium für Abrüstung und Verteidigung in Straußberg ihre Arbeit auf. Stoltenberg stellte im August u. a. folgende Rahmenbedingungen für den Übergang vor:

• Die NVA hört am Tag der Deutschen Einheit auf, zu bestehen. Die Soldaten der NVA werden vorläufig Soldaten der Bundeswehr.

• Die NVA-Verbände werden aufgelöst und neue Bundeswehrverbände aufgestellt.

• Etwa 20.000 Soldaten der ehemaligen NVA werden als Soldaten auf Zeit zunächst probeweise für zwei Jahre von der Bundeswehr übernommen.

• Die Ausbildung von Wehrpflichtigen wird nach Richtlinien der Bundeswehr durchgeführt.

• Das Bundeswehrkommando Ost führt ab dem Tag der deutschen Einheit zentral alle Streitkräfte Ost.

Damit war das Festhalten von Rainer Eppelmann (* 1943), dem Minister für Abrüstung und Verteidigung der DDR im Kabinett Lothar de Maizières, an der „2-Armeen-Theorie" – gleichgültig, ob mangelnde politische Weitsicht oder politisches Kalkül – hinfällig. Allerdings trug sie dazu bei, dass die Lage innerhalb der NVA stabil blieb. Anfang September 1990 begannen 280 Offiziere der NVA an der Offizierschule der Luftwaffe in Fürstenfeldbruck eine Vorlaufausbildung, um auf ihre Aufgaben als Offiziere der Bundeswehr vorbereitet zu werden. Am 3. Oktober 1990, anlässlich der Vereinigung beider deutscher Staaten, erklärte er in einem Tagesbefehl die Übernahme der Befehls- und Kommandogewalt über die Streitkräfte des vereinten Deutschlands – ein bisher in der Militärgeschichte einmaliges Ereignis. Zwei Wochen später, am 19. Oktober 1990, fand das erste öffentliche Feierliche Gelöbnis von Rekruten im Bereich des Bundeswehrkommandos Ost auf dem Marktplatz in Bad Salzungen statt.

Das zweite einschneidende Ereignis in Stoltenbergs Amtszeit war die Krise am Golf, die im Frühjahr 1991 in den 2. Golfkrieg mündete. Die deutsche Haltung hinsichtlich einer Beteiligung war distanziert – ein „klares Nein, aber." Die Bundesmarine verlegte im Spätsommer 1990 Einheiten ins östliche Mittelmeer, wo sie Aufgaben von US-Kriegsschiffen übernahm, die im Rahmen des Aufmarsches gegen den Irak in den Arabischen Golf abgezogen worden waren. Im Rahmen der „Allied Mobile Force" (AMF) der NATO wurden im Januar 1991 Luftabwehreinheiten und 18 Flugzeuge des Typs „Alpha Jet" in den Südosten der Türkei verlegt, um bei einem etwaigen Angriff des Iraks dem Bündnispartner beizustehen. Während des Krieges beteiligten sich auch Bundeswehrsoldaten im Rahmen des Einsatzes von AWACS-Radarflugzeugen der NATO an der Luftraumüberwachung und Feuerleitplanung im Luftkrieg gegen den Irak. Zur Versorgung kurdischer Flüchtlinge kamen im osttürkischen Batman und in Bakhtaran im Iran Anfang Mai mehr als dreihundert Soldaten sowie etwa 40 Transporthubschrauber zum Einsatz. Nach dem Ende der Kampfhandlungen beteiligten sich Einheiten der Bundesmarine von März bis Juli 1991 am Minensuchen und -räumen im Arabischen Golf, und zur Unterstützung von UN-Inspektionen im besiegten Irak wurden Heeresflieger der Bundeswehr eingesetzt.

Am 17. Mai 1991 legte Stoltenberg das neue Stationierungskonzept vor. Es war notwendig geworden, nachdem eine Verringerung des Friedensumfangs der deutschen Streitkräfte bis zum 31. Dezember 1994 auf 370.000 Soldaten vertraglich vereinbart worden war.[692] Am 31. März 1992 trat Stoltenberg von seinem Amt wegen nicht genehmigter Rüstungslieferungen an die Türkei, für die er die politische Verantwortung übernahm, zurück. Nach Strauß und Leber war Stoltenberg der dritte Chef auf der Hardthöhe, der seinen Sessel vorzeitig räumen musste. Seine Amtszeit zählt zwar mit nur drei Jahren zu den kürzeren in der Geschichte der Bundeswehr, doch sie waren geprägt von den vielfältigen und herausragenden Leistungen bei der präzedenzlosen Bewältigung der deutschen Wiedervereinigung. Dr. Stoltenberg starb am 23. November 2001 in Bad Godesberg.

---

692 Die Planungen sahen vor, ab 1995 ungefähr 310.000 Soldaten in den alten und rund 60.000 Soldaten in den neuen Bundesländern zu stationieren. Ziel war die angemessene Präsenz der Bundeswehr im Osten Deutschlands.

* Volker Rühe

Volker Rühe wurde am 25. September 1942 in Hamburg als Sohn eines Lehrers geboren. Rühe zählte nicht zu den „Weißen Jahrgängen" und hätte von daher nach seiner Schulzeit zunächst Wehrdienst leisten müssen. Doch er begann direkt nach dem Abitur im Jahre 1962 ein Lehramtsstudium (Germanistik und Anglistik). Von 1968 bis 1976 arbeitete Rühe als Lehrer, zuletzt als Oberstudienrat, in seiner Heimatstadt an der Elbe. Im Jahre 1963 trat er in die CDU ein. [693] Rühe war ein auf Bundesebene erfahrener Politiker, als er am 1. April 1992 von Kanzler Kohl zum Nachfolger Stoltenbergs berufen wurde. Das Ressort stand nicht an oberster Stelle von Rühes Wunschliste, der sich lieber als Außenminister gesehen hätte, was aber nach dem Proporz in der Koalition nicht möglich war. Nach Schmidt und Apel war Rühe der dritte Chef auf der Hardthöhe, der aus Hamburg kam. In Generalinspekteur Naumann fand Rühe einen selbstbewussten und kompetenten, doch zugleich stets loyalen Berater. Bisweilen mag der eine oder andere aus der ministeriellen Entourage der Versuchung erlegen sein, in der Manier eines Jago dem Oberkommandierenden „Othello Rühe" Nachrichten von der vermeintlichen „Untreue" Naumanns einzuflüstern. Und in der Naumannschen Ungeduld blieb auch in der Tat so manches mediale Taschentuch als angeblicher Beweis liegen. Zwar war zu keinem Zeitpunkt militärische Illoyalität im Spiel, doch Gerüchte haben – wie Säure – eine vertrauensauflösende, ätzende Wirkung. Und so dürfte Rühe aufgeatmet haben, als Naumann im Februar 1996 zur NATO wechselte. Der ruhige Ostpreuße Bagger, der nachfolgte, lag ihm einfach näher als der drängende Münchner. Im Mai 1992 fand die 33. Kommandeurtagung der Bundeswehr – es war die erste unter Minister Rühe und Generalinspekteur Naumann – erstmals in den neuen Bundesländern statt.

„Die Bundeswehr ist zentrales Element der Bündnisfähigkeit und der politischen Handlungsfähigkeit Deutschlands",

bekräftigte der neue Minister am 14. Mai vor der militärischen Führungselite in Leipzig. Zunächst klang dies – ein Jahr nach dem schnellen Ende des 2. Golfkrieges, an dem sich die Bundeswehr nur indirekt beteiligt hatte, wie eine hohle Phrase. Doch es war ein falscher Eindruck. Die nationalen und internationalen Weichen standen bereits auf „Grün," waren auf neue Aufgaben ausgerichtet. Auf dem Gipfel in Rom im November 1991 hatte die NATO ihr „Neues Strategisches Konzept" [694] vorgestellt, in dem Krisenintervention, sowie die Bekämpfung von Terrorismus und die nukleare Nicht-Weiterverbreitung (Non-Proliferation) in das Auftragsspektrum aufgenommen worden waren. Im Mai 1992 verabschiedete Rühe in München Sanitätssoldaten, die nach Kambodscha flogen, wo bis November 1993 150 Mann im Rahmen der UN-Mission UNTAC („United Nations Transitional Authority in Cambodia") eingesetzt wurden. Einen Monat später beteiligte sich die Bundeswehr auch zur Unterstützung der UN an Hilfsflügen nach Sarajewo und an der Überwachung des über Serbien und Montenegro verhängten Embargos durch Marineeinheiten der NATO und der WEU in der Adria. Ab Oktober durften deutsche Soldaten in den AWACS-Flugzeugen auch zur Überwachung des von der UNO über Bosnien und Herzegowina verhängten Flugverbots eingesetzt werden. Am 15. Dezember 1992 entschied der Bundesminister über den „Bundeswehrplan 94." Danach sollen die Streitkräfte in Zukunft über präsente und schnell einsetzbare Krisenreaktionskräfte, sowie über mobilmachungsabhängige Hauptverteidigungskräfte für die Landes- und Bündnisverteidigung verfügen. Die Struktur der Armee wurde der veränderten Sicherheitslage angepasst. Auf der 34. Kommandeurtagung der Bundeswehr im Oktober 1993 in Mainz unter General Naumann kleidete Minister Rühe dies in die Forderung:

„Der Aufbau der Krisenreaktionskräfte hat Priorität ... Schlüsselbedeutung haben Mobilität, Aufklärungs-, Führungs- und Transportfähigkeit."

Am 22. April 1993 wurden im fränkischen Giebelstadt ein amerikanisch-deutsches und ein deutsch-amerikanisches Korps feierlich in Dienst gestellt. Bundeswehr und US-Streitkräfte unterstellen im Einsatzfall jeweils wechselseitig eine Division den Korpskommandos, die jedoch national zusammengesetzt bleiben. Am 30. August 1995 folgte in Münster im Beisein von Bundeskanzler Kohl und dem niederländischen Ministerpräsident Wim Kok (* 1938) die Gründung des I. Deutsch-Niederländischen Korps. Drei Monate später, am 30. November 1995, meldete der Kommandierende General des Eurokorps, Generalleutnant Willmann, die Einsatzbereitschaft des Korps, dem deutsche, französische, belgische, spanische und luxemburgische Soldaten unterstehen. Im Jahr zuvor, 1994, hatten erstmals deutsche Soldaten im Rahmen des Eurokorps auf Einladung von Präsident Mitterrand an der Parade auf den Champs Elysées zum Nationalfeiertag am 14. Juli teilgenommen. Bis auf das IV. Korps in Potsdam waren nun alle deutschen Korps in multi- oder binationale Groß-

---

693 Rühe arbeitete zunächst in der „Jungen Union." Von 1970 bis 1976 war er Mitglied der Hamburger Bürgerschaft und wechselte dann in den Bundestag, dem er seit 1976 angehört. Von 1989 bis 1992 war er Generalsekretär der CDU und als Mitglied des Präsidiums von November 1998 bis Februar 2000 stellvertretender Vorsitzender der CDU. Von 1982 bis 1989 und von Oktober 1998 bis 2002 fungierte er als stellvertretender Vorsitzender der CDU/CSU-Fraktion für Außen-, Sicherheits-, Deutschland- und Entwicklungspolitik.
694 siehe: NATO Presse- und Informationsdienst NATO-Handbuch Brüssel 1995 S. 253 -268

verbände eingegliedert und erfüllten damit die Vorgaben der NATO. Am
18. September 1999 stellten die Verteidigungsminister Dänemarks, Polens
und Deutschlands im polnischen Stettin das von den drei Nationen gemeinsam gebildete „Multinationale Korps Nordost" (MNK NO) in Dienst
– ein wichtiger Schritt nicht nur im Sinne der Aussöhnung nun auch nach
Osteuropa. Bereits ein Jahr zuvor, am 22. August 1998, hatten Rühe und
sein polnischer Amtskollege Janusz Onyskiewicz am Feierlichen Gelöbnis
polnischer Soldaten in Gubin und deutscher Soldaten in Guben teilgenommen. Rühe hatte sich schon 1993 für eine Ost-Erweiterung der NATO
ausgesprochen und füllte diesen Rahmen in der Folgezeit mit einer Reihe
von Kooperationsabkommen mit osteuropäischen Staaten aus.

Am 23. Juni 1993 wies das Bundesverfassungsgericht einen Antrag der
SPD auf Erlass einer einstweiligen Anordnung gegen die Entsendung eines
Bundeswehrkontingents nach Somalia zurück. Der Deutsche Bundestag
billigte am 2. Juli mit der Mehrheit der Koalitionsparteien diesen Einsatz,
der bereits einen Tag später mit der Verlegung des Hauptkontingentes von
rund 1.700 Soldaten begann. Es war eine Operation ohne echte Aufgabe,
denn die 4.500 indischen Blauhelm-Soldaten, die die Bundeswehr unterstützen sollte, trafen nicht ein. Doch der Einsatz konnte unter der Rubrik
„wichtige Erfahrung" verbucht werden. Die Bundesregierung legte am
5. April 1994 das „Weißbuch 1994 zur Sicherheit der Bundesrepublik
Deutschland und zur Lage und Zukunft der Bundeswehr" vor. Rühe bezeichnete es als

*„die politisch-konzeptionelle Antwort der Bundesregierung auf den
Epochenbruch von 1989 und den fundamentalen Wandel des Internationalen Systems in der Welt."*

Bundeskanzler Kohl verabschiedete am 31. August 1994 in Berlin –
nach einem Totengedenken am russischen Ehrenmal in Treptow – die
Westgruppe der russischen Truppen aus Deutschland. Es war ein würde-
voller Abschied nach fast 50-jähriger Anwesenheit. Am 8. September folgte die Verabschiedung der Westalliierten aus Berlin.

Am 1. Januar 1995 wurden die operativen Verbände der Bundeswehr in
den neuen Bundesländern der NATO assigniert. [695] Rühe wertete dies als
sichtbaren Ausdruck der Bundeswehr auf dem Weg zur Armee der Einheit.
Am 13. Juni 1995 gab Rühe die Anpassung der Streitkräftestrukturen und
die Stationierung bekannt. [696] Am 27. Oktober 1995 beschloss der Bundestag das sogenannte Wehrdienständerungsgesetz. Danach wurde u. a.
der Grundwehrdienst ab dem 1. Januar 1996 auf 10 Monate verkürzt.

Im Januar 1996 verlegten die Hauptkräfte des deutschen IFOR-Kontin-
gents („Implementation Force") unter Führung von Brigadegeneral
Friedrich Riechmann nach Trogir an der kroatischen Adriaküste und stell-

ten bis Ende Februar die Einsatzbereitschaft her. Die Planungen waren mit einer behelfsmäßigen Führungsstruktur auf den Weg gebracht worden. Der erste Einsatz der Bundeswehr auf dem Balkan wurde nicht zuletzt wegen des sensiblen Umfeldes am kurzen politischen Zügel geführt. Der Bundestag stimmte am 13. Dezember 1996 der Entsendung von 3.000 deutschen Soldaten nach Bosnien und Herzegowina im Rahmen der „Stabilization Force" (SFOR) zu, in deren Rahmen die Bundeswehr erstmals in gleicher Weise wie die anderen beteiligten Nationen zur weiteren militärischen Absicherung des Friedensprozesses im früheren Jugoslawien eingesetzt wurde. Das deutsche Heereskontingent war nunmehr auf bosnischem Territorium, im Feldlager Rajlovac bei Sarajevo, und nicht wie zuvor bei IFOR auf kroatischem Boden, stationiert.

Am 14. März 1997 kam es im bürgerkriegsgeschüttelten Albanien bei einer Evakuierung von Ausländern zum ersten „Kampfeinsatz" der Bundeswehr – nur ein kurzer Feuerwechsel, kaum der Erwähnung wert, doch für die Bundeswehr ein Qualitätssprung. Rühe nannte diesen ersten Kommandoeinsatz der Bundeswehr zu Recht „für Deutschland historisch". Am 19. März billigte der Deutsche Bundestag diesen Einsatz nachträglich mit großer Mehrheit. Nun war auch die Bundeswehr in der Lage, auf solche Krisen zu reagieren. In Rühes Amtszeit fiel ein runder Geburtstag der Bundeswehr: unter dem Motto „40 Jahre Bundeswehr – 5 Jahre Armee der Einheit" feierte die Bundeswehr diesen Anlass mit einem Empfang der Bundesregierung in der Bonner Beethovenhalle am 26. Oktober mit einem anschließenden Großen Zapfenstreich im Hofgarten. Am 12. November waren der Vizepräsident des Deutschen Bundestages Klose und Minister Rühe Ehrengäste bei einem Feierlichen Gelöbnis im niedersächsischen Bordenau am Steinhuder Meer, dem Geburtsort des preußischen Reformers Gerhard von Scharnhorst.

Rühe, der dritte Verteidigungsminister aus der Hansestadt an der Elbe, behielt das Verteidigungsressort bis zum 26.Oktober 1998, als die Bundestagswahl einen Regierungswechsel nach sich zog. Seine Amtszeit war

---

695 Dies betraf beim Heer das IV. Korps in Potsdam mit den beiden unterstellten Divisionen (13. und 14.), bei der Luftwaffe u. a. die Luftverteidigung und bei der Marine zwei Schnellbootgeschwader in Rostock.

696 Der Friedensumfang der Streitkräfte wurde auf 340.000 Soldaten (Heer: 233.400, Luftwaffe: 77.400 und Marine 27.200) festgelegt, mit der Option, in Friedenszeiten kurzfristig auf 370.000 und im Verteidigungsfall auf 650.000 bis 700.000 erhöhen zu können. Es sollten Krisenreaktionskräfte von rund 53.600 Soldaten aus Verbänden von Heer, Luftwaffe und Marine geschaffen werden, die bereits im Frieden präsent, einsatzbereit und schnell verlegefähig sind. Alle anderen operativen Verbände wurden den Hauptverteidigungskräften zugeordnet. Die Einnahme der neuen Strukturen war bis zum Ende des Jahrzehnts geplant.

mit sechs Jahren und sechs Monaten die bisher längste in der Geschichte
der Bundeswehr. Rückblickend war es ein Mammutprogramm, das Rühe,
seine Generalinspekteure Naumann und Bagger, sowie deren Stäbe, aber
auch die gesamte Bundeswehr bewältigen mussten. Dass es gerade ein
„ungedienter" Minister war, der diesen Umbruch erfolgreich und ohne
Schiffbruch zu erleiden meisterte, ist ein weiterer Beleg dafür, dass geleisteter Grundwehrdienst, d. h. die eigene soldatische Erfahrung, keine zwingende Voraussetzung für die Besetzung dieses Amtes ist. Möglicherweise
aber hätte Rühe, der – wie Apel – für seinen bisweilen rüden Umgang mit
hohen Offizieren [697] bekannt war, einen moderateren und menschlich
ansprechenderen Führungsstil gepflegt, wäre er als Soldat mit den
Prinzipien der Inneren Führung hinsichtlich zeitrechter Menschenführung in Berührung gekommen. Erstaunlich, dass gerade ihm als
Pädagogen derartige Prinzipien fremd waren. Wie wenig er letztlich von
Menschenführung und militärischer Führung verstand, wird in folgen-
dem Satz deutlich:

„Ich erwarte von jedem Divisionskommandeur, daß er seine Brigaden
kennt; jeder Brigadekommandeur muß seine Bataillone kennen und jeder
Bataillonskommandeur seine Kompanien. Sorgen Sie dafür, daß Zugführer,
Kompaniechefs und Bataillonskommandeure die nötige Nähe zum Mann
haben." [698]

Allen Ernstes wurden den versammelten Kommandeuren von ihrem
Oberbefehlshaber derartige „Grundsätze" der Führungskunst ans Herz
gelegt – wer hatte ihm solche Banalitäten ins Konzept geschmuggelt? Vielleicht war Rühes Schroffheit aber auch eine Abwehrhaltung, um eigene
Unsicherheit zu überdecken, was – betrachtet man Rühes positive
Gesamtbilanz und Leistungen für die Bundeswehr, Deutschland und die
NATO – nicht notwendig war. Rühes politischer Erfahrung ist es z. B. auch
zu danken, dass er wiederholt auch die SPD-geführte Opposition in militärpolitische Grundsatzentscheidungen einbinden konnte. Volker Rühe
wurde am Abend des 28. Oktobers 1998 mit einem Großen Zapfenstreich
verabschiedet. Zuvor hatte Rudolf Scharping das Amt des Bundesminis-
ters der Verteidigung übernommen.

* Rudolf Scharping

Rudolf Scharping wurde am 2. Dezember 1947 als erstes von sieben
Kindern eines selbständigen Möbelhändlers in Niederelbert in der Nähe
von Montabaur im Unterwesterwald geboren. Sein Vater Albert Scharping
(1904-1981) stammte aus Bielefeld. Im Jahre 1939, als der Zweite Weltkrieg ausbrach, leitete er ein Möbelhaus in Görlitz an der Neiße. Er wurde
zur Wehrmacht einberufen und war auf mehreren Kriegsschauplätzen als

Panzerfahrer im Einsatz: zunächst nahm er am Polen- und Westfeldzug teil und kämpfte anschließend an der Ostfront. Inzwischen zum Unteroffizier befördert, wurde Albert Scharping jedoch von dort zum Afrikakorps versetzt. Vor dessen Kapitulation im Mai 1943 wurde er nach Italien verlegt, wo er bei den schweren Kämpfen um Monte Cassino verwundet wurde und kurz in amerikanische Kriegsgefangenschaft geriet.

Sohn Rudolf verpflichtete sich nach dem Abitur in Oberlahnstein – als bisher einziger Bundesminister – freiwillig für zwei Jahre als Soldat auf Zeit. Als Klassensprecher hatte er in seiner Abiturrede über den „Einfluss der Demoskopie auf die Politik" den Aufbau der Bundeswehr und die Westintegration als Beispiele genannt. Am 3. Januar 1967 meldete sich Scharping als Rekrut im Fliegerhorst Büchel in der Eifel bei Cochem zum Dienstantritt in der Luftwaffen-Ausbildungskompanie 12/III. Jedoch wurde er bereits sechs Monate später, am 2. Juli, wegen einer ausgeprägten Sehschwäche nach § 54 Abs. 1 des Soldatengesetzes entlassen. Es war eine herbe Enttäuschung. Wegen seiner guten sportlichen Leistungen hatte Scharping an eine solch negative Wende nicht im Traum gedacht. Überdies geriet seine finanzielle Planung für das spätere Studium ins Wanken. Wäre er als Wehrpflichtiger eingezogen worden, wäre die mangelnde Sehschärfe kein Grund für eine vorzeitige Beendigung des Dienstes gewesen. Rudolf Scharping studierte daraufhin Jura, Soziologie und Politikwissenschaften und entschied sich zu einem Wechsel in die Politik. [699]

Scharping übernahm nach dem Regierungswechsel am 27. Oktober 1998 die Amtsgeschäfte von seinem Vorgänger Rühe nicht mit fliegenden Fahnen. Erst nach hartnäckigem Drängen hatte er auf seinen Posten als Fraktionsvorsitzender verzichtet und an Peter Struck übergeben. War er, der neben großen Höhen auch die einsamen Tiefen eines Politikerlebens am eigenen Leibe wiederholt erfahren hatte, sensibler gegenüber den Risiken dieses ministeriellen Schleudersitzes? Doch wie vor ihm der Hanseat Apel sah sich auch der bedächtige Westerwälder in der Pflicht der Partei.

---

697 Als ein Beispiel der Schwächen Rühes im Führungsstil zählt die Art und Weise der Ablösung von Generalmajor von Scotti, der im Herbst 1997 wegen einiger als rechtsradikal eingestuften Vorfälle in seinem Befehlsbereich des Kommandos als Divisionskommandeur und Befehlshaber in Leipzig entbunden wurde. Rühe stand damals unter medialem Direktbeschuss, und so war die Lösung, die er wählte, vom politischen Selbsterhaltungstrieb gesteuert.

698 Rühe, Volker Rede bei der 36. Kommandeurtagung der Bundeswehr am 5. November 1997 in Berlin

699 Von 1974 bis 1976 war er Stellvertretender Vorsitzender der Jungsozialisten und später, von 1991 bis 1994 Ministerpräsident von Rheinland-Pfalz. Eine bittere Stunde erlebte er, als ihn die Delegierten des SPD-Parteitages am 16. November 1995 im Mannheimer Rosengarten von seinem Amt als Parteivorsitzenden abwählten.

Es ist keineswegs ein Affront gegen die Bundeswehr, wenn ein Politiker nicht tränenden Auges und mit Stolz und Hingabe die Befehls- und Kommandogewalt wie die Schale des heiligen Grals entgegennimmt.

Scharping war – sechzehn Jahre nach Apel – der vierte Verteidigungsminister der SPD und der erste, unter dessen Führung sich die Bundeswehr im Kosovo an einem Einsatz beteiligte, der mit Waffengewalt ausgetragen wurde. Gerade dies war eine Bürde, an der Scharping nicht leicht trug. Allerdings bleiben Fragen ungeklärt: Anfang April 1999, kurz nach Beginn der NATO-Bombardierungen, hatte die Bundesregierung den sog. „Hufeisenplan" vorgestellt. Dieser angeblich von der serbischen Führung unter Milosevic ausgearbeitete Operationsplan sollte zum Ziel gehabt haben, die gesamte albanisch-stämmige Bevölkerung systematisch aus dem Kosovo zu vertreiben. Er diente als Legitimation für die deutsche Zustimmung und Beteiligung am Luftkrieg gegen Rest-Jugoslawien. Jedoch fehlen für die Existenz dieses Planes bis heute die Beweise. Kritiker, wie Brigadegeneral a.D. Dr. Heinz Rudolf Loquai (* 1938), die behaupteten, der Krieg wäre vermeidbar gewesen, und dies auch fundiert belegten, wurden mit einer Palette von den Adjektiven belegt, die von „naiv" bis „böswillig" reichten.

Nach innen, in die Streitkräfte hinein, war Scharpings behutsame Art, die sich vom „John-Wayne-Stil" seines Vorgängers Rühe wohltuend abhob, glaubwürdig und schuf Vertrauen unter den Soldaten. Überdies fand er in Bagger und von Kirchbach zwei Generalinspekteure, die ihm loyal und sachkundig zur Seite standen. Hinsichtlich der Auslandseinsätze bewegte sich Scharping ähnlich vorsichtig wie Rühe. So riet er General Reinhardt, dem designierten Oberbefehlshaber des 2. KFOR-Kontigents, sich auf die Führung seiner Truppen zu konzentrieren und aus dem politischen Bereich weitestgehend herauszuhalten. [700] In diesem Rat klingt kein Zweifel an den politischen Fähigkeiten, sondern Misstrauen an der Loyalität des Generals durch. Vielleicht aber war es auch nur der kameradschaftlicher Tipp eines mit Kabalen erfahrenen Politikers.

In seiner ersten sicherheitspolitischen Grundsatzrede an der Führungsakademie am 8. September 1999 kündigte Scharping eine Reform der Bundeswehr an.

„In den nächsten 12 Monaten geht es um nichts weniger als um eine grundlegende Neuausrichtung der Bundeswehr: Struktur, Umfang, Ausrüstung und Ausbildung gehören wieder in eine dauerhafte Balance."

Dabei beschrieb er die zu erreichenden militärischen Fähigkeiten der Armee wie folgt:

„Sie ist hoch beweglich, durchhaltefähig und fern der Heimat versorgbar. ...Sie erfüllt die hohen Anforderungen an Mobilität und Flexibilität; ihre

Verbände sind nicht nur schnell verlegbar, sondern nehmen auch nach kurzer Vorbereitungszeit unterschiedlichste Aufgaben von der Katastrophenhilfe bis hin zum lang andauernden Krisenreaktionseinsatz wahr, der hohe Durchhaltefähigkeit verlangt."

Gleichzeitig kritisierte er an Vorgänger Rühe, dass die Armee „seit Jahren unterfinanziert sei und von der Substanz" gelebt habe. Drei Tage später, am 11. September 1999, demonstrierten etwa 5.000 Soldaten in Uniform in Berlin gegen die Kürzungen im Verteidigungshaushalt – ein Novum, waren sie doch bisher zu strikter politischer Neutralität verpflichtet.[701] Scharping bewahrte Haltung und sprach sogar zu den Soldaten. Im Kern trafen sich ihrer beiden Interessen, aber sie waren gegen die strikten Sparvorgaben der Bundesregierung nicht durchzusetzen. Scharping versuchte, den von Rühe nur grob skizzierten Reformkurs der Streitkräfte umzusetzen und an die neuen Bedingungen anzupassen.

„Die Neuausrichtung von Grund auf ist die umfassendste Reform in der Geschichte der Bundeswehr. Sie bezieht alle Ebenen der Streitkräfte und der Wehrverwaltung ein. Die Dimension dieser Reform ist durchaus mit dem Aufbau der Bundeswehr vergleichbar."

erklärte er am 8. April 2002 in Berlin. Für die „Bundeswehr der Zukunft" forderte Scharping eine Palette an Fähigkeiten, um allen denkbaren Einsatzoptionen gerecht werden zu können. Dazu gehörten u. a. die Fähigkeit zu eigenständiger strategischer Aufklärung, kompatible Führungsmittel, sowie hohe Mobilität hinsichtlich Führung, Verlegbarkeit, Logistik und Bewaffnung. Sein uneingeschränktes Bekenntnis zur Wehrpflicht gehörte zum Standardrepertoire. Der Grundwehrdienst wurde am 1. Januar 2002 von zehn auf neun Monate verringert; diesen kann der Wehrdienstleistende nach eigener Entscheidung in mehreren Abschnitten leisten. Parallel dazu galt Scharpings Augenmerk der Steigerung von Wirtschaftlichkeit und Effizienz der Streitkräfte – ein Dauerthema aller seiner Vorgänger. „Outsourcing" – die Vergabe von Teilaufgaben an zivile Firmen – war eines der Zauberworte. Auch den Technologiestandort Deutschland wollte Scharping stärken, um die kränkelnde Wehrtechnik lebens- und wettbewerbsfähig zu halten. Klar erkannte er, dass Europa nur dann gleichberechtigter Partner der USA bleiben würde, wenn es auch seine rüstungstechnische Unabhängigkeit bewahrte. Viele gute Vorsätze, doch dieses Herkulesprogramm konnte nur bei solider finanzieller Absicherung gelingen, und gerade diese war nicht vorhanden. Der Sparkurs von Finanzminister Eichel, gegen den Scharping chancenlos ankämpfte, verwässerte die Reformvorhaben zusehends. Und obendrein kamen nach den Anschlä-

---

700 Reinhardt, Klaus Tagebuchaufzeichnungen als deutscher Kommandeur im Kosovo S. 35

gen des 11. Septembers 2001 neue Aufgaben auf die Bundeswehr zu. Nach dreieinhalb durchaus erfolgreichen Jahren geriet Scharping auch als Person in das Visier von Medien und Opposition. Die Entlassung des Generalinspekteurs von Kirchbach im Sommer 2000 läutete zugleich Scharpings Ende ein. Auch das Verhältnis zum neuen militärischen Berater Kujat verschlechterte sich, als Scharping im November Mitschnitte vertraulicher Besprechungen der 38. Kommandeur-Tagung aus Leipzig anforderte. Auf einmal wurde er als „Minister ohne Fortune" bezeichnet, der nicht mehr in die Schuhe seiner großen SPD-Vorgänger Schmidt und Leber passte – das „Kreuziget ihn" vibrierte bereits in der medialen Stimmgabel. Gleichzeitig schien Scharpings Gespür und auch das seiner Berater für Stimmungen dejustiert. Da verschafften ihm die Turbulenzen des 11. Septembers 2001 eine Atempause: Sein Name verschwand für mehrere Monate aus den Schlagzeilen. [702] Doch dann geriet er wegen umstrittener Geschäfte mit dem PR-Unternehmer Moritz Hunzinger in die Kritik. Schließlich wurde eine Liebesbeziehung öffentlich – kein Beinbruch, nicht verwerflich und mittlerweile legalisiert. Aber als Fotos vom „Poolvergnügen en deux" auf Mallorca just zu einer Zeit veröffentlicht wurden, als Soldaten der Bundeswehr auf dem Balkan im Einsatz waren, wurde dies der Bevölkerung und der Bundeswehr erfolgreich als unangemessen verkauft – ein gerüttelt Maß an Heuchelei war durchaus im Spiel. Kein Land trägt Trauer, nur weil seine Soldaten an irgendeiner Front kämpfen. Doch es standen Bundestagswahlen an – Zeit, um den Ballast im Regierungsballon zu prüfen. Kanzler Schröder tat dies und kündigte lapidar den Arbeitsvertrag mit seinem Minister.

„Die notwendige Basis für eine gemeinsame Arbeit in der Bundesregierung ist nach meiner Auffassung nicht mehr gegeben."

Scharpings Entlassung am 18. Juli 2002 – nach fast vier Jahren – war eine Serie von Pannen und nicht unvermeidbar. Scharping glaubte, „Anzeichen für eine gezielte Kampagne" erkannt zu haben, und in der Tat gab es manche offene Rechnung. Am 29. Juli 2002 wurde Scharping mit einem Großen Zapfenstreich verabschiedet.

* Dr. Peter Struck

Peter Struck wurde am 24. Januar 1943 als Sohn eines Automechanikers in Göttingen geboren. Nach dem Abitur im Jahre 1962 studierte er Rechtswissenschaften. Auch Struck zählte – wie Rühe – nicht zu den „Weißen Jahrgängen" und hätte von daher nach seiner Schulzeit zunächst Wehrdienst leisten müssen.

Seit 1980, mehr als zwei Jahrzehnte lang, ist Struck Mitglied des Bundestages, direkt gewählt und als versierter „Strippenzieher" vertraut im verzweigten Höhlenlabyrinth der Politik. Struck war – wie vor ihm Scharping – von der Idee, den einflussreichen Fraktionsvorsitz im Bundestag nach vier Jahren mit Hardthöhe und Bendlerblock zu tauschen, nicht begeistert. Doch auch er gehorchte dem Ruf der Partei und folgte Scharping ein zweites Mal nach.

Am 19. Juli 2002 übernahm Struck das Kommando und wechselte ins Bundeskabinett. Zwei Wochen davor hatte Schneiderhan sein Amt als Generalinspekteur angetreten. Die Chemie zwischen beiden stimmte – es lag nicht nur an der Tabakpfeife, der beide lange Zeit frönten. Auf die Frage eines Journalisten „Herr Minister, haben Sie gedient?" [703] antwortete Struck, er habe nicht gedient, sei vom Wehrdienst zurückgestellt worden. „Ich empfinde das allerdings nicht als eine Belastung für meine neue Aufgabe." Zwar wiegt reiche politische Erfahrung, wie schon Rühe bewiesen hat, schwerer als einige kurze Monate Grundwehrdienst, doch hätte es seine Glaubwürdigkeit als entschiedener Verfechter der Wehrpflicht erhöht. Struck bekannte sich in seiner Regierungserklärung vom 25. Juli 2002 zum parteiübergreifenden Konsens in der Verteidigungs- und Sicherheitspolitik:

„Ich stelle mich bewußt in die Kontinuität meiner Vorgänger Helmut Schmidt, Georg Leber, Volker Rühe, aber auch ganz besonders Rudolf Scharping. Es ist das Verdienst dieser meiner Vorgänger, daß der deutschen Friedenspolitik eine Bundeswehr zur Verfügung steht, die im In- und Ausland ein hohes Ansehen genießt.."

Die Bundeswehr hatte sich unter Rühe und Scharping zwar in eine Armee im Einsatz gewandelt, war für diese Rolle aber in mehrerlei Hinsicht nicht voll gerüstet. In einer Rede an der Führungsakademie am 26. August 2002 räumte Struck Schwächen ein. Es waren jene, die bereits Vorgänger Scharping am selben Ort fast auf den Tag genau drei Jahre zuvor, am 8. September 1999, genannt hatte:

„Insbesondere die Fähigkeit zur Teilnahme an und zur Planung und Führung von multinationalen und teilstreitkraft-übergreifenden Einsätzen war, ungeachtet des wachsenden Engagements, in den Streitkräften nicht

---

701 Zwar fand die Kundgebung, entgegen der ursprünglichen Absicht, durch die Straßen der Hauptstadt zu marschieren, im Saale des Internationalen Congress Centrums statt, doch einen Wendepunkt stellte diese Aktion auch insofern dar, als dass der Verteidigungsminister zum Teil massiv in Wort und Bild angegriffen wurde.

702 Ein Antrag der FDP-Fraktion auf Entlassung aus dem Amt wurde am 16. Mai 2002 noch von der Mehrheit des Plenums abgelehnt. Die FDP hatte ihn damit begründet, der Minister habe sich wiederholt über die Beschlüsse des Haushaltsgesetzgebers und damit über das Parlament hinweggesetzt, so z. B. im Zusammenhang mit der Beschaffung des Airbus-Transportflugzeuges A 400M.

703 Interview mit dem „Tagesspiegel" am 4. August 2002

hinreichend abgebildet. ... Wir haben deshalb die Strukturen der Bundeswehr gestrafft und ihre Führungsorganisation für den Einsatz optimiert."
Allerdings beließ er es nicht beim Reden. Alle seine Vorgänger hatten die Mängel erkannt, waren aber vor der Brisanz einer Reform der Führungsorganisation zurückgeschreckt – Struck hingegen handelte. Hinter dem Wort „Optimierung" verbarg sich die Entscheidung, dem Generalinspekteur die Verantwortung für Planung, Vorbereitung und Führung aller Einsätze der Bundeswehr im Frieden zu übertragen. Der Primat der Politik bleibt davon unberührt, wie immer sich die Strukturen und Zuständigkeiten im nachgeordneten Bereich auch verlagern mögen. Struck übertrug dem Generalinspekteur den Vorsitz im neu gebildeten Führungsinstrument, dem „Einsatzrat." Die Umsetzung und Ausführung erfolgt durch den Führungsstab der Streitkräfte über das Einsatzführungskommando der Bundeswehr in Potsdam. Im Mai 2003 gab Struck neue „Verteidigungspolitische Richtlinien" (VPR) heraus. In einer Pressekonferenz hatte er bereits am 5. Dezember 2002 die grobe Richtung aufgezeigt:
„Die Sicherheit Deutschlands wird auch am Hindukusch verteidigt."
In einer Rede an der Führungsakademie am 27. Mai 2003 unter dem Thema „Soldatsein heute – Dienen in einem veränderten Umfeld" betonte er:
„Wir gehen in den Einsatz, um Gefährdungen auf Distanz zu halten und den Frieden sicherer zu machen."
Dieses Konzept birgt Risiken und weist im Denkansatz große Ähnlichkeit mit den neuen strategischen Vorstellungen der Bush-Administration auf. Es ist ein pre-emptives Verteidigungsdenken, geistige Vorwärtsverteidigung und durchaus mit Unsicherheiten, auch verfassungsrechtlicher Natur, belastet. Dazu zählt im innerstaatlichen Recht z. B. das Bundesluftsicherheitsgesetz. Zweifler an dieser These werden belehrend abgebügelt. Allerdings hatte Bundespräsident Herzog bereits 1995, d. h. mehr als sechs Jahre vor den Anschlägen des 11. Septembers 2001 in den USA, erklärt:
„Wenn wir den Risiken nicht vor Ort begegnen, kommen sie zu uns."[704]
Die „Weisung für die Weiterentwicklung der Bundeswehr" („Transformation") vom 2. Oktober 2003 sieht bis 2010 eine Absenkung der Personalstärke von derzeit rund 280.000 Soldaten auf 250.000 (ohne die ca. 75.000 zivilen Dienstposten) vor. Das keineswegs neue Motto „Klasse statt Masse" klingt sehr verführerisch, doch wo ist die Grenze? Nur im Denken Hollywoods nimmt es ein Einzelkämpfer mit einem ganzen Bataillon auf und obsiegt. Am 11. März 2004 erklärte Dr. Struck in seiner Regierungserklärung „Die neue Bundeswehr – auf dem richtigen Weg:"
„Bis zum Jahr 2010 wird die neue Bundeswehr nach völlig neuen Kräftekategorien eingegliedert. Es wird Eingreifkräfte, Stabilisierungskräfte und Unterstützungskräfte geben."

Der Bundeswehr wurden folgende Aufgaben zugewiesen:
- Konfliktverhütung, Krisenbewältigung und Kampf gegen den internationalen Terrorismus
- Unterstützung von Bündnispartnern,
- Schutz Deutschlands und seiner Bürger,
- Rettung und Evakuierung,
- Partnerschaft und Kooperation, sowie
- Hilfeleistung im Inland und Ausland.

Damit erhielt der Auftrag der Streitkräfte gegenüber der früheren Gewichtung unter Rühe und Naumann eine veränderte Prioritätensetzung. Der Schutz Deutschlands und seiner Bürger, der Anfang der neunziger Jahre an erster Stelle stand, rutschte auf Platz drei.

3.3 Resümee

Von den dreizehn Verteidigungsministern waren sieben (Blank, Strauß, von Hassel, Schröder, Schmidt und Leber, sowie Stoltenberg) als Soldat im Krieg gewesen, zwei (Wörner und Scharping) haben in der Bundeswehr gedient, und vier Minister (Apel, Scholz, Rühe und Struck) hatten keinerlei Bezug zur Armee, als sie das Amt übernahmen. Insgesamt verfügten somit 69 % von ihnen über militärische Erfahrung, 31 % waren nicht Soldat gewesen. Vor diesem Hintergrund stellt sich die Frage nach der Notwendigkeit eigener militärischer Erfahrung des Ressortchefs. Bei der Auswahl der Kandidaten spielte dies bislang keine herausragende Rolle. Nicht geleisteter Wehrdienst als Stolperstein einer Politikerkarriere war und ist in Deutschland – anders als z. B. in den USA – kaum vorstellbar. Nur verhalten fragen Öffentlichkeit und Medien bei der Berufung eines Verteidigungsministers nach dessen militärfachlicher Qualifikation. Von einer Mehrheit wird die Meinung vertreten, eigene militärische Erfahrung sei keine zwingende Voraussetzung – im Gegenteil, wer Soldat war und dann an die Spitze der Armee träte, sei tendenziell in der Gefahr der „Militärhörigkeit." [705] Doch dieses Argument ist wenig überzeugend. Sicher, eine Gratwanderung ist es allemal: ist der Amtsinhaber soldatenfreundlich, heißt es, er sei militärhörig, pflegt er hingegen Distanz, fehlt die innere Nähe. Keinem der Amtsinhaber, die Soldat waren, kann ein solcher Mangel an Selbständigkeit in Denken und Urteil nachgesagt werden. Zum

704 Herzog, Roman Rede bei der Deutschen Gesllschaft für Auswärtige Politik am 13. März 1995 in Bonn in: Reden S. 26
705 Auch andere Ressorts, wie z. B. das Wirtschaftsministerium, wurden mit Politiker besetzt, die „nicht vom Fach," d. h. keine ausgewiesenen Wirtschaftsfachleute, waren.

anderen bedeutete dies, dass die militärische Führungsspitze den Amtsinhaber instrumentalisiert und zur Durchsetzung ihrer Ziele benutzt. Dies
ist jedoch nicht zutreffend, setzte es doch voraus, dass die militärische
Führung monolithisch, mit einer Stimme sprechend, aufträte, was keineswegs der Fall ist.

Aus Sicht der Truppe hingegen sollte der Verteidigungsminister als ihr
oberster Vorgesetzter zumindest seinen Wehrdienst abgeleistet haben. Dieser verleiht zwar keine umfassende militärische Sachkenntnis, wohl aber
ein größeres Maß an Glaubwürdigkeit. Politiker, die z. B. die Wehrpflicht
vehement verteidigen, sie selbst aber nicht geleistet haben, wirken wenig
überzeugend. Natürlich vermitteln die wenigen Monate des Grundwehrdienstes mit Schießen und Nachtmärschen keine Sachkenntnis auf dem
Feld der Nuklearstrategie. Ebenso dürfte ein Minister, der z. B. in der Luftwaffe gedient hat, nur wenig von den Eigenheiten des Heeres wissen. Doch
dies ist zweitrangig. Der Minister als oberster Vorgesetzter sollte das Vertrauen der Soldaten besitzen. Dies aber wird ihm leichter geschenkt, wenn
er die Armee aus eigener Anschauung „von unten" kennt und ein inneres
Verhältnis zu den Streitkräften besitzt. Auch in anderen Ressorts wird ein
Grundstock an Fachwissen verlangt, und bei vielen Dienstposten des
Öffentlichen Lebens spielt die fachliche Eignung eine wichtige Rolle. Ein
Nicht-Jurist im Justizressort ist wahrscheinlich am falschen Platz. Und es
ist auch unvorstellbar, dass ein Bewerber an die Spitze der Bundesbank
oder des Bundeskriminalamtes berufen wird, ohne dass er ein ausgewiesener Fachmann auf diesen Gebieten ist. Dies solle zumindest auch ansatzweise für den Verteidigungsminister gelten. Doch diese soldatische Ideal-
vorstellung deckt sich nicht mit den Gegebenheiten der politischen Wirklichkeit. Die Entscheidungsfreiheit des Kanzlers bei der Personalauswahl
seiner Minister wird oft überschätzt. An politischen Schwergewichten, die
Rückhalt z. B. in der Partei haben, kommt – wie die Beispiele Stoltenberg
und Rühe zeigen – kein Kanzler vorbei . Militärisches Fachwissen ist dazu
nachrangig. Auch Kanzler Kohl behielt Wörner nach der sog. „Kießling-
Affäre" aus Partei- und wohl auch aus Bündnisräson im Amt. Zum anderen sagt die eigene militärische Erfahrung wenig darüber aus, wie ein
Minister sein Amt ausfüllt. Auch „gediente" Minister haben Entscheidungen gegen militärische Grundsätze getroffen. Strauß, Schmidt und Wörner
haben sich als ausgewiesene militärische Fachleute für das Amt empfohlen, doch in der Rückschau konnte dieser Bonus für die Armee keineswegs
so vorteilhaft umgewandelt werden.

General de Maizière hatte einen Eignungskatalog für den Amtsinhaber
aufgestellt.[706] An den ersten beiden Stellen des sieben Punkte umfassenden
Katalogs stehen dabei zwei politische Kriterien – politische Erfahrung und

Rückhalt in Partei und Bundestagsfraktion. Danach folgen personale Autorität, Überzeugungskraft und Durchsetzungsvermögen, diplomatisches Geschick und Identifikation mit den Forderungen der Sicherheit. An letzter Stelle wird das Verständnis für die Eigentümlichkeiten des militärischen Bereiches und die vom Status bestimmte Mentalität des Soldaten genannt. Militärischer Sachverstand und die persönliche Erfahrung als Soldat hingegen fehlen, und auch Sprachkenntnisse sind nicht erwähnt. Streitkräfte sind komplexe Organisationen. Der Ressortchef wirkt nicht nur eindimensional in die Truppe hinein, sondern agiert in einem verschlungenen Geflecht von Innen- und Außenpolitik. Hierzu bedarf er vor allem großer politischer Erfahrung. Leber, Apel und Struck waren – aus militärischer Sicht – Notlösungen, die schnell das Ressort übernehmen mussten. Doch alle drei verfügten über langjährige Erfahrung auf bundespolitischer Ebene. Jedoch müssen „Notlösungen" keineswegs negativ sein, und auch bei ausgewiesenen Fachleuten kann der Sachverstand versagen. Bewertet man die bisherigen Amtsinhaber von Blank bis Struck nach diesen ersten beiden Kriterien – politische Erfahrung und Rückhalt in Partei und Fraktion, – so waren diese – mit Ausnahme von Prof. Scholz – bei allen Verteidigungsministern gegeben. Jene vier Minister ohne militärische Vorkenntnisse fallen keineswegs gegenüber denen der anderen neun Ressortchefs ab. Die Frage des geleisteten Wehrdienstes ist also eher ein symbolischer denn ein fachlicher Aspekt. Einzig in Bezug auf seine Binnenwirkung auf die Streitkräfte ist militärische Erfahrung von Vorteil. Der Minister – als militärischer Vorgesetzter – besitzt eine Vorbildfunktion hinsichtlich Pflichterfüllung, im persönlichen Lebensstil, in Fragen der Menschenführung und im Umgang mit ihm untergebenen Soldaten. Die Truppe muss auch das Gefühl haben, dass ihr Chef Verständnis für die Eigentümlichkeiten ihres Dienstes, ihre Lebensbedingungen und Sorgen besitzt. Helmut Schmidt drückte dies wie folgt aus:

„Der Soldat bedarf des Vertrauens in die sittliche Rechtfertigung seines Auftrages; er braucht Einsicht in die strategische Notwendigkeit seines Auftrages; er bedarf des Vertrauens in die Führung durch seine Vorgesetzten und besonders durch seinen Oberbefehlshaber; und seine Ausrüstung und Ausbildung müssen dem Auftrag entsprechen. Die Streitkräfte bedürfen darüber hinaus bei aller Kritik, die sie ertragen müssen, des grundsätzlichen Rückhalts durch die Bürger des Staates und durch die öffentliche Meinung." [707]

Doch die geforderte Vorbildwirkung des Ministers sollte nicht überstrapaziert werden. Der Minister steht zu weit oben an der Spitze der militärischen Hierarchie und auch zu zeitlich kurz, als dass er sich persönlich

706 Maizière, Ulrich de Führen im Frieden S. 27 f.
707 Schmidt, Helmut Handeln für Deutschland S. 166

tiefgreifend auf das psychologische Gefüge der Truppe – im positiven wie im negativen Sinne – auswirken könnte. Auffällig ist, dass Minister, die diese Aufgabe eher mit Zögern annahmen, sich letztlich weitgehend mit dem Soldatischen identifizierten. Das Amt hat offenbar einen prägenderen Einfluss auf den Amtsinhaber als dieser auf die Streitkräfte. Ein anderer Aspekt ist das Vertrauen in politische Entscheidungen, an das Schmidt erinnerte. Der Soldat muss sich darauf verlassen können, dass sein Minister alles ihm Mögliche, nach besten Kräften und auf der sittlichen Grundlage von Recht und Gesetz tut, damit die Streitkräfte die ihnen über-tragenen Aufgaben erfüllen können. Hinsichtlich der Bereitschaft, die Bundeswehr im Ausland einzusetzen, gilt Rühes Aussage parteiübergrei-fend:

„Streitkräfte in der Demokratie dürfen keine Dienstleistungsagentur für das Kriegshandwerk werden. Es muß politisch schwierig bleiben, Soldaten in einen Einsatz zu schicken."[708]

Bundeskanzler Schröder bekräftigte diesen Ansatz auf der 39. Kom-mandeurtagung der Bundeswehr am 8. April 2002 in Hannover:

„Unser eigenes Verständnis von „Ultima Ratio" kann nicht heißen, dass man warten soll, bis alle anderen Mittel ausgeschöpft sind, sondern dass der rechtzeitige, präventive Einsatz von Streitkräften in enger Abstimmung mit politischen Initiativen helfen kann, Konflikte auf friedliche Weise zu regeln, noch bevor sie gewaltsam ausbrechen."

Doch auch Politiker können Wunschdenken erliegen, wenn sie durch die Medien und die Macht der Bilder in einen Kokon von Halb- und Falschinformationen eingewickelt werden. Auch dies erhöht das Risiko von Fehlentscheidungen. Bei militärischen Einsätzen trägt der Verteidi-gungsminister sowohl die Verantwortung für deren Erfolg und Misserfolg als auch für Leben und Gesundheit der Soldaten. Diese Aufgaben kann er aber nur dann erfüllen, wenn er durch die Offiziere in den militärischen Spitzenfunktionen auch sachkundig und loyal beraten wird. Je weiter die eigene militärische Expertise unter den Politikern abnimmt, desto wichti-ger ist fachlichkundiger Rat, der weder zum Munde redet, noch Optionen nur deshalb ausklammert, weil sie als nicht in „die politische Landschaft passend" angesehen werden. Auch die außenpolitische Handlungsfähig-keit des Landes ist eine Funktion dieser militärischen Beratung. Doch hier gibt es auf beiden Seiten Defizite. Anpassung, Opportunismus und Resig-nation beim Militär sind genannt worden. Politikern hingegen, in über-triebener Furcht vor einer Einmischung der Streitkräfte in das politische Geschäft, war und ist diese militärische Abstinenz, jenes Verweilen im Halbschatten der Macht, durchaus willkommen. Militärisches Schweigen ist für sie Gold; das Disziplinierungsinstrument der Versetzung in den einstweiligen Ruhestand schwächt auch denjenigen, der es benutzt. Die Politik muss ein originäres Interesse an einer selbstbewussten militärischen Führung haben, da nur dadurch fachkundige Beratung garantiert wird. Generale und Admirale sollten zu gleichberechtigten Partnern der Politik und aus dem Halbschatten von nur ergeben ausführenden Organen hervorgeholt werden. Gerade weil Prävention einen hohen Stellenwert im internationalen Krisenmanagement hat, muss die militärische Expertise frühzeitig in den politischen Entscheidungsprozeß eingebunden sein.

Die komplexen und dreidimensionalen Aufgaben des Verteidigungsressorts als Organ der Regierung, Führungsinstrument und Rüstungsinstanz verlangen einen Politiker mit beträchtlicher Erfahrung und Durchsetzungskraft. Die Idealkombination – große politische Erfahrung und ausgewiesener militärischer Fachmann gibt es nur selten. Bewertet man die von de Maizière angeführten Qualifikationskriterien des Ministeramtes im Hinblick auf die manchmal aufgeworfene Frage, warum bisher kein General oder Admiral Verteidigungsminister wurde, so ist feststellen: kein hochrangiger Soldat verfügt über die beiden wichtigsten Kriterien – politische Erfahrung und Rückhalt in der Partei. Daher würde ein Soldat als Verteidigungsminister vermutlich nicht bestehen. Die Streitkräfte würden mit einem General oder Admiral an ihrer Spitze keinen Deut mehr an Anerkennung oder politischen Einfluss gewinnen – im Gegenteil, sie würden zwischen die Mühlsteine politischer Auseinandersetzungen geraten. Ein Verteidigungsminister mit großer politischer Erfahrung und geringeren militärischen Kenntnissen kann somit letztlich mehr erreichen als ein Minister mit großem militärischen Hintergrund, aber ohne Rückhalt in Parlament und Partei.[709]

---

708 Rühe, Volker Rede bei der 36. Kommandeurtagung der Bundeswehr am 5. November 1997 in Berlin.

709 De Maizière schildert dies am Beispiel des österreichischen Verteidigungsministers Karl Lütgendorf (1914-1981). Dieser übernahm das Amt als vormaliger Brigadegeneral („Brigadier") und parteiloser Politiker. Schnell stand er vor Schwierigkeiten, da er weder der Regierungspartei angehörte, noch über eine eigene Hausmacht im Parlament verfügte und nicht einmal volle Autorität gegenüber den ranghöheren Offizieren besaß. „Meines Erachtens hätte Lütgendorf das Ministeramt nicht annehmen dürfen. Er ist damit auch nicht glücklich geworden." (siehe: Maizière, Ulrich de In der Pflicht S. 352)

Anhang

Die Staatsspitze der Bundesrepublik Deutschland und die Führung der Bundeswehr

Bundespräsident	Bundeskanzler	Verteidigungsminister	Generalinpekteur
Heuss 12. 09. 1949 – 1959	Adenauer 1949 – 1963	Blank bis Oktober 1956	Heusinger 1957 – 1961
Lübke 1959 – 1969	Erhard 1963 – 1966	Strauß 1956 – 1962	Foertsch 1961 – 1964
Heinemann 1969 – 1974	Kiesinger 1966 – 1969	von Hassel 1962 – 1967	Trettner 1964 – 25. 08. 1966
Scheel 1974 – 1979	Brandt 1969 – 1974	Schröder 1967 – 1969	de Maizière 25. 08. 1966 – 1972
Carstens 1979 – 1984	Schmidt 1974 – 1982	Schmidt 1969 – 1972	Zimmermann 1972 – 30. 11. 1976[†]
Frhr v. Weizsäcker 1984 – 1994	Kohl 1982 – 1998	Leber 1972 – 1978	Wust 30. 11. 1976 – 1978
Herzog 1994 – 1999	Schröder 1998 –	Apel 1978 – 1982	Brandt 1978 – 1983
Rau 1999 – 2004		Wörner 1982 – 1988	Altenburg 1983 – 1986
Köhler 2004 –		Scholz 1988 – 1989	Wellershoff 1986 – 1991
		Stoltenberg 1989 – 1992	Naumann 1991 –1996
		Rühe 1992 – 1998	Bagger 1996 – 1999
		Scharping 1998 – 2002	von Kirchbach 1999 – 29. 06. 2000
		Struck Juli 2002 –	Kujat 29. 06. 2000 –2002
			Schneiderhan 30. 06. 2002 –

Die Parlamentarischen Staatssekretäre
des Bundesministeriums der Verteidigung

Apr 1967	– Okt 1969	Eduard Adorno (*1920/ CDU)
Okt 1969	– Mar 1975	Karl-Wilhelm Berkhan (1915 - 1994/ SPD)
Mar 1975	– Dez 1976	Hermann Schmidt (1917 - 1983/ SPD)
Dez 1976	– Nov 1980	Dr. Andreas von Bülow (* 1937/ SPD)
Nov 1980	– Okt 1982	Dr. Wilfried Penner (* 1936/ SPD)
Okt 1982	– Mar 1983	Kurt Jung (1925 - 1989/ FDP)
Apr 1983	– Dez 1988	Peter Kurt Würzbach (* 1937 CDU)
Mar 1987	– Jan 1991	Agnes Hürland-Büning (* 1926/ CDU)
Dez 1988	– Apr 1992	Willy Wimmer (* 1943/ CDU)
Jan 1991	– Apr 1992	Dr. Ottfried Hennig (* 1937/ CDU)
Apr 1992	– Okt 1998	Bernd Wilz (* 1942/ CDU)
Apr 1992	– Jan 1993	Ingrid Roitzsch (* 1940/ CDU)
Jan 1993	– Jan 1997	Michaela Geiger (* 1943/ CSU)
Jan 1997	– Okt 1998	Dr. Klaus Rose (* 1941/ CSU)
Okt 1998	– Okt 2002	Brigitte Schulte (* 1943/ SPD)
Okt 1998	– Okt 2005	Walter Kolbow (* 1944/ SPD)
Okt 2002	– Okt 2005	Hans-Georg Wagner (* 1938/ SPD)

Die beamteten Staatssekretäre
des Bundesministeriums der Verteidigung

Okt 1955	– Aug 1959	Dr. Josef Rust
Sept 1959	– Jun 1964	Volkmar Hopf
Jun 1964	– Dez 1966	Karl Gumbel
Dez 1966	– Dez 1967	Prof. Dr. Karl Carstens
Jan 1967	– Nov 1969	Karl-Günther von Hase
Nov 1969	– Okt 1971	Johannes Birckholz
Apr 1970	– Jul 1972	Dr. Ernst-Wolf Mommsen (R)
Nov 1971	– Jul 1972	Dr. Günther Wetzel
Jul 1972	– Nov 1976	Dr. Siegfried Mann (R)
Jul 1972	– Feb 1978	Helmut Fingerhut
Dez 1976	– Dez 1980	Dr. Karl Schnell, General a.D. (R)
Feb 1978	– Mar 1984	Dr. Joachim Hiehle
Jan 1981	– Okt 1982	Dr. Klaus Dieter Leister (R)
Apr 1984	– Apr 1987	Dr. Günter Ermisch
Okt 1982	– Jan 1989	Dr. Lothar Rühl
Apr 1987	– Feb 1992	Dr. Ludwig-Holger Pfahls (R)
Apr 1984	– Jan 1989	Prof. Dr. Manfred Timmermann)
Mar 1992	– Jan 1996	Jörg Schönbohm, GenLt a.D. (R)
Feb 1989	– Apr 1991	Dr. Karl-Heinz Carl
Feb 1996	– Nov 1998	Gunnar Simon (R)
Mai 1991	– Apr 2000	Dr. Peter Wichert
Nov 1998	– Okt 2002	Dr. Walther Stützle (R)
Mai 2000		Klaus Günther Biederbick
Nov 2002		Dr. Peter Eickenborn (R)

(R) = Rüstung

Generalinspekteure & Inspekteure der Teilstreitkräfte

GenInspBw	Insp Heer	Insp Luftwaffe	Insp Marine	Insp San
1.6.1957	1.6.1957	1.6.1957	1.6.1957	1.6.1957
Heusinger 1961	Röttinger 1960	Kammhuber 1961	Ruge 1961	Dr. Joedicke GSA 1962
Foertsch 1964	Zerbel 1964	Panitzki 1966	Zenker 1967	Dr. Albrecht GOSA 1967
Trettner 1966	de Maizière 1966	Steinhoff 1970	Jeschonnek 1971	Dr. Hockemeyer GOSA 1969
de Maizière 1972	Moll 1968	Rall 1974	Kühnle 1975	Dr. Daerr GOSA 1972
Zimmermann †30. 11. 1976	Schnez 1971	Limberg 1978	Luther 1980	Dr. Stemann AOSA 1976
Wust Dez. 1978	Ferber 1973	Obleser 1983	Bethge 1985	Prof. Dr. Rebentisch GOSA 1980
Brandt 1983	Hildebrandt 1979	Eimler 1987	Wellershoff 1986	Dr. Grunhofer GOSA 1982
Altenburg 1986	Poeppel 1981	Jungkurth 1991	Mann 1991	Dr. Linde GOSA (Lw) 1986
Wellershoff 1991	Glanz 1984	Kuebart 1994	Weyer 1995	Dr. Voss GOSA (Lw) 1989
Naumann 1996	von Sandrart 1987	Mende 1997	Böhmer 1998	Dr. Desch GOSA 1997
Bagger 1999	von Ondarza 1991	Portz 2001	Luessow 2000	Dr. Demmer GOSA 1997 – 2003
von Kirchbach 29. 06. 2000	Schönbohm 1992	Back 2004	Feldt 2003	Dr. Ocker AOSA 2003 –
Kujat 2002	Hansen 1994	Stieglitz		**Insp SK-Basis**
Schneiderhan	Bagger 1996			Heise 2000 – 2003
	Willmann 2001			Dieter 2004 –
	Gudera 2004			
	Budde			

Die Stellvertreter des Generalinspekteurs der Bundeswehr

1964 – 1967	Generalleutnant (H) Gustav-Adolf Kuntzen (1907-1998)
1967 – 1971	Generalleutnant (Lw) Herbert Büchs (1913-1996)
1971 – 1973	Generalleutnant (H) Bernd Frhr. Freytag von Loringhoven (* 1914)
1973 – 1975	Generalleutnant (H) Dr. Karl Schnell (* 1916)
1975 – 1976	Generalleutnant (Lw) Harald Wust (* 1921)
1976 – 1978	Generalleutnant (H) Rüdiger von Reichert (* 1917)
1978 – 1979	Generalleutnant (H) Johannes Poeppel (* 1921)
1979 – 1982	Generalleutnant (Lw) Helmut Heinz (1921-2000)
1982 – 1985	Generalleutnant (Lw) Walter Windisch (* 1924)
1985 – 1987	Generalleutnant (Lw) Horst Jungkurth (* 1933)
1987 – 1991	Generalleutnant (H) Siegfried Storbeck (* 1932)
1991 – 1994	Generalleutnant (Lw) Dr. Jürgen Schnell (* 1935)
1994 – 1999	Vizeadmiral Hans Frank (* 1939)
1999 – 2000	Generalleutnant (Lw) Hartmut Moede (* 1944)
2000 – 2002	Vizeadmiral Rainer Feist (* 1945)
2002 – März 2005	Generalleutnant (Lw) Dirk Böcker (* 1945) (1. Stv)
Jan 2004 –	Generalleutnant (H) Hans-Heinrich Dieter (* 1947))* (2. Stv)
Apr 2005 –	Generalleutnant (Lw) Johann-Georg Dora (* 1948) (1. Stv)

Anmerkung:
H = Heer   Lw = Luftwaffe
)* = zugleich Inspekteur der Streitkräftebasis (SKB)

Der Stellvertreter des Generalinspekteurs war zugleich Inspekteur der Zentralen Militärischen Dienststellen der Bundeswehr. Seit der Fusionierung der beiden Führungsstäbe von Streitkräften (Fü S) und Streitkräftebasis (Fü SKB) im Jahre 2003 fungieren jedoch zwei Offiziere als ständige Vertreter des Generalinspekteurs. Der (1.) Stellvertreter ist dabei für die ministeriellen Fachaufgaben, vor allem im Bereich „Einsatz", „Militärpolitik" und „Rüstungskontrolle" zuständig.

Der (2.) Stellvertreter, zugleich der Inspekteur der Streitkräftebasis, vertritt den Generalinspekteur bei der Führung der Streitkräfte Zugleich ist er der truppendienstliche Vorgesetzte des Organisationsbereiches der Streitkräftebasis. Ihm unterstehen u. a. das Referat Rechtsberater und das Referat Universitäten der Bundeswehr. Er ist zugleich Beauftragter für Reservistenangelegenheiten.

Die Wehrbeauftragten des Deutschen Bundestages

3.4. 1959 – 14.7. 1961	Helmuth von Grolmann (1898-1977) Generalleutnant a.D. CDU (um Entlassung gebeten)
8.11.1961 – 10.11.1964	Hellmuth Guido Heye (1895-1970) Vizeadmiral a.D. CDU (um Entlassung gebeten)
11.12.196 – 12.3.1970	Matthias Hoogen (1904-1985) Soldat im 2. Weltkrieg CDU

13.3.1970 – 18.3.1975	Fritz Rudolf Schultz (1917-2002)
	Major d.R. a.D.
	FDP
19.3.1975 – 27.3.1985	Karl Wilhelm Berkhan (1915-1994)
	Soldat im 2. Weltkrieg
	SPD (1980 wiedergewählt)
28.3.1985 – 26.4.1990	Willi Weiskirch ((1923-1996) Soldat im 2. Weltkrieg
	CDU
27.4.1990 – 27.4.1995	Alfred Biehle (* 1926) Soldat im 2. Weltkrieg
	CDU
28.4.1995 – 10.5.2000	Claire Marienfeld-Czesla (* 1940)
	CDU
11.5.2000 – März 2005	Dr. Wilfried Penner (* 1936) kein Wehrdienst
	SPD
April 2005 –	Reinhold Robbe (* 1954)
	Zivildienst/Vorsitzender des Verteidigungsausschusses (2002-2005)
	SPD

Die Deutschen Militärischen Vertreter im NATO-Militärausschuss (DMV)

1956 – 1960	Brigadegeneral (Heer) Hans-Georg von Tempelhoff (1907-1985)
1960 – 1963	Generalmajor (Luftwaffe) Johannes Steinhoff (1913-1994)
1963 – 1968	Generalleutnant (Heer) Gerhard Wessel (1907-2002)
1968 – 1970	Generalleutnant (Luftwaffe) Hellmuth Hauser (* 1916)
1970 – 1974	Generalleutnant (Heer)Peter von Butler (* 1913)
1974 – 1976	Generalleutnant (Luftwaffe) Günther Rall (* 1918)
1976 – 1978	Vizeadmiral Herbert Trebesch (* 1915)
1978	Generalleutnant (Heer) Jürgen Brandt (1922-2003)
1978 – 1980	Generalleutnant (Heer) Wolfgang Altenburg (* 1928)
1980 – 1984	Generalleutnant (Luftwaffe) Ernst-Dieter Bernhard (* 1924)
1984 – 1989	Generalleutnant (Luftwaffe) Hans-Peter Tandecki (* 1932)
1989 – 1992	Generalleutnant (Heer) Rolf Hüttel (* 1934)
1992 – 1995	Generalleutnant (Heer) Jörn Söder (* 1934)
1995 – 000	Generalleutnant (Heer) Klaus Wiesmann (* 1940)
2000 –	Generalleutnant (Heer) Dr. Klaus Olshausen (* 1945)

Die Abteilungsleiter Personal/Personal-, Sozial- und Zentralangelegenheiten (PSZ) im Bundesministerium der Verteidigung

1.10.1955 – 09.06.1964	Ministerialdirektor Karl Gumbel (1909-1084)
1.10.1964 – 30.08.1965	Ministerialdirektor Heinz Wichmann
1.01.1966 – 30.9.1969	Generalleutnant Werner Haag (1909-1985)
1.10.1969 – 30.9.1973	Generalleutnant Dr. Konrad Stangl (1913-1993)
1.10.1973 – 30.9.1982	Ministerialdirektor Dr. Heinz Schaefgen

1.10.1982 – 30.9.1984	Generalleutnant Hans Kubis (1924-1991)
1.10.1984 – 31.3.1988	Generalleutnant Manfred Fanslau (* 1929)
1.04.1988 – 30.9.1990	Generalleutnant Dieter Clauß (* 1934)
1.10.1990 – 31.1.1996	Ministerialdirektor Dr. Kurt Servatius
1.02.1996 – 18.2.1999	Generalleutnant Dr. Hartmut Olboeter (*1940)
19.2.1999 – 25.4.2000	Ministerialdirektor Klaus-Günther Biederbick
26.4.2000 – 30.9.2002	Generalleutnant Walter Rasimowitz (* 1940)
1.10.2002	Dr. Georg Wilmers

Die Kommandierenden Generale des I. Korps/ des Deutsch-Niederländischen/(D/NL) Korps in Münster

1956 – 1957	Generalmajor Curt Siewert (1899-1983)
1957 – 1960	Generalmajor Gerhard Matzky (1894-1983)
1960 – 1963	Generalmajor Heinz Trettner (* 1907)
1963 – 1966	Generalleutnant Wilhelm Meyer-Detring (1906-2002)
1966 – 1968	Generalleutnant Jürgen Bennecke (1912-2002)
1968 – 1970	Generalleutnant Otto Uechtritz (1910-1994)
1970 – 1974	Generalleutnant Hans Hinrichs (1915-2004)
1974 – 1978	Generalleutnant Hans-Heinrich Klein (1918-1992)
1978 – 1979	Generalleutnant Dr. Ferdinand von Senger und Etterlin (1923-1987)
1979 – 1982	Generalleutnant Kurt von der Osten (1922-1989)
1982 – 1986	Generalleutnant Dr. Gerhard Wachter (* 1929)
1986 – 1988	Generalleutnant Dieter Clauß (* 1934)
1988 – 1991	Generalleutnant Jörn Söder (* 1934)
1991	Generalleutnant Klaus Naumann (* 1939)
1991 – 1995	Generalleutnant Hansjörn Boes (* 1936)
1995:	Umbenennung in Deutsch-Niederländisches Korps
1995 – 1997	Generalleutnant Ruurd Reitsma (* 1943 – NL)
1997 – 2000	Generalleutnant Karsten Oltmanns (* 1940)
2000 – 2002	Generalleutnant Marcel Urlings (* 1950 – NL)
2002 – 2005	Generalleutnant Norbert van Heyst (* 1944)
2005	Generalleutnant Tony van Diepenbrugge (* 1951 – NL)

Die Kommandierenden Generale des II. Korps/des Deutsch-Amerikanischen (GE/US) Korps in Ulm

Dez 1956 – 30.3.1957	Generalmajor Friedrich Foertsch (1900-1976) (mit der Führung beauftragt)
1.4.1957 – 30.9.1961	Generalleutnant Max Pemsel (1897-1985)
1.10.1961 – 30.9.1967	Generalleutnant Leo Hepp (1907-1987)
1.10.1967 – 30.9.1970	Generalleutnant Karl-Wilhelm Thilo (1911-1997)
1.10.1970 – 31.3.1976	Generalleutnant Dr. Ing. Helmut Schönefeld (1916 – 1997)
1.4.1976 – 30.9.1980	Generalleutnant Carl-Gero von Ilsemann (1920-1991)
1.10.1980 – 30.9.1981	Generalleutnant Meinhard Glanz (* 1924)
1.10.1981 – 30.9.1983	Generalleutnant Leopold Chalupa (* 1927)
1.10.1983 – 31.3.1989	Generalleutnant Werner Lange (* 1929)

```
1.4.1989   - 31.3.1993   Generalleutnant Gerd Verstl (* 1935)
1.4.1993   - 30.9.1996   Generalleutnant Edgar Trost (* 1940)
1.10.1996  - 12.3.2001   Generalleutnant Götz F.E. Gliemeroth (* 1943)
12.3.2001  - 16.3.2004   Generalleutnant Karl-Heinz Lather (* 1948)
16.3.2004                Generalleutnant Jan Oerding (* 1948)
```

Die Kommandierenden Generale des III. Korps/ die Befehlshaber des Heeresführungskommandos in Koblenz

```
1957 - 1960   Generalleutnant Smilo Freiherr von Lüttwitz (1895-1975)
1961 - 1965   Generalleutnant Heinrich Gaedcke (1905-1992)
1965 - 1968   Generalleutnant Albert Schnez (* 1911)
1968 - 1972   Generalleutnant Gerd Niepold (* 1913)
1972 - 1978   Generalleutnant Franz Pöschl (* 1917)
1978 - 1980   Generalleutnant Paul-Georg Kleffel (* 1920)
1980 - 1983   Generalleutnant Wolfgang Altenburg (* 1928)
1983 - 1984   Generalleutnant Hans Joachim Mack (* 1928)
1984 - 1987   Generalleutnant Erich Diedrichs (* 1927)
1987 - 1990   Generalleutnant Helge Hansen (* 1936)
1990 - 1991   (amtierend) Generalmajor Anton Steer (* 1935)
1991 - 1993   Generalleutnant Peter Heinrich Carstens (* 1937)
1993 - 1994   Generalleutnant Dr. Klaus Reinhardt (* 1941)
1994:         Umbenennung in Heeresführungskommando
1994 - 1998   Generalleutnant Dr. Klaus Reinhardt (* 1941)
1998 - 2002   Generalleutnant Rüdiger Drews (* 1942)
2002 - 2005   Generalleutnant Axel Bürgener (* 1944)
2005 -        Generalleutnant Wolfgang Otto (* 1947)
```

Die Kommandierenden Generale des Bundeswehr-kommandos Ost/Territorialkommandos Ost/IV. Korps, bzw. die Befehlshaber des Einsatz-führungskommandos der Bundeswehr in Potsdam

```
Bundeswehrkommando Ost
Okt 1990 - Apr 1991    Generalleutnant Jörg Schönbohm (* 1937)
Umbenennung in:        Korps und Territorialkommando Ost
Apr 1991 - Sept 1994   Generalleutnant Werner von Scheven (* 1937)
Umbenennung in:        IV. Korps
Okt 1994 - März 1998   Generalleutnant Joachim Spiering (* 1940)
Apr 1998 - März 1999   Generalleutnant Hans-Peter von Kirchbach (*1941)
Apr 1999 - Juni 2001   Generalleutnant Rainer Schuwirth (* 1945)
Juli 2001              Generalleutnant Friedrich Riechmann (* 1943)
Umbenennung in:        Einsatzführungskommando der Bundeswehr
Juli 2001 - Sept 2004  Generalleutnant Friedrich Riechmann (* 1943)
Okt 2004 -             Generalleutnant Holger Kammerhoff (* 1945)
```

Die Kommandierenden Generale/ Befehlshaber
der Höheren Kommandobehörden der Luftwaffe

Luftwaffengruppe Nord in Münster (1957-1970)

1.8.1957 – 31.12.1961	Generalleutnant Martin Harlinghausen (1902-1986)
1.1.1962 – 30.9.1962	Generalleutnant Werner Panitzki (1911-2000)
1.10.1962 – 30.9.1963	Generalmajor Eugen Walter (1903-1987)
1.10.1963 – 31.3.1968	Generalleutnant Werner-Eugen Hoffmann (1910-1998)
1.4.1968 – 30.9.1970	Generalleutnant Helmut Mahlke (1913-1998)

Luftwaffengruppe Süd in Karlsruhe (1957-1970)

10.12.1957 – Jan 1961	Generalleutnant Joachim Huth (1896-1962)
Jan 1961 – 31.12.1961	Generalmajor Hermann Plocher (1901-1981)
1.1.1962 – 30.9.1970	Generalleutnant Hans Trautloft (1912-1995)

Luftwaffenunterstützungskommando in Köln (1970-1995)

1.10.1970 – 30.9.1974	Generalleutnant Hellmuth Hauser (* 1916)
1.10.1974 – 30.9.1977	Generalleutnant Paul Haeffner (* 1917)
1.10.1977 – 30.9.1978	Generalleutnant Friedrich Obleser (1923-2004)
1.10.1978 – 31.3.1981	Generalleutnant Wolfgang Meissner (1920-1995)
1.4.1981 – 31.3.1986	Generalleutnant Clauss Thierschmann (* 1926)
1.4.1986 – 30.9.1991	Generalleutnant Günter Hertel (* 1934)
1.10.1991 – 31.12.1993	Generalleutnant Peter Klatte (* 1936)
1994 – 1995	Generalmajor Andries Schlieper (* 1936)

Luftflottenkommando in Köln-Wahn (1970 – 1994)

1.10. – 15.12.1970	Generalleutnant Günther Rall (* 1918)
1.4.1971 – 30.9.1974	Generalleutnant Herbert Wehnelt (* 1918)
1.10.1974 – 9.11.1976	Generalleutnant Walter Krupinski (1920-2000)
Dez 1976 – 31.3.1981	Generalleutnant Bruno Loosen (* 1922)
1.4.1981 – 31.3.1983	Generalleutnant Fritz Wegner (* 1922)
1.4.1983 – 31.3.1989	Generalleutnant Hans-Jörg Kuebart (* 1934)
1.4.1989 – 30.9.1991	Generalleutnant Walter Schmitz (* 1934)
1.10.1991 – 31.3.1994	Generalleutnant Gerhard John (* 1935)

Umbenennung in: Luftwaffenführungskommando (1994)

1.4.1994 – 30.9.1995	Generalleutnant Gerhard John (* 1935)
1.10.1995 – 1999	Generalleutnant Jürgen Höche (* 1942)
- 31.3.2002	Generalleutnant Peter Vogler (* 1941)
1.4.2002 – 31.8.2002	Generalleutnant Dirk Böcker (* 1945)
1.9.2002	Generalleutnant Walter Jentz (* 1945)

Luftwaffenkommando Nord in Kalkar (1994-2001)

1.4. – 30.9.1994	Generalleutnant Rolf Portz (* 1940)
1.10.1994 – 2000	Generalleutnant Axel Kleppien (* 1939)
2000 – 2001	Generalleutnant Walter Jertz (* 1945)

Luftwaffenkommando Süd in Meßstetten (1994-2001)

1.4.1994 –	1997	Generalleutnant Hubert Marquitan (* 1937)
1997 –	2001	Generalleutnant Dirk Böcker (* 1945)

Luftwaffenkommando Ost (1991 umbenannt in 5. Lw-Division)

Okt 1990 – März 1991 Generalmajor Bernhard Mende (* 1937 – 2004)

Die Befehlshaber der Flotte
Flottenkommando Glücksburg

23.4.1956 – 15.3.1957	Kapitän zur See Max-Eckart Wolff (1902-1988)
16.3.1957 – 31.8.1961	Flotillenadmiral Rolf Johannesson (1900-1989)
1.9.1961 – 30.9.1963	Konteradmiral Karl Smidt (1903-1984)
1.10.1963 – 30.9.1966	Vizeadmiral Heinrich Gerlach (1906-1988)
1.10.1966 – 30.9.1970	Vizeadmiral Karl Hetz (1910-1980)
1.10.1970 – 31.3.1972	Vizeadmiral Armin Zimmermann (1917-1976)
1.4.1972 – 30.9.1975	Vizeadmiral Paul Hartwig (* 1915)
1.10.1975 – 30.9.1978	Vizeadmiral Hans-Helmut Klose (* 1916)
1.10.1978 – 31.3.1985	Vizeadmiral Günter Fromm (* 1924)
1.4.1985 – 30.9.1986	Vizeadmiral Hans-Joachim Mann (* 1935)
1.10.1986 – 30.4.1990	Vizeadmiral Klaus Rehder (* 1933)
1.5.1990 – 31.3.1993	Vizeadmiral Dieter Franz Braun (* 1935)
1.4.1993 – 31.3.1995	Vizeadmiral Hans-Rudolf Boehmer (* 1938)
1.4.1995 – 31.3.2000	Vizeadmiral Dirk Horten (* 1939)
1.4.2000 – 28.2.2003	Vizeadmiral Lutz Feldt (* 1945)
01.03.2003	Vizeadmiral Wolfgang Nolting (* 1948)

Die Kommandeure der Führungsakademie
der Bundeswehr in Hamburg

1.1.1957 – 31.7.1957	Oberst i.G. Detlev von Rumohr (Heer/1908-1961) – kommissarischer Leiter
1.8.1957 – 30.9.1959	Generalmajor Heinz Gaedcke (Heer/ 1905-1992)
1.10.1959 – 31.3.1962	Generalmajor Hellmuth Laegeler (Heer/ 1902-1972)
1.4.1962 – 30.9.1964	Generalmajor Ulrich de Maizière (Heer/ * 1912)
1.10.1964 – 30.9.1966	Generalmajor Jürgen Bennecke (Heer/ 1912-2002)
1.10.1966 – 30.9.1970	Generalmajor Hans Hinrichs (Heer/ 1915-2004)
1.10.1970 – 30.9.1974	Generalmajor Rudolf Jenett (Luftwaffe/ 1914-1998)
1.10.1974 – 30.9.1977	Generalmajor Dr. Eberhard Wagemann (Heer/* 1918)
1.10.1977 – 31.3.1981	Generalmajor Heinz von zur Gathen (Heer/ 1924-2001)
1.4.1981 – 31.3.1984	Konteradmiral Dieter Wellershoff (*1933)
1.4.1984 – 31.3.1986	Generalmajor Dieter Clauß (Heer/ *1934)
1.4.1986 – 30.3.1988	Generalmajor Jörn Söder (Heer/ * 1934)
1.4.1988 – 22.10.1990	Generalmajor Werner von Scheven (Heer/* 1937)
23.10.90 – 30.6.1993	Generalmajor Dr. Klaus Reinhardt (Heer/* 1941)
1.7.1993 – 26.1.1996	Generalmajor Dr. Hartmut Olboeter (Luftwaffe/ * 1940)
27.1.1996 – 30.3.2001	Konteradmiral Rudolf Lange (* 1941)
31.3.2001 – 14.7.2005	Generalmajor Hans-Christian Beck (Heer/* 1944)
14.7.2005 –	Generalmajor Wolf-Dieter Löser

Generale und Admirale

Nr.	Name	Vorname	Dienstgrad	Teilstreitkraft	Lebensdaten	Ruhestand
1	Altenburg	Wolfgang		Heer	1928	1989
2	Back	Gerhard		Luftwaffe	1944	
3	Bagger	Hartmut		Heer	1938	1999
4	Bennecke	Juergen		Heer	1912 – 2002	1973
5	Brandt	Jürgen		Heer	1922 – 2003	1983
6	Carstens	Peter Heinrich		Heer	1937	1998
7	Chalupa	Leopold		Heer	1927	1987
8	Clauß	Dieter		Heer	1934	1993
9	Eimler	Eberhard		Luftwaffe	1930	1990
10	Feist	Rainer	Admiral	Marine	1945	2004
11	Ferber	Ernst		Heer	1914 – 1998	1975
12	Foertsch	Friedrich		Heer	1900 – 1976	1963
13	Hansen	Helge		Heer	1936	1996
14	Heusinger	Adolf		Heer	1897 – 1982	1964
15	Kammhuber	Josef		Luftwaffe	1896 – 1986	1962
16	Kielmansegg, Graf von					
		Johann Adolf		Heer	1906	1968
17	Kießling, Dr.	Günter		Heer	1925	1984
18	Kirchbach, von	Hans-Peter		Heer	1941	2000
19	Kujat	Harald		Luftwaffe	1942	2005
20	Luther	Günter	Admiral	Marine	1922 – 1997	1982
21	Mack	Hans-Joachim		Heer	1928	1987
22	Maiziere de	Ulrich		Heer	1912	1972
23	Naumann	Klaus		Heer	1939	1999
24	Ondarza, von	Henning		Heer	1933	1994
25	Reinhardt, Dr.	Klaus		Heer	1941	2001
26	Sandrart, von	Hans-Henning		Heer	1933	1991
27	Schmückle	Gerhard		Heer	1917	1980
28	Schneiderhan	Wolfgang		Heer	1946	
29	Schnell, Dr.	Karl		Heer	1916	1980
30	Schulze	Franz-Joseph		Heer	1918 – 2005	1979
31	Schuwirth	Rainer		Heer	1945	
32	Senger und Etterlin, von					
		Ferdinand		Heer	1923 – 1987	1983
33	Speidel, Prof. Dr.	Hans		Heer	1897 – 1984	1964
34	Spiering	Joachim		Heer	1940	2001
35	Steinhoff	Johannes		Luftwaffe	1913 – 1994	1974
36	Stöckmann	Dieter		Heer	1941	2002
37	Trettner	Heinrich		Heer	1907	1966
38	Wellershoff	Dieter	Admiral	Marine	1933 – 2005	1991
39	Wust	Harald		Luftwaffe	1921	1978
40	Zimmermann	Armin	Admiral	Marine	1917 – 1976	

Generalleutnante, Vizeadmirale, sowie General- und Admiraloberstabsärzte

Nr.	Name	Vorname	Dienstgrad	Teilstreitkraft	Lebensdaten	Ruhestand
1	Albrecht, Dr. med.	Wilhelm	GenOStArzt	Luftwaffe/San	1905 – 1993	1967
2	Baudissin, Graf v.	Wolf		Heer	1907 – 1993	1967
3	Benzino	Wolfgang	VAdm	Marine	1921 – 2004	1981
4	Bergh, von	Wolfgang		Luftwaffe	1921	1981
5	Bernhard	Ernst-Dieter		Luftwaffe	1924	1984
6	Bethge	Ansgar	VAdm	Marine	1924	1985
7	Bick, Dr. med.	Erich Wolfgang				
			GenOStArzt	Heer/San	1946	
8	Böcker	Dirk		Luftwaffe	1945	2005
9	Boehmer	Hans-Rudolf	VAdm	Marine	1938	1998
10	Boes	Hansjörn		Heer	1936	1995
11	Braun	Dieter Franz	VAdm	Marine	1935	1996
12	Budde	Hans-Otto		Heer	1948	
13	Buechs	Herbert		Heer	1913 – 1996	1974
15	Burandt	Eberhard		Heer	1923	1983
14	Bürgener	Axel		Heer	1944	2005
16	Butler, von	Peter		Heer	1913	1974
17	Daerr, Dr. med.	Eberhard	GenOStArzt	Heer/San	1912	1972
18	Demmer, Dr. med.	Karl Wilh.	GenOStArzt	Heer/San	1941	2003
19	Desch, Dr.	Gunter	GenOStArzt	Heer/San	1937	1997
20	Diedrichs	Erich		Heer	1927	1987
21	Dieter	Hans-Heinrich		Heer	1947	
22	Dietrich	Manfred		Heer	1944	2005
23	Domröse	Lothar		Heer	1920	1981
24	Dora	Johann-Georg		Luftwaffe	1948	
25	Drews	Rüdiger		Heer	1942	2002
26	Ertmann	Benno		Luftwaffe	1940	2000
27	Fanslau	Manfred		Heer	1929	1988
28	Feldhoff	Hans-Heinz		Luftwaffe	1932	1989
29	Feldt	Lutz	VAdm	Marine	1945	
30	Frank	Hans	VAdm	Marine	1939	1999
31	Freytag v.Loringhoven, Frhr.					
		Bernd		Heer	1914	1973
32	Frodl, Dipl.-Ing.	Richard		Luftwaffe	1921 – 2002	1982
33	Fromm	Günter	VAdm	Marine	1924	1985
34	Gaedcke	Heinrich		Heer	1905 – 1992	1965
35	Gathen, von zur	Heinz		Heer	1924 – 2001	1984
36	Geier	Jürgen	VAdm	Marine	1940	2000
37	Gerber	Manfred		Heer	1938	1998
38	Gerlach	Heinrich	VAdm	Marine	1906 – 1988	1966
39	Glanz	Meinhard		Heer	1924	1984
40	Gliemeroth	Götz F.E.		Heer	1943	2004
41	Greve	Carl-Heinz		Luftwaffe	1920 – 1998	1981
42	Grunhofer, Dr. med.	Hubertus	GenOStArzt	Luftwaffe/San	1922 – 2000	1982

43	Gudera, Dipl.-Bw.	Gert		Heer	1943		2004
44	Haag	Werner		Heer	1909 –	1985	1969
45	Haarhaus	Peter		Luftwaffe	1936		1994
46	Haeffner	Paul		Luftwaffe	1917		1977
47	Harlinghausen	Martin		Luftwaffe	1902 –	1986	1961
48	Hartwig	Paul	VAdm	Marine	1915		1975
49	Hauser	Hellmuth		Luftwaffe	1916 –	2004	1974
50	Heinz	Helmut		Luftwaffe	1921 –	2000	1982
51	Heise	Bernd	VAdm	Marine	1943		2004
53	Hempel, Dr.	Adolf		Luftwaffe	1915 –	1971	
54	Hepp	Leo		Heer	1907 –	1987	1967
55	Hertel, Dipl.-Ing.(FH)	Günter		Luftwaffe	1934		1991
56	Hetz	Karl	VAdm	Marine	1910 –	1980	1970
52	Heyst, van	Norbert		Heer	1944		2005
57	Hildebrandt	Horst		Heer	1919 –	1989	1979
58	Hinrichs	Hans		Heer	1915 –	2004	1974
59	Hobe, von	Cord		Heer	1909 –	1991	1968
60	Höche	Jürgen		Luftwaffe	1942		2003
61	Hockemeyer, Dr. med.	Herbert	GenOStArzt	Heer/San	1909 –	1983	1969
62	Hoffmann	Werner-Eugen		Luftwaffe	1910 –	1998	1970
63	Hopfgarten, von	Hans-Joachim		Heer	1915 –	2000	1973
64	Horn, von	Hans-Joachim		Heer	1896 –	1994	1961
65	Horten	Dirk	VAdm	Marine	1939		2000
66	Huth	Joachim		Luftwaffe	1896 –	1962	1961
67	Hüttel	Rolf		Heer	1934		1992
68	Ilsemann, von	Carl-Gero		Heer	1920 –	1991	1980
69	Jarosch	Hans-Werner		Luftwaffe	1942		2004
70	Jertz	Walter		Luftwaffe	1945		
71	Jeschonnek	Gert	VAdm	Marine	1912 –	1999	1971
72	John	Gerhard		Luftwaffe	1935		1995
73	Jungkurth	Horst		Luftwaffe	1933		1991
74	Kammerhoff	Holger O.L.		Heer	1945		
75	Kampe	Helmut	VAdm	Marine	1925		1986
76	Kasch	Heinz		Heer	1926		1986
77	Klaffus	Ernst		Heer	1935		1994
78	Klatte	Peter		Heer	1936		1993
79	Kleffel	Paul-Georg		Heer	1920		1980
80	Klein	Hans-Heinrich		Heer	1918 –	1992	1978
81	Kleppien	Axel		Luftwaffe	1939		1999
82	Klose	Hans-Helmut	VAdm	Marine	1916 –	2003	1978
83	Klug	Bernd		Heer	1934		1993
84	Krause, von Dipl.-Kfm/-Vw.	Ulf		Luftwaffe	1944		2005
85	Krupinski	Walter		Luftwaffe	1920 –	2000	1976
86	Kubis	Hans		Heer	1924 –	1991	1984
87	Kuebart	Hans-Jörg		Luftwaffe	1934		1994
88	Kuehnle	Heinrich	VAdm	Marine	1915 –	2001	1975
89	Kuntzen	Gustav-Adolf		Heer	1907 –	1998	1967

90	Lahl, Dipl.-Kaufm.	Kersten		Heer	1948	
91	Lange	Werner		Heer	1929	1989
92	Lather	Karl-Heinz		Heer	1948	
93	Lemm	Hans-Georg		Heer	1919 – 1994	1979
94	Limberg	Gerhard		Luftwaffe	1920	1978
95	Linde, Dr.	Hansjoach.	GenOStArzt	Heer/San	1926	1986
96	Loosen	Bruno		Luftwaffe	1922	1982
97	Luettwitz, Frhr. von	Smilo		Heer	1895 – 1975	1960
98	Lüssow	Hans	VAdm	Marine	1942	2003
99	Mäder	Hellmuth		Heer	1908 – 1984	1968
100	Mahlke	Helmut		Luftwaffe	1913 – 1998	1970
101	Malecha	Wolfgang		Heer	1932 – 1994	1990
102	Mann	Hans Joachim	VAdm	Marine	1935	1991
103	Marquitan	Hubert		Luftwaffe	1937	1996
104	Martin	Horst		Luftwaffe	1946	
105	Marzi, Dipl.-Ing. (FH)	Heinz		Luftwaffe	1947	
106	Matzky	Gerhard		Heer	1894 – 1983	1960
107	Meentzen	Wilhelm	VAdm	Marine	1915 – 2001	1974
108	Mehlen	Hans-Werner		Luftwaffe	1916	1976
109	Meissner	Wolfgang		Luftwaffe	1920 – 1995	1981
110	Mende	Bernhard		Luftwaffe	1937 – 2004	1997
111	Meyer-Detring	Wilhelm		Heer	1906 – 2002	1966
112	Moede	Hartmut		Luftwaffe	1944	2003
113	Moek	Lutz		Heer	1932	1991
114	Moll	Josef		Heer	1908 – 1989	1968
115	Mueller-Hillebrand	Burkhart		Heer	1904 – 1987	1965
116	Niepold	Gerd		Heer	1913	1972
117	Noack	Fred		Luftwaffe	1931	1989
118	Nolting	Wolfgang	VAdm	Marine	1948	
119	Obermaier	Albrecht	VAdm	Marine	1912 – 2004	1971
120	Obleser	Friedrich		Luftwaffe	1923 – 2004	1983
121	Ocker, Dr. med.	Karsten	AdmOStArzt	Marine/San	1945	
122	Odendahl	Wolfgang		Heer	1931	1990
123	Olboeter, Dr.	Hartmut		Luftwaffe	1940	2002
124	Olshausen, Dr.	Klaus		Heer	1945	
125	Oltmanns	Karsten		Heer	1940	2000
126	Osten, von der	Kurt		Heer	1922 – 1989	1982
127	Otto	Wolfgang		Heer	1947	
128	Pacholke	Siegfried		Luftwaffe	1935	1996
129	Panitzki	Werner		Luftwaffe	1911 – 2000	1966
130	Pemsel	Max		Heer	1897 – 1985	1961
131	Plato, von	Anton-Detlef		Heer	1910 – 2001	1970
132	Poeppel	Johannes		Heer	1921	1981
133	Poeschl	Franz		Heer	1917	1978
134	Portz	Rolf		Luftwaffe	1940	2001
135	Rall	Günther		Luftwaffe	1918	1975
136	Ramms, Dipl.-Ing.	Egon		Heer	1948	
137	Rasimowitz	Walter		Luftwaffe	1940	2002
138	Raulf	Günter		Luftwaffe	1928	1988
139	Rebentisch, Prof. Dr. med.	Ernst		Heer/San	1920	1980

140	Rehder	Klaus	VAdm	Marine	1933		1993
141	Reichenberger	Rudolf		Heer	1919 –	1993	1979
142	Reichert, von	Rüdiger		Heer	1917		1978
143	Riechmann	Friedrich		Heer	1943		2004
144	Roettiger	Hans		Heer	1896 –	1960	
145	Rogge	Bernhard	VAdm	Marine	1899 –	1982	1962
146	Ropers	Frank	VAdm	Marine	1946		
147	Ruge, Prof.	Friedrich	VAdm	Marine	1894 –	1985	1961
148	Ruwe	Jürgen		Heer	1946		
149	Schaefer, Dr.	Werner		Heer	1925 –	1992	1986
150	Scheven, von	Werner		Heer	1937		1994
151	Schmitz	Walter		Luftwaffe	1934		1991
152	Schmitz	Werner		Luftwaffe	1921 –	1977	1976
153	Schnell, Prof. Dr. Dipl.-Kfm.						
		Jürgen		Luftwaffe	1935		1995
154	Schnez	Albert		Heer	1911		1971
155	Schoenefeld, Dr.	Helmut		Heer	1916 –	1997	1976
156	Schroeter, von	Horst	VAdm	Marine	1919		1979
157	Schubert	Hans-Joachim		Luftwaffe	1947		
158	Schulz	Harald		Heer	1933		1992
159	Schulz	Siegfried		Heer	1914 –	1997	1974
160	Schwatlo-Gestering	Joachim		Heer	1903 –	1975	1964
161	Schwenke	Winfried		Luftwaffe	1935		1993
162	Schwiethal	Heinrich		Heer	1918 –	1995	1979
163	Sochaczewski, Dipl.-Ing.						
		Joachim		Luftwaffe	1931		1992
164	Söder	Jörn		Heer	1934		1995
165	Sommerhoff	Paul		Luftwaffe	1929		1987
166	Sonneck	Hubert		Heer	1913 –	1984	1974
167	Stangl, Dr.	Konrad		Luftwaffe	1913 –	1993	1973
168	Steinhaus	Rolf	VAdm	Marine	1916 –	2004	1976
169	Steinkopff	Klaus-Christoph		Heer	1935 –	2003	1995
170	Stemann, Dr. med.	Hans-Gg.	AdmOStArzt	Marine/San	1916		1976
171	Stieglitz	Klaus-Peter		Luftwaffe	1947		
172	Storbeck	Siegfried		Heer	1932		1991
173	Tandecki	Hans-Peter		Luftwaffe	1932		1989
174	Tebbe, Dipl.-Ing.	Wolfgang		Heer	1931		1989
175	Thiemann	Rolf		Luftwaffe	1934 –	2000	1992
176	Thierschmann, Dipl.-Ing.	Claus		Luftwaffe	1926		1986
177	Thilo	Karl-Wilhelm		Heer	1911 –	1997	1970
178	Trautloft	Hans		Luftwaffe	1912 –	1995	1970
179	Trebesch	Herbert	VAdm	Marine	1915		1978
180	Trost	Edgar		Heer	1940		2000
181	Uebelhack	Friedrich		Heer	1907 –	1979	1968
182	Uechtritz	Otto		Heer	1910 –	1994	1970
183	Uhle-Wettler, Dr.	Franz		Heer	1927		1987
184	Verstl	Gert		Heer	1935		1993
185	Vogel	Uwe		Luftwaffe	1915 –	2000	1975
186	Vogler	Peter		Luftwaffe	1941		2002
187	Voss, Dr.	Clauss Günter, GenOStArzt		Heer/San	1929		1989

188	Wachter, Dr.	Gerhard		Heer	1929 – 2004	1986
189	Wegner	Fritz		Luftwaffe	1922	1983
190	Wehnelt	Herbert		Luftwaffe	1918	1976
191	Weick	Winfried		Heer	1937	1996
192	Weisser	Ulrich	VAdm	Marine	1938	1998
193	Wenner	Horst		Heer	1923 – 1987	1983
194	Wessel	Gerhard		Heer	1913 – 2002	1968
195	Weyher	Hein Peter	VAdm	Marine	1935	1995
196	Wiesmann	Klaus		Heer	1940	2000
197	Willikens, Dipl.-Ing.	Dietrich		Heer	1915 – 2004	1975
198	Willmann	Helmut		Heer	1940	2001
199	Windisch	Walter		Luftwaffe	1924	1985
200	Zenker	Karl Adolf	VAdm	Marine	1907 – 1998	1967
201	Zerbel	Alfred		Heer	1904 – 1987	1964

Die Generals- und Admiralsdienstgrade in der deutschen Geschichte

	Wehrmacht	NVA	Bundeswehr
✶ ✶ ✶ ✶ ✶	Generalfeldmarschall Großadmiral	Marschall der DDR)* ----------	---------- ----------
✶ ✶ ✶ ✶	Generaloberst Generaladmiral	Armeegeneral Flottenadmiral	General Admiral
✶ ✶ ✶	General der Infanterie, General der Artillerie, General der Kavallerie, General der Flieger etc. Admiral	Generaloberst Admiral	Generalleutnant Vizeadmiral
✶ ✶	Generalleutnant Vizeadmiral	Generalleutnant Vizeadmiral	Generalmajor Konteradmiral
✶	Generalmajor Konteradmiral	Generalmajor Konteradmiral	Brigadegeneral Flottillenadmiral

Anmerkung:)* Dieser Dienstgrad wurde in der NVA jedoch nicht vergeben.

Die Vier-Sterne-Generale/-Admirale der Bundeswehr seit 1955

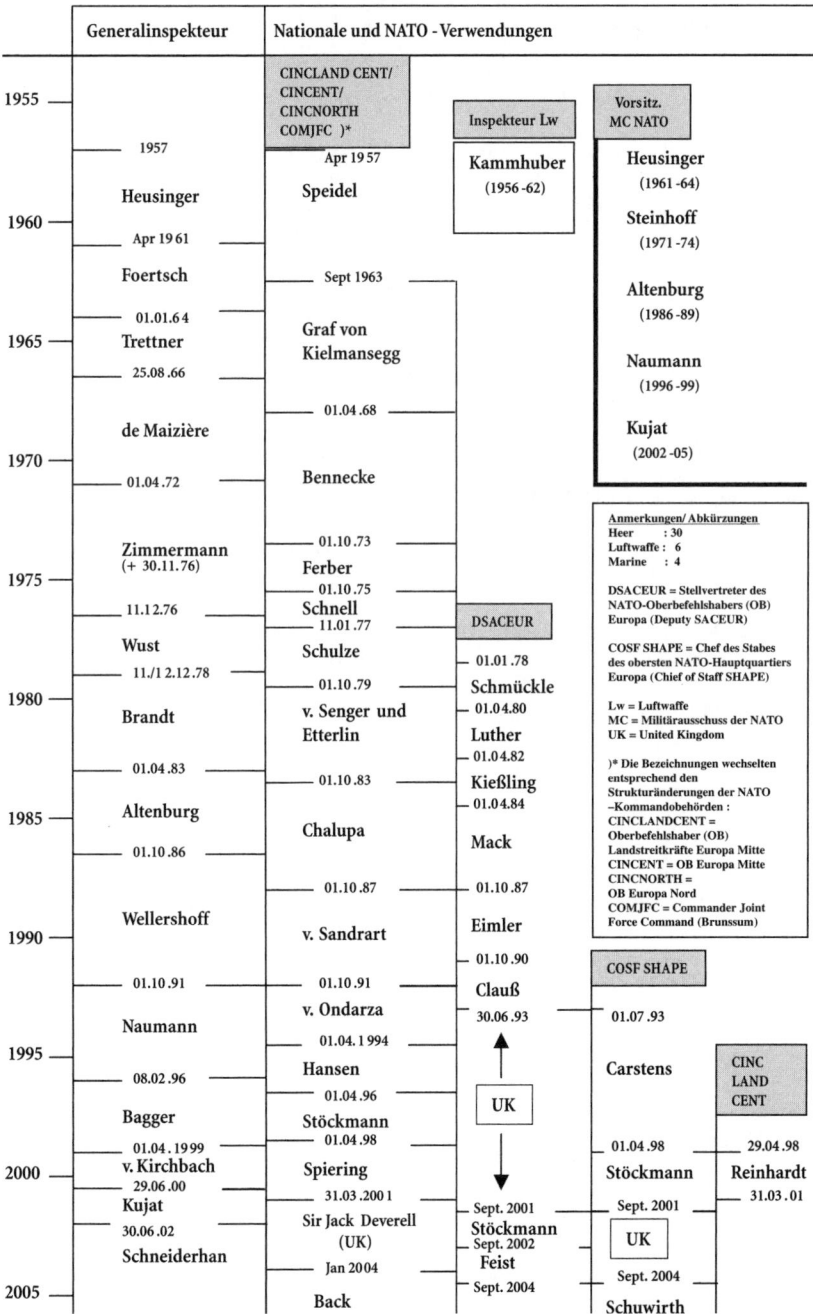

	Generalinspekteur	Nationale und NATO - Verwendungen

1955

1957

Heusinger

1960

Apr 1961

Foertsch

01.01.64

1965 Trettner

25.08.66

de Maizière

1970

01.04.72

Zimmermann
(+ 30.11.76)

1975

11.12.76

Wust

11./12.12.78

1980

Brandt

01.04.83

Altenburg

1985

01.10.86

Wellershoff

1990

01.10.91

Naumann

1995

08.02.96

Bagger

01.04.1999

2000 v. Kirchbach
29.06.00

Kujat

30.06.02

Schneiderhan

2005

CINCLAND CENT/
CINCENT/
CINCNORTH
COMJFC)*

Apr 1957
Speidel

Sept 1963

Graf von
Kielmansegg

01.04.68

Bennecke

01.10.73
Ferber
01.10.75
Schnell
11.01.77
Schulze

01.10.79
v. Senger und
Etterlin

01.10.83

Chalupa

01.10.87

v. Sandrart

01.10.91
v. Ondarza
01.04.1994
Hansen
01.04.96
Stöckmann
01.04.98
Spiering
31.03.2001

Sir Jack Deverell
(UK)

Jan 2004

Back

Inspekteur Lw
Kammhuber
(1956 -62)

Vorsitz. MC NATO
Heusinger (1961 -64)
Steinhoff (1971 -74)
Altenburg (1986 -89)
Naumann (1996 -99)
Kujat (2002 -05)

DSACEUR

01.01.78
Schmückle
01.04.80
Luther
01.04.82
Kießling
01.04.84
Mack

01.10.87
Eimler
01.10.90
Clauß
30.06.93

↑

UK

↓

Sept. 2001
Stöckmann
Sept. 2002
Feist
Sept. 2004

COSF SHAPE

01.07.93

Carstens

01.04.98
Stöckmann
Sept. 2001

UK

Sept. 2004

Schuwirth

CINC LAND CENT
29.04.98
Reinhardt
31.03.01

Anmerkungen/ Abkürzungen

Heer   : 30
Luftwaffe : 6
Marine   : 4

DSACEUR = Stellvertreter des
NATO-Oberbefehlshabers (OB)
Europa (Deputy SACEUR)

COSF SHAPE = Chef des Stabes
des obersten NATO-Hauptquartiers
Europa (Chief of Staff SHAPE)

Lw = Luftwaffe
MC = Militärausschuss der NATO
UK = United Kingdom

)* Die Bezeichnungen wechselten
entsprechend den
Strukturänderungen der NATO
–Kommandobehörden :
CINCLANDCENT =
Oberbefehlshaber (OB)
Landstreitkräfte Europa Mitte
CINCENT = OB Europa Mitte
CINCNORTH =
OB Europa Nord
COMJFC = Commander Joint
Force Command (Brunssum)

Die Kommandierenden Generale des EURO-Korps in Straßburg

1993 - 1996	Generalleutnant	Helmut Willmann (* 1940)
1996 - 1997	Général de Corps d´Armée	Pierre Forterre (F)
1997 - 1999	Lieutenant General	Leo Van den Bosch
1999 - 2001	Teniente General	Juan Ortuno (* 1940/ SP)
2001 - 2003	Generalleutnant	Holger O. L. Kammerhoff (* 1945)
2003	Général de Corps d´Armée	Jean-Louis Py (F)

Die Kommandierenden Generale des NATO-Korps LANDJUT (Land Forces Jutland) in Rendsburg

1.4.1962 - 1.7.1965   Generalmajor
Flemming B. Larsen (DK)

1.7.1965 - 30.6.1968   Generalleutnant
Cord von Hobe (1909-1991)

1.7.1968 - 15.1.1973   Generalmajor
Jens Skriver-Jensen (DK)

17.1.1973 - 30.9.1973   Generalleutnant
Horst Hildebrandt (1919-1989)

1.10.1973 - 30.9.1976   Generalleutnant
Heinrich Schwiethal (1918-1995)

1.10.1976 - 30.9.1979   Generalleutnant
P. O.W. Thorsen (DK)

1.10.1979 - 30.3.1982   Generalleutnant
Dr. Günter Kießling (* 1925)

1.4.1982 - 30.4.1985   Generalleutnant
G. Assmussen (DK)

1.5.1985 - 30.9.1987   Generalleutnant
Henning von Ondarza (* 1933)

1.10.1987 -15.10.1990 Generalleutnant (DK)
Krogen (1934-2005)

16.10.1990 - 30.9.1993 Generalleutnant
Bernd Klug (* 1934)

1.10.1993 - 28.3.1996   Generalleutnant
H. G. G. Grüner (DK)

29.3.1996 - 31.3.1998   Generalleutnant
Manfred Gerber (* 1938)

1.4.1998 - 30.4.1999   Generalleutnant
H. H. Ekmann (DK)

Das Korps LANDJUT wurde 1999 aufge-löst. In Szczecin (Stettin) wurde der Stab des multinationalen Korps Nordost (MNC NE) mit Soldaten aus Polen, Dänemark und Deutsch-land aufgestellt. Generalleutnant Ekmann, der letzte Kommandierende General LANDJUT wurde der erste Kommandierende General des neuen Korps Nordost.

Die Kommandierenden Generale des Multinationalen Korps Nordost (MNC NE) in Szczecin (Stettin)

Das Multinationale Korps Nordost (MNC NE) wurde 1999 aufgestellt; es besteht aus dänischen, deutschen und polnischen Truppen.

1.5.1999 - 5.5.2001	Generalleutnant H. H. Ekmann (DK)
5.5.2001 - 11.12.2003	Generalleutnant Z. Sadowski (+11.12.2003 / PL)
12.12 2003 - 18.2. 2004	Generalmajor Rolf Schneider (* 1943/mit der Führung beauftragt)
18.2.2004	Generalleutnant Egon Ramms (* 1948)

Die Generals- und Admiralsdienstgrade im internationalen Vergleich

		Bundeswehr	USA	Großbritannien	Frankreich
✶✶✶	H	———	General of the Army	Field Marshal	Maréchal de France
	L	———	General of the Air Force	Marshal of the Air Force	———
	M	———	Fleet Admiral	Admiral of the Fleet	———
✶✶✶	H	General	General	General	Général d´Armée
	L	General	General	Air Chief Marshal	Général d´Armée Aérienne
	M	Admiral	Admiral	Admiral	Amiral
✶✶✶	H	Generalleutnant	Lieutenant General	Lieutenant General	Général de Corps d´Armée
	L	Generalleutnant	Lieutenant General	Air Marshal	Général de Corps Aérien
	M	Vizeadmiral	Vice Admiral	Vice Admiral	Vice-Amiral d´Escadre
✶✶	H	Generalmajor	Major General	Major General	Général de Division
	L	Generalmajor	Major General	Air Vice Marshal	Général de Division Aérienne
	M	Konteradmiral	Rear Admiral	Rear Admiral	Vice-Amiral
✶	H	Brigadegeneral	Brigadier General	Brigadier	Général de Brigade
	L	Brigadegeneral	Brigadier General	Air Commodore	Général de Brigade Aérienne
	M	Flottillenadmiral	Commodore	Commodore	Contre-Amiral

Anmerkung: H = Heer
L = Luftwaffe
M = Marine

Die Haltung deutscher Regierungen zum Einsatz militärischer Mittel

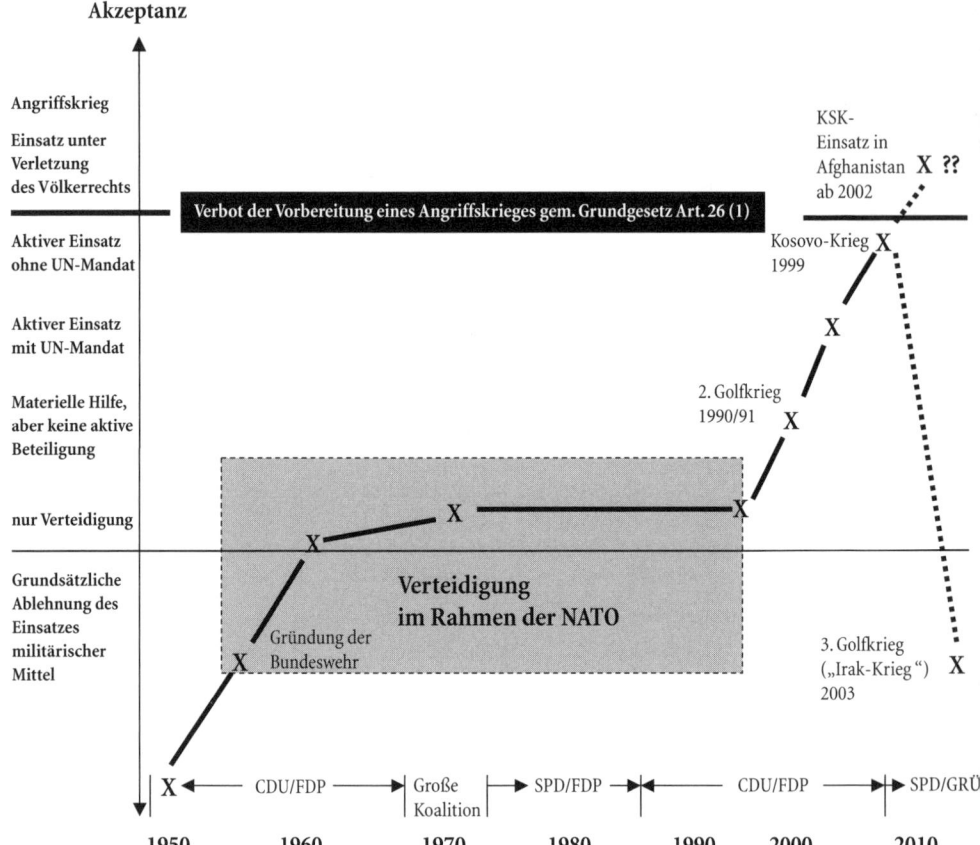

Bundestagsabgeordnete und ihr militärischer Erfahrungshintergrund (Auswahl)

7. Deutscher Bundestag	14. Deutscher Bundestag	15. Deutscher Bundestag
1972-1976	1998 - 2002	2002- 2005

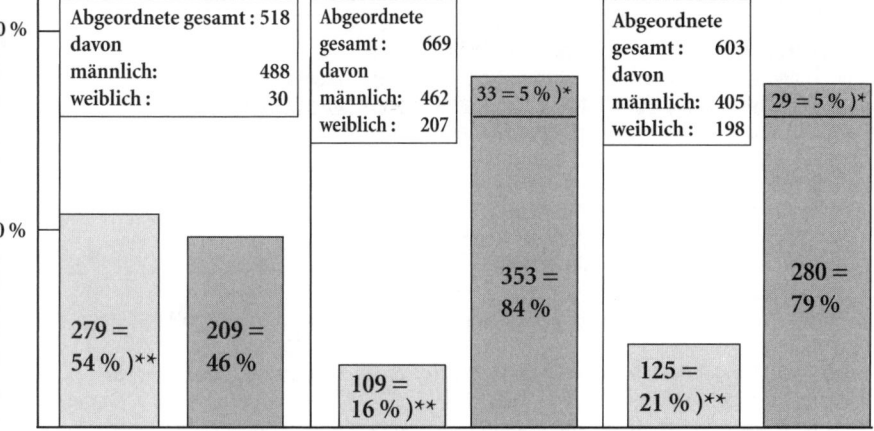

= Eintragungen über Dienst in der Wehrmacht, Bundeswehr oder NVA,
(Soldat/Offizier der Reserve u. ä.)

= keine Eintragungen /Hinweise über Wehrdienst

) * = Wehrdienstverweigerung oder Zivildienst
) ** = lässt man die Damen unberücksichtigt, steigt der Prozentsatz auf 57 % (7. BT),
bzw. 22 % (14. BT) und 31 % (15. BT).

gem. Kürschners Volkshandbuch des Deutschen Bundestages - Neue Darmstädter Verlagsgesellschaft

Quellen- und Literaturverzeichnis

Autobiographien/ Schriftliche Quellen

Adenauer Konrad   Erinnerungen 4 Bd. Deutsche Verlagsanstalt Stuttgart
Adenauer - Heuss   Unter vier Augen Gespräche aus den Gründerjahren 1949 - 1959 bearb.
    von Mensing, Hans Peter Wolf Jobst Siedler Verlag 1997
Apel, Hans   Der Abstieg Politisches Tagebuch eines Jahrzehnts TB - Ausgabe Juli 1991
    Droemersche Verlagsanstalt Th. Knaur 1990
Bahr, Egon   Zu meiner Zeit Karl Bessing Verlag München 3. Aufl. 1996
Baudissin Wolf Graf von   Soldat für den Frieden R. Piper & Co. Verlag München 1969
Baudissin Wolf Graf von/ Dohna Dagmar Gräfin zu ... als wären wir nie getrennt gewesen
    Briefe 1941 - 1947 Bouvier Verlag Bonn 2001
Brandt, Jürgen   Generalinspekteur Vortrag aus Anlass der Verabschiedung des
    Verwendungslehrganges Generalstabs-/Admiralstabsdienst 1977 am 28. Juni 1977
    („Das Bild des Führergehilfen in der Bundeswehr") in Hamburg
Carstens, Carl   Reden und Interviews 1979 - 1984 Hrsg. Bundespresseamt Bonn
    Tb. 5 Bände
Dregger, Alfred   Mein Blick nach vorn Johann Wilhelm Naumann Verlag GmbH Würzburg
    2000
Erler, Fritz   Demokratie und bewaffnete Macht in: Gewerkschaftliche Monatshefte 1954
    Heft Nr. 6 S. 355 ff.
Genschel, Dietrich   Wehrreform und Reaktion - Die Vorbereitung der Inneren Führung
    1951-1956 v. Deckers Heidelberg 1972
Gerstenmaier, Eugen   Reden und Aufsätze Bd. 2 Hrsg. Evangelisches Verlagswerk Stuttgart
    1962
Guderian, Heinz   Erinnerungen eines Soldaten Kurt Vohwinckel Verlag Neckargemünd 1977
Herzog, Roman   Streitkräfte in der Demokratie - Reden hrsg. von BMVg - Presse- und
    Informationsstab Bonn - ohne Datum
Herzog, Roman   Äußere Sicherheit und Verfassung Rede als Präsident des
    Bundesverfassungsgerichts auf der 31. Kommandeurtagung der Bundeswehr am 11. Juni
    1990
Heusinger, Adolf   Befehl im Widerstreit Rainer Wunderlich Verlag/ Hermann Leins
    Tübingen und Stuttgart 1950
Ilsemann, Carl-Gero von   Die Bundeswehr in der Demokratie Hrsg. Von J. A. Graf
    Kielmannsegg R. v. Decker´s Verlag G. Schenk Hamburg 1971
Leber, Georg   Vom Frieden Seewald Verlag Stuttgart 1979
Karst Heinrich   Das Bild des Soldaten - Versuch eines Umrisses - Harald Boldt Verlag
    Boppard am Rhein 3. überarbeitete Auflage 1969
Kießling, Günter   Versäumter Widerspruch v. Hase & Koehler Verlag Mainz 1993
Kießling, Günter   Staatsbürger und General Hrsg. Buchbender, Ortwin - Verlag der
    Universitätsbuchhandlung Blazek und Bergmann Frankfurt/Main 2000
Kirchbach von, Peter - Meyers, Manfred - Vogt, Victor Abenteuer Einheit Report Verlag
    Frankfurt 1992
Kirchbach, Peter von   Mit Herz und mit Hand - Soldaten zwischen Elbe und Oder
    Report Verlag Frankfurt 1998
Komossa, Gerd-Helmut   Von Masuren an den Rhein - Heimkehr in die Fremde Leopold
    Stocker Verlag Graz Stuttgart 2003

Leber, Georg   Vom Frieden   Stuttgart Verlag 1975

Maizière, Ulrich de   Führen im Frieden   Bernard & Graefe Verlag für Wehrwesen München 1974

Maizière, Ulrich de   Die Verantwortung des militärischen Führers - Vortrag an der Führungsakademie der Bundeswehr am 17. November 1978 in: Sonderdruck Europäische Wehrkunde Heft 5/79

Maizière de, Ulrich   In der Pflicht   Verlag E.S. Mittler & Sohne Herford/ Bonn 1989

Moltke, Hellmuth von   Kriege und Siege   Vier Falken Verlag Berlin 1938

Montgomery Bernard Law   The Memoirs of Field-Marshal The Viscount Montgomery of Alamein K.G.   Collins St. Jame´s Place London 1958

Paul, Ernst MdB   Parlamentarische und politische Erfahrungen   in: Abgeordnete des Deutschen Bundestages - Aufzeichnungen und Erinnerungen Bd. 2 S. 147 ff.

Rau, Johannes   Friede als Ernstfall   Reden und Beiträge des Bundespräsidenten   hrsg. von Dieter S. Lutz DSF Band135 Nomos Verlagsgesellschaft Baden Baden 2001

Reinhardt, Klaus   Generalstabsausbildung in der Bundeswehr   Herford 1977

Reinhardt, Klaus   Tagebuchaufzeichnungen als deutscher Kommandeur im Kosovo   Verlag der Universitätsbuchhandlung Blazek und Bergmann 2. Auflage Frankfurt/Main 2002

Rühe, Volker   Betr.: Bundeswehr Sicherheitspolitik und Streitkräfte im Wandel - Schriftenreihe Offene Worte Verlag E.S. Mittler & Sohn Berlin Bonn/ Herford 1993

Schmidt, Helmut   Strategie des Gleichgewichts - Unser Beitrag zum Frieden   Seewald Verlag Stuttgart 5. Auflage 1968

Schmidt, Helmut   Menschen und Mächte   Siedler Verlag Berlin 1987

Schmidt, Helmut   Die Deutschen und ihre Nachbarn   Siedler Verlag Berlin 1990

Schmidt, Helmut u. a.   Kindheit und Jugend unter Hitler   Siedler Verlag Berlin 2. Aufl. 1992

Schmidt, Helmut   Handeln für Deutschland - Wege aus der Krise   Rowohlt Verlag Berlin 1993

Schmidt, Helmut   Weggefährten - Erinnerungen und Reflexionen   Bertelsmann Club Rheda-Wiedenbrück 1996

Schmidt, Helmut   Auf der Suche nach einer öffentlichen Moral - Deutschland vor dem neuen Jahrhundert   Deutsche Verlagsanstalt Stuttgart 1998

Schmidt, Loki   Loki - Hannelore Schmidt erzählt aus ihrem Leben   Hoffman und Campe Hamburg 2. Aufl. 2003

Schmückle, Gerd   Kommiß a. D. - Kritische Gänge durch die Kasernen   Seewald Verlag Stuttgart 2. Aufl. 1972

Schmückle, Gerd   Ohne Pauken und Trompeten Deutsche Verlagsanstalt 2. Auflage 1982

Schönbohm, Jörg   Zwei Armeen und ein Vaterland   Siedler Verlag Berlin 1992

Staden, Bernt von   Ende und Anfang - Erinnerungen 1939 - 1963   IPa Vaihingen 2001

Steinhaus, Rolf   Soldat Diplomat   Koehlers Verlagsanstalt Herford 1983

Steinhoff, Johannes   Die Straße von Messina - Tagebuch des Kommodore   Bastei Lübbe Verlag Bergisch-Gladbach 1969

Strauß, Franz Josef   Die Erinnerungen   Wolf Jobst Siedler Verlag Berlin 1989

Speidel, Hans   Aus unserer Zeit - Erinnerungen   Verlag Ullstein Frankfurt/Main 1977

Speidel, Hans   Zeitbetrachtungen   v. Hase & Koehler Verlag Mainz 1969

Weizsäcker, Richard Frhr. von   Vier Zeiten - Erinnerungen Bertelsmann Club Rheda-Wiedenbrück 1997

Wörner, Manfred   Frieden in Freiheit   Hrsg. Jürgen Bringmann Bernard & Graefe Verlag Bonn

Schriftliche & mündliche Befragung von Quellen

Altenburg, Wolfgang General a.D. (+ ergänzende mündliche Befragung)

Bagger, Hartmut General a.D. (+ ergänzende mündliche Befragung)

Carstens, Peter Heinrich General a.D.
Clauß, Dieter General a.D. (+ ergänzende mündliche Befragung)
Chalupa, Leopold General a.D. (+ ergänzende mündliche Befragung)
Falkenhayn, Jürgen von Generalmajor a.D. (nur mündliche Befragung)
Feist, Rainer Admiral a.D.
Gerhardt, Wolfgang Brigadegeneral a.D. (nur mündliche Befragung)
Gliemeroth, Götz F. E. Generalleutnant a.D.
Hansen, Helge General a.D.
Hentschel, Erwin Brigadegeneral a.D. (nur mündliche Befragung)
Kielmansegg, Hanno Graf von Generalmajor a.D.
Kießling, Günter Dr. General a.D. (+ ergänzende mündliche Befragung)
Kirchbach, Hans-Peter von General a.D. (+ ergänzende mündliche Befragung)
Leber, Georg Dr. h.c. Bundesminister a.D.
Mack, Hans-Joachim General a.D.
Kujat, Harald General
Ondarza, Henning von General a.D. (+ ergänzende mündliche Befragung)
Reinhardt, Klaus Dr. General a.D.
Scharping, Rudolf Bundesminister a.D.
Schneiderhan, Wolfgang General
Schnell, Karl Dr. General a.D.
Schönbohm, Jörg Minister & Generalleutnant a.D.
Schnez, Albert Generalleutnant a.D. (+ ergänzende mündliche Befragung)
Schuwirth, Rainer General
Spiering, Joachim General a.D.
Stöckmann, Dieter General a.D. (+ ergänzende mündliche Befragung)
Vogel, Winfried Brigadegeneral a.D. (nur mündliche Befragung)
Wagemann, Eberhard Dr. Generalmajor a.D. (+ ergänzende mündliche Befragung)

Ausgewählte Literatur

Abenheim, Donald Bundeswehr und Tradition R. Oldenbourg Verlag München 1989
BMVg (Hrsg.) Schicksalsfragen der Gegenwart Handbuch politisch-historischer Bildung Max Niemeyer Verlag Tübingen Bd. III und IV 1958
BMVg Schriftenreihe Innere Führung Beiheft 3/1987 zur Information für die Truppe Adolf Heusinger Ein deutscher Soldat im 20. Jahrhundert Fü S I 3 Bonn 1987
BMVg Handbuch Innere Führung Hilfen zur Klärung der Begriffe Schriftenreihe Innere Führung herausgegeben vom Bundesministerium der Verteidigung 1957
Bracher, Karl Dietrich Deutschland zwischen Demokratie und Diktatur Scherz Verlag Bern München Wien 1964
Brill, Heinz Bogislaw von Bonin im Spannungsfeld zwischen Wiederbewaffnung - Westintegration - Wiedervereinigung Nomos Verlagsgesellschaft Baden-Baden 1987 Militär, Rüstung, Sicherheit Band 49
Brockhaus Enzyklopädie F. A. Brockhaus Wiesbaden 24 Bände 1966-1981
Bundesministerium für innerdeutsche Beziehungen Texte zur Deutschlandpolitik Band 12 1973
Clausewitz, Carl von Vom Kriege Ferd. Dümmler Verlag Bonn 18. Auflage 1972
Dahrendorf, Ralf Gesellschaft und Demokratie in Deutschland R. Piper & Co. Verlag München 1965
Datenhandbuch zur Geschichte des Deutschen Bundestages Nomos Verlagsgesellschaft Baden-Baden

Dederke, Karlheinz   Reich und Republik Deutschland 1917-1933 Stuttgart 1969

Demeter, Karl   Das Deutsche Offizierkorps in Gesellschaft und Staat 1650 - 1945   Bernard &
   Graefe Verlag für Wehrwesen Frankfurt/Main 1963

Dönhoff, Marion Gräfin (Hrsg.) Hart am Wind - Helmut Schmidts politische Laufbahn
   (anläßlich seines 60. Geburtstages am 23. Dezember 1978) Albrecht Knaus Verlag
   Hamburg 1979

Fiedler, Siegfried   Grundriß der Militär- und Kriegsgeschichte   Schild Verlag München 1978

Giordano, Ralph   Die Traditionslüge Vom Kriegerkult in der Bundeswehr Kiepenheuer &
   Witsch Köln 2002

Glotz, Peter - Süssmuth, Rita - Seitz, Konrad   Die planlosen Eliten ECON Taschenbuch Verlag
   Düsseldorf 1993

Hahlweg, Werner   Das Clausewitzbild einst und jetzt in: Clausewitz, Carl von Vom Kriege
   Ferd. Dümmler Verlag Bonn 18. Auflage 1972

Handbuch der Bundeswehr und der Verteidigungsindustrie   Bernard & Graefe Verlag
   Bonn (mehrere Jahrgänge)

Heeresdienstvorschrift HDv 100/100 („Führung im Gefecht" - TF/G) vom September 1973

Hermann, Carl Hans   Deutsche Militärgeschichte Bernard & Graefe Verlag Frankfurt/M. 1968

Herzog, Roman   Der unbequeme Präsident im Gespräch mit Manfred Bissinger und Hans-
   Ulrich Jörges Hoffman und Campe Verlag 1994

Hesse, Kurt   Der Geist von Potsdam v. Hase & Koehler Verlag Mainz 1967

Heuss, Theodor   Erinnerungen 1905 - 1933 Rainer Wunderlich Verlag/ Hermann Leins
   Tübingen 4. Auflage Dezember 1963

Heyck, Eduard   Bismarck   Verlag von Velhagen & Klasing Bielefeld und Leipzig 1922

Hoffmann, Peter   Claus Schenk Graf von Stauffenberg und seine Brüder DVA Stuttgart 1992

Hornung, Klaus   Staat und Armee Hase & Koehler Verlag Mainz 1975

Keilig, Wolf   Das Deutsche Heer 1939 - 1945 Podzun-Verlag Bad Nauheim 3 Bände 1963

Kobe, Gerd   Pflicht und Gewissen - Smilo Freiherr von Lüttwitz Lebensbild eines Soldaten
   v. Hase & Koehler Verlag Mainz 1988

Kronprinz Wilhelm   Erinnerungen des Kronprinzen Wilhelm - Aus den Aufzeichnungen,
   Dokumenten, Tagebüchern und Gesprächen - hrsg. Von Karl Rosner J.G. Cotta´sche
   Buchhandlung Nachfolger Stuttgart und Berlin 1922

Kürschners Volkshandbuch Deutscher Bundestag Neue Darmstädter Verlagsanstalt NDV 1972
   und 1998

Lexikon für Theologie und Kirche Verlag Herder Freiburg 10 Bände 1965

Liddell Hart B. H.   Die Rote Armee Verlag WEU Offene Worte Bonn ohne Datum

Mann, Golo   Wallenstein Lizenzausgabe Deutscher Bücherbund Stuttgart 1971

Meyer, Georg   Vom Kriegsgefangenen zum Generalinspekteur - Adolf Heusinger 1945 - 1961

Militärgeschichtliches Forschungsamt Potsdam 1997

Militärgeschichtliches Forschungsamt (MGFA) - Foerster, Roland G.; Greiner, Christian, Meyer,
   Georg, Rautenberg, Hans-Jürgen und Wiggershaus, Norbert   Anfänge westdeutscher
   Sicherheitspolitik 1945 - 1956 R. Oldenbourg Verlag München Wien Bd. 1 und 2 1982

Model, Hansgeorg & Prause, Jens   Generalstab im Wandel   Bernard & Graefe Verlag
   München 1982

Obermann, Emil Hrsg.   Verteidigung der Freiheit Idee - Weltstrategie - Bundeswehr Ein
   Handbuch Stuttgarter Verlagskontor GmbH. Stuttgart 1966

Peter, Laurence J. & Hull, Raymond   Das Peter-Prinzip oder Die Hierarchie der Unfähigen
   Rowohlt Taschenbuch Verlag Reinbek bei Hamburg 1972

Rabenau, Friedrich von, Generalleutnant   Seeckt, aus seinem Leben Leipzig 1940

Range, Clemens   Die Generale und Admirale der Bundeswehr Mittler Verlag Herford & Bonn
   1990

Rautenberg, Hans-Jürgen und Wiggershaus, Norbert   Die „Himmeroder Denkschrift vom
    5. Oktober 1950"   Militärgeschichtliches Forschungsamt G. Braun Karlsruhe 1977
Reinhardt, Klaus   Generalstabsausbildung in der Bundeswehr   Beihefte zur Wehrwissen-
    schaftlichen Rundschau Heft 20 Verlag E. S. Mittler & Sohn Herford Bonn 1977
Reynolds, Nicholas   Beck - Gehorsam und Widerstand   Limes-Verlag Wiesbaden und
    München 1977
Roth, Günter   Gedanken zum 95. Geburtstag des dritten Generalinspekteurs der
    Bundeswehr, General a.D. Heinz Trettner Außenansichten über einen politisch denken-
    den Soldaten als Beitrag zum Verstehen und Reflexion 20.06.2002
Schaulen, Joachim von   Hasso von Manteuffel - Panzerkampf im Zweiten Weltkrieg   Kurt
    Vowinckel- Verlag Berg am See 1983
Schramm von Wilhelm   Clausewitz Bechtle Verlag Esslingen a. Neckar 3. Aufl. 1981
Stresemann, Wolfgang   Mein Vater Gustav Stresemann   F.A. Herbig Verlagsanstalt München
    1979
Studnitz, Hans-Georg von   Rettet die Bundeswehr!   Seewald Verlag Stuttgart 1967
Stumpf, Reinhard   Die Wehrmacht-Elite Rang- und Herkunftsstruktur der deutschen
    Generale und Admirale 1933 – 1945   Militärgeschichtliche Studien hrsg. vom
    Militärgeschichtlichen Forschungsamt - Harald Boldt Verlag Boppard am Rhein1982
Teuber, Reinhard   Die Bundeswehr 1955 - 1995 Militair Verlag Klaus D. Patzwall Norderstedt
    1996
Thiele, Hans-Günther (Hrsg.)   Die Wehrmachtsausstellung Dokumentation einer
    Kontroverse   Bundeszentrale für poitische Bildung Bonn 1997
Walle, Heinrich - Hrsg. im Auftrag des Militärgeschichtlichen Forschungsamtes (MGFA)   Von
    der Friedenssicherung zur Friedensgestaltung - Deutsche Streitkräfte im Wandel
    Verlag E.S. Mittler & Sohn Herford Bonn 1991
Weißbuch zur Sicherheit der Bundesrepublik Deutschland und zur Lage der Bundeswehr 1970
Weizsäcker, Carl Friedrich Frhr. von   Wege in der Gefahr Carl Hanser Verlag München 4.
    Aufl. 1977
Wheeler-Bennett, John W.   Der hölzerne Titan - Paul von Hindenburg   Rainer Wunderlich
    Verlag Hermann Leins Tübingen 1969
Wheeler-Bennett, John W.   Die Nemesis der Macht - Die deutsche Armee in der Politik
    1918 - 45   Droste Verlag Düsseldorf 1954
Wohlfeil, Rainer/ Dollinger Hans   Die Deutsche Reichswehr Verlag F. Englisch Wiesbaden 1977
Würzbach, Peter-Kurt (Hrsg.)   Die Atomschwelle heben - Friedenssicherung für
    übermorgen   Bernard & Graefe Verlag Koblenz 1983
Zeitpunkte Heft 1/2004   Helmut Schmidt - Ein Symposium zum 85. Geburtstag des
    Altbundeskanzlers   Zeitverlag Gerd Bucerius Hamburg 2004
Zuber, Hubertus (Hrsg.)   Innere Führung in Staat, Armee und Gesellschaft   Walhalla u.
    Praetoria Verlag Regensburg 1981

Personenregister (ohne Fußnoten und ohne Anhang)

Heinz Magenheimer

OSNING VERLAG

Kriegsziele und Strategien der großen Mächte
1939 bis 1945

ca. 220 Seiten
mit 7 großformatigen, vierfarbigen Schautafeln
zur Operationsführung der Kriegsparteien.
Preis 27,- €

Aus dem Inhalt:

* Die Ausgangslage: Die Zielsetzungen der Hauptakteure 1939
* Deutschland erringt die Vormacht in Westeuropa
* Die große Weichenstellung: Neukonstellation der Mächte
* Der Zusammenstoß von vier Strategien
* Der Wechsel zur Ermattungsstrategie und die große Kriegswende
* Die Verteidigung der Festung Europa
* Die Strategien in der Schlussphase des Krieges

erscheint im Februar 2006

Vorbestellungen über:
Report Verlag Buchdienst
Paul-Kemp-Straße 3
D-53173 Bonn
Tel.: +49/ (0)228/ 3 68 04 03
Fax: +49/ (0)228/ 3 68 04 02
E-Mail: info@report-verlag.de
www.report-verlag.de